MARIE-ANTOINETTE

CORRESPONDANCE SECRÈTE

ENTRE

MARIE-THÉRÈSE ET LE Cte DE MERCY-ARGENTEAU

MARIE-ANTOINETTE

CORRESPONDANCE SECRÈTE

ENTRE

MARIE-THÉRÈSE ET LE Cte DE MERCY-ARGENTEAU

AVEC LES LETTRES DE MARIE-THÉRÈSE ET DE MARIE-ANTOINETTE

Publiée avec une introduction et des notes

PAR

M. LE CHEVALIER ALFRED D'ARNETH

DIRECTEUR DES ARCHIVES DE LA MAISON IMPÉRIALE ET DE L'ÉTAT D'AUTRICHE

ET

M. A. GEFFROY

PROFESSEUR A LA FACULTÉ DES LETTRES DE PARIS

TOME PREMIER

PARIS

LIBRAIRIE DE FIRMIN DIDOT FRÈRES, FILS ET Cie

IMPRIMEURS DE L'INSTITUT, RUE JACOB, 56

1874

Tous droits réservés

INTRODUCTION.

I.

L'histoire de Marie-Antoinette n'a pu être écrite jusqu'à ce jour qu'à l'aide de Mémoires composés plusieurs années après sa mort, sous l'influence des sentiments divers que ses dernières infortunes avaient suscités chez leurs auteurs. Les uns cédaient, en rédigeant leurs souvenirs, à une inspiration de respect enthousiaste et de pitié; les autres, par conviction outrée ou par légèreté coupable, ou bien avec une haine aveugle, se faisaient, même après son martyre, les interprètes des animosités politiques. Le peu de lettres authentiques de la reine que l'on connût avant la publication de la correspondance conservée à Vienne n'apportait pas une suffisante lumière. On en était réduit, surtout pour la première partie du règne, à paraphraser les vagues ou partiales assertions de Mme Campan, de Weber et de Montjoie; on descendait à répéter les médisances, les calomnies, les erreurs grossières de Besenval, de Lauzun et de Soulavie. La tentation était grande de recourir, suivant l'humeur de chaque écrivain ou de chaque époque, soit aux pamphlets, quelque injustes qu'ils fussent, soit aux panégyriques, à l'illusion pieuse, à l'admiration superstitieuse et puérile : double voie d'erreur et de mensonge, qui faisait beau jeu aux fabricateurs de pièces apocryphes, flatteurs éhontés des passions ou des faiblesses de leur temps (1). Les documents sortis des Archives de Vienne, et qu'on trouvera tous (nous parlons de ceux qui concernent directement jusqu'en 1780 Marie-Antoinette) réunis dans la présente publication, contribueront à combler les lacunes et à dissiper les erreurs, en mettant en pleine lumière la vérité historique et morale.

On s'apercevra dès les premières pages que nous avons réimprimé la correspondance entre Marie-Thérèse et Marie-Antoinette déjà publiée par l'un de nous. Plusieurs motifs l'ont rendu nécessaire : le premier de tous, c'est que nos documents sont le commentaire perpétuel de cette correspondance, qu'il faut donc avoir, pour les comprendre, sans cesse sous les yeux. Le second motif, c'est que, grâce à des concordances précédemment ignorées, grâce à des fragments retrouvés de pièces perdues, nous avons pu quelquefois mieux ordonner et dater ces lettres. Enfin il n'y avait pas eu d'édition française de ce livre intéressant si fort la France.

Ce que nous donnons de tout nouveau et, croyons-nous, d'inattendu, c'est la correspondance secrète que Marie-Thérèse, mère et souveraine également inquiète et jalouse, a voulu constamment entretenir avec son ambassadeur à Paris, le comte de Mercy-Argenteau, sur tout ce qui concernait, de près ou de loin, sa fille devenue dauphine, puis reine de France.

---

(1) Il est de notre devoir de faire à ce sujet, et dès ces premières lignes, une déclaration nouvelle, puisqu'une précédente démonstration n'a pas empêché plusieurs honorables écrivains de citer encore les fausses lettres de Marie-Antoinette si malheureusement publiées par MM. Feuillet de Conches et d'Hunolstein. Il faut qu'il soit bien entendu, à cause du double respect dû à l'histoire et à la mémoire de la reine, que nous n'avons pas un mot, pas un seul mot à retirer de ce que nous avons avancé naguère à ce sujet; on en trouvera ici cent preuves nouvelles. — Voir les divers recueils publiés par M. A. d'Arneth, *Maria-Theresia und Marie-Antoinette, Ihre Correspondenz*, un volume in-8°. *Marie-Antoinette, Joseph II und Leopold II, Ihr Briefwechsel*, un volume in-8°, 1866. *Maria-Theresia und Joseph II, Ihre Correspondenz*, 3 volumes in-8°, 1866.— Voir au tome second de *Gustave III et la cour de France*, par M. A. Geffroy, l'appendice sur *Louis XVI et Marie-Antoinette apocryphes*. — Voir d'autre part la réponse de M. Feuillet de Conches dans la *Revue des Deux-Mondes* du 15 juillet 1866, et la 4e édition du volume de M. d'Hunolstein, qui donne la reproduction en fac-simile des prétendus autographes de Marie-Antoinette.

La question d'authenticité ne saurait faire l'objet d'un doute. Ce sont aussi les Archives impériales d'Autriche qui nous ont conservé ces documents, en deux fonds qui se complètent et se contrôlent l'un l'autre. Après la mort de Mercy, décédé à Londres en 1794, la collection de ses papiers a été transportée à Vienne, et incorporée aux Archives. Cinq volumes de cette collection contiennent les copies ou les minutes autographes de ses lettres ou rapports à l'impératrice. D'autre part les Archives de l'État autrichien se sont enrichies en 1865 de l'archive particulière de la famille impériale, et dans cette nouvelle collection se trouvent trois larges cahiers contenant les originaux tout à fait identiques du plus grand nombre des lettres de Mercy à l'impératrice. L'entière concordance entre les copies du fonds de Mercy et les originaux du fonds de la famille impériale témoigne suffisamment en faveur de l'authenticité de celles des copies dont les originaux sont perdus. Quant aux originaux des lettres de l'impératrice à Mercy, qui nous ont été conservés presque tous, ils forment une collection spéciale, trouvée également dans les papiers laissés par Mercy et réunis maintenant aux Archives impériales.

L'occasion et l'objet de cette correspondance se comprennent aisément quand on songe à l'inexpérience de Marie-Antoinette et aux dangers qui allaient l'assaillir. Marie-Thérèse ne se contenta pas des instructions qu'elle rédigea pour elle à son départ (1). Elle souhaita que chaque courrier de France lui apportât, outre une lettre de sa fille, outre la correspondance officielle de son ambassadeur, les informations particulières et secrètes de ce dernier. Bien plus, comme elle pouvait être amenée à laisser voir ces rapports à son fils, l'empereur Joseph II, ou même à son fidèle ministre le prince de Kaunitz, elle voulut, pour les confidences intimes, des feuilles à part, secrétissimes, comme elle dit, et pour elle

---

(1) Pages 1-6 de notre premier volume.

seule, ce qu'indiqueraient ces mots *tibi soli* (1). Mercy prit donc l'habitude d'envoyer par chaque courrier deux rapports : d'abord une sorte de journal de ce qui était arrivé dans le mois; s'il avait passé quelques jours de suite à la cour, pendant les voyages de Compiègne et de Fontainebleau par exemple, c'était quotidiennement en effet qu'il notait les diverses circonstances; s'il était resté à Paris, beaucoup de ses informations lui venaient de l'abbé de Vermond, à qui ses fonctions de lecteur permettaient auprès de Marie-Antoinette une assiduité que n'osait affecter le prudent ambassadeur d'Autriche. Le second rapport contenait les détails intimes; de plus, écrit dans les derniers temps précédant l'expédition, et non pas, comme le premier, au jour le jour, il répondait point par point à la lettre de l'impératrice reçue par le dernier courrier. Aussi est-ce dans cette seconde sorte de rapport que nous verrons Mercy, provoqué par les confidences de sa souveraine, traiter rapidement de certaines affaires de politique générale ou bien de questions étrangères à Marie-Antoinette, à laquelle le premier rapport, sans donner les informations les plus secrètes, est toujours cependant exclusivement consacré.

L'extrême confiance de Marie-Thérèse délègue à Mercy une autre mission que celle de simple informateur. C'est d'après ses avis que, sur plus d'un point délicat, elle écrit à sa fille, pendant que celle-ci accueille et invoque également ses conseils en vue de certaines lettres à sa mère. Il est le confident de toutes les deux, bien qu'il n'appartienne entièrement comme tel qu'à l'impératrice. On le verra, dans ses rapports, annoncer les expressions par lui suggérées qui se trouveront dans les lettres de Marie-Antoinette (2),

---

(1) Voir notre tome Ier, page 8. Marie-Thérèse écrit à Mercy le 16 juin 1774 : « L'empereur a fait connaître son désir de voir les lettres que vous m'écrivez à part. Je lui ai communiqué celles qui sont ostensibles, me réservant à moi seule les secrètes [pas même Kaunitz les voit]. »

(2) On en aura un curieux exemple, à propos de l'affaire de la succession de Bavière, en

et inspirer parfois aussi à Vienne celles qui se trouveront dans les lettres de Marie-Thérèse (1). C'est ce qui fait qu'en le lisant il faut avoir sans cesse sous les yeux la première correspondance, que souvent il a presque dictée et que toujours il commente. Afin qu'il soit constamment bien informé, l'impératrice lui communique soit les lettres venues de Versailles, soit ses propres réponses : il les renvoie après en avoir pris connaissance et même copie. Quelquefois c'est seulement une analyse, avec ou sans citations, qu'elle lui adresse; voilà comment les papiers de Mercy que nous publions ajouteront des fragments inédits à ce qui est déjà connu de la correspondance entre Marie-Antoinette et sa mère.

Ainsi se poursuivit pendant dix années autour de Marie-Antoinette, depuis son arrivée en France jusqu'à la mort de l'impératrice, de 1770 à 1780, une correspondance secrète la concernant, et qu'elle ignora toujours. Nul des contemporains en France, sauf Vermond, n'en sut davantage, et nul dans les États autrichiens, hormis Joseph II et Kaunitz, le baron de Pichler, secrétaire intime, et, en quelques occasions, le prince de Starhemberg, ministre de Marie-Thérèse dans les Pays-Bas. Encore ces derniers, sauf Pichler, ne connurent-ils pas les rapports privatissimes. Un tel secret est chose toujours rare, et l'était surtout en un pareil temps. Jamais le secret des lettres et dépêches n'avait eu moins de sécurité. En France Louis XV avait établi, par pur amusement, un espionnage particulier des postes. Voulait-on répandre une nouvelle, vraie ou fausse, sans en paraître le propagateur ni l'auteur, la poste offrait un moyen infaillible : les gouvernements étrangers savaient en user. Il en était de même d'ailleurs dans le reste de l'Europe. Les courriers de cabinet n'offraient pas une voie beaucoup plus sûre; sou-

---

comparant la fin du second rapport de Mercy en date du 17 janvier 1778 et la lettre de Marie-Antoinette à Marie-Thérèse en date du 15 de la même année. Tout le commencement de cette lettre a été suggéré par Mercy.

(1) Voir notre tome II, pages 480-481, 485, et vingt autres exemples.

vent, dès avant le départ, les dépêches étaient livrées, par l'infidélité des bureaux. L'espionnage diplomatique fut pratiqué au dix-huitième siècle avec une inconcevable habileté : on verra par exemple ici que la célèbre diplomatie secrète de Louis XV était parfaitement connue du cabinet autrichien au moment où le roi de France la cachait à ses propres ministres. Louis XVI, dans sa correspondance avec M. de Vergennes, son ministre des affaires étrangères, conservée aux Archives nationales, et qui atteste, quoique incomplète, l'assidu travail et le bon sens du jeune roi (1), commence souvent ses billets par ces mots : « Je vous envoie, monsieur, les interceptions ordinaires. » C'est dans un tel temps, c'est quand l'opinion publique, en France et ailleurs, épiait avec une avidité souvent malveillante et jalouse l'influence autrichienne, que la correspondance entre Mercy et Marie-Thérèse concernant Marie Antoinette et Versailles est demeurée parfaitement secrète. A peine un mot dans les Mémoires de Georgel, secrétaire du prince de Rohan pendant son ambassade à Vienne, ferait-il soupçonner qu'il en eût une sorte de notion, mais sans en connaître la continuité ni l'importance. Marie-Antoinette ne la soupçonna jamais. Si quelquefois elle s'étonnait de voir sa mère instruite de certaines circonstances tout intérieures, elle rejetait la faute, sans trop d'examen, sur ces maudits espions de Frédéric II qui, croyait-elle, pénétraient partout et répandaient en Europe, suivant les ordres de leur maître, des calomnies et des médisances intéressées (2). L'impératrice n'avait mis dans son entière confidence autour d'elle que son fidèle secrétaire Pichler, auquel habituellement elle dictait. Pichler lui-même cependant ne connaissait sans doute

---

(1) Archives nationales, à Paris, Cartons des rois, K, 164. — Le comte de Creutz, ministre de Suède à Paris, écrit le 9 mars 1775 : « M. de Vergennes m'a montré plus de soixante lettres que le roi lui a écrites. » Archives royales, à Stockholm.

(2) Voir le rapport de Mercy en date du 15 septembre 1779, et la lettre de Marie-Thérèse du 30 septembre de la même année.

Vienne le 1. de fevrier 1773

Comte de Mercy. J'ai receu vos deux lettres, l'ostensible et la reservée du 16. du passé par le Courier Kleiner.

Malgré tous les soins que vous employés avec autant de zele que de discernement pour diriger les demarches de ma fille, je ne remarque que trop, combien il lui coute de faire quelques efforts pour se preter à vos avis et aux miens. Dans ce siecle on n'aime que le ton badin et flatteur, et dès que dans les meilleures vues on fait quelque remontrance un peu serieuse, voilà nos jeunes gens excedés, en s'imaginant d'etre grondés, et

come ils supposent presque toujours, à tort.
Je vois, que ma fille est dans le meme cas;
Je n'en laisserai pas moins de lui donner
de tems à tems des avertissements, tant
que vous les croyerés etre de quelque utilité,
et Je lui ecrirai meme par ce Courier dans
le sens de 4. articles, que vous m'avés marqués,
en y entremelant quelque ~~persifflageries~~
quelque peu que J'aime d'ailleurs ce Style;
mais Je vous repete: tant que ma fille ne
quittera pas cette legerté et cette mollesse,
que Je lui connois, à se donner des efforts,
pour executer nos conseils, Je ne compte
gueres sur les succés. Je vous communique
sa derniere lettre, qui vous fournira une
nouvelle preuve du peu de franchise,

dont Elle s'explique envers moi. au reste vous avés très bien repondu à Aiguillon, lorsqu'il vous a fait des plaintes sur la froideur de ma fille

Les Infants de Parme continuent à suivre leur marche; cependant je conviens, qu'il faut les faire rentrer dans la jouissance des pensions, accordées par les Cours Bourbonnes, à l'Epoque de leur reconciliation, et leur en même tems en assurer le remboursement des arrérages. Je suis bien aise, que du Tillot s'explique sur leur compte d'une façon honnete. et je vous permets de lui en temoigner mon gré. je l'ai toujours estimé

sur ce point je vous avoue je ne suis pas tranquille je le trouve trop couvert en dessout et elle sais s'en tirer que trop finement et donne des faveurnures même au depend de la verité et continué nonobstant ces promesses ces aveux d'avoir manqué de le reconoitre a suivre ces volontés

Je souhaite toujours le rappel de Rohan,
mais ce n'est point au risque d'augmenter vos embarras et tracasseries, qui
n'agitent déjà que trop le votre Ministere de
France. La brochure indigne qui est sortie a cause
pour l'envoy des arbres fruitiers. Je m'en   de partage de la
remets à ce que vous trouverés le plus à Pologne fait très
propos selon l'avis des gens, qui en ont mauvais effet
le plus de connoissance.   et ne sera pas
                     Marie Therese   oublié dans son
pauvre Neny a perdu il y a   tems par ces petites
deux jours très subitement et   vengeances
et presque entre ses bras sa digne et vertueuse excede tout le   la France
femme il en est au desespoir je crains meme pour   monde
lui etant fort sensible et depuis 8 mois il
a perdu tous ces vieux domestiques des pais
son chancelliste de confiance et acteur sa macron
il ne se portoit sans cela pas trop bien femme
macron seroit meilleure je l'accrois si la
a faire un tour chez lui mais il persuadée
attaché et il aime sa petite campagne très
                                 m'est très

pas les additions qu'elle écrivait de sa main, soit en marge, soit entre les lignes, soit en post-scriptum. On comprend que ces additions de l'impératrice sont très-importantes à noter, car elles contiennent souvent sa pensée principale et intime. Aussi les avons-nous toujours signalées dans nos volumes en les plaçant entre crochets, de sorte qu'elles se distingueront aisément des parties dictées à Pichler; on pourra juger d'ailleurs par le fac-simile ci-joint, exacte reproduction d'une partie de la pièce imprimée aux pages 407-409 de notre premier volume, de la manière dont ces lettres de Marie-Thérèse sont disposées. Pichler ne devait pas connaître non plus un certain nombre de messages que l'impératrice envoyait entièrement autographes parce qu'ils étaient très-confidentiels, quand, par exemple, elle révélait à Mercy ses pénibles dissentiments avec Joseph II. Toutes ces lettres enfin étaient confiées à des courriers choisis, qui les recevaient au moment même de leur départ, et sans qu'elles eussent, ni en France ni en Autriche, à traverser les bureaux. Les rapports de Mercy n'étaient pas joints à la correspondance officielle, mais aux lettres de Marie-Antoinette, sous le couvert du baron Neny, autre secrétaire intime de Marie-Thérèse, qui remettait chaque message sans avoir la confidence du contenu.

Il importe beaucoup de remarquer comment se succèdent et se répondent, comment s'enchaînent ces échanges d'informations; il faut comprendre ce que Saint-Simon eût appelé « la mécanique de cette correspondance ». Toutes lettres ou dépêches, officielles ou intimes, que Mercy expédie ou reçoit, sont transmises uniquement par des courriers; on ne confie à la poste, dont on sait bien que le secret sera violé, que les indifférents messages pouvant sans danger être connus des autres cabinets, nouvelles de santé et de cour, récits de cérémonies ou de fêtes : d'où il suit que la série des dates ne saurait être arbitraire. L'ordre des courriers est réglé comme il suit : départ de Vienne au commencement de chaque mois, arrivée à Paris en neuf ou dix jours, après un arrêt à Bruxelles, capitale des Pays-Bas autrichiens, pour y déposer des dépêches; départ de Paris au milieu du mois, passage à Bruxelles, et arrivée à Vienne vers le 25. Des irrégularités peuvent se produire, et s'aggraver en se répétant, soit par le fait des courriers, soit par quelques incidents retardant le travail des dépêches : on en verra un exemple dès 1770 (1); mais Marie-Thérèse s'en plaint, et insiste pour qu'on revienne promptement à l'ordre accoutumé. Pendant les intervalles, des courriers extraordinaires sont expédiés pour les circonstances exceptionnellement intéressantes et de nature à n'être pas confiées à la poste; mais ils ne sont pas fréquents. Il y en a un lors de la maladie de Louis XV; il y en a un au moment de sa mort : l'étiquette l'exige. Pendant l'année 1774, pour satisfaire au désir de Marie-Thérèse d'être promptement informée de tout le détail du nouveau règne, les courriers sont doublés. Cela dure quelques mois, après lesquels on revient au premier système, chaque nouveau courrier n'étant expédié qu'après qu'on a reçu les réponses au courrier précédent. Il peut se faire, mais rarement aussi, qu'un courrier extraordinaire venant d'Espagne passe par Paris, et qu'on le charge de quelque message; en temps ordinaire, c'est Mercy qui reçoit par le courrier de Vienne les dépêches pour le représentant autrichien à Madrid, et qui, de Paris, les lui adresse. Il peut arriver enfin que l'on confie des lettres à quelque voyageur duquel on se croit sûr. En général courriers extraordinaires, dépêches privées, envois par la poste, sont consignés par une mention spéciale lors des envois réguliers.

On comprend l'importance de ces détails. La marche généralement uniforme de ces correspondances étant connue, il devient facile d'en apercevoir les lacunes, et de se prémunir contre les pièces apocryphes dont les fabricateurs ont commis la faute de ne pas

---

(1) Voir à la date du 30 octobre 1770, tome Ier, page 80.

INTRODUCTION.

soupçonner ces conditions et ces règles. Nul courrier ne manque à la série que nous publions. Un certain nombre de lettres de Marie-Antoinette ou de Marie-Thérèse ne se sont pas retrouvées; mais nous savons les dates auxquelles doivent correspondre ces lettres égarées ou perdues. On peut affirmer que nulle missive ayant quelque caractère d'intimité n'a été confiée à la poste; Marie-Antoinette et Marie-Thérèse ne se sont jamais servies de cette voie que pour des occasions telles que des souhaits de jours anniversaires, par exemple. Marie-Antoinette, immédiatement après son arrivée en France, a voulu recevoir par ce moyen des lettres hebdomadaires de son ancienne gouvernante Mme de Brandis, afin d'avoir des nouvelles constantes de la famille impériale, et en répondant sans doute elle-même par la voie des courriers. Si indifférent que parût devoir être cet échange, Marie-Thérèse y coupa court, craignant les indiscrétions.

La correspondance entre Marie-Antoinette et Marie-Thérèse s'éclairera donc ici d'un commentaire tout nouveau par la correspondance secrète entre l'impératrice et Mercy (1). Les nombreuses lettres de Marie-Thérèse, les rapports de Mercy, un peu longs sans doute, mais d'un détail scrupuleux et quotidien, donneront des informa-

---

(1) Les notes que nous avons jointes au texte offriront elles-mêmes beaucoup d'indications nouvelles. Nous avons constamment comparé les rapports de Mercy avec sa correspondance officielle, que nous avons citée très-souvent. Nous avons fait emploi d'une correspondance de Joseph II avec Mercy, d'une correspondance de Mercy avec Neny et Pichler, secrétaires intimes de l'impératrice, conservées également aux Archives de Vienne. Nous avons cité les billets de l'abbé de Vermond à Mercy. — Les Archives nationales de France nous ont offert une partie des papiers du comte de Vergennes et des détails, que nous aurions pu aisément multiplier, d'après les papiers de la maison de la reine. C'était aux archives étrangères qu'il fallait demander des peintures de la cour de Versailles pouvant servir à contrôler les nouvelles transmises par Mercy : or nous avons pu profiter des dépêches écrites par le ministre de Suède à Paris et conservées soit aux Archives royales, à Stockholm, soit à la bibliothèque de l'université d'Upsal. On sait combien Gustave III s'intéressait à la cour de France, au roi et la reine; son ministre, le comte de Creutz, était un observateur spirituel et bien instruit. Nous avons cité plus d'une fois aussi les dépêches conservées à l'Archive royale de Dresde. Il a fallu du reste se borner dans cette sorte de commentaire, qui pouvait devenir infini; nous avons insisté de préférence sur les renseignements inédits.

tions entièrement inédites, qui s'étendront au delà des limites de Schönbrunn ou de Versailles. Mercy se trouve en effet en un poste trop retentissant, et il inspire à l'impératrice une trop entière confiance pour qu'elle ne lui parle pas confidentiellement des affaires publiques et des grands intérêts qui l'occupent. Ils écrivent l'un et l'autre en français; mais on s'attend bien à un français passablement germanique, hérissé de tournures et d'expressions étrangères, souvent même incorrectes. Quelques-unes de ces expressions toutefois intéresseront les philologues. On a écrit l'histoire de la littérature française à l'étranger; on pourrait écrire aussi l'histoire de la langue française au delà des frontières de la France. En contact avec des génies différents, cette langue se transformait comme en divers dialectes. Sous la plume de Marie-Thérèse comme sous celle de Joseph II, elle semble avoir emprunté plusieurs locutions italiennes (1). Le style de l'impératrice est incorrect et rude, mais souvent expressif, grâce à la fermeté et à la hauteur de la pensée. Quant à Mercy, il est long et diffus; il abuse des répétitions et se perd dans les formules d'hommage et de respect. Nous espérons toutefois qu'on ne nous reprochera pas d'avoir donné tous ses rapports dans leur intégralité, sauf quelquefois des pages finales uniquement composées de protestations de dévouement ou de répétitions fatigantes. Ces cas exceptés, nous avons tout donné. On a tellement multiplié les récits et les documents vagues ou mensongers sur l'histoire de Marie-Antoinette, que nous serons peut-être excusables d'offrir jusqu'à l'extrême abondance les informations de la plus parfaite authenticité et du détail le plus précis. Voici pour la première fois, sur ces premières années du règne, presque entièrement ignorées et pourtant si décisives, des relations

---

(1) *Séquer* dans le sens de tourmenter, importuner (c'est l'italien *seccare*); *impegno* pour signifier engagement, obligation, etc. « C'est bien moi, ma chère fille, qui vous séque. » Lettre du 5 novembre 1777.

écrites au jour le jour, par un témoin dont une mère inquiète, une impératrice fidèlement obéie, invoque et exige d'exacts renseignements. Mercy peut bien être tenté de se montrer indulgent ou flatteur, de voiler ou de dissimuler ; mais Marie-Thérèse ne le lui permet pas : les plus sérieux griefs seraient ceux qu'elle accuserait le plus Mercy d'avoir passés sous silence. On aura donc ici, soigneusement observées et notées, toutes les actions et, peu s'en faut, toutes les pensées de Marie-Antoinette pendant la première moitié de son séjour en France. Quelle épreuve pour une personne historique, pour une reine, pour une femme, que cette lumière à flots, en présence de la postérité, sur sa vie de chaque jour, nous pourrions dire sur son corps et sur son âme, pendant ses années de jeunesse, de quinze à vingt-cinq ans, parmi tant de piéges et de dangers ! Voyons, par la simple analyse de nos documents, ce que nous découvrira cette lumière. La mémoire de Marie-Antoinette, disons-le tout de suite, n'aura pas lieu d'en être offensée. Nous ne trouverons pas l'idole que la sensiblerie des salons avait forgée, encore moins assurément la furie qu'avaient imaginée les clubs et les pamphlets en délire ; nous trouverons une reine qui a partagé quelques-unes des faiblesses, mais non les vices de son temps, et qui a montré dès cette première période sinon déjà un grand caractère (peut-être n'était-ce pas le moment encore), du moins un cœur bien placé, donnant à entendre qu'en face de l'excès du malheur, opposant la force morale, elle ne se courberait pas honteusement.

II

Que Marie-Antoinette, à son arrivée en France, eût eu grand besoin de rencontrer une affectueuse et constante protection, et qu'elle n'en trouva aucune, personne ne l'ignore. Elle est encore enfant, puisqu'elle n'a que quatorze ans et demi; son instruction est tout à fait inachevée : elle ne sait pas même bien écrire; elle parle incorrectement et le français et même l'allemand, qu'elle va bientôt presque complétement oublier; elle a peu de lecture, nulle habitude de réflexion. Son éducation n'est pas moins incomplète : presque aucune tenue, une extrême indolence, un grand besoin de plaisir ou seulement de distraction. Avec cela cependant certains dons précieux, une sincérité naïve, une aimable ouverture de cœur, et, quand elle ne s'abandonne pas, une grâce et un charme naturels invoquant par eux seuls, ce semble, la protection et le respect. Alors qu'elle a si grand besoin de direction, la cour qui la reçoit en 1770 ne lui offre que périls. Le pire de tous, le plus douloureux et le plus inattendu, est l'étrange situation qui lui est faite par son mari. On sait quelle fut auprès d'elle la timidité inouïe de Louis XVI, et qu'il fallut sept années et les conseils de Joseph II pour qu'elle devînt réellement épouse, et aussitôt elle fut mère. Pour qui lira avec attention nos documents, d'où nous n'avons à ce propos supprimé que ce qui doit inévitablement rester entre une mère et sa fille, nulle obscurité ne subsistera sur un si bizarre épisode, dont l'influence a été grande sur le caractère de Marie-Antoinette. Si elle eût eu dès le commencement sa double dignité d'épouse et de mère, il n'y a pas de raison de croire que le changement qui s'est accompli chez elle après la naissance d'un dauphin n'eût eu lieu plusieurs années auparavant. Marie-Thérèse avait donc toutes les raisons du monde de se préoccuper vivement d'un sujet pour elle en même temps si grave et si délicat.

Auprès de son mari elle rencontrait ses deux beaux-frères, le comte de Provence et le comte d'Artois, qui ne surent jamais que la jalouser et la compromettre. Le premier, à qui l'abandon où elle demeurait pendant tant d'années suggérait des espérances prématurées de succession, tantôt flattant sa belle-sœur, tantôt frayant avec ceux qui médisaient d'elle, dissimulait mal ses vues égoïstes et pouvait descendre à de lâches perfidies ; ses brusques manières, se rencontrant avec la gaucherie du dauphin, amenaient de singulières scènes d'intérieur, comme ce jour où Marie-Antoinette fut obligée de les séparer, à ses risques et périls, alors qu'ils se colletaient tous deux à coups de poings (1). Quant au comte d'Artois, il se rendait agréable par cet esprit de dissipation et ce goût de plaisir qui devinrent fort dangereux à sa belle-sœur, en l'entraînant au Bois, aux courses, aux bals de l'Opéra, à tant de fêtes où son mari ne venait pas, et qui furent l'occasion de beaucoup de calomnies (2). Marie-Antoinette ne conserva d'illusions, si jamais elle en eut aucune, ni sur l'un ni sur l'autre de ces deux princes. Monsieur avait à son égard tantôt des assiduités et des complaisances peu sincères, tantôt des attitudes de mécontentement et d'opposition. Il la tenait parfois au courant des pamphlets et des chansons satiriques (3) ; il lui faisait passer sous main et avec des manières d'intrigue des papiers contenant des conseils politiques ; mais ces manéges ne le faisaient pas estimer : il paraissait plutôt « joindre à un caractère très-faible, ce sont les propres expressions de la reine, une marche souterraine et quelquefois très-basse (4) ». Louis XVI ne pensait guère autrement à l'égard de son frère. Un jour qu'on avait joué dans la famille royale une scène de *Tartufe*, le comte de Provence ayant joué ce rôle : « Cela a été rendu à merveille, dit le roi ; les personnages y étaient dans leur naturel (5) ! » Quand le comte d'Artois tomba malade, en juillet 1776, toute la cour remarqua avec surprise l'indifférence de la reine. Mercy lui en ayant fait la remarque, elle répondit « qu'elle ne prenait aucun intérêt au prince son beau-frère ; que, liée avec lui par des occasions de pur amusement, toute

---

(1) Tome I, page 313.
(2) Voir le rapport de Mercy en date du 19 novembre 1777, etc.
(3) Tome I, pages 416, 425.
(4) Tome II, page 393.
(5) Tome II, page 184.

amitié cessait avec ces amusements, parce que le jeune prince n'avait aucune qualité qui pût lui concilier plus d'affection (1) ». On reconnaît le même sentiment qui lui dictera ce mot amer : « Si j'avais à choisir un mari entre les trois, je préférerais encore celui que le ciel m'a donné; son caractère est vrai, et quoiqu'il est gauche, il a toutes les attentions et complaisances possibles pour moi (2). » Le comte de Provence et le comte d'Artois s'étaient mariés; mais les deux belles-sœurs, maussades et disgracieuses, n'avaient été de nulle ressource; Marie-Antoinette s'exprime sur leur compte avec esprit quand elle écrit en 1776 à sa mère (3) : « Je n'ai rien à dire contre mes belles-sœurs, avec qui je vis bien; mais si ma chère maman pouvait voir les choses de près, la comparaison ne me serait pas désavantageuse. La comtesse d'Artois a un grand avantage, celui d'avoir des enfants; mais c'est peut-être la seule chose qui fasse penser à elle, et ce n'est pas ma faute si je n'ai pas ce mérite. Pour Madame, elle a de l'esprit, mais je ne voudrais pas changer de réputation avec elle. » Voilà de ces mots comme Marie-Antoinette en a souvent dans ses lettres, avec un accent de fierté et de tristesse qui accuse dès le premier jour la cruelle destinée.

Ce n'était pas auprès de Louis XV qu'elle aurait pu trouver un refuge. Elle était repoussée de ce côté d'abord par l'indolence invincible du vieux roi. Il avait montré cette indolence dans sa politique, en demeurant incapable de poursuivre jusqu'à l'action ses velléités, souvent généreuses et intelligentes; il en faisait preuve aussi dans sa vie privée, lorsqu'il abdiquait entre les mains de la maîtresse en titre toute influence même intérieure, et refusait de communiquer soit avec ses enfants, soit avec la favorite elle-même, en cas de

---

(1) Tome II, page 467. Voir aussi pages 454, 347, 323-4. 312, etc.
(2) Tome II, page 404.
(3) Tome II, page 454; 14 juin 1776.

réponses nécessaires, autrement que par de simples billets, dont Mercy nous cite quelques-uns, facilement écrits. On sait de plus quelle répugnance inspirait à Marie-Antoinette, comme au dauphin, la présence de Mme du Barry; de nouvelles preuves rappelleront quelles pénibles concessions lui furent imposées à l'égard de cette personne pendant ses années de dauphine, et de quelle invincible dignité elle sut à ce propos ne jamais se départir.

Il y avait bien Mesdames, filles de Louis XV, c'est-à-dire Mme Adélaïde, Mme Victoire, Mme Sophie, et Mme Louise, la Carmélite de Saint-Denis. Il semblait qu'auprès de ses tantes Marie-Antoinette dût rencontrer un affectueux accueil, de précieux conseils, une direction utile. Ce fut, peu s'en faut, le contraire qui arriva; non pas sans doute que Mesdames se soient montrées, comme on l'a dit, hostiles dès l'arrivée de la dauphine jusqu'à espérer de la faire renvoyer à Vienne; elles furent plus politiques. Elles embrassèrent leur jeune et très-innocente rivale, mais pour l'annuler. Désireuses de conserver leur influence, et surtout la représentation et les honneurs que devait leur enlever une dauphine, elles s'efforcèrent de la dominer, colorant leur conduite aux yeux de la cour, et peut-être à leurs propres yeux, par le prétexte de l'incontestable utilité dont aurait été pour elle une protection si naturelle et si honorable. Marie-Antoinette accepta et subit tout d'abord cette influence, qu'elle devait croire profitable et sincère, mais qui, venant de telles personnes, ne pouvait être ni l'un ni l'autre. Mesdames, sans mériter les calomnies infâmes qu'on inventa contre elles (1), étaient de vieilles filles, dévotes, tracassières, désagréables à leur père même, inconnues au dehors, enfermées dans une étroite étiquette. Mme Adélaïde, l'aînée et la plus ardente, menait les autres et vivait tout occupée d'intrigue; elle était violente et agressive contre Mme du Barry, mais toujours prête cependant, en

---

(1) Tome II, pages 178, 186.

vue de certaines basses menées, à se réconcilier, comme jadis elle avait fait avec Mme de Pompadour, jusqu'à accepter avec une singulière confiance un confesseur choisi par une telle main. Mme Louise, la Carmélite et la plus jeune des tantes, servait d'intermédiaire et d'instrument à la petite coterie de Mesdames pour les grâces à obtenir de l'Église; c'était elle qu'on faisait agir, par exemple, pour obtenir du pape d'annuler le mariage de Mme du Barry, après quoi on espérait faire épouser la favorite par Louis XV. Mesdames profitèrent de leur facile ascendant et de l'ennui qu'éprouvait Marie-Antoinette à tenir la cour pour obtenir que les réceptions eussent lieu chez elles. Assistant comme naguère aux présentations, elles ne permettaient pas que la jeune dauphine y fît bonne figure par quelques réponses, mais, prenant sa place, et pour la suppléer fort mal, elles *mâchonnaient* quelques mots, comme dit Walpole, et expédiaient mesquinement les choses, contentes d'avoir cru seules paraître. Ainsi envahissantes dans l'intérieur, elles n'aimaient pas à paraître en public, et voulaient inspirer à la dauphine la même crainte, tout cela au grand mécontentement de l'impératrice, qui grondait sa fille et la pressait de s'affranchir. Marie-Antoinette finit par secouer le joug, mais ce ne fut pas sans rester de ce côté exposée à une sourde guerre, qui s'ajouta comme un dangereux encouragement à d'autres hostilités plus ouvertes.

Aussi bien que la famille royale, la cour était divisée en petites factions où s'aigrissaient les esprits. A peine la dauphine est-elle arrivée en France qu'elle voit tomber le duc de Choiseul, le ministre auteur de son mariage, celui qui promettait d'être, avec tout le parti libéral, son guide et son appui. A sa place triomphent la du Barry et le ministre qui s'est fait sa créature, le duc d'Aiguillon. Une part de la victoire revient en outre à ce qu'on appelle la cabale des dévots, ennemie jurée de Choiseul à cause de l'expulsion des Jésuites et de l'affaire des parlements. Dans cette cabale figurent surtout Mme de Marsan, gouvernante des enfants de France, et qui avait élevé le dauphin ; le duc de la Vauguyon, gouverneur du comte d'Artois, et qui l'avait été aussi du dauphin et du comte de Provence ; le chancelier Maupeou, et puis les Rohan, famille de courtisans ambitieux, tels que le maréchal de Soubise, frère de Mme de Marsan, et le coadjuteur de Strasbourg, qui sera plus tard le trop célèbre cardinal. Ces deux factions diverses, mais coalisées par moments, celle du duc d'Aiguillon avec la du Barry, et celle des dévots, auxquels se rattachent les Rohan d'une part et Mesdames de l'autre, sont ou deviennent ennemies de Marie-Antoinette. Pour ces gens-là elle est la créature de Choiseul, elle est l'Autrichienne. Il ne faut pas chercher d'ailleurs à expliquer entièrement ces divisions par des partis politiques ; tout se réduit le plus souvent, dans ce monde étroit, à des questions de personnes, à de petites et cupides ambitions, à des amitiés et des haines privées, à des mots d'ordre de coterie, à des intrigues devenues traditionnelles dans les familles. Marie-Antoinette elle-même ne va pas, en cela, différer beaucoup de ses adversaires. Ses premières impressions exerceront une grande influence sur sa conduite ultérieure, et nous la verrons céder bien plus à des affections ou à des répugnances toutes personnelles qu'à des motifs en quelque mesure politiques. Elle déteste dès maintenant la du Barry et le duc d'Aiguillon, le duc de la Vauguyon et Mme de Marsan, et tout ce qui les approche, comme elle accueillera avec une prédilection quelquefois peu justifiée ceux qui se recommanderont auprès d'elle du nom et de la faveur de Choiseul, c'est-à-dire Besenval, Guines, Lauzun, Esterhazy.

Cette dauphine de quinze ans délaissée, épiée, trahie, aura du moins la protection de sa mère, qu'on va voir, plus assidue que jamais auprès d'elle malgré l'éloignement, entreprendre d'achever son éducation et prétendre à la sauver de mille dangers.

C'est une grande et intéressante figure que celle de Marie-Thérèse, l'impératrice-reine, et qui apparaît dans ces lettres à Mercy, entièrement inconnues jusqu'à ce jour, sous un aspect complexe. Il est très-curieux d'observer en elle la mère, la chrétienne et la souveraine. Son œuvre politique, d'un accomplissement difficile, a été de créer avec des éléments divers et épars le faisceau désormais constitué de la monarchie autrichienne. Les deux autres traits de son caractère la montrent supérieure à Frédéric II et à Catherine II. Elle a eu un noble et profond sentiment des devoirs qu'impose la souveraineté, dans un temps où d'autres monarques ne songeaient qu'aux droits exorbitants que le pouvoir suprême leur permettait d'usurper. Elle a de plus apporté à l'exécution de ces devoirs de grandes qualités personnelles, un esprit vraiment politique, de la suite et de l'énergie, un grand dévouement au travail, un caractère sérieux qui semblait n'être plus de cette génération. Nous observerons dans ses lettres confidentielles à Mercy une sincérité rare, soit lorsqu'elle s'ouvre à lui des chagrins qu'elle ressent de sa diversité de vues avec Joseph II, soit quand elle laisse voir quel combat se livre en elle, à propos du partage de la Pologne, entre sa conscience morale et sa crainte intéressée de laisser perdre l'occasion d'un agrandissement matériel. Il y avait chez elle de la bonté, par exemple envers ses serviteurs petits et grands. On peut en juger non-seulement par ses lettres à Mercy (1), mais par ses rapports presque depuis l'enfance avec le fidèle Sylva-Tarouca (2), par ses déférences pour Kaunitz, sa confiance dans Rosenberg, ses attentions pour ses secrétaires Pichler et Neny.

Il est toutefois difficile de distinguer dans Marie-Thérèse la mère et l'impératrice, à voir les conseils également mêlés de morale et de politique par elle prodigués à celles de ses filles qui obtiennent des

---

(1) « Je sens soulagées mes peines en vous les confiant. » Lettre du 3 mars 1770. « Il faut vous conserver pour la mère et la fille. » Lettre du 31 mai 1780, etc.

(2) Voir *Maria-Theresia und Graf Sylva-Tarouca, ein Vortrag...* par M. Th. G. von Karajan, Vienne, 1859, in-12. Cf. *Maria-Theresia und der Hofrath von Greiner*, par M. A. d'Arneth, dans les *Comptes-rendus des séances de l'Académie des sciences de Vienne*, volume XXX, mars 1859.

situations de souveraines. A partir du jour de leur mariage, elle est singulièrement assidue à les suivre et à vouloir les diriger. Elle entretint avec Caroline de Naples, qu'elle aimait beaucoup, une correspondance très-active, non retrouvée malheureusement. Elle aurait fait de même sans nul doute avec sa fille Marie-Amélie, duchesse de Parme, sans des circonstances tout exceptionnelles, desquelles nous devons ici tenir compte, tout épisodiques qu'elles puissent paraître, parce qu'elles occupent une large place dans nos papiers, et parce qu'elles nous éclaireront d'ailleurs sur une question pour nous principale, celle des sentiments et des principes qui guidaient Marie-Thérèse dans ses rapports avec ses filles.

L'archiduchesse Marie-Amélie, quatrième fille de l'impératrice-reine, avait été mariée en 1769 à l'infant espagnol don Ferdinand, devenu depuis quatre années duc de Parme et de Plaisance sous la double protection du roi de France, son grand-père maternel, et du roi d'Espagne, son oncle. Marie-Amélie arrivait dans les duchés au moment où ils étaient profondément troublés. Le prédécesseur et le père de Ferdinand, don Philippe, avait appelé naguère à l'intendance de sa maison, puis à l'administration de son petit État, un Français nommé du Tillot, qu'il avait fait marquis de Félino. Celui-ci avait remis l'ordre dans les finances et dans le gouvernement au prix de certaines réformes, expulsion des Jésuites, abolition de l'Inquisition, réduction des biens de mainmorte, suppression de couvents, qui avaient indisposé la cour de Rome et soulevé mille ressentiments particuliers à l'intérieur. La venue de Marie-Amélie en de pareilles circonstances n'était pas faite pour rendre le gouvernement plus facile. Elle était âgée de vingt-trois ans quand son mari n'en avait que dix-huit; elle avait l'humeur impérieuse et altière quand le duc était seulement capricieux et craintif. Marie-Thérèse allait-elle essayer de profiter d'une si belle occasion de régenter et de faire dominer sa propre influence? Allait-elle combattre en la personne du marquis de Félino un de ces ministres réformateurs qu'inspirait l'esprit du dix-huitième siècle? Sa conduite envers Parme nous sera-t-elle un indice pour apprécier ensuite ses rapports avec la cour de Versailles?

Marie-Thérèse commença par remettre à sa fille, au moment de son départ, des instructions assurément très-sensées (1) : « Ne faites en rien comparaison, disait-elle, entre ce qui se pratique ici (c'est-à-dire à Vienne) et ce que vous verrez à Parme. Vous êtes étrangère et sujette; c'est à vous d'apprendre et de vous conformer, d'autant plus que vous êtes plus âgée que votre époux et maître; ne donnez pas lieu au soupçon de le vouloir dominer... La cour de Parme est montée sur un pied très-décent et convenable; je vous avertis de ne penser qu'à en suivre les coutumes, et de n'y rien changer avant d'être bien au fait si le changement vaut mieux et s'il convient à votre époux. Vous savez que nous sommes sujettes à nos maris, que nous leur devons obéissance. Tout le bonheur du mariage consiste dans la confiance et complaisance mutuelles. Le fol amour se dissipe; mais il faut s'estimer et être utiles réciproquement, il faut être amis l'un de l'autre pour être heureux dans l'état du mariage... Du Tillot est le ministre de l'infant. Étant étranger et ne pensant qu'au bien de son maître, ses ennemis sont en grand nombre; mais ils ne lui rendent pas moins la justice qu'il sert bien et avec intégrité. N'écoutez aucun conte qu'on s'aviserait de vous faire contre lui. Je sais que plusieurs espèrent parvenir par vous à un changement dans le ministère; ne vous fiez pas aux insinuations qu'on voudrait vous faire à cet effet. Respectez en lui le choix de votre époux; n'écoutez personne ni sur son compte ni sur les affaires du gouvernement... »

Il est intéressant de remarquer en quoi ces instructions diffé-

---

(1) Tous les documents que nous allons invoquer sur l'affaire de Parme sont tirés des Archives de Vienne et inédits.

raient de celles que Marie-Thérèse rédigea pour Marie-Antoinette l'année suivante : elle observait la diversité des situations et des caractères. A celle-ci, qui aborde si jeune une cour telle que celle de Versailles, elle ne parle que des devoirs de piété, des vertus de famille, de la tenue qu'il faudra personnellement garder. A Marie-Amélie, plus âgée, ambitieuse et ardente, elle parle d'affaires, conseillant l'abstention, la prudence, la modestie, mais n'hésitant pas à déclarer elle-même qu'en dépit des protestations pontificales il faut appuyer du Tillot et ses utiles réformes. Du reste elle prêchait en vain : la cour de Parme, au lieu d'écouter ses avis, devenait le théâtre des plus singuliers désordres. Le jeune duc offrait un caractère étrange, qu'expliquait en partie seulement sa bizarre éducation. Condillac et Mably l'avaient élevé : c'était trop de deux philosophes. Il n'y a qu'à parcourir le *Cours d'études* en seize volumes rédigé par eux à cette occasion pour comprendre qu'ils sacrifièrent l'intérêt pressant de leur élève, non pas peut-être à leur réputation d'écrivains, mais tout au moins à leur goût d'abstraction et de généralisation dogmatique. Mably en particulier, dans son *Traité de l'étude de l'histoire,* évoquait en faveur du malheureux infant tous ses souvenirs de l'ancienne Grèce, et particulièrement de Sparte, son idéal. Il lui disait sous toutes les formes : « Soyez Minos ou Lycurgue, c'est-à-dire un roi pacifique et législateur; ne soyez pas un conquérant comme Cyrus ou comme Alexandre. Évitez à vos peuples le désastreux fléau des armées permanentes. » C'étaient là de bien grands noms et de bien grands mots pour le petit souverain de Parme, dont l'armée n'aurait été en aucun cas formidable. Condillac et Mably s'étaient proposé, disaient-ils « de suivre ici la même marche que l'esprit humain a suivie pour créer les arts et les sciences »; ils eussent beaucoup mieux fait de se conformer à la marche plus incertaine de l'intelligence qui leur était confiée. Cette éducation du prince de Parme fut une sorte d'expérience philosophique comme les aimait le dix-huitième siècle. Conduite sans bon sens, sans douceur ni pitié, elle prétendit faire de l'enfant subitement un homme, et fit de l'homme un enfant hébété, brutal, volontaire, à la fois un débauché et un dévot. Ses deux passions du moment, écrit-on vers 1770, sont de monter à tous les clochers pour sonner les cloches et de faire rôtir des marrons! On imagine ce que devint Parme lorsqu'à ce néant vint s'ajouter l'humeur violente et fantasque de l'archiduchesse Marie-Amélie. Don Ferdinand avait du moins laissé l'habile ministre de son père, du Tillot, poursuivre son administration hardiment réformatrice; il n'avait écouté ni ceux qui criaient à l'impiété, assurant que du Tillot ne faisait pas maigre le vendredi, ni les organes d'un parti soi-disant national, qui s'indignaient de se voir gouvernés par un étranger. L'infante, beaucoup moins sage, s'avisa de vouloir, aussitôt arrivée, être à elle seule tout le gouvernement et renvoyer du Tillot. Son éducation, à elle aussi, avait été singulièrement incomplète et superficielle : il est curieux de voir ce qu'était devenu dans la cervelle de cette sœur de Marie-Antoinette le peu qu'elle avait saisi au passage des maximes politiques et morales de son temps. Voulant faire preuve de naturel et de simplicité, elle détruisit tout ce que la cour de Parme avait conservé d'étiquette ou de tenue extérieure et traditionnelle. Ayant entendu dire que, pour gouverner, il faut « connaître les hommes », elle prenait ce dernier précepte au pied de la lettre, et ordonnait qu'on laissât entrer tout le monde dans ses appartements, pêle-mêle et sans nulle distinction. « Elle fait manger tout cela avec elle, dit un contemporain, et répète trente fois le jour qu'elle veut apprendre à connaître les hommes! Les gardes du corps entrent au bal chez l'infante, s'asseoient au jeu, dansent avec les princes; ainsi font les huissiers et jusqu'aux valets. La clôture même des couvents ne l'arrête pas, et elle exige, quand elle les visite, qu'on laisse entrer derrière elle, en dépit du scandale, sa suite et ce qui s'y rattache, hommes du peuple, ouvriers ou soldats. » Son mari, loin de la diriger et de la retenir, ne savait qu'exécuter ses volontés; il mettait ces mots en tête de ses ordonnances : « Nous voulons, ma femme et moi... » et, quand il avait signé quelque mesure trop excentrique, il s'excusait auprès de ses ministres en rejetant la responsabilité sur elle. Le désordre s'accrut au point que les cours protectrices de Parme durent nommer à l'infant des tuteurs pour gouverner à sa place, et d'abord de concert avec du Tillot. Ce furent le marquis de Chauvelin et le comte de Durfort, envoyés par le roi de France, puis don Llano, venu d'Espagne. Marie-Thérèse n'hésita pas à s'associer à ces efforts, elle persista jusqu'au bout à soutenir contre sa fille et son gendre leur ministre réformateur. Au même temps la reine de Naples avait aussi des querelles avec son ministre Tanucci, autre organe des idées du dix-huitième siècle, et de ce côté encore l'impératrice se rangeait vers la cause du progrès : « Ma fille de Parme va trop vite en besogne, écrivait-elle, et la reine de Naples se gendarme contre Tanucci. Quels seront à la fin les raisonnements qu'on fera, même à mon tort, sur les procédés de mes filles vis-à-vis des ministres? On leur prêtera sûrement une envie décidée de dominer, et les réflexions qu'on fera sur ce sujet pourront bien influer sur l'avenir de ma dauphine. »

Ces dernières paroles sont très-dignes d'attention. Elles montrent que Marie-Thérèse comprenait les dangers que pourrait attirer sur ses filles, notamment sur Marie-Antoinette, une indiscrète intervention dans les affaires, surtout si l'on croyait pouvoir l'attribuer, ce qui ne manquerait pas, à l'influence de leur mère. Sa conduite, dans ses rapports avec la dauphine de France, a-t-elle été conforme ou contraire à ces sentiments formellement exprimés? Exerça-t-elle sur sa plus jeune fille un ascendant notable dont elle pût être tentée de se servir en vue d'intérêts plus autrichiens que français? Ou bien engagea-t-elle Marie-Antoinette à revendiquer elle-même un rôle influent à la cour de Versailles? On sait tout l'intérêt de ces questions dans l'histoire de la reine; la nouvelle correspondance nous offrira de précieuses lumières qui pourront servir à les discuter.

III

Nous ne voulons pas examiner ici ce problème, d'un intérêt qui n'a peut-être pas entièrement vieilli, à savoir si l'alliance conclue entre la France et l'Autriche en 1756 pour s'opposer aux progrès déjà menaçants de la Prusse était heureuse ou non pour les deux pays et particulièrement pour la France. Frédéric II a très habilement exploité d'abord les souvenirs survivants de l'excessive prépondérance que l'ancienne maison d'Autriche avait exercée sur toute l'Europe, et plus tard les regrets de la guerre de Sept ans; il a su mettre avec lui l'opinion des philosophes, maîtres de l'esprit public, et le succès de ses armes a achevé de lui faire beaucoup de partisans. Cette sorte de popularité lui a été fort utile. Pendant que l'Autriche, dont la puissance avait été ébranlée par la guerre de succession après la mort de Charles VI et diminuée par la perte de la Silésie, commençait sans doute à n'être plus tant à craindre pour l'équilibre de l'Europe, la Prusse grandit avec tous les signes d'une politique funeste et d'un militarisme redoutable. Il put donc sembler à propos de s'unir avec l'une des deux puissances contre celle qui devenait dangereuse. On comprend que de la réponse qu'on fait à ces questions peut dépendre en certaine mesure l'appréciation du rôle de Marie Antoinette et des conseils de sa mère. L'alliance avec l'Autriche venait d'être solennellement renouvelée : la dauphine en était le gage. Il ne pouvait par conséquent sembler étrange que, de Vienne, Marie-Thérèse fît de constants efforts pour sauvegarder un pacte qui avait désormais à ses yeux un double intérêt, politique et de famille. S'agit-il à Versailles de nommer un ministre des affaires étrangères ou bien un représentant de la France en Autriche, elle écrit à Mercy et, au besoin, à sa fille pour tenter d'obtenir le choix d'un homme « dévoué à l'alliance ». On verra son chagrin lorsqu'est nommé, dans un moment où la chute de Choiseul avait ébranlé l'union, ce Louis de Rohan contre lequel de secrets pressentiments sembleront tout aussitôt l'animer, et que remplacera le baron de Breteuil, à sa grande joie. Il n'y a là rien, ce semble, qui doive étonner ; chaque cour alliée agissait de même.

Quant aux deux conseillers que Marie-Thérèse avait placés à côté de sa fille, le comte de Mercy et l'abbé de Vermond, c'étaient des hommes prudents et dévoués. Pour ce qui est du dévouement, Mercy en a donné jusque dans les plus mauvais jours les plus évidents témoignages. Il lui arrive bien parfois de souhaiter et de provoquer une intervention dangereuse de la reine dans les affaires ; en général cependant il est attentif et habile à ne point trop paraître auprès d'elle, et il excite en effet si peu de soupçons que nul n'a connu sa correspondance secrète. Quant à Vermond, dont on n'a pas deviné non plus tout le rôle, c'est sur lui que les accusations les plus ardentes et les plus erronées se sont réunies. Les documents tirés des Archives de Vienne jetteront sur son personnage la plus décisive lumière (1). Il n'a pas été le traître et le perfide qu'on a voulu dénoncer ; il n'a pas formé le hideux projet de corrompre et d'abêtir sa royale élève ; il n'a pas eu pour constante préoccupation de s'enrichir, lui et les siens ; il n'a point joui personnellement enfin d'un très-grand crédit ni d'une vraie influence. Nous ne vantons pas son intégrité : il a demandé avec ténacité pour lui-même et obtenu deux abbayes : il a de plus contribué à faire élever au ministère son ancien protecteur Loménie de Brienne, de concert

---

(1) On trouvera une partie de sa correspondance avec Mercy à la fin du volume de M. A. d'Arneth intitulé : *Maria Theresia und Marie-Antoinette*. Nous donnons quelques autres lettres de lui, par exemple celle où il raconte ses hardies représentations à la reine (Voir plus bas, page LVIII) : mais nous nous sommes abstenus de publier tout ce que nous offraient les Archives de Vienne : Vermond écrit mal, avec beaucoup de diffusion, et trop souvent sans donner des informations utiles.

toutefois avec Mercy et, l'on peut dire, avec l'opinion publique, qui, assez mal éclairée, soutenait ce prélat, le croyait éloquent et capable des grandes affaires. En somme Vermond a été un homme médiocre, fort peu habile, ce semble, à intéresser et à captiver une jeune intelligence ; mais il a eu avec Mercy entre Marie-Thérèse et Marie-Antoinette un rôle important de témoin et d'interprète discret, prudent, dévoué, dont il s'est acquitté de manière à mériter la confiance et la reconnaissance très-sincère de l'impératrice (1).

Faut-il admettre cependant que la cour de Vienne, que Marie-Thérèse et Joseph II n'aient pas tenté d'exercer par Marie-Antoinette en vue de leurs propres intérêts une pression sur Louis XVI et le cabinet de Versailles? N'ont-ils à cet égard usé que de modération dans les occasions graves, par exemple au sujet de deux grandes affaires politiques qui tiennent une très-large part dans l'histoire des rapports entre les deux pays ainsi que dans nos correspondances, et sur lesquelles nous devons donc insister? Nous voulons parler du partage de la Pologne et de l'affaire de la succession de Bavière.

Que la première pensée du partage de la Pologne doive être attribuée à ce même Frédéric II qui, au même temps, méditait avec les cours de Pétersbourg et de Copenhague le démembrement de la Suède, c'est un point récemment encore contesté, il est vrai, mais, croyons-nous, sans succès (2). Le grand Frédéric introduisait de la sorte dans l'Europe moderne cette politique sans foi ni scrupules dont on a vu depuis de sinistres imitations. On sait qu'en 1772, devant les succès menaçants de la Russie contre les Turcs et la médiation de l'Autriche, il voulut lui aussi intervenir, et proposa d'offrir à la Russie un agrandissement en Pologne, afin que la Turquie fût respectée. Pour maintenir l'équilibre, ajoutait-il, la Prusse et l'Autriche de-

---

(1) C'est le jugement que porte de lui le comte de La Marck. Voir sa correspondance avec Mirabeau, publiée par M. de Bacourt.

(2) Voir l'ouvrage de M. Ad. Beer, *Die erste Theilung Polens*, 3 vol. in-8°, Vienne, 1873.

vaient s'adjuger elles-mêmes une part de ce royaume polonais, dont la perpétuelle anarchie troublait l'Europe orientale et ouvrait à la prépondérance moscovite une dangereuse carrière. Le prince Henri dut aller trouver Catherine II, qui, prétendant à des avantages sur les bords du Danube, accepta cependant ce qu'on lui offrait en échange et se laissa aisément persuader. Quant à l'Autriche, Frédéric, après avoir fait la connaissance personnelle de Joseph II dans les entrevues de Neisse et de Neustadt, jugea qu'il se prêterait facilement à ce qu'on voulait accomplir. Marie-Thérèse seule protestait; mais le roi de Prusse, une fois son accord fait avec la Russie, pressa l'Autriche d'accepter. Il y avait lieu de craindre une guerre dans un moment où l'armée autrichienne n'était pas prête et quand le ministère français ne témoignait qu'insouciance et apathie. Les expressions des angoisses que ressentit alors Marie-Thérèse sont trop bien attestées et trop intimes pour n'avoir pas été sincères. Les voici consignées en deux notes écrites de sa main pour son ministre Kaunitz, et que conservent aujourd'hui les Archives de Vienne. L'incontestable authenticité et l'évidente importance de ces deux documents non destinés à la publicité, et de fait restés inédits jusqu'à ce jour, les feraient substituer à bon droit aux témoignages analogues, mais peu authentiques, qui se trouvent cités dans beaucoup de livres; ils s'ajoutent d'ailleurs utilement aux fortes expressions que la correspondance avec Marie-Antoinette contient sur le même sujet (1).

---

(1) On cite d'ordinaire, à propos des scrupules de Marie-Thérèse, deux morceaux qui ne sont pas à l'abri de la critique. Ils ont été publiés d'abord par Hormayr dans le *Taschenbuch* de 1831, puis reproduits par M. Preuss au tome IV, page 35, de son ouvrage biographique sur Frédéric II, et par lord Mahon dans l'appendice de son *Histoire d'Angleterre* (édition Tauchnitz, tome V, page 387). Or le premier est loin de reproduire exactement l'original, qui se trouve, rédigé en allemand, aux Archives de Vienne; le second consiste en quelques lignes apposées, dit-on, par Marie-Thérèse auprès de sa signature au bas du rapport décidant l'adoption du traité : « *Placet*, puisque tant d'hommes habiles et instruits le veulent de la sorte ; mais longtemps après ma mort, on verra ce qui résultera d'avoir ainsi méprisé tout ce qui, jusqu'à ce jour, avait passé pour saint et juste. » De telles paroles,

Le premier de ces documents atteste les efforts de l'impératrice pour échapper aux étreintes qui l'enserrent. Au moment de l'inévitable décision, elle exhale toutes ses répugnances, tous ses scrupules : elle voudrait au moins que les trois puissances alliées stipulassent en faveur de la Pologne un dédommagement, en lui faisant céder par les Turcs vaincus les provinces de Valachie et de Moldavie. Une apostille de la main de Kaunitz en tête de cette pièce nous en donne la date : « Opinion de S. M. l'impératrice-reine sur le parti à prendre en conséquence de la note du baron van Swieten (1) du 5 février 1772. » La Russie et la Prusse signaient le 17 février leur convention secrète ; l'Autriche allait y adhérer en avril (2).

J'avoue qu'il me coûte, écrit-elle, de me décider sur une chose dont je ne suis aucunement rassurée qu'elle est juste, si même elle était utile, mais je ne trouve pas même l'utile. Le plus facile serait d'accepter le partage qu'on nous offre de la Pologne ; mais par quel droit dépouiller un innocent qu'on a toujours prôné vouloir défendre et soutenir ? Pourquoi tous ces grands et coûteux préparatifs et tant de bruyantes menaces pour l'équilibre du Nord ? La seule raison de convénience, pour ne pas rester seule entre les deux autres puissances sans tirer quelque avantage, ne me paraît pas suffire, ni même être un prétexte honorable pour se joindre à deux injustes usurpateurs, dans la vue de plus abimer encore, sans aucun autre titre, un troisième. Je ne comprends pas la politique qui permet qu'en cas que deux se servent de leur supériorité pour opprimer un innocent, le troisième peut et doit, à titre de pure précaution pour l'avenir et de convénience pour le présent, imiter et faire la même injustice, ce qui me paraît insoutenable. Un prince n'a d'autres droits que tout autre particulier ; la grandeur et le soutien de son État n'entrera pas en ligne de compte quand nous devrons tous comparaître à le rendre... Ce qui pourrait nous échoir n'égalera jamais

---

écrites de la main de l'impératrice, seraient assurément fort précieuses. Le malheur est qu'il n'y en a traces ni souvenirs aux Archives de Vienne ni ailleurs. Le plus sage est donc de douter de l'authenticité.

(1) Ministre d'Autriche à Berlin.
(2) Lettre de Joseph II à Léopold, page 367 de *Maria-Theresia und Joseph II*.

en grandeur et convénience la moitié de la portion des autres. Il ne peut être question de la Servie et Bosnie, seules provinces qui nous conviendraient. Il ne nous reste que la Valachie et la Moldavie, pays malsains, dévastés, ouverts aux Turcs, Tartares, Russes, sans aucune place, enfin pays où il faudrait employer bien des millions et du monde pour s'y maintenir. Notre monarchie peut se passer d'un agrandissement de cette espèce, qui tournerait à sa ruine complète. Il faudrait par conséquence revenir à la Pologne et lui assigner à titre d'indemnisation la Valachie et la Moldavie ; ce serait encore le seul moyen le moins mauvais auquel je pourrais me prêter : tous les autres ou mèneraient à une guerre avec les Turcs qui serait injuste, ou à dépouiller un troisième sans l'indemniser. Que diront la France, l'Espagne, l'Angleterre, si tout d'un coup on se lie étroitement avec ceux auxquels nous avons tant voulu imposer, et dont nous avons déclaré les procédés injustes ? J'avoue, ce serait un démenti formel de tout ce qui s'est fait depuis trente ans de mon règne. Tâchons plutôt de diminuer les prétentions des autres au lieu de penser à partager avec eux à des conditions si inégales. Passons plutôt pour faibles que pour malhonnêtes.

La seconde pièce ne porte aucune date, mais elle est sans nul doute postérieure à celle qu'on vient de lire, car le parti y est pris. Marie-Thérèse en est encore affligée ; elle continue de gémir, en rappelant la série de fautes qui ont rendu ce résultat inévitable ; mais déjà elle s'occupe de ce qu'on devra dire aux alliés de l'Autriche, à la France, à l'Espagne, quand l'heure sera venue des explications nécessaires :

« .. Nous n'empêcherons plus le roi de Prusse d'arracher une partie de la Pologne, dit-elle ; la Russie prendra la sienne, et on nous en offre une égale. Entre particuliers une offre de cette nature serait une insulte et l'accepter une injustice : les lois du droit, de la nature, n'ont-elles pas la même force sur les actions des souverains ? Le dénouement de la scène n'obtiendra sûrement pas l'applaudissement de nos alliés. Si le duc de Choiseul était encore en place, il voudrait sans doute profiter de l'occasion pour nous enlever quelque partie des Pays-Bas, où nous ne serions pas en état de faire la plus légère résistance. Au reste, comme nous avons usé jusqu'ici de tant de réserve avec la France, il faudra continuer sur le même pied jusqu'à la conclusion de la paix et l'exécution de nos arrangements avec la Russie et avec la Prusse. Alors on devra alléguer des raisons au moins spécieuses pour nous justifier. On pourrait dire par exemple à la France : 1° que c'est elle-même qui est la première cause de tous les événements actuels, par les mouvements que, malgré toutes nos exhortations, elle s'est donnés pour exciter la Porte à déclarer la guerre à la Russie; 2° qu'en prenant ce parti, elle ne s'est pas inquiétée de tous les embarras, frais et dangers que doit naturellement nous occasionner la guerre allumée dans notre voisinage, et de l'influence prépondérante que devait avoir dans cette guerre et dans la paix qui la terminerait celui de nos ennemis que nous avons le plus à redouter; 3° que, voyant le danger dont, par le succès de la Russie et sa liaison intime avec le roi de Prusse, nous étions menacés de toutes parts sans avoir d'aucun côté quelque secours efficace à espérer, nous avions naturellement dû aviser par nous seuls aux moyens de nous en tirer; 4° que c'eût été nous exposer de gaieté de cœur à notre propre ruine que d'entreprendre une guerre difficile contre la Russie, et de nous attirer par là une attaque certaine de la part du roi de Prusse; qu'il avait donc fallu borner nos vues à diminuer autant que possible les sacrifices que la Porte serait obligée de faire pour prévenir la destruction totale de son empire; que, pour réussir dans ce point, nous étions réduits à la nécessité de consentir au démembrement de la Pologne, déjà concerté entre la Russie et le roi de Prusse; que, ce démembrement une fois résolu, l'intérêt de notre propre sûreté et celui de l'Europe entière avaient exigé que nous prissions, quoique à regret, le parti de chercher à contre balancer le surcroit de force que ces deux puissances acquéraient, en nous réservant à nous-mêmes une part de ce démembrement sur laquelle nous avons d'ailleurs des droits incontestables. 5° On pourrait ajouter, pour justifier ultérieurement la réserve dont nous avons usé vis-à-vis de la France, et prouver combien il serait mal à cette cour de marquer du mécontentement ou de l'ombrage de l'extension de nos frontières du côté de la Pologne, que le ministère français ayant jugé à propos de traiter sans aucun concert et communication avec nous sa dernière négociation avec l'Angleterre, ainsi que plusieurs arrangements et des conventions de limites avec différentes puissances, et ayant de plus fait sans notre participation l'acquisition importante de la Corse et du Comté d'Avignon, on aurait lieu d'être surpris si, après n'avoir essuyé de notre part ni obstacle ni reproche dans toutes ces occasions, il se croyait permis d'en user autrement à notre égard dans la présente circonstance (1).

On peut mesurer, à ses expressions de sincère répugnance tout d'abord et à son conseil de donner en dédommagement à la Pologne deux provinces qu'elle n'estime du reste qu'à leur médiocre valeur, à ses efforts ensuite pour expliquer la résolution prise, quel sentiment profond Marie-Thérèse avait de l'entière injustice d'un acte tel que le démembrement de 1772. Si nous avançons de quelques mois, vers l'époque irrévocable de la signature du traité public de partage (2) et au delà, son langage n'est plus le même. Il ne s'agit plus de récriminations ni de remords; il faut faire maintenant son métier de souveraine; il faut tirer le meilleur parti possible des nécessités politiques, et parer aux conséquences dangereuses du fait accompli. Si l'on a dû, malgré tout, accepter une part, il faut qu'elle ne soit pas inférieure à celle des autres. Sur ce point Marie-Thérèse n'obtient pas tout ce qu'elle voudrait, et ses lettres abondent en doléances désormais intéressées, jusqu'à celle du 1er février 1773, où elle prononce cette parole précieuse à recueillir parce qu'elle résume avec une égale sincérité les deux pensées qui l'animent : « J'ai été toujours contraire à cet inique partage, si inégal ! »

Au lendemain d'un tel épisode, il fallait se garder de tout le monde, de ses nouveaux comme de ses anciens alliés. Il pouvait arriver qu'une intrigue du roi de Prusse entraînât la France, et que celle-ci, s'autorisant de la faute commise par l'Autriche, fût tentée d'abandonner son ancienne politique. Le cabinet de Vienne entendait bien mettre en jeu tous les ressorts contre un tel dan-

---

(1) C'était un des arguments que Kaunitz employait dans ses entretiens avec Rohan. Voir Al. de Saint-Priest, *Études diplomatiques et littéraires*, tome Ier, page 267.

(2) 25 juillet vieux style, 5 août nouveau style.

ger. Marie-Thérèse y aidera de tout son pouvoir en provoquant au besoin à Versailles l'intervention de sa fille. Là règnent encore la du Barry et son ministre d'Aiguillon. La faiblesse de ce gouvernement a laissé faire le partage; il ne faut pas qu'il s'avise maintenant de reprendre quelque énergie en présence des résultats inévitables. C'est en raisonnant de la sorte que Marie-Thérèse en vient à souhaiter deux choses : d'abord pas de changement dans le ministère français. « Il est plutôt avantageux que contraire à nos intérêts, écrit-elle à Mercy le 2 août 1773, que le duc d'Aiguillon reste à son poste, du moins jusqu'à l'arrangement final des affaires de Pologne. Doué de peu de génie et de talents, sans crédit, harcelé sans cesse par les factions, il se trouve peu en mesure de nous susciter des embarras. Notre besogne serait bien plus difficile si le duc de Choiseul, tout bien intentionné qu'il était jadis, se trouvait encore en place, et elle pourrait le devenir de même si Broglie venait à remplacer Aiguillon. » Le second vœu que Marie-Thérèse exprime est que sa fille la dauphine évite plus que jamais, en une situation si délicate, de mécontenter Louis XV, c'est-à-dire Mme du Barry. Elle demande même quelques politesses à l'égard de la favorite, non pas au-delà de cette limite qu'elle-même naguère n'a pas franchie à l'égard de la Pompadour (1), mais pour prévenir, dans une cour si peu sûre, quelque futile occasion pour un changement de conduite. « Nous savons pour certain que l'Angleterre et le roi de Prusse veulent gagner la Barry. La France pateline avec la Prusse. Le roi est faible, ses alentours ne lui lais-

---

(1) Marie-Thérèse a formellement démenti dans une lettre du 10 octobre 1763 à l'électrice Marie-Antoine de Saxe, née princesse de Bavière, l'histoire du fameux billet qu'elle aurait écrit en 1756 à Mme de Pompadour en la traitant de *chère amie*. « Vous vous trompez, dit-elle, si vous croyez que nous avons jamais eu des liaisons avec la Pompadour : jamais une lettre; ni que notre ministre ait passé par son canal ; ils ont dû lui faire la cour comme tous les autres, mais jamais aucune intimité : ce canal ne m'aurait pas convenu. » Cette lettre, qui se trouve aux Archives royales de Dresde, est citée dans l'ouvrage de M. Ch. de Weber : *Maria Antonia Walpurgis, Churfürstin zu Sachsen*, I, 144.

sent pas le temps de réfléchir et de suivre son propre sentiment. Vous voyez par ce tableau combien il importe à la conservation de l'alliance qu'on emploie tout pour ne pas se détacher dans ce moment de crise. Pour empêcher ces maux il n'y a que ma fille : il faut qu'elle cultive par ses assiduités et tendresse les bonnes grâces du roi, et qu'elle traite bien la favorite. Je n'exige pas des bassesses, encore moins des intimités, mais des attentions pour son grand-père et maître, en considération du bien qui peut en rejaillir à nous et aux deux cours : peut-être l'alliance en dépend (1). » La correspondance de Marie-Antoinette contient cependant les vives expressions de sa fierté impatiente à l'égard de celle qu'elle appelait « la plus sotte créature », et ses assurances qu'on ne lui fera rien faire « contre l'honneur ». Il lui fallait étouffer ces généreux sentiments quand on lui faisait croire qu'elle risquait ainsi de détruire l'union entre ses deux familles et ses deux patries.

A cela du moins se bornent le rôle que Marie-Antoinette a joué et même celui qu'on lui a demandé au sujet de l'affaire de Pologne. Rien n'est justifié à ce propos des vagues accusations de Soulavie, trop souvent répétées. L'alliance avec l'Autriche, à en croire ce dernier, a été sous le règne de Louis XVI le malheur de la France ; Marie-Antoinette en a été le gage, elle est devenue l'instrument funeste d'une politique dictée par la cour de Vienne et en tout humiliante : on l'a vu tout d'abord dans l'affaire de Pologne. Nous avions à Vienne, dit encore Soulavie, un fort habile ambassadeur, le prince de Rohan ; il avait su se procurer de très-précieuses informations, et, en avril 1772, il dénonçait l'intrigue des trois puissances contre la Pologne ; donc Marie-Thérèse et Marie-Antoinette n'eurent pas de repos qu'elles ne l'eussent fait rappeler. M. Alexis de Saint-Priest, dans une étude d'ailleurs spirituelle et utile sur le partage de la Pologne, accepte ce raisonnement : il fait allusion, lui aussi,

---

(1) Lettre à Mercy du 2 juillet 1772, tome I, page 321.

à l'histoire d'une lettre de Rohan traitant d'hypocrites les scrupules de Marie-Thérèse, et qui aurait été lue avec grande moquerie par Mme du Barry elle-même dans un joyeux souper de chasseurs; mais il donne à entendre qu'un motif bien plus fort du ressentiment de l'impératrice et de la dauphine était la perspicacité politique du diplomate français. « La cour de Vienne le détesta, dit-il, parce qu'il l'avait pénétrée. Poursuivi par elle, il tomba victime d'une conduite patriotique, d'autant plus à plaindre en cela que la postérité elle-même, trompée par ses ennemis, lui a voué dès lors un mépris qu'il n'a mérité que plus tard (1). » Nos documents ne paraissent pas confirmer ces vues. Pour ce qui est de la thèse générale qu'ont soutenue Soulavie et bien d'autres contre l'alliance autrichienne, c'est mal raisonner, ce semble, que de l'appliquer à l'affaire de Pologne. On ne peut supposer un instant qu'une entente de la France avec la Prusse aurait arrêté un Frédéric II dans l'exécution d'un projet si profitable à sa monarchie; il n'y eût eu pour imposer un tel résultat qu'une sérieuse menace de guerre, de la part d'un ministre français comme Richelieu ou d'un roi comme Louis XIV, et assurément l'alliance de la France avec l'Autriche eût été dans ce cas fort utile. Quant à Rohan, quel grand mérite à lui d'avoir soupçonné le démembrement au milieu d'avril? La convention secrète était signée entre Russie et Prusse dès février. L'affaire était consommée et sans remède; elle commençait à percer dans le public, mande Joseph II à Léopold, et les Français avaient eu déjà vent de la mine à Berlin (2). Rohan s'était procuré secrètement, il est vrai, des dépêches autrichiennes (3), et nos papiers en effet confirmeront tel de ses rapports qui valut au cabinet de Versailles d'utiles informations; mais il faut se rappeler ce que nous avons dit de

---

(1) *Études diplomatiques et littéraires*, tome Ier, page 265.
(2) A. d'Arneth, *Maria-Theresia und Joseph II*, tome Ier, page 368.
(3) Voir l'important recueil de M. Boutaric, *Correspondance secrète inédite de Louis XV*, 2 volumes in-8°, 1866.

l'espèce de brigandage qui se commettait généralement alors dans le champ des communications diplomatiques : il n'était pas de ministre ou d'ambassadeur qui n'obtînt ce qu'on appelle dans le style du temps des *intercepts*. Il y avait d'ailleurs une bonne raison pour que Rohan n'eût pas instruit de bonne heure son gouvernement : il n'était en fonctions que depuis trois mois, le ministère français ayant jugé à propos de laisser longtemps vacante, en de pareilles circonstances, une telle ambassade : depuis le départ de Durfort, lors du mariage de la dauphine, la France n'avait plus qu'un chargé d'affaires à Vienne (1). L'histoire de la lettre sur Marie-Thérèse lue chez Mme du Barry a été bien souvent répétée, mais, ce semble, d'après la seule Mme Campan. Il n'y en a aucune sorte de mention dans nos lettres ; or quand même on penserait que Mercy, en courtisan, n'eût pas pris sur lui de parler à l'impératrice de cette insulte, comment Marie-Antoinette, lorsqu'elle doit soutenir et défendre sa conduite envers la du Barry, ne ferait-elle aucune allusion à un si légitime motif de ressentiment contre la courtisane ? De plus, si le prince de Rohan a été un si fin diplomate, Kaunitz et Joseph II s'y sont donc bien trompés, car Marie-Thérèse nous atteste qu'ils ne souhaitaient pas comme elle de le voir rappelé, l'empereur aimant ses turlupinades (c'est son expression), et Kaunitz trouvant qu'« il ne l'incommodait pas ». Quant à l'impératrice elle-même, il suffira de lire ses lettres pour comprendre qu'elle devina dans Rohan le prêtre éhonté, le débauché et le pervers : elle pressentit en lui pour elle et pour sa fille un mortel ennemi (2). Il est bien remarquable qu'elle l'accuse dès lors d'oser supposer en son nom de fausses lettres et de répandre, de concert avec son âme damnée, l'ex-jésuite Georgel,

---

(1) Il est vrai que c'était Durand, homme fort habile et très-zélé pour la Pologne, mais qui n'avait peut-être pas l'autorité nécessaire, et se trouvait trop engagé comme dans un parti pour pouvoir se procurer des informations aisément.

(2) Voir notre tome Ier, pages 289-290.

de viles calomnies (1). Il y avait là déjà de sinistres préludes, c'est-à-dire des haines et des aversions dont les cruels effets se retrouveront plus tard, dans le fatal procès du Collier. Pour nous, le prince de Rohan a été beaucoup plus un vicieux et méchant personnage qu'un habile diplomate. Marie-Thérèse l'a détesté pour son caractère tout d'abord et comme d'instinct. Marie-Antoinette a simplement partagé le sentiment de sa mère avant de n'être que trop autorisée à une haine personnelle envers cet homme. Ni l'une ni l'autre n'a songé, croyons-nous, à poursuivre en lui, au nom des intérêts de l'Autriche, un agent trop clairvoyant et trop dévoué du roi de France. En résumé, dans tout cet épisode du démembrement de la Pologne, nous ne trouvons nulle trace d'une pression fâcheuse et blâmable que Marie-Thérèse ou la cour d'Autriche aurait exercée sur Marie-Antoinette. Soulavie a mis en circulation cette médisance et bien d'autres sans de suffisantes raisons. « La reine n'est, par caractère, que trop éloignée de se mêler de toute affaire, écrit Mercy, le 7 juin 1774, et il serait bon que V. M. daignât ne point trop lui recommander de s'en abstenir (2). »

Les choses allèrent plus loin toutefois lors de l'affaire de la succession de Bavière, par trois raisons : Marie-Antoinette, en 1778, n'était plus simplement dauphine, mais reine, et bientôt enfin mère pour la première fois (19 décembre), circonstance de nature à augmenter considérablement son crédit. Il s'agissait en outre d'une affaire qui intéressait directement l'Autriche, et en vue de laquelle cette puissance se réclamait directement aussi de l'alliance française, dont la reine était le gage. Enfin, la négociation était engagée moins

---

(1) « Jugez de mon étonnement, écrit-elle à Mercy, le 3 février 1774, voilà la seconde fois ; il cita déjà une de mes lettres à la dauphine, et à cette heure il ose encore une seconde fois me citer. Jamais je n'ai rien envoyé à ma fille sur la Pologne... Il est méchant et fait bien du mal. »
(2) Tome II, page 165.

encore peut-être par Marie-Thérèse que par Joseph II, qui y apportait sa fougue impérieuse, et exerçait sur sa sœur un ascendant presque irrésistible.

On sait quelle fut l'occasion de ce débat. A la mort de l'électeur de Bavière Maximilien-Joseph, 30 décembre 1777, l'Autriche s'était empressée d'occuper militairement toute la basse Bavière comme fief de l'Empire. Ses prétentions se fondaient sur un traité secret avec l'électeur palatin, parent et héritier du prince défunt, et sur des titres qui remontaient au quinzième siècle. A cette démarche hardie Frédéric II avait aussitôt répondu : il était venu, à la tête d'une armée, prendre position sur la frontière de Bohème, prêt à envahir les possessions autrichiennes si les troupes d'occupation n'évacuaient pas la Bavière. En présence de cette situation critique, la cour de Vienne elle-même n'était pas entièrement unie. Ce n'était pas Marie-Thérèse qui avait eu la première pensée et commandé les premières mesures de cette entreprise ; elle en était plutôt effrayée et retrouvait, cette fois encore, tous ses scrupules. Trois jours seulement après la mort de l'électeur de Bavière, elle représentait à son fils par une forte lettre (1) que l'occupation à main armée était une violence dangereuse, que les droits qu'on faisait valoir étaient, de l'aveu même du ministère autrichien, « peu constatés et surannés », qu'il fallait négocier et traiter de la paix au plus vite. « Si même nos prétentions sur la Bavière étaient plus solides qu'elles ne le sont, disait-elle, on devrait hésiter d'exciter un incendie universel pour une convenance particulière.... Je n'ai pas vu prospérer aucune entreprise pareille, hors celle contre moi 1741 par la perte de la Silésie. » Marie-Thérèse alla jusqu'à se résigner, alors que les deux armées étaient en présence, à envoyer d'elle-même et à l'insu de Joseph II des propositions d'arrangement au roi de Prusse. Tout autres étaient le langage et la pensée de Jo-

---

(1) *Maria-Theresia und Joseph II*, tome II, pages 170-2.

seph II : « Il faut soutenir avec fermeté les droits et avantages acquis, écrivait-il à son frère Léopold (1). Si notre grand projet réussit, c'est un vrai coup d'État, et un arrondissement pour la monarchie d'un prix inappréciable. » Il prétendait revendiquer ainsi, à la faveur des circonstances, une compensation pour la perte de la Silésie. Les traités conclus en 1756-57 avec la France avaient eu pour intention, pensait-il, de faire rendre cette province à l'Autriche ; ce projet ne s'étant pas réalisé, le cabinet de Vienne pouvait bien demander à la France qu'elle l'aidât à se dédommager d'un autre côté.

Les dispositions n'étaient cependant pas favorables à Versailles. On y avait accueilli avec un vif mécontentement l'occupation de la basse Bavière et l'armement subit du roi de Prusse. Louis XVI avait dit à la reine en recevant les premières nouvelles : « L'ambition de vos parents va tout bouleverser. Ils ont commencé par la Pologne; maintenant la Bavière fera le second tome : j'en suis fâché par rapport à vous. Nous venons de donner ordre aux ministres français de faire connaître dans toutes les cours que ce démembrement de la Bavière se fait contre notre gré, et que nous le désapprouvons (2). » C'était aussi tout d'abord le sentiment de Marie-Antoinette; elle écrivait à Mᵐᵉ de Polignac qu'elle craignait bien qu'en cette occasion son frère « ne fît des siennes (3) ». Quant au ministère français, il interprétait les traités de 1756-57 comme n'ayant garanti que les possessions de l'Autriche à cette époque. La France était d'ailleurs engagée par les affaires d'Amérique dans une guerre contre l'Angleterre, qui absorbait ses ressources.

On n'en verra pas moins dans nos lettres la partie se lier fortement autour de Marie-Antoinette, car le dissentiment entre l'impératrice et Joseph II ne les empêchait pas de se réunir dans l'es-

---

(1) *Ibid.*, page 174.
(2) Rapport secret de Mercy, 18 février 1778.
(3) Rapport secret de Mercy, 17 janvier 1778.

poir de déterminer, par l'influence de la reine, une intervention favorable du cabinet de Versailles. Marie-Thérèse répète bien au commencement qu'il ne faut pas compromettre sa fille, ni risquer de la rendre, par une indiscrète ingérence dans les affaires, « importune au roi, odieuse à la nation (1) » : il est évident que Marie-Thérèse comprend le péril ; mais finalement, l'entreprise une fois engagée, elle ne laisse pas que d'être, elle aussi, pressante à sa manière, soit indirectement par de fortes expressions qu'elle sait bien qu'on mettra sous les yeux de sa fille, et qui feront appel à ses plus vifs sentiments, soit quand elle lui écrit à elle-même que « la rupture de l'alliance serait sa mort ». En lisant de telles paroles, raconte Mercy, la reine pâlissait; toute troublée, elle demandait qu'on lui dictât ce qu'elle devrait dire au roi, et, après l'avoir appris par cœur, elle livrait son assaut. Elle y mettait plus d'ardeur encore peut-être quand c'était Joseph II, qui lui-même insistait. Pleine de déférence et d'admiration, mais aussi d'amitié pour son frère, elle se sentait encore plus animée à lui plaire et à le servir qu'elle ne l'était à l'égard de l'impératrice. Elle attaquait alors les ministres, les faisait venir avant le conseil, employait auprès d'eux les caresses ou les menaces. En même temps elle assiégeait le roi par de longs entretiens avec larmes. Les rapports de Mercy et ses dépêches d'office nous permettent de suivre pas à pas cette double obsession (2).

On est embarrassé toutefois si l'on essaye de marquer précisément à quels résultats parvenaient de telles instances. Il est certain que dès le commencement le ministère s'était montré fort peu disposé à faire des concessions. La dépêche de Vergennes à Breteuil en date du 30 mars, que nous connaissons par les notes de Kaunitz, dit au

---

(1) Marie-Thérèse à Mercy, 5 novembre 1778.
(2) Voir les deux rapports de Mercy du 20 avril 1778 et, en note, l'analyse de sa dépêche d'office du 20. Voir les lettres de Marie-Antoinette à sa mère des 15 et 16 mai, etc.

vrai, dès ce début de la querelle, l'attitude du cabinet de Versailles : elle avait pour double objet de décliner à la fois la réclamation du *casus fœderis* et la garantie même du traité de Westphalie. On ne pouvait opposer aux espérances de l'Autriche une fin de non recevoir plus décisive. On fit davantage encore; on travailla de Versailles à réconcilier les Turcs et les Russes, et ces derniers, redevenus libres, se joignirent à Frédéric II. Il y avait de quoi irriter Marie-Thérèse, Joseph II et Mercy. Marie-Thérèse dénonçait à sa fille ceux des agents diplomatiques français qui, dans les diverses cours de l'Allemagne, observaient exactement les instructions venues de Versailles. Joseph II, lui, dépité de son insuccès, écrivait à sa sœur : « Puisque vous ne voulez pas empêcher la guerre, nous nous battrons en braves gens, et dans toutes les circonstances, ma chère sœur, vous n'aurez point à rougir d'un frère qui méritera toujours votre estime (1). » C'étaient de ces mots qui désespéraient Marie-Antoinette et lui inspiraient toujours quelque nouvel effort. Pour Mercy, la dépêche du 30 mars était simplement « indécente », Maurepas et Vergennes étaient des fourbes, qui ne remplissaient pas les devoirs de l'alliance envers l'Autriche. A l'en croire, ce fut la peur que firent aux ministres les menaces et le mécontentement de la reine qui amena une seconde dépêche, du 26 avril, destinée à corriger celle du 30 mars par un langage de conciliation.

Si l'on ajoute que Louis XVI et ses ministres promirent, dans leurs entretiens avec Marie-Antoinette, de ne permettre en aucun cas au roi de Prusse une attaque contre les Pays-Bas autrichiens, on aura le compte exact, croyons-nous, de tout ce qu'elle put obtenir. On vit bien encore, un peu plus tard, en 1784, lorsque Joseph II, désespérant de réussir par la force, modifia ses plans en proposant un échange des Pays-Bas contre la Bavière, Marie-Antoinette déployer la vivacité de son zèle. Elle mandait de nouveau

---

(1) Rapport secret de Mercy, 20 avril 1778.

les ministres et leur faisait la leçon, elle retardait de sept jours le départ d'un courrier, elle avertissait l'empereur des résolutions qu'elle croyait ou qu'elle savait arrêtées en conseil ou sur le point de l'être. Tous ces efforts restaient cependant, en résumé, fort inutiles. L'entreprise de Joseph II échoua complétement; le cabinet de Versailles, tout en se gardant de rompre l'alliance avec l'Autriche, ne fit aucune sérieuse concession; sans former un nouveau pacte avec la Prusse, sans lui permettre la tentation de quelque conquête, il témoigna qu'il approuvait la conduite de Frédéric II. Louis XVI ne se sépara pas un instant de ses ministres; s'il n'eut pas la force de couper court à des récriminations et à des instances qui devaient lui être pénibles, il n'y sacrifia pas du moins un seul jour ce qu'il croyait le bien de son État et l'intérêt général. Quant à la reine elle-même, c'est à peine si l'on peut lui attribuer aucune autre idée, aucune autre vue politique que celle de la conservation de l'alliance entre ses deux familles, entre ses deux patries. Des considérations de sentiment sont à peu près les seuls mobiles de sa conduite. Elle déteste le roi de Prusse comme l'ennemi juré de sa maison, et parce qu'elle l'a entendu maudire par sa mère, qui ne l'appelle que « le monstre ». Elle déteste d'Aiguillon, parce qu'il est l'adversaire de Choiseul, qui a fait son mariage et soutenu naguères l'alliance. Elle est d'ailleurs si peu l'organe de la politique autrichienne qu'elle voudrait voir ce dernier revenir au ministère, ce qui n'est pas du tout le compte de Marie-Thérèse, de Joseph II et de Kaunitz. Ceux-ci craindraient fort l'activité résolue de l'ancien ministre et la vivacité de son patriotisme; ils aiment beaucoup mieux avoir affaire à un modéré tel que Vergennes. Les accusations de Soulavie et des pamphlets révolutionnaires, les soupçons d'une conspiration autrichienne ayant pour but et pour résultat inévitable, si elle réussissait, de livrer la France à la cour de Vienne, ne se justifient donc pas plus, suivant nous, dans l'affaire de la succession de Bavière que dans celle du démembrement de la Pologne.

IV.

Le danger n'était pas seulement que la reine servît d'interprète et d'appui à des influences venues du dehors et de nature à engager la politique étrangère de la France : son caractère pouvait aussi donner lieu à de regrettables ingérences de cour dans les plus graves questions du gouvernement intérieur. C'est ce qui eut lieu lors du fâcheux épisode du renvoi de Malesherbes et de Turgot.

A peine devenue reine, Marie-Antoinette avait été plus que jamais assaillie de conseils diversement intéressés la pressant de prendre sur l'esprit du roi, pour la conduite des affaires, une influence constante et décisive. Mercy lui répétait que Louis XVI était faible, qu'il serait évidemment conduit par quelqu'un de son entourage, et qu'il valait mieux, même au point de vue de l'intérêt général, que ce fût par elle. Si l'absence d'héritier devait se prolonger quelques années encore, ajoutait-il, l'entrée du comte de Provence au conseil serait inévitable, et il y deviendrait une manière de premier ministre; il fallait que la reine se prémunît contre ce danger en se ménageant dans le ministère deux ou trois membres à son entière dévotion. D'autres avis l'assiégeaient encore. Quelques-uns lui disaient qu'elle n'avait à l'égard du roi que deux partis à prendre : le gagner par les voies de douceur ou le subjuguer par la crainte ; et l'on croyait remarquer qu'elle inclinait de préférence vers le second parti, sans nul doute fort dangereux.

En tous cas ce ne pouvait être malheureusement qu'avec le cortége de ses amitiés et de ses répugnances que Marie-Antoinette prendrait en main quelque pouvoir. Il faut se rappeler ici ce que nous avons dit des cabales qui se partageaient la cour. On ne doit pas en accuser directement Louis XVI et Marie-Antoinette. Sans doute, avec une volonté plus intelligente et plus ferme, ils eussent dominé et réduit à néant ces funestes intrigues; mais c'était là un legs fatal du règne de Louis XV. Alors que tout dépendait à la cour, dans le ministère et presque dans l'État, des caprices d'une maîtresse en titre, alors que la Pompadour et ensuite la du Barry, pour ne pas remonter plus haut, décidait du choix et du maintien des ministres, alors que la plus haute fortune était la récompense des plus vils et des plus infimes manéges, la dissolution, prenant la place du gouvernement, avait enfanté des ligues, des coalitions, des conspirations permanentes, qu'un changement complet des mœurs, d'accord avec l'énergie persistante d'un nouveau règne, aurait seul pu désarmer.

La première faveur de Marie-Antoinette, dès le commencement de son essor comme reine, devait naturellement être pour Choiseul et ses partisans contre tout ce qui avait triomphé avec la du Barry. A ceux-ci elle attribuait, non sans raison, un bon nombre des calomnies et des chansons publiées contre elle. C'était ce parti, d'Aiguillon en tête, qui avait renversé Choiseul, et privé la dauphine, dès son arrivée en France, d'un appui qu'elle avait lieu de regretter, d'un ministre intelligent, fier, spirituel, en qui elle s'obstinait à ne voir qu'un ami politique. Mercy a raconté (15 juin 1773) avec quelle insistance, quelques semaines à peine après l'avénement, la reine obtint le rappel du duc exilé. Louis XVI y répugnait, ayant peu de goût pour Choiseul; mais Marie-Antoinette invoqua le souvenir de son mariage, et il céda. Difficilement il obtint que l'avis n'en fût pas adressé au duc avant que la décision royale eût été communiquée aux ministres pendant un conseil qui devait se tenir le jour même. On était convenu du reste que Choiseul, après être venu saluer le roi et la reine, repartirait immédiatement pour Chanteloup. Du même coup d'Aiguillon recevait son congé, malgré les conseils de Mercy et de Marie-Thérèse, qui acceptait très-volontiers, nous l'avons dit, l'inertie de ce ministre aux affaires. « Faute de pouvoir résister à sa petite animosité, la reine seule,

écrit ce dernier, a opéré le renvoi du duc d'Aiguillon, qui sans cela serait resté en place. Il suit de là une grande preuve du crédit de la reine; mais j'ai été affligé de l'usage qu'elle en faisait, premièrement parce que cela était dicté par un esprit de vengeance, et secondement parce que la rancune n'avait pas cédé à des raisons où l'intérêt de V. M. se trouvait impliqué (1). »
Bientôt les fêtes du sacre amenèrent Choiseul à Reims; ce fut pour ses amis l'occasion de nouvelles tentatives en sa faveur. Mais le roi répondait avec humeur et par de secs refus. L'aimable et gracieuse madame de Brionne intervint. On connaissait, jusqu'à en médire, son dévouement envers Choiseul, pour qui elle employait sa haute parenté, étant Lorraine d'origine. Elle fit passer par la reine une note osant demander le retour de Choiseul au ministère; à quoi Louis XVI répondit rudement: « Qu'on ne me parle jamais de cet homme-là! » C'est pourtant en faveur de ce même homme, après de pareils échecs, dans un moment tel que celui du sacre, que Marie-Antoinette à son tour fit une indiscrète démarche par laquelle on peut juger d'une disposition de caractère et d'esprit qui étaient bien de nature à la compromettre. Elle nous apprend elle-même, dans une de ses deux spirituelles lettres au comte de Rosenberg, par quelle ruse féminine elle obtint de Louis XVI, en détournant son attention, non pas la permission d'une entrevue avec Choiseul, mais, ce qui était mieux encore, l'indication d'un jour et d'une heure où se pourrait placer une telle entrevue. Elle a raconté tout cela au milieu d'un éclat de rire : « Vous ne devinerez pas l'adresse que j'ai mise pour ne pas avoir l'air de demander permission. Je lui ai dit que j'avais envie de voir M. de Choiseul, et que je n'étais embarrassée que du jour. J'ai si bien fait que le pauvre homme m'a arrangé lui-même l'heure la plus commode où je pouvais le voir!

---

(1) Voir tome II, pièce XLVIII, 15 juillet 1774.

Je crois que j'ai assez usé du droit de femme dans ce moment... On a tant parlé de cette audience que je ne répondrais pas que le vieux Maurepas n'ait eu peur d'aller se reposer chez lui! » On en avait beaucoup parlé en effet dans le monde de la cour, qui, sachant les répugnances du roi et les engouements de la reine, observait les conflits et crut au triomphe définitif de Choiseul. Mais on en parla surtout comme d'un vrai scandale à Vienne, où le comte de Rosenberg montra la lettre et ce mot de « pauvre homme ». On peut imaginer l'émotion de la sévère impératrice. En vain Mercy s'efforçait-il d'atténuer et la témérité de la démarche et celle de l'expression : « Le sens et la tournure de la lettre, disait-il, ne partent absolument que de la petite vanité de vouloir paraître en position de gouverner le roi; la reine n'a pas eu intention de donner aux termes dont elle se sert, nommément à celui de « bon homme » l'acception de plaisanterie dont ce terme pourrait paraître susceptible... Quant au moment de l'audience indiqué par le roi, la reine m'en a parlé comme d'une chose arrivée par hasard, et à laquelle elle n'avait point mis de détour ni de projet. Ce n'est qu'après coup que S. M., en écrivant au comte de Rosenberg, a imaginé de donner une tournure de plaisanterie à une chose qui était arrivée naturellement... » Mercy, en essayant de pallier les choses, avait bonne intention; mais Marie-Thérèse n'était pas femme à s'y laisser tromper. « Ce n'est pas, répondait-elle, l'épithète de *bon*, mais de *pauvre homme* dont elle a régalé son époux... Quel style! quelle façon de penser! Cela ne confirme que trop mes inquiétudes : elle court à grands pas vers sa ruine, trop heureuse encore si, en se perdant, elle conserve les vertus de son rang. Si Choiseul vient au ministère, elle est perdue. Il en fera moins de cas que de la Pompadour, à qui il devait tout, et il l'a perdue le premier (1)! »

---

(1) Voir les lettres de Marie-Thérèse à Mercy du 31 juillet et du 31 août 1775.

Choiseul dut rester dans une demi-disgrâce; mais la reine voulut réparer cet insuccès en accueillant d'une manière marquée, en servant de son mieux, partout où elle les rencontrerait, ceux qui auraient avec le maître de Chanteloup quelques liens. C'est ainsi et pour cette seule raison qu'elle intervint avec son ardeur accoutumée dans ce procès du comte de Guines sur lequel il convient d'insister, à cause des graves conséquences qu'il entraîna. Accusé par son secrétaire Tort de la Sonde d'avoir fait la contrebande sous le couvert de ses priviléges comme ambassadeur du roi de France en Angleterre, et, en outre, d'avoir joué sur les fonds publics à la bourse de Londres en spéculant d'après les informations que sa place lui procurait, le comte de Guines était-il ou non coupable? Ce que nous apprennent de son caractère les Mémoires du duc de Lévis ne montre pas un homme bien sérieux, et si la société de Mme du Deffand le soutient et l'exalte, c'est uniquement parce qu'il est l'intime ami du duc de Choiseul. La même raison explique le zèle de Marie-Antoinette en sa faveur. Quand il souhaita de pouvoir insérer dans ses mémoires justificatifs des extraits de sa correspondance officielle, le ministre des affaires étrangères, M. de Vergennes, s'y refusa en disant que, si l'on admettait une telle demande, le secret si nécessaire à toutes les affaires d'État serait violé, et nul ministre étranger n'oserait plus faire de communications confidentielles à aucun des agents français. Le conseil approuva unanimement la décision de M. de Vergennes; mais quand la reine en fut instruite, elle fit de tels efforts auprès du roi que celui-ci, malgré le vote, donna au comte de Guines la permission qu'il sollicitait. Le procès fut jugé au commencement de juin 1775, et Tort de la Sonde condamné comme calomniateur. La reine voulut alors un triomphe complet, et elle obtint du roi l'exil de d'Aiguillon, chef détesté de l'ancienne cabale. Elle l'écrit au comte de Rosenberg, pour qu'on n'en ignore :
« Ce départ de M. d'Aiguillon est tout à fait mon ouvrage. La mesure était à son comble; ce vilain homme entretenait toutes sortes

d'espionnages et de mauvais propos. Il avait cherché à me braver plus d'une fois dans l'affaire de M. de Guines; aussitôt après le jugement, j'ai demandé au roi son éloignement. Il est vrai que je n'ai pas voulu de lettre de cachet; mais il n'y a rien perdu, car au lieu de rester en Touraine, comme il voulait, on l'a prié de continuer sa route jusqu'à Aiguillon, qui est en Gascogne. »

La pointe d'ironie victorieuse qui perce dans ces lignes montre quel accueil Marie-Antoinette réservait à ceux des ministres qui n'entraient pas dans les intrigues de la cour; mais cette fois encore les excitations ne lui venaient pas de la cour de Vienne : nous avons vu tout à l'heure Marie-Thérèse fort éloignée de souhaiter le retour de Choiseul au ministère, et elle désapprouvait aussi la manière dont s'était décidé l'exil de l'Aiguillon. Son fidèle secrétaire Pichler en écrivait nettement à Mercy le 4 juillet 1775 : « Quelque bien que S. M. souhaite au duc de Choiseul, elle ne saurait approuver l'intérêt trop marqué que la reine prend en sa faveur. S. M. est persuadée que, dans la situation actuelle des affaires, un ministre du caractère du duc de Choiseul ne saurait nous convenir, n'étant pas à douter que ni les affaires de Pologne ni celles avec la Porte ne se seraient jamais passées tranquillement si le duc de Choiseul s'était trouvé à la tête des affaires. Moins encore S. M. approuve-t-elle l'esprit de vengeance que la reine marque contre le duc d'Aiguillon, et les démarches qu'on fait pour l'indisposer contre le ministère actuel. »

Ce ministère était ainsi composé vers le milieu de l'année 1775 : Maurepas était ministre d'État et chef du conseil depuis le commencement du nouveau règne, par l'influence de Mesdames et surtout de Mme Adélaïde, auxquelles il avait su, pendant sa précédente retraite, rendre d'utiles services; Vergennes était aux affaires étrangères après d'Aiguillon, Sartine à la marine; Turgot avait succédé à l'abbé Terray comme contrôleur général; le comte de Saint-Germain venait d'entrer à la guerre, après le comte du Muy, au mois d'octobre, et Malesherbes succédait en juillet à la Vrillière comme ministre de la maison du roi. Ces diverses personnes étaient inégalement vulnérables au danger des intrigues et des factions. Maurepas, vieux courtisan, savait naviguer et tourner les écueils; Vergennes, ancien ambassadeur en Turquie, déclarait qu'il avait appris dans le sérail à braver les orages des cours; mais d'autres, comme Turgot et Malesherbes, non préparés à de telles luttes, qu'ils dédaignaient, allaient se trouver désarmés en présence de difficultés invisibles et insaisissables. La reine leur en suscita un trop grand nombre. Dans une seule dépêche, à la date du 16 août 1775, Mercy la montre voulant s'imposer à quatre de ces ministres à la fois. Maurepas lui-même se voit réduit à parler de sa démission quand elle veut absolument, sur les instances de Besenval, faire destiner au duc de Chartres le gouvernement du Languedoc, déjà donné par le roi au maréchal de Biron. M. de Malesherbes était arrivé à la maison du roi malgré l'intervention de la reine, qui eût souhaité cette place pour Sartine; aussi ne put-il obtenir d'elle, à sa première audience, qu'un très-froid accueil. Vers la même époque la reine s'employait pour procurer au chevalier de Montmorency la surintendance des courriers, postes et relais, vacante depuis la disgrâce de Choiseul (1); mais voilà que le sévère Turgot proposait, pour faire des épargnes, de supprimer cette charge et de la réunir au contrôle général. « Le roi ayant accepté sur-le-champ cette proposition, la reine en fut tellement courroucée que, lorsque le contrôleur général se présenta pour son audience, elle ne lui adressa pas une parole. » Mercy ajoute un trait caractéristique : « Mais celui-ci, dit-il, en conséquence de la simplicité de ses mœurs, s'en ressentit si peu qu'il déclara à ses amis avoir été bien content de la réception de la reine. » Comme Vergennes enfin refusait de se priver des services d'un cer-

---

(1) Voir le rapport de Mercy du 16 août 1775, tome II, page 366.

tain secrétaire de la légation à Londres, dont le comte de Guines voulait se débarrasser, la reine fit venir le ministre, et lui déclara qu'elle exigeait le changement ou le rappel de cet agent. Vergennes, qui n'y pouvait consentir, ne trouva d'autre recours qu'à supplier Mercy de faire entendre raison, s'il pouvait, à la jeune souveraine.

Il y avait double difficulté quand il s'agissait de quelque ami déclaré de Choiseul. Guines n'avait pas gagné entièrement son procès devant l'opinion publique ou tout au moins aux yeux du ministère; on le trouvait trop compromis, et il fut rappelé de son ambassade de Londres au commencement de 1776. C'était vouloir recommencer la lutte : Marie-Antoinette l'accepta, et s'arma de dissimulation. On ne put juger de son zèle que par les coups qu'elle porta; et l'histoire a ignoré, croyons-nous jusqu'à ce jour, combien fut grande son influence dans les sourdes menées qui allaient démembrer ce ministère où figuraient un Turgot et un Malesherbes. Il faut lire dans la correspondance de Mme du Deffand le chagrin que ressentent ses amis et elle-même du rappel de Guines, qu'ils croient absolument perdu, leur surprise et leur joie quand subitement il triomphe. Mme du Deffand ignore quelle main cachée dirige les ressorts; cette main est celle de la reine. Quand le ministère, qui se souvient de la faveur qu'elle témoignait au comte de Guines, veut justifier auprès d'elle le rappel de cet ambassadeur, et charge Malesherbes de cette mission, c'est le signal de la chute de Malesherbes. Non soutenu par Maurepas, qui prétend éviter pour lui-même les disgrâces, il ne tient pas assez au pouvoir, dont il est digne, pour l'acheter au prix des humiliations et des dégoûts. Quand Turgot, quand Vergennes paraissent à la reine décidément engagés dans la même voie, elle frappe un double coup, dont les suites ont été très-graves.

Au moment où les amis du comte de Guines le croient abandonné et, comme dit Mme du Deffand « complétement malheureux », il leur envoie copie de la lettre suivante, qu'il vient de recevoir du roi (1) : « Versailles, 10 mai 1776. Lorsque je vous ai fait dire, monsieur, que le temps que j'avais réglé pour votre ambassade était fini, je vous ai fait marquer en même temps que je me réservais de vous accorder les grâces dont vous étiez susceptible. Je rends justice à votre conduite, et je vous accorde les honneurs du Louvre, avec la permission de porter le titre de duc. Je ne doute pas, monsieur, que ces grâces ne servent à redoubler, s'il est possible, le zèle que je vous connais pour mon service. Vous pouvez montrer cette lettre. » Ce billet royal, marque d'un triomphe éclatant pour celui à qui il est adressé, c'est Marie-Antoinette qui l'a dicté à Louis XVI. Après avoir obtenu du roi, malgré une assez longue résistance, qu'il écrivît lui-même au comte de Guines, elle a en sa présence déchiré la lettre, qu'elle ne trouvait pas assez flatteuse, et elle l'a fait refaire jusqu'à trois fois. Un autre diplomate également fort attentif aux mouvements de la cour et particulièrement de la reine, le comte de Creutz, ministre de Gustave III à Paris, donne ici le même témoignage : « La grâce que le roi vient de faire à M. de Guines en le nommant duc est, écrit-il, l'ouvrage de la reine. Cette princesse s'est conduite dans cette affaire avec un secret et une habileté au-dessus de son âge. Elle n'a pas dit un mot en public à M. de Guines pendant tout ce temps ; on croyait qu'elle l'avait abandonné. Et tout d'un coup on vient de voir l'effet le plus éclatant de son crédit ; on ne doute plus du pouvoir qu'elle a sur le roi. » Malheureusement ce n'était pas tout ; Marie-Antoinette avait en même temps, cela est certain, exigé le renvoi de Turgot. Elle y avait mis du raffinement : elle aurait voulu — nous laissons la parole à Mercy informant l'impératrice — « que le sieur Turgot fût chassé, et de plus envoyé à la Bastille le même jour que le comte de Guines

---

(1) Lettres de Mme du Deffand à Walpole, 23 mars et 14 mai 1776.

serait déclaré duc. Il a fallu, continue Mercy, les représentations les plus fortes et les plus instantes pour arrêter les effets de sa colère, qui n'a d'autre motif que les démarches faites par Turgot pour le rappel du comte de Guines. S. M. veut également faire renvoyer le comte de Vergennes, aussi pour cause du comté de Guines, et je ne sais pas encore jusqu'où il sera possible de détourner la reine de cette volonté. » Instruit de la haine (c'est l'expression de Mercy) que Marie-Antoinette lui portait (1), Turgot ne songeait pas à lutter; il était fort décidé à se retirer comme Malesherbes. Une seule chose le retenait, le désir d'achever le plan financier qu'il voulait présenter au roi. On ne lui en laissa pas le temps. Maurepas, le voyant poursuivi par la reine, n'avait garde de se compromettre en le soutenant : il prit occasion pour rompre tout à fait avec lui du vœu exprimé par Turgot pour qu'on donnât l'abbé de Véry comme successeur à Malesherbes; de concert avec Marie-Antoinette, qui se piquait de reconstruire aussi le ministère, il proposa contre Véry un autre candidat, Amelot, qui fut nommé. Turgot reçut définitivement son congé le 12 mai 1776. Le roi lui-même, qui en d'autres temps avait reconnu son mérite, ne témoignait plus que d'avoir à charge ses nouvelles propositions d'utiles édits.

Cette participation funeste de la reine à la disgrâce de Malesherbes et de Turgot n'était pas connue; elle est désormais incontestable. Nous ne pouvons récuser sur ce point le témoignage de Mercy, qui eût mieux aimé, dans son zèle, avoir de tout autres informations à mander. Il y insiste de manière à exclure tout soupçon d'erreur; quatre jours après le renvoi de Turgot il écrit : « Le public n'ignore pas que tout cela s'opère par la volonté de la reine et par une sorte de violence exercée de sa part sur le roi. Le contrôleur général jouis-

---

(1) Tome II, page 446.

sant d'une grande réputation d'honnêteté et étant aimé du peuple, il sera fâcheux que sa retraite soit en partie l'ouvrage de la reine. De tels effets de son crédit pourront lui attirer un jour de justes reproches de la part du roi son époux, et même de toute la nation. »

Pour nous, qui savons les destinées ultérieures, ces dernières paroles sont plus graves que Mercy lui-même ne pouvait le deviner. Cette retraite des hommes honnêtes et dévoués capables peut-être de sauver la monarchie, c'est-à-dire d'accomplir les réformes devenues absolument inévitables, fut un réel malheur, et l'on doit regretter pour Marie-Antoinette qu'elle y ait pris part. On serait injuste toutefois de faire peser sur elle seule tout le fardeau d'une telle responsabilité. Bien d'autres furent coupables. Plus le ministre attaquait les abus, plus il voyait grossir le nombre de ses ennemis; il n'avait pu manquer de froisser la noblesse ni de toucher à certains priviléges du clergé; le commerce et l'industrie lui reprochaient l'abolition des jurandes; le parlement lui avait opposé ses remontrances; un prince de la famille royale avait publié contre lui un pamphlet satirique (1). Le comte de Creutz écrivait à Gustave III, le 14 mars : « M. Turgot se trouve en butte à la ligue la plus formidable, composée de tous les grands du royaume, de tous les parlements, de toute la finance, de toutes les femmes de la cour et de tous les dévots. Il n'est pas étonnant que le prince de Conti s'oppose avec tant de violence à la suppression des jurandes, puisqu'il perd par là le bénéfice de la franchise du Temple et 50,000 livres de rente. Le parlement y perd le très-gros bénéfice des procès qui en résultaient; voilà les véritables motifs de leur résistance. » Creutz avait raison; mais la coalition des intérêts particuliers blessés par

---

(1) Tous les Mémoires du temps attribuent au comte de Provence le pamphlet anonyme intitulé : *Les Mannequins*. Il parut au commencement d'avril 1777; il était dirigé surtout contre Turgot et les économistes. Il y a quelque esprit, mais affecté et recherché, sans parler de l'inintelligence politique.

les grandes mesures d'intérêt public qu'avait proposées Turgot s'était donné assez de mouvement et avait fait assez de bruit pour que ses doléances parussent aux yeux de quelques-uns l'expression de l'opinion générale. Les troubles de 1775 à l'occasion de la cherté des grains, sévèrement réprimés par le contrôleur général, créèrent une nouvelle irritation que ses adversaires exploitèrent perfidement contre lui. Marie-Antoinette put donc bien s'y tromper, et prendre pour des vœux de l'esprit public les seules suggestions de la cabale qui l'assiégeait. Le procès du comte de Guines, occasion de si fâcheux éclats, avait été l'étroit et obscur champ clos où s'était engagée la lutte de ces mesquines factions. « Votre Majesté sera sans doute surprise, dit Mercy à Marie-Thérèse, que ce comte de Guines, pour lequel la reine n'a ni ne peut avoir aucune affection personnelle, soit cependant la cause de si grands mouvements ; mais le mot de cette énigme consiste dans les entours de la reine, qui se réunissent tous en faveur de ce comte. S. M. est obsédée ; elle veut se débarrasser. On parvient à piquer son amour-propre, à l'irriter, à noircir ceux qui, pour le bien de la chose, peuvent résister à ses volontés. » Voilà, nous ne dirons pas des excuses, mais des commentaires équitables, et dont il faut tenir un grand compte. Ce n'est pas de Vienne, cette fois non plus, que sont venus à la reine les mauvais conseils. Mercy se range lui-même, avec l'abbé de Vermond, au nombre des conseillers qui auraient voulu la détourner de cette ligne de conduite ; il affirme que pendant ces dernières intrigues ils se virent tous deux écartés, et nous ne trouvons pas de motifs sérieux pour ne pas le croire. Si l'on veut juger de la différence entre les avis de l'ambassadeur d'Autriche et ceux que donnaient à la reine ses faux amis, on n'a qu'à lire les sérieux éloges de Turgot et de Malesherbes que Mercy consignait dans ses rapports, et à les comparer avec les malédictions ou les injures dont la correspondance de Mme du Deffand est l'écho. Un autre indice, non équivoque, des sentiments de la cour de Vienne à cet égard, c'est que Marie-Antoinette, écrivant à sa mère, croit devoir dissimuler son rôle, et lui écrit le 15 mai avec un air de feinte innocence : « M. de Malesherbes a quitté le ministère avant-hier ; il a été remplacé tout de suite par M. Amelot. M. Turgot a été renvoyé le même jour et M. de Clugny le remplacera. J'avoue à ma chère maman que je ne suis pas fâchée de ces départs, mais je ne m'en suis pas mêlée. » Nous pouvons juger par les rapports de Mercy en quelle mesure cette assurance est d'accord avec la vérité.

En résumé, à lire les rapports secrets de Mercy et les lettres que lui adresse Marie-Thérèse, il paraît évident que Marie-Antoinette n'intervenait dans les affaires que lorsque sa passion s'y trouvait intéressée, quand par exemple sa mère ou son frère, lui affirmant que son concours seul pouvait empêcher la ruine de l'alliance, la conjurait d'agir, — c'est ce qui eut lieu lors de l'affaire de la succession de Bavière ; — ou bien lorsque, tout entière à ses propres caprices, elle allait dans le sens de ses affections et dans celui de ses animosités, au risque de contrarier, bien loin de les suivre, les suggestions de la cour de Vienne ; — c'est ce qui arrivait quand elle souhaitait le retour de Choiseul, que Marie-Thérèse eût redouté, — ou quand elle faisait renvoyer Turgot et Malesherbes, dont Marie-Thérèse appréciait le caractère et les talents. A cela se réduit, si nous ne trompons pas, la question concernant le rôle et l'influence de Marie-Antoinette dans les affaires publiques pendant la première partie de son règne.

V.

Les dernières années que nos documents nous offrent, jusqu'en 1780, date de la mort de l'impératrice, comptent encore pour Marie-Antoinette dans sa période de vie dissipée et légère. La visite de Joseph II à Paris, au printemps de 1777, et une première grossesse, d'avril à décembre 1778, n'avaient pas amené dans ses habitudes tout le changement qu'on aurait eu droit d'en attendre. Ces années présentent comme un résumé des inconséquences et des fautes qui, multipliées autour de la reine, en partie par son fait, l'engagèrent sans retour possible dans la voie funeste où elle devait bientôt rencontrer comme un sinistre prélude le procès du Collier. Le premier malheur fut l'essor du favoritisme. Au crédit extrême du duc de Guines, que suit promptement une disgrâce effective, à celui de Mme de Lamballe, mérité par un dévouement sincère, mais souvent maladroit et bientôt dédaigné, succède l'unique domination de la comtesse Jules de Polignac et des siens. La reine l'a vue dès 1775 dans une fête de cour; son air de candeur et de sensibilité touchante l'a émue : elle a rêvé une amie de cœur. Il y manquait de la part de la comtesse Jules au moins une vertu, le désintéressement. Soit avidité personnelle, soit entraînement trop facile à de cupides suggestions, la comtesse, à en croire les rapports de Mercy, obtint de la faiblesse du roi par l'intervention de la reine, pour elle-même ou pour ses parents et amis, des grâces exorbitantes de nature à compromettre et le bon ordre des finances et le renom de justice, de bon vouloir, de protection pour les faibles, que le roi et la reine eussent été jaloux de mériter. Les témoignages en sont nombreux et graves dans les rapports confidentiels de Mercy. C'est vers l'époque des couches de la reine, après trois années déjà de faveur, que le triomphe exclusif de Mme de Polignac commence à se décider. Elle a pour signe de sa puissance l'empressement de Maurepas, l'habile et vieux courtisan, à s'offrir à elle et à se ménager son amitié; mais elle en veut une autre sorte de preuves, ce que Mercy appelle les grâces utiles. Voici la liste qu'il en donne, rien que pour les deux années 1779 et 1780 : la comtesse obtient d'abord 400,000 livres pour elle-même, afin de payer ses dettes, la promesse d'une terre de 35,000 livres de revenus, et 800,000 livres en argent pour la dot de sa fille (1). On avait commencé par demander en pur don un domaine de 100,000 livres de rente, et on avait jeté les yeux sur une terre de la couronne en Lorraine, le comté de Bitsch; quelques bons avis donnés au roi et à la reine et les objections du directeur général des finances y avaient seuls fait renoncer (2). Les sommes accordées n'en étaient pas moins excessives : s'il était admis que le roi concédât parfois quelques dots, c'étaient des pensions de 6,000 livres; il n'y avait pas un seul exemple de grâce aussi considérable accordée en de telles circonstances. Mais ce n'était pas tout : on fit traiter comme étant de la famille un certain comte de Vaudreuil, duquel la renommée disait, assure Mercy, qu'il était trop intimement et trop publiquement lié avec la comtesse Jules de Polignac. Comme il se trouvait dans quelque embarras parce que toute sa fortune était dans les îles françaises, d'où rien n'arrivait pendant le cours de la guerre d'Amérique, la comtesse ne trouva d'autre moyen de l'en tirer que de lui faire obtenir 30,000 livres par an du trésor royal tant que dureraient les hostilités et un domaine d'égale valeur de M. le comte d'Artois. Ajoutez bien d'autres profits obtenus ou convoités. La comtesse voulait faire donner l'ambassade de Vienne au comte d'Adhémar, un autre de ses amis; elle comptait recevoir le titre de duchesse, et n'avait pas perdu l'espoir de se faire donner une terre de 12 à 1,400,000 livres. Une promotion militaire eut lieu pour placer ceux qu'elle présentait (3). C'était pour ces favorites et pour leur clientèle que la reine avait augmenté à l'excès les frais de sa maison; c'était pour ces gens-là, et non pour les plus méritants, que, malgré les promesses et les engagements même de Turgot et du roi, on multipliait l'abus des survi-

---

(1) « Tout Paris sait, mande Mercy, que les Polignac ont touché 800,000 livres pour la dot de la jeune personne de ce nom ; 18 mars 1780.
(2) Rapport de Mercy, 17 janvier 1780.
(3) Rapport de Mercy du 18 mars 1780.

vances, qui doublait du même coup les charges de cour et les gros traitements : le comte Jules de Polignac avait ainsi obtenu dès 1775 la survivance de la charge de premier écuyer occupée par M. de Tessé, création qui entraînait une dépense nouvelle de 80,000 livres par an (1).

Les favorites nuisaient à la reine non pas seulement par l'abus dispendieux des grâces, mais aussi au point de vue de la réputation morale. Mesdames de Cossé, de Chimay, de Mailly, d'autres encore, ne donnaient aucune prise à la médisance; mais il n'en était pas ainsi de Mme de Polignac et de Mme de Guéménée. La liaison de la comtesse Jules avec Vaudreuil était publique, et lorsque Marie-Thérèse en fit la remarque dans une de ses lettres, Marie-Antoinette n'y contredit pas. C'est aussi à propos de la jeune comtesse que Mercy a, dans son rapport secret du 17 septembre 1776, un passage significatif : « Sa conduite en matière de dogme, dit-il, est équivoque, et le premier médecin Lassone, qui la connaît, dit un jour à l'abbé de Vermond qu'il craignait que cette liaison ne portât quelque atteinte à la piété de la reine. Je ne me permettrai pas de soupçonner que cette crainte pût se réaliser en ce qui touche aux principes essentiels; mais un peu de refroidissement sur l'exactitude à remplir les devoirs pieux et un certain langage sur des matières si importantes sont des inconvénients qui se contractent par la fréquentation intime des gens qui ont l'esprit gâté par les erreurs du siècle, et je vois avec chagrin que la reine s'expose à un pareil danger. » Le salon de la princesse de Guéménée était fort redouté de Marie-

---

(1) Tome II, page 488. — On peut voir dans les Papiers de la maison de la reine, aux Archives nationales, à Paris, Carton O^1 3794, les états de dépenses du comte Jules de Polignac comme premier écuyer. Ils sont accompagnés de notes annexes contenant des observations critiques sur ces états : « La dépense extraordinaire, dit-on, qui devait consister en l'entretien des harnois, voitures etc... que S. M. avait fixée à 6,000 livres, fait ici un objet de 10,626 livres 16 sols. La plupart des objets portés dans cette dépense ne sont point détaillés. On sera peut-être surpris d'y voir que le premier article est de 1,100 livres pour le prix d'un cheval de trait, etc. »

Thérèse et de Mercy pour les intrigues de tous genres que Marie-Antoinette y rencontrait (1). Mme de Guéménée était séparée de son mari : le duc de Coigny d'un côté, Mme de Dillon de l'autre, sans préjudice du corps de ballet de l'Opéra, venaient en surcroît pour dédoubler ce ménage. S'il est vrai que certaines charges, par exemple celle de gouvernante des enfants de France, que Mme de Guéménée avait reçue après Mme de Marsan, étaient presque inamovibles, il faut bien cependant que la reine ait fait d'elle-même à ses favorites plusieurs sortes de sacrifices pour que Marie-Thérèse, Joseph II, Mercy et l'abbé de Vermond aient pu être amenés à lui faire des représentations ou des reproches pareils à ceux que nous lisons dans leurs lettres. Voici particulièrement de ce dernier un témoignage important, que nous citerons comme le plus grave que nous ayons rencontré dans cette période, et qui honore le caractère de son auteur. C'est une lettre inédite de l'abbé à Mercy, pour lui rendre compte, suivant l'habitude, des faits et gestes de la reine :

« Aujourd'hui, dit-il, S. M. a répondu à une lettre de la reine de Naples faisant mention de l'évêque Guirtler, son confesseur et qui l'a été de la reine. S. M. interrompit sa lettre pour faire conversation sur cet évêque; elle me le peignit comme un intrigant, qui aurait été fort dangereux en France. A cette occasion, elle m'adressa quelques mots très-obligeants; elle ajouta qu'elle était étonnée que le roi d'Espagne eût permis à la reine de Naples de conserver M. Guirtler, et, revenant au rôle qu'il aurait fait en France, elle dit : Il aurait voulu me rendre dévote! —Jusque-là je n'avais guère été qu'auditeur, mais pour lors je pris la parole : Comment aurait-il fait, dis-je, pour vous rendre dévote? je n'ai pu, moi, vous amener à une conduite raisonnable! — La reine sourit et eut l'air de m'inviter à la preuve. — Par exemple, madame, répliquai-je, vos sociétés, vos amis et amies : vous êtes devenue fort indulgente sur les mœurs et la réputation. Je pourrais prouver qu'à votre âge cette indulgence, surtout pour les femmes, fait un mauvais effet; mais enfin je

---

(1) Tome II, pages 398, 445.

passe que vous ne preniez garde ni aux mœurs ni à la réputation d'une femme, que vous en fassiez votre société, votre amie, uniquement parce qu'elle est aimable : certainement ce n'est pas la morale d'un prêtre ; mais que l'inconduite en tous genres, les mauvaises mœurs, les réputations tarées et perdues soient un titre pour être admis dans votre société, voilà ce qui vous fait un tort infini. Depuis quelque temps vous n'avez pas même la prudence de conserver liaison avec quelques femmes qui aient réputation de raison et de bonne conduite. — La reine a écouté tout ce sermon avec sourire et une sorte d'applaudissement et d'aveu. J'avais le ton de la douceur, mais d'une douceur de pitié et d'affliction. La reine n'a relevé que le dernier article, et ne l'a relevé qu'en citant, comme bonne réputation, la seule Mme de Lamballe. J'ai prétendu que cette réputation ne durerait pas, et que celle de bêtise durerait, et irait en augmentant. S. M. est convenue du dernier point et m'en a cité de nouvelles preuves. Que faire et qu'espérer après des aveux comme ceux-là, sans désir ni dessein de changer! (1) »

A côté des favorites les favoris, c'est-à-dire pour la plupart ceux qui se recommandaient du nom de Choiseul ou qui pouvaient passer pour continuer son parti, devenu celui de la reine. A ce titre Marie-Antoinette avait accueilli dans ce qu'elle appelait « sa société », outre le duc de Guines, dont nous avons vu le succès et la chute, des hommes de mérite et d'âge très-divers, le baron de Besenval, les ducs de Lauzun et de Coigny, et le comte Valentin Esterhazy. Besenval, né à Soleure, avait cinquante-quatre ans lorsque ses fonctions de lieutenant-colonel des Suisses, qui lui avaient déjà valu les bonnes grâces du comte d'Artois, le mirent pendant l'été de 1775 en position d'être connu de la reine. Elle crut pouvoir le traiter, dit Mme Campan, comme un brave Suisse, aimable, poli, spirituel, et que ses cheveux blancs lui faisaient voir comme un homme sans conséquence. Elle se laissa aller à lui faire des confidences plus qu'étran-

---

(1) Cette lettre de Vermond à Mercy, conservée aux Archives de Vienne, est sans date, mais paraît être de 1776.

ges, qu'il ne sut pas garder pour lui (1) : on sait jusqu'à quelle scène ridicule Besenval poussa l'insolence. Les rapports de Mercy concordent avec les Mémoires de Mme Campan sur la date de sa disgrâce. Mercy ne dit rien de la scène qui l'a amenée et du congé qui en a été le signal, mais ce peut être que la reine ait cru devoir s'en taire auprès de lui, ou bien que lui-même ait jugé inutile de transmettre cette sorte d'explication à l'impératrice. Il n'y a nulle contradiction en tous cas entre les deux récits, qui, au contraire, se confirment mutuellement. Les Mémoires qu'a laissés Besenval permettent de le juger lui-même : il s'est bien gardé de dire comment son audace a été reçue de la reine ; il s'est contenté de glisser à ce propos dans ses pages des insinuations et des réticences qui sont d'un cœur lâche et d'une âme déshonnête. — Pour le duc de Lauzun, ses Mémoires aussi le font connaître. Il se vante et se pavane avec l'histoire de sa sotte plume de héron ; mais déjà Mme Campan a rétabli sur ce point la vérité. A l'entendre, un simple état de sa fortune, communiqué au roi, eût suffi à lui faire obtenir des facilités suffisantes pour le paiement de ses dettes ; mais la reine, qu'il en avait priée, avait craint de se trahir en intervenant pour lui. Il voudrait du même coup poser, au détriment de sa charmante femme, pour le chevaleresque, le généreux et le délicat en affaires d'argent. Mais les rapports de Mercy prouvent qu'il n'avait d'autre dessein que d'arriver à ne pas payer ses dettes, et que la reine refusa très-nettement de se prêter à lui procurer ce succès vulgaire : « Pendant ce carême, écrit Mercy le 18 mars 1777, la reine a repris l'habitude de passer plus fréquemment les soirées chez la princesse de Guéménée, qui réunit chez elle le double inconvénient du gros jeu et d'une compagnie fort mêlée. S. M. y est fort importunée de sollicitations ; elle a résisté cependant à toutes celles qui lui ont été faites en faveur du duc de Lauzun,

---

(1) Lettre de Marie-Thérèse du 9 octobre 1775; tome II, page 383.

lequel, à l'âge de vingt-six ans, après avoir mangé le fonds de 100,000 écus de rente, est maintenant poursuivi par ses créanciers pour près de deux millions de dettes. Ce protégé de la princesse de Guéménée désirait obtenir par la reine des lettres d'État qui le missent à couvert de toutes poursuites; mais sur les représentations instantes qui ont été faites à S. M., elle a vu toute l'injustice d'une pareille demande, et elle s'y est refusée. » Voilà la vérité, que Lauzun dissimule. Ce n'est qu'à propos de ce qui concerne la reine et à son détriment qu'il veut paraître en savoir plus qu'il ne dit; mais qui peut douter que des écervelés comme Besenval et lui, s'ils en avaient eu le droit, n'eussent parlé bien davantage ? — Quant au duc de Coigny, il a été plus tard l'occasion de beaucoup de médisances et de calomnies, dont la première source fut le Palais-Royal, si nuisible à Marie-Antoinette, surtout depuis que la fameuse journée d'Ouessant était devenue pour le duc de Chartres un motif d'impopularité, de dégoûts et d'aigre défiance, particulièrement contre la reine. Le duc de Coigny figure cependant fort peu dans nos papiers : il est clair que, jusqu'à la fin de la période qu'ils embrassent, jusqu'en 1780, très-connu de l'ambassadeur d'Autriche, il ne lui inspire au sujet de Marie-Antoinette aucune crainte; c'est à propos de ce courtisan et du duc de Guines que Mercy écrit le 17 mai 1779 : « La reine daigna me répéter encore sa façon de penser et le jugement très-sain qu'elle porte de ces mêmes gens qui l'entourent qu'elle semble favoriser tant, et pour lesquels elle a dans le fond une très-médiocre estime, leur influence n'ayant pour base que des motifs de pure dissipation. » Premier écuyer du roi, si le duc de Coigny compte parmi la société de la reine, on le voit en même temps fort occupé auprès de la marquise de Châlons et vivant d'ailleurs avec la princesse de Guéménée, séparée de son mari (1).

---

(1) Voir tome II, page 477.

Le comte de Creutz, très-soucieux d'informer Gustave III, son maître, au sujet des intrigues de la cour, le traite d'honnête homme et s'abstient de remarques ou d'allusions particulières. — Le comte Valentin Esterhazy enfin, étranger admis au service de France, était accueilli de Marie-Antoinette comme un compatriote que l'impératrice sa mère, au moment même où la dauphine arrivait en France, lui avait vivement recommandé. Il ne paraît pas, dans les Mémoires ni dans les papiers de Mercy, comme très-compromettant. La reine, il est vrai, a entretenu avec lui une correspondance que Marie-Thérèse trouve, comme elle dit, humiliante, mais simplement à cause de la distance entre une reine de France et un simple officier. Assurément cette correspondance serait fort intéressante à retrouver : on n'y verrait toutefois, dit Mercy, que des nouvelles de cour, peut-être indiscrètes. Ce qui achève d'interdire à ce sujet les mauvais soupçons, c'est que le comte Valentin Esterhazy a été du nombre de ces étrangers dévoués à la reine qui, comme Fersen et Stedingk, lui ont offert leur concours pendant ses malheurs. Nous retrouvons alors cette correspondance d'Esterhazy, respectueuse, grave, et très-clairement exempte de coupables souvenirs.

Il y avait en tous cas péril et vrai dommage pour Marie-Antoinette à s'entourer, comme elle le faisait sans cesse, d'un petit nombre de personnes préférées; il en résultait des situations fâcheuses et choquantes, comme lorsqu'il fut permis à Coigny, Guines, Esterhazy et Besenval de rester tout le jour en garde-malades auprès d'elle pendant une rougeole. « Le roi y pensa le premier, raconte Mercy, et dès ce moment ils s'emparèrent de la chambre de la reine : depuis sept heures du matin jusqu'à onze heures du soir ils n'en sortaient que pour les temps de leurs repas. » Mercy en dit le moins qu'il peut dans son rapport ostensible; mais il est moins réservé dans le rapport secret. « Il est bien vrai, écrit-il, que le roi, accoutumé à ne se refuser à rien de ce qui peut plaire à son auguste épouse, avait approuvé que les ducs de Coigny et de Guines, le comte Esterhazy et le baron de Besenval restassent auprès de la reine; mais ce consentement avait été provoqué par cette princesse, qui n'en sentit pas d'abord les conséquences. Elles aboutirent à toutes sortes de propos très-fâcheux, à de mauvaises plaisanteries tenues à la cour même, où l'on mit en question de savoir quelles seraient les quatre dames choisies pour garder le roi dans le cas où il tomberait malade. A peine les quatre personnages susdits furent-ils installés à leur poste qu'ils prétendirent veiller la reine pendant la nuit! Je m'opposai fortement à cette ridicule idée... » (1) Madame et la princesse de Lamballe se trouvaient dans les appartements; mais le comte d'Artois y venait aussi, et ce n'était pas sa présence qui empêchait qu'on ne glosât sur l'étrangeté d'une société si intime. Notez que, par précaution pour le roi, nous dit-on, la reine avait exigé qu'il n'entrât pas chez elle. En même temps on profitait de l'occasion pour travailler Louis XVI, comme s'exprime Mercy, du côté de la galanterie. Il ne tenait pas à l'entourage, de l'une ni de l'autre part, qu'on ne vît le retour de scandaleux désordres; mais le favoritisme de cette cour devait s'arrêter bien en deçà de tels excès.

La faute de Marie-Antoinette ne consistait, à vrai dire, que dans un besoin irréfléchi de commerce affectueux et un désir de plaire et d'être charmée qui, ne trouvant pas leur naturelle satisfaction, se répandaient et donnaient prise sur elle. D'autres imprudences s'y joignaient pour accroître le péril : l'esprit de dissipation, de légèreté, d'inconséquence devint, avec le favoritisme, une autre source de malheur. On ne pouvait fixer la reine à aucune occupation sérieuse. Vermond fit pendant longtemps de vains efforts pour qu'elle acceptât, selon la prière instante de l'impératrice, des lectures régulières : on peut la blâmer d'autant plus que son ins-

---

(1) Voir les deux rapports du 15 avril 1779.

truction avait été fort incomplète, mais on avouera que ce n'est pas une raison suffisante de croire qu'elle ait recherché les plus mauvais livres. Ils pullulaient autour d'elle ; les petites boutiques dont les escaliers, même intérieurs, de Versailles étaient infestés, comme le furent ceux du Palais de justice jusque dans notre temps à Paris, les débitaient aux portes de ses appartements. Quelques-unes des dames pouvaient bien les avoir introduits : la comtesse d'Andlau, par exemple, tante de Mme de Polignac, avait été accusée d'en avoir prêté à Mme Adélaïde (1). Joseph II va jusqu'à parler d'« indécences » dont la reine sa sœur se serait « rempli l'imagination par ses lectures (2) ; » mais il ne faut ni exagérer ni sans doute prendre tout à fait au pied de la lettre l'expression de Joseph, qui peut dépasser sa pensée. Les prétendus catalogues particuliers de la reine qu'on a publiés, et qui feraient scandale, ne sont pas démontrés authentiques, tandis qu'on peut lire à la Bibliothèque nationale, à Paris, sous le N° 13001 (3), un catalogue manuscrit de sa collection de livres de Versailles où se retrouvent, sans aucune mention de livres déshonnêtes, les ouvrages cités dans nos documents comme ayant servi effectivement à ses lectures. La vérité est sans doute que Joseph II, tout indigné du dévergondage que lui offrait en France une mauvaise littérature accueillie des gens de cour, aura conclu, non sans quelque réelle exagération dans les termes, de certaines libertés de langage ou même de certains souvenirs de la reine à des lectures qu'elle ne faisait attentives et nombreuses ni dans les bons ni dans les mauvais livres.

---

(1) Tome, II page 391.
(2) Voir *Marie-Antoinette, Joseph II et Léopold II. Ihr Briefwechsel*, publié par M. A. d'Arneth, 1866, page 17.
(3) N° 2929 ancien supplément français, aujourd'hui 13001. C'est le catalogue de la Bibliothèque particulière de la reine, rédigé, dit l'auteur anonyme, « pour procurer à S. M. la facilité de mettre le doigt sur chaque livre sans être obligée de le chercher. » L'écriture n'est pas celle de l'abbé de Vermond.

Les mille récits soit des imprudentes visites au bal de l'Opéra, aux trois spectacles, aux courses de chevaux ou de traîneaux, soit des promenades nocturnes sur la terrasse de Versailles, toujours sans le roi, qui n'aimait que la chasse, le loto, et le Colin-Maillard « avec des gages », remplissent les Mémoires du temps et se retrouveront dans nos volumes avec une variété inépuisable de détails. La dépense de la reine devient excessive surtout en 1776 et 77, et le motif n'en est pas uniquement dans les grâces qu'elle ne sait refuser à aucun de ceux qui l'environnent; on la voit en outre sans défense contre certaines séductions de la parure et du luxe. Plus d'une fois par exemple son goût des pierreries l'entraîne (1), et c'est un sujet d'humiliation et d'étonnement pour sa mère, qui voudrait lui inspirer un plus grave sentiment de sa dignité (2). L'autre occasion de très-fâcheuse dépense est le jeu. C'étaient bien des traditions de cour que le jeu du roi et celui de la reine; on n'y voyait cependant figurer d'ordinaire que ce qu'on appelait les jeux de commerce, tels que le cavagnol et plus tard le whist, non ceux de hasard. Mais on sait combien la passion de jouer avait envahi sous le précédent règne : il n'y a qu'à lire Walpole pour se rappeler jusqu'aux princesses du sang livrées ouvertement à ces excès. Les reines du moins s'en abstenaient et laissaient dans cette carrière la première place aux maîtresses en titre. Il fut très-choquant, rien que par ce souvenir, de voir Marie-Antoinette se laisser tenter d'abord chez la princesse de Guéménée, puis chez Mme de Lamballe, qui, belle-sœur du duc de Chartres, ouvrait son salon aux libres mœurs affichées par la coterie du Palais-Royal. On en vint à jouer gros jeu au lansquenet ou bien au pharaon chez la reine même (3), surtout pendant les voyages de Compiègne et de Fon-

---

(1) Tome II, page 418.
(2) Tome II, page 422.
(3) Premier rapport de Mercy du 19 novembre 1777.

tainebleau. Mercy ne tarit pas à ce sujet : « Il prit envie à la reine, écrit-il pendant un séjour à cette dernière résidence, vers la fin de 1776 (1), de jouer au pharaon. Elle demanda au roi qu'il permît que l'on fît venir des banquiers-joueurs de Paris. Le monarque observa qu'après les défenses portées contre les jeux de hasard, même chez les princes du sang, il était de mauvais exemple de les admettre à la cour; mais, avec sa douceur ordinaire, il ajouta que sans doute cela ne tirerait pas à conséquence si l'on ne jouait qu'une seule soirée. Les banquiers arrivèrent le 30 octobre et taillèrent toute la nuit et la matinée du 31. La reine resta jusqu'à cinq heures du matin, après quoi S. M. fit encore tailler le soir et bien avant dans la matinée du 1er novembre, jour de la Toussaint : elle joua elle-même jusqu'à près de trois heures du matin. Le mal était qu'une pareille veillée tombait dans la matinée d'une fête solennelle, et il en est résulté des propos dans le public. La reine se tira de là par une plaisanterie, en disant au roi qu'il avait permis une séance de jeu sans en déterminer la durée, qu'ainsi on avait été en droit de la prolonger pendant trente-six heures. Le roi se mit à rire et répondit gaiement : Allez! vous ne valez rien tous tant que vous êtes! » Marie-Antoinette gagnait ou perdait en une soirée 500 louis (2); il lui fallait recourir le lendemain au roi, qui, sans faire nul reproche, payait sur sa propre cassette. De là aussi tant de mauvais bruits que les gazettes répandaient dans toute l'Europe, sur les friponneries commises au jeu de Marly, sur la veine suspecte d'un Anglais nommé Smith admis au jeu de la reine à Fontainebleau, et qui avait gagné aux princes un million 500,000 livres, etc. (3). Ces rumeurs ex-

---

(1) Rapport du 15 novembre.
(2) Voir les rapports de Mercy, 19 novembre 1777 et 17 janvier 1778.
(3) Voir *Le gouvernement de Normandie* au XVIIe et au XVIIIe siècle, d'après les Archives du château d'Harcourt, par M. Hippeau, tome IV : Nouvelles à la main, pages 119, 128, années 1777 et 1779.

citaient l'indignation de Joseph II et de Marie-Thérèse ; Joseph s'écriait que la cour de France était devenue un tripot ; il écrivait en mai 1777 que, si l'on ne savait s'arrêter et prévenir, « la révolution serait cruelle (1) ». L'impératrice mandait à sa fille qu'elle courait à sa perte, qu'il fallait à tout prix et tout de suite couper court à sa passion ; elle menaçait d'en écrire sévèrement au roi si elle n'obtenait très-vite un entier retour (2).

Certes il y avait de quoi s'inquiéter, et l'histoire a le droit de se souvenir. Versailles n'avait-il pas connu cependant de bien autres excès de dépense sous les deux précédents règnes ? N'était-ce pas un bien autre jeu, celui de la Montespan, qui faisait à la bassette, dit un chroniqueur, des coups pouvant aller à un million ? Elle grondait, et le roi aussi, quand on ne les tenait pas. Avec elle les pertes de 100,000 écus étaient communes ; un jour de Noël elle perdit 700,000 écus ; elle joua sur trois cartes 150,000 pistoles (valant chacune 4 fr. 50 c. de notre monnaie) (3). N'étaient-ce pas de bien autres charges au trésor public et de bien autres dilapidations, les scandaleux présents aux maîtresses royales : à la Montespan un vaisseau armé en course ; à la Pompadour le château de Bellevue, construit pour elle au prix de trois millions, et qu'elle revendit ensuite au roi pour trois autres millions ; le pavillon de Luciennes à la du Barry, etc. ? Comment comparer aux folles prodigalités que se permettaient sans scrupule Louis XIV et Louis XV ce que dépensa l'économe et modeste Louis XVI, y compris les dettes de la reine, que le plus souvent il acquittait sur sa cassette sans rien demander aux ministres ? Pour ce qui est de la conduite morale, Mercy et d'autres attestent sans cesse et il est tout à fait évident que Marie-Antoinette n'a pas ouvert son âme

---

(1) A. d'Arneth, *Marie-Antoinette, Joseph II et Léopold II*, page 14.
(2) Marie-Thérèse à Marie-Antoinette, 5 décembre 1777.
(3) Mme *de Montespan et Louis XIV*, par M. Pierre Clément, in-8°, Didier. 1868.

au vice. Elle jouait par amour de la dissipation et du mouvement, par pure légèreté, par désœuvrement, par crainte de l'ennui. C'étaient les mêmes motifs par lesquels elle accueillait trop facilement des amitiés qui auraient dû lui être suspectes; mais il n'y a nulle trace d'avilissante inconduite. S'il faut descendre à discuter encore et à écarter d'elle de tels soupçons, ne remarquera-t-on pas que ses favoris sont admis plusieurs ensemble, et non pas chacun isolément et à son tour (1)? Ne la voit-on pas leur enlever sa confiance aussi librement que, dans une première illusion, elle la leur a concédée? Ne reconnaît-on pas une nature aimante et aimable, jalouse d'éprouver et d'inspirer l'affection, d'obliger et de rencontrer la gratitude, mais en même temps une conscience d'épouse sur laquelle n'a le droit de peser aucun redoutable souvenir? Soulavie, écho direct des Rohan et de la cabale, ne demanderait pas mieux que de faire croire à une Messaline; mais, grâce à nos papiers, nous pouvons suivre pas à pas et démentir les fausses inductions et les faux calculs. Nous avons maintenant le journal échangé entre la mère et la fille; nous avons jusqu'aux notes du médecin. Nous savons, dans cette vie d'épouse, les jours et les nuits, les longs temps de déception avec leurs vicissitudes, les moments d'espérance, les légitimes vœux satisfaits. Si l'on veut supputer des dates, qui ne comprend qu'il y a là toute une chaîne de dates qui se correspondent, et au milieu de laquelle nul trouble illicite n'aurait pu s'introduire sans éclater au grand jour?

Joseph II, depuis la publication de ses lettres conservées à Vienne, a été invoqué souvent comme une sorte de témoin à charge contre Marie-Antoinette. Que ce soit à la condition de ne pas dédaigner les éloges que son affection impartiale n'a pas cru devoir retenir. A l'issue de son voyage de 1777, pendant lequel il a si peu

---

(1) Mercy en fait la remarque, tome II, page 427.

ménagé à sa sœur l'expression de ses reproches, il lui rend aussi plus d'une fois de sincères et significatifs hommages. Quoi de plus tendre que ces lignes émues, où la délicatesse du sentiment respire dans celle de l'expression (1) : « J'ai quitté Versailles avec peine, attaché vraiment à ma sœur; j'ai trouvé une espèce de douceur de vie à laquelle j'avais renoncé, mais dont je vois que le goût ne m'avait pas quitté. Elle est aimable et charmante; j'ai passé des heures et des heures avec elle, sans m'apercevoir comment elles s'écoulaient. Sa sensibilité au départ était grande, sa contenance bonne : il m'a fallu toute ma force pour trouver des jambes pour m'en aller. » A son frère Léopold il écrit avec une persistance convaincue, et sans faire trêve d'ailleurs à de partiels reproches (2) : « Sa vertu est intacte; elle est même austère, par caractère plus que par raisonnement. » Et un autre jour il lui parle encore du même ton (3) : « J'ai quitté Paris sans regrets, quoique l'on m'y ait traité à merveille. Pour Versailles il m'en a plus coûté, car je m'étais véritablement attaché à ma sœur, et je voyais sa peine de notre séparation, qui augmentait la mienne. C'est une aimable et honnête femme, un peu jeune, peu réfléchie, mais qui a un fonds d'honnêteté et de vertu dans sa situation vraiment respectable. Avec cela de l'esprit et une justesse de pénétration qui m'a souvent étonné. Son premier mouvement est toujours le vrai. » Pour définir entièrement le caractère de la reine, Joseph II comprend très-bien qu'il faut tenir compte de tout ce qui lui manque de bonheur intime ainsi que du caractère du roi, et il achève sa peinture en donnant de celui-ci par quelques mots un très-remarquable et très-intelligent portrait : « Sa situation avec le roi est singulière... Cet homme est un peu faible, mais point imbécile. Il a des notions,

---

(1) A. d'Arneth, *Marie-Thérèse et Marie-Antoinette*, page 213.
(2) Lettre du 11 mai 1777. Voir A. d'Arneth, *Maria Theresia und Joseph II*, tome II.
(3) Lettre du 9 juin 1777, *ibid.*

il a du jugement, mais c'est une apathie de corps comme d'esprit. Il fait des conversations raisonnables, il n'a aucun goût de s'instruire ni curiosité; enfin le *fiat lux* n'est pas venu : la matière est encore en globe. » Cette double appréciation, du caractère du roi et de celui de la reine, nous paraît singulièrement équitable. Voilà Louis XVI, exact, appliqué, judicieux quand il écrit ses lettres d'affaires, par exemple ses billets à Vergennes, mais assez inerte et glacé cependant pour rédiger vingt-cinq années de suite cet étrange registre de chasse, où ne figurent, peu s'en faut, même au temps de la révolution, que la messe et les vêpres, les cures de petit-lait et les pièces de gibier (1). Il trouvera plus tard sa grandeur dans la patience et la résignation en face du malheur immérité. Voilà Marie-Antoinette, avec son charme et sa grâce, bien plus avec sa rectitude naturelle d'esprit et de cœur. Ce fonds une fois acquis, l'incomplète éducation, puis les incorrections et les inconséquences, résultats d'une situation très-douloureuse et très-fausse, pourront survenir sans entraîner de suprêmes dangers. Louis XVI paraît l'avoir très-bien compris; fort défiant de l'influence étrangère, personnellement inhabile à prendre en main aucune direction morale, il semble avoir laissé volontiers la reine à ses goûts de dissipation et de plaisir, en se reposant, avec une sécurité fondée, sur ce fonds d'honnêteté et, comme dit Joseph II, d'austérité native. Les imprudences et les fautes de Marie-Antoinette sont très-réelles; mais en vérité elle en a été trop punie. Rien n'empêchait d'imaginer, pendant ses premières années de dauphine ou de reine, que ses défauts, presque au même titre que ses qualités, seraient de nature à séduire les Français. Son règne mettait fin à la domination éhontée des courtisanes; elle succédait élégante, rieuse, bonne et fière à des reines silencieuses et

---

(1) Ce journal, tout entier de la main du roi, est aussi conservé aux Archives nationales: Armoire de fer, carton 10, n° 1. On en trouvera des extraits suffisants au tome II de l'ouvrage intitulé : *Gustave III et la cour de France*. M. Nicolardot l'a publié en 1873.

effacées. On aurait fait une jeune souveraine exprès pour la nation française, dit familièrement un contemporain, qu'on n'aurait pas mieux réussi (1). Par quelle fatalité ce qui devait faire son succès a-t-il fait son malheur? Elle était étrangère, mais comme toutes les épouses de rois apparemment. Les princesses italiennes ou espagnoles avaient exercé naguère en France une bien autre influence; la duchesse de Bourgogne s'était permis de bien autres indiscrétions.

Si l'on veut ne jamais oublier, au sujet de Marie-Antoinette, les difficultés tout extraordinaires qui l'ont assaillie comme femme et comme reine, si l'on consent à ne pas abjurer à son égard une pitié qui n'est que justice, si d'autre part, avec ces sentiments, on suit pas à pas les lettres de sa mère et surtout la correspondance secrète de celle-ci avec le comte de Mercy-Argenteau, si l'on note, en même temps que les multiples et sévères reproches, les expressions d'éloge et d'hommage que Marie-Thérèse, aussi bien que Joseph II, ne veut pas retenir, on aura, croyons-nous, tous les éléments d'une appréciation juste et définitive du caractère de la reine, soit pendant une période de sa vie jusqu'à ce jour mal connue, soit pour le reste de sa carrière, puisqu'on aura pu suivre, au milieu même de ses années de dissipation, la trace persistante des qualités qui l'ont faite plus tard, elle aussi, forte devant le martyre.

Quant à Marie-Thérèse, elle expirait le 29 novembre 1780, à temps pour ne pas être témoin de sinistres éclats tels que le procès du Collier. Nous pouvons calculer par certains signes quels sentiments d'humiliation et comme de terreur ces attaques audacieuses lui eussent inspirés : il n'y a qu'à voir, dans nos volumes, ses lettres à Mercy sur la trop fameuse affaire Beaumarchais, qui la fit trembler comme un affreux présage (2). En présence d'insultes telles

---

(1) *Le gouvernement de Normandie au dix-septième et au dix-huitième siècle*, recueil de documents, par M. Hippeau, tome I, page 461.

(2) Voir tome II, page 224.

que le pamphlet ignoble contre Louis XVI et Marie-Antoinette dont elle le croit l'auteur, suffoquée de colère, avec des accents de lionne blessée, elle joint aux fiers dédains de la souveraine les douloureuses prévisions de la mère. Elle soupçonne Rohan d'être pour quelque chose dans l'infâme intrigue; on dirait que son regard perce l'obscurité d'un prochain avenir, non pas certes jusqu'à deviner ce que doit être un jour la réalité dernière, mais assez loin cependant pour concevoir de confuses et cruelles angoisses.

Tel est le multiple intérêt des documents que nous publions. Ils s'adressent au moraliste, nous pourrions dire au psychologue, autant qu'au politique et à l'historien. Ils n'offrent pas, à vrai dire, de révélations inattendues; mais, par une vue très-prochaine et très-nette de la réalité, ils donnent à d'importants problèmes des explications nécessaires. Ce qu'ils nous apprennent par exemple des vils manèges de ce qu'on appelait la cabale montre s'accumulant peu à peu la série des médisances, des calomnies, des moqueries envenimées qui deviendront, transformées, les accusations de 1793. Nous pouvons suivre ainsi la marche de l'ancien régime se dévorant lui-même, c'est-à-dire forgeant les armes par où périront ses derniers représentants, non pas les plus coupables. Ce roi économe, cette reine ennemie de la du Barry, voulaient réagir contre certaines hontes de l'ancien régime : il s'est retourné contre eux, il les a entourés de piéges et de mortels dangers; il les a transformés en victimes de ses propres méfaits et des abus auxquels il ne voulait pas renoncer. Ce passé du reste est celui de la France, un passé dont le temps présent se reconnaît, malgré tout, en quelque mesure solidaire. Ce qui peut contribuer à le faire mieux connaître tel qu'il était à la veille de la révolution doit être soigneusement recueilli; nul ne saurait nier que les réponses à quelques-uns des problèmes qui assiègent notre époque ne puissent en partie dépendre de la sincérité d'un tel examen historique.

MARIE-ANTOINETTE.

CORRESPONDANCE SECRÈTE

ENTRE

MARIE-THÉRÈSE ET LE C^{TE} DE MERCY-ARGENTEAU.

ANNÉE 1770.

I. — MARIE-THÉRÈSE A MARIE-ANTOINETTE.

Règlement à lire tous les mois.

Ce 21 avril, jour du départ. — A votre réveil vous ferez tout de suite, en vous levant, vos prières du matin à genoux et une petite lecture spirituelle, ne fût-ce même que d'un seul demi-quart d'heure, sans vous être encore occupée d'autre chose ou avoir parlé à personne. Tout dépend du bon commencement de la journée et de l'intention dont on la commence, ce qui peut rendre les actions même indifférentes bonnes et méritoires. C'est un point sur lequel vous serez très-exacte ; son exécution ne dépend que de vous, et il peut en résulter votre bonheur spirituel et temporel. Il en est de même avec les prières du soir et examen de conscience ; mais je répète encore, celles du matin et la petite lecture spirituelle sont des plus importantes. Vous me marquerez toujours de quel livre vous vous servez. Vous vous recueillerez pendant le jour le plus souvent que vous pourrez, surtout à la sainte messe. J'espère que vous l'entendrez avec édification tous les jours, et même deux les dimanches et les jours de fête, si c'est coutume à votre cour. Autant que je souhaite que vous soyez occupée de la prière et bonne lecture, aussi peu voudrais-je que vous pensiez introduire ou faire autre chose que ce qui est de coutume en France ; il ne faut prétendre rien de particulier, ni citer ce qui est ici d'usage, ni demander qu'on l'imite ; au contraire il faut se prêter absolument à ce que la cour est accoutumée à faire. Allez, s'il se peut, l'après-dînée, et surtout tous les dimanches aux vêpres et au salut. Je ne sais pas si la coutume est en France de sonner l'angélus, mais recueillez-vous alors, si non en public, du moins dans votre cœur. Il en est de même pour le soir ou en passant devant une église ou croix, sans vous servir cependant d'aucune action extérieure que de celles qui sont de coutume. Cela n'empêche pas que votre cœur ne puisse se concentrer et faire intérieurement des prières, la présence de Dieu étant à cet effet le moyen unique dans toutes les occasions ; votre incomparable père possédait en perfection cette qualité. En entrant dans les églises, soyez d'abord pénétrée du plus grand respect et ne vous laissez pas aller à vos curiosités, qui causent les distractions. Tous les yeux seront fixés sur vous, ne donnez donc point de scandale. En France on est très-édifiant dans les églises et toujours en public ; il n'y est pas, comme ici, des oratoires qui sont trop commodes, donnent souvent lieu au relâchement dans le maintien et de la facilité à se parler, ce qui scandaliserait beaucoup en France. Tant que vous pouvez, restez à genoux ; ce sera la contenance la plus convenable pour donner l'exemple. Ne vous permettez aucune contorsion, qui est l'air d'hypocrisie ; il faut, surtout dans ce pays-là, éviter ce reproche. Vous ferez, si votre confesseur l'approuve, vos dévotions toutes les six semaines, de même que les grands jours de fête, et nommément de la Sainte Vierge ; dans ces jours ou la veille n'oubliez pas la dévotion particulière de votre maison pour la Sainte Vierge, dont elle a aussi éprouvé une protection particulière en toute occasion. Ne lisez aucun livre, même indifférent, sans en avoir préalablement demandé l'approbation de votre confesseur : c'est un point d'autant plus nécessaire en France, parce qu'il s'y débite sans cesse des livres remplis d'agrément et d'érudition, mais parmi lesquels il y a sous ce voile respectable bien des pernicieux à l'égard de la religion et des mœurs. Je vous conjure donc, ma fille, de ne lire aucun livre, même aucune brochure sans l'avis de votre confesseur ; j'exige de vous, ma chère fille, cette marque la plus réelle de votre tendresse et obéissance pour les conseils d'une bonne mère, qui n'a en vue que votre salut et votre bonheur. N'oubliez jamais l'anniversaire de feu votre cher père, et le mien à son temps : en attendant vous pouvez prendre celui de ma naissance pour prier pour moi. Le point relativement aux Jésuites est encore un de ceux sur lesquels vous devez vous abstenir entièrement de vous expliquer, ni pour ni contre.

Instruction particulière.

Ne vous chargez d'aucune recommandation ; n'écoutez personne, si vous voulez être tranquille. N'ayez pas de curiosité ; c'est un point dont je crains beaucoup à votre égard. Évitez toute sorte de familiarité avec de petites gens. Demandez à M. et à Mme de Noailles (1), en l'exigeant même, sur tous les cas, ce que, comme étrangère et voulant absolument plaire à la nation, vous deviez faire, et qu'ils vous disent sincèrement s'il y a quelque chose à corriger dans votre maintien, dans vos discours ou autres points. Répondez agréablement à tout le monde, avec grâce et dignité : vous le pouvez, si vous voulez. Il faut aussi savoir refuser. Dans mes États et dans l'empire vous ne sauriez vous refuser à accepter des placets, mais vous les donnerez tous à Starhemberg (2), et vous adresserez tout le monde à lui ou à Schaffgotsch (3), si le premier était empêché, en disant à tout le monde que vous les enverrez à

---

(1) Philippe, comte de Noailles, second fils du maréchal Maurice de Noailles, était né en 1715. Il avait porté d'abord le titre de marquis de Mouchy et prit en 1785 celui de duc de Mouchy. Il servit longtemps, et se distingua à la bataille de Fontenoy. Fait maréchal en 1775, et fort en faveur auprès de Louis XV, il fut investi du gouvernement de la Guyenne, puis de celui de Versailles. Le comte et la comtesse de Noailles furent envoyés au-devant de la jeune dauphine, auprès de qui la comtesse resta comme dame d'honneur jusqu'en 1775. En 1785 le maréchal, alors duc de Mouchy, résigna tous ses emplois et se retira à son château de Mouchy pour y achever ses jours dans la retraite. Il en sortit cependant pour paraître à l'assemblée des notables, puis, aux jours les plus funestes de la révolution, pour offrir son dévouement au roi, près duquel il se tint pendant toute la journée du 20 juin ; il était encore aux Tuileries le 10 août. Il fut arrêté pendant la terreur ainsi que sa femme, et tous deux périrent sur l'échafaud le 27 juin 1794.

(2) George Adam, prince de Starhemberg, né en 1724, mort en 1807, petit-neveu du célèbre général de ce nom. Il avait été ambassadeur d'Autriche à Paris de 1753 à 1766, et fut nommé ensuite ministre plénipotentiaire aux Pays-Bas, c'est-à-dire chef du gouvernement de ce pays sous le gouverneur général Charles, prince de Lorraine. Il accompagna la dauphine au moment de son mariage comme envoyé extraordinaire.

(3) Le comte Antoine Gotthard de Schaffgotsch avait été grand-maître de la cour de l'archiduchesse Thérèse, fille de Joseph II.

Vienne, ne pouvant rien faire de plus. Depuis Strasbourg vous n'accepterez plus rien sans en demander l'avis de M. ou de Mme de Noailles, et vous renverrez à eux tous ceux qui vous parleront de leurs affaires, en leur disant honnêtement qu'étant vous-même étrangère, vous ne sauriez vous charger de recommander quelqu'un au roi. Si vous voulez, vous pouvez ajouter, pour rendre la chose plus énergique, « l'Impératrice ma mère m'a expressément défendu de me charger d'aucune recommandation. » N'ayez point de honte de demander conseil à tout le monde et ne faites rien de votre propre tête. Vous avez un grand avantage, que Starhemberg fera avec vous le voyage de Strasbourg à Compiègne ; il est très-aimé en France, il vous est très-attaché. Vous pouvez lui tout dire et tout attendre de ses conseils ; il restera encore huit à dix jours à Versailles. Vous pouvez m'écrire sincèrement par son canal ; tous les commencements de mois j'expédierai d'ici à Paris un courrier : en attendant vous pourriez préparer vos lettres pour les faire partir tout de suite à l'arrivée du courrier. Mercy aura l'ordre de l'expédier d'abord. Vous pouvez de même m'écrire par la poste, mais sur peu de choses, et que tout le monde peut savoir. Je ne crois pas que vous deviez écrire à votre famille, hors dans les cas particuliers et à l'empereur, avec qui vous vous arrangerez sur ce point. Je crois que vous pourriez encore écrire à votre oncle et tante (1) de même qu'au prince Albert (2). La reine de Naples (3)

---

(1) L'empereur est ici Joseph II. L'oncle, c'est le prince Charles de Lorraine, frère de l'empereur François Ier, et gouverneur général des Pays-Bas. La tante, c'est la princesse Charlotte de Lorraine, sœur de l'empereur François.

(2) Duc Albert de Saxe-Teschen, qui avait épousé l'Archiduchesse Marie-Christine, sœur de Marie-Antoinette.

(3) Caroline, une des sœurs aînées de la dauphine. Un tableau complet de la famille impériale d'Autriche sera fort utile pour la lecture de ces correspondances. Le père de Marie-Antoinette, François-Étienne, désigné comme empereur romain-germanique sous le nom de François Ier, fils de Léopold, duc de Lorraine, était né le 8 décembre 1708. Il succéda à son père comme duc de Lorraine en 1729, céda ce duché à la France par les préliminaires de la paix de Vienne, en 1735, et reçut en échange le grand-duché de Toscane. Co-régent des États autrichiens en 1740, il fut élu et couronné empereur cinq ans après. Il mourut à Innsbruck le 18 août 1765. — Marie-Thérèse, née le 13 mai 1717, avait épousé François-Étienne, alors grand-duc de Toscane, en 1736. Elle succéda le 20 octobre 1740 à son père Charles VI dans tous les États héréditaires autrichiens, fut couronnée reine de Hongrie en 1741, et reine de Bohême en 1743. Elle mourut à Vienne, le 29 novembre 1780. — François et Marie-Thérèse eurent seize enfants, dont six moururent très-jeunes; dix survécurent : 1° Marianne, née le 6 octobre 1738, abbesse d'un cou-

souhaite votre correspondance ; je n'y trouve aucune difficulté. Elle ne vous dira rien que de raisonnable et d'utile ; son exemple doit vous servir de règle et d'encouragement, sa situation ayant été en tout et étant bien plus difficile que la vôtre. Par son esprit et par sa déférence elle a surmonté tous les inconvénients, qui ont été grands ; elle fait ma consolation et a l'approbation générale : vous pouvez donc lui écrire, mais que tout soit mis en façon à pouvoir être lu par tout le monde. Déchirez mes lettres, ce qui me mettra à même de vous écrire plus ouvertement ; j'en ferai de même avec les vôtres. Ne faites aucun compte sur les affaires domestiques d'ici ; elles ne consistent que dans des faits peu intéressants et ennuyants. Sur votre famille vous vous expliquerez avec vérité et ménagement : quoique je manque souvent d'en être entièrement contente, vous trouverez peut-être que c'est ailleurs encore pis, qu'il n'y a ici que des enfantises et jalousies pour des riens, qu'autre part c'est bien plus soutenu. Il me reste encore un point par rapport aux Jésuites (1). N'entrez dans aucun discours, ni pour, ni contre eux. Je vous permets de me citer et de dire que j'ai exigé de vous de n'en parler ni en bien ni en mal : que vous savez que je les es-

---

vent de Prague, morte à Klagenfurt, le 19 novembre 1789. — 2° Joseph II, né le 13 mars 1741, élu roi des Romains le 27 mars et couronné le 3 avril 1764 ; empereur romain-germanique le 18 août 1765, et successeur de sa mère dans le gouvernement des États héréditaires autrichiens, le 29 novembre 1780. Il mourut le 20 février 1790. Il avait épousé en premières noces, en 1760, Marie-Isabelle, fille du duc Philippe de Parme, née le 31 décembre 1742, morte le 27 novembre 1763 ; en secondes noces, 1765, Marie-Josèphe, fille de l'empereur Charles VII, princesse électorale de Bavière, née en 1739, morte en 1767. — 3° Marie-Christine, née le 13 mai 1742, mariée en 1766, au prince Albert de Saxe duc de Teschen, gouvernante générale des Pays-Bas en 1781, morte le 24 juin 1798. — 4° Marie-Élisabeth, née le 16 août 1743, abbesse à Innsbruck, morte le 22 septembre 1808. — 5° Marie-Amélie, née le 26 février 1746, mariée le 19 juillet 1769, à Ferdinand duc de Parme, morte à Prague, le 18 juin 1804. — 6° Léopold II, né le 5 mai 1747, grand-duc de Toscane le 18 août 1765, appelé après la mort de son frère au gouvernement des États héréditaires autrichiens le 20 février 1790, mort le 1er mars 1792. — 7° Marie-Caroline, née le 13 août 1752, mariée en 1768 au roi Ferdinand de Naples, morte le 8 septembre 1814. — 8° Ferdinand, né le 1er juin 1754, gouverneur et capitaine général de Lombardie, marié le 15 octobre 1771, à Marie-Béatrix d'Este, fille et héritière du duc de Modène, mort le 24 décembre 1806. — 9° Marie-Antoine, née le 2 novembre 1755, mariée le 2 mai 1770, morte le 16 octobre 1793 ; c'est Marie-Antoinette. — 10° Maximilien, né le 8 décembre 1756, prince électeur de Cologne, évêque de Munster, mort le 17 juillet 1801.

(1) Les Jésuites avaient été chassés de Russie en 1719, de Portugal en 1759, de France en 1762, d'Espagne en 1767 ; et l'ordre allait être entièrement aboli par le pape Clément XIV en 1773.

time, que dans mes pays ils ont fait grand bien, que je serais fâchée de les perdre, mais que si la cour de Rome croit devoir abolir cet ordre, je n'y mettrais aucun empêchement; qu'au reste j'en parlais toujours avec distinction, mais que même chez moi je n'aimais pas à entendre parler de ces malheureuses affaires.

II. — Marie-Thérèse a Mercy.

1er mai. — Comte de Mercy. Je vous autorise de fournir successivement à ma fille, la dauphine, jusqu'à la somme de mille louis pour les dépenses qu'elle trouvera à propos de faire de temps à temps. J'aurai soin de vous faire rembourser ce que vous lui avancerez jusqu'à la concurrence de la somme de mille louis que j'accorde à ma fille pour une seule fois.

III. — Marie-Thérèse a Marie-Antoinette.

Ce 4 mai. — Madame ma chère fille. Vous voilà donc où la providence vous a destinée de vivre. Si on ne s'arrête que sur le grand établissement, vous êtes la plus heureuse de vos sœurs et de toutes les princesses. Vous trouverez un père tendre qui sera en même temps votre ami, si vous le méritez. Ayez en lui toute votre confiance, vous ne risquerez rien. Aimez-le, soyez-lui soumise, tâchez de deviner ses pensées, vous ne sauriez faire assez dans le moment où je vous perds. C'est ce père, c'est cet ami qui me console et me relève de mon abattement et fait toute ma consolation, espérant que vous suivrez mes conseils de vous tenir seule à lui et d'attendre sur tout ses ordres et directions. Du dauphin je ne vous dis rien; vous connaissez ma délicatesse sur ce point; la femme est soumise en tout à son mari et ne doit avoir aucune occupation que de lui plaire et de faire ses volontés. Le seul vrai bonheur dans ce monde est un heureux mariage; j'en peux parler. Tout dépend de la femme, si elle est complaisante, douce et amusante.

Il n'y a qu'une voix sur votre compte jusqu'à Gunzbourg d'où j'ai reçu aujourd'hui les dernières nouvelles, et à tout le monde le premier et le dernier mot c'est vos attentions et affabilité, mais surtout cet air de douceur qui enchante tous les cœurs. Pas de familiarité, car cela ne saurait flatter, étant trop commun, mais la bonté est ce qui approche et rassure tout le monde.

Je vous recommande, ma chère fille, tous les 21 de relire mon papier. Je vous prie, soyez-moi fidèle sur ce point ; je ne crains chez vous que la négligence dans vos prières et lectures, et la tiédeur et négligence suivront. Luttez contre, car cela est plus dangereux qu'un état plus imparfait et même plus mauvais ; on en revient plutôt. Aimez votre famille, soyez-leur attachée, à vos tantes (1) comme à vos beaux-frères et sœurs (2). Ne souffrez aucune tracasserie ; vous êtes à même de faire taire les gens, au moins de les éviter, ou en vous éloignant d'eux. Si vous aimez votre tranquillité, évitez dès le commencement ce point que je crains, connaissant votre curiosité.

Vous remettrez cette lettre au roi de ma part et lui parlerez de moi le plus souvent que vous pourrez. Vous ne sauriez jamais dire trop de mes sentiments pour lui. Vous remettrez aussi cette lettre à Madame Adélaïde ; ces princesses sont pleines de vertus et de talents ; c'est un bonheur pour vous ; j'espère que vous mériterez leur amitié.

Les Choiseul (3) doivent savoir que je vous ai recommandé de les distinguer. N'oubliez les Durfort (4) et l'abbé Vermond (5). N'ou-

---

(1) Les tantes, ou Mesdames, filles non mariées de Louis XV, étaient : Madame Adélaïde, née en 1732; Madame Victoire, née en 1733; Madame Sophie, née en 1734; Madame Louise, née en 1735. Celle-ci était entrée au couvent des Carmélites de Saint-Denys. Mesdames Adélaïde et Victoire émigrèrent en 1792, et moururent en exil.

(2) Le comte de Provence et le comte d'Artois; Madame Marie-Clotilde, mariée en 1775 au prince de Piémont (Charles-Emmanuel IV), et Madame Élisabeth.

(3) Le célèbre duc de Choiseul, ministre de Louis XV depuis 1758, et Gabriel de Choiseul, duc de Praslin, son cousin, ministre de la marine. On sait que le duc de Choiseul était l'auteur du système qui avait lié l'Autriche à la France; le mariage de Marie-Antoinette avec le dauphin était le gage de cette alliance.

(4) Le marquis de Durfort, envoyé de France à Vienne de 1766 à 1770, avait été chargé de demander la main de Marie-Antoinette pour le dauphin, et de l'accompagner en France.

(5) L'abbé de Vermond, né en 1735, de basse extraction, était bibliothécaire du collège Mazarin lorsqu'il fut envoyé par Choiseul à Vienne, en 1769, pour y être employé dans l'éducation de Marie-Antoinette promise au dauphin. Il inspira une grande confiance à Marie Thérèse, et elle désira qu'il restât attaché à sa fille avec les fonctions de lecteur. Les mémoires de Mme Campan attribuent à l'abbé de Vermond une influence funeste sur Marie-Antoinette ; nos correspondances nous le montreront au contraire comme un serviteur aussi dévoué qu'utile à sa royale élève, et nous feront connaître son véritable rôle de confident et d'agent de Mercy, qui se servait de lui pour connaître les détails intimes qu'il transmettait à Vienne.

bliez pas une mère qui, quoiqu'éloignée, ne cessera d'être occupée de vous jusqu'à son dernier soupir. Je vous donne ma bénédiction et suis toujours votre fidèle mère.

IV. — Marie-Thérèse a Mercy (1).

Ce 24 mai. — Je serais bien fâchée, comte Mercy, si j'avais mis quelque défiance entre Starhemberg et vous par les ordres que j'ai donnés au premier de vous marquer que les journaux de ma fille, que vous comptez m'envoyer par Neny (2), ne devaient être que pour moi seule et ne passer par aucun autre canal, et que, pour plus grande sûreté, vous pourriez me les envoyer par le courrier qui sera expédié tous les mois à Bruxelles, et de là à vous, et de nouveau dépêché à Bruxelles, et puis ici. Cela ne voulait pas dire que Starhemberg dût les lire ou ouvrir, mais que par ce canal vous pourriez vous préparer et m'envoyer avec toute sûreté vos réflexions; mais ce dont j'ai voulu vous prévenir, c'est que, par surabondance de précaution pour le secret, je n'ai pas voulu même que Neny les vît, non que j'ai en lui la moindre défiance et que je ne lui confie même mes plus grandes affaires, mais étant une chose si délicate que le secret d'un troisième et dont on ne peut assez se précautionner, puisque tout transpire, j'ai voulu être sûre que personne que vous et moi doivent en être les dépositaires. Vous pouvez donc les envoyer par ces courriers à mon adresse, pas autrement qu'à l'Impératrice-Reine, comme une lettre particulière, et vous pouvez alors mettre celle-ci encore sous le couvert de Neny, et s'il y avait quelque chose encore des plus secrets, vous pourriez le mettre sur une feuille à part *tibi soli*. Tous les trois ou deux mois vous m'enverrez un rapport particulier que je puisse faire voir, mais les journaux ne seront que pour moi toute seule. Je les brûlerai moi-même, devant contenir des particularités qui pourraient rendre des malheureux. Je ne compte écrire à ma fille que par ce courrier tous les mois, et je tâcherai que toute correspondance ici soit interrom-

---

(1) Lettre entièrement autographe.
(2) Le baron Cornelius Neny, conseiller d'État et premier secrétaire intime du cabinet de l'impératrice, conserva jusqu'à sa mort, en 1776, toute la confiance de l'impératrice

pûe avec d'autres. Je crains la jeunesse de ma fille, le trop de flatterie, et sa paresse et aucun goût pour s'appliquer. Je vous recommande de veiller là-dessus, ayant toute ma confiance en vous, qu'elle ne tombe en mauvaises mains. Si vous trouvez d'autres occasions sûres, je serais charmée de recevoir même en droiture plus souvent de vos nouvelles, mais toujours cachetées et sous l'enveloppe de Neny. Starhemberg, à qui j'ai écrit le même arrangement pour vos feuilles à part de *tibi soli*, n'est nullement informé que je vous écris, n'ayant parlé que depuis que sa lettre était écrite à Neny. J'ai trouvé nécessaire de vous écrire en toute hâte celle-ci; ayant ma chambre pleine, je crains que vous aurez de la peine à venir à bout de la déchiffrer, et il faut que je me presse pour rattraper le courrier qui est expédié.

V. — Mercy a Marie-Thérèse.

Paris, le 15 juin. — Les ordres que j'ai reçus de V. M. par la voie du prince de Starhemberg, ne pouvaient en aucune façon gêner les effets de notre zèle commun, et nous l'avons employé de concert pour tâcher de trouver les moyens les plus propres à remplir l'objet intéressant qui était confié à nos soins. Ceux du prince de Starhemberg, joints à ses démarches éclairées, m'ont été d'un secours décisif pour obtenir auprès de Mme la dauphine l'accès habituel et nécessaire à pouvoir me rendre de quelque utilité à cette princesse, et je me trouve maintenant, relativement à ce point, dans la position que je devais désirer. Dorénavant, quant à la forme à donner à mes rapports et à la manière de les adresser, j'obéirai exactement à ce que V. M. daigne en cela me prescrire par sa lettre du 24 de mai. Cependant, pour observer toute la précision possible, et éviter des erreurs de dates qui n'aboutiraient qu'à confondre les faits, je croirais (sous le bon plaisir de V. M.) devoir me servir alternativement de la méthode d'un journal et de celle de relations détaillées, suivant que les circonstances le comporteront, comme par exemple dans les voyages de Compiègne et de Fontainebleau, où je pourrai être à toute heure à la cour, je formerais un journal de ce qui s'y passera, mais quand la famille royale réside à Versailles, où les ministres étrangers ne se trouvent point à demeure, et pendant les voyages de Marly, où (excepté les ministres de famille (1)) les ambassadeurs ne vont jamais, alors les notions ne pouvant se recueillir qu'à plusieurs jours de distance, je croirais que, pour les exposer avec clarté, la forme d'une relation serait la plus propre et la moins sujette à erreur.

Le prince de Starhemberg a rendu compte à V. M. 1° du début de Mme la dauphine, soit vis-à-vis du roi, du dauphin et de la famille royale, soit auprès des personnes de la cour et du public en général (2);

2° De ce qui s'est passé pour fixer l'établissement de l'abbé Vermond auprès de l'archiduchesse, de l'opposition du duc de la Vauguyon, et des moyens employés pour la vaincre;

3° De l'audience de congé que le Roi a donnée au prince de Starhemberg, de celle que ce dernier a eue chez Mme la dauphine, et des représentations faites à cette princesse sur la nécessité indispensable, qu'elle veuille fixer chaque jour des heures constantes pour ses lectures et quelques occupations sérieuses.

N'ayant rien à ajouter sur les détails de ces trois points essentiels déjà parvenus à la connaissance de V. M., je continuerai de l'époque du départ du prince de Starhemberg, qui s'est mis en route pour Bruxelles le 7 de ce mois.

Le lendemain 8 je me rendis le soir à Versailles où j'arrivai pendant le cavagnol (3); aussitôt que Mme la dauphine me vit entrer, elle me fit signe d'approcher et me dit qu'elle avait à me parler.

---

(1) C'est-à-dire les ministres représentant les souverains qui appartenaient à la famille de Bourbon, comme ceux d'Espagne, de Naples, de Parme.

(2) Mercy lui-même en rendait compte dans une lettre particulière : « Notre archiduchesse dauphine a dans son début à Strasbourg, surpassé toutes mes espérances, tant par son maintien que par la justesse et la grâce qu'elle a mises dans ses propos..... L'entrevue de cette après-midi dans la forêt de Compiègne a couronné l'œuvre; on ne peut paraître sous des auspices plus heureux que ne vient de le faire notre dauphine..... On nous menace encore que Mme du Barry soupera demain à la Muette avec la famille royale; je ne puis le croire; mais, quoi qu'il arrive, Mme la Dauphine tiendra sûrement bonne contenance. » Lettre inédite au baron Neny; Compiègne, 14 mai 1770. Archives de Vienne.

(3) Le cavagnole était un jeu importé vers le milieu du dix-huitième siècle de Gênes, où on le nommait *cavaiola*. C'était une sorte de loto : il se jouait à l'aide de petits tableaux à cinq cases contenant des figures et des numéros. Voltaire en parle dans une de ses épîtres :

> On croirait que le jeu console,
> Mais l'ennui vient, à pas comptés,
> A la table d'un cavagnole,
> S'asseoir entre deux majestés.

Je la suppliai d'achever son jeu; aussitôt qu'il fut fini, elle se leva, et voyant que je tenais un papier à la main, elle reconnut d'abord que c'était une lettre de V. M. Elle s'en saisit avec une extrême vivacité en disant : « *Gott sei Dank!* » et marquant toute la joie que lui causait cette lettre qu'elle lut sur-le-champ.

Mme la dauphine me dit ensuite que les gens de son service n'ayant point reçu leurs appointements depuis six mois, la comtesse de Noailles avait voulu l'engager à parler au contrôleur général pour qu'ils fussent payés, mais qu'avant de se prêter à cette démarche, S. A. R. voulait savoir l'avis du duc de Choiseul et le mien. Je répondis que ce ministre avait déjà connaissance de cette circonstance, et qu'il croyait sans inconvénient que Mme la dauphine protégeât ses gens, attendu que feu la reine et Mesdames en avaient toujours agi de même, quand il s'agissait de pareil objet. Je n'eus pas le temps d'en dire davantage, parce que le souper était servi, mais en sortant, la comtesse de Noailles m'avertit qu'elle avait des choses de conséquence à me communiquer. M'étant rendu chez elle, j'y appris que la cabale du duc de la Vauguyon (1) travaillait avec ardeur à éloigner l'abbé de Vermond, sous prétexte que, ne remplissant point son emploi de lecteur, il devenait inutile et déplacé à la cour, qu'indépendamment de cela on employait la fausseté et le mensonge pour tâcher de diminuer le penchant que le roi marque pour M la dauphine; qu'on avait dit à S. M. que cette princesse s'était déclarée ne vouloir d'aucun des petits voyages que le roi fait chaque semaine à ses maisons de plaisance, que le duc de la Vauguyon voulait donner à Mme la dauphine un confesseur intrigant, très-suspect à tous égards, et une première femme de chambre créature de la comtesse de Marsan, qu'enfin il n'était sorte de tracasserie qu'on ne suscitât à la comtesse de Noailles, qu'elle ne pourrait pas y résister à la longue, et que plutôt elle quitterait sa place, que de se voir exposée à de pareilles persécutions. Je tâchai de calmer ses inquiétudes par

---

(1) Antoine de Quélen, duc de la Vauguyon, né en 1706, mort en 1772, était gouverneur de Louis XVI et de ses frères. Avec madame de Marsan, gouvernante des enfants de France, il dirigeait la faction dite des dévôts. Détestant Choiseul à cause de la destruction de l'ordre des Jésuites, et par conséquent opposée à l'alliance autrichienne, œuvre de ce ministre, cette faction avait une assez grande influence sur l'esprit de Mesdames, filles de Louis XV.

toutes les bonnes raisons que m'offrait la matière; je lui fis voir qu'à la vérité nous avions affaire à de méchantes gens, mais qu'ils n'étaient ni assez adroits ni assez puissants pour nous en effrayer, que mon avis était que dès le lendemain la comtesse de Noailles prît une audience du roi, où elle rendrait compte à S. M. de tout ce qui intéressait le service et les convenances de Mme la dauphine, et où elle démentirait dans le discours les propos faussement attribués à cette princesse. Cela fut exécuté comme je le proposais; le roi dit qu'il persistait à vouloir que l'abbé de Vermond restât à son emploi de lecteur, qu'il consentait aussi que j'eus de l'accès auprès de Mme la dauphine pour m'acquitter de ce que V. M. m'ordonnerait de lui dire.

La comtesse de Noailles parla assez adroitement du grand désir qu'avait Mme la dauphine de plaire au roi, et elle ajouta entre autres que cette princesse serait charmée d'accompagner S. M. « dans les petits voyages qu'il avait coutume de faire ». Le roi sourit à ce propos et ne répondit rien; il parla de la contenance froide du dauphin, disant « qu'il fallait encore le laisser aller », qu'il était extrêmement « timide et sauvage, qu'enfin il n'était pas « un homme comme un autre ». D'ailleurs le roi, en traitant fort bien la comtesse de Noailles, lui dit qu'il s'en reposait sur elle de tout ce qui regardait le service qui lui était confié, et qu'il donnerait les mains à ce qu'elle aurait à lui proposer dans la suite à cet égard.

Il me restait à songer aux moyens d'engager Mme la dauphine à coopérer aux succès de nos démarches. Malgré les promesses faites au prince de Starhemberg, il n'y avait eu jusqu'à ce jour-là aucune lecture. Je proposai à l'abbé de Vermond d'insister fortement et même de parler de se retirer; je me rendis l'après-midi du 9 chez S. A. R. Elle était seule avec la comtesse de Noailles, laquelle s'étant retirée dans un coin de la chambre, me laissa en liberté de parler. J'en profitai pour dire à Mme la dauphine que j'étais extrêmement mortifié de devoir mander à V. M. la retraite très-prochaine de l'abbé de Vermond, qui, en ne remplissant pas les fonctions de lecteur, ne pouvait rester à la cour sans que son séjour y eût une apparence d'intrigue, dont on avait déjà su faire un usage dangereux, que cela ne convenait ni par rapport à V. M. ni pour Mme la dauphine même, et que par conséquent il fallait bien prendre un parti là-dessus. S. A. R. parut un peu embarrassée sur ce que je venais de lui exposer. Elle me dit que pour rien au monde elle ne consentirait à l'éloignement de l'abbé, et que si cela tenait à ses lectures, elle les commencerait dès le jour même, ce qui en effet fut exécuté dans la même après-dînée. Mme la dauphine renouvela ses promesses de suivre sans interruption les heures destinées à quelque occupation sérieuse, et j'en pris occasion d'entrer dans le plus grand détail sur la nécessité et l'utilité de cette méthode, et sur les inconvénients inévitables qu'il y aurait à s'en écarter. S. A. R. me dit qu'elle était contente du dauphin, qu'elle attribuait sa timidité et sa froideur au genre d'éducation qu'il avait reçu, mais que d'ailleurs il paraisssait avoir un bon caractère, qu'elle était intimement persuadée que le dauphin tenait au duc de la Vauguyon par l'habitude, par la crainte, mais nullement par affection ni confiance, qu'au reste ce prince était si réservé sur le chapitre des gens qui l'entourent, que malgré plusieurs petits tentatifs, elle n'avait jamais pu tirer de lui un mot de nature à éclaircir ses doutes. Je suppliai Mme la dauphine de ne point afficher d'animosité contre le duc de la Vauguyon ni contre son fils, le duc de Saint-Mégrin, l'un et l'autre assez mal traités jusqu'à présent par S. A. R.; qu'il suffisait qu'elle les connût pour ce qu'ils étaient, mais qu'en se tenant en garde contre eux, la bonne politique exigeait de dissimuler et de ne pas paraître se livrer à un esprit de parti, ce qui ne ferait que leur donner plus de facilité à se soutenir. Je crois en effet cette observation de la dernière importance.

Quant à l'article du confesseur, il en avait été parlé avant le départ du prince de Starhemberg entre lui, le duc de Choiseul et l'évêque d'Orléans (1). Tous trois ainsi que la comtesse de Noailles s'étaient réunis à croire que le confesseur du roi, ecclésiastique d'une probité et piété reconnue, qui n'est d'aucun parti et ne se mêle d'aucune intrigue, serait le sujet le plus convenable à choisir pour Mme la dauphine (2). J'en parlai à cette princesse, qui se propose de saisir la première occasion à demander au roi le di-

---

(1) Louis de Jarente de La Bruyère, évêque d'Orléans. Il avait la feuille des bénéfices. Intimement lié avec le duc de Choiseul, il le suivit de près dans sa disgrâce.

(2) Ce confesseur était l'abbé Modoux, que Marie-Antoinette choisit en effet, et qui devint aussi plus tard le confesseur de Louis XVI. Les lettres suivantes contiendront beaucoup d'informations sur ce qui le concerne.

recteur en question, et de prévenir par là tout autre choix suggéré par une cabale dangereuse.

De tout ce que je viens rapporter ci-dessus, il n'est rien que je n'aie concerté avec le duc de Choiseul, lequel, pénétré de la confiance que V. M. daigne avoir en lui, m'a promis que dans tous les cas il sera prêt à parler au roi quand il s'agira de garantir Mme la dauphine des manœuvres des intrigants et des désagréments qui pourraient en résulter pour cette princesse. Ce ministre aura incessamment un entretien avec S. A. R., et lui représentera tout ce qu'il imaginera pour le mieux. Je crois moyennant cela que pour le moment tout se trouve dans une assez bonne position. D'après mes notions et remarques particulières, il est certain que depuis quelques jours Mme l'archiduchesse a fait des progrès sur l'esprit du dauphin; il a dit à Mme Adélaïde qu'il trouvait son épouse très-aimable, que sa figure, sa tournure d'esprit lui plaisait, et « qu'il en était bien content »; cependant il renferme tout ce sentiment en lui-même. Jusqu'à cette heure il n'y a pas eu dans le particulier d'intimité fort étendue, mais il n'y a aucune conséquence fâcheuse à en tirer pour la suite, et vu la grande jeunesse de ces deux augustes époux, il est peut-être mieux que leur liaison se forme par des progressions lentes, qui n'en seront que plus assurées.

Le roi continue à être très-satisfait de Mme la dauphine; elle le caresse toujours à propos, avec grâce et d'une façon très-touchante. Le roi (comme il me fit l'honneur de me le dire l'autre jour) la trouve « vive et un peu enfant », mais, ajouta-t-il, « cela est bien de son âge ». Mesdames de France sont enchantées de Mme la dauphine; toute la cour et le public fait les plus grands éloges de son affabilité, de ce qu'elle sait dire de gracieux à tous ceux qui l'approchent. On la trouve remplie de grâces, et je puis assurer V. M. que ce n'est point la flatterie, mais une conviction très-vraie qui dicte les propos qui se tiennent là-dessus, et qui sont universels. Cependant, comme il a plu à V. M. de m'ordonner de lui exposer mes réflexions, je dois obéir avec autant de franchise que de zèle, et lui avouer que, sans me laisser éblouir par le succès très-mérité de Mme la dauphine, je réfléchis que parmi une nation vive et légère, et dans une cour fort orageuse, il est plus aisé dans le début d'y remporter les suffrages que de se les y conserver à la longue. Pour y réussir, il faut que Mme la dauphine s'observe sur plusieurs petits objets, parmi lesquels celui de la contenance extérieure est un des plus essentiels, et sur lequel S. A. R. s'oublie quelquefois dans sa façon d'être assise à ses repas ou au cavagnol. Souvent ses ajustements se trouvent dérangés par les petits jeux de la journée; cependant je dois dire aussi qu'à l'église Mme l'archiduchesse y observe le maintien le plus décent et le plus convenable. S. A. R., par un pur effet de gaieté, et sans mauvaise intention, se livre quelquefois à plaisanter sur le chapitre de ceux auxquels elle aperçoit des ridicules; cela a déjà été remarqué ici, et y deviendrait d'une conséquence d'autant plus dangereuse que cette princesse sait donner à ses observations tout l'esprit et le sel propre à les rendre plus piquantes; mais l'article le plus important de tous serait de porter S. A. R. à vaincre son extrême répugnance aux occupations sérieuses, surtout à la lecture; cependant l'un et l'autre sont les seuls moyens par où cette princesse puisse se mettre à couvert des dangers attachés à sa position. Dans les occasions que j'ai de lui parler, elle me marque pour V. M. tant d'amour, de respect et de désir de lui plaire, que je suis persuadé que si V. M. jugeait à propos dans ses lettres particulières d'insister sur les trois points ci-dessus indiqués, cela ferait bien plus d'effet que toutes les représentations qui pourraient venir d'une autre part.

Le prince de Starhemberg m'a laissé sous son cachet un papier écrit de la main de V. M. à remettre à Mme la dauphine quand elle me le demandera, et S. A. R. m'a ordonné de le lui présenter tous les 21 de chaque mois. Cette princesse est contente de sa dame d'honneur, laquelle jusqu'à présent marque de l'attention et du zèle à son service. Elle est entièrement déclarée contre le parti du duc de la Vauguyon, et assez bien avec le duc de Choiseul; je me suis fort occupé à les rapprocher, parce qu'il en résultera de grands avantages dans les occasions d'intrigues si fréquentes à cette cour. D'après ce que m'a dit Mme la dauphine, je vois qu'elle a démêlé le caractère et les qualités des gens qui l'entourent, avec une sagacité vraiment étonnante pour son âge. Elle connaît à fond la comtesse de Noailles; je voudrais que celle-ci n'étendît pas trop loin la complaisance et la flatterie envers sa maîtresse. Je n'ai pas caché mes observations à cette comtesse, mais je ne suis pas encore bien près d'obtenir d'elle ce qui serait désirable à cet égard. Quant aux autres entours de Mme la dauphine, il ne se manifeste jusqu'à cette heure aucun inconvénient. Ses dames sont bien traitées, mais sans préférence; elles sont toutes contentes et marquent un grand zèle et attachement pour leur maîtresse.

Voilà ce que pour le moment j'ai de plus essentiel à exposer à V. M., et comme le prince de Starhemberg, soit par la proximité, soit par l'exacte connaissance qu'il a de cette cour-ci, serait dans des cas embarrassants plus à portée que personne de me donner de bons avis, j'ai cru que V. M. ne trouverait pas mauvais que je l'instruisisse sommairement du courant de ce qui se passe relativement à Mme la dauphine, et je m'en acquitte par l'occasion d'aujourd'hui.

Mon très-humble rapport était écrit jusqu'ici, lorsque je suis retourné avant-hier à Versailles, où j'ai prévenu Mme la dauphine de la réception des cinq lettres ci-jointes, que S. A. R. m'avait envoyées la veille. L'abbé de Vermond m'a remis de son côté une lettre que je joins pareillement. J'ai appris de cet abbé que Mme la dauphine avait fait deux lectures depuis samedi, et qu'elle paraissait décidée à les continuer.

Mme du Barry a cru devoir aller faire sa cour un matin à S. A. R.; cette princesse l'a reçue sans affectation; cela s'est passé avec dignité et d'une façon à ne mécontenter personne.

Le duc de Choiseul parlera demain à Mme la dauphine sur l'article de son confesseur, ainsi que sur différents petits objets desquels je l'ai prévenu.

VI. — Marie-Antoinette a Marie-Thérèse.

Ce 9 juillet. — Madame ma très-chère mère. Ayant appris que le courrier devait partir après-demain et que nous partons demain pour Choisy, je n'ai pas voulu attendre les lettres que Mercy doit m'apporter ce soir, de peur de n'avoir pas le temps de répondre; ainsi je me réserve pour une autre occasion.

Nous partons donc demain 10 pour Choisy (1) et nous en re-

---

(1) Le château de Choisy avait été construit par Mlle de Montpensier, fille de Gaston d'Orléans. Légué par elle au dauphin fils de Louis XIV, il appartint successivement à Mme de Louvois et à la princesse de Conti, de laquelle Louis XV l'acheta. Les bâtiments en furent alors considérablement augmentés et les appartements richement décorés. Nattier y peignit les portraits de Mesdames, filles du roi, et de la reine, en Flore, en Diane, en Hébé; Vernet y donna les Quatre Parties du jour; Chardin, Desportes, Bou-

viendrons le 13 pour aller à Bellevue (1) le 17, et le 18 à Compiègne (2) où nous restons jusqu'au 28 d'août, et de là pour quelques jours à Chantilly. Le roi a mille bontés pour moi et je l'aime tendrement, mais c'est à faire pitié la faiblesse qu'il a pour Mme du Barry, qui est la plus sotte et impertinente créature qui soit imaginable. Elle a joué tous les soirs avec nous à Marly; elle s'est trouvée deux fois à côté de moi, mais elle ne m'a point parlé et je n'ai point tâché justement de lier conversation avec elle; mais quand il le fallait, je lui ai pourtant parlé.

Pour mon cher mari, il est changé de beaucoup et tout à son avantage. Il marque beaucoup d'amitié pour moi et même il commence à marquer de la confiance. Il n'aime certainement point M. de la Vauguyon, mais il le craint. Il lui est arrivé une singulière histoire l'autre jour. J'étais seule avec mon mari, lorsque M. de la Vauguyon approche d'un pas précipité à la porte pour écouter. Un valet de chambre qui est sot ou très-honnête homme ouvre la porte, et M. le duc s'y trouve planté comme un piquet sans pouvoir reculer. Alors je fis remarquer à mon mari l'inconvénient qu'il y a de laisser écouter aux portes, et il l'a très-bien pris.

Comme j'ai promis à V. M. de lui dire la moindre indisposition, je lui dirai donc que j'ai eu un peu de dévoiement, mais la diète l'a fait finir. Mon mari a eu en même temps une indigestion; mais cela ne l'a pas empêché d'aller à la chasse.

J'ai aujourd'hui un grand embarras. Je me confesserai à cinq heures à l'abbé Modoux, Mercy et l'abbé m'ayant conseillé de le prendre. Je n'ai point douté que vous en serez contente, et le roi

---

cher y avaient de nombreux tableaux. Vanloo y exécuta en tableau d'autel une sainte Clotilde sous les traits de Mme de Pompadour. Il ne reste rien de cette splendide résidence, mais quelques-unes des peintures qu'elle contenait sont aux musées de Versailles et du Louvre. — Choisy-le-Roi est à 8 kil. S. de Paris.

(1) Le château de Bellevue, entre Sèvres et Meudon, à 9 kil. S. O. de Paris, fut une fantaisie de Mme de Pompadour. Les travaux en furent si rapidement exécutés qu'il fut achevé en moins de deux ans. Il était décoré avec une grande magnificence par tous les artistes qu'aimait à protéger la marquise : Coustou, Falconet, Lagrenée, Fragonard, Chardin, etc. Le roi l'acheta en 1757. A son avénement Louis XVI en fit présent à ses tantes, Mesdames, filles de Louis XV. Ce château n'existe plus.

(2) Compiègne était une fort ancienne résidence royale. Louis XV en avait fait reconstruire entièrement le château par l'architecte Gabriel, et y venait chaque année pour de grandes chasses dans la forêt.

était aussi content. J'ai oublié de lui dire (1) que j'ai écrit hier la première fois au roi ; j'en ai eu grande peur, sachant que Mme du Barry les lit toutes, mais vous pouvez être bien persuadée, ma très-chère mère, que je ne ferai jamais de faute ni pour ni contre elle.

V. M. permettra que je lui envoie une lettre pour Naples, dans laquelle j'avertis ma sœur d'envoyer ses lettres par Vienne. J'ai l'honneur d'être avec la plus respectueuse tendresse la plus tendre et soumise fille.

VII. — Marie-Antoinette a Marie-Thérèse.

Choisy, ce 12 juillet. — Madame ma très-chère mère, je ne peux vous exprimer combien j'étais touchée des bontés que V. M. m'y marque, et je lui jure que je n'ai pas encore reçu une de ses chères lettres sans avoir eu les larmes aux yeux de regret d'être séparée d'une aussi tendre et bonne mère, et quoique je suis très-bien ici, je souhaiterais pourtant ardemment de revenir voir ma chère et très-chère famille au moins pour un instant.

Je suis au désespoir que V. M. n'a pas reçu ma lettre. J'ai cru qu'elle irait par le courrier, mais Mercy a jugé à propos de l'envoyer par Forcheron (2), et c'est, à ce que je m'imagine, ce qui cause le retard. Je trouve que c'est bien triste de devoir attendre mon oncle, mon frère et ma belle-sœur (3) sans savoir quand ils viendront. Je la supplie de me marquer si c'est vrai qu'elle est allée à leur rencontre à Gratz (4), et que l'empereur est beaucoup maigri de son voyage ; cela pourrait m'inquiéter, n'ayant pas trop de graisse pour cela.

Pour ce qu'elle m'a demandé pour mes dévotions, je lui dirai que je n'ai communié qu'une seule fois ; je me suis confessée avant-hier à M. l'abbé Modoux, mais comme c'était le jour que j'ai cru partir pour Choisy, je n'ai point communié, ayant cru d'avoir trop de distraction ce jour-là. Notre voyage de Choisy a retardé d'un jour, mon mari ayant eu un rhume avec de la fièvre, mais cela s'est passé

---

(1) C'est-à-dire à V. M.
(2) Ce Forcheron ou Faucheron, comme on le trouve nommé dans les états de service de la maison impériale, était huissier de la chambre, et avait sans doute fait partie de la suite de la dauphine.
(3) Le prince Charles de Lorraine, le grand-duc Léopold et sa femme.
(4) Ville des États autrichiens, en Styrie, au sud de Vienne.

dans un jour, car ayant dormi douze heures et demie tout de suite, il s'est trouvé très-bien portant et en état de partir. Nous sommes donc depuis hier ici, — où on est, depuis une heure, où l'on dîne, jusqu'à une heure du soir, sans rentrer chez soi, — ce qui me déplaît fort, car après le dîner l'on joue jusqu'à six heures, que l'on va au spectacle, qui dure jusqu'à neuf heures et demie et ensuite le souper, de là encore jeu jusqu'à une heure et même la demie quelquefois, mais le roi, voyant que je n'en pouvais plus hier, a eu la bonté de me renvoyer à onze heures, ce qui m'a fait grand plaisir et j'ai très-bien dormi jusqu'à dix heures et demie, quoique seule ; mon mari, étant encore au régime, est rentré avant souper et s'est couché tout de suite chez lui, ce qui n'arrive jamais sans cela.

V. M. est bien bonne de vouloir bien s'intéresser à moi et même de vouloir savoir comme je passe ma journée. Je lui dirai donc que je me lève à dix heures ou à neuf heures, ou à neuf heures et demie, et, m'ayant habillée, je dis mes prières du matin, ensuite je déjeune, et de là je vais chez mes tantes, où je trouve ordinairement le roi. Cela dure jusqu'à dix heures et demie ; ensuite à onze heures je vais me coiffer. À midi on appelle la chambre et là tout le monde peut entrer, ce qui n'est point des communes gens. Je mets mon rouge et lave mes mains devant tout le monde, ensuite les hommes sortent et les dames restent et je m'habille devant elles. A midi est la messe ; si le roi est à Versailles, je vais avec lui et mon mari et mes tantes à la messe ; s'il n'y est pas, je vais seule avec M. le dauphin, mais toujours à la même heure. Après la messe nous dînons à nous deux devant tout le monde, mais cela est fini à une heure et demie, car nous mangeons fort vite tous les deux. De là je vais chez M. le dauphin, et s'il a affaires, je reviens chez moi, je lis, j'écris ou je travaille, car je fais une veste pour le Roi, qui n'avance guère, mais j'espère qu'avec la grâce de Dieu elle sera finie dans quelques années. A trois heures je vais encore chez mes tantes où le roi vient à cette heure là ; à quatre heures vient l'abbé chez moi, à cinq heures tous les jours le maître de clavecin ou à chanter jusqu'à six heures. A six heures et demie je vais presque toujours chez mes tantes, quand je ne vais point promener ; il faut savoir que mon mari va presque toujours avec moi chez mes tantes. A sept heures on joue jusqu'à neuf heures, mais quand il fait beau, je m'en vais promener et alors il n'y a point de jeu chez moi, mais chez mes tantes. A neuf heures nous soupons, et quand le roi n'y est point, mes tantes viennent souper chez nous, mais quand le roi y est, nous allons après souper chez elles, nous attendons le roi, qui vient ordinairement à dix heures trois quarts, mais moi en attendant, je me place sur un grand canapé et dors jusqu'à l'arrivée du roi, mais quand il n'y est pas, nous allons nous coucher à onze heures. Voilà toute notre journée. Pour ce que nous faisons les dimanches et fêtes, je me le réserve à lui mander une autre fois.

Je vous supplie, ma très-chère mère, de pardonner si ma lettre est trop longue, mais c'est mon seul plaisir de m'entretenir avec elle. Je lui demande encore pardon si la lettre est sale, mais je l'ai dû écrire deux jours de suite à la toilette, n'ayant pas d'autre temps à moi, et si je ne lui réponds pas exactement, qu'elle croie que c'est par trop d'exactitude à brûler la lettre. Il faut que je finisse pour m'habiller et aller à la messe du roi; j'ai donc l'honneur d'être la plus soumise fille.

Je lui envoie la liste des présents que j'ai reçus, croyant que cela pourrait l'amuser.

VIII. — Mercy a Marie-Thérèse.

Paris, le 14 juillet. — Depuis la date de mon premier et très-humble rapport jusqu'aujourd'hui, je me suis borné à écrire au prince de Starhemberg un précis des nouvelles relatives à Mme la dauphine, en attendant que l'occasion d'un courrier me mît à même d'en exposer tous les détails à V. M. Ce courrier est arrivé ici le 7, et entre autres paquets il me remit une dépêche du prince de Starhemberg, dans laquelle se trouvait la lettre de V. M. à Mme la dauphine. Le 8 l'abbé de Vermond vint me voir; il me dit que d'après ce qu'il savait des arrangements de la journée, je parviendrais difficilement à faire ma cour à Mme la dauphine. Je le priai de prévenir cette princesse que j'avais une lettre à lui remettre, et le lendemain 9 je me rendis vers le soir à Versailles, où je trouvai de la part de la comtesse de Noailles le billet que je joins ici (1) comme une preuve de l'impatience avec la-

---

(1) Nous ne donnons pas ce billet, dont on comprend la teneur.

quelle Mme la dauphine attendait les nouvelles de V. M. Elle les reçut en effet avec les marques de la plus grande joie. Je saisis ce moment pour lui dire que V. M. voulait que ces lettres ne fussent communiquées à personne qu'au roi seul, et cela dans le cas où Mme la dauphine le jugerait à propos. S. A. R. me répondit qu'elle s'y conformerait; elle ajouta que, quoiqu'elle eût plusieurs choses à me dire, elle était trop empressée de lire ce que lui mandait V. M., qu'ainsi elle me parlerait le lendemain.

Je crois maintenant devoir reprendre l'ordre des faits qui ont eu lieu depuis le 15 de juin, et rappeler à V. M. qu'à cette époque les intrigues du duc de la Vauguyon tendaient à s'ingérer dans ce qui regarde l'intérieur de la maison de Mme la dauphine, et à s'y procurer assez d'autorité pour parvenir à gagner une influence directe sur cette princesse, et la mettre dans une sorte de dépendance. Dans la conduite de ce projet le duc de la Vauguyon crut d'abord qu'il lui conviendrait de commencer à former quelque liaison de bienveillance de la part de M. le dauphin envers la comtesse du Barry. Ce prince avait depuis quelque temps marqué un grand désir d'être admis à souper à Saint-Hubert (1), où le roi fait de fréquents voyages et des parties de chasse. Le duc de Saint-Mégrin fut chargé par son père d'informer la comtesse du Barry de ce que souhaitait le dauphin; cette femme ne manqua pas d'en faire la proposition au roi, qui y consentit, de façon que depuis ce moment-là M. le dauphin a été de tous les petits voyages, y est resté à souper, et par conséquent s'est trouvé en quelque façon initié aux parties de plaisir où la favorite joue le premier rôle, et où la décence n'est pas toujours bien scrupuleusement observée. Cependant il est résulté de cet arrangement un effet tout contraire de celui qu'on avait en vue, parce que Mesdames de France, alarmées du danger que pourrait courir M. le dauphin, prirent le parti de ne lui rien laisser ignorer sur l'état de la favorite, sur les particularités les plus frappantes de sa vie, et sur tout le désordre que sa présence occasionnait à la cour. Cette instruction a fait sur l'esprit du dauphin une si forte impression, que depuis ce temps-là il a donné fréquemment des marques d'aversion pour la comtesse

---

(1) Rendez-vous de chasse avec un pavillon construit par Louis XV, à cinq lieues de Versailles, entre la forêt de Rambouillet et celle de Saint-Léger.

du Barry, laquelle sûrement ne se réhabilitera jamais aux yeux du jeune prince.

Le duc de la Vauguyon n'a pas mieux réussi dans sa prétention d'avoir chez Mme la dauphine les entrées familières. Un jour où il voulait arriver chez cette princesse par la retirade, la comtesse de Noailles lui en interdit le passage ; cela fit naître entre eux une si violente dispute, qu'ils se dirent les paroles les plus dures, et d'une nature à ne plus laisser de bornes à leur haine réciproque.

L'intrigue formée pour donner un directeur à Mme la dauphine ayant été découverte à temps, S. A. R. fut conseillée de demander au roi son confesseur, et cette demande a été faite si à propos, de si bonne grâce, et a été en même temps si bien reçue, que le même jour, 24 du mois passé, le roi ordonna à son grand aumônier de présenter à Mme la dauphine l'ecclésiastique susdit, lequel est à tous égards un excellent sujet, rempli de piété et vivant à la cour dans une retraite inaccessible. Le choix de ce confesseur était de la plus grande conséquence et a écarté plusieurs personnages dangereux que l'on s'était proposé d'établir chez Mme la dauphine. Il résulte des circonstances ci-dessus que le duc de la Vauguyon a jusqu'à présent échoué dans ses projets. Il lui reste encore celui de placer la duchesse de Saint-Mégrin, sa belle-fille, comme dame d'atours chez Mme la dauphine, et de donner à cette princesse une première femme de chambre, mais j'espère qu'il y aura moyen d'éviter l'une et l'autre, les personnes en question ne pouvant être que très-suspectes.

Quant à ce qui concerne la conduite journalière de Mme l'archiduchesse, je vais rendre à V. M. un compte sommaire de ce qui s'est passé dans ces derniers temps. S. A. R. a été assez exacte à continuer ses lectures ; elles sont toujours suivies d'une petite conversation sérieuse avec l'abbé de Vermond sur les actions et les propos de la journée, et il résulte un bien infini de cette méthode, parce que, malgré sa vivacité naturelle, Mme la dauphine n'oublie rien de ce qu'on lui dit ; elle écoute avec docilité, et l'on est sûr qu'elle fera attention à tout ce qu'on peut lui exposer de raisonnable. Dans plusieurs occasions, j'avais pris la liberté de lui faire quelques représentations sur la nécessité de s'observer dans le maintien extérieur, et de ne point se permettre des petites plaisanteries sur le chapitre des autres. S. A. R. a toujours reçu avec bonté ce que me dictait mon zèle, et dans le fait, soit du côté de son maintien, mais bien plus encore dans les propos de vivacité, j'ai observé depuis un changement en bien très-remarquable.

Le dernier séjour à Marly (1) était pour Mme la dauphine une occasion assez difficile et délicate ; elle s'y est comportée avec toute la prudence possible. Exposée à jouer tous les soirs au lansquenet avec la comtesse du Barry, et à se trouver même quelquefois assise à côté de cette femme, il n'est pas échappé à S. A. R. le moindre geste qui eût pu donner matière à remarquer, ni à dire qu'elle eût bien ou mal traité la favorite. Mme l'archiduchesse m'a dit qu'elle rendait compte elle-même à V. M. de ce qui s'est passé au voyage de Marly ; ainsi je dois m'en rapporter au contenu de la lettre de cette princesse.

Le roi continue à être parfaitement satisfait de Mme la dauphine, et le lui témoigne par toutes sortes de petites attentions et marques de tendresse. Je ne cesse de supplier S. A. R. d'être toujours très-caressante envers le roi ; c'est un moyen sûr de le captiver, et qui ne doit pas être négligé. Si V. M. daignait appuyer sur ce point, cela produirait certainement l'effet désirable. Il a paru depuis quelques jours que Mme la dauphine était un peu moins occupée du roi, plus timide à lui parler. Cela peut provenir de l'exemple de Mesdames de France, avec lesquelles Mme la dauphine est maintenant dans une intimité qui a ses avantages, mais aussi quelques petits inconvénients du côté de la circonspection dans les propos que l'on n'observe pas toujours, et du côté des petites intrigues dont Mesdames veulent toujours

---

(1) La résidence de Marly, créée à 8 kil. N. de Versailles par Louis XIV, sous prétexte de se reposer de la cour dans la simplicité d'une solitude champêtre, ne tarda pas à rivaliser de magnificence orgueilleuse avec Versailles même. Un pavillon central, dit pavillon royal, y était entouré de douze pavillons, par allusion au soleil, emblème de Louis XIV, et aux douze signes du zodiaque. La célèbre machine élevait les eaux de la Seine pour les distribuer en toutes sortes de jeux, au milieu d'un parc où l'on avait transporté des arbres de la forêt de Compiègne. Délaissé pendant la régence, Marly redevint un séjour favori pour Louis XV, qui l'embellit de nouveau. L'étiquette de la cour y était moins sévère qu'à Versailles. Le roi désignait les personnes qui devaient faire partie de chacun des fréquents voyages, et ce déplacement de la cour donnait lieu chaque fois à des dépenses considérables. Les bâtiments et le parc de Marly furent complètement détruits pendant la révolution.

se mêler, et dans lesquelles il serait dangereux qu'elles entraînassent Mme la dauphine. Jusqu'à présent S. A. R. a été inaccessible aux recommandations; elle refuse constamment de s'en charger. J'ai grand soin de lui rappeler l'importance de cette sage maxime, qui est quelquefois combattue par Mesdames et par la comtesse de Noailles même. Cette dernière remplit assez bien sa charge à plusieurs égards, mais je ne puis réussir à lui faire changer son ton de complaisance et de flatterie, par lequel elle croit se procurer du crédit, à quoi elle est bien éloignée de parvenir; en effet Mme la dauphine la traite très-bien, mais n'a aucune confiance en elle et ne la croit pas en état de donner un bon conseil. De tout ce qui entoure Mme l'archiduchesse, le seul qui lui soit vraiment utile, c'est l'abbé de Vermond, et je dois toute justice aux services importants que je lui ai vu rendre à S. A. R. par sa façon de lui exposer la vérité et de la lui faire sentir; cependant il n'y a pas eu moyen encore de faire expédier à cet ecclésiastique son brevet de lecteur, ni de lui faire toucher les appointements attachés à cet emploi. A l'arrivée de Mme la dauphine, tout ce qui compose sa maison a reçu des présents; le seul abbé de Vermond a été oublié, et même les frais de son voyage de Strasbourg jusqu'ici ne lui ont pas été remboursés. Il m'a paru que dans une pareille occasion Mme l'archiduchesse ne pouvait se dispenser de protéger son lecteur, et j'ai supplié S. A. R. d'en parler au ci-devant comte de Saint-Florentin, maintenant duc de la Vrillière (1), pour que ce ministre mette en règle le traitement de l'abbé de Vermond, lequel commençait à être un peu affecté de sa position.

L'article le plus satisfaisant pour Mme la dauphine est que chaque jour elle gagne plus d'ascendant sur l'esprit de M. le dauphin. Elle se comporte vis-à-vis de lui avec tant de gaieté et de grâce que ce jeune prince en est subjugué; il lui parle avec confiance de choses sur lesquelles jamais il ne s'était expliqué à personne. Son caractère sombre et réservé l'avait rendu impénétrable jusqu'à présent,

---

(1) Le duc de la Vrillière, connu aussi sous le nom de comte de Saint-Florentin, qu'il porta jusqu'en 1770, était ministre depuis 1725; il changea plusieurs fois de département. Courtisan modèle, dévoué au roi et à toutes ses favorites, il était un des plus impopulaires serviteurs de Louis XV. Malesherbes le remplacera en 1775.

mais Mme la dauphine lui fait dire tout ce qu'elle veut, et lui a arraché son secret sur le duc de la Vauguyon, dont il est convenu de ne pas faire grand cas. J'ai bien représenté à Mme l'archiduchesse qu'il était de la dernière importance qu'elle ne confiât à personne, surtout pas à Mesdames, ce que lui dit M. le dauphin; cette réserve est nécessaire pour s'assurer la continuation d'une confiance si précieuse; S. A. R. en est convenue.

Une partie de ce que je viens d'exposer ici a fait la matière de la conversation que j'ai eue mardi dernier avec Mme la dauphine. Je me concerte toujours avec le duc de Choiseul sur tout ce qui regarde S. A. R., et je lui rapporte moi-même ou par le canal de l'abbé de Vermond les conseils du ministre, qui dans les conjonctures critiques actuelles croit ne pas devoir se montrer souvent chez Mme l'archiduchesse. Au reste, V. M. a tout sujet d'être tranquille sur la continuation des succès de cette auguste princesse, laquelle me témoigne en toute occasion le vif désir qu'elle a que V. M. soit contente d'elle, et qui, dans l'essentiel, fait tout ce qu'il faut pour le mériter. Le roi avait arrangé un voyage à Choisy pour que Mme la dauphine vît cette maison de plaisance; toute la cour devait s'y rendre mardi, mais une légère indisposition survenue à M. le dauphin le retint à Versailles ainsi que Mme la dauphine, et LL. AA. RR. n'allèrent rejoindre le roi et Mesdames que le lendemain mercredi. Toute la famille royale en est revenue hier; la comtesse du Barry a été de ce voyage, et, quoique je n'en aie pas encore les détails, je suis sûr qu'il se sera bien passé pour ce qui regarde Mme l'archiduchesse.

Pendant le prochain séjour à Compiègne, je serai journellement dans le cas de parler à Mme la dauphine, et j'espère de mettre bien ces occasions à profit. S. A. R. m'envoie dans ce moment sa lettre à V. M., et je vais expédier le courrier sur le champ.

IX. — Mercy a Marie-Thérèse.

Paris, 14 *juillet*. — Sacrée Majesté, dimanche 8 de ce mois, M. le dauphin et Mme la dauphine eurent une explication très-énergique; je ne suis pas instruit de la façon dont elle fut amenée, mais le résultat en a été que M. le dauphin a dit à Mme l'archiduchesse qu'il n'ignorait rien de ce qui concerne l'état du mariage, que dès le commencement il s'était formé là-dessus un plan dont il n'avait pas voulu s'écarter, que maintenant le terme était arrivé, et qu'à Compiègne il vivrait avec Mᵐᵉ la dauphine dans toute l'étendue de l'intimité que comporte leur union. Cet épanchement de cœur n'en resta pas là ; Mᵐᵉ la dauphine dit : « Puisque nous devons vivre ensemble dans une amitié intime, il faut que nous parlions de tout avec confiance ; » et le propos tomba sur la comtesse du Barry. Alors M. le dauphin, pour la première fois de sa vie, parla de l'intérieur de la cour. Il dit à Mᵐᵉ la dauphine qu'il savait et voyait bien des choses, mais qu'il ne s'était jamais permis d'en faire mention à personne. Mᵐᵉ l'archiduchesse remarqua qu'il était bien fâcheux que par des motifs d'intrigues personnelles le roi ait été entraîné dans les liaisons où il se trouve, et qui occasionnent tant de désordre à la cour, et que tout cela se tramait pour effectuer la perte du duc de Choiseul. Le dauphin répondit à Mᵐᵉ la dauphine qu'elle ne savait pas tout ce que le duc de Choiseul avait fait pour parvenir au poste qu'il occupe, ni combien il avait intrigué lui-même avec la marquise de Pompadour, et aidé dans le temps à l'accroissement du crédit de cette favorite. Mᵐᵉ la dauphine ne répliqua rien qui pût marquer trop de partialité pour le duc de Choiseul. Elle dit simplement qu'on lui attribuait des talents, qu'elle avait ouï dire qu'il était estimé dans les pays étrangers ; que s'il avait intrigué avec la marquise de Pompadour, cela ne pouvait être comparé aux horreurs que l'on voyait pratiquer ici par les ducs d'Aiguillon, de la Vauguyon et leur cabale. Cet entretien en est resté là, et voici comment j'en ai été informé : Lorsque je me suis aperçu de l'agitation qu'occasionnaient à Mᵐᵉ la dauphine les propos de Mesdames, j'en devins inquiet et crus devoir charger l'abbé de Vermond de tâcher dans ses conversations particulières de calmer l'esprit de Mᵐᵉ la dauphine. Je lui suggérai même le langage qui me paraissait le plus propre à y réussir. L'abbé s'en acquitta, et ce fut à cette occasion que Mᵐᵉ l'archiduchesse, dans un premier mouvement de vivacité et de joie, lui confia tout ce que je viens d'exposer. Je suis convenu avec l'abbé qu'il ferait sentir à Mᵐᵉ la dauphine l'importance de garder le secret sur pareille matière, sans exception ni de Mesdames ni de personne ; et il fut aussi décidé entre l'abbé et moi de n'en rien dire au duc de Choiseul, pour être à couvert de toute indiscrétion.

Je suppose qu'il plaira à V. M. de ne point témoigner dans ses lettres à Mᵐᵉ la dauphine que V. M. est instruite des particularités dont il s'agit, parce que, dans le cas où Mᵐᵉ l'archiduchesse soupçonnerait que je les ai rapportées, elle pourrait concevoir de la méfiance de l'abbé de Vermond, et cela nous priverait du grand avantage d'être à même de remédier par nos représentations à ce que les différentes conjonctures peuvent exiger.

V. M. daignera juger par ce détail combien Mᵐᵉ l'archiduchesse a gagné sur l'esprit du dauphin. Il n'est pas douteux qu'avec un peu de prudence elle parviendra à le subjuguer entièrement, et je fonde cet espoir sur les talents rares et naturels de cette princesse, laquelle d'ailleurs comprend à merveille et se prête aux conseils qui lui sont donnés, quand elle s'aperçoit qu'ils sont dictés par la raison et par zèle pour son bien.

X. — MARIE-THÉRÈSE A MERCY.

Schönbrunn, le 1ᵉʳ août (1). — Comte de Mercy. J'ai reçu votre rapport du 15 de juin et les deux du 14 de juillet. Les nouvelles que vous continuez à me mander sur la conduite de ma fille ont de quoi me contenter ; mais il ne m'en reste pas moins quelque inquiétude par la crainte qu'on ne l'engage trop loin, et qu'en se jetant dans un des deux partis [ou à un troisième de Mᵐᵉ de Noailles ou de ses tantes] il n'en résulte à la fin pour elle des désagréments dans la situation délicate où elle se trouve, jeune comme elle est et obsédée par des gens dangereux, avec peu d'expérience du monde. Je me repose donc sur votre prudence dans les conseils que vous lui donnerez pour la garantir de toute fausse démarche, et, persuadée comme je suis de la confiance que vous continuerez à avoir dans le prince de Starhemberg, je crois que vous saurez tirer bon parti des avis qu'il est en état de vous donner aussi bien sur la cour de France que sur la conduite que ma fille doit y tenir.

Comme je ne réponds pas à la lettre de l'abbé de Vermond, pour éviter tout inconvénient qui pourrait naître si cette correspondance

---

(1) Cette lettre et la suivante sont datées dans l'original du 1ᵉʳ septembre, mais sans nul doute par erreur.

venait à transpirer, je vous charge de lui dire de ma part beaucoup d'honnêtetés, en l'assurant de tout le gré que je lui ai des soins qu'il se donne pour le bien de ma fille ; mais, comme il ne me paraît guère ou point du tout avantagé pour son travail, mandez-moi par Pichler [si vous ne croyez pas qu'il conviendrait que vous le soulagiez par quelques avances ; je vous en laisse l'arbitre] (1).

C'est un point très-essentiel à l'égard de ma fille d'être délicate et réservée en se prêtant à des recommandations, pour ne point être à charge au roi. Elle y était portée en tout temps ; mais je l'en ai toujours détournée, et ce n'était que quelques mois avant son départ que je lui ai permis de me faire des recommandations, ayant été même obligée d'y mettre des bornes, parce qu'elle voulait les étendre trop loin. Au reste je vous envoie ci-joint la lettre ostensible (2) que vous m'avez demandée pour en faire usage vis-à-vis de la comtesse de Noailles et de l'abbé de Vermond autant que vous le jugerez à propos.

L'indisposition du dauphin donne à penser, et je crains qu'il ne vivra pas longtemps. Voilà les lettres à ma fille ; je ne lui touche guère qu'en général les choses, me remettant entièrement à vous, crainte d'en dire trop ou trop peu. Envoyez-moi bientôt le bureau pour Mme de Paar et qu'il y ait tout ce qu'il faut pour s'en servir.

XI. — MARIE-THÉRÈSE A MERCY.

Schönbrunn, le 1er août. — Comte de Mercy. Je suis très-contente des nouvelles que vous me mandez sur la conduite de ma fille la dauphine, et des soins que vous vous donnez pour lui être utile. Par un effet de tendre intérêt que je prends à son bien, je me rappelle qu'étant encore ici, elle inclinait à la négligence dans le maintien extérieur et à la raillerie ; je vous charge donc de témoigner de ma part à Mme de Noailles et à l'abbé de Vermond que je me promets de leur attachement pour ma fille qu'ils auront soin de l'avertir de ces défauts si jamais elle se laissait s'y entraîner par son penchant.

---

(1) Marie-Thérèse a substitué ces lignes de sa main à ce qu'elle avait dicté d'abord : « Ce que je pourrais faire et de quelle façon pour le récompenser. »

(2) C'est le billet qui suit.

XII. — Mercy a Marie-Thérèse.

Compiègne, ce 4 août. — Sacrée Majesté, par l'occasion d'un courrier qui revient d'Espagne, je vais rendre compte à V. M. de ce qui s'est passé depuis la date de mon très-humble rapport du 14 juillet, mais, ne croyant pas devoir arrêter trop longtemps le courrier en question, j'abrégerai les détails le plus qu'il sera possible, et me bornerai à mettre aujourd'hui sous les yeux de V. M. ce qui me paraît être de plus essentiel et de plus pressant.

Pendant le séjour que la cour a fait à Choisy depuis le 10 jusqu'au 13 de juillet, le roi y fit donner des spectacles dans un théâtre trop resserré pour pouvoir contenir aisément tout le service et la suite de la famille royale. Il arriva que les dames du palais s'étant emparées des premiers bancs, refusèrent d'y faire place à la comtesse du Barry ainsi qu'à ses compagnes et amies, la duchesse de Mirepoix (1) et la comtesse de Valentinois (2). Ce refus occasionna des propos piquants, et la comtesse de Gramont, dame du palais de Mme la dauphine, en ayant tenu de plus vifs que les autres dames, et s'étant montrée chef de parti dans cette dispute, les trois femmes ci-dessus nommées en portèrent plainte, et engagèrent le roi à punir la comtesse de Gramont en l'exilant à quinze lieues de la cour. Je dois observer que cette comtesse de Gramont est parente du mari de la duchesse de ce nom (3), et d'ailleurs fort liée avec toute la famille de Choiseul. Son éloignement causa une grande sensation; Mme la dauphine fut suppliée d'intercéder pour elle, et S. A. R. ayant daigné me consulter là-dessus, je pris la liberté de lui suggérer le langage qui me

---

(1) La duchesse maréchale de Mirepoix était sœur du maréchal de Beauvau; en acceptant la faveur et l'intimité de Mme du Barry, elle se brouilla avec son frère et tout le parti des Choiseul.

(2) La comtesse de Valentinois, petite-fille du duc de Saint-Simon, l'auteur des mémoires, et la dernière de sa branche directe, elle mourut en 1774.

(3) C'est de cette parenté que l'anecdote relative à la comtesse, fort répétée dans les mémoires du temps, tire son importance : elle ne sembla pas être sans influence sur la chute de Choiseul. La duchesse de Gramont, sœur du duc de Choiseul, avait sur lui un grand crédit; elle était des plus ardentes parmi les dames de la cour qui refusaient d'accepter Mme du Barry.

paraissait convenable à tenir pour ne pas se compromettre. Mme l'archiduchesse adopta mon idée, et prit occasion de témoigner au roi qu'elle était peinée de la faute commise par une dame de son palais, qu'elle ne cherchait pas à savoir les motifs qu'avait eus S. M. de punir cette dame, mais qu'elle était un peu sensible à ce qu'une personne attachée à son service eût été exilée sans qu'on eût dit un mot à Mme la dauphine sur la volonté du roi à cet égard. Le roi, comme je l'avais prévu, fut embarrassé dans sa réponse; il dit à Mme la dauphine qu'en effet le duc de la Vrillière aurait dû prévenir S. A. R. de l'exil de cette comtesse de Gramont, que ce n'était que par oubli que ce ministre ne s'en était pas acquitté, mais que dans des cas semblables cela n'arriverait plus. Le roi ajouta à cette petite excuse des propos d'amitié et de tendresse, et la chose en est restée là. Cependant la démarche de Mme la dauphine n'a été ni déplacée ni inutile, parce qu'il importe infiniment qu'elle se maintienne dans l'habitude et dans la possession de parler directement au roi de tous les objets qui la concernent personnellement, ou qui regardent les gens attachés à son service. Cela devient absolument indispensable quand on considère l'état actuel de cette cour, les intrigues qui y règnent, l'espèce de gens qui en sont les auteurs, et combien ces mêmes gens réussissent à gouverner le roi. Il résulte de là que si une liaison illicite prend tant d'empire, il y aurait de la part de Mme la dauphine de la faiblesse et un grand défaut de conduite à ne pas conserver ses droits les plus légitimes, en prenant, dans des occasions justes, un ton d'aisance et d'assurance qui sûrement réussira toujours vis-à-vis du roi et fera respecter Mme la dauphine par tous ses entours. En exposant ces réflexions à Mme l'archiduchesse, je lui ai représenté en même temps les inconvénients de n'avoir jamais d'autre marche que celle de Mesdames ses tantes. Ces princesses, toutes respectables qu'elles sont d'ailleurs, n'ont jamais eu le talent de se conduire convenablement aux circonstances. Je remarque visiblement qu'elles inspirent leurs principes à Mme la dauphine, qu'elles la rendent timide et l'éloignent du roi; d'ailleurs Mesdames se permettent souvent des propos pour le moins indiscrets, quelquefois même trop gais. Mme la dauphine s'y livre, les répète, et je sais positivement qu'on en a instruit le roi, avec le projet de nuire par là à S. A. R. Cela est d'une si grande conséquence pour le présent et pour l'avenir que je ne puis me dispenser d'en informer V. M., et de soumettre à ses hautes lumières si elle ne jugerait pas convenable de toucher cet article dans ses lettres à Mme l'archiduchesse. Il serait en même temps désirable qu'elle ne soupçonnât pas que j'en ai fait le rapport à V. M., parce que cela la rendrait plus réservée envers moi, au lieu que jusqu'à présent elle me permet de lui parler avec autant de franchise que de zèle, ce qui n'a presque jamais été sans quelque succès. Les points sur lesquels j'ai le plus gagné sont ceux du maintien extérieur et des propos un peu moqueurs. Mme l'archiduchesse s'est considérablement réformée sur ces deux articles ; elle continue de même assez exactement ses heures de lecture. Pendant les huit jours où S. A. R. est restée seule à Versailles avec M. le dauphin, elle s'y est comportée à merveille, remplissant avec grâce et attention tous les petits soins qu'exigeait l'indisposition du prince son époux, qui y a paru très-sensible et reconnaissant. Mme la dauphine n'a pas moins bien traité les dames attachées à son service, et tout ce qui arrivait pour lui faire sa cour ; de ce côté-là il n'y a rien à désirer, et S. A. R. continue à enchanter tout le monde. Elle ne marque de rigueur qu'au duc de la Vauguyon et à ses partisans. Je désirerais qu'elle voulût en agir un peu plus politiquement avec eux ; cela fait encore un objet de mes fréquentes représentations, et j'ai obtenu au moins que S. A. R. ne se permît plus comme ci-devant, des plaisanteries faites en public sur le chapitre de ces gens-là. J'espère qu'avant de partir d'ici j'aurai des objets intéressants à rapporter à V. M. ; je serai peut-être dans le cas de pouvoir m'en acquitter par le premier courrier ; en attendant, comme le séjour de Compiègne me fournit la facilité d'être à toute heure à la cour et d'observer ce qui s'y passe, je crois devoir en commencer le journal.

Le 30 juillet M. le dauphin et Mme la dauphine arrivèrent vers le soir ; le roi leur fit l'accueil le plus tendre ; Mme la dauphine resta plus d'une heure avec lui, et alla souper ensuite chez Mesdames.

Le 31, lorsque j'allai faire ma cour le matin à Mme la dauphine, elle me remit pour V. M. une lettre que j'expédiai le lendemain par la poste ordinaire. Je retournai le soir à la cour à l'heure du cavagnol ; après le jeu Mme l'archiduchesse me dit qu'elle avait à me parler, mais que, soupant ce même soir avec le roi, elle voulait se rendre sur-le-champ chez S. M. et me parlerait dans une autre occasion. Ce même soir je vis la comtesse de Noailles, qui me dit que les derniers jours du séjour à Versailles s'étaient passés au mieux, que Mme la dauphine y avait été charmante, que M. le dauphin continuait à prendre plus de goût pour elle, malgré les efforts du duc de la Vauguyon pour le retenir. La comtesse de Noailles m'ajouta que ce serait dans son appartement que je verrais Mme la dauphine en particulier, lorsque cette princesse aurait quelque ordre à me donner.

Le 1er août je me rendis le soir au jeu ; Mme l'archiduchesse me témoigna être en peine de ce que le roi venait de nommer la comtesse de Valentinois à la charge de dame d'atours de la future comtesse de Provence. Mme la dauphine avait espéré que cette place tomberait à la duchesse de Saint-Mégrin (1), que S. A. R. ne voudrait pas, comme de raison, avoir à son service, surtout dans une place aussi intime que l'est celle de dame d'atours. Je répondis à S. A. R. que, pour ne pas faire de fausses démarches dans cette conjoncture, il fallait savoir : 1° quels engagements le roi pouvait avoir contractés vis-à-vis du duc de La Vauguyon ; 2° si M. le dauphin s'y intéresserait ou non ; 3° le temps à peu près où Mme la duchesse de Villars se proposait de quitter sa place ; que, quand ces trois points seraient éclaircis, il s'agirait alors de tenter des démarches, toujours directement vis-à-vis du roi, mais avec les modifications qu'indiqueraient les circonstances. Mme la dauphine me dit qu'elle voulait encore parler à fond de cet objet avec moi, et que ce serait vendredi ou samedi, selon qu'elle en aurait le loisir.

Le 2 août il y eut chasse du cerf, et Mme la dauphine avec Mesdames prirent ce divertissement dans des calèches. Le roi parut fort occupé à faire avertir Mme la dauphine des endroits où passait la chasse, et en effet S. A. R. se trouva à la mort du cerf. M. le dauphin a couru cette chasse à cheval, et aussi violemment que de coutume. Ce prince s'était donné quelques jours auparavant une indigestion en mangeant trop de pâtisseries ; au souper

---

(1) Belle-fille du duc de la Vauguyon.

de ce soir, Mme la dauphine fit enlever les plats de cette espèce qui se trouvaient sur sa table, et défendit qu'on n'en servît plus jusqu'à nouvel ordre; le dauphin sourit, et prit fort bien cette marque d'attention. Le même soir j'eus avec la comtesse de Noailles une longue conversation sur plusieurs objets que j'avais déjà remarqués et qui ne doivent pas être négligés. Cette dame d'honneur me dit qu'il n'y avait pas moyen d'engager Mme la dauphine à mettre un corps de baleines, qu'il en résultait que la taille de cette princesse se déformait visiblement, et que son épaule droite se dérangeait, ce qui en effet est très-vrai et exige les précautions les plus promptes. La comtesse de Noailles m'ajouta qu'elle en avait parlé au roi, mais qu'il n'en avait pas dit et n'en dirait jamais un mot à Mme la dauphine, qu'elle me priait instamment de rendre compte de ces trois points à V. M., laquelle seule pourrait y mettre ordre, que, pour elle, comtesse de Noailles, elle n'avait pas assez d'autorité pour se faire écouter, quoiqu'elle prît souvent la liberté d'en parler à Mme l'archiduchesse. Ce que la comtesse de Noailles me disait là-dessus est en partie véritable; tout le monde sait que le roi n'a jamais pu prendre sur lui d'avertir ses enfants ou de les corriger sur quelque chose que ce soit, et il en sera toujours de même à l'égard de Mme la dauphine; mais, d'un autre côté, la comtesse de Noailles n'accuse pas juste en disant qu'elle avertit souvent Mme l'archiduchesse sur les petits objets en question; car cette dame d'honneur pratique une complaisance par laquelle elle espère de prendre de l'ascendant sur sa maîtresse, et elle se trompe en cela, parce que je vois par expérience que Mme l'archiduchesse écoute et sait gré à ceux qui lui parlent vrai, et qu'au contraire elle ne tient nul compte de la flatterie, et apprécie fort juste ceux qui la mettent en usage. J'ai tâché de faire entendre cette vérité à la comtesse de Noailles, et me propose de la lui répéter souvent.

Ce même jour les appointements de l'abbé de Vermond ont été décidés et fixés à 12,000 livres. Il y avait plus de six semaines que je pressais sur cet objet; cet ecclésiastique est à Mme la dauphine d'une utilité qui est au-dessus de toute récompense. Il parle à S. A. R. de toute chose avec un zèle et une vérité qu'il a le talent de faire sentir, et qui nous ont préservés de presque tous les inconvénients de la position difficile et délicate où se trouve Mme l'archiduchesse. Il n'est sorte de tentatifs qu'on n'ait faite pour tâcher d'éloigner cet abbé, lequel ne s'est lié avec personne de la cour, et ne s'occupe que des moyens de remplir tout ce qu'il croit pouvoir être à l'avantage de Mme la dauphine.

Le 3. Je n'ai point été à la cour, pour pouvoir travailler mes dépêches politiques ainsi que le très-humble rapport présent. Mme la dauphine s'est promenée après-midi en voiture, et a soupé avec le roi.

Le 4. S. A. R. m'envoie ce matin sa lettre ci-jointe à V. M., moyennant quoi je vais sur-le-champ dépêcher le courrier et me rendre ce soir au jeu de Mme la dauphine.

XIII. — Mercy a Marie-Thérèse.

Compiègne, le 20 août. — Le dernier journal que j'ai mis sous les yeux de V. M. finissait à la matinée du 4 de ce mois; dans cette même matinée Mme la dauphine étant passée chez le roi, il l'embrassa et lui fit l'accueil le plus tendre. Il fut remarqué, à cette occasion, que le roi recevait toujours beaucoup mieux Mme la dauphine quand elle venait le voir seule et sans être accompagnée de Mesdames ses tantes. Après midi S. A. R. alla promener à la forêt; elle y rencontra la duchesse de Choiseul et le duc de Praslin; elle fit arrêter sa voiture pour leur parler. Mme la dauphine ne manque aucune de ces occasions à donner quelques marques de bonté; elle s'en acquitte toujours avec autant de jugement que de grâce, et cela fait ici d'autant plus d'effet qu'on y est fort peu accoutumé. Le même soir je me trouvai en lieu tiers avec le duc de Noailles, beau-frère de la dame d'honneur (1). Ce duc est l'homme de France qui a peut-être le plus d'esprit et qui connaît le mieux son souverain et la cour. Nous parlâmes de Mme la dauphine, et il me dit qu'en jugeant d'après son expérience et d'après les qualités qu'il voyait dans cette princesse, il était persuadé qu'elle gouvernerait un jour l'esprit du roi; que les goûts momentanés de ce monarque s'affaiblissant avec l'âge, il en reviendrait à chercher le bonheur au sein de sa famille, et que ce serait alors que les charmes de Mme la dauphine prendraient sur lui tout l'empire qu'ils doivent

---

(1) Fils du maréchal duc Adrien de Noailles et de Mlle d'Aubigné, nièce de Mme de Maintenon. Habile courtisan, son esprit faisait accepter sa franchise et la vivacité de ses saillies. Il mourut à Saint-Germain, en 1793.

avoir. Le duc de Noailles étant un homme à citer, j'ai cru ne pas devoir omettre ici son sentiment tel qu'il me l'a exposé.

Le 5, je remis à Mme la dauphine une lettre que m'avait envoyée le prince de Starhemberg, et qui était de la comtesse de Brandis (1). S. A. R. plaisanta un peu sur cette correspondance, et ne témoigna pas y être fort attachée ; je pris la liberté de lui dire qu'en ce cas le moyen le plus simple était de ne pas faire de réponse.

Après midi il y eut sermon chez Mme la dauphine, et une quête pour les pauvres ; S. A. R. dans ces moments-là, ainsi que dans tous ceux qui sont voués à la piété, observe le maintien le plus décent et le plus exemplaire. Le même soir toute la famille royale soupa au grand couvert du roi.

Le 6, je fus obligé d'aller à Paris pour y presser le payement des arrérages du subside échus au 30 juillet. A mon retour j'appris que ce jour-là, Mme la dauphine étant passée chez M. le dauphin, ce prince, en la voyant, lui avait tendu les bras, et marqué du désir de causer avec elle. Il proposa de passer dans l'appartement de Mme la dauphine pour y être plus à l'abri de l'importunité des menins, qui entrent à tout moment chez lui. Mme la dauphine a souvent de ces conversations avec M. le dauphin, et dans ces occasions elle lui parle de tout avec franchise et confiance, et elle est toujours écoutée sans essuyer de contradiction. Ce jour-là elle dit entre autres au prince son époux que le duc de la Vauguyon et son fils le duc de Saint-Mégrin étaient deux fripons dont on ne saurait assez se méfier. Elle cita quelques petites intrigues nouvelles qui en étaient la preuve. M. le dauphin secoua la tête sans répondre, mais il paraît qu'il est déjà bien éclairé sur le chapitre de son gouverneur.

Le 7 Mme la dauphine fut se promener vers le soir dans la forêt ; au retour elle soupa avec le roi, et prit occasion de lui demander son consentement pour qu'une nommée Thierry, femme du premier valet de chambre de M. le dauphin (2), fût placée chez Mme la dauphine en qualité d'une des premières femmes de chambre, ce que

---

(1) La comtesse de Brandis avait été gouvernante de Marie-Antoinette en Autriche.

(2) Thierry, que Louis XVI garda à son service quand il devint roi, fut le favori de son maître, qui lui donna des lettres de noblesse et une terre à Ville-d'Avray, érigée en baronie. Thierry et sa femme se montrèrent dignes de cette faveur par leur honnêteté, leur modération et leur fidélité à leurs maîtres. Après le 10 août, Thierry fut mis à la prison de l'Abbaye ; il fut une des victimes des massacres de septembre.

le roi accorda sur-le-champ. Cette Thierry ainsi que son mari sont créatures du duc de la Vauguyon, et par conséquent conviennent peu au service de Mme la dauphine. S. A. R. en paraissait même persuadée à la suite des représentations que je lui avais faites à ce sujet ; mais Mme l'archiduchesse s'est enfin déterminée, par deux motifs, dont elle m'a dit le premier et dont j'ai deviné le second. Le premier a été que Mesdames, peu instruites des choses, ont désiré contre toute raison que cette femme fût placée, et ont tourmenté Mme la dauphine pour qu'elle la demandât au roi. Le second motif de Mme la dauphine a consisté en ce que ladite Thierry a un enfant de quatre ans assez vif et joli, et que S. A. R. est bien aise de rapprocher d'elle, en vertu de la passion qu'elle a pour les enfants. Malheureusement il s'en trouve déjà un qui est fils de la première femme de chambre, nommée Misery ; ce petit garçon âgé de cinq ans ne sort point de l'appartement de Mme la dauphine et y cause assez de désordre, surtout beaucoup trop de distraction dans les moments de lecture et d'occupations sérieuses. Il serait à désirer que ce petit inconvénient fût un peu mitigé, et que, passé certaines heures, les enfants fussent renvoyés ; mais l'abbé de Vermond et moi n'avons encore pu obtenir de réforme sur cet article, lequel à la vérité ne deviendrait important que par la crainte que M. le dauphin ne fût importuné de ce petit amusement.

Le 8, il y eut grande chasse, à laquelle Mme la dauphine assista avec Mesdames ; quelques représentations que l'on ait faites à M. le dauphin pour se modérer un peu dans cet exercice, il prit ce jour-là, par une chaleur excessive, une telle fatigue, qu'après la chasse il ne pouvait plus se soutenir de lassitude.

Le 9, le duc de Choiseul eut une violente dispute avec le duc de Richelieu à l'occasion de ce que ce dernier avait débité que la duchesse de Gramont, en allant aux eaux de Barrège et passant par la Provence et le Languedoc, avait cherché à soulever les parlements de ces deux provinces contre les décisions de la cour dans l'affaire du duc d'Aiguillon (1). La dispute en question fit grand

---

(1) On voit qu'il s'agit ici de la grande affaire de La Chalotais et du parlement de Bretagne contre le duc d'Aiguillon, affaire qui fut portée devant le parlement de Paris. Le roi venait de mettre à néant toute la procédure ; le parlement refusait d'accepter la décision royale, et était soutenu par les parlements de province. La nation était profondément agitée ; en défendant le parlement, elle croyait défendre la dernière institution qui séparât

bruit à la cour; Mme la dauphine m'en parla, et ne me parut pas informée favorablement pour la duchesse de Gramont. Je dis à S. A. R. que cela avait toute l'apparence d'une mauvaise tracasserie faite au duc de Choiseul, et que probablement la duchesse de Gramont était innocente du fait dont on l'accusait. Mme la dauphine ne m'en parut pas persuadée, sans me dire cependant les raisons qu'elle avait de croire le contraire; elle ajouta simplement qu'elle me les dirait dans une occasion où elle pourrait me parler à son aise, et que, pour éviter toute remarque et tout propos, elle voulait attendre l'arrivée du courrier, et qu'alors elle me ferait venir chez la comtesse de Noailles, où elle me parlerait de bien des objets. Ce même jour M. le dauphin devait souper à l'Hermitage, petit château situé à la porte de la ville, où le roi fait souvent ses retours de chasse avec sa société la plus intime, et nommément avec la comtesse du Barry. Mme la dauphine me témoigna qu'elle voyait avec peine que M. le dauphin fût entraîné à ces soupers, que cela avait l'air de vouloir le séparer d'elle pour l'introduire dans une société peu convenable, que le dauphin lui-même l'envisageait ainsi et avait du regret d'être de ces sortes de parties de plaisir; que la comtesse de Noailles conseillait à Mme la dauphine de demander à être admise à ces mêmes soupers, mais qu'elle était embarrassée sur le parti qu'elle devait prendre, s'agissant d'une demande qui lui paraissait peu convenable. Je répondis à Mme la dauphine par quelques réflexions sur l'état d'intrigues actuel où se trouvait la cour; j'ajoutai qu'il me paraissait que c'était un de ces moments où il serait utile de consulter le duc de Choiseul, et je suppliai S. A. R. de m'autoriser à dire à ce ministre qu'elle voulait lui parler. Elle y consentit et fixa le jour au surlendemain; je me rendis le même soir chez le duc de Choiseul pour l'en prévenir et le prier de toucher dans la conversation plusieurs articles dont il me paraissait essentiel qu'il fît mention.

Le 10, tout ce que j'avais dit la veille à Mme la dauphine était pendant le temps de son jeu; par conséquent je n'avais pu parler que superficiellement et à propos rompus. Cependant il s'agissait d'une conversation intéressante à avoir avec le duc de Choiseul;

---

la constitution de la France de l'absolutisme royal; les femmes n'étaient pas les dernières à prendre parti dans la lutte.

Mme la dauphine m'avait en même temps paru un peu embarrassée du début de cette conversation. Pour lui en faciliter les moyens, j'envoyai chercher l'abbé de Vermond et lui remis le papier N° 1, en le priant de le lire à Mme la dauphine et de la préparer à son entretien avec le ministre. L'abbé s'acquitta de ma commission et me renvoya l'après-midi mon papier, en m'écrivant la lettre N° 2, dont le sens est en partie expliqué par le contenu de mon très-humble rapport. L'abbé cite une conversation sur le duc de Choiseul ; cet article a rapport à ce que Mme la dauphine avait confié à Mme Adélaïde tout ce que le dauphin lui avait dit sur le compte du ministre, comme je l'ai rapporté à V. M. en date du 14 juillet. Mme Adélaïde et la comtesse de Narbonne avaient abusé de cette confidence, et le duc de Choiseul était instruit de ce fait, que j'aurais voulu qu'il ignorât.

Ce même jour, à la sollicitation de la comtesse du Barry, le roi accorda à la comtesse de Valentinois les entrées de la chambre ; cela détermina Mesdames à demander les grandes entrées pour leurs dames d'atours, la comtesse de Narbonne et la marquise de Durfort ; Mme la dauphine demanda de son côté que les grandes entrées chez M. le dauphin fussent rendues à ceux qui en avaient été privés par le duc de la Vauguyon ; le roi y consentit, et donna ses ordres en conséquence au duc de la Vrillière pour qu'il intimât la grâce accordée à ceux et celles que cela regardait. Mme la dauphine se baigna le soir après la promenade.

Le 11, le duc de la Vauguyon se plaignit de ce que les entrées avaient été rendues la veille sans sa participation, et il obtint du roi que ces entrées seraient suspendues pendant cette matinée, et que l'après-midi lui, la Vauguyon, les rendrait au nom de S. M., et le roi eut la complaisance de consentir à cet arrangement. L'après-midi le duc de Choiseul se rendit chez Mme la dauphine et y resta près d'une heure ; S. A. R. lui fit les questions que j'avais pris la liberté de suggérer, et parla avec tout l'esprit et la grâce possible. Le duc de Choiseul de son côté représenta à Mme la dauphine les maximes générales qu'il lui convenait de suivre, que toutes ses vues devaient porter sur deux objets, le roi et M. le dauphin, que la conduite à tenir pour plaire à l'un et à l'autre devait être calculée sur leurs goûts et leurs caractères ; que vis-à-vis du roi il fallait de l'empressement, de la gaieté, une assurance naïve à lui parler directement, et sans aucun embarras ni crainte de tous les objets raisonnables qui regardaient Mme la dauphine; que lui, Choiseul, n'était pas d'avis que S. A. R. demandât à être des soupers au petit château, mais que si le roi le lui proposait, elle devait s'y prêter avec une apparence de plaisir; que quand il s'agirait de la retraite de la duchesse de Villars, Mme la dauphine ne devait pas hésiter à prier le roi de ne donner cette place à personne qui fût désagréable ou suspect à S. A. R., et que S. M. voulût bien faire tomber son choix sur une des dames actuellement au service de Mme la dauphine; que vis-à-vis de M. le dauphin il fallait de l'amitié, de la discrétion, de la confiance et de la patience, être en bonne intelligence avec Mesdames sans se laisser gouverner par elles; que Mme la dauphine ne devait avoir d'autre parti que le sien propre, et s'embarrasser peu de tout ce qui était intrigue de cour; que par cette conduite S. A. R. surmonterait toutes difficultés et verrait toute la France à ses pieds. Il mit ensuite cette princesse au fait de plusieurs particularités intéressantes sur les intrigues courantes, sur leur but, sur les moyens qu'on employait pour réussir auprès du roi, sur le caractère et les qualités des différents personnages qui composent cette cour-ci; pendant tout ce détail, Mme la dauphine fit des questions et des remarques, avec un jugement dont le ministre fut étonné. Après son audience, et en me communiquant ce qui s'y était passé, « ce n'est, « me dit-il, que d'aujourd'hui que je connais Mme la dauphine. Sur « votre parole je me suis livré à elle et lui ai dit ce que je sais. « Je suis dans l'enthousiasme de cette jeune princesse; on n'a ja- « mais rien vu de pareil à son âge, et quand vous en aurez occa- « sion, je vous prie de lui dire que pour la vie et la mort je suis à « ses ordres, et qu'elle doit disposer de moi en tout et partout « comme il lui plaira. »

Je puis dire à V. M. avec toute vérité que Mme la dauphine fait sur tous ceux qui ont l'honneur de l'approcher les mêmes impressions qu'elle a faites dans cette occasion sur le duc de Choiseul, et pourvu que S. A. R. veuille bien s'observer dans les petites choses, et ne point se laisser aller à des premiers mouvements de vivacité, il est très-certain qu'elle se trouvera dans une position où aucune dauphine n'est parvenue jusqu'à présent. Ce même jour Mme l'archiduchesse demanda que la place de dame du palais, occupée par la comtesse de Tonnerre qui se retire, fût donnée à sa belle-fille, et le roi y consentit sur-le-champ, quoique la cabale de la comtesse du Barry eût intrigué pour que cette même place fût donnée à une autre dame.

Le 12 au soir le courrier du cabinet arriva, et me remit la lettre que V. M. a daigné m'écrire en date du 1er de ce mois, avec l'incluse à Mme la dauphine. Avant de répondre séparément aux articles de cette lettre, je crois devoir continuer sans interruption le présent journal.

Le 13, Mme la dauphine entendit la messe à la paroisse, le salut à la Visitation de Sainte-Marie, et il fallut que j'attendisse la soirée pour remettre à S. A. R. la lettre de V. M. Je la lui présentai au moment où elle se mettait à table avec M. le dauphin; l'impatience de lire la lettre fit terminer le souper en dix minutes; M. le dauphin, qui revenait de la chasse et avait grand appétit, n'eut presque pas le temps de manger, mais au lieu de s'impatienter, il riait de ce que Mme la dauphine faisait enlever les plats à mesure qu'on les posait sur la table. Enfin LL. AA. RR. se retirèrent, et Mme la dauphine me dit, en partant, que je n'avais qu'à me rendre le lendemain après souper chez la comtesse de Noailles, où S. A. R. me parlerait.

Le 14, Mme la dauphine ne sortit point ce jour-là; elle se baigna le soir, passa à neuf heures et demie chez le roi, retourna dans l'appartement de M. le dauphin, et vint à onze heures chez la comtesse de Noailles, dont l'appartement communique à celui de Mme la dauphine par une terrasse. Ce fut sur cette même terrasse que S. A. R. me parla pendant une demi-heure; elle me dit d'abord sa conversation avec le duc de Choiseul, et cela d'une façon à me faire connaître qu'elle n'en avait pas oublié un mot d'essentiel. Elle me parla ensuite du dauphin, en me disant qu'elle en était contente, que tous les petits défauts de son extérieur provenaient de l'éducation négligée qu'il avait eue, mais que son fond était excellent, qu'il était le meilleur enfant, et du meilleur caractère; ce sont les propres termes dont se servit Mme la dauphine et qu'elle prononça d'un air touché et attendri. Elle ajouta que rien ne la gênait dans ses conversations avec le dauphin, qu'il lui marquait du plaisir à l'entendre et de la confiance; que, quoiqu'il fût fort réservé sur le chapitre des gens qui l'entouraient, elle était à présent bien assurée qu'il connaissait le duc de la Vauguyon et son fils et qu'il ne les aimait ni ne les estimait ; qu'il méprisait souverainement la comtesse du Barry et les gens de sa cabale ; que, lui ayant demandé pourquoi il se laissait entraîner dans la société de ces gens-là, M. le dauphin avait répondu qu'il fallait bien user de prudence et se prêter pour l'amour de la paix. Mme la dauphine m'ajouta encore qu'en tant que cela la concernait, tout allait assez bien jusqu'à présent, mais qu'au milieu des tracasseries et cabales qui désolaient cette cour, il lui restait toujours des inquiétudes sur l'avenir. Finalement S. A. R. me parla de V. M. avec attendrissement, et me demanda plusieurs fois si je croyais que V. M. fût contente de sa conduite. Je répondis successivement à tous les points dont Mme la dauphine avait fait mention ; je m'attachai beaucoup à appuyer sur ce que lui avait dit le duc de Choiseul, particulièrement sur la nécessité de se maintenir toujours dans l'habitude de parler au roi avec une assurance douce et honnête, sans timidité ; que ce moyen avait toujours réussi vis-à-vis du monarque, lequel ne résistait pas à ceux qui savaient lui parler à propos et avec cette fermeté respectueuse qui est admissible lorsque l'on a des choses justes et raisonnables à représenter. J'ajoutai que, dans cette méthode, il fallait écarter tout ce qui pouvait provenir par impulsion d'autrui et par des suggestions d'intrigue, de cabale ou d'animosités personnelles. Je fis la comparaison de cette conduite avec celle qu'avaient tenue Mesdames en tant d'occasions, et les conséquences que j'en tirai étaient qu'en conservant toute l'amitié possible pour Mesdames ses tantes, il importait à Mme la dauphine de ne pas suivre aveuglément leurs préceptes, bien moins encore de leur confier tout sans réserve. J'assurai S. A. R. qu'au moyen de ces petites attentions elle ne devait avoir d'inquiétude sur rien, que ses manières pleines de bonté et de grâces lui gagnaient tous les hommages, qu'elle se les conserverait en continuant la même méthode, et qu'en se rendant par là heureuse, elle s'assurerait en même temps la satisfaction de V. M., qui l'aime si tendrement. Il me parut que ce langage faisait impression ; Mme la dauphine me témoigna ensuite qu'elle voudrait donner quelques petites marques de souvenir aux dames qui lui avaient été attachées à Vienne, et aux femmes de son service, mais qu'elle était embarrassée sur l'achat de ces petits présents. Je répondis que cela était fort aisé à arranger, que je choisirais à Paris des bijoux, que l'abbé de Vermond les montrerait à Mᵐᵉ la dauphine, et que ceux qu'elle agréerait, je les payerais, le prince de Starhemberg m'ayant dit à son départ que V. M. m'ordonnait d'avancer de l'argent à la disposition de S. A. R. jusqu'à concurrence de mille louis. Mᵐᵉ l'archiduchesse me dit là-dessus qu'elle me donnerait ses ordres à son retour à Versailles.

Le 15. Presque toute cette journée fut employée à des devoirs de piété. La cour entendit la grande messe à la paroisse, et assista l'après-midi aux vêpres et à une procession ; le soir, Mᵐᵉ la dauphine tint son cavagnol, et toute la famille royale soupa avec le roi seul.

Le 16, Mᵐᵉ la dauphine, de son propre mouvement et sans que j'en fusse prévenu, demanda au roi que j'eusse chez elle les entrées de la chambre, ainsi qu'en jouissent les ministres de famille. S. M. y consentit, et Mᵐᵉ la dauphine daigna me l'annoncer avec cette bonté et cette grâce qui caractérisent tout ce qu'elle fait. S. A. R. alla ce même jour à la chasse du roi sans Mesdames, et le roi fut très-aise de la proposition que lui en fit Mᵐᵉ la dauphine.

Le 17, la comtesse de Windischgraetz (1), arrivée depuis peu de jours dans ce pays-ci, fut présentée à Mᵐᵉ la dauphine, qui lui fit un accueil plein de bonté ; le soir il y eut jeu.

Le 18, Mᵐᵉ la dauphine, au lieu de faire ses dévotions le jour de l'Assomption, les remit à la journée d'aujourd'hui ; S. A. R. remplit ce devoir pieux à peu près tous les mois ; elle est contente de son confesseur, qui est un très-digne ecclésiastique, mais dont l'air sévère lui causait un peu de sujétion dans les commencements. Je dois dire en général que Mᵐᵉ l'archiduchesse se conforme avec décence à tout ce qu'exige la piété, et que son maintien à l'église est des plus exemplaires. Quoique, dans ce détail, je n'aie pas parlé des heures de lecture, elles ne sont cependant pas négligées ; il serait à désirer que ces moments d'occupation fussent un peu prolongés,

---

(1) La comtesse Josèphe Windischgraetz, née Erdœdy, était une des plus charmantes femmes de la cour de Marie-Thérèse. Les dernières années de sa vie se passèrent en Italie, surtout à Florence, où elle cherchait le rétablissement de sa santé. Joseph II en parle souvent alors, dans ses lettres à son frère le grand-duc Léopold. « C'est, dit-il, une femme d'un mérite rare, à laquelle je puis dire n'avoir jamais vu une prétention ; écoutant, voulant et se soumettant à la raison. Il n'y en a pas beaucoup parmi ce sexe qui soient dans ce cas. » V. A. d'Arneth, *Maria-Theresia und Joseph II*, tome II, page 55. La comtesse Windischgraetz mourut en 1777.

et l'abbé de Vermond tâche de gagner tous les jours le plus de temps qu'il peut. S. A. R. a aussi des maîtres pour le clavecin et pour le chant ; mais elle s'attache peu à ces deux sortes d'amusement.

Le travail de mes dépêches politiques exige que je termine ici mon journal ; son contenu répond à une partie des ordres énoncés dans la lettre de V. M. ; je vais traiter des points dont il me reste encore à lui rendre compte.

V. M. aura daigné voir que les conjonctures ne sont que trop fondées sur les inconvénients qu'il y a d'un trop grand abandon de la part de Mme la dauphine aux impulsions de Mesdames ses tantes ; mais il n'y a pas à craindre que S. A. R. se laisse entraîner à d'autres partis, et bien moins dans celui de la comtesse de Noailles, qui n'a et n'aura jamais d'ascendant sur l'esprit de Mme la dauphine. Cette dame d'honneur remplit bien sa charge du côté de la représentation, mais il ne faut en rien attendre de plus. Elle voudrait que je parlasse à tous les instants à Mme l'archiduchesse, parce qu'elle n'ose lui parler elle-même. Je lui ai représenté tout ce que l'on pouvait dire là-dessus, mais inutilement, parce que la comtesse de Noailles n'a ni l'esprit, ni le jugement, ni le coup d'œil nécessaire au poste qu'elle occupe. Heureusement elle nous laisse agir, l'abbé et moi, sans contradiction, et nous procure même toutes les facilités qui dépendent d'elle. Dans cet état des choses, je n'ai pas cru devoir lui lire la lettre ostensible de V. M. ; mais je lui en ai dit le contenu et j'ai tâché de l'encourager autant que possible. Quant à l'abbé de Vermond, il m'est impossible d'en dire autant de bien qu'il en mérite par ses soins, son honnêteté et son discernement dans l'usage qu'il fait de l'un et de l'autre. Tant que je serai secondé par cet ecclésiastique, je crois pouvoir répondre qu'il n'arrivera jamais de grands inconvénients ; mais s'il était déplacé, ce serait une perte irréparable et qui me jetterait dans de grands embarras. Je l'ai sondé sur une gratification que V. M. m'autorise à lui donner ; mais sa délicatesse et son désintéressement l'ont porté à détourner cette proposition. Comme une marque de grâce serait cependant très-bien placée à son égard, elle pourrait avoir lieu, s'il plaisait à V. M. de lui faire donner, comme de la part de Mme la dauphine, un meuble utile et de quelque valeur, auquel cas je supplierais V. M. de me faire fixer à peu près le prix auquel j'aurais à me borner.

Le bureau et la petite table destinés à la comtesse de Paar (1) ne peuvent être achevés avant les premiers jours de septembre, et j'en ferai l'envoi sur-le-champ avec toutes les précautions que méritent ces deux meubles, dont j'espère que V. M. sera satisfaite.

Ce serait un grand bonheur pour moi si je parvenais à justifier l'idée que V. M. daigne me marquer de mon zèle et de mes soins envers Mme la dauphine. Indépendamment de tout ce que je dois à mon auguste souveraine, Mme l'archiduchesse est si intéressante qu'il n'y a rien que je ne fusse prêt à entreprendre pour tâcher de lui être utile, et ce principe réglera constamment ma conduite.

XIV. — Mercy a Marie-Thérèse.

Compiègne, 20 *août.* — Sacrée Majesté, il me reste à ajouter à mon très-humble rapport quelques particularités qui me paraissent devoir être pour V. M. seule.

Depuis la dernière indisposition de M. le dauphin, il n'a plus couché comme ci-devant dans l'appartement de Mme la dauphine. Il n'y a cependant en cela aucune cause inquiétante, ni d'autre raison, si ce n'est que la nature, tardive chez M. le dauphin, n'agit point sur lui, probablement parce que son physique a été affaibli par la prompte croissance qu'il a prise tout-à-coup ; d'ailleurs sa constitution n'annonce rien qui s'oppose à acquérir une santé bonne et robuste, pourvu qu'il se ménage dans les exercices trop violents qui pourraient lui devenir funestes. Ce prince trouve Mme l'archiduchesse charmante ; il se plaît avec elle, et lui marque une complaisance et une douceur que l'on ne croyait pas dans son caractère. Mme la dauphine le gouverne dans toutes les petites choses, sans qu'il y oppose la moindre contradiction ; ainsi il ne s'agirait que d'un peu de patience pour que l'ordre s'établît en tout ; mais, comme dans ce pays-ci l'on veut presser tout avant le temps, le roi et Mesdames tiennent des propos qui ne servent qu'à agiter Mme la dauphine et à lui donner des inquiétudes. J'emploie l'abbé de Vermond pour la calmer, et cela a cependant assez réussi pour retenir Mme la dauphine sur un genre de langage qui, à la longue, aurait pu produire plus de mal que de bien. Ce qu'il y a d'heureux,

---

(1) Grande-maîtresse de l'impératrice.

c'est que Mme la dauphine nous accorde, à l'abbé et à moi, sa confiance, et qu'elle nous marque plus de bonté à mesure que nous lui exposons la vérité sans détour et sans flatterie.

XV. — MARIE-THÉRÈSE A MERCY.

Schönbrunn, le 22 août. — Comte de Mercy. Le duc d'Aremberg m'ayant fait connaître son désir de faire entrer son fils cadet (1) dans le service de France, je lui en ai accordé avec plaisir mon agrément. Indépendamment de l'intérêt que je prends à l'établissement de sa famille, je crois encore donner une marque de mon amitié à mon bon allié, en lui cédant un sujet dont la famille est aussi distinguée dans mes États, et pour laquelle j'ai toutes les bontés qu'elle mérite. Je vous charge donc de seconder au mieux les

---

(1) Le prince Auguste d'Arenberg, plus connu sous le nom de comte de la Marck, était second fils du duc d'Arenberg, feld-maréchal au service d'Autriche, d'une grande famille originaire des Pays-Bas, et qui y possédait de grands biens. Le jeune d'Arenberg était attiré en France par son grand-père maternel, le comte de la Marck, qui lui destinait un régiment d'infanterie allemande au service de France, lui appartenant. A la mort du comte de la Marck (1773), le prince A. d'Arenberg obtint de lui succéder dans son titre de comte de la Marck et dans sa qualité de grand d'Espagne, qui lui donnait rang de duc et pair à la cour de France. On voit que les recommandations si pressantes et plusieurs fois renouvelées de Marie-Thérèse eurent leur effet; de plus le comte de la Marck se trouvait lié et protégé dès son arrivée en France par la puissante famille de Noailles, son grand-père, le comte de la Marck, ayant épousé en secondes noces la fille du maréchal Adrien de Noailles, dont il n'eut pas d'enfants. Le comte de la Marck se montra digne de toutes ces faveurs par la noblesse de son caractère et par son attachement sincère et intelligent à Marie-Antoinette. Il se signala dans la guerre des Indes; mais ce qui marque sa place dans l'histoire, c'est sa liaison intime avec Mirabeau; on sait les efforts qu'il fit pour le rapprocher de Marie-Antoinette et pour rendre son génie utile à la royauté réconciliée avec les justes principes de 1789. Les liens que le comte de la Marck avait avec la cour d'Autriche, la constante faveur que lui avait accordée la reine, les relations intimes qui s'étaient naturellement établies entre lui et le comte de Mercy, enfin son indépendance d'étranger dont les biens étaient en grande partie hors de France, en faisaient un conseiller dont Marie-Antoinette ne pouvait soupçonner ni la sincérité ni le dévouement, mais dont malheureusement elle ne reconnut pas toujours la sagesse. Le comte de la Marck, pendant ces mêmes années de la révolution française, prit aux troubles qui agitaient les Pays-Bas une part qu'il regrette dans ses mémoires, tout en continuant à blâmer les mesures par lesquelles Joseph II avait suscité ces agitations. « La fidélité pour la maison d'Autriche était, dit-il, au rang de mes premiers devoirs, et je n'aurais jamais dû oublier les bienfaits dont Marie-Thérèse avait comblé ma famille, et les témoignages particuliers de bonté qu'elle avait bien voulu m'accorder. » Le comte de la Marck mourut à Bruxelles en 1833, âgé de quatre-vingts ans. (V. l'excellente publication de M. de Bacourt : *Correspondance entre le comte de Mirabeau et le comte de la Marck.*)

vues du duc d'Arèmberg à la cour où vous êtes, en faisant voir toute la part que je prendrai à leur succès, persuadée comme je suis que la France n'aura pas lieu d'être moins satisfaite de cette acquisition. Je vous assure de ma constante grâce et bienveillance.

P. S. — Dites au duc de Choiseul que ce qu'on fera pour cette famille, je le prendrais comme si c'était pour moi.

XVI. — Marie-Thérèse a Mercy.

Schönbrunn, ce 1er septembre. — Comte de Mercy. J'ai reçu vos deux derniers rapports, l'un par le courrier revenu d'Espagne, et l'autre par celui du prince de Starhemberg. Après le compte que vous continuez à me rendre sur la conduite de ma fille, je crois avoir lieu d'en être contente; sans être tout à fait tranquille, vu la situation orageuse de la cour de France. Je crains qu'à la fin on ne parvienne à l'entraîner dans les factions et les cabales, en la surprenant par des détours qui flattent son goût. J'envisage sur ce pied la démarche qu'on a faite de lui donner une femme de chambre du parti du duc de la Vauguyon, en tâchant de plus de lui produire l'enfant de cette femme pour l'amuser. Elle a toujours beaucoup aimé à s'entretenir avec des enfants, et je sens bien que cette sorte d'amusement [et l'éloignement pour la lecture et toute application] est capable de la dissiper pendant le temps de ses lectures avec l'abbé Vermond. Pour la rendre donc exacte sur ce point, je pense l'engager à m'envoyer tous les mois, par votre canal, une espèce de journal des lectures qu'elle fait avec l'abbé. Je trouve à propos de ne point l'y faire paraître, et je me garde même de le nommer dans mes lettres, pour ne pas donner à ma fille le moindre soupçon de quelque intelligence secrète entre moi et l'abbé. Au reste je suis d'avis que le prix du présent que je lui destine, pour être conforme à mon rang, pourrait aller jusqu'à la somme de 4,000 florins, et qu'il passe [si vous le trouvez convenable] par les mains de ma fille, de façon cependant qu'il sache qu'il vient de moi. Je vous permets d'en faire la confidence comme de vous-même au duc de Choiseul, si vous le trouvez à propos.

Je vois les inconvénients qui pourraient naître de l'intimité de ma fille avec ses tantes; mais comme je ne souhaite que son salut, sans prétendre qu'elle ait quelque part aux affaires, je suis bien éloignée de vouloir rompre ses liaisons, et, pourvu que ma fille ne s'intéresse pas dans les protections et recommandations accordées par ses tantes, je remets le reste à la Providence.

Je suis bien aise du choix que vous avez fait du présent pour ma comtesse de Paar, mais je voudrais que ma fille l'accompagne encore de quelques mots gracieux et obligeants; d'ailleurs je trouve superflu que ma fille fasse quelques présents aux dames et femmes de sa cour passée; elles ont été assez régalées aussi bien par elle que par le roi, et elle ferait mieux, je crois, de donner des marques de sa générosité à celles de sa cour actuelle; mais je dois en même temps vous avertir d'user de réserve vis-à-vis de ma fille sur les fonds qui se trouvent à sa disposition entre vos mains. Portée comme elle est à la dépense, elle pourrait d'ailleurs la pousser un peu trop loin [et en faire une coutume].

J'ai déjà écrit à ma fille sur la propreté et sur l'usage des corps (1), mais elle m'a répondu sur ce dernier article que, comme personne n'en porte en France, elle croit s'en pouvoir aussi passer.

Voilà une lettre pour elle de ce bon curé duquel vous avez tiré cette fille du valet de pied; vous en ferez ce que vous voudrez. De Spa on écrit que Choiseul sera disgracié, ou au moins on le laissera se retirer, le duc d'Aiguillon à sa place, à la tête du militaire Broglie, à la place de la marine Maillebois. Je n'en crois rien, mais ces bruits m'étonnent; je vous préviens pour votre direction seule.

Nous venons de recevoir, il y a une heure, un exprès de Constantinople qui demande notre médiation pour la paix conjointement avec le roi de Prusse. L'Angleterre y veut être comprise aussi. Je croirais que, dans ce cas, nous devrions demander aussi la France et l'informer de tout. Je ne sais ce que l'empereur et Kaunitz (2)

---

(1) C'est-à-dire des corps de baleines ou corsets. Cette expression a été longtemps en usage.

(2) Il s'agit du prince de Kaunitz, le célèbre ministre de Marie-Thérèse. Premier ministre et chef du conseil de l'impératrice, il avait sa confiance absolue; elle lui témoignait une bienveillance et des attentions singulières, qu'elle imposait à ses enfants et à toute sa cour. Il était né le 2 février 1711, et mourut le 27 juin 1794. Il continua de diriger sous Joseph II et Léopold le ministère des affaires étrangères.

trouveront de convenable, leur ayant expédié un courrier, et ce que le roi de Prusse trouvera.

XVII. — Marie-Thérèse a Mercy.

[*Schönbrunn*, 1ᵉʳ *septembre*]. — ..... de devoir faire (1). Je suis très-curieuse comme il se conduira à cette entrevue, mais bien aise de n'en être. Il n'est que trop vrai le discours que l'empereur a tenu à Fornari, ministre de Gênes. Il est venu consterné et pleurant chez moi ; j'ai fait mon possible pour le tranquilliser, mais c'était en vain : ce levain contre les Français éclate en toutes les occasions et à cette heure plus que jamais. J'ai le chagrin de ne pas pouvoir persuader la plupart du temps l'empereur de mes sentiments ; il est très-souvent d'un autre : cela fait grand tort aux affaires et me rend la vie insupportable. Je ne soupire qu'après la paix ; tâchez qu'on pense de même chez vous ; les bons musulmans sont le sacrifice des excitations de vos messieurs ; la peste, la famine, tout vient, et personne ne s'en trouvera plus mal que nous.

Si je savais que le buste en grandeur naturelle de la dauphine en porcelaine, ce qu'on appelle biscuit, pourrait faire plaisir au roi, je vous l'enverrais pour le lui présenter ; si vous croyez que cela ne ferait bon effet, je le garde volontiers. Vous me direz encore si vous croyez que nous devons envoyer du tokay et à qui ; vous me le manderez ; c'est à cette heure le temps ; mais je voudrais qu'on nous envoyât du champagne. N'oubliez pas de dire à Choiseul que je m'attends qu'on fasse quelque chose pour Durfort ; j'en marque un mot à ma fille, qui m'a obligée d'avoir demandé les entrées pour vous. Que le duc de Choiseul était content de sa conversation, m'a fait grand plaisir ; je vous dois et à l'abbé cette bonne réussite ; je souhaite seulement la continuation. Croyez-moi toujours votre bien affectionnée.

P. S. — Ce que vous m'avez marqué pour moi seule ne m'étonne pas, pourvu que cela se change avec le temps. Après ce qu'on débite, j'ai lieu de croire qu'il n'y a rien de plus à espérer : ce serait fatal ;

---

(1) Les quatre premières pages de cette lettre entièrement autographe manquent.

vous me marquerez de la même façon s'il y aurait quelque changement sur cet état.

J'écris à ma fille qu'elle s'entende avec vous à cause de Durfort; je suis curieuse ce qu'elle fera.

Voilà une lettre pour la Beauvau (1); je lui ai permis de vous envoyer ses lettres pour les courriers, et si elle vous demande de l'argent, vous pouvez le lui payer sur son billet sans entrer en détail, et l'envoyer à Pichler.

XVIII. — Mercy a Marie-Thérèse.

Paris, 19 *septembre.* — Sacrée Majesté, les détails de mon très-humble rapport du 20 d'août s'étendaient jusqu'au 18 août inclusivement, et il me reste à rendre compte à V. M. des dernières journées du séjour de Compiègne.

Le 19. Mme la dauphine avait marqué depuis quelque temps un grand désir de monter à cheval, et par réflexion sur les très-grands inconvénients de cet exercice, je tâchai d'employer toutes sortes de moyens pour en détourner l'idée. J'en parlai à la comtesse de Noailles et au duc de Choiseul; en leur représentant que, vu l'âge si tendre de Mme la dauphine, les circonstances où elle pouvait se trouver, et le peu de modération qu'il serait à craindre qu'elle mît à un exercice si violent, il me paraissait nécessaire de l'en éloigner et de prévenir le roi à cet égard. Le duc de Choiseul s'en chargea, et lorsque Mme la dauphine voulut faire approuver son projet par le roi, S. M. déclina la proposition, et y substitua celle de monter sur des ânes. Cette compensation ne déplut point à Mme l'archiduchesse, on fit chercher partout des ânes fort doux et tranquilles, et S. A. R. ainsi que les dames de sa suite se promenèrent plusieurs fois dans la forêt sur ces montures qui n'ont aucune sorte de danger.

Le 20 il y eut grande chasse du cerf; Mme la dauphine en prit le divertissement en compagnie de Mesdames.

---

(1) Madame de Beauvau, religieuse de la Visitation, était sœur du maréchal de Beauvau, et fille du prince de Craon. Ce dernier avait négocié le mariage de Marie-Thérèse et de François de Lorraine. On s'explique facilement ainsi les rapports d'amitié qui avaient subsisté entre Marie-Thérèse et une fille du prince de Craon. On verra Marie-Antoinette, sur les conseils de sa mère, visiter plusieurs fois la « religieuse de Beauvau » et contribuer, par considération pour elle, à la construction du couvent de la Visitation, rue du Bac, à Paris.

Le 21, on répéta la promenade sur les ânes ; Mesdames voulurent être de la partie, ainsi que le comte de Provence et le comte d'Artois. Tout le monde se portait en foule dans la forêt pour se trouver sur le passage de Mme la dauphine qui s'arrêta chaque fois qu'elle apercevait des personnes distinguées, auxquelles elle parla avec cette bonté et cette grâce dont elle ne perd aucune occasion de faire usage.

Le 22, Mme l'archiduchesse tint au soir le cavagnol ; S. A. R., qui trouve ce jeu un peu ennuyeux, s'en dispense quelquefois, et dans ce cas-là on joue chez Mesdames, de façon que l'ancienne coutume s'observe à peu près, sans que Mme la dauphine en soit gênée ; le même soir le roi soupa avec sa famille.

Le 23, Mme l'archiduchesse, après avoir rempli les occupations ordinaires de la matinée et de l'après-midi, nommément la lecture qui a lieu depuis trois heures jusqu'à quatre, alla à la promenade en voiture. Le soir, S. A. R. me dit qu'elle voudrait faire venir de Vienne un chien *Mops* (1) ; je répondis que la voie des courriers en fournissait un moyen. Mme la dauphine aime beaucoup les chiens ; elle en a deux qui malheureusement sont fort malpropres, et pour peu que le nombre en soit augmenté, cet amusement, très-innocent d'ailleurs, ne serait pas tout à fait sans inconvénients.

Le 24, Mme la dauphine retourna à la promenade sur des ânes ; ce même jour, je parlai au duc de Choiseul du prochain voyage à Chantilly, où toute la cour devait se rendre et se trouver pendant deux jours vis-à-vis de la comtesse du Barry. Ces sortes d'occasions sont toujours très-délicates pour Mme la dauphine ; je priai le duc de Choiseul d'être attentif à tout ce qui pourrait survenir, et de donner à Mme l'archiduchesse tel conseil que les circonstances exigeraient. Le ministre me le promit, et dès le même soir j'en prévins S. A. R. afin qu'elle sût à qui s'adresser dans le cas où il lui surviendrait le moindre embarras. Je la suppliai en même temps de s'observer de très-près, et de ne point donner prise aux remarques que l'on chercherait à faire sur sa contenance envers la favorite.

---

(1) Le mot *Mops* désigne en allemand une race de chiens maintenant assez rare, de couleur jaune fade, avec un museau noir et retroussé. On dit encore aujourd'hui d'une personne au nez camus *Mopsig* ou *Mopsnase*. Au dernier siècle cette race de chiens était fort recherchée pour les salons : pas de grande dame qui n'eût son *Mops*. Cet usage est attesté par les tableaux du temps.

Le 25, jour de Saint-Louis, toute la journée se passa en cérémonies de cour, après lesquelles je revins à Paris ainsi que tous les ministres étrangers.

Le 27, Mme la dauphine alla à la chasse, et le 28 à Chantilly; j'appris ensuite par le duc de Choiseul que S. A. R. s'y était conduite de la façon la plus agréable pour le roi et pour toutes les personnes qui étaient de ce voyage, pendant lequel il ne survint aucun événement. Mme l'archiduchesse ne s'y trouva point dans le cas de parler à la comtesse du Barry, et cette dernière n'eut pas non plus le moindre sujet de se plaindre. Le roi parut extrêmement content de Mme la dauphine; il parla beaucoup avec elle, et lui marqua tout plein d'attentions tendres et recherchées.

Le 31, toute la famille royale se retrouva établie à Versailles, et y reprit le même train de vie qu'elle est accoutumée d'y mener.

J'ai rendu compte à V. M. des motifs par lesquels Mme la dauphine avait été induite à demander au roi une survivance de la place de première femme de chambre pour une nommée Thierry (1), et j'ai ajouté les raisons qui auraient dû en exclure cette femme. Mme Adélaïde, qui avait suggéré et pressé cet arrangement, n'en est pas restée là, et a persuadé à Mme la dauphine qu'on tardait trop à accomplir ce qu'elle désirait, qu'elle devrait de sa propre autorité mettre cette femme de chambre en activité, quoiqu'elle n'ait encore ni brevet, ni prêté le serment accoutumé, qu'enfin il suffirait de faire signifier ses intentions là-dessus à la comtesse de Noailles. Malheureusement dans cette occasion, comme dans plusieurs autres, Mme la dauphine suivit aveuglément le conseil de Madame sa tante, et envoya chez sa dame d'honneur cette même Thierry pour lui annoncer ses volontés. La comtesse de Noailles fut extrêmement mortifiée de ce message, et représenta à Mme la dauphine, avec assez de courage, qu'elle n'était point faite pour recevoir ses ordres par une femme de chambre, laquelle d'ailleurs ne pouvait commencer son service avant d'avoir prêté serment.

Aussitôt que je fus instruit de cette circonstance, je prévis ce qui pouvait en résulter, et je me rendis d'abord à Versailles, où je trouvai la comtesse de Noailles aussi piquée que découragée. Elle me fit de longues plaintes sur ce que, malgré ses soins et son zèle, elle ne

---

(1) Voyez plus haut la note 2 à la page 35.

pouvait non-seulement s'attirer quelque crédit ou confiance auprès de Mme la dauphine, mais que même S. A. R. la mortifiait dans les occasions, et cherchait à anéantir tous les droits et prérogatives de sa charge, que sur ce pied elle ne pouvait plus la conserver et qu'elle était résolue à se retirer.

Je ne fus point embarrassé de répondre à la comtesse de Noailles, et je la fis convenir que toutes les petites irrégularités qui pouvaient se trouver dans les résolutions de Mme la dauphine ne provenaient point d'elle, et cela est en effet très-vrai. Je fis sentir aussi à la dame d'honneur, que faute d'avoir voulu suivre mes conseils, et ensuite de sa conduite un peu trop flatteuse et complaisante, elle ne pouvait s'en prendre qu'à elle-même si dans les occasions Mme la dauphine ne faisait pas toujours l'attention désirable à ce qu'elle lui disait; enfin je parvins à calmer entièrement la comtesse de Noailles, qui me promit tout ce que je lui demandais pour le bien du service de Mme l'archiduchesse. Je prévins le duc de Choiseul de ce qui s'était passé, et le priai d'en parler à S. A. R.; il s'en acquitta le même jour avec succès. J'exposerai ci-après la façon dont je joignis mes démarches à celles du ministre.

Sur ces entrefaites le courrier du cabinet arriva ici le 12 au soir, et me remit les dépêches du 1er, dont il était chargé. Le lendemain 14, Mme la dauphine devait passer la journée dans un château à cinq lieues de Versailles, où la duchesse de Mazarin lui donna une fête dont S. A. R. veut rendre compte elle-même à V. M. Cet incident m'obligea de différer d'aller à Versailles jusqu'au lendemain 14; j'y arrivai au moment où Mme la dauphine était encore à sa toilette. Cependant on me fit entrer, et aussitôt que S. A. R. m'aperçut elle se leva avec précipitation, me demanda si j'avais des lettres : je les lui présentai ; elle saisit d'abord celle de V. M., et se retira sur-le-champ dans un cabinet pour la lire. Elle y resta près d'une demi-heure, et en sortit avec la physionomie un peu émue et attendrie. S. A. R. me dit qu'elle me parlerait après son dîner ; elle se rendit à la messe, après laquelle elle se mit à table, seule, M. le dauphin étant avec le roi à Choisy. Le dîner ne dura pas au delà de dix minutes, et Mme la dauphine me fit entrer ensuite dans son cabinet.

Je lui exposai d'abord les volontés de V. M. 1° sur la lettre à écrire à la grande-maîtresse, comtesse de Paar ; 2° sur l'inutilité de faire des présents aux personnes qui étaient attachées à

S. A. R. à Vienne, et qu'il conviendrait mieux que Mme la dauphine donnât, dans de certaines occasions et à propos, quelques marques de générosité et de bonté aux dames de sa cour actuelle; 3° sur les dispositions de V. M. par rapport à l'abbé de Vermond, et sur cet article Mme la dauphine agréa ma proposition de faire faire pour la valeur de quatre mille florins de vaisselle, qui sera remise à l'abbé au nom de Mme l'archiduchesse, sans qu'il ignore cependant que ce nouveau bienfait lui vient de V. M. 4° Je parlai ensuite des démarches à faire en faveur du marquis de Durfort, sur lequel point Mme la dauphine convint qu'elle parlerait au roi pour en obtenir un brevet de duc, ou la promesse de l'accorder au dit marquis dans un temps limité, tandis que, de mon côté, je presserais le duc de Choiseul de concourir au succès que doit avoir la protection de V. M.

Après ce préambule j'entrai en matière sur tous les objets qui méritent l'attention de Mme la dauphine; je pris la liberté de lui représenter que si la comtesse de Noailles venait à se retirer, sa place pourrait être donnée à une femme du parti de la comtesse du Barry, et nommément à la maréchale de Mirepoix ou la duchesse d'Aiguillon; que d'ailleurs la retraite de la comtesse de Noailles éloignerait de Mme la dauphine toutes les attenances de cette famille nombreuse et considérée dans ce pays-ci; qu'il s'en suivrait dans l'idée du public que S. A. R. est difficile à servir, et que ce préjugé aurait les conséquences les plus fâcheuses. Je touchai ensuite un autre point qui est des plus essentiels : Mme la dauphine s'ennuie de tenir cour pendant la soirée, et elle s'en dispense un peu trop souvent; Mesdames y suppléent dans ces occasions, quoique cela soit contre l'étiquette et l'usage constant, qui, au défaut d'une reine, attribue toute la représentation à une dauphine. D'ailleurs, quand la comtesse de Provence (1) sera ici, elle y prendra le pas sur Mesdames. On s'occupe déjà des moyens de lui procurer le plus d'éclat possible, parce que le parti du duc de la Vauguyon et de la comtesse du Barry comptent sur la protection de cette princesse. Il s'en suivra que si Mme la dauphine refuse de tenir la cour, Mme la comtesse de Provence la tiendra, attirera tout le monde à elle, auquel cas le rôle de

---

(1) La princesse Josèphe-Louise de Savoie, dont le mariage avec le comte de Provence venait d'être conclu.

Mme la dauphine ne serait point celui qu'elle doit remplir. Je fis valoir de mon mieux ces raisons, qui me parurent faire beaucoup d'impression sur S. A. R. Elle me répondit sans détour et avec bonté qu'elle convenait d'avoir été induite à de fausses démarches par rapport à la comtesse de Noailles, mais qu'elle allait tout réparer, soit pour le présent, soit pour l'avenir ; que, quant à ce qui était de tenir la cour, elle avouait que le jeu du cavagnol l'ennuyait infiniment, que cependant elle se réglerait sur les réflexions que je venais de lui exposer, et de la solidité desquelles elle ne pouvait disconvenir. Malgré cela je crois qu'il serait important que V. M. daignât insister sur cet article de tenir la cour, parce que je le regarde comme de la dernière conséquence. Mme la dauphine me témoigna combien elle était touchée de la bonté que V. M. avait de lui écrire même des nouvelles de sa propre main ; elle me montra un papier qui les contenait. Elle fit venir ensuite de la lumière et brûla en ma présence les lettres que je lui avais remises.

Il fut question après cela de plusieurs autres objets ; mais comme ils ont rapport à ce que V. M. daigne m'écrire, je vais, en répondant article par article à sa très-gracieuse lettre, déduire successivement tout ce dont il a été fait mention dans le reste de ma conversation avec Mme la dauphine.

1° Si l'on considère la forme de cette cour, l'usage où est le roi de ne jamais marquer une volonté à ses enfants, ni d'attribuer sur eux la moindre autorité à qui que ce soit, il est impossible qu'une princesse aussi jeune et vive que l'est Mme la dauphine, maîtresse de ses volontés, ne se porte quelquefois à de petits écarts. Mais je ne puis assez répéter que Mme l'archiduchesse est douée d'un caractère si excellent et d'un esprit si juste, que V. M. peut être assurée qu'elle ne commettra jamais de fautes essentielles, ni qui puissent porter à de certaines conséquences. Cette princesse a, entre autres, le talent de connaître son monde et de le juger d'une façon réellement étonnante pour son âge et pour le peu de temps qu'elle est ici. Jamais on ne la surprendra par des détours, parce qu'elle les aperçoit merveilleusement, et j'en ai une preuve par sa façon de juger les démarches qu'ont tentées vis-à-vis d'elle, dans les commencements, la comtesse de Marsan, le duc de la Vauguyon et plusieurs autres personnes de moindre calibre. Ainsi il n'est point à craindre que S. A. R. se laisse entraîner dans les cabales dangereuses, surtout quand elle sera avertie de s'en méfier. Il est vrai que les amusements ont beaucoup de prise sur elle ; mais cela n'empêche pas qu'elle n'apprécie les personnes qui cherchent à l'amuser, et qui, par ce moyen seul, réussiraient difficilement à la séduire. La preuve en est le peu de cas qu'elle fait de la comtesse de Noailles et de plusieurs autres complaisantes, au lieu qu'elle nous traite, l'abbé de Vermond et moi, avec la plus grande bonté et confiance, quoique nous ne nous occupions qu'à lui parler sur toute chose avec franchise et vérité.

2° Mme la dauphine ne m'a rien dit de la demande que lui fait V. M. de lui envoyer un journal de ses lectures ; je n'ai pas cru devoir paraître instruit de cette demande, dont Mme l'archiduchesse a témoigné être un peu embarrassée, à en juger par l'empressement avec lequel elle consulta sur-le-champ l'abbé de Vermond, pour qu'il lui suggérât le moyen de satisfaire en cela aux intentions de V. M. Cette circonstance produira le très-bon effet de rendre Mme la dauphine plus attentive à ses lectures, qui se font assez régulièrement, mais qui sont un peu trop abrégées.

3° Quant à la gratification que V. M. daigne accorder à l'abbé de Vermond, j'ai fait mention plus haut de la façon dont je remplirai cet ordre. J'en ferai confidence comme de moi-même au duc de Choiseul, et il ne me reste rien à ajouter à cet article, si ce n'est que l'abbé devient chaque jour plus utile à Mme la dauphine, et lui est attaché avec un zèle qu'on ne peut assez louer ; il ne sera instruit des nouvelles grâces de V. M. qu'au moment où il les recevra.

4° Je dois avouer que la société la plus convenable à Mme la dauphine est celle de Mesdames ses tantes ; mais il serait désirable et possible que Mme la dauphine aimât Mesdames sans suivre aveuglément en tout leur exemple et leurs conseils, et c'est ce qui arrive malheureusement, et a occasionné les petits inconvénients survenus jusqu'à cette heure. Cela regarde plus particulièrement Mme Adélaïde ; c'est par ses conseils que Mme la dauphine a demandé la femme de chambre nommée Thierry, qui ne convenait en aucune façon. Le refus de porter un corps de baleines, la répugnance à tenir le cercle et le jeu, le discrédit de la comtesse de Noailles, un peu plus de timidité contractée vis-à-vis du roi, tout cela et bien d'autres petites circonstances sont l'effet des conseils de Mme Adélaïde. Mesdames, par leur éducation, sont timides et dépourvues de tous les agréments propres à plaire, et elles voudraient être imitées par Mme la dauphine. J'en citerai une preuve toute récente. Passé quelques jours, le corps de ville de Paris et les états de Languedoc avaient un compliment à faire à la famille royale (1). Mesdames, consultées par Mme la dauphine, voulurent lui persuader qu'en pareilles occasions il ne fallait rien répondre, et qu'elles en usaient ainsi. Il fallut toutes les instances de l'abbé de Vermond pour engager Mme l'archiduchesse à ne pas adopter cette méthode, dont toute la France se plaint. S. A. R. se laissa persuader et fit au corps de ville ainsi qu'aux états une réponse pleine de grâce, et dont le public fut enchanté. D'ailleurs il est à remarquer que Mme Adélaïde, respectable d'ailleurs par son caractère, est entièrement subjuguée et gouvernée en tout par sa dame d'atours la comtesse de Narbonne (2), et il résulte de là que cette dernière gouverne par contre-coup Mme la dauphine. Cette comtesse de Narbonne, quoique avec d'assez bonnes qualités, ne laisse pas d'être intrigante, et pourrait facilement entraîner Mme la dauphine, sans qu'elle se doutât d'être dirigée par cette dame d'atours.

5° Jusqu'à présent Mme la dauphine n'a point encore usé de la permission que V. M. m'a donnée de lui avancer de l'argent, et je suis presque certain qu'elle ne s'en prévaudra qu'avec beaucoup de discrétion. Si je me trompais à cet égard, j'emploierais la réserve nécessaire à éviter tout abus. S. A. R. se propose de faire faire un bureau qu'elle destine à V. M., mais elle m'a ordonné le secret sur cet article.

---

(1) Nous lisons en effet dans la *Gazette de France* du 7 septembre que le 4 de ce mois le corps de la ville de Paris, ayant à sa tête le duc de Chevreuse, gouverneur de Paris, eut audience du roi; le sieur Bignon, prévôt des marchands, le sieur Cheval de Saint-Hubert, et le sieur Piat, nouveaux échevins, prêtèrent serment. Le corps de ville eut ensuite l'honneur de rendre ses respects à la famille royale. Le même jour les états du Languedoc eurent audience du roi; ils furent présentés par le comte d'Eu, gouverneur de la province.

(2) La comtesse de Narbonne, de la branche des Narbonne-Lara, avait été dame d'honneur d'Élisabeth de France, fille de Louis XV, duchesse de Parme. A la mort de cette princesse (1760), elle revint en France et fut nommée dame d'honneur de Madame Adélaïde, sur laquelle elle prit un grand ascendant. L'intelligence et les grâces de son fils encore enfant contribuèrent à sa faveur. Ce fils fut le célèbre comte de Narbonne, ministre de la guerre en 1791 et 1792, diplomate sous l'empire, aide de camp et favori de Napoléon, qui lui confia d'importantes missions diplomatiques. La comtesse de Narbonne suivit Mesdames dans leur exil, à Rome, puis à Trieste, où, après leur mort, elle resta veillant sur leur tombeau. Elle ne mourut qu'en 1821.

6° La lettre du pauvre curé *des petites ventes* a été remise à Mme la dauphine. Ce bon ecclésiastique est un homme vertueux, et qui ne paraît avoir aucune vue d'intérêt.

7° Il est certain que si V. M. envoie au roi le buste de Mme la dauphine, ce présent sera très-bien reçu et fera plaisir au roi. On travaille un buste en marbre de S. A. R., et je le crois destiné à V. M.

8° Il y a déjà longtemps que le roi a témoigné qu'il espérait que V. M. lui enverrait du vin de Tokay, et si elle daigne en faire donner un antal (1) ou deux au duc de Choiseul, je crois que cela produira un très-bon effet; il est également certain que le roi offrira à V. M. une provision de vin de Champagne.

9° J'ai remis à la religieuse de Beauvau la lettre de V. M.; elle m'a demandé cinquante ducats, qui lui ont été comptés sur-le-champ, suivant l'avis que j'en donne au secrétaire du cabinet de Pichler.

Après avoir répondu à chaque article des ordres de V. M., il me reste encore à ajouter que dans toutes les circonstances je remarque que Mme la dauphine conserve pour V. M. un amour, un respect et une soumission qui assureront à cette princesse un succès infaillible et constant; elle se fait apporter toutes les gazettes, dont elle ne lit que les articles de Vienne. S. A. R. me fit la grâce de me dire un jour qu'elle se reprochait une pensée bien cruelle, et de laquelle elle ne pouvait jamais se repentir. Cette pensée était qu'ayant ouï dire que la peste gagnait en Pologne, elle ne s'affligerait pas si cette contagion approchait les frontières des pays héréditaires, parce qu'un pareil danger obligerait V. M. à se déplacer, à venir en Flandres, et que par là elle jouirait du plus grand bonheur qui pût lui arriver, qui serait de revoir son auguste mère.

XIX. — Mercy a Marie-Thérèse.

Paris, le 19 septembre. — Indépendamment de ce que contiennent mes dépêches politiques d'aujourd'hui, comme il s'agit d'objets qui intéressent la tranquillité de V. M., et qu'elle daigne d'ailleurs m'en faire mention dans sa lettre du 1er de ce mois, je crois devoir expo-

---

(1) Le mot Antal ou Andal (en hongrois Antalak) désigne une mesure de vin de Hongrie; il est usité surtout dans le district de Tokay. Un antal équivaut à un peu plus de 73 litres.

ser séparément à V. M. quelques particularités propres à éclaircir les objets en question.

Quels que soient les intrigues et l'acharnement de ceux qui veulent perdre le duc de Choiseul, il y a cependant toute apparence encore que ce ministre se soutiendra, pourvu qu'il échappe à deux moments critiques, celui de son voyage à Chanteloup, et celui du séjour à Fontainebleau, où il s'agira de régler la finance des départements; et que la diminution de son crédit ne portera que sur des objets étrangers à ces deux départements, dans lesquels il conserve jusqu'à cette heure la plus entière autorité. Ses principaux ennemis, savoir le chancelier et le duc d'Aiguillon, sont des gens décriés et perdus dans l'esprit du public. Le roi ne l'ignore pas; il ne les estime point, parce qu'il connaît leur caractère dangereux et s'en méfie, mais il se sert d'eux en partie par faiblesse pour leur protectrice, la comtesse du Barry, et en partie parce qu'il croit avoir besoin d'eux pour dompter les parlements, qui lui causent le plus grand embarras. Si le duc d'Aiguillon parvenait à un département (ce que je crois impossible), il n'obtiendrait que celui des affaires intérieures, occupé maintenant par le duc de la Vrillière. Le duc et le comte de Broglie ne paraissent point en position du ministère; ils auraient la cour d'Espagne contre eux, et le comte de Maillebois est haï personnellement par le roi. Soit par des motifs de politique personnelle, par l'espoir de trouver un appui en Mme la dauphine, ou par bons sentiments naturels, je vois augmenter depuis quelque temps l'attachement du duc de Choiseul pour V. M. et pour le système actuel; il devient plus doux, plus traitable dans les affaires de l'empire et dans tous les petits objets de discussion. On ne peut pas se dissimuler qu'il n'ait bien des défauts, surtout celui de la légèreté et d'un peu d'inconséquence, mais dans l'essentiel je le crois le ministre qui convient le plus ici aux intérêts de V. M.

Si la médiation de V. M., demandée par la Porte, venait à être partagée avec le roi de Prusse, l'Angleterre et la France, il se rencontrerait peut-être plus de difficultés à accorder quatre puissances médiatrices qu'à pacifier les deux puissances belligérantes; et si j'osais exposer mon très-faible sentiment, je croirais qu'il serait à désirer que cette médiation restât à V. M. et au roi de Prusse seuls, parce qu'il serait à présumer que l'Angleterre chercherait à tirer avantage d'une partialité marquée pour la Russie, et qu'on ne peut se flatter que la France se prête de bonne foi à pacifier la Russie et la Porte. Je suis d'ailleurs convaincu, d'après les hautes lumières de V. M., qu'il serait très-dangereux de faire longtemps mystère à la France de la démarche de la Porte Ottomane ; on en induirait ici infailliblement un concert médité de longue main entre V. M. et le roi de Prusse. Je ne remarque que trop le penchant que l'on a à ce soupçon, et la grande jalousie qui en résulte pourrait occasionner des suites bonnes à prévenir (1).

J'ai réussi à effacer entièrement l'impression qu'avait faite ici le langage tenu par S. M. l'empereur au ministre de Gênes, Fornari, et V. M. ne doit avoir aucune inquiétude à cet égard. La grande âme de V. M. la porte en tout vers le bien, et, avec les qualités supérieures dont S. M. l'empereur est doué, il est impossible qu'à la longue il n'uniforme pas ses vues à celles de son auguste mère. Je désirerais bien que V. M. daignât s'arrêter à cette réflexion, qui est dictée par le zèle d'un fidèle sujet pour la meilleure des souveraines.

Je n'ai pas lieu de douter que le duc de Choiseul ait cru que la guerre pourrait l'affermir et rendre son ministère nécessaire ; aussitôt que je me suis aperçu de cette idée, j'en ai dévoilé toutes les conséquences à l'ambassadeur d'Espagne, et, agissant de concert, je me flatte que nous sommes parvenus à convaincre le duc de Choiseul de la fausseté de son calcul. Mes dépêches exposent les raisons d'impossibilité où se trouve la France de soutenir une guerre. Il paraît que l'Angleterre prendra la voie de négociation dans l'affaire relative aux îles Malouines (2) : il y aurait un expédient qui serait de convenir d'une neutralité pour ces îles ; j'ai ouvert cet avis à l'ambassadeur d'Espagne, qui a paru le goûter. Cependant la conjoncture est critique et semble exiger encore quelques semaines avant que l'on ne puisse en prévoir les suites. J'espère qu'elles répondront aux désirs de V. M. pour la conservation de la paix, et j'apporterai la plus exacte attention sur tout ce qui concernera ce grand objet.

---

(1) La Russie et la Turquie étaient en guerre depuis 1767 ; les succès des armes de la czarine, la victoire de Kagoul et celle de Tschesmé commençaient à inquiéter les puissances voisines. L'Autriche résolut donc, d'accord avec la Prusse, d'offrir une médiation. On agit de Vienne sans consulter la France, et en lui faisant naturellement mystère d'une conduite si contraire à l'alliance. Nous voyons commencer ici les négociations qui se dénoueront par le premier partage de la Pologne, dont il n'est cependant pas encore question à ce début.

(2) Iles voisines de la pointe méridionale de l'Amérique du sud ; elles appartenaient aux Espagnols, auxquels les disputaient les Anglais. Elles furent cédées à l'Angleterre en 1771.

XX. — Marie-Thérèse a Mercy.

Ce 2 octobre (1). — Comte de Mercy, je suis très-contente de vos rapports ; je souhaiterais seulement que le courrier puisse toujours être expédié de Paris le 15 ou 16 pour être ici le 28, pour avoir le temps de pouvoir répondre, car celui-ci n'est arrivé que le 30 soir, ce qui est cause qu'il ne partira que fort tard aujourd'hui ou même demain matin. Vos deux lettres réservées pour moi seule sont très-importantes et me rassurent sur l'état du dauphin, mais qui est assez désagréable. Je prêche à ma fille la patience et qu'il n'y a rien de perdu, mais qu'elle redouble de caresses. Je lui parle très-fort pour le corps et pour sa taille, lui mandant, ce qui est vrai aussi, que j'ai vu une lettre de quelqu'un de Bruxelles qui la trouvait très-mal habillée et la taille pas bien. Je lui mande même que je vous charge de prendre garde de l'avertir et de m'en écrire. Le second point est sur le jeu et la représentation. Je lui marque que, sur ce point, vous m'en avez écrit, et qu'elle ne le doit négliger, et suivre vos bons conseils. Je vous envoie sa lettre que vous pouvez brûler et ne pas faire semblant de l'avoir vue. Je vous l'envoie pour vous faire voir combien il serait à souhaiter qu'elle voulût s'appliquer un peu à écrire mieux, surtout l'orthographe. Je lui touche aussi en passant que si elle m'avait demandé la permission de monter à cheval, je ne l'aurais jamais approuvé, même sur un âne, et que je vois que le roi la gâte. Je vous envoie sa lettre pour deux raisons : l'une pour que vous voyiez ce qu'elle me dit de Durfort ; elle ne paraît nullement entrer dans mon esprit : je lui dis de ne rien faire sur ce point qu'en vous consultant ; l'autre ce qu'elle dit de la Mazarin, qu'elle se jetait au parti de la favorite et qu'elle s'est moquée d'eux ; je crains qu'elle ne se prévienne toujours plus ; j'ai trouvé bien de ne la pas reprendre sur Mesdames et sur ce point.

L'autre lettre sur le système actuel, je vous avoue que je suis entièrement de votre sentiment et suis tranquille que les affaires sont dans vos mains. Vous aurez reçu un courrier d'Austerlitz, du prince Kaunitz, que je lui ai envoyé exprès pour l'expédier tout de suite de là, me souvenant très-bien que l'année passée on a négligé d'informer la France. Kaunitz a été très-sensible de le lui avoir

---

(1) Pièce entièrement autographe.

envoyé, comme si je croyais qu'il pouvait manquer d'attention ; je ne regrette pas la précaution prise pour cela. On n'est sans cela que trop enchanté ici des flatteries du roi de Prusse ; mais je suis très-tranquille que rien ne s'est fait qui pourrait donner la moindre atteinte à l'alliance que je souhaite de soutenir de préférence à toute autre. Tâchez seulement que la guerre ne se fasse, car je vous déclare que difficilement je me laisserais entraîner, et que cela pourrait être le seul cas où l'alliance pourrait crouler. Nous avons des espérances fondées que la Russie acceptera la paix à des conditions assez raisonnables, se contentant d'Azof, de la protection des Grecs en général, d'un établissement sur la mer Noire, et de soutenir ce qui a été fait en Pologne à la dernière guerre. Nous espérons d'exclure l'Angleterre. Les armées russes, s'ils ne prennent Bender, dont on doute, n'auront guère avancé cette année, ayant dû rebrousser chemin et passer le Danube pour donner du repos à leurs troupes. Les maladies augmentent toujours, de même la peste, qui avance même vers Cronstadt en Transylvanie ; je crains beaucoup ce fléau pour mes provinces. Nous avons sans cela une très-mauvaise année, la récolte ayant presque manqué partout.

Van Swieten (1) est nommé comme ministre à Berlin et Wurmbrand à Naples (2) ; le premier a cette place de confiance de préférence dans le moment présent ; j'avoue, je l'aurais mieux aimé à Rome. Lui aussi est de ces admirateurs du roi ; il a été au camp avec Kaunitz et a reçu plein de flatteries aussi.

Pour les 5,000 florins de plus pour votre fête, d'abord que la chancellerie fera la proposition, je le résoudrai, de même le placet de vos sujets en Hongrie qui se plaignent pour le libre exercice de leur religion. Je l'ai envoyé tout de suite à la chancellerie de Hongrie pour voir combiner la chose. J'enverrai donc du tokay et le buste de ma fille ; vous n'en direz rien avant qu'il soit arrivé au roi. Vous assurant de toute mon estime, je suis toujours votre bien affectionnée.

P. S. — On ne parle plus du tout de la Durfort ; en êtes-vous content ? Ne peut-elle rien ?

---

(1) Fils de Gérard Van Swieten, médecin de l'impératrice.
(2) François-Joseph, comte de Wurmbrand, né le 4 avril 1733, marié le 30 avril 1764 à Marie-Thérèse, fille du comte Emmanuel de Tarouca, qui eut longtemps auprès de l'impératrice un rôle de confiance. Wurmbrand mourut en 1811.

XXI. — Mercy a Marie-Thérèse.

Fontainebleau, 20 octobre. — Sacrée Majesté, deux jours après l'expédition de mon dernier et très-humble rapport du 19 de septembre, j'eus occasion de parler à Mme la dauphine, qui voulut bien récapituler une partie des objets sur lesquels je lui avais fait de très-humbles représentations, et elle daigna me dire qu'après avoir pesé mes raisons, elle les trouvait fondées et voulait les adopter, mais qu'il s'agissait de se tirer d'un embarras vis-à-vis de la comtesse de Noailles ; cette dernière ayant demandé, il y a longtemps, à Mme la dauphine une place de dame du palais pour la comtesse de Guiche, sa nièce, S. A. R. la leur avait promise, mais que maintenant Mesdames s'opposaient à cet arrangement, parce qu'elles prétendaient que la comtesse de Guiche leur avait manqué, en refusant une pareille place chez elles ; que dans cette circonstance Mme la dauphine se trouvait exposée à l'alternative ou de mécontenter Mesdames ses tantes, ou de donner un dégoût à la comtesse de Noailles. Je répondis à Mme l'archiduchesse que cette opposition de Mesdames paraissait un peu trop rigoureuse ; mais que si elles y persistaient elles devaient au moins consentir à ce que la comtesse de Noailles en fût instruite, et qu'elle sût par là le vrai motif qui interceptait l'effet d'une parole que Mme la dauphine avait bien voulu lui donner. Je proposai de temporiser sur cet objet pour se donner les moyens de trouver quelque expédient de conciliation. S. A. R. y consentit, et jusqu'au jour d'aujourd'hui la chose est restée dans ces termes. Entre temps la comtesse de Noailles est mieux traitée que par le passé ; cette dame d'honneur est entièrement calmée sur ses inquiétudes, et tout est rentré à cet égard dans l'ordre désirable. Il n'en est pas de même sur l'article de tenir la cour. Mme la dauphine y trouve trop de gêne, et malheureusement Mesdames la confirment dans cette répugnance. Il leur est plus commode que le jeu se tienne chez elles ; d'ailleurs elles y gagnent du côté de la représentation, et cela aux dépens de Mme la dauphine. J'ai réitéré fortement mes réflexions là-dessus, de même que sur les inconvénients à prévoir lors de l'arrivée de Mme la comtesse de Provence à cette cour ; mais, à moins que V. M. ne daigne marquer sa volonté, je doute qu'il soit possible de persuader Mme la dauphine sur ce point important, lequel a déjà produit un assez mauvais effet en ce que toute la cour s'aperçoit de la dépendance trop marquée de Mme la dauphine à l'égard de Mesdames, et de l'abus manifeste que ces dernières en font. Le duc de Choiseul est le premier à en convenir; quoiqu'il soit fort attaché à Mesdames et très-assuré de leur appui, il ne méconnaît point le peu de fond qu'il y a à faire sur leur système et leur façon de penser et d'agir. Il y a peu de jours que ce ministre m'en a parlé fort au long, en me témoignant qu'il serait à désirer que Mme la dauphine, en conservant toute l'amitié possible pour Mesdames ses tantes, se persuadât en même temps qu'elle ne tirera jamais aucun parti de leurs conseils, et qu'elle risquera toujours beaucoup à leur faire des confidences, ou à se livrer à des complaisances sans bornes, qui confondraient peu à peu les droits de Mme la dauphine avec ceux de Mesdames, et induiraient le public en erreur sur la différence dans le degré d'hommages et de respect qu'il doit rendre à l'une et aux autres. Il est de mon devoir d'insister sur cet article, parce que je le regarde comme le seul qui puisse occasionner dans la suite des inconvénients de quelque importance, et qui, par cette raison, mérite l'attention de V. M.

Quoiqu'il s'agisse d'une époque encore éloignée, je crois qu'il est bon que V. M. soit informée d'avance des idées que l'on donne à Mme la dauphine sur le plan de conduite à tenir vis-à-vis de Mme la comtesse de Provence. S. A. R. paraît résolue à la traiter très-froidement; elle compte que Mesdames ses tantes en agiront de même, et que, par ce moyen, Mme de Provence éprouvera assez d'embarras pour que son début ne puisse pas être fort brillant. Je n'ai pas encore combattu ouvertement ce système, qui me paraît d'ailleurs fort mauvais, dangereux et inutile; il en résulterait à coup sûr une guerre intestine dans le sein de la famille royale, et un déluge de tracasseries et d'intrigues parmi les courtisans. Je ne suis point en peine que Mme la dauphine ne revienne de cette idée, laquelle certainement n'a pas été imaginée par elle et ne peut provenir que de quelques mauvais conseils; si elle les a écoutés dans un premier mouvement, son caractère bienfaisant et son bon cœur, dont elle donne sans cesse des preuves, lui feront rejeter de semblables avis à la première réflexion qui lui sera exposée là-dessus. S. A. R. n'a pas besoin d'employer des moyens de rigueur pour maintenir sa supériorité; elle lui est assurée par son rang, mais bien plus encore par son esprit et par ses grâces. Il n'y a rien à désirer sur ces deux qualités, et pourvu que Mme l'archiduchesse continue à s'en prévaloir, comme elle a fait jusqu'à présent, personne ne pourra être mis en parallèle avec elle, ni lui causer le moindre ombrage. S. A. R. gagne encore journellement du côté de la figure. Sa santé est parfaite, et elle prend un peu d'embonpoint; cela est attribué à l'exercice continuel qu'elle fait, soit en se promenant à pied ou en montant sur des ânes. Ce dernier amusement lui plaît de préférence, et elle se le procure au moins trois ou quatre fois la semaine. Ce qui n'est qu'un exercice pour Mme la dauphine devient une fatigue pour les dames de sa suite; mais elles lui sont si attachées qu'elles remplissent avec autant de plaisir que de zèle tout ce qui peut être agréable à S. A. R., qui, de son côté, les en récompense par des traitements pleins de bonté et vraiment charmants. Malgré les conseils et l'exemple de Mesdames, Mme l'archiduchesse s'est assez maintenue dans l'habitude de parler aux personnes de distinction qui vont lui faire leur cour. Cependant je crois qu'il serait très-nécessaire que V. M. daignât encourager Mme la dauphine à ne jamais perdre cet usage qui lui a si bien réussi, et auquel je m'aperçois d'une légère diminution. En dernier lieu le maréchal duc de Biron, le maréchal d'Armentières et le duc de Lavallière, tous gens de la société journalière du roi, s'étant présentés au dîner et au jeu de Mme la dauphine, elle ne leur a pas parlé, et cela a fait quelque sensation. Le duc de Choiseul m'en a averti, en me faisant une réflexion très-fondée; qui est que, pour le présent ainsi que pour tout ce qui peut arriver dans l'avenir, Mme la dauphine doit avoir constamment pour système celui de s'attacher la nation, et elle en a un moyen infaillible, en faisant éprouver à un chacun des marques de bonté et d'attention, auxquelles on sera d'autant plus sensible que cela fait un genre de traitement nouveau à cette cour-ci, où les princes reçoivent mal tous ceux qui les approchent.

V. M. aura remarqué dans la dernière lettre de Mme la dauphine quelque embarras sur la demande d'un journal de ses lectures. S. A. R. ne m'en a point parlé, mais elle s'en est beaucoup entretenue avec l'abbé de Vermond; j'aurais voulu que ce dernier, sous les yeux de Mme la dauphine, se chargeât de la rédaction de ce journal, et c'était aussi l'avis du prince de Starhemberg; mais l'abbé y trouve des difficultés, en ce que le temps et l'apprêt d'écriture qui s'emploierait dans le cabinet de Mme la dauphine pourrait donner matière à des conjectures, et à supposer que Mme la dauphine dicte des lettres ou tout autre chose qu'un journal de ses occupations. D'un autre côté, si l'abbé formait ce journal chez lui, cela ne remplirait point l'objet qui doit être d'astreindre Mme la dauphine à donner plus d'attention et de suite à ses lectures. On ne peut pas dire que S. A. R. les néglige ; elle a une conception heureuse et facile, au moyen de laquelle elle saisit et retient ce qu'elle lit, mais elle y emploie trop peu de temps. Le mouvement perpétuel de la cour et la dissipation qu'occasionnent les voyages, ont mis obstacle à plus de recueillement ; la saison de l'hiver y sera plus propre, et de façon ou d'autre je tâcherai de contribuer à ce que les intentions de V. M. soient remplies relativement aux preuves qu'elle désire de l'application de Mme la dauphine. S. A. R. s'est enfin déterminée à porter assez habituellement un corps de baleines, et pourvu qu'elle veuille bien continuer cet usage, il n'y aura plus d'inquiétude à avoir sur sa taille.

Depuis quelque temps le roi a augmenté ses soins, son attention et ses marques d'une amitié tendre pour Mme la dauphine, et elle est traitée maintenant comme dans les premiers jours de son arrivée. S. A. R. loge ici dans l'ancien appartement de la reine, et attenant à celui du roi ; si ce monarque prenait une fois l'habitude d'aller pendant la journée chez Mme la dauphine, il pourrait en résulter de bien bons effets, et j'ai supplié S. A. R. d'être fort attentive à tâcher de se procurer cet agrément, surtout d'avoir dans pareilles occasions toute la gaieté et toute l'aisance possible. Je suis convaincu qu'il n'en faudrait pas davantage pour distraire le roi de ses sociétés déréglées, et je ne désespère pas qu'un jour Mme la dauphine ne parvienne à rendre cet important service à la France ; mais pour y réussir il faut absolument qu'elle prenne le contrepied de la conduite et du maintien qu'ont toujours eus Mesdames ses tantes.

Me retrouvant ici à portée d'être instruit momentanément de ce qui se passe, je vais en former le journal détaillé.

Le 8, toute la famille royale est arrivée vers le soir et a soupé avec le roi.

Le 9, Mme la dauphine n'ayant point encore tous ses équipages, qui étaient en route, fit une promenade de près de trois heures à pied dans le parc et les environs du château. Elle se fit expliquer les détails de ces vastes et anciens bâtiments, construits sous plusieurs règnes. Elle fit des questions et des remarques très-judicieuses sur tout ce qu'elle voyait, et les directeurs des bâtiments, qui étaient à sa suite, en furent enchantés.

Le 10, S. A. R. fit après-midi sa promenade sur des ânes, et le soir elle tint le jeu dans son appartement.

Le 11, la promenade sur les ânes fut répétée, et elle fut même fort longue et pénible parmi les rochers qui environnent ce séjour. Le soir il y eut cour chez Mesdames, et Mme la dauphine n'y parut qu'un moment.

Le 12, S. A. R. me demanda si je croyais que le courrier de Vienne arriverait bientôt. Je lui répondis que je l'attendais d'un moment à l'autre; Mme la dauphine me dit qu'elle voulait me parler en particulier, et qu'elle m'en ferait savoir le moment. S. A. R. alla jouer le soir chez Mesdames, et soupa ensuite avec le roi. Elle mangea à ce souper trop abondamment d'un cochon de lait qui lui donna un peu d'indigestion; mais ce léger accident n'eut point de suite; même le lendemain 13, à huit heures du matin, Mme la dauphine se rendit au manége pour y voir monter à cheval MM. les comtes de Provence et d'Artois. Le soir il y eut spectacle; on y donna une pièce italienne (1), qui sont les seules dont M. le dauphin s'amuse, ayant une aversion décidée pour la musique, et peu de goût pour la comédie française. Le même soir le courrier arriva; il me remit les paquets de Bruxelles qui contenaient la très-gracieuse lettre de V. M. du 2 de ce mois, quelques autres lettres de la famille impériale à Mme la dauphine, et les dépêches de la chancellerie d'État. Je me rendis sur-le-champ à la cour au moment où Mme la dauphine allait se mettre à table avec M. le dauphin. S. A. R. me fit entrer, et reçut avec sa vivacité et joie ordinaires les lettres que je lui présentai. Quoique les plats fussent sur la table, elle dit à M. le dauphin qu'il lui était impossible de souper avant d'avoir lu la lettre de V. M., et à l'instant elle entra dans son cabinet, en me congédiant. Comme je prévoyais que S. A. R. me parlerait le lendemain, je fus trouver l'abbé de Vermond pour me concerter avec lui sur plusieurs points,

---

(1) On sait que les comédiens italiens furent appelés en France par Mazarin pour représenter des pièces bouffes dont quelques personnages étaient italiens. En 1662 ils furent réunis à la troupe française de l'opéra comique; ils jouèrent depuis lors des comédies mêlées de chant ou même sans aucun chant, mais en général d'un genre peu relevé.

nommément sur quelques-uns de ceux dont V. M. daigne me faire mention. Il fut d'abord question de l'application, du journal des lectures, et des différents moyens de remplir à cet égard ce que V. M. exige. Après quelques discussions, l'abbé me dit qu'il voulait sur cela me donner ses idées par écrit, et, deux jours après, il me les remit telles que je les joins ici (1). Les réflexions qui y sont énoncées paraissent assez justes ; elles ramènent d'ailleurs à l'objet, et j'espère qu'il aura tout l'effet que V. M. s'est proposée. Je parlai ensuite de l'écriture et de l'orthographe ; l'abbé convint qu'il y avait beaucoup à désirer sur l'une et sur l'autre ; que, quant au caractère de l'écriture, il serait difficile de le rectifier jusqu'à un certain point; mais que, pour l'orthographe, il allait y redoubler tous ses soins. Il m'apprit là-dessus une circonstance, au moyen de laquelle Mme la dauphine n'écrit jamais si mal que lorsqu'elle écrit à V. M. La raison en est que S. A. R. ne croit pas ses écritures en sûreté, moyennant quoi elle attend le moment du départ du courrier pour écrire, et alors elle se presse au point que sa lettre se trouve remplie des négligences que peut occasionner la précipitation. J'ai répondu à l'abbé qu'il fallait que nous tâchions de rassurer Mme la dauphine sur un soupçon que je ne crois pas fondé. J'ai examiné d'assez près l'intérieur du service et des entours de Mme la dauphine pour me persuader que personne ne s'aviserait d'ouvrir son bureau, pourvu qu'elle veuille bien en porter la clef sur elle ; cela n'empêche pas que les précautions ne soient nécessaires, pourvu que S. A. R. ne les porte pas à un excès trop gênant.

Le lendemain 14, Mme la dauphine me fit dire qu'elle voulait me parler après son dîner. Je me rendis à ses ordres, et elle me fit entrer dans son cabinet ; S. A. R. me parla d'abord avec effusion de cœur de toute sa sensibilité à la tendresse que lui marque V. M. ; elle me témoigna ensuite du chagrin de ce que, sur quelques rapports relatifs à sa personne et à sa position actuelle, V. M. paraissait être en peine, et me cita nommément l'article de sa taille. Je répondis à Mme l'archiduchesse que j'avais lieu en effet de connaître combien V. M. était tendrement occupée d'elle, qu'indépendamment de toute autre raison, celle-ci en était une bien forte pour

---

(1) Voir plus loin, page 72.

rendre S. A. R. très-attentive à épargner à V. M. les moindres sujets d'inquiétude, ce qui était d'autant plus facile que ces inquiétudes ne pouvaient porter que sur des objets très-aisés à rectifier. Ce texte me fournissant une belle occasion, je repris tous les points les plus essentiels, et fis convenir Mme la dauphine que les appréhensions sur sa taille n'avaient pas été sans fondement, que par conséquent l'usage du corps était indispensable. Je touchai quelques autres articles d'habillement, de propreté, le tout comme moyens très-utiles à plaire au roi et à M. le dauphin. J'entrai ensuite en matière sur les objets les plus importants, et particulièrement sur celui de l'arrivée de Mme la comtesse de Provence, sur toutes les observations à faire à ce sujet, sur la nécessité d'un plan de conduite tel que Mme la dauphine, en conservant la supériorité qui lui est due, réussisse en même temps à maintenir la concorde et l'amitié dans la famille royale, à la ramener toujours vers le roi, et faire en sorte qu'il voie que c'est à Mme la dauphine qu'il en doit l'obligation ; enfin j'exposai là-dessus le plan qui me paraissait le seul convenable à tenir ; j'y fis entrer comme de raison :

1° la nécessité où était Mme la dauphine de tenir constamment la cour ; — 2° de ne jamais se relâcher sur les marques de bonté et d'affabilité qu'elle a observées jusqu'à présent envers un chacun, et je fis sentir tous les effets de cette maxime ; — 3° que toute prédilection trop déclarée était dangereuse en général, mais surtout dans la famille royale, où il est essentiel de traiter avec cordialité et amitié les princes et princesses qui la composeront ; — 4° surtout qu'il fallait éviter dans la famille de former des partis opposés les uns aux autres, que la famille royale devait avoir un intérêt commun, par conséquent des vues et une marche uniformes, que d'en agir autrement c'était ouvrir la porte à toutes sortes d'intrigues, et à tous les désagréments dont elles sont infailliblement suivies. J'avais de bonnes raisons pour dire tout ceci, parce que je savais que depuis longtemps Mme Adélaïde et Mme Sophie étaient occupées à inspirer à Mme l'archiduchesse de l'éloignement pour Mme Victoire, laquelle est sans contredit la meilleure des trois sœurs, et qui a le plus de caractère. Je savais aussi tous les conseils dangereux que Mme Adélaïde avait donnés relativement à Mme de Provence, et je m'étais réglé là-dessus. Mme la dauphine, qui m'avait écouté avec plus d'attention que ne lui en permet ordinairement sa vivacité naturelle, me dit : « Je suivrai vos conseils ; aussi

« bien je m'aperçois que tous les conseils qu'on me donne ne sont
« pas toujours les meilleurs. » Ces derniers mots me firent grand
plaisir, parce que je sentis bien qu'ils portaient sur Mesdames ; j'en
conclus que Mme la dauphine commençait à ouvrir les yeux de façon
que, pour peu que V. M. daigne appuyer d'un mot, j'espère que
S. A. R. réduira sa liaison avec Mesdames ses tantes à un terme
d'amitié convenable et qui ne l'entraîne point au delà des bornes,
comme cela menaçait. Au reste je ne saurais dire assez combien,
dans cette occasion, j'ai encore eu lieu d'admirer le jugement et la
facilité avec laquelle Mme la dauphine saisit ce qu'on lui dit de raisonnable, et la bonne volonté avec laquelle elle l'adopte. D'après
les différentes preuves que j'en ai, je puis plus que jamais répondre
que, dans aucun temps, il n'arrivera d'inconvénient grave dans la
conduite de Mme l'archiduchesse, et que V. M. réussira toujours à
la régler comme elle le voudra. Après plusieurs remarques sur différents petits objets, S. A. R. m'ordonna de lui remettre quarante
ducats qu'elle destine à deux personnes de sa suite de Vienne, auxquelles elle avait promis cette petite récompense. Je dois observer
à ce sujet que Mme la dauphine, à laquelle le trésor royal doit remettre six mille francs par mois, n'a réellement pas un écu dont
elle puisse disposer elle-même et sans le concours de personne. La
raison de cela provient de l'abus scandaleux qui existe ici en matière de maniement d'argent. Celui de Mme la dauphine passe d'abord par droit de charge à son trésorier nommé Pomeri ; celui-ci en
retient par mois 2,500 livres pour des anciennes pensions que donnait la feue reine, et dont Mme la dauphine est chargée sans savoir
pourquoi. Ses garçons de chambre reçoivent cent louis par mois pour
la dépense du jeu de S. A. R., et, soit qu'elle perde ou qu'elle gagne,
on ne revoit rien de cette somme ; les femmes de chambre s'emparent du reste, qui la plupart du temps est distribué à des dons
suggérés par la comtesse de Noailles, et pour lesquels elle extorque
un consentement de Mme la dauphine, laquelle au moyen de cela ne
conserve rien à sa propre disposition. Heureusement elle est très-
éloignée d'incliner à la dépense ou aux fantaisies ; le peu d'argent
qu'elle fait donner de son propre mouvement est employé en aumônes bien placées et avec jugement, et je suis très-assuré que ce
sera toujours avec beaucoup de discrétion et de retenue que S. A. R.
touchera au fonds des mille louis que V. M. m'a ordonné, par la voie du

prince de Starhemberg, d'avancer successivement d'après les intentions de Mme l'archiduchesse. Après mon audience de près d'une heure chez S. A. R., elle se rendit avec la famille royale à la revue du régiment du roi. Elle tint le jeu au soir; le roi s'y rendit un moment avant le grand couvert; il fit tout plein d'amitiés à Mme la dauphine, et passa avec toute la famille au souper en public.

Le 15, S. A. R. fut encore se promener au camp du régiment du roi, et le jeu se tint chez Mesdames. La matinée avait été employée à des devoirs de piété, Mme l'archiduchesse sachant qu'elle ne pouvait mieux célébrer le jour du nom de V. M., jour auquel tous ses fidèles sujets doivent invoquer plus particulièrement la bonté divine pour qu'elle nous conserve une souveraine si nécessaire à notre bonheur.

Le 16, la journée se passa dans les occupations ordinaires; S. A. R. alla ce jour à la chasse du cerf depuis onze heures jusqu'à deux heures. L'heure de lecture fut remplie comme de coutume depuis trois heures jusqu'à quatre; S. A. R. se rendit ensuite au spectacle, qui ne finit qu'au moment du souper.

J'en resterai à ce point de mon journal, et je vais maintenant répondre article par article à la très-gracieuse lettre de V. M.

1° La bénignité et l'indulgence avec laquelle V. M. daigne agréer mes très-humbles rapports me rassurent sur la crainte que j'avais de les rendre trop diffus; mais leur objet intéresse la tranquillité de V. M., et ce précieux motif m'est si fort à cœur que je m'en occupe jusqu'au scrupule. Je ne le perdrai jamais un seul instant de vue, trop heureux si je parviens en cela à remplir ce qu'exigent mes devoirs et mon zèle.

2° Pour que le courrier mensuel pût partir d'ici le 16 de chaque mois, il serait presque nécessaire qu'il arrivât le 8 ou le 9. Le présent courrier n'est arrivé que le 13 au soir; le temps pour lire et méditer le contenu des dépêches emporte une journée; il s'en passe souvent deux, même trois avant que je ne puisse conférer avec le duc de Choiseul et mettre au clair tout ce qui regarde les affaires courantes; alors je commence à minuter mes dépêches pour les chancelleries d'État et d'Empire, et pour le gouvernement général des Pays-Bas. Je rédige ensuite mon très-humble rapport à V. M., et un assez long détail sur Mme la dauphine, que j'écris de main propre au prince de Starhemberg. Ces objets, malgré les secours de la chancellerie d'ambassade, exigent près de trois journées, et c'est ainsi que la huitaine se passe avant l'expédition du courrier. Je presserai cependant à l'avenir avec toute la diligence possible, pour que V. M. soit obéie en ce point.

3° J'ai exposé ci-dessus ce qui a rapport aux articles relatifs à la taille et aux habillements de Mme la dauphine ainsi qu'à la représentation, son jeu, son écriture. J'ajouterai seulement qu'il est vrai que S. A. R. n'est pas habillée avantageusement; mais la faute en est uniquement à sa dame d'atours, qui s'y entend très-peu et y apporte médiocrement d'attention.

4° Dans mon audience du 14, j'ai représenté à Mme la dauphine qu'elle ne pouvait pas trop se dispenser de donner quelque marque de protection au marquis de Durfort, que quel qu'en fût le succès, S. A. R. aurait toujours satisfait à deux objets, l'un de remplir ce que V. M. exige, l'autre de marquer au public que Mme la dauphine prend intérêt à un homme qui a figuré dans l'occasion de son mariage. S. A. R. me répondit qu'elle parlerait, mais qu'elle voudrait saisir un moment favorable. Le fait est qu'elle se trouve retenue par mesdames Adélaïde et Sophie, et le motif de cette opposition tient à une intrigue particulière. Elle consiste en ce que la comtesse de Narbonne, dame d'atours de Mme Adélaïde, ne voudrait pas que la dame d'atours de Mme Victoire fût duchesse, et c'est ce qui arrête les affaires de la marquise de Durfort. Cette dernière est fort instruite de tout ce qui se passe dans l'intérieur chez M. le dauphin, et je reçois par cette voie des notions que je ne pourrais pas me procurer d'ailleurs. Je ne me fie pas également à ce que la marquise de Durfort me communique sur l'intérieur de Mesdames, mais cela sert toujours à me mettre sur la voie de bien des choses. Voilà (relativement au service de Mme la dauphine) le parti que je puis tirer de la dame d'atours en question. Elle paraît d'ailleurs bien pénétrée de toutes les grâces que V. M. a daigné faire éprouver à son mari; elle a de l'esprit, une grande connaissance de la cour, plus d'honnêteté et moins de caractère d'intrigue que n'en ont les autres femmes de ce pays-ci. Ces raisons me font regretter qu'on ait éloigné d'elle Mme la dauphine, mais ce point n'est pas d'une certaine importance.

5° Je ne perds aucune occasion de combattre les petits préjugés que l'on inspire à Mme la dauphine sur le compte de différentes personnes, et cet article est très-essentiel. Il est vrai que la duchesse de Mazarin a fait quelques bassesses vis-à-vis de la comtesse du Barry; mais on a fait tort à cette duchesse en voulant persuader à Mme la dauphine qu'elle lui avait manqué de respect, ce qui n'est point fondé. Je dois dire ici que S. A. R. se conduit avec assez de circonspection relativement à la favorite, et cela serait mieux encore si les entours de Mme l'archiduchesse avaient plus de prudence et moins de légèreté dans les propos.

6° Ce qu'il plaît à V. M. de me marquer touchant l'excédant de la dépense employée aux fêtes du mariage, ainsi que sur un objet relatif aux sujets protestants de mes terres en Hongrie, est une preuve de sa clémence dont je suis pénétré jusqu'au fond de l'âme, et j'en mets aux pieds de V. M. mes très-humbles actions de grâce.

7° Le duc de Choiseul a déjà reçu ordre de faire choisir ce qui pourra se trouver de mieux en vin de Champagne pour être offert à V. M. Le roi y a pensé d'abord, lorsque le duc de Choiseul lui a dit que j'avais pressenti sur l'intention où était V. M. d'envoyer au roi du vin de Tokay. J'aurai soin de ne rien dire ici sur le buste en porcelaine de Mme la dauphine, jusqu'à ce qu'il me soit parvenu.

La duchesse d'Aremberg m'a remis les ordres qu'il a plu à V. M. de m'adresser à son sujet; j'en ai fait usage vis-à-vis du duc de Choiseul, qui m'a dit que tout ce qui pourra plaire à V. M. sera toujours une loi pour lui, mais que, dans ce moment-ci, la duchesse demandait pour son fils la survivance du gouvernement de Cambray, sur lequel, dès l'année dernière, le roi avait pris des engagements qu'il était impossible de rompre. Il me demanda le secret sur cette particularité, et m'assura que cet obstacle sera compensé pour la suite par les égards qu'on aura pour le jeune d'Aremberg en vertu de la protection que V. M. daigne lui accorder. La duchesse d'Aremberg a été traitée avec beaucoup de bonté par Mme la dauphine; tout le monde en général est enchanté de l'affabilité et des grâces de S. A. R., et, aux petits inconvénients près exposés dans ce très-humble rapport, et auxquels il sera remédié de jour en jour, V. M. a lieu d'être parfaitement tranquille sur tout ce qui est essentiel.

Voici la pièce émanée de l'abbé de Vermond que le comte de Mercy avait jointe à son rapport (1).

Lectures de Mme la dauphine. — Le désir et le besoin de causer

---

(1) Le personnage de l'abbé de Vermond a été discuté, et son rôle auprès de Marie-Antoinette est resté obscur. Que fit-il et que put-il faire pour compléter une éducation précé-

sur mille objets que leur espèce ou leur nouveauté rendait intéressants pour Mme la dauphine l'ont empêchée pendant quelque temps de se prêter aux lectures. Dès qu'il m'a été possible d'ouvrir mon livre, j'ai repris les synonymes français ; cette étude m'a paru la plus instante. Outre l'inexactitude qui restait encore dans le langage de Mme la dauphine, elle acquérait chaque jour des idées qu'on n'avait ni pu ni dû lui donner à Vienne. Son embarras et ses méprises ont été rares et courtes. Je ne lisais, à la vérité, que deux ou trois pages par jour ; je me prêtais à chaque article à son envie de parler, j'en profitais pour rectifier ses idées et l'accoutumer à l'expression convenable. On paraît fort content du langage de Mme la dauphine ; même dans son intérieur, où elle parle avec plus de vivacité et moins d'attention ; elle s'exprime aisément, agréablement et très-noblement dans les occasions et sur les choses remarquables. Dans le courant, il lui arrive quelquefois de faire des phrases qui ne sont pas bien françaises ; mais elle y donne toujours une énergie et un agrément fort préférables à l'exactitude grammaticale. Je n'ai pas poussé ce petit cours de français aussi loin que j'aurais désiré ; j'espère le reprendre cet hiver. Lorsque je me suis aperçu que l'ennui du français détruisait l'attention, j'ai lu à Mme la dauphine plusieurs lettres du comte de Tessin au prince de Suède son élève (1). J'ai été

---

demment négligée et qui, à l'âge où la dauphine vint en France, ne pouvait être que fort insuffisante ? Marie-Antoinette avait-elle recours à lui pour l'aider dans sa correspondance ? Faut-il croire qu'il y eut une part, comme cela a été dit de son temps même, comme on l'a répété depuis ? Nous avons entre les mains un assez grand nombre de documents émanant de l'abbé de Vermond, soit des notes qu'il envoyait à Mercy, soit des lettres adressées au secrétaire de l'impératrice, le baron Neny ; nous y prendrons tous les extraits intéressants qui permettront au lecteur de juger lui-même.

(1) *Lettres d'un vieillard à un jeune prince*, par le comte Charles Gustave Tessin, publiées en 1755 en suédois et traduites bientôt dans toutes les langues de l'Europe. Cet ouvrage était d'une inspiration toute française ; un grand nombre de pages étaient même écrites en français dans l'original. L'auteur avait vécu longtemps en France comme diplomate ; il y avait formé une belle collection d'objets d'art qui lui fit un nom parmi les amateurs célèbres. Nommé gouverneur du prince royal de Suède, plus tard Gustave III, il semble avoir pris pour modèles Fénelon et l'éducation du duc de Bourgogne. Il cite aussi souvent dans ses *Lettres* saint Louis, Louis XII, Henri IV, Turenne et Condé que les grands noms de la Suède. La littérature française lui fournit tous ses exemples. Molière, Mme de Sévigné Racine, Boileau sont déjà pour lui des classiques. Son admiration pour le dix-septième siècle, dont il a vu les derniers reflets, le met à l'abri de certaines erreurs de ses contemporains ; sa morale douce et grave reste toujours chrétienne. Un tel livre était donc tout indiqué pour l'éducation d'une jeune princesse étrangère devenue française.

bien content des réflexions que ces lettres lui ont fait faire, et de l'attention qu'elle a prêtée aux miennes. Les dernières lectures ont été de quelques brochures anciennes, connues sous le titre de *Bagatelles morales.* (1). On y voit les mœurs, les usages et les ridicules de bien des Français peints d'un coloris aussi agréable qu'intéressant. Mme la dauphine y a pris plaisir; elle se livrait quelquefois à en faire des applications; mais cet inconvénient, naturel à son âge et un peu à son caractère, est resté entre elle et moi; je crois pouvoir répondre qu'il a contribué à lui en faire éviter dans sa manière d'être en public.

Je suis en possession de me présenter toutes les après-dînées chez Mme la dauphine pour ses lectures; jusqu'ici elles ont été souvent abrégées par les courses multipliées qu'elle fait chez Mesdames ses tantes, et quelquefois supprimées par les promenades; j'espère beaucoup de l'hiver. — Il serait bien à désirer que Mme la dauphine donnât à S. M. l'impératrice la satisfaction de pouvoir juger par elle-même de son application et du progrès qu'elle fait par ses lectures, en lui en envoyant des extraits ou un résultat tous les mois. Cette princesse m'en a parlé elle-même, il y a environ cinq semaines, et j'ai vu avec grande joie, dans cette occasion et quelques autres, combien les lettres de S. M. font impression sur elle. Ce n'est plus cette petite crainte d'enfant que je lui ai vue plusieurs fois à Vienne; c'est un excellent mélange de soumission, de respect, de confiance et de désir de satisfaire son auguste mère. Mme la dauphine me disait : « Comment ferai-je? Maman me demande compte de mes lectures. — Vous ne direz sûrement que la vérité, Madame; » et j'en pris occasion de lui représenter combien elle y avait manqué. Elle en convint, mais, en raisonnant sur la manière de satisfaire S. M. à l'avenir, elle me donna lieu d'y apercevoir plusieurs difficultés.

---

(1) *Bagatelles morales et dissertations*, par l'abbé Coyer, nouvelle édition, Londres et Francfort, 1765, un vol. in-12. — *Suites des Bagatelles morales*, par l'abbé Coyer, nouvelle édition, Londres, 1769, un vol. in-12. On voit par les premières lignes de l'*Avertissement* placé en tête de chacun de ces deux volumes que les différentes pièces dont il se composait avaient d'abord paru « sur des feuilles volantes ». Ces pièces sont intitulées : *Découverte de l'île Frivole; Lettre sur les géants Patagons; Chinki, Histoire cochinchinoise, qui peut servir à d'autres pays*, etc. Ce sont des observations soi-disant littéraires et morales qui ne paraissent pas avoir dû jamais offrir un piquant intérêt. — Voir sur les lectures de Marie-Antoinette le petit volume de M. Paul Lacroix : *Bibliothèque de la reine Marie-Antoinette au petit Trianon*, un vol. in-18, 1863 ; et, dans la même collection de l'éditeur Jules Gay : *Livres du boudoir de la reine Marie-Antoinette*, par Louis Lacour, 1862.

Il est bien certain qu'indépendamment de la satisfaction que Mme la dauphine désirerait donner à l'impératrice sur cet objet, elle y gagnerait beaucoup pour elle-même. Son âge et son caractère ont besoin d'un peu de gêne pour toute application suivie ; l'engagement d'écrire sur ses lectures la rendrait plus exacte et plus attentive ; mais comment écrira-t-elle? Je ne puis lui être d'aucun secours à cet égard ; je ne suis presque jamais chez Mme la dauphine lorsqu'elle écrit. Elle me fait quelquefois appeler lorsqu'elle finit ses lettres, mais elle observe de me garder fort peu de temps l'écritoire ouverte. Elle me dit quelquefois : « On ne manquerait pas de publier que vous me dictez mes lettres. » Cette crainte n'est pas sans fondement ; je ne pourrais pas hasarder d'écrire en présence et sous la dictée de Mme la dauphine, ni même de lui dire ce que j'aurais écrit chez moi. M. le dauphin me trouve quelquefois dans le cabinet de Mme la dauphine ; il entre toujours sans être annoncé. D'autres fois une femme de chambre, un garçon de chambre entrent pour une commission de Mesdames ; V. E. connaît notre cour : quels contes ne ferait-on pas si on m'avait trouvé lisant des papiers? Mme la dauphine ne peut donc écrire sur ses lectures que lorsqu'elle est seule ; elle en est fort capable, et ma présence serait plus nécessaire pour la déterminer que pour l'aider ; elle s'y déterminera bien sincèrement par le grand désir qu'elle a de satisfaire S. M. l'impératrice ; mais cette détermination générale pourrait bien, quoique sincère, avoir peu d'effet. Un peu de légèreté et de paresse naturelle suffisent pour ne jamais trouver le temps d'un travail auquel rien de pressant n'existe. Mme la dauphine aura tort ; mais c'est presque un tort de l'âge, tant il est ordinaire, et sa position y fournit un appui et même une sorte de justification : Mme la dauphine ne croit aucun papier en sûreté chez elle. Elle craint les doubles clefs, elle craint qu'on ne prenne les siennes dans ses poches pendant la nuit. Cette crainte, fondée ou non, est réellement dans son âme. Elle voulait relire la dernière lettre de S. M. l'impératrice, et n'a cru pouvoir la conserver une nuit qu'en la mettant dans son lit. C'est par cette raison qu'elle n'écrit jamais que le jour où ses lettres partent ; pour lors elle se trouve pressée, et de là vient sa mauvaise écriture et sa mauvaise orthographe. Si Mme la dauphine écrivait sur ses lectures, elle craindrait qu'on ne vît ses papiers. M. le dauphin ne la confirmerait sûrement pas dans le bon usage d'écrire. Je crois bien que Mesdames ses tantes ne cherchent pas à l'en détourner; mais ne rougirait-elle pas à leurs yeux d'avoir l'air d'être encore en éducation? A quinze ans sa raison n'est pas encore assez forte contre certaines plaisanteries. Le roi n'a jamais donné ni avis ni réprimande à Mesdames, même dans leur enfance. Elles avaient eu des relations assez infidèles de l'éducation des archiduchesses; pendant le premier mois que Mme la dauphine a passé en France, Mesdames lui parlaient souvent de son éducation et de la leur; elles lui laissaient assez voir qu'elles regardaient l'éducation des archiduchesses comme fort sévère. Ces propos sont finis et bien finis, mais ne reviendraient-ils pas, et Mme la dauphine ne les craindrait-elle pas, si on savait qu'elle envoie le résultat de ses lectures? Je suis honteux de révéler ces minuties à V. E., mais elle sait que les petites difficultés arrêtent souvent les choses les plus raisonnables.

J'ai beaucoup réfléchi aux inconvénients de la manière de rendre compte des lectures et au grand avantage de l'engagement que Mme la dauphine prendrait à cet égard; je ne voyais qu'un moyen à tenter. S. M. l'impératrice pourrait demander à Mme la dauphine de lui donner tous les mois quelques pages différentes et séparées de ses lettres; Mme la dauphine pourrait me les remettre aussitôt qu'elles seraient écrites et elles partiraient avec les lettres. Je crois qu'il serait bon que S. M. ne parût pas demander un compte bien étendu; Mme la dauphine le trouverait impossible par la crainte d'être surprise par M. le dauphin; on est forcé d'avoir égard aux lieux et aux circonstances. V. E. connaît le malheur de nos princes et nos princesses; l'éducation finie, ils ne connaissent plus ni occupations ni avis. On travaille souvent à les subjuguer, rarement à les éclairer et à les diriger. Cinq mois d'expérience et d'attention continuelle me persuadent que l'exemple ne gâtera Mme la dauphine sur aucun article essentiel. Son véritable respect pour l'impératrice et la bonne tournure que prend son caractère m'en garantissent. Elle n'a fait jusqu'ici aucune faute importante; V. E. sait par elle-même comment elle écoute et revient sur ses petites méprises. J'admire tous les jours sa douceur et, j'ose dire, sa docilité. Elle me permet des vérités respectueuses en présence de sa dame d'honneur et des personnes de sa chambre, des vérités fermes et même plus fortes qu'à Vienne, lorsque je suis dans son cabinet. Je sens bien que je dois sa confiance au suffrage de S. M. l'impératrice; mais n'est-il pas étonnant qu'elle se soutienne, et que Mme la dauphine ait le courage de conserver un moniteur importun au milieu des hommages et de l'adulation?

XXII. — Mercy a Marie-Thérèse.

Fontainebleau, 20 octobre. — Je crois mieux faire en renvoyant ici la lettre de Mme la dauphine que V. M. a daigné me confier, et sur un article de laquelle j'ai des observations essentielles à exposer. Cet article est celui où S. A. R. marque que M. le dauphin lui avait promis d'aller coucher dans son appartement le surlendemain, c'est-à-dire le 20 septembre. Mme l'archiduchesse, fort aise de cette promesse, n'avait rien eu de plus pressé que d'en aller faire confidence à mesdames Adélaïde et Sophie, et à la comtesse de Narbonne. Celles-ci, de leur côté, le confièrent à tant de monde que cela devint la nouvelle du jour. Mme Adélaïde voulut de plus joindre à cette indiscrétion celle de faire des exhortations à M. le dauphin, et il en fut si effarouché qu'il manqua tout uniment de parole à Mme la dauphine. Il avait renouvelé une semblable promesse pour le 10 de ce mois; elle fut confiée à Mesdames ainsi que la première, et M. le dauphin ne l'a pas tenue plus exactement. Prévoyant bien qu'aussi longtemps que ces sortes de confidences auront lieu, elles n'aboutiront qu'à éloigner M. le dauphin, et ne sachant comment parler d'une matière si délicate à Mme la dauphine, je vis cependant qu'il fallait prendre mon parti, et j'imaginai en conséquence, dans mon audience du 14, de dire à S. A. R. qu'elle m'avait donné de vives inquiétudes sur ce qu'il s'était répandu à Paris qu'elle se trouvait brouillée avec M. le dauphin, que ce bruit avait eu lieu sur ce que le public prétendait être instruit d'une certaine promesse faite par M. le dauphin d'aller coucher à un jour marqué dans l'appartement de Mme la dauphine, promesse à laquelle il devait avoir manqué, d'où on concluait une brouillerie très-sérieuse.

J'ajoutai là-dessus que ce détail m'avait d'abord effrayé, mais que, toute réflexion faite, je m'étais rassuré sur l'évidente fausseté de pareilles circonstances, puisque s'il avait existé une pareille promesse, elle aurait été constamment ignorée, puisqu'il n'était ni naturel ni possible que M. le dauphin ou Mme la dauphine en eussent jamais fait confidence à personne. S. A. R. parut un peu embarrassée de cet exposé, mais sans autre détour elle me parla ainsi : « Tout ce que

« vous venez de me dire n'est que trop fondé, et provient de l'im-
« prudence que j'ai eue de faire la confidence en question à Mme de
« Narbonne; mais comment pourrait-on croire qu'il y ait des gens
« assez bavards et indiscrets pour publier pareilles choses? » Sur cet
aveu, je marquai à Mme l'archiduchesse ma surprise et un chagrin
extrême; je lui représentai que si V. M. était informée de pareilles
choses, il n'en faudrait pas davantage pour lui occasionner des inquiétudes que rien ne pourrait calmer. Je fis sentir que ce qui regarde
l'intimité du mariage est un secret sacré, et dont la violation ne peut
être excusée par aucun motif, qu'enfin une indiscrétion sur ce chapitre pourrait facilement anéantir pour jamais toute confiance entre
deux époux, produire les effets les plus fâcheux dans l'opinion publique, que surtout, vu le caractère timide et réservé de M. le dauphin, il pourrait se tenir très-longtemps éloigné de Mme la dauphine,
s'il avait lieu d'appréhender que ce qui se passe entre eux puisse être
connu. Je remarquai que j'étais parvenu à effrayer S. A. R. Elle
m'assura que dorénavant elle ne ferait jamais plus de confidences;
je suis bien sûr qu'elle tiendra parole vis-à-vis de la comtesse de
Narbonne, mais je crains qu'il n'en soit pas de même vis-à-vis de
Mesdames.

Le roi a fait des reproches à M. le dauphin sur son état de froideur et l'a questionné. Ce jeune prince a répondu qu'il trouvait
Mme l'archiduchesse charmante, qu'il l'aimait, mais qu'il lui fallait
encore quelque temps pour vaincre sa timidité. D'après ce que contiennent mes très-humbles rapports précédents sur cette matière,
il est clair qu'avec la patience tout s'arrangera dans l'ordre désiré.

XXIII. — Mercy a Marie-Thérèse.

Fontainebleau, 20 *octobre*. — Sacrée Majesté, Dans la très-gracieuse lettre de V. M., elle daigne m'y faire mention de quelques
objets politiques, sur lesquels il est par conséquent de mon devoir
de lui exposer mes très-humbles et faibles idées. Ma dépêche du
28 septembre prouve assez l'utilité de la résolution que V. M. a prise
sur-le-champ de me faire expédier un courrier pour porter ici la
communication de ce qui s'était passé au camp de Moravie. Si cette
communication avait été retardée, elle aurait perdu une partie de
son mérite et de ses bons effets. On n'ignore ici aucune des flatteries

et cajoleries que le roi de Prusse a cherché d'employer à Neustadt (1).
On sait que, quoique ce prince, à la face de l'Europe, se soit constamment joué de la bonne foi et de ses engagements, cependant il réussit encore à séduire quelquefois, et ce n'est pas sans peine que je parviens à affaiblir le germe d'inquiétude que l'on est si porté à avoir à cette cour-ci sur les manœuvres de celle de Berlin. Cependant je me flatte d'avoir fait des progrès sur cet article. Celui de l'alliance est sans contredit dans le plus grand degré de solidité; le roi y est attaché par goût, et parce qu'on ne lui connaît de vraie amitié, de confiance et de vénération pour personne que pour V. M. Le duc de Choiseul aime l'alliance par sentiment personnel et par principe; il en sent très-bien l'utilité réciproque, et je vois que ce système gagne de plus en plus dans l'esprit général de la nation. Ce n'est pas que cette cour-ci ne soit et ne sera toujours difficile en affaires. Cela tient à la nature des Français, à leur légèreté, à leur suffisance et à leur envie de donner la loi; il n'y a que les grands objets sur lesquels la force des choses les rend plus raisonnables; mais, dans ces derniers cas, il y aura toujours moyen de traiter avec eux. Si la guerre a lieu entre les cours de Bourbon et d'Angleterre, on n'aurait pas dû se douter que ce serait l'Espagne qui se refuserait aux moyens de l'éviter; c'est ce qui allait cependant arriver si le duc de Choiseul de concert avec le comte de Fuentes n'avaient pris sur eux de rectifier la conduite du ministère de Madrid. Ma dépêche ministérielle expose ce fait, et si les nouvelles d'Angleterre arrivent à temps, je les joindrai à cette expédition. Au reste, dans tous les cas, on n'aura ni droit ni raison à proposer à V. M. d'entrer dans une guerre qui serait commencée par l'Espagne, avec laquelle V. M. ne s'est liée par aucun traité, hors pour l'Italie. Si l'Angleterre déclare la guerre à la France, ce n'en sera pas moins une guerre qui aura pour principe et objet des possessions en Amérique, que V. M. a exceptées dans les stipulations de ses engagements avec la cour de Versailles. Entre-temps je m'occupe à bien rappeler au duc de Choiseul que l'esprit de l'alliance et sa plus grande utilité pour la France consiste à lui faire éviter une guerre de terre, et à lui faciliter par là les moyens de

---

(1) Au camp de Neustadt, en Moravie, avait eu lieu une entrevue entre Frédéric II et Joseph II, accompagné de Kaunitz. On y avait réglé l'offre de médiation présentée par la Prusse et l'Autriche à la Russie et aux Turcs.

porter toute son attention et ses forces contre son ennemie naturelle, qui ne peut être entamée que par une guerre maritime. Il y a peu de jours que j'ai fait convenir encore le duc de Choiseul de cette vérité, qui mettra V. M. hors de tout embarras, pourvu qu'il n'en survienne pas du côté du Nord. Je dois soumettre aux hautes lumières de V. M. les réflexions à faire sur une augmentation de la puissance russe qui, par la possession d'Azof, le commerce sur la mer Noire, et par conséquent une source de richesses nouvelles, pourrait peut-être un jour devenir bien dangereuse au repos de l'Europe. Entre-temps je crois que l'exclusion de l'Angleterre de la médiation projetée est une circonstance des plus favorables. Quant à cette cour-ci, elle paraît revenue de ses erreurs, et au repentir des fausses démarches auxquelles elle s'était livrée relativement à cette guerre turque. Cela m'assure que le duc de Choiseul me tiendra sa parole de ne se conduire dans la pacification que d'après les intentions de V. M. et je veillerai soigneusement sur cet important objet.

XXIV. — Marie-Thérèse a Mercy (1).

Ce 21 octobre. — Comte Mercy, Cette lettre n'est qu'une félicitation pour la naissance de ma chère fille, qui est le 2 de novembre. J'espère qu'en partant ce soir elle arrivera encore à temps ; si elle venait plus tôt, vous l'arrêterez jusqu'à ce jour. J'espère que le courrier sera de retour en peu de jours, pour que je vous puisse répondre par celui qui part toujours les premiers jours du mois. Toujours très-contente des nouvelles que vous me mandez, je souhaite seulement que, dans les rapports ministériels allemands à Kaunitz, vous ajoutez toutes les fois un article de ma fille, qu'elle se porte bien et qu'il n'y a rien de nouveau, ou s'il y a quelque chose, que vous le touchez, me réservant des détails par le courrier. Je suis toujours votre bien affectionnée.

XXV. — Marie-Thérèse a Mercy (2).

Ce 30 octobre. — Comte Mercy, Nous voilà au 30 et le courrier n'est pas encore arrivé. Je devrais donc arrêter celui qui devait partir

---

(1) Pièce entièrement autographe.
(2) Pièce entièrement autographe.

le 1ᵉʳ, pour pouvoir répondre sur ce qui nous viendra ; cela interrompt tout l'arrangement. Tâchez de préparer les choses de façon que vers le 14 il peut être toujours expédié ; j'en écrirai aussi à Starhemberg, car cette fois-ci il l'a arrêté, lui, un peu. J'ai chargé le duc d'Aremberg d'une lettre pour ma fille ; je serai charmée s'il peut la lui donner lui-même : il n'y a rien du tout que d'obligeant pour le duc ; vous verrez si cela convient ou non.

On débite ici tout plein de choses peu favorables à ma fille ; c'est ce qui me fait souhaiter encore plus l'arrivée du courrier, ne voulant rien croire que ce que vous me dites. On dit que le roi devient réservé et embarrassé avec elle, qu'elle heurte de front la favorite, que le dauphin est pire que jamais et plus qu'indifférent pour ma fille.

Le courrier de hier vous aura mis au fait sur la médiation turque ; j'avoue que je voudrais en être dehors et que la Russie s'entende en droiture avec ces misérables. Cela va loin et leurs malheurs et pertes sont de tout côté. Mais ce qui est arrivé ce matin, et je doute que Kaunitz l'ait reçu avant le départ du courrier, c'est l'idée non-seulement de se fortifier et se conserver la mer Noire par Otchakoff et encore un autre endroit, mais que les Tartares du Budziech (1), non de la Crimée, mais les autres, restent à leur disposition ; ils sont même d'accord avec eux, de même avec ceux de la Crimée, qu'ils restent aux Russes comme ils étaient aux Turcs ; mais ils veulent avoir l'air qu'on les force à cela et qu'on se soutient dans ce district à la paix qui les sépare des Turcs. Ne faites nul usage de tout cela ; Kaunitz vous le mandera par le premier courrier : ce n'est que pour votre propre direction. J'ai fait de même vite copier cette lettre de Broglio à Durand, vous voyez comme cette correspondance se soutient, elle était toute en chiffre (2). Vous brûlerez d'a-

---

(1) Il s'agit sans nul doute du Budschak. Ce nom désigne la partie sud-est de la Bessarabie, sur les bords de la mer Noire, à l'ouest des embouchures du Dniester et comprenant une moitié du cercle de Bender, le cercle d'Akjerman et le district d'Ismaïl. Le pays n'est qu'une steppe étendue, sans arbres, généralement fertile, mais exposée à de redoutables ouragans d'hiver et à des neiges abondantes. De récentes colonisations l'ont seules conquis à l'agriculture.

(2) Il est question ici de la correspondance secrète que Louis XV entretenait par des agents particuliers, sorte de ministère des affaires étrangères occulte, qui fut dirigé d'abord par le prince de Conti, ensuite par le comte de Broglie. Cette politique ne marcha pas toujours d'accord avec la politique ouverte, particulièrement à l'égard de la Pologne, que secrètement Louis XV semble avoir voulu sauver, sans avoir été cependant jamais au-delà de quelques

bord ce papier, n'étant uniquement que pour votre direction seule. Il est incompréhensible que le roi agit si doublement vis-à-vis de son ministre. Je crains les brouilleries avec l'Angleterre et je n'ai que trop prévu celles des Turcs ; Choiseul devrait bien s'en souvenir ; nous en aurons à la fin tout le désagrément. La peste augmente toujours, et les Turcs, qui sont réveillés de leur léthargie, seront plus incommodes à l'avenir.

Je vous recommande le duc d'Aremberg, il mérite toutes mes bontés, et croyez-moi toujours votre bien affectionnée.

XXVI. — Marie-Thérèse a Mercy (1).

Ce 1er novembre. — Comte Mercy, Je serai fort courte, n'ayant reçu que hier le courrier et voulant au moins l'expédier demain matin pour qu'il vienne à temps. Il est chargé d'une urne avec la médaille de la Marianne, qu'elle envoie à la dauphine, et vous recevrez bientôt de la part de la Marie une table de bois pétrifié qui me paraît avoir réussi bien, me flattant d'entendre bientôt que le buste de porcelaine est arrivé heureusement.

Votre lettre m'a bien rassurée sur les bruits qui couraient ici que ma fille perdait chaque jour auprès du roi, et qu'elle était trop fière vis-à-vis de la favorite et ne suivait que les conseils de Mme Adélaïde ; sur ce dernier point je souhaite qu'elle se corrige. Je vous suis infiniment obligée des soins et attentions continuelles que vous avez pour ma fille ; continuez de même, avec l'abbé, de la conduire ; je ne crains que les Mesdames, et son indiscrétion ; elle en devrait être revenue par les différentes épreuves qu'elle en a déjà ressenties. Je vous

---

tentatives insuffisantes et vaines, tandis qu'ouvertement il l'abandonnait. Quelquefois l'ambassadeur ou ministre résidant était au courant de cette politique cachée ; le plus souvent un agent subalterne était seul dans le secret, et devenait ainsi l'espion et le surveillant de son chef. Choiseul fut initié à la correspondance secrète, mais non pas d'Aiguillon ni Rohan, lorsqu'il devint ambassadeur à Vienne. Durand, ici nommé, qui fut ministre en Pologne et, avec le même titre, fit l'intérim à Vienne entre le départ du marquis de Durfort (1770) et l'arrivée du prince de Rohan (1772), en fut un des agents les plus actifs. On voit que la cour d'Autriche avait pénétré ce mystère. On trouvera dans les lettres suivantes (pièces XXIX, XXX, XXXIII, etc.) de nouveaux détails à ce sujet. La connaissance qu'avait Marie-Thérèse de la confiance singulière dont jouissait le comte de Broglie à l'insu de toute la cour explique l'insistance avec laquelle, à diverses reprises, elle recommande à Marie-Antoinette des ménagements envers la famille de Broglie.

(1) Pièce entièrement autographe.

envoie sa lettre et ma réponse; j'en suis honteuse, mais vous me servez trop bien pour ne vous mettre au fait de tout et pour attendre de vous si vous approuvez la façon dont je me prends avec ma fille. Pour ne rien citer de ce que vous me mandez qui pourrait vous attirer auprès d'elle moins de confiance, je vous prie de renvoyer toujours ces copies par les premiers courriers, et que ma fille n'en sache rien.

Je ne vous dis rien sur les affaires; le prince Kaunitz en aura soin, et je vous ai écrit par le duc d'Aremberg avant l'arrivée du courrier. Je suis toujours si pressée que le style et le caractère se ressentent de cette presse. Croyez-moi toujours votre bien affectionnée.

P. S. — J'ai trouvé la tournure de cette petite lettre si bien de ma fille, que je l'attribue à l'abbé; je vous prie de m'en dire la vérité. Je suis entièrement d'accord sur la note de l'abbé qu'il vous a remise; je la garde : vous ne saurez assez lui marquer mon contentement.

XXVII. — MARIE-THÉRÈSE A MARIE-ANTOINETTE.

Schönbrunn, ce 1ᵉʳ novembre. — Madame ma chère fille, A la fin ce courrier éternel est arrivé hier à neuf heures du soir, et m'a apporté de vos chères nouvelles. Grâce à Dieu! que votre santé se soutient au dire du courrier, qui était à votre suite; il vous trouve grandie et engraissée. Si vous ne me l'assuriez sur les corps que vous portez, cette circonstance m'aurait inquiétée, crainte, comme on dit en allemand, *auseinandergehen, schon die Taille wie eine Frau, ohne es zu seyn* (1). Je vous prie, ne vous laissez pas aller à la négligence; à votre âge cela ne convient pas, à votre place encore moins; cela attire après soi la malpropreté, la négligence, et l'indifférence même dans tout le reste des actions, et cela ferait votre mal; c'est la raison pourquoi je vous tourmente, et je ne saurais assez prévenir les moindres circonstances qui pourraient vous entraîner dans les défauts où toute la famille royale de France est tombée depuis longues années : ils sont bons, vertueux pour eux-mêmes, mais nullement faits pour paraître, donner le ton, ou pour s'amuser honnêtement, ce qui a été la cause ordinaire des égarements de leurs chefs, qui, ne trouvant aucune ressource chez eux, ont cru devoir en chercher

---

(1) C'est-à-dire : crainte de vous voir vous élargir, jusqu'à offrir déjà la taille d'une dame, sans l'être en réalité.

au dehors et ailleurs. On peut être vertueux, gai et en même temps répandu ; mais, quand on est retiré au point de n'être qu'avec peu de monde, il arrive (je dois vous le dire à mon grand regret, comme vous l'avez vu dans les derniers temps chez nous) nombre de mécontents, de jaloux, d'envieux, de tracasseries ; mais si on est répandu dans le grand monde, comme cela était ici il y a quinze ou vingt ans, alors on évite tous ces inconvénients, et on s'en trouve bien pour l'âme et le corps. On est bien récompensé des petites gênes qu'on essuie, par le contentement et la gaieté qu'une telle conduite produit et conserve. Je vous prie donc en amie, et comme votre tendre mère, qui parle par expérience, ne vous laissez pas aller à aucune nonchalance ni sur votre figure, ni sur les représentations. Vous regretteriez, mais trop tard, d'avoir négligé mes conseils. Sur ce point seul ne suivez ni l'exemple ni les conseils de la famille ; c'est à vous à donner à Versailles le ton ; vous avez parfaitement réussi ; Dieu vous a comblée de tant de grâces, de tant de douceur et de docilité, que tout le monde doit vous aimer : c'est un don de Dieu, il faut le conserver, ne point vous en glorifier, mais le conserver soigneusement pour votre propre bonheur et pour celui de tous ceux qui vous appartiennent.

Je vous suis bien obligée de m'avoir informée en détail de vos livres de prières et lectures spirituelles. Bossu (1) est admirable, j'en suis très-contente ; mais vous me dites que vous vous servez du livre que je vous ai donné ; est-ce les heures de Noailles (2) ou le petit livre *Année spirituelle?* Pardonnez-moi ce détail, mais quand on aime, tout intéresse, et je voudrais m'occuper conjointement avec vous des exercices spirituels pour réveiller ma ferveur, qui ne manque que trop quand on avance en âge.

Pour vos autres lectures avec l'abbé, je serais charmée d'en être aussi informée ; cela pourrait même être utile ici ou en Toscane ; pour l'avenir vous me feriez plaisir de me les envoyer chaque mois, et, pour vous épargner la peine de les écrire, l'abbé ne pourrait-il pas les mettre sur une feuille à part, que vous joindriez à votre lettre, ou bien l'abbé pourrait les remettre à Mercy, si cela vous con-

---

(1) Probablement Bossuet.
(2) Livre de prières composé par le cardinal de Noailles, archevêque de Paris à la fin du règne de Louis XIV, et qui a été très-longtemps fort en vogue.

vient, comme je fais avec ce journal. Si vous le trouvez trop étendu et insipide, vous n'avez qu'à me le marquer et je le finirai ; mais connaissant votre attachement pour votre patrie et famille, je continuerai tant que vous me direz que vous n'en voulez plus.

La Marie-Anne est entièrement remise de sa fièvre et s'en porte mieux que ci-devant. Elle va à toutes les chasses et promenades, hors dans le théâtre. La Windischgrætz, qui est arrivée ici heureusement, mais bien défaite, m'a confirmé combien vous êtes aimable et séduisante quand vous voulez. Elle m'a dit qu'elle n'a pu vous parler à son aise ; que vous avez tout sujet d'être contente ; mais, ne pouvant se refuser de répondre à mes questions avec vérité, elle m'a avoué que vous vous négligez beaucoup et même sur la propreté des dents ; c'est un point capital de même que la taille, qu'elle a aussi trouvée empirée. Vous êtes à cette heure dans le moment où vous vous formez ; c'est le moment le plus critique ; elle a aussi ajouté que vous êtes mal mise et qu'elle a osé le dire à vos dames. Vous me dites que vous portez quelquefois des habits de votre trousseau : quels en avez-vous donc gardés ? J'ai pensé, si vous vouliez m'envoyer une bonne mesure, vous faire faire ici des corps ou corsettes. On dit que ceux de Paris sont trop forts ; je vous les enverrai par courrier.

Je suis enchantée de votre attention de m'avoir procuré ce plaisir par l'envoi de la lettre de la reine (1), qui lui ressemble : tout y est cœur et sûrement vrai. Je vous la renvoie, elle mérite d'être conservée. Je reconnais mon sang dans le compliment qu'elle vous a chargé de faire au roi et dont vous vous serez acquittée.

Vous recevrez par ce courrier le présent que la Marie-Anne vous a destiné, et, peu de temps après, la table de la Marie, qui a parfaitement réussi. J'espère qu'un certain buste sera arrivé ; il m'a coûté de m'en priver, mais j'espère qu'on me renverra un bon portrait, et surtout de la main de Liotard (2), qui va par exprès à Paris pour m'en envoyer. Je vous prie de lui donner le temps à le bien faire.

---

(1) Caroline de Naples, toujours désignée ainsi dans la correspondance de Marie-Thérèse.

(2) Jean-Étienne Liotard, peintre en miniature et en pastel ; très en vogue dans les cours d'Angleterre, de Hollande, ainsi qu'à Vienne, où il peignit les portraits de l'empereur François de Lorraine et de Marie-Thérèse. Il ne fut pas moins goûté à la cour de France. Il avait passé dans sa jeunesse quelques années en Turquie et en avait rap-

Ma chère fille! Demain c'est un grand jour de consolation pour moi (1), jour qui, depuis quinze ans, ne m'a procuré que des satisfactions. Dieu veuille vous conserver par telles longues années, pour votre bonheur et pour celui de vos familles et peuples. Mercy me marque que vous avez passé le matin du 15 (2) en dévotion, ajoutant que vous avez cru ne pouvoir mieux célébrer ce jour que de cette façon. Jugez combien cette charmante attention m'a touchée; vous êtes capable de ces traits; mais vous ne m'en avez rien marqué dans votre dernière; je vous embrasse tendrement, ma chère fille, en vous donnant ma bénédiction. Je suis toujours votre fidèle mère.

P. S. — Mme de Paar se met à vos pieds, enchantée de votre souvenir de même que des tables; elle vous aime bien.

XXVIII. — Mercy a Marie-Thérèse.

Fontainebleau, 16 novembre. — Sacrée Majesté, Dans mon dernier et très-humble rapport du 20 octobre, le journal du séjour de Fontainebleau a été exposé jusqu'au 16 du même mois. Je vais maintenant en reprendre la suite. Le 17, le roi fit la dernière revue de son régiment; Mme la dauphine se rendit au camp avec Mesdames; S. A. R. tint le même soir cercle chez elle, mais le roi et M. le dauphin restèrent à souper au camp chez le comte du Châtelet, colonel en second dudit régiment. La comtesse du Barry et les femmes de sa société furent admises à cette fête.

Le 18 Mme la dauphine alla se promener sur des ânes, après avoir satisfait à la représentation de la matinée, qui était une de celles où les ministres étrangers vont lui faire leur cour. S. A. R. les reçut dans l'habillement destiné à ses promenades, et qui lui sied merveilleusement bien.

Le 19. V. M. daignera se rappeler un article de mon très-humble rapport du 4 août, où je lui rendais compte de l'exil de la comtesse

---

porté un grand nombre d'études. Il y avait adopté l'usage du costume turc qu'il ne quitta plus. Il mourut à Genève, sa patrie, en 1776, âgé de soixante-quatorze ans. On conserve de lui au musée de Dresde plusieurs œuvres, dans la galerie des pastels, entr'autres le portrait du maréchal de Saxe, un des plus beaux de la collection, et le charmant pastel si connu sous le nom de *la Belle chocolatière*.

(1) Jour de naissance de Marie-Antoinette.
(2) Jour de la Sainte-Thérèse.

de Gramont, et des circonstances qui y avaient donné lieu. Le soir du 19, me trouvant au jeu de Mme la dauphine, elle me dit que la comtesse de Gramont venait de lui écrire pour lui exposer que sa santé était dans un état à exiger de très-prompts secours, qu'elle ne pouvait pas se les procurer à une campagne éloignée de vingt-cinq lieues de la capitale, qu'ainsi elle demandait en grâce qu'il lui fût permis de les aller chercher à Paris; sur quoi Mme la dauphine m'ajouta que, s'agissant d'une de ses dames du palais et d'une prière fondée sur des motifs si justes, elle était résolue d'en parler le même soir au roi. Je répondis à S. A. R. que, vu la conjoncture, cette démarche me paraissait très-bien placée, mais qu'en même temps il ne fallait rien omettre de ce qu'il y avait à faire pour éviter un refus, et je pris la liberté de proposer quelques mesures que S. A. R. agréa. Après le jeu Mme l'archiduchesse, qui soupait avec le roi, prit occasion de lui exposer d'une façon pleine de grâce et de douceur la demande de la comtesse de Gramont, et les raisons qui parlaient en sa faveur. Le roi marqua un peu d'embarras, et dit à Mme la dauphine, d'un air d'amitié, qu'il y penserait et lui donnerait incessamment une réponse. Sur ces entrefaites, je ne tardai pas de mon côté à aller instruire le duc de Choiseul de ce qui se passait, et je le priai d'être attentif à intervenir dans cet objet autant que les circonstances pourraient le lui permettre.

Le 20 au matin Mme la dauphine, ainsi qu'elle en était convenue la veille, fit appeler le duc de la Vrillière, et, en l'instruisant de la démarche qu'elle avait faite auprès du roi, elle chargea ce ministre (au département duquel pareils objets ressortissent) d'aller prendre les ordres de S. M. et de ne pas lui laisser ignorer que c'était Mme la dauphine qui l'envoyait. Le duc de la Vrillière s'acquitta de la commission, et le roi lui dit qu'avant tout il s'agissait de vérifier si la comtesse de Gramont était réellement malade, qu'à cet effet on devait dépêcher un courrier au médecin de cette comtesse pour en avoir une attestation, qu'indépendamment de cela il fallait aussi prévenir la comtesse du Barry, dont le consentement était nécessaire au retour d'une personne qui ne se trouvait exilée que pour l'avoir offensée. Le duc de la Vrillière obéit, et, après avoir expédié le courrier, il alla exposer le fait à la favorite, qui témoigna d'abord vouloir s'opposer au désir de Mme la dauphine. Le même jour, le duc de Choiseul parla au roi sur l'objet en question, et lui représenta dans les termes les plus forts que sa bonté, son humanité seraient honteusement compromises, s'il rejetait la prière de la comtesse de Gramont; cependant le monarque ne se décida point encore.

Le 21 toute la journée se passa sans événement. Le soir il y eut souper en public, et après le grand couvert Mme la dauphine, reparla au roi de la comtesse de Gramont. S. M., en prenant un air sérieux répondit : « Madame, Je crois vous avoir dit que je vous donnerais « une réponse quand il en serait temps ». Mme la dauphine, sans le moindre embarras, répliqua : « Mais, papa, indépendamment des « raisons d'humanité et de justice, songez donc quel chagrin ce « serait pour moi si une femme attachée à mon service venait à « mourir dans votre disgrâce ». Ces mots, prononcés d'une façon charmante, firent le plus grand effet sur le roi : il sourit et, reprenant le ton d'amitié, il assura Mme la dauphine qu'elle serait satisfaite incessamment.

Le 22 il y eut grande chasse, à laquelle Mme l'archiduchesse et Mesdames assistèrent; la journée fut terminée par le jeu chez Mme la dauphine.

Le 23 le courrier dépêché au médecin de la comtesse de Gramont revint avec les attestations nécessaires. Le roi, avant de se rendre au spectacle, ordonna au duc de la Vrillière d'envoyer sur-le-champ à la comtesse de Gramont la permission de se rendre à Paris, et cette permission fut expédiée à l'insu de la comtesse du Barry; mais aussi, soit par mauvaise volonté ou par maladresse, le duc de la Vrillière n'eut point l'attention d'aller rendre compte d'abord à Mme la dauphine du succès de sa demande. Le roi ne lui en dit rien non plus, et elle n'en fut informée que le lendemain par le bruit public.

Le 24 au matin S. A. R. envoya chercher le duc de la Vrillière et lui dit avec beaucoup de dignité : « S'agissant d'une demande « dont je vous avais chargé, et qui concerne une dame de mon ser- « vice, j'aurais dû être informée la première, et par vous, de la réso- « lution que le roi prendrait à son égard; mais je vois, monsieur, « que vous m'avez traitée en enfant, et je suis bien aise de vous dire « que je ne l'oublierai pas. » Le duc de la Vrillière, fort confus, voulut répondre quelques mauvaises excuses, que Mme la dauphine n'écouta pas. Aussitôt qu'elle vit le roi, elle le remercia de la permission accordée, et le roi lui dit d'un air riant : « Madame, j'ai exé- « cuté vos ordres. » V. M. ne pourrait assez se représenter les impressions favorables que cette circonstance a produites dans les esprits pour Mme l'archiduchesse, qui s'est conduite en cela avec tout le jugement et la dignité possibles. Le duc de Choiseul et la duchesse de Gramont ont été le même jour faire leurs très-humbles remercîments à S. A. R. des bontés qu'elle avait marquées pour leur parente. Les dames du palais de leur côté furent très-aises de voir que dans des occasions justes elles pouvaient compter sur la protection de Mme la dauphine, et la petite réprimande donnée au duc de la Vrillière fit juger au public que S. A. R. savait apprécier les procédés, se faire rendre les égards et les respects qui lui sont dûs, et se ressentir des fautes qu'en pareils cas on pourrait commettre envers elle. Mesdames ses tantes, en lui faisant compliment sur tout ce qui s'était passé, avouèrent qu'elles n'auraient point osé tenir une conduite aussi ferme, et Mme Adélaïde ajouta : « On voit bien « que vous n'êtes pas de notre sang. »

Lorsque Mme l'archiduchesse daigna me communiquer ces particularités, je pris la liberté de lui rappeler les réflexions que je lui avais exposées précédemment, et je la suppliai d'avoir pour système invariable : 1° de ne jamais faire que des demandes justes et auxquelles elle soit autorisée à s'intéresser ; 2° de ne jamais se départir d'une demande pareille, lorsqu'une fois la démarche en est faite ; 3° de témoigner de la sensibilité et de la bienveillance à ceux qui lui marqueront un vrai zèle et attachement, mais aussi de donner à connaître qu'elle n'est ni de caractère ni d'humeur à oublier facilement les fautes qui seraient commises envers elle. Ces principes, qui sont assez généralement utiles partout, deviennent indispensables dans ce pays-ci, et Mme l'archiduchesse est très en état d'en faire la meilleure application. Elle acquiert une justesse d'esprit et un coup d'œil tellement au-dessus de son âge, que j'en suis souvent dans l'étonnement. Elle joint à ces qualités une qui est bien plus essentielle encore, c'est un caractère de franchise et de vérité qui ne s'est pas jusqu'à présent démenti dans la moindre chose. Il reste encore à désirer un peu plus de suite dans les lectures ; mais, en revanche, les conversations avec l'abbé de Vermond deviennent plus longues, plus sérieuses et plus instructives. Cet ecclésiastique, par sa bonne méthode, sa franchise et son zèle, continue à produire un bien qu'on ne saurait apprécier. Mme la dauphine lui donne toute sa confiance, et certainement jamais confiance n'a été mieux placée. Au reste le moyen sûr et unique de persuader Mme l'archiduchesse, c'est de lui dire que telle ou telle chose est nécessaire à la satisfaction et à la tranquillité de V. M.; alors S. A. R. se prête à ce qu'on lui propose, et il n'y a que le nom de V. M. qui produise décidément cet effet.

Le 25, Mme la dauphine alla se promener sur des ânes; il y eut spectacle le même soir, et toute la famille royale soupa avec le roi.

Le 26 le roi chassa le cerf, et Mme la dauphine prit le même divertissement. Elle se rendit à la forêt dans une petite voiture, suivie de son service, mais sans mesdames ses tantes. Le roi s'occupa beaucoup des moyens de lui faire voir la chasse, et il lui marqua toutes sortes d'attentions plus empressées qu'elles ne le sont quand Mme l'archiduchesse se trouve en compagnie de Mesdames.

Le 27 la journée étant fort pluvieuse et mauvaise, il n'y eut point de promenade. M. le dauphin passa près de trois heures de l'après-dînée avec Mme la dauphine, et ils eurent ensemble une conversation fort amicale et intéressante. M. le dauphin confia à Mme l'archiduchesse beaucoup de détails sur les gens de son service; il lui dit qu'il croyait bien connaître ceux qui l'entouraient, que le duc de Saint-Mégrin et le comte de Montmorin avaient le projet de le gouverner et de devenir les maîtres, que le marquis de Choiseul et le marquis de Bourbon-Busset étaient des indiscrets et des bavards, que les comtes de Beaumont et de Laroche-Aymon étaient des gens nuls et très-bornés. Les six personnes ci-dessus nommées sont les menins actuellement en service, et il paraît que la définition qu'en a faite M. le dauphin est très-juste. Il en résulte aussi une preuve que ce jeune prince réfléchit sur ses entours, et sait les apprécier. Ce n'est que depuis bien peu de temps qu'il s'en explique vis-à-vis de Mme la dauphine, laquelle maintenant donne à son langage, à ses petites caresses et à la totalité de son maintien la tournure la plus parfaitement convenable à s'assurer un entier ascendant sur l'esprit de son époux, ce qui journellement lui réussit de plus en plus et avec des progrès très-remarquables.

Le 28 Mme la dauphine alla se promener sur les ânes, et il ne se passa rien de remarquable pendant cette journée.

Le 29 je m'aperçus de quelque mouvement dans l'intérieur chez Mme la dauphine, et je me doutai qu'il devait y avoir quelque arrangement sur le tapis entre S. A. R. et Mesdames, quoiqu'on observât le plus grand secret et que ni la comtesse de Noailles ni personne du service n'en fussent instruits. J'appris à la fin de la journée que Mme Adélaïde avait fait revenir à Mme la dauphine les idées de monter à cheval, et qu'elle s'était même chargée de négocier vis-à-vis du roi pour en obtenir la permission ; que ce petit complot s'était exécuté sur-le-champ, que le roi, un peu embarrassé de cette demande, mais toujours porté à ne rien refuser, avait, quoiqu'à contre-cœur, consenti à la proposition, et que sur-le-champ il avait été décidé qu'un des premiers écuyers de la petite écurie, et le seul admis dans la confidence, tiendrait un cheval prêt dans un endroit marqué de la forêt, qu'on y enverrait aussi les ânes, mais que Mme la dauphine, arrivant au rendez-vous, monterait sur le cheval, et que les autres montures seraient renvoyées. Toute cette disposition me fit beaucoup de peine, mais je vis bien qu'il n'y avait pas moyen d'en empêcher l'effet, et je retrouvai dans cette occasion ce que j'avais constamment observé, savoir que tout ce qui est le moins convenable à Mme l'archiduchesse doit toujours provenir des insinuations de Mesdames ses tantes, et par leur entremise. Je sais très-positivement, et dois rendre cette justice à Mme la dauphine, que quand Mme Adélaïde lui parla de monter à cheval, S. A. R., sans dissimuler le désir qu'elle en avait, s'était cependant arrêtée à deux difficultés : la première que cela pourrait déplaire à V. M., la seconde que le roi probablement trouverait la demande déraisonnable et s'y refuserait, mais Mme Adélaïde avait fait cesser ces craintes et s'était chargée de tout aplanir.

Le 30 le projet de la veille fut exécuté. Mme la dauphine trouva au rendez-vous de sa promenade un cheval qu'elle monta ; un écuyer tenait le cheval à la longe, et d'autres personnes marchèrent à côté de S. A. R., qui fut de la plus grande joie de ce nouvel exercice. Le même soir tout le monde s'empressa à aller au cercle pour paraître prendre part à la satisfaction qu'avait eue Mme l'archiduchesse. Je ne me montrai pas ce jour-là, parce qu'il m'était revenu que S. A. R., en rentrant, avait dit à la duchesse de Chaulnes qu'elle était curieuse de voir la contenance que je tiendrais.

Le 31 je reçus de Strasbourg et par la poste ordinaire les ordres de V. M. datés du 21 octobre avec la lettre à Mme la dauphine à remettre le jour de sa naissance. Je m'abstins encore d'aller à la cour ; Mme l'archiduchesse se confessa le soir et, le 1er novembre, elle fit ses dévotions (1). Je me présentai le soir au cercle, et aussitôt S. A. R. m'appela et me demanda si je savais qu'elle était montée à cheval. Je fis une profonde révérence et répondis : « Oui. » Mme l'archiduchesse répliqua. « J'étais fort pressée de vous le dire, mais je ne vous ai « pas vu, quoique tout le monde soit venu me faire compliment sur « une chose qui m'a fait tant de plaisir. » Je répondis que j'aurais été bien mortifié qu'en pareille occasion S. A. R. pût me soupçonner de joindre mon compliment à celui des autres, que, par une suite de mon respectueux et vrai zèle pour sa personne, je ne pouvais que m'affliger des choses que je lui croyais nuisibles, et en marquer mes regrets par le silence, que d'ailleurs j'étais doublement peiné par le déplaisir qui en résulterait pour V. M. A ces mots Mme l'archiduchesse changea de physionomie ; elle me dit avec une naïveté charmante et d'un air touché : « Vous me mettriez au désespoir en me « disant que je puisse faire de la peine à l'impératrice. Je vous « avoue que j'en suis dans la plus vive inquiétude. » Elle ajouta à cela une petite justification, qui portait sur le consentement du roi, sur l'idée de plaire à M. le dauphin, en partageant son goût pour l'exercice du cheval. Je ne répliquai rien pour cette fois. La matinée du lendemain devait être employée à des occupations pieuses. Il était neuf heures du soir, ainsi je ne crus pas pouvoir saisir de moment plus rapproché du jour de naissance de Mme l'archiduchesse pour lui remettre la lettre que V. M. lui écrivait à cette occasion. Je la lui présentai, en ajoutant quelques remarques sur la façon dont V. M. s'occupait de S. A. R. et prenait soin sans cesse de lui prouver sa tendresse. Mme la dauphine me répondit que cette tendresse faisait le bonheur de sa vie.

Le 2 Mme la dauphine employa la matinée à des devoirs de piété ; le soir, au cercle, S. A. R. me dit qu'elle voudrait remercier V. M. sur-le-champ au sujet de sa lettre de félicitation sur le jour de naissance, que d'ailleurs elle avait bien des choses à mander à V. M. J'observai que, pour le moment, je n'avais aucune occasion sûre, que le courrier de tous les mois ne pouvait tarder à arriver, et qu'il me paraissait conseillable de l'attendre. Mme l'archiduchesse adopta cette idée ; elle me dit qu'elle craignait le moment où arriverait le

---

(1) C'est par erreur que j'ai indiqué au 1er les dévotions de S. A. R. ; elle ne les a remplies que le 2 du mois. (Note du comte de Mercy.)

courrier du mois de décembre, et qu'elle exigeait de moi que j'employasse tous les moyens possibles à la justifier auprès de V. M. relativement à l'exercice du cheval.

Avant d'aller plus loin, je dois rendre compte à V. M. des réflexions et des raisons qui me dictèrent ma réponse.

1° Non-seulement le roi avait consenti que Mme la dauphine montât à cheval, mais, dès le lendemain, S. M. avait signé une ordonnance de vingt-quatre mille livres pour achat de chevaux de selle à l'usage de S. A. R., et pour son écurie particulière, avec l'augmentation des palefreniers nécessaires.

2° Une opposition formelle à la continuation de cet exercice pourrait compromettre l'autorité de V. M., occasionner des cachotteries, des prétextes spécieux, comme par exemple l'approbation de M. le dauphin, que l'on engagerait facilement à dire qu'il désire que Mme la dauphine monte à cheval, ce qui en effet a paru lui plaire beaucoup.

3° On ne peut se dissimuler les grands inconvénients qui existent à permettre l'exercice du cheval à une princesse si jeune, et il n'y a qu'à cette cour-ci où une pareille imprudence puisse être autorisée; mais comme ce dernier point est sans remède, que d'ailleurs le plus grand danger consiste dans l'abus des choses, décidé par tout ce que je viens d'exposer ci-dessus, je crus que le moins mauvais de tous les partis à prendre était celui de capituler avec Mme la dauphine, et, conséquemment, je lui répondis que j'obéirais à l'ordre qu'elle me donnait de concourir à sa justification, mais que cela deviendrait parfaitement inutile, à moins que S. A. R., en annonçant à V. M. une circonstance inquiétante, n'ajoutât en même temps toutes les modifications propres à la tranquilliser sur les suites d'un exercice bien dangereux; que selon moi le moyen d'y parvenir serait de s'engager d'abord vis-à-vis de V. M. : 1° à ne jamais aller à la chasse à cheval, dans aucun temps et sous quelque prétexte que ce soit; 2° de prendre l'exercice du cheval modérément, au pas, et rarement au très-petit galop; 3° de suspendre totalement cet exercice dans de certains temps où Mme la dauphine pourrait avoir des doutes sur son état. J'entrai en quelque détail sur les reproches que S. A. R. aurait à se faire si jamais il lui arrivait quelque accident, et combien un pareil malheur influerait sur sa situation présente et à venir. Mme l'archiduchesse me parut faire attention à mes très-humbles remontrances; elle me dit qu'elle écrirait à V. M. dans le sens que je le proposais, et je ne doute pas que S. A. R. s'en acquitte par sa lettre d'aujourd'hui.

Le 3 Mme la dauphine, accompagnée de Mesdames et des jeunes princes, se rendit à la chasse de la Saint-Hubert. Le soir S. A. R. joua chez elle, et j'observerai ici que l'article important de tenir la cour a été exactement observé depuis un mois par Mme la dauphine, et qu'elle a résisté à cet égard aux insinuations de Mesdames.

Le 4 Mme l'archiduchesse réitéra la promenade à cheval; il y eut spectacle, et le roi soupa ensuite avec sa famille.

Le 5 Mme la dauphine voulut encore monter à cheval. Elle ne peut plus supporter l'idée de monter sur des ânes, et il y a apparence que ces animaux seront mis incessamment à la réforme. Le même soir S. A. R. tint la cour; elle joue maintenant toujours au reversis, mais le cavagnol existe malgré cela et dans la même chambre.

Le 6. Depuis longtemps Mme la dauphine exhorte M. le dauphin à ne pas rester si tard à la chasse, et elle l'avait prié ce jour-là d'en revenir à une heure raisonnable, afin qu'il fût habillé et ne fît point attendre pour le spectacle. M. le dauphin revint tard, et, suivant sa coutume, longtemps après le roi. Il trouva Mme la dauphine chez S. M.; il s'approcha d'elle d'un air un peu embarrassé et lui dit : « Vous voyez que je suis revenu à temps. » Mme la dauphine répondit d'un ton assez sec : « Oui, voilà une belle heure! ». On se rendit au spectacle, où M. le dauphin fut boudé tout le temps. Au retour du théâtre il chercha à avoir une explication; alors Mme la dauphine lui fit un petit sermon fort énergique, où elle lui représenta avec vivacité tous les inconvénients de la vie sauvage qu'il menait. Elle lui fit voir que personne de sa suite ne pouvait résister à ce genre de vie, d'autant moins que son air et ses manières rudes ne donnaient aucun dédommagement à ceux qui lui étaient attachés, et qu'en suivant cette méthode il finirait par détruire sa santé et par se faire détester. M. le dauphin reçut cette leçon avec douceur et soumission; il convint de ses torts, promit de les réparer, et demanda formellement pardon à Mme la dauphine. Cette circonstance est certainement bien remarquable, d'autant plus que le lendemain, le 7, on s'aperçut que M. le dauphin témoignait à Mme la dauphine un empressement d'attention et d'amitié bien plus vif que de coutume. L'après-midi S. A. R. monta à cheval; le soir je reçus les dépêches de la chancellerie d'État du 29 octobre, qu'un courrier du cabinet, tombé malade à Nancy, m'envoya par une main tierce. Je trouvai dans le paquet une lettre de V. M. à Mme l'archiduchesse, et je me rendis à l'instant au château pour la lui présenter. S. A. R. venait de finir son souper; elle me parla encore de ses craintes sur la nouvelle que V. M. recevrait de ses promenades à cheval. Je répétai ce que j'avais dit précédemment à ce sujet. Mme la dauphine me dit : « Je vous donne ma parole qu'il ne sera jamais question « d'aller à la chasse à cheval, mais songez aussi à me justifier, » après quoi elle me congédia pour aller lire la lettre.

Le 8 il y eut spectacle à la cour ; la fin de la dernière pièce fut un divertissement, où les acteurs chantèrent les vers ci-joints (1) à la louange de Mme la dauphine, et tous les spectateurs furent tellement transportés qu'on se mit à battre des mains dans tout le théâtre, malgré la défense rigoureuse de faire du bruit au théâtre de la cour. Ce petit événement est sans exemple ici, et il devient un témoignage bien authentique des sentiments qu'inspire Mme la dauphine. Cette circonstance fut la matière des conversations de toute la soirée. J'écrivis sur-le-champ un billet à l'abbé de Vermond pour le prier d'engager Mme l'archiduchesse à donner quelques marques de satisfaction sur ce qui venait de se passer, et de dire à ce sujet quelques mots de bonté au duc d'Aumont, premier gentilhomme de la chambre, sous la direction duquel ce spectacle avait été arrangé, ainsi que par le concours de la duchesse de Villeroi, sa fille.

Le 9 il y eut grande chasse, dont toute la famille royale prit le divertissement. Le soir Mme la dauphine tint le jeu dans les appartements.

Le 10 Mme la dauphine monta à cheval vers onze heures du matin ; elle rentra à deux heures, et, après son diner, elle fit venir comme de coutume l'abbé de Vermond, qui en différentes reprises passe toujours au moins deux heures avec S. A. R. Ce même jour elle parla au duc de Choiseul en faveur du marquis de Durfort, et le ministre s'engagea à représenter au roi qu'il conviendrait de faire éprouver audit marquis les effets de la protection que V. M. a daigné lui accorder.

Le dimanche 11 fut employé aux seules occupations de piété et de représentation. La soirée fut terminée par le jeu et le souper public nommé grand couvert.

---

(1) Nous ne les retrouvons pas annexés au rapport de Mercy.

Le 12 il y eut grande chasse, à laquelle Mme la dauphine assista avec Mesdames. Le soir S. A. R. tint le jeu dans son appartement.

Le 13, dans la matinée, le courrier du cabinet, venant par Bruxelles, arriva et me remit la très-gracieuse lettre de V. M. du premier de ce mois, avec les autres dépêches dont il était chargé. Je me rendis sur-le-champ à la cour, où Mme la dauphine reçut avec sa joie ordinaire la lettre de V. M. et la caisse contenant l'urne, que je lui présentai en même temps. S. A. R. devait passer chez le roi pour l'accompagner à la messe, de façon qu'elle me congédia très-promptement; depuis ce moment, je suis venu me renfermer chez moi pour travailler à l'expédition des deux courriers, et je finirai ici mon journal, pour répondre très-humblement aux articles de la lettre de V. M.

1° Je n'ai encore aucun avis de Strasbourg, que la table de bois pétrifié ni le buste en porcelaine de Mme la dauphine y soient arrivés; mais j'en ai prévenu mes correspondants pour qu'ils soient attentifs à ces deux objets.

2° Mme la dauphine n'est presque jamais dans le cas de voir la favorite, qui ne se présente ni au cercle ni chez Mesdames, et, dans les cas très-rares où cette femme s'est trouvée en vue de Mme l'archiduchesse, S. A. R. ne l'a jamais traitée avec fierté. Quant au penchant de Mme la dauphine à suivre les conseils de Mme Adélaïde, cette vérité n'est que trop fondée; cependant S. A. R. commence à entrevoir le peu de fond qu'il y a à faire sur les conseils de Mesdames ses tantes, et j'espère que peu à peu elle reviendra de tout préjugé sur cet article important.

3° Je ne puis trouver d'expressions à marquer à V. M. combien je suis pénétré de l'excès de bonté et de clémence avec laquelle elle daigne envisager mes faibles soins envers Mme la dauphine. Jamais je ne serai content de moi-même sur la façon de remplir ce devoir si précieux, et qui m'est si vivement à cœur, tant par rapport à mon auguste souveraine que par rapport à une princesse aussi charmante et intéressante que l'est Mme la dauphine.

Dans ce moment on me mande de Paris que les deux hommes porteurs du buste de Mme l'archiduchesse y sont arrivés. Comme la cour part d'ici le vingt, je n'aurais plus le temps de faire venir ce buste à Fontainebleau : ainsi je le présenterai à Versailles.

XXIX. — Mercy a Marie-Thérèse (1).

Fontainebleau, le 16 novembre. — Le duc d'Aremberg, qui est arrivé le 11 à Paris, trop fatigué pour se rendre tout de suite à Fontainebleau, m'a dépêché le même jour un de ses gens, par lequel j'ai reçu la lettre que V. M. a daigné m'écrire le 30 octobre.

Dans mon très-humble rapport du 20 octobre j'expose à V. M. la distribution du temps que j'ai employé jusqu'à présent à mes expéditions. Au moment où je suis, qui est le 12, le courrier de ce mois n'est point encore ici ; si, comme je l'espère, il arrive ce soir ou demain, je ne l'arrêterai que vingt-quatre heures, et à l'avenir j'emploierai, s'il est nécessaire, les jours et les nuits à presser mes dépêches, afin que V. M. soit obéie. Je crains seulement les retards, quand la cour sera à Versailles, où son séjour occasionne nécessairement plus de difficulté de parler au ministre, et une perte considérable de temps à aller et venir ; cependant je ferai à cet égard l'impossible pour accélérer les expéditions. Le duc d'Aremberg me mande qu'il sera ici mercredi ; il présentera lui-même la lettre de V. M. à Mme la dauphine, et j'aurai pour lui tous les soins et les attentions que me prescrivent les ordres de V. M.

Je ne suis point surpris qu'il se répande quelquefois des bruits peu avantageux à Mme la dauphine. L'origine de ces faussetés se trouve dévoilée dans mon très-humble rapport du 19 septembre. En y exposant à V. M. la nécessité dont il était que Mme la dauphine tienne la cour, j'ajoutais : « On s'occupe déjà des moyens de procurer à Mme la com-
« tesse de Provence le plus d'éclat possible, parce que le parti du duc
« de la Vauguyon et de la comtesse du Barry compte sur la protection
« de cette princesse. » Ils croient qu'ils n'ont rien à espérer de Mme la dauphine ; il résulte de là que cette cabale s'efforce à éplucher la conduite de S. A. R., à tâcher de lui trouver des défauts, et à débiter des mensonges propres à induire le public en erreur, mais qui heureusement ne font d'autre effet que celui de manifester l'impudence et la mauvaise volonté de leurs auteurs. Je me suis assuré de trois personnes du service en sous-ordre de Mme l'archiduchesse ; c'est une de

---

(1) Brouillon de la main du comte de Mercy, avec cette note : « Minuté le 12 novembre. »

ses femmes et deux garçons de chambre qui me rendent un compte exact de ce qui se passe dans l'intérieur; je suis informé jour par jour des conversations de l'archiduchesse avec l'abbé de Vermond, auquel elle ne cache rien; j'apprends par la marquise de Durfort jusqu'au moindre propos de ce qui se dit chez Mesdames, et j'ai plus de monde et de moyens encore à savoir ce qui se passe chez le roi, quand Mme la dauphine s'y trouve. A cela je joins encore mes propres observations, de façon qu'il n'est pas d'heure dans la journée de laquelle je ne fusse en état de rendre compte sur ce que Mme l'archiduchesse peut avoir dit ou fait ou entendu, surtout pendant les séjours à Compiègne ou ici, et j'ai donné à mes recherches toute cette étendue, parce que je sens combien le repos de V. M. y est intéressé. Je puis donc protester sur la foi et la fidélité que je dois à mon auguste souveraine, qu'il est absolument faux que le roi devienne réservé et embarrassé vis-à-vis de Mme la dauphine, laquelle au contraire gagne journellement sur l'amitié et les égards de ce monarque. C'est avec aussi peu de fondement qu'on accuserait S. A. R. de heurter de front la favorite; il n'y a jamais eu que des petits propos tenus contre cette femme, et que Mesdames ont toujours été les premières à mettre en train; même à présent Mme la dauphine est plus réservée sur ses propos en question, au point qu'il se passe des semaines sans qu'on puisse en citer un seul. Finalement Mme la dauphine se fait adorer de ses entours et du public; il n'est pas encore survenu un seul inconvénient grave dans sa conduite. Je répondrais même qu'il n'en arrivera jamais aussi longtemps que je pourrai me conserver les secours de l'abbé de Vermond, l'accès dont je jouis auprès de S. A. R., ainsi que la confiance qu'elle daigne m'accorder.

Mes dépêches d'aujourd'hui, auxquelles est jointe une lettre fort extraordinaire du duc de Choiseul (1), prouvent combien on abuse ici

---

(1) Voici cette lettre, annexée à la correspondance officielle de Mercy, et que le duc de Choiseul lui avait adressée de Fontainebleau, 12 novembre 1770. — « J'ai rendu compte au roi de la dépêche dont V. E. a bien voulu me donner lecture. Je ne puis assez vous exprimer avec quelle sensibilité S. M. a reçu les preuves d'amitié, de confiance et de déférence que LL. MM. II. lui donnent en lui faisant part non-seulement de la déclaration de la cour de Pétersbourg relativement à la médiation, mais en déférant à S. M. la détermination de la conduite ultérieure que LL. MM. II. auront à tenir dans cette délicate et importante conjoncture. — S. M. sent le prix du procédé de votre cour; elle a distingué le droit d'avec le

des bons procédés et de la complaisance que V. M. a bien voulu marquer au Roi Très-Chrétien relativement à la médiation de la guerre turque. L'esprit de méfiance et de jalousie a dicté dans cette

---

fait, c'est-à-dire les obligations strictes qui résultent immédiatement des traités, d'avec la conduite que l'attachement à l'alliance a inspirée à M. le prince de Kaunitz, dans ses conférences avec le roi de Prusse. C'est cet attachement si utile au bien politique des deux cours qui en fait la force, en démontrant aux véritables ennemis de LL. MM. II. et du roi qu'ils ne peuvent pas mettre de désunion dans des liens sacrés consolidés par les sentiments des souverains. LL. MM. II. ont fait un grand bien à l'alliance en déclarant au roi de Prusse que, si l'Angleterre était admise dans la médiation qui leur était proposée, elle ne pouvait pas l'accepter sans que la France y fût admise aussi. Votre cour, Monsieur, met le comble à ses procédés en s'en remettant au roi de l'acceptation de la médiation, concurremment avec l'Angleterre et avec S. M. prussienne, ou du refus de la médiation sans l'admission de la France... — Le roi pense que si la considération de l'alliance eût reçu un accroissement considérable par l'exercice commun des fonctions de médiateur, la facilité que l'on aurait de céder au refus fait par la Russie, non-seulement anéantirait cet avantage, mais porterait même une atteinte sensible à cette considération, dont l'effet journalier influe sur toutes les affaires, et que l'alliance cessant d'imprimer de la retenue aux puissances qui en sont ennemies, par l'ensemble de sa conduite et par sa fermeté, elle perdrait un de ses plus puissants ressorts. — S. M. croit donc qu'il serait non-seulement difficile, mais même dangereux d'abandonner la proposition faite par M. le prince de Kaunitz au roi de Prusse relativement à la France. Il semblerait que le seul refus de la Russie suffirait pour détruire l'intérêt que LL. MM. II. ont pour le roi et pour rompre l'harmonie établie entre les deux cours. — En mettant à part, Monsieur, cette considération, quelque puissante qu'elle soit, nous sentons parfaitement que votre cour peut être dans la sécurité, attendu le soin que le roi de Prusse, malgré ses liaisons avec la Russie, prendra d'un côté et la Porte de l'autre, pour empêcher qu'il ne soit rien stipulé au préjudice de la monarchie autrichienne. Nous sentons aussi que les intérêts de la France péricliteraient entre les mains des cours de Berlin et de Londres, lorsque leur partialité ne sera pas éclairée et contenue par un médiateur autrichien, mais cette opposition même de situation, qui a fixé l'attention du roi, lui paraît un nouveau motif pour penser que la cour impériale se trouvant pour ainsi dire sans intérêt dans la médiation, celui du roi et celui de l'alliance même demandent que LL. MM. II. n'acceptent pas la médiation concurremment avec l'Angleterre et à l'exclusion de la France. — .... Il est difficile de concevoir comment la cour de Vienne pourrait, dans le cours de la médiation, résister à l'ascendant que les deux autres médiateurs unis entre eux et avec la Russie pourront prendre..... Il n'est donc que trop naturel de prévoir que, si LL. MM. II. prennent part à la médiation avec la seule participation des rois d'Angleterre et de Prusse, les intérêts de la France se trouveront sacrifiés malgré elles, et ce qui sera plus fâcheux encore, c'est qu'elles auraient une part quelconque à la consommation d'un ouvrage que le roi ne pourrait laisser subsister. Si la cour de Vienne se tient au contraire éloignée de la médiation, elle ne gênera point son allié dans le parti que l'événement peut le forcer de prendre. — Dans cette position, je suis chargé de déclarer à V. E. que le roi croit qu'il n'y a que deux partis à prendre : celui d'insister sur l'alternative proposée et de rejeter la médiation si la Russie persiste dans son refus, ou celui de donner au roi l'assurance formelle et positive que LL. MM. II. ne permettront pas qu'il soit rien stipulé qui puisse préjudicier à la France relativement aux deux points essentiels du commerce de la mer Noire et du Levant, et de l'établissement des Anglais dans ces parages... S. M. m'a ordonné de déclarer à V. E. que son vœu est qu'elles insistent sur l'alternative proposée, et qu'en cas de refus, elles déclarent qu'elles ne veulent point avoir de part à la médiation. »

occasion la conduite du duc de Choiseul, qui, dès l'origine de cette guerre turque, a tout gâté par son obstination et ses vues insensées. Je crois que les intérêts de V. M. exigeraient qu'elle prît part à la médiation projetée, ne fût-ce que pour être instruite à temps des arrangements très-suspects que les cours de Londres et de Berlin peuvent se proposer d'effectuer, si elles se trouvent les seuls arbitres de la pacification. J'ai tenté tout ce que la prudence a pu me permettre pour faire sentir cette vérité au duc de Choiseul, qui aura lieu de se repentir si, par une suite de sa mauvaise politique, il arrive que V. M. refuse la médiation en question.

Il est de mon devoir d'exposer à V. M. quelques remarques sur la lettre qu'elle m'a fait la grâce de me confier, et que je joins ici par deux raisons : la première parce qu'il me paraît que même une simple copie d'une pièce de cette importance doit revenir dans les propres mains de V. M.; la seconde raison est que j'ai souligné dans cette lettre des passages, lesquels, se trouvant sous les yeux de V. M., pourront lui donner plus de facilité à porter son jugement sur mes faibles réflexions (1).

1° La lettre dont il s'agit est datée de Versailles et du 5 octobre; il est cependant bien certain que, depuis le 20 août, le comte de Broglie se trouve dans sa terre de Ruffec, à 120 lieues de Paris, que depuis ce temps il n'a fait aucun voyage ni à la cour ni dans la capitale, et qu'il n'y reviendra même qu'aux fêtes de Noël.

2° Il est à observer que, dans les années précédentes, le comte de Broglie a toujours passé six à sept mois à sa campagne, c'est-à-dire à 120 lieues de la cour, et il paraît bien étrange qu'une correspondance politique et secrète soit confiée à un homme qui se tient si longtemps et dans une si grande distance du centre des affaires, hors de portée d'être instruit et d'exécuter promptement les ordres de son souverain, de lui représenter ce que les circonstances peuvent momentanément exiger sans délai, ce qui ne pourrait être suppléé que par des apprêts de correspondance et de tels mouvements, qu'il serait presque impossible qu'à la longue le duc de Choiseul ne s'en fût aperçu.

3° On voit assez clairement que le rédacteur de la lettre n'a point

---

(1) Voir la lettre de Marie-Thérèse du 30 octobre (pièce XXV), avec la note sur la correspondance secrète.

sous les yeux le tableau général des affaires de l'Europe; ses raisonnements politiques sont faibles, mal vus; les conséquences qu'il en tire portent à faux, et ses assertions sont hasardées, et les faits mêmes qu'il cite, fort altérés, comme par exemple celui de la prétendue occupation d'une portion considérable du territoire de la Pologne. Je m'abstiendrai d'analyser cette lettre, dont je me suis borné à souligner les passages qui me paraissent démontrer combien leur auteur est peu instruit des intérêts des cours, du système très-manifeste de V. M., soit sur la Pologne', sur la médiation, ainsi que sur la façon dont elle envisage la détresse des Turcs et la prospérité de la Russie.

4° Si le Roi Très-Chrétien prenait les affaires assez à cœur pour vouloir les faire traiter en secret, sous ses yeux et d'après ses décisions immédiates, il est plus que probable qu'il se ferait représenter les minutes des lettres que l'on écrirait par ses ordres; dans ce cas, il paraîtrait bien étrange que celui qui se trouverait chargé de cet ouvrage osât, en parlant de son souverain, employer des termes aussi légers et aussi indécents que le sont ceux dont il se sert dans ce passage de la lettre, où il prétend que le ministère autrichien, pour remplir ses vues, a profité de la complaisance ou de l'inattention du roi.

5° Quand on examine quel peut être le but d'une correspondance telle que l'est celle que dénote la lettre en question, il se présente des difficultés à l'approfondir. L'intention serait-elle de rectifier la conduite et les idées du duc de Choiseul? Mais en ce cas une correspondance secrète ne paraît pas nécessaire, puisqu'il dépendrait du roi de communiquer les dépêches d'affaires à telles personnes qu'il jugerait à propos de les consulter, de se décider d'après leurs avis, de déclarer sa volonté à son ministre, et de le faire agir en conséquence.

6° D'après les apparences et l'opinion générale, le comte de Broglie ne jouit ici d'aucun crédit; même pendant les hivers, où il habite Paris, on le voit peu à la cour; il n'y obtient aucune grâce et y joue extérieurement le rôle le plus mince. Serait-il possible que, dans cette position, il se trouvât chargé d'un travail aussi important que l'est celui de diriger une correspondance secrète?

D'après ces réflexions, j'avoue à V. M. que la lettre dont il s'agit me paraît incompréhensible. Je me rappelle que pendant longtemps il a paru de ces mêmes lettres sous le nom d'un certain Tercier (1), et que le prince de Starhemberg n'a jamais pu approfondir l'origine et la marche de cette correspondance mystérieuse. Ne serait-il pas possible que ces sortes de lettres fussent un jeu imaginé par le ministère même pour donner des inquiétudes, pour suggérer des idées que l'on n'oserait avancer par des voies directes? Ce soupçon de ma part est peut-être mal fondé; mais, quelle que puisse être cette correspondance, ou vraie ou simulée, les effets m'en paraissent peu inquiétants pour ce qui regarde le bien du service de V. M. Entretemps je garderai le plus profond secret sur cette particularité, qui ne servira que pour diriger mon attention et les remarques que le hasard pourrait me mettre à portée de faire.

XXX. — Marie-Thérèse a Mercy.

Vienne, le 1ᵉʳ décembre. — Comte de Mercy, j'ai reçu vos lettres du 16 du passé; je rends toujours une parfaite justice à votre zèle d'être le plus utile à ma fille la dauphine. Je crois cependant qu'elle aurait mieux fait de mettre moins de chaleur dans l'affaire de la comtesse de Gramont. Je voudrais encore que, sans diminuer son amitié pour ses tantes, elle fût moins facile à se laisser aller à leurs insinuations, et qu'elle fût plus réservée à leur faire des confidences qui pourraient lui attirer des désagréments. Je ne saurais non plus approuver l'expression dont ma fille s'est servie à l'égard de la comtesse du Barry, en exhortant le dauphin à se plus ménager; il serait même plus convenable que ma fille ne lui parle point de la conduite de son grand-père [ne me fiant nullement dans ce prince simulé].

La correspondance secrète que le roi entretient par le canal de Broglie avec ses ministres dans les cours étrangères me paraît toujours plus réelle, par tant de preuves que j'en ai eues et continue à en avoir [voilà encore un échantillon]. Indépendamment de celle avec Durand, le roi l'a fait introduire et la poursuit en

---

(1) Tercier avait rempli d'importantes missions en Pologne : premier commis aux affaires étrangères de 1749 à 1758, il subit à cette dernière date une apparente disgrâce, mais resta en réalité chargé par le roi d'une partie importante de la correspondance secrète; il mourut en 1767.

partie sur le même pied avec Havrincourt, Paulmy, Zuckmantel, Gérault, Vergennes, Saint-Priest, etc., en se faisant communiquer de temps en temps par cette voie secrète aussi bien leurs rapports à Choiseul que les réponses que celui-ci leur fait. Il faut encore observer que cette correspondance est toute chiffrée, et qu'on ne peut par conséquent supposer que le roi veut s'en servir à dessein de faire quelquefois transpirer des choses qu'il ne conviendrait pas à ses ministres de dire clairement; que plusieurs de ces dépêches sont approuvées et signées par le roi, pour ne pas laisser de doute; que c'est de son su et par son ordre; que, pour en dérober la route, Broglie mande de temps en temps aux ministres des adresses secrètes, sous lesquelles ils doivent faire passer les lettres qu'ils lui écrivent; qu'il paraît incroyable que tant de ministres voudraient se prêter à une correspondance secrète sans être assurés de la volonté du roi. Tant que Tercier était en vie, il la soignait sous la direction de Broglie, mais après sa mort celui-ci y paraît seul; c'est donc, je crois, une marque assez significative que le roi ne met pas une confiance illimitée dans Choiseul; mais il est toujours nécessaire de ne rien laisser transpirer de la connaissance qu'on a ici de ce mystère. Je vous assure de ma constante grâce et bienveillance.

[P. S. — Pichler vous enverra un extrait de ma lettre : comme je m'explique sur le point de monter à cheval, j'avoue que je ne l'approuve nullement, et que je connais ma fille assez pour être bien persuadée qu'elle viendra à bout de tout ce qu'elle souhaite et osera beaucoup. C'est la raison pourquoi je la retiens toujours, et que je ménage mon crédit chez elle, en mêlant dans mes remontrances beaucoup de tendresse. Je vous prie d'être soutenu avec elle et que vous êtes obligé de me marquer tout exactement. Je crains le plus Mesdames, et je n'y vois point de remède. Je vous joins sa lettre, elle ne me répond rien sur le point des lectures et que l'abbé puisse joindre une feuille de ses occupations. Je crains qu'il n'y a pas beaucoup à en mander. Je n'ai pas voulu insister encore cette fois-ci, mais j'attends si vous trouvez bon que je répète encore une fois cet article et que je l'exige.]

[Je viens de recevoir dans cet instant une lettre très-importante par cette correspondance particulière qui me tient très à cœur, et je vous avoue que je crains beaucoup pour le maintien du système.

La cause vient de chez nous malheureusement, mais je ne peux y porter remède; au contraire, je gâterais encore plus les choses. Je suis née malheureuse, et vois détruit de mes jours mêmes tout ce qui m'a coûté trente et un ans de travail et de soins; cela m'abat et ne me rend pas plus capable et utile à l'État.]

XXXI. — Marie-Thérèse a Marie-Antoinette.

Vienne, le 2 décembre. — On est toujours très-content de vous; quels heureux moments ne me faites-vous passer, mon cher enfant! L'approbation publique ne me tranquilliserait pas entièrement, mais le duc et la duchesse Aremberg ne peuvent assez m'en écrire, mais surtout le témoignage de Mercy, qui est content de vous. Me voilà sur le point où sûrement vous avez déjà cherché avec précipitation de me trouver : c'est de monter à cheval. Vous avez raison de croire que jamais je ne pourrais l'approuver à quinze ans; vos tantes, que vous citez, l'ont fait à trente. Elles étaient Mesdames et point la Dauphine; je leur sais un peu mauvais gré de vous avoir animée par leurs exemples et leurs complaisances; mais vous me dites que le roi l'approuve, et le dauphin, et tout est dit pour moi : c'est eux qui ont à ordonner à vous, c'est dans leurs mains que j'ai remis cette gentille Antoinette : le monter à cheval gâte le teint, et votre taille à la longue s'en ressentira et paraîtra encore plus. J'avoue, si vous montez en homme, dont je ne doute, je trouve même dangereux et mauvais pour porter les enfants, et c'est pour cela que vous êtes appelée : c'est par là que votre bonheur sera constaté. Si vous montiez, comme moi, en femme, il y aurait moins à dire. Les accidents ne peuvent être prévus; celui de la reine de Portugal et de plusieurs autres, qui n'ont plus porté depuis des enfants, ne rassurent pas.

Après vous avoir représenté tout, je ne vous marquerai plus rien et tâcherai de l'oublier, pourvu que des gazettes ne viennent nous conter des courses de la dauphine, qui de toute façon ne pourraient convenir; mais je vous prends au mot, une grande princesse ne saurait manquer de parole; vous me dites ces mêmes paroles et me promettez : « Je ne courrai jamais la chasse à cheval. » J'accepte l'offre que vous me faites, et à cet égard seul je veux tâcher de me tranquilliser; mais point d'excuses ou subterfuges sur ce point. Je dois seulement ajouter encore que les promenades réitérées ou trop longues, si elles n'étaient même qu'au pas, à cause de la situation, si vous montez en homme, sont nuisibles : tout au plus une heure de promenade suffit, et j'ai vu dans une lettre particulière que vous y avez été au commencement de novembre plusieurs jours de suite, et deux ou trois heures ; c'est trop, vous en conviendrez un jour, mais ce sera trop tard. Quelle raison aurais-je de vous priver d'une chose qui vous fait plaisir, si je n'en connaissais les conséquences? Vous me rendrez cette justice, que de tout temps j'ai procuré à mes enfants toute la liberté et plaisirs possibles ; et commencerais-je par vous vouloir en priver, vous, qui me donnez tant de consolation? Mais ne vous attendez pas que je vous en parle encore ; je viens de vous dire toutes mes raisons, qui partent d'un cœur tendre et maternel. Je vous en ai marqué les inconvénients ; vous êtes autorisée de l'agrément du roi, tout est dit pour moi, je ne vous en dirai plus rien : tâchez de vous modérer et suivez mes conseils, qui ne sont pas de trop, et je me tiens à votre parole, que vous me donnez, de ne jamais monter à la chasse.

J'attends le tableau de Liotard avec grand empressement, mais dans votre parure, point en négligé, ni dans l'habillement d'homme, vous aimant à voir dans la place qui vous convient. Je vous embrasse.

XXXII. — Mercy a Marie-Thérèse.

Paris, 17 décembre. — Sacrée Majesté, mon très-humble et dernier rapport du 16 de novembre contenait ce qui s'est passé de plus remarquable dans le séjour de Mme la dauphine à Fontainebleau. Le 18 au matin S. A. R. ressentit un commencement de mal de gorge ; mais les représentations de son médecin, et plus encore la crainte de déranger le départ de la cour, déterminèrent Mme la dauphine à observer un régime qui arrêta les progrès de la petite indisposition. Le 20 le roi et toute la famille royale quitta Fontainebleau et passa trois journées à Choisy. Mme l'archiduchesse y fut parfaitement bien traitée par le roi, et, quoique la favorite se trouvât en présence, il ne survint aucun incident désagréable, et tout se passa au mieux. Le 23, jour du retour à Versailles, le roi allant à la chasse, Mme la dauphine et Mesdames voulurent accompagner S. M. jusqu'à un endroit où il fallait passer la rivière sur un bac ;

en retournant, Mesdames eurent peur que le carrosse ne versât, et mirent pied à terre dans un terrain fort marécageux. Mme la dauphine, qui avait voulu retenir Mesdames ses tantes dans la voiture, en descendit pour les suivre; elle perdit un de ses souliers dans la boue, et revint à Choisy fort mouillée. S. A. R. voulut se sécher et approcha si près du feu qu'elle brûla ses vêtements. Le froid et l'humidité qu'elle avait éprouvés lui causèrent un peu de rhume. En arrivant à Versailles, les appartements de Mme la dauphine ne se trouvèrent point échauffés, et le rhume augmenta. Cependant le lendemain S. A. R. comptait de monter à cheval, et parut souffrir un peu de l'opposition que son médecin mit à ce projet. Il fallut se prêter au régime; dès le jour suivant le rhume diminua, et, le surlendemain, cessa tout à fait.

Dans ces derniers temps, la comtesse de Noailles avait repris de l'humeur sur ce que Mme la dauphine la dispensait un peu trop souvent de la suivre à la chasse, et paraissait préférer de se faire accompagner par des dames du palais plus jeunes et plus enjouées. Lorsque la dame d'honneur m'en fit ses plaintes, je lui répondis que c'était à elle à ne point accepter cette dispense que lui donnait Mme la dauphine, et qu'en se mettant sur le pied de suivre journellement et en toute occasion S. A. R., j'étais persuadé qu'elle, comtesse de Noailles, n'éprouverait aucune contradiction dans cette façon de remplir les devoirs de sa charge. Il est en effet très-essentiel que Mme l'archiduchesse ait toujours auprès d'elle quelque personne qui, par son maintien et son âge, soit dans le cas d'en imposer et de réprimer le penchant que les Français n'ont que trop à prendre un air aisé et familier. Lorsque Mme la dauphine accompagne le roi à la chasse, ce qui arrive deux ou trois fois la semaine, S. A. R. a coutume de faire porter dans ses voitures toutes sortes de viandes froides et des rafraîchissements, qu'elle prend plaisir à distribuer à tous les courtisans qui suivent la chasse. Cette méthode, qui n'est qu'un effet de la bonté naturelle de Mme l'archiduchesse, n'aurait partout ailleurs aucun inconvénient; mais elle m'a paru en avoir dans ce pays-ci, parce qu'il arrive que, pendant la chasse, toute la jeunesse de la suite du roi vient s'attrouper auprès de la voiture de Mme la dauphine, et que, dans le nombre, il y en a toujours d'assez étourdis pour ne pas observer ce maintien de circonspection et de respect que l'on doit à la présence d'une jeune princesse. Jusqu'à présent, dans pareilles occasions, il n'est rien arrivé qui fût de la moindre conséquence, mais il m'a paru nécessaire de prévenir tout abus. J'ai pris la liberté de rappeler à Mme la dauphine combien elle devait être en garde contre les airs d'aisance et de familiarité qu'on s'aviserait de vouloir prendre vis-à-vis d'elle, et cette raison m'a fait beaucoup insister sur ce que la comtesse de Noailles la suive toujours, surtout aux parties de chasse.

Le 29 novembre, Mme l'archiduchesse avait mené avec elle Mme Marie, sa belle-sœur, à la chasse dans les environs de Versailles, où le roi devait chasser ce jour-là. Mme la dauphine, par attention pour la jeune princesse sa sœur, avait quitté la chasse une heure avant le roi. En revenant et passant sur un pont, le postillon de son carrosse tomba, et fut assez malheureux pour que quatre chevaux de l'attelage lui passassent sur le corps. On le retira couvert de sang et sans connaissance. Mme la dauphine s'arrêta sur la place pendant plus d'une heure; elle envoya de tous côtés chercher des chirurgiens; en attendant, un exempt des gardes, qui la suivait, descendit de cheval et pansa le malade avec tout le zèle et l'attention possible. On voulut emmener le blessé dans une chaise; Mme la dauphine s'y opposa, en remarquant très-judicieusement l'inconvénient de cahoter un malheureux moulu de contusions; enfin on amena un brancard, dans lequel le malade fut porté à Versailles, accompagné de deux chirurgiens et de plusieurs personnes du cortége de Mme la dauphine. Lorsque S. A. R. fut de retour, jamais elle n'a inspiré tant de respect et d'admiration. Elle fit venir les chirurgiens pour savoir l'état du blessé, et marqua un sentiment de joie en apprenant qu'il pourrait n'en pas mourir. Elle ordonna à son premier chirurgien d'en prendre soin et de lui en rendre compte tous les jours. Elle remercia l'exempt des gardes du corps, qui dans les premiers moments avait donné des secours au malade. Lorsque Mme l'archiduchesse conta les détails de cet accident devant toute la cour, elle ajouta : « Je disais « à tout le monde qu'ils étaient mes amis, pages, palefreniers, pos- « tillons. Je leur disais : Mon ami! va chercher les chirurgiens ; mon « ami! cours vite pour un brancard; vois s'il parle, s'il est présent. » A ce récit, chacun était dans l'attendrissement et dans l'admiration, et le propos général de Versailles était de dire « que dans une pareille occasion Marie-Thérèse aurait bien reconnu sa fille, et Henri IV son héritière ».

Lors de cet accident, il n'est échappé à Mme la dauphine aucune des circonstances faites pour remuer une âme sensible. Le cocher qui la menait est le beau-père du postillon écrasé ; le frère du blessé menait une voiture du roi, et a été obligé de passer en voyant son frère sur un brancard ; Mme la dauphine rapprochait ces circonstances et en paraissait fort émue. On voulut la rassurer en lui disant que les gens d'écurie avaient le cœur dur. Le lendemain, en présence de bien du monde, elle parla à l'abbé de Vermond de ce motif de consolation, qu'elle ne goûtait pas. L'abbé fut révolté qu'on respectât assez peu la sensibilité de Mme la dauphine pour oser lui tenir de pareils propos. Il lui répondit que les gens qui parlaient ainsi se trompaient fort ; que les pauvres gens vivaient plus ensemble, étaient moins dissipés, et devaient s'aimer autant pour le moins que les grands entre eux.

J'ai cru de mon devoir de ne pas laisser ignorer à V. M. les moindres circonstances de l'événement en question, parce que je sais trop combien de pareils détails sont faits pour intéresser sa grande âme, et que je prévois la satisfaction que V. M. doit éprouver à se voir imitée par son auguste fille du côté des sentiments de clémence et de bonté. C'est par de semblables moyens que Mme la dauphine se fait adorer ici, et l'opinion publique est tellement décidée à son égard que, passé quelques jours, et à l'occasion d'une diminution du prix du pain, le peuple de Paris disait hautement dans les rues et dans les marchés « que sûrement c'était Mme la dauphine qui avait « sollicité et obtenu cette diminution en faveur des pauvres gens ».

Il me reste bien encore quelques petits sujets de plainte sur les inconvénients qu'occasionnent de temps à autre les propos et les conseils de Mesdames sur des objets de moindre importance. Leur ascendant sur Mme la dauphine se soutient encore, cependant avec un peu moins de force, et je ne cesse de me mettre à la brèche pour combattre leur influence, quand je prévois qu'il peut en résulter quelque mal de conséquence. Dans ces cas-là, Mme l'archiduchesse ne disconvient jamais des vérités que j'ose lui représenter. Elle me provoque même souvent à les lui exposer. Elle me dit quelquefois : « Vous avez eu raison de me prévenir sur telle ou telle chose, sans « quoi j'aurais pu faire une fausse démarche. » L'article des occupations sérieuses est celui où mes représentations produisent le moins d'effet ; il se fait des lectures, mais elles ne sont ni assez longues ni assez réfléchies, et je crois qu'il sera nécessaire que V. M. daigne insister encore pour que Mme la dauphine lui envoie un journal de ses lectures, ce qui l'obligerait à s'y appliquer avec un peu plus d'attention. L'abbé de Vermond, qui en tout opère des merveilles, n'effectue que peu de chose en matière d'étude. En revanche, ses conversations deviennent journellement plus utiles ; elles roulent sur des préceptes essentiels de conduite, que Mme la dauphine met en effet très-bien en usage, et il n'y a rien à désirer de ce côté-là. Elle plaît au roi par son esprit et sa gaieté ; malgré tout ce qu'on a pu faire pour l'éloigner de cette princesse, il l'affectionne. S. A. R. ne prend pas toujours assez de soin à faire au roi un accueil aussi empressé et prévenant qu'il serait convenable ; d'ailleurs il se tient encore de temps en temps quelques propos sur la favorite, et toujours à l'instigation de Mesdames. Ces deux points sont de grande conséquence, et mériteraient peut-être que V. M. daignât en faire mention dans ses lettres à Mme l'archiduchesse. M. le dauphin semble redoubler d'amitié et d'attention envers Mme la dauphine ; il se prête à tout ce qui peut lui plaire. S. A. R. a témoigné d'aimer la danse ; M. le dauphin, qui ne l'aime pas, a été le premier à demander des bals, et il y en a un tous les lundis dans l'appartement de Mme l'archiduchesse. Ces fêtes se passent sans cérémonie ; les danseuses s'y rendent en dominos blancs, et les hommes y vont dans leurs vêtements ordinaires. Mme la dauphine est revenue au projet de donner quelques marques de bonté et de souvenir aux dames qui lui étaient attachées à Vienne, et aux femmes de son ancien service. Elle a voulu que ces présents fussent envoyés sans qu'on en eût connaissance ici ; conséquemment elle m'a ordonné de lui présenter un nombre de bijoux, parmi lesquels elle a choisi ceux que j'adresse aujourd'hui au secrétaire du cabinet de Pichler, chaque pièce ayant une étiquette qui marque sa destination. Ces petites faveurs ne se font point aux dépens de celles que S. A. R. dispense aux dames de sa cour actuelle, et elle les leur accorde toujours avec autant de grâce que de jugement. Il en est de même des œuvres de charité, que Mme la dauphine étend aussi loin que le comportent ses facultés pécuniaires. Elle aime de préférence à donner aux pauvres ; mais elle ne donne point au hazard, et les preuves multipliées de son discernement à cet égard ont fait dans ce pays-ci le meilleur effet et le mieux mérité. Quant aux devoirs de piété, Mme l'archiduchesse les remplit d'une façon très-convenable et exemplaire. S. A. R. a fait ses dévotions le 8 de ce mois, jour de la Conception, et elle a passé cette journée dans le recueillement.

J'attendais avec bien de l'impatience le courrier qui n'est arrivé que le 15 au soir, et m'a remis les ordres de V. M. datés du premier de ce mois. Je me rendis le lendemain dimanche à Versailles, pour y remettre à Mme la dauphine les lettres qui lui étaient adressées. S. A. R. allait se mettre à table et se trouvait entourée de monde; elle me demanda avec vivacité si je lui apportais de bonnes nouvelles, et si elle pouvait se tranquilliser. Je lui répondis qu'à en juger sur ce que V. M. daignait me mander, je prévoyais que, par un effet de sa bonté et de sa tendresse, elle ne lui laisserait peut-être pas apercevoir tout le déplaisir que lui causaient les promenades à cheval, mais que je reconnaissais bien que V. M. en était fort en peine, et que j'espérais que Mme la dauphine prendrait des mesures pour tranquilliser V. M. S. A. R. me dit qu'elle me parlerait sur ce sujet et sur plusieurs autres; je la suppliai de m'envoyer ses lettres le lendemain, et je revins sur-le-champ travailler à mes dépêches pour tâcher d'expédier le courrier ce soir, afin que, suivant les ordres de V. M., il puisse être de retour à Vienne avant la fin du mois.

Je vais maintenant répondre aux articles de la très-gracieuse lettre de V. M.

1° Il est vrai que Mme l'archiduchesse avait mis un peu de vivacité dans ses démarches pour le rappel de la comtesse de Gramont; mais je dois dire à la justification de S. A. R. qu'elle y avait été excitée par tous ses entours, et même par toute la famille des Choiseul; par bonheur il n'en est résulté aucun inconvénient.

2° V. M. aura daigné voir dans ce présent et très-humble rapport que j'y ai rappelé les inconvénients à craindre de la trop grande complaisance de Mme l'archiduchesse pour Mesdames ses tantes. Je fais en toute occasion l'impossible pour tâcher de diminuer leur influence. J'y réussis sur quelques petits objets, mais il reste beaucoup à désirer sur ce point essentiel, et, pour le rectifier, je crois qu'il n'existe d'autre moyen que celui de l'autorité de V. M.

3° Relativement aux propos tenus par Mme l'archiduchesse à M. le dauphin sur la comtesse du Barry, j'ai représenté dans le temps à S. A. R. de quelle importance il était pour elle de ménager les expressions en pareille matière. On ne peut en effet prévoir les impressions qui se font dans un prince aussi taciturne et caché que l'est M. le dauphin. Je m'étais flatté qu'en voyant habituellement l'abbé de Vermond il s'accoutumerait à lui parler, et sûrement la conversation de cet ecclésiastique aurait pu lui devenir très-utile; mais jusqu'à ce jour M. le dauphin ne lui a pas encore adressé la parole, sans que cela provienne d'aucune prévention contre cet abbé, mais purement par embarras ou nonchalance.

4° Je dois répéter encore qu'il me paraît très-nécessaire qu'il plaise à V. M. d'insister sur la rédaction d'un journal des lectures; ce moyen obligera nécessairement Mme la dauphine à donner plus d'attention et plus de temps à ses occupations sérieuses, lesquelles sans cela seraient de plus en plus négligées et tomberaient insensiblement dans un oubli total.

Dans le courant de cette semaine, j'espère que Mme la dauphine me mettra à portée de lui parler un peu de suite, et je résumerai alors tous les différents objets dans le sens où V. M. daigne me le prescrire, et je suis assuré qu'ils feront impression à Mme l'archiduchesse, qui ne se refuse jamais à écouter les raisons qu'on ose lui exposer, surtout quand on les lui fait envisager comme des moyens à procurer de la satisfaction à V. M.

La santé de Mme la dauphine se fortifie visiblement; sa figure s'embellit toujours; l'usage du corps de baleine, qui n'a plus été abandonné, a produit tout le bien désirable sur la taille. Je dois ajouter ici que S. A. R. monte à cheval en selle de femme; depuis quelque temps elle soigne assez sa parure et observe plus de propreté. Liotard travaille au portrait de l'archiduchesse, et je compte que V. M. le recevra dans le courant de janvier prochain.

XXXIII. — Mercy à Marie-Thérèse.

Paris, le **18** *décembre.* — Il n'est pas possible de se refuser à l'évidence de cette correspondance singulière et mystérieuse dont V. M. daigne me confier deux nouvelles lettres que je remets ici à ses pieds. Mais quand on considère quels peuvent être les motifs et le but de cette correspondance, la question paraît très-difficile à résoudre. L'on sait, à n'en pouvoir douter, que depuis le temps que le duc de Choiseul dirige les affaires étrangères, jamais le roi ne s'est opposé à ses avis, et tout s'est fait et arrangé comme le ministre l'a voulu, d'où il s'ensuit qu'au moins la correspondance secrète qui subsiste depuis si longtemps n'a eu jusqu'à présent ni activité ni influence dans les affaires, et c'est une des moindres réflexions qui se présentent à l'esprit. Si on considère ensuite l'extrême indifférence si marquée dans le roi sur tout genre d'affaire, son dégoût pour le travail, son genre de vie, qui ne lui laisse pas dans la journée une heure à s'occuper de choses sérieuses, les embarras augmentent et on ne sait plus que penser.

Le préambule de la lettre du roi au ministre Durand semble porter sur l'idée que ci-devant le roi a voulu paraître avoir, de se remarier; mais depuis longtemps je ne vois plus de traces de cette idée; il serait même inconcevable d'allier ce projet avec les inclinations actuelles du monarque.

Quant au contenu de la lettre d'accompagnement du comte de Broglie, indépendamment de ce que ses raisonnements sont pitoyables, ils me font naître encore les réflexions suivantes :

1° Chaque phrase roule sur un soupçon, et toute la lettre pourrait être regardée comme un tableau général des méfiances de la France contre la cour impériale; mais ce n'est pas le comte de Broglie qui est l'auteur de ces méfiances; c'est le duc de Choiseul lui-même qui, naturellement soupçonneux en affaires, parce qu'il ne se donne pas le temps de les peser, croit aller au plus sûr en soupçonnant de la fraude en tout. La preuve de cela est que tous les soupçons énoncés dans la lettre du comte de Broglie se trouvent dans mes dépêches depuis deux ans, où je les cite comme des soupçons que j'ai eu lieu de remarquer dans le duc de Choiseul.

2° L'ordonnance de la lettre et l'étalage des faits qu'elle contient se montrent sous un apprêt d'artifice qui pourrait paraître bien suspect, quoique la lettre soit chiffrée, et que l'on indique par là le projet de la rendre secrète; on n'ignore cependant pas ici que les déchiffreurs de Vienne peuvent être aussi habiles que ceux de Paris, et je me souviens d'avoir ouï-dire au duc de Choiseul, que dans les temps présents les chiffres étaient devenus inutiles, parce qu'on avait acquis partout l'art de les déchiffrer.

Si j'ose exposer à V. M. de pareilles réflexions, ce n'est que dans le principe que l'analyse de toutes les idées possibles devient nécessaire, lorsqu'il s'agit d'approfondir les choses qui se cachent sous le voile du mystère; d'ailleurs, quelle que soit la correspondance dont il est question, il serait intéressant d'en découvrir la source, et autant que la prudence et la circonspection pourront le permettre, je vais tenter tout ce qui sera humainement possible pour y parvenir ; à moins de quelque heureux hazard mes recherches seront longues, peut-être inutiles, et à coup sûr très-pénibles. Il y a cependant des moyens qui me procureraient quelques petites facilités ; ce serait de savoir non-seulement la date des lettres en question, mais aussi le jour où elles arrivent à Vienne. V. M. daignera observer l'utilité de cette remarque par l'exemple suivant.

La lettre du roi à Durand est du 28 octobre ; elle a été envoyée au comte de Broglie qui, étant dans sa terre de Ruffec, à cent vingt lieues de Paris, n'a pu recevoir la dite lettre que le 30. Il aurait donc écrit la lettre d'accompagnement le 31, et les deux lettres devraient être arrivées à Vienne le 14 de novembre. Si le fait ne se rapportait pas à ces dates, on pourrait en tirer des conséquences qui conduiraient à d'autres combinaisons de nature à se rapprocher du vrai.

Il serait bien difficile d'imaginer mieux que ce qui s'est fait en tout genre sous le très-glorieux règne de V. M., et surtout en matière de système politique ; en consultant l'histoire et les mémoires des siècles précédents, cette importante vérité saute aux yeux, et il est impossible de ne point en reconnaître l'évidence. Dans l'état de détresse où se trouve la France, il lui est d'une utilité indispensable de songer à conserver le système actuel, et aussi longtemps qu'il plaira à V. M. de le maintenir, je crois pouvoir assurer que ce ne sera pas cette cour-ci qui s'en séparera la première. Ses soupçons et ses écarts ne porteront jamais que sur des objets qu'il y aura toujours moyen de rectifier à mesure qu'ils se présenteront.

La lettre de V. M. à Mme l'archiduchesse, et dont je remets ici la copie, doit produire et produira certainement tout l'effet désirable. Le contenu de cette lettre me servira utilement à régler le langage que j'aurai à tenir à S. A. R. ; jamais je n'ai pris de détours pour lui exposer la vérité, et les preuves que j'ai de la bonté de son caractère et de son jugement m'ont fait oser à cet égard beaucoup plus que je n'aurais pu hazarder, si j'avais eu des doutes sur l'effet de mes représentations, qui n'ont jamais été rebutées. Je remets pareillement ici la lettre de Mme l'archiduchesse que V. M. a daigné me confier.

Quant à l'objet de la très-humble prière que la comtesse de Châtenay a adressée à V. M., j'en ai parlé au duc de Choiseul, qui, par respect pour la protection accordée par V. M. au jeune Châtenay (1), le placera incessamment comme il le désire.

Le duc de Choiseul m'a dit que le roi avait été très-sensible à l'envoi du vin de Tokay, et qu'il m'en parlera lui-même à la première occasion. Le duc de Choiseul m'a prié de mettre aux pieds de V. M. ses très-humbles actions de grâces pour la part qu'il a eue à cet envoi, et je ne trouve point de termes qui puissent exprimer combien je suis pénétré de la clémence que V. M. a daigné me faire éprouver en ordonnant que je participasse à l'envoi de ce vin.

XXXIV. — Mercy a Marie-Thérèse.

Paris, le 18 décembre. — J'ai mandé au secrétaire de cabinet, baron de Neny, le motif qui m'avait engagé à rendre compte dans mes dépêches ministérielles de la façon dont a été remis au roi très-chrétien le buste de Mme la dauphine que V. M. m'avait ordonné de lui présenter. Il ne me reste rien à ajouter sur cet article, si ce n'est que le roi a fait donner aux deux hommes qui avaient apporté le buste une gratification de six cents livres, à laquelle Mme la dauphine a fait ajouter douze louis de sa propre bourse. L'abbé de Vermond a reçu le présent en vaisselle d'argent que V. M. a daigné lui destiner, et quoique ce bienfait lui ait été remis au nom de Mme la dauphine, il sait cependant qu'il le doit à la clémence de V. M., et je crois qu'il en mettra aujourd'hui à ses pieds de très-humbles actions de grâces. A l'occasion de semblables dépenses V. M. m'ayant ordonné de m'adresser au secrétaire du cabinet de Pichler, j'ai pensé que dans le cas présent je devais prendre la même voie, ainsi que pour les petites emplettes dont me charge Mme la dauphine, et qu'elle fait payer sur le fonds des mille louis que le prince de Starhemberg m'a dit d'avancer à la disposition de S. A. R.

---

(1) La famille de Chastenay-Lanty était fort ancienne, et originaire de Bourgogne. Le comte de Chastenay dont il est ici question est sans doute celui qui, né le 30 janvier 1748, mourut en 1830, en laissant un grand renom de bienfaisance. Les témoignages reconnaissants de ses obligés lui avaient sauvé la vie, en le faisant absoudre par le tribunal révolutionnaire.

ANNÉE 1771.

I. — Marie-Thérèse a Mercy.

Vienne, le 4 janvier. — Comte de Mercy, Le caractère de votre dernière lettre du 17 du passé, joint à la noirceur de l'encre, a fait un grand bien à mes yeux, usés par l'âge et le travail ; mais je serais fâchée de vous gêner en vous engageant à changer votre ordinaire façon d'écrire.

Je reconnais dans toutes vos lettres les mêmes traits du zèle qui vous anime toujours à être le plus utile à ma fille la dauphine. Je suis assez contente de sa conduite : un peu plus d'application et de circonspection, surtout vis-à-vis de ses tantes, achèveraient de me tranquilliser. Je suis très-satisfaite de la façon dont elle a fait paraître sa sensibilité pour ce pauvre postillon blessé, et si jamais il arrive des traits semblables qui fassent connaître son caractère, vous me ferez plaisir de m'en informer, en employant même dans ces cas une main étrangère. Les gazettes disent que, dans ses promenades, ma fille était un jour tombée de l'âne qu'elle montait, sans se faire cependant du mal. Ce fait est-il vrai ?

Quoi qu'il en soit de la correspondance secrète que le roi entretient par le canal de Broglie, il est toujours nécessaire de garder sur un point aussi délicat le secret le plus scrupuleux, et je m'en repose entièrement sur votre discrétion connue.

[J'avoue, la perte de Choiseul (1) m'est très-sensible, et je crains que nous ne nous en ressentirons que trop. L'éloignement de Vermond est sûr, je regarde cela comme infaillible et la chute de ma fille.

---

(1) C'est le 24 décembre précédent que le duc de Choiseul était tombé du ministère. La nouvelle en arrivait à Vienne : on conçoit l'émotion et les inquiétudes de Marie-Thérèse à la chute du ministre qui avait toujours soutenu l'alliance franco-autrichienne et conclu le mariage de Marie-Antoinette.

Vous n'aurez non plus cette facilité de l'approcher, ni on n'osera vous informer de tout. Cette abominable clique gâtera ma fille, et lui rendra ou suspects ou incommodes ceux qui pourraient lui donner des bons conseils. Je vous avoue que je regarde comme décisif ce coup pour ma fille, mais pas pour l'alliance, qui convient autant à la France qu'à nous. Je vous prie de me marquer toutes les particularités, mais surtout les propos, la contenance du dauphin, que je crois pas si sot, mais entièrement adonné et mené par cette clique, ainsi faux et hypocrite. Si vous apprenez de temps en temps quelque chose des Choiseul et de la cause de leur disgrâce, car leurs inconséquences et impertinences tolérées depuis tant d'années ne peuvent être la cause de leur chute, je vous prie de me le marquer. Je ne me cache pas de les plaindre, et si je peux leur être utile une fois, je m'en ferai un plaisir ; ils peuvent compter sur moi. Notre situation devient encore plus délicate ; il est heureux pour nous de vous y avoir ; comptez sur toute ma confiance et reconnaissance.]

II. — Marie-Thérèse a Marie-Antoinette.

Ce 6 janvier — Madame ma chère fille. A peine j'ai reçu le courrier ordinaire, qui ne m'est arrivé que le jour de l'an, qui est si occupé chez nous, que hier un autre courrier nous vint porter la disgrâce des Choiseul. J'avoue, j'en suis bien affectée ; je n'ai vu dans leurs procédés que du honnête et humain et bien attaché à l'alliance ; au reste je n'entre en rien dans les raisons que le roi en a eues, et vous y entrerez encore moins. Je souhaite que le roi les remplace bien et que leurs successeurs méritent aussi bien notre confiance. N'oubliez jamais que votre établissement était l'ouvrage des Choiseul, qu'ainsi vous n'oublirez jamais de leur devoir de la reconnaissance. Vous avez plus besoin que jamais, ma fille, des conseils de Mercy et de l'abbé, qui, je crains, connaissant son honnêteté, sera fort ébranlé de ce coup ; mais ne vous laissez induire dans aucune faction, restez neutre en tout ; faites votre salut, l'agrément du roi, et la volonté de votre époux. Tâchez de tapisser un peu votre tête de bonnes lectures, elles vous sont plus nécessaires qu'à une autre. J'en attends depuis deux mois la liste de l'abbé, et je crains que vous ne vous aurez guère appliquée ; les ânes et les chevaux auront emporté le temps requis pour la lecture ; mais à cette heure, en hiver, ne négligez pas cette ressource, qui vous est plus nécessaire qu'à une autre, n'ayant aucun autre acquis, ni la musique, ni le dessin, ni la danse, peinture et autres sciences agréables. Je reviens donc toujours à la lecture, et vous chargerez l'abbé de m'envoyer tous les mois ce que vous aurez achevé, et ce que vous comptez commencer.

Je vous recommande d'être plus que jamais réservée sur tout ce qui se passe, de ne vous passer aucune confidence ni curiosité, si vous voulez conserver votre tranquillité et l'approbation générale, que vous avez conservée si parfaitement jusqu'ici ; convenez que c'est d'avoir suivi les bons conseils. Je suis fâchée de le devoir dire : même jusqu'à vos tantes, que j'estime tant, ne faites pas de confidences : je le sais pourquoi je le dis. Peut-être Mercy n'en est pas même informé, mais je ne vous le dis pas pour rien. Je suis enchantée des bals qui se donnent chez vous, et qui feront grand bien au dauphin.

III. — Mercy a Marie-Thérèse.

Paris, 23 janvier. — Sacrée Majesté, Je crois devoir commencer aujourd'hui mon très-humble rapport par les particularités qui concernent l'événement arrivé dans le ministère de cette cour, et, comme mes dépêches en contiennent les détails essentiels, je me bornerai à exposer ici ceux qui ont uniquement trait à Mme la dauphine.

Le même jour de l'exil du duc de Choiseul, et une heure après que j'en eus connaissance (ne pouvant dans un moment si critique me rendre moi-même à Versailles), mon premier soin fut de faire parvenir à Mme la dauphine, par le canal de l'abbé de Vermond, les remarques qui me parurent les plus importantes sur la conduite et le langage qu'il convenait à S. A. R. de tenir dans une conjoncture où elle serait sans doute observée de près. Je la fis supplier de garder un maintien qui ne cachât point le déplaisir que devait lui causer le renvoi d'un ministre que tout le monde sait avoir été honoré des bontés et de la confiance de V. M., et qui d'ailleurs a essentiellement coopéré à l'arrangement du mariage de Mme la dauphine, que ces deux motifs d'intérêt pourraient être allégués par S. A. R. dans tous les cas où on lui parlerait du ministre exilé, mais qu'il fallait éviter tout propos de justification en sa faveur, se borner simplement à le plaindre du malheur d'avoir déplu au roi son maître, et surtout ne faire aucune mention ni de ses ennemis, ni des moyens qu'ils ont employés pour le perdre. Craignant que V. M. n'eût de l'inquiétude sur l'événement en question, j'écrivis d'abord au prince de Starhemberg, en le priant de rendre compte à V. M. des mesures que j'avais prises, et lesquelles, ayant été adoptées par Mme la dauphine, produisirent tous les bons effets que je m'en étais promis. Tout Versailles et Paris firent les plus grands éloges de la conduite de S. A. R., et les gens de la cabale même furent forcés à y applaudir. Cependant il survint peu de jours après quelques inconvénients occasionnés par Mesdames de France, chez lesquelles Mme la dauphine se laissa entraîner à des propos de vivacité, auxquels elle ne se livre qu'autant qu'elle y est excitée par le mauvais exemple. J'ai la malheureuse expérience que, de toutes les idées que Mme Adélaïde parvient à insinuer à Mme la dauphine, il n'en est pas une qui ne soit parfaitement fausse et nuisible à S. A. R. Mme Adélaïde n'a aucune suite ni système dans l'esprit; elle s'était ouvertement déclarée la protectrice du duc de Choiseul et de la duchesse de Gramont. Le lendemain du renvoi du ministre, elle a été la première à aggraver sa conduite et à inculper sa sœur, ce qui a scandalisé tout le public. Tant d'inconséquences dans les procédés n'en annonce pas moins dans les conseils, et j'en crains toujours les effets pour Mme la dauphine, qui ne les écoute que trop. La comtesse de Narbonne, dame d'atours de Mme Adélaïde, gouverne entièrement cette princesse, et voudrait aussi par son moyen gouverner Mme la dauphine; elle y a déjà réussi en bien des choses, mais la présence de l'abbé de Vermond met un obstacle à l'entière exécution de son projet, et cela me fait craindre que cette dame d'atours pourrait bien s'occuper des moyens d'écarter l'abbé. Quoique Mme la dauphine lui accorde à juste titre toute sa confiance, cependant on est parvenu à rendre S. A. R. un peu timide et incertaine dans ses opinions, de façon que, contre son propre gré, il ne serait pas impossible qu'elle se laissât entamer sur le chapitre de l'abbé de Vermond, si Mesdames s'appliquaient de suite à lui inspirer des doutes sur l'utilité de garder auprès de sa personne cet ecclésiastique, dont toute la cabale serait enchantée de se débarrasser. Elle s'empresserait à faire en cela cause commune avec la comtesse de Narbonne, laquelle paraît déjà se rapprocher des ennemis du duc de Choiseul.

Cet article étant de la dernière importance, j'ai cru devoir exposer à Mme la dauphine toutes les réflexions à faire sur cette matière. L'éloignement de l'abbé priverait S. A. R. de la seule personne vraiment utile et de confiance qu'elle ait à ses ordres ; il en résulterait pour moi un embarras extrême, en perdant une voie sûre de faire parvenir à Mme l'archiduchesse tout ce que je crois nécessaire de lui faire savoir, et je suis dans ce cas-là plusieurs fois par semaine. D'ailleurs on ne sait ce qui résultera du nouveau et étrange ministère qui va se former à cette cour, où les intrigues deviendront plus vives, plus dangereuses, et exigeront par conséquent plus de prudence et de circonspection à éviter les écueils qui peuvent se former autour de Mme la dauphine. Je ne pourrais sans de très-grands inconvénients paraître trop souvent à Versailles, et, depuis quelque temps, quand je m'y trouve, S. A. R. n'a presque jamais le loisir de me parler, et cet obstacle est toujours occasionné par Mesdames.

Après la très-humble exposition de ce tableau, je dois soumettre aux hautes lumières de V. M. ce qu'elle jugera convenable d'écrire à Mme la dauphine, soit sur la nécessité de protéger et se conserver l'abbé de Vermond, soit sur la convenance dont il est à S. A. R. de me continuer l'accès qui m'est nécessaire auprès d'elle pour pouvoir lui être utile, soit enfin sur le danger de se laisser trop intimider par les conseils et l'exemple de Mesdames, et d'adopter trop généralement les idées peu justes qu'elles ont de toutes choses. Ce dernier point est trop marqué, et les complaisances de Mme la dauphine par trop étendues ; j'en citerai quelques exemples qui le prouvent.

V. M. avait écrit deux fois à Mme l'archiduchesse de parler au roi en faveur du marquis de Durfort ; S. A. R. avait promis de s'en acquitter ; mais il n'y a pas eu moyen de l'y déterminer, parce que Mme Adélaïde s'y est opposée. Ce fait est de conséquence en ce que personne ne peut ni ne doit contrebalancer dans l'esprit de Mme la dauphine les effets d'une volonté marquée par V. M.

Le médecin Ingenhouse (1), arrivé depuis peu, m'ayant fait con-

---

(1) Médecin et chimiste célèbre, né en Hollande, en 1730 ; il résidait en Angleterre lorsqu'il fut demandé par Marie-Thérèse, pour pratiquer l'inoculation sur les membres de la famille impériale. Il devint conseiller aulique et eut le titre de médecin de l'impératrice, bien que cette fonction ait été effectivement remplie, d'abord par Van Swieten et ensuite par Antoine Stark.

naître que l'intention de V. M. était qu'il fût mis à portée de voir et d'examiner de près l'état de la santé de Mme la dauphine, de M. le dauphin et de la famille royale, je m'occupai d'abord des moyens à procurer à ce médecin les facilités de remplir son objet; mais j'y trouvai quelque obstacle de la part de Mme l'archiduchesse, dont la première réflexion fut que le médecin Ingenhouse n'était pas dans le cas de pouvoir jouir des entrées de la chambre. Je chargeai l'abbé de Vermond de représenter à S. A. R. qu'un homme envoyé pour un objet quelconque par V. M. était excepté de toutes les règles d'étiquette, et que la moindre réflexion suffirait pour en persuader Mme l'archiduchesse. Elle se prêta en effet à cette raison; elle reçut Ingenhouse dans sa chambre, le traita fort bien, et lui procura même les moyens de voir la famille royale. Je découvris ensuite que la petite difficulté formée d'abord par Mme la dauphine provenait d'une insinuation de Mme Adélaïde sur les règles de cérémonial à observer dans des cas semblables. V. M. daignera remarquer qu'elle ne pourrait faire mention de cette circonstance à Mme la dauphine sans nous exposer, l'abbé de Vermond et moi, à en éprouver le mauvais gré de S. A. R., mais il m'a paru utile d'exposer ce fait à V. M. pour qu'elle daigne juger du fruit des leçons de Mesdames, et combien il serait à désirer que Mme la dauphine voulût les apprécier à leur juste valeur. Cette dépendance de Mesdames est la seule circonstance qui puisse, dans certains cas, donner quelques inquiétudes fondées sur le chapitre de Mme l'archiduchesse, car dans tout le reste, et quand S. A. R. se dirige par son sentiment propre, elle agit toujours d'une façon à se faire admirer et adorer. Il n'est point de journée où elle ne donne des preuves de jugement, d'une singulière justesse d'esprit, et d'un caractère bon, généreux et compatissant. Quant aux grâces naturelles, il est impossible de les posséder à un degré plus marqué, et d'en faire un meilleur usage; en cela S. A. R. ne s'est jamais ni oubliée ni démentie un instant. A l'occasion des bals qui se donnent tous les lundis à Versailles, il n'est sorte d'attention et de bonté que Mme la dauphine ne fasse éprouver à ceux qui s'y trouvent. Personne n'est oublié, tout le monde sort enchanté de ces petites fêtes. Le roi en témoigne son contentement par le surcroît de complaisance et d'amitié qu'il marque de plus en plus à Mme l'archiduchesse; il veut qu'elle s'amuse, et la prévient en tout là-dessus. Il vient d'ordonner qu'il y eût deux comédies par semaine à Versailles, uniquement parce qu'on lui a suggéré que cela serait agréable à Mme la dauphine. Ses progrès sur l'esprit de M. le dauphin se manifestent en tout, et ce jeune prince change visiblement à son avantage. En dernier lieu une dame du palais voulut lui faire remarquer qu'avec une si agréable figure Mme la dauphine danserait supérieurement bien, si elle voulait s'en donner la peine. M. le dauphin répondit : « Elle a tant de grâce que tout lui réussit au « mieux ; il faut convenir qu'elle est charmante. » Depuis quelque temps M. le dauphin a tenu plusieurs propos semblables, et qui certainement signifient beaucoup dans un jeune prince naturellement taciturne et timide, et qui jusqu'à ce moment n'avait jamais rien prononcé de pareil.

La passion de Mme l'archiduchesse pour l'exercice du cheval se soutient toujours, et, dans cette saison rigoureuse, elle monte au manége, quand le temps est trop mauvais pour se promener en plein air. En revanche les occupations sérieuses sont aussi un peu plus suivies, et S. A. R. a fait dans ces derniers temps quelques lectures de cinq quarts d'heure, ce qui n'était pas encore arrivé.

Quant à ce qui concerne les pratiques de piété et la décence exemplaire de les remplir, S. A. R. ne laisse rien à désirer à cet égard. Elle a fait ses dévotions le jour de Noël, et a assisté à tous les offices de cette journée.

Pendant que j'écrivais mon très-humble rapport, il est survenu une particularité assez singulière, et qui apporte du changement à l'objet d'un article que V. M. aura daigné lire ci-avant. Cela regarde la marquise de Durfort, laquelle, voyant très-bien que la comtesse de Narbonne, par la voie de Mme Adélaïde, lui interceptait la protection de Mme la dauphine, imagina des moyens de s'en ressentir, et y réussit en employant tout son crédit auprès de Mme Victoire pour engager cette princesse à ne pas demander pour premier aumônier l'évêque de Gap, beau-frère de la comtesse de Narbonne, qui depuis longtemps sollicitait cette place. Mme Victoire s'étant prêtée à cette insinuation, il en résulta que les deux dames d'atours se trouvèrent réciproquement dans le cas d'avoir besoin l'une de l'autre. Elles capitulèrent par l'entremise de leurs amis communs, et il fut convenu que la comtesse de Narbonne ferait parler Mme Adélaïde à Mme la dauphine en faveur de la marquise de Durfort, et que celle-ci déciderait Mme Victoire à prendre l'évêque de Gap pour son premier aumônier. Cette convention fut religieusement observée, et produisit d'abord son effet, en ce que l'évêque de Gap fut demandé et nommé premier aumônier de Mesdames Victoire et Sophie. Immédiatement après, Mme Adélaïde ayant fait connaître qu'elle consentait à ce que Mme la dauphine employât ses bons offices en faveur du marquis de Durfort, S. A. R. s'en acquitta immédiatement et en parla au roi le 6 de ce mois. Le roi reçut très-bien les demandes de Mme la dauphine; il lui répondit sans la moindre résistance que l'objet étant juste, et Mme la dauphine le désirant, il y consentait volontiers, et allait ordonner au duc de la Vrillière d'expédier au marquis de Durfort une assurance par écrit, et au moyen de laquelle il jouira, lui et sa postérité, de la dignité de duc et pair à l'extinction très-prochaine de la branche de Lorge, ce qui remplissait la demande du marquis de Durfort. Dans la marche de cette affaire V. M. daignera y remarquer 1° l'ascendant de Mme Adélaïde, 2° les motifs de hazard, de caprice ou d'intrigues qui la déterminent à vouloir une chose, ou s'y opposer, 3° combien Mme la dauphine s'assujettit à de pareilles volontés de sa tante, et les conséquences fâcheuses que cela peut produire dans bien des cas. J'ai engagé l'abbé de Vermond à faire usage de toutes ces réflexions, et à démontrer à Mme l'archiduchesse que, dans la circonstance en question, elle a été jouée sans s'en apercevoir. S. A. R. l'a compris enfin, et en a paru un peu honteuse. Je ne doute pas que, par ce courrier, elle n'écrive à V. M. la réussite de sa demande en faveur du marquis de Durfort, et je crois que la leçon serait bonne, s'il plaisait à V. M. de faire compliment à Mme l'archiduchesse sur ce qu'enfin elle a pris courage de parler au roi, et que V. M. ne savait plus à quoi attribuer un si long délai dans l'exécution d'une démarche qu'elle avait exigée de Mme la dauphine.

V. M. daignera se rappeler que, dans mon très-humble rapport du 20 octobre de l'année dernière, je lui rendis compte que la comtesse de Noailles avait demandé à Mme la dauphine une place de dame dans son palais pour la comtesse de Guiche, sa nièce, que Mesdames s'y étaient opposées, que j'avais pris la liberté de conseiller à Mme l'archiduchesse de ne point cacher cet obstacle à la comtesse de Noailles, et de rejeter ainsi le dégoût d'un refus sur Mesdames ses tantes. La comtesse de Noailles ayant renouvelé tout récemment cette même demande, Mme la dauphine voulut bien suivre mon avis, et dit à sa dame d'honneur qu'ayant une opposition de la part de Mesdames, il fallait lever cet obstacle, et qu'alors S. A. R. se prêterait volontiers à la demande en question. La comtesse de Noailles parut contente de cette explication et s'adressa à Mesdames, qui la reçurent si mal que la dame d'honneur en est entièrement dégoûtée et médite de quitter sa place. La perte serait médiocre s'il n'y avait pas le risque de la voir remplacée par quelque femme dangereuse, ce qui probablement arriverait, et pourrait avoir des conséquences très-sérieuses. En suite de cette réflexion je m'occupe des moyens propres à apaiser cette tracasserie, à calmer l'esprit de la comtesse de Noailles, et à tirer de façon ou d'autre Mme la dauphine d'embarras. Je me flatte d'y réussir et de me prévaloir utilement des secours que peut me donner la marquise de Durfort auprès de Mme Victoire, que cela regarde plus particulièrement, parce que la comtesse de Guiche avait refusé d'entrer à son service.

Le courrier porteur des ordres de V. M., en date du 4, n'est arrivé ici que le 20 au matin. Un gros rhume avec de la fièvre me mettant ce jour-là hors d'état de me rendre à Versailles, et le hazard ayant amené l'abbé de Vermond à Paris, je lui confiai la lettre de V. M. à Mme la dauphine, à laquelle elle fut remise immédiatement avec les autres lettres qui y étaient jointes.

Hier au matin je me rendis à Versailles; j'y trouvai les apprêts d'une partie de traîneau qui devait avoir lieu à midi, et qui laissa à Mme la dauphine peu de temps et de loisir pour me parler. Elle me témoigna un peu d'embarras par rapport à ses lectures, et, d'après ce qu'elle me dit là-dessus, je crois qu'elle répondra à V. M., qu'il ne lui serait guère possible de faire des lectures réglées pendant le carnaval, mais que cela sera réparé pendant le carême. Pour peu que V. M. veuille bien encore insister sur cet article important, je suis très-assuré qu'il sera établi d'une façon stable. S. A. R. m'ajouta : « S. M. l'impératrice me parle de mes tantes; je ne conçois pas par qui elle est informée; au reste il faut convenir qu'il y a bien quelque chose à dire sur ce chapitre. » Cette expression, remplie de sincérité et de jugement, me fit grand plaisir; je répondis que rien ne pouvait être ignoré de ce qui se dit à Versailles, et que V. M. en serait toujours informée tôt ou tard.

Dans la persuasion que tout ce qui a trait à Mme l'archiduchesse peut intéresser ou amuser V. M., je joins ici deux petites pièces en vers, qui ont pour objet les promenades de S. A. R. J'ajoute en même temps une liste des personnes dansantes aux bals de Versailles.

IV. — Mercy a Marie-Thérèse.

Paris, le 23 janvier. — Ce que V. M. me fait la grâce de me marquer de main propre exige un très-humble rapport particulier sur les différents articles dont elle daigne me faire mention.

1° Je joins ici les trois pièces secrètes que le secrétaire de Pichler m'a envoyées par ordre de V. M. (1). Je me bornerai à observer pour le moment que la lettre du comte de Broglie datée du 20 de novembre n'étant arrivée à Vienne que le 5 de janvier, il est clair qu'elle a été retenue à Versailles pendant un mois entier, ce qui semblerait indiquer que le roi met bien peu d'activité, par conséquent peu d'intérêt à la correspondance en question. Il résulte aussi de la marche de cette correspondance qu'elle ne peut avoir lieu sans l'entremise de quelques employés des bureaux de Versailles. Le nommé Dognie (2), chef du bureau des chiffres, doit infailliblement y avoir part, et j'ai de fortes raisons à soupçonner qu'un des premiers commis des affaires étrangères, l'abbé de la Ville, est pareillement dans le secret. J'en juge par une découverte que je viens de faire, et qui consiste en ce que ledit abbé était instruit le 21 décembre que le duc de Choiseul serait exilé le 24, et que ce même abbé a eu l'ordre secret de rédiger la minute de la lettre que le roi a écrite au roi d'Espagne pour le prévenir sur l'événement qui allait arriver (3). Cette remarque pourra être de

---

(1) Ces trois pièces ne se retrouvent pas. On comprend par ce qui suit qu'il est question de trois dépêches de la correspondance secrète interceptées.

(2) D'Ogny, chef du bureau secret à la poste, était en effet un des principaux agents de la correspondance secrète ; il reconnaissait à un signe extérieur les dépêches des diplomates initiés ; elles étaient envoyées au comte de Broglie par Guinard, garçon du château, déchiffrées dans le cabinet du comte, puis renvoyées à Louis XV avec les projets de réponse auxquels le roi mettait chaque fois son visa après correction. On peut consulter sur la diplomatie secrète l'ouvrage de M. E. Boutaric : *Correspondance secrète inédite de Louis XV*, etc.; Paris, 1866.

(3) On peut voir dans les Mémoires de Besenval (p. 125) le récit des intrigues qui s'agi-

conséquence pour la combinaison des faits à venir; d'ailleurs le contenu des lettres du comte de Broglie me procure de grandes lumières pour prévoir, juger et apprécier le langage qu'on pourra me tenir ici sur les différentes conjonctures, et, sans m'écarter du plus profond secret, je tâcherai de multiplier les découvertes qui intéressent le service de V. M. Le comte de Broglie est arrivé ici de ses terres le 26 décembre; je sais positivement qu'il ignorait que le duc de Choiseul dût être exilé le 24 décembre. Depuis son retour il a été plusieurs fois à Versailles; mais, d'après ce qui m'a été affirmé, il n'a pas eu d'entretien particulier avec le roi; je veillerai de près, mais avec toute la circonspection nécessaire, à ce qui pourra éclairer sur les démarches relatives à l'objet en question.

2° Le renvoi du duc de Choiseul est à regretter par une suite de ses sentiments très-décidés pour le système présent; mais quel que soit son successeur, il lui sera impossible de s'écarter dans l'essentiel des mêmes principes, par la raison incontestable qu'il importe pour le moins autant à la France qu'à V. M. de maintenir l'alliance. J'établirai cette maxime dans mon début auprès du nouveau ministre, et lui en parlerai avec plus ou moins de netteté et de force selon le ton et la marche que je lui verrai prendre avec moi. Je me trouve en bonne position vis-à-vis de tous les prétendants, et j'espère que rien ne périclitera de ce qui importe au bien du service de V. M. La grâce et la clémence avec laquelle elle daigne envisager mon zèle à cet égard, redoublera mes efforts à tâcher de me rendre digne de tant de bontés.

3° Mme la dauphine a déjà pris ici une consistance assez solide, et l'éloignement du duc de Choiseul ne saurait y influer jusqu'à un certain point. V. M. a lieu d'être tranquille à cet égard; je suis aussi bien sûr qu'on ne réussira pas à m'interdire l'accès dont je suis en possession auprès de S. A. R., pourvu qu'elle veuille bien elle-même me soutenir dans l'occasion, ce qui lui sera très-facile, de même qu'à l'égard de l'abbé de Vermond. Suivant la manière dont les choses se passent à cette cour, et d'après la façon de penser et

---

taient autour de Choiseul pour amener sa chute. Cet abbé de la Ville, commis principal aux Affaires étrangères et secret ennemi de Choiseul, y prit une part active, et fut effectivement chargé par le roi d'écrire au roi d'Espagne pour lui annoncer le renvoi du ministre, deux jours avant qu'il ne fût effectué. Il ne semble pas qu'il y eût aucun rapport entre ces intrigues et la correspondance secrète.

d'agir du roi, V. M. peut être assurée que personne ne tenterait avec succès de nous attaquer, l'abbé de Vermond ni moi, aussi longtemps que l'on remarquera que Mᵐᵉ l'archiduchesse voudrait s'y opposer. Je ne crains en cela que les insinuations de Mᵐᵉ Adélaïde, et je m'en rapporte sur cet article au contenu de mon très-humble rapport.

4° M. le dauphin n'a marqué ni plaisir ni peine du renvoi du duc de Choiseul. D'après ce qu'il en a dit à Mᵐᵉ la dauphine, on pourrait croire qu'il est dans le doute sur tout ce qu'il a ouï dire de ce ministre en bien ou en mal. Il semble d'ailleurs ne prendre intérêt à aucune personne de la cour, pas même à ceux qui le servent depuis son enfance. Le duc de la Vauguyon ne lui est guères moins indifférent que les autres, et c'est ce qui paraît avoir décidé le duc en question, ainsi que toute la cabale, à se porter vers le comte de Provence dans l'espoir de trouver un appui auprès de ce prince. Jusqu'à ce jour M. le dauphin n'a donné de vraies marques de confiance qu'à Mᵐᵉ la dauphine, et j'ai rendu compte à V. M. du terme précis jusqu'où s'est étendue cette confiance. Quoique la position de Mᵐᵉ l'archiduchesse soit délicate, même dangereuse à bien des égards, soit par ses entours, soit par d'autres circonstances, cependant j'ose encore assurer qu'au moyen des avertissements que V. M. voudra bien donner à S. A. R., et par les soins et l'attention que l'abbé de Vermond et moi apporterons sur tout ce qui la concerne, il n'arrivera aucun inconvénient grave; avec un peu de conduite Mᵐᵉ la dauphine gouvernera certainement le prince son époux, dont l'état de nonchalance provient plutôt d'une mauvaise éducation et d'une grande timidité naturelle que d'un caractère vicieux.

5° V. M. veut savoir les causes de la disgrâce du duc de Choiseul; voici ce qui en est de plus exact à cet égard. L'humeur hautaine et le langage indiscret de la duchesse de Gramont (1) et

---

(1) L'influence des femmes était grande dans toutes les luttes d'opinion qui agitaient si profondément la fin du 18ᵉ siècle. La duchesse de Gramont (Béatrix de Choiseul-Stainville) avait sur son frère, le duc de Choiseul, un empire qu'elle exerçait souvent aux dépens de l'aimante et dévouée duchesse de Choiseul. Ambitieuse, fière, hautaine, mais d'une séduisante amabilité quand elle voulait plaire, la duchesse de Gramont racheta les fautes de son caractère par la grandeur de sa mort. On sait qu'amenée devant le tribunal révolutionnaire, elle se refusa à un mensonge qui aurait pu la sauver, et réserva cette éloquente parole qui avait si souvent charmé les brillants salons du 18ᵉ siècle pour défendre son amie la duchesse du Châtelet, accusée en même temps qu'elle. Elles périrent ensemble.

de la princesse de Beauvau (1), son intime amie, la faiblesse avec laquelle le duc de Choiseul se livrait à toutes leurs impulsions, la guerre ouverte où il s'était laissé entraîner contre la favorite, les propos hardis qu'il a osé tenir à son maître sur cette femme, et plus encore les plaisanteries publiques et piquantes qu'il faisait sur son compte, tout cela avait depuis longtemps établi dans le cœur du roi un levain de dégoût pour son ministre ; les ennemis de ce dernier fomentèrent et aigrirent ces dispositions ; enfin ils en profitèrent pour persuader au roi que le duc de Choiseul excitait les parlements dans leur désobéissance, et qu'il pourrait s'ensuivre un soulèvement dans le royaume si le ministre n'était promptement renvoyé. On produisit de faux témoignages, on fit intervenir le prince de Condé ; le chancelier déclara qu'il allait quitter ; enfin le roi, pressé de tous côtés par sa favorite, par plusieurs de ses ministres, un peu effrayé du danger qu'on lui représentait comme si prochain, se décida finalement à éloigner le ministre. Celui-ci apprit sa disgrâce avec le plus grand sang-froid par le duc de la Vrillière ; il partit sur-le-champ pour Paris ; il y trouva la duchesse de Choiseul qui se mettait à table. En le voyant entrer elle lui dit : « Vous avez « bien la mine d'un homme exilé, mais asseyez-vous, notre dîner « n'en sera pas moins bon. » Ils dînèrent en effet fort tranquillement ; une foule prodigieuse de monde vint se faire écrire à leur porte ; le duc arrangea ses affaires domestiques jusqu'au lendemain, où il partit pour Chanteloup, suivi de son épouse et de sa sœur. Ils

---

(1) Le prince et la princesse de Beauvau étaient parmi les personnages les plus importants de la cour et de la société. D'une grande famille de Lorraine, fils du prince de Craon, le prince de Beauvau avait servi avec beaucoup de distinction, d'habileté et de courage pendant la guerre de sept ans. Il remplit ensuite de grandes charges de cour, s'acquérant la réputation de parfait honnête homme. Il avait épousé en 1764 Mlle de Rohan-Chabot, veuve du marquis de Clermont d'Amboise, et qu'il aimait depuis longtemps ; ils donnèrent le spectacle, rare en ce temps, d'une union parfaite, d'un amour qui dura inaltérable jusqu'à la mort paisible du prince de Beauvau, en août 1793 ; il avait alors 73 ans. Sa femme, de 10 ans plus jeune, vécut jusqu'en 1806 uniquement occupée de sa passion et de ses regrets. (Voir les *Souvenirs de la maréchale princesse de Beauvau*, par Mme Standish-Noailles. Paris, 1872.) Le prince et la princesse de Beauvau faisaient partie, comme la duchesse de Gramont, du groupe libéral qui se serrait autour de Choiseul, qui lutta pour les parlements et refusa de s'incliner devant les du Barry. La princesse, enthousiaste, passionnée de gloire, comptait pour rien la disgrâce et l'exil en comparaison de l'honneur de lutter, comme on disait dès lors, pour la liberté contre le pouvoir arbitraire. Dans sa société on l'appelait « la mère des Machabées » ou « la dominante des dominations ».

y sont maintenant avec un nombre de leurs parents, et y mènent une vie assez douce en apparence. Par circonspection pour le duc lui-même et pour ma position, je n'ai pu le voir avant son départ; il en a senti l'impossibilité, et il m'a fait prier, ainsi que la duchesse, de faire parvenir aux pieds de V. M. les expressions de leur inviolable et très-respectueux attachement à sa sacrée personne, en la suppliant qu'elle daigne leur conserver sa haute protection. Je leur ferai savoir, verbalement et d'une façon à éviter tout inconvénient, que V. M. a daigné prendre part à leur sort, et qu'elle leur accorde la continuation de ses grâces, en les plaignant d'avoir eu le malheur de déplaire à leur souverain. Depuis cet événement le roi n'a marqué aucun ressentiment contre le duc de Choiseul; il y a même eu des moments où on a cru remarquer qu'il se doutait d'avoir été trompé sur le chapitre de ce ministre, et qu'il le regrettait. On présume de là qu'il conservera ses charges de colonel général des Suisses et son gouvernement, qui lui sont d'autant plus nécessaires qu'il a quitté le ministère endetté de plus de trois millions, quoiqu'il fût en jouissance de cinquante mille livres de revenu des seuls bienfaits du roi.

V. — Marie-Thérèse a Marie-Antoinette.

Ce 10 février. — Madame ma chère fille. Le courrier n'étant arrivé qu'avant-hier, celui-ci viendra aussi plus tard, surtout dans cette mauvaise saison! Vous étiez plus heureuse d'avoir eu de la neige. Ce ne sera que demain que nous aurons une course, et une journée plus tard je doute qu'elle aurait réussi, car la neige commence déjà à se fondre. Voilà la liste de la course; vous trouverez M. de Palm (1) comme chambellan : il a donné 200 mille florins pour les enfants des soldats pour le devenir; c'est honnête, et les Palm ne sont pas de si peu de noblesse, mais ils ont eu des femmes bourgeoises, hors sa mère, qui a été une Plettenberg.

Je suis enchantée que vous avez prévenu mes intentions dans le cas assez délicat de l'exil des Choiseul, et vous continuerez de même et ne démentirez pas votre caractère bienfaisant. Ne vous laissez pas entraîner par des exemples contraires; n'adoptez pas la

---

(1) Le comte Charles-Joseph Palm, élevé plus tard au rang de prince de l'empire.

légèreté française, restez bonne Allemande et faites-vous une gloire de l'être, et amie de vos amis.

Je vous fais mon compliment d'avoir pris à la fin courage de parler au roi de la commission dont je vous ai chargée pour Durfort; je ne savais plus à quoi attribuer ce long délai! Si vous le voyez, vous pouvez lui dire que je me souviendrai bien du balcon, où nous étions à voir courir en traîneau la petite épouse, et le froid que je lui ai fait souffrir, malgré moi, n'en ayant pas été incommodée. Ingenhouse me mande qu'il vous a trouvée très-bien et grandie, qu'il a vu toute la famille, et a trouvé tous bien portants, qu'il a vu le moment de ne pouvoir vous approcher à cause des étiquettes, que l'ambassadeur lui a procuré le moyen de vous voir. Je ne saurais croire qu'un homme de notre cour n'aurait pas l'accès chez vous; vous avez franchi tant d'autres étiquettes que vous ne laisserez pas subsister celle-ci.

J'attends votre portrait avec grand empressement. Je crains bien que le carnaval et le monter à cheval, qu'on marque en toutes les gazettes que vous continuez dans le froid au manège, n'aient mis un retard. Je crains que votre teint et même la taille n'en souffrent, si vous vous abandonnez trop à cet exercice. Je vous prie de me dire sincèrement si vous dansez mieux qu'ici, surtout les contre-danses : on en dit un bien infini de ces bals, et, ce qui me fait le plus de plaisir, surtout du dauphin, et on attribue ce changement à vous; que vous êtes heureuse! Je commence à m'ennuyer que vous n'êtes dauphine. Je crains que la future comtesse de Provence ne vous devance : on en dit un bien infini, de son excellent caractère et douceur sans être belle, beaucoup de physionomie, et très-bien prise dans sa taille.

J'attends avec impatience, en retour de ce courrier, vos lectures et applications; il est permis, surtout à votre âge, de s'amuser, mais d'en faire toute son occupation et de ne rien faire de solide ni d'utile, et de tuer le temps entre promenades et visites, à la longue vous en reconnaîtrez le vide et serez bien aux regrets de n'avoir mieux employé votre temps. Je dois même vous relever que le caractère de vos lettres est tous les jours plus mauvais et moins correct : depuis dix mois vous auriez dû vous perfectionner. J'étais un peu humiliée en voyant courir par plusieurs mains celles des dames, que vous leur avez écrites; il faudrait s'exercer avec l'abbé ou quelque autre de vous former mieux la main, pour avoir un caractère plus égal.

Je suis bien consolée de ce que vous me dites de la continuation des attentions et bontés du roi pour vous : tâchez d'en mériter la continuation, et croyez-moi toujours toute à vous.

VI. — Marie-Thérèse a Mercy.

Vienne, 11 février. — Comte de Mercy. J'ai reçu vos lettres du 23 du passé, et j'y ai trouvé avec bien du plaisir les mêmes traits de votre exactitude ordinaire à m'informer de tout ce qui peut m'intéresser. Je suis encore très-contente de votre empressement à adapter votre écriture à mes yeux usés.

Quoique le dauphin continue dans son insensibilité, je suis cependant rassurée par ce que vous me mandez sur sa conduite vis-à-vis de ma fille ; il faut en attendre le dénouement. Entretemps je serai tranquille tant que je pourrai compter sur l'union des deux époux ; mais je vous avoue que, dans ces circonstances orageuses de la cour de France, la situation de ma fille m'inquiète beaucoup. Sa nonchalance, son peu de goût pour toute application sérieuse, son indiscrétion (effet de sa jeunesse et vivacité), ses liaisons avec ses tantes, et nommément madame Adélaïde, qui est peut-être la plus intrigante et répandue de ses sœurs, me fournissent plus d'un sujet de crainte. Tout dépend de votre adresse, de vous ménager, comme jusqu'ici, des occasions de parler de temps à temps à ma fille, et de maintenir l'abbé Vermond dans son poste actuel. Peut-être ma fille même ne serait-elle pas fâchée de se voir débarrassée d'un homme qui pourrait lui être incommode dans ses moments de dissipation. Je ne doute donc pas que, pour l'éloigner, on n'emploie les moyens les plus séduisants et même l'appât de quelque établissement brillant. J'écrirai à ma fille dans le sens que vous me conseillez, mais je mets préférablement ma confiance dans votre zèle et dans vos lumières en tout ce que vous jugerez le meilleur pour le bonheur de ma fille. Au reste, je suis bien aise que ma fille me suppose encore d'autres canaux par qui je reçoive des nouvelles sur ce qui la regarde. A vous le dire confidentiellement, c'est ma belle-sœur, la princesse Charlotte (1), qui me mande quelquefois

---

(1) La princesse Charlotte de Lorraine, abbesse de Saint-Wandru à Mons, de Remirémont

quelques anecdotes; quoique pour la plupart peu intéressantes.

Je regrette de cœur la disgrâce des Choiseul. Mandez-moi de temps à temps de leurs nouvelles, et je vous permets encore de leur faire parvenir quelquefois, avec toute la circonspection nécessaire, quelque chose de gracieux et de consolant de ma part, selon que vous le trouverez à propos. Je n'ai fait d'ailleurs point de mystère de mes sentiments pour les Choiseul, ayant fait connaître en présence des ministres étrangers, et même de Durand (1), que j'étais indifférente sur le choix du successeur de Choiseul, parce que je n'en faisais pas dépendre la durée de l'alliance, que je croyais trop solidement établie sur les sentiments et intérêts réciproques, mais que je n'en regrettais pas moins le renvoi des Choiseul, par la justice que je devais rendre à leur façon de penser et à leur attachement au système actuel.

Je me doute (2) que le déplacement de Mme de Noailles pourrait convenir à ma fille. Il n'y aurait que trop à craindre qu'elle ne fût remplacée par un mauvais sujet. Je suis bien aise que ma fille a réussi à la fin d'obtenir quelque chose pour Durfort, mais la façon dont cette affaire a été conduite me paraît assez romanesque; heureusement je ne vois pas à ma cour des exemples de ces manigances.

Je ne laisserai pas de continuer de vous communiquer les pièces de la correspondance secrète conduite par le canal de Broglie. Je trouve justes les réflexions que vous faites sur ce sujet.

Je vous envoie ci-jointe copie de la lettre du colonel Linsingen (3), en vous remettant d'entrer avec lui en matière ou non, selon que vous le trouverez à propos. [Vous n'en ferez encore aucun usage jusqu'à nouvel ordre.]

Je vous sais gré d'avoir assisté Ingenhouse lorsqu'il paraissait

---

en Lorraine, etc., sœur de l'empereur François I. Elle était fille de Léopold, duc de Lorraine, et d'Élisabeth, Charlottte d'Orléans, fille de Monsieur, frère de Louis XIV, et de la princesse Palatine.

(1) Habile diplomate; il fut l'un des agents les plus actifs de la correspondance secrète. Entre l'ambassade du comte de Durfort, qui avait conclu le mariage de Marie-Antoinette et était revenu accompagnant la dauphine en France, et celle du prince de Rohan, Durand resta à Vienne avec le titre de ministre plénipotentiaire; il passa de là en Russie.

(2) Marie-Thérèse emploie toujours cette locution au lieu de : je crois, je suppose.

(3) Ce baron de Linsingen, colonel au service de France, demandait à faire une communication secrète à l'impératrice. On verra par la pièce VII l'avis de Mercy à son sujet.

9.

affecté de la difficulté qu'on lui faisait de lui permettre les entrées chez ma fille. Je vous envoie la copie de la lettre que je viens de lui écrire. J'ai lu avec bien du plaisir les vers que vous m'avez envoyés au sujet de ma fille.

[Je n'ai rien mandé de particulier à ma fille de votre part ni de l'abbé ; je l'ai fait exprès pour ne pas trop charger toutes les fois sur cette matière. La jeunesse d'à cette heure ne veut point de gêne, et mon trop d'intérêt que je marquerais à ce sujet vous rendrait tous deux moins utiles ou même suspects. Je ne crains que trop que l'abbé ne se soutiendra ; alors je craindrais beaucoup pour ma fille le moment de l'apparition de la princesse de Savoie. Vous verrez par ma lettre que je la préviens peu à peu ; je crains les jalousies, les tracasseries, les factions. Tout le plus salutaire serait que l'union la plus parfaite puisse être entre eux ; je me flatterais assez si les tantes n'y étaient.]

VII. — Mercy a Marie-Thérèse.

Paris, 25 février. — Sacrée Majesté. Depuis la date de mon dernier et très-humble rapport du 23 de janvier, je me suis constamment occupé des moyens de remettre sous les yeux de Mme la dauphine les objets qui exigent le plus d'attention de sa part, et, après m'être concerté avec l'abbé de Vermond, nous sommes convenus que lui de son côté, et moi du mien, nous rendrions nos instances un peu pressantes sur les points qui, dans ces derniers temps, ont paru menacer quelques inconvénients. Je me suis particulièrement attaché à dévoiler à S. A. R. tous les ressorts d'intrigues et de vues personnelles que l'on met en mouvement pour se prévaloir de l'ascendant de Mme Adélaïde, et la faire servir d'instrument aux abus les plus dangereux et les plus propres à occasionner des embarras et des tracasseries dans la famille royale. J'ai fait voir jusqu'où pouvait s'étendre ce désordre, et toutes les conséquences qui ne manqueraient pas d'en résulter. Il en est une entre autres très-fâcheuse, et qui ne s'est déjà que trop manifestée ; elle consiste en ce que Mesdames ne se bornent pas à gouverner Mme la dauphine dans les choses qui lui sont personnelles ; elles veulent aussi étendre leur pouvoir sur les gens attachés au service de S. A. R., porter atteinte à leurs prérogatives, confondre leurs rangs et diminuer ainsi la différence très-marquée qui doit exister entre l'état d'une dauphine et celui de Mesdames de France. J'ai fait observer que ces princesses n'y gagneraient rien, tandis que Mme la dauphine y perdrait beaucoup; la raison en est que lorsque Mme la comtesse de Provence sera en France, elle y jouira de la préséance sur Mesdames, et s'attribuera dans la représentation toute la portion des droits que Mme la dauphine aura négligé de soutenir, d'où il résulterait que S. A. R. ne jouerait pas le rôle qu'elle seule doit remplir, et que les personnes attachées à son service seraient découragées, et peut-être même entraînées par là à chercher auprès de la cabale un appui qu'elles ne pourraient obtenir auprès de la princesse qu'elles ont l'honneur de servir. Mme la dauphine me parut assez frappée de mes représentations; elle me répondit qu'elle avait réfléchi sur ce que j'avais pris la liberté de lui dire à Fontainebleau touchant l'arrivée de Mme la comtesse de Provence, que, pour peu que cette princesse fût liante et aimable, S. A. R. était résolue à la bien traiter et à se concilier son amitié, que par là elle tâcherait de déconcerter les projets que la cabale paraît avoir formés sur Mme de Provence, et qu'elle s'occuperait des moyens de maintenir l'union dans la famille royale. Je fus très-charmé de voir Mme la dauphine dans de pareilles dispositions, si différentes de celles où je l'avais trouvée et que j'ai exposées dans mon très-humble rapport du 20 octobre dernier. S. A. R. ne me dit rien de positif sur mes remarques relatives à Mesdames ses tantes; mais, d'après le langage qu'elle a tenu ensuite à l'abbé de Vermond, j'ai lieu de croire qu'elle se détache un peu de ses préventions, et que, s'il plaît à V. M. d'écrire un mot sur ce chapitre, il en résultera des effets aussi décisifs que désirables.

J'ai heureusement réussi à calmer tout à fait l'esprit de la comtesse de Noailles sur le petit dégoût qu'elle avait essuyé à l'occasion de la demande d'une place de dame du palais pour la comtesse de Guiche, sa nièce. Mme la dauphine a bien voulu en dédommager sa dame d'honneur par toutes sortes de marques de bonté qu'elle lui a données, et qui ont dissipé tous les projets de retraite de la comtesse de Noailles. Elle s'occupe avec un grand zèle de tout ce qui peut plaire à Mme la dauphine; mais la tournure de son caractère et de son esprit n'admet pas qu'elle se rende utile dans des choses plus essentielles, et toutes les tentatives que j'ai faites pour tâcher de l'exciter à cet égard n'ont abouti qu'à me convaincre de l'impossibilité d'y réussir. Les bals de cour ont été continués tous les lundis du carnaval, et Mme la dauphine a rendu ces fêtes charmantes par les grâces dont elle a comblé les dames qui y ont été admises. M. le dauphin y a paru de son côté tout différent de ce que l'on était accoutumé de le voir ; il s'est beaucoup amusé de la danse, et a parlé à tout le monde avec un air de bonté qu'on ne lui connaissait point jusqu'à ce moment-là. Un changement si avantageux est attribué avec grande raison à Mme la dauphine, et lui donne un droit de plus aux hommages du public. Indépendamment des bals chez Mme la dauphine, la comtesse de Noailles en a donné plusieurs chez elle, que S. A. R. a honorés de sa présence. Elle y est venue la première fois avec M. le dauphin, qui la conduisait sous le bras ; il dit en entrant à la comtesse de Noailles : « J'espère, madame, que vous vou-« drez bien recevoir le mari et la femme ; nous ne venons point ici « pour y apporter de la gêne, mais pour partager vos amusements. » Après ce début honnête, M. le dauphin passa toute la soirée à danser, à parler et à donner des marques de bonté et d'attention à tous ceux qui se présentaient devant lui. Cette conduite a fait la plus grande sensation, et donne des espérances auxquelles jusqu'à présent il n'y avait pas eu grande raison de se livrer. A mesure que ce jeune prince change à son avantage, il dissimule moins sa façon de penser sur le duc de la Vauguyon. Ce dernier ayant fait tout récemment une maladie assez grave et qui a duré trois semaines, M. le dauphin n'est point allé le voir, et un jour, se trouvant chez Mesdames ses tantes, il y parla de son ancien gouverneur avec assez de mépris, en se plaignant de la mauvaise éducation qu'il en avait reçue. Toutes ces particularités sont les effets de l'ascendant que Mme la dauphine a su se procurer sur l'esprit du prince son époux, et cet article important est si solidement établi, que V. M. peut y compter autant pour l'avenir que pour le présent.

J'avais supplié Mme la dauphine de vouloir bien établir un peu d'ordre dans ce qui concerne le maniement de son argent, et de temps en temps de s'en faire reproduire l'emploi. Cela a eu lieu dans le mois dernier, et le nommé Pommery, trésorier de S. A. R., lui a rendu compte d'un fonds de quatre-vingt mille livres, où il s'est trouvé un reste de sept mille francs, dont Mme la dauphine a ordonné la répartition en faveur des gens de son service en sous-ordre, lesquels, faute d'être payés de leurs gages, se trouvent dans un état d'embarras et de misère, qui est commune à tout ce qui compose le service domestique de cette cour. J'observerai sur ce qui regarde les finances de Mme la dauphine que, quoiqu'il y ait un fonds de quatre-vingt-douze mille livres destiné à ses ordres, elle ne dispose cependant que du quart de cette somme, parce que, par un abus de charges, la plus grande partie de cet argent est détournée à la volonté de ceux qui le manient. J'ai exposé ce détail dans un de mes très-humbles rapports précédents, et comme il serait difficile de remédier d'abord à des abus établis de longue main, j'ai toujours différé à proposer à Mme la dauphine un plan que je mettrai sous ses yeux, et au moyen duquel j'espère qu'elle rectifiera sans peine le désordre qu'elle a trouvé introduit dans ce qui regarde le maniement de son argent.

Le 2 de ce mois, jour de la purification de la Sainte-Vierge, S. A. R. a fait ses dévotions, et je ne puis que répéter qu'en tout ce qui concerne la piété Mme la dauphine en remplit les devoirs d'une façon à donner le meilleur exemple.

Il y a le même bien à dire du maintien que S. A. R. observe en public; elle paraît en toutes occasions avec grâce, mais on s'aperçoit qu'elle parle moins aux personnes de marque qui ont l'honneur de lui faire leur cour dans la matinée ou à son dîner; dans les occasions de bal ou d'autres semblables amusements, S. A. R. paraît plus disposée à parler, et ce sont précisément dans ces occasions où les personnes d'un certain âge et de poids se montrent le moins. Rien n'est cependant si essentiel à Mme la dauphine que de pratiquer en tous temps et en tous lieux cette affabilité et cette bonté qui, lors de son début, lui ont attiré tant d'hommages. Je prends souvent la liberté de lui rappeler cette vérité, et si V. M. daignait en faire quelque mention, je crois que cela serait très-utile, même nécessaire.

Mme la dauphine est toujours mieux traitée par le roi; il prend vis-à-vis d'elle un ton d'amitié et lui baise les mains très-souvent. Quand S. A. R. veut bien se mettre à son aise et oublier les leçons de timidité de Mesdames, alors le roi est dans l'enchantement et marque une gaieté qu'il n'a avec aucun de ses enfants.

Depuis mon dernier et très-humble rapport, j'ai eu différentes occasions de rappeler à Mme la dauphine les réflexions nécessaires à la garantie des surprises qu'on aurait peut-être voulu lui faire sur le chapitre de l'abbé de Vermond, dont le zèle est fort incommode à bien des gens. S. A. R. a parfaitement compris l'importance de cet objet, et elle s'est décidée en dernier lieu à donner à cet abbé une marque authentique de bonté et de protection, qui le mettra à couvert des entreprises que l'on pouvait méditer contre lui. L'évêque d'Orléans avait destiné à cet ecclésiastique une abbaye de douze mille livres, lorsqu'il y en aurait une vacante; cela est arrivé tout à l'heure, et, sur la demande que Mme la dauphine a faite au roi de cette abbaye vacante, elle a été accordée sur-le-champ à l'abbé de Vermond.

Le courrier, que j'attendais avec impatience, est arrivé le 22 au matin, et m'a remis, avec les dépêches dont il était chargé, la très-gracieuse lettre que V. M. daigne m'écrire en date du 11 de ce mois. Retenu ce jour-là dans ma chambre par une attaque de rhumatisme, et l'abbé de Vermond se trouvant précisément chez moi, je lui confiai les lettres adressées à Mme la dauphine, qui les reçut le même jour. Elle en était bien empressée et me l'avait témoigné à mon dernier voyage à Versailles. Peu de jours auparavant le prince de Starhemberg m'avait fait parvenir une lettre pour l'abbé de Vermond, qui me prie de mettre aux pieds de V. M. ses très-humbles actions de grâce pour la clémence avec laquelle elle daigne accueillir son zèle. Cet abbé se propose d'user de la permission que V. M. lui a donnée de lui adresser directement des rapports, mais il croit devoir se restreindre à profiter de cette grâce dans les occasions où il aura des objets intéressants à mander sur Mme la dauphine.

J'en reviens maintenant à la très-gracieuse lettre de V. M., et vais répondre aux articles qu'elle contient.

Les détails de mon très-humble rapport d'aujourd'hui présentent à V. M. des motifs de s'assurer que la conduite de M. le dauphin envers son auguste épouse est fondée sur des sentiments de goût, de confiance et d'amitié. Je suis bien certain que le temps ne fera qu'y ajouter, et que Mme l'archiduchesse prendra un ascendant invariable et très-solide sur le cœur et l'esprit de M. le dauphin.

Le duc et la duchesse de Choiseul, la duchesse de Gramont et plusieurs de leurs parents sont à Chanteloup dans une grande tranquillité, et, à ce que l'on assure, assez gais et contents. Les ennemis du duc n'ont cessé de travailler avec acharnement à lui enlever la charge de colonel général des Suisses et Grisons; mais jusqu'à présent le roi y a répugné, et on espère qu'il persistera à ne point s'y prêter, d'autant plus que celui qui s'occupait le plus à persécuter le duc de Choiseul (c'est-à-dire le duc de la Vauguyon) est atteint d'une maladie mortelle, qui pourrait bien délivrer la France d'un des plus dangereux sujets qu'elle ait produits. J'userai avec toute la circonspection de la permission que me donne V. M. de faire savoir qu'elle continue sa haute protection et ses grâces aux Choiseul. La conduite et les propos de Mme la dauphine à leur égard se sont soutenus de façon à n'occasionner aucun inconvénient, et ont attiré à S. A. R. un applaudissement d'autant plus général, que tout Paris continue à donner avec une sorte d'enthousiasme des marques publiques d'estime et de regrets au ministre exilé. Relativement à son successeur et au peu d'influence que ce choix peut avoir sur la durée de l'alliance, la façon dont il a plu à V. M. de s'exprimer à cet égard servira de règle à mon langage dans les occasions.

Le baron de Linsingen, auteur de la lettre qu'il plaît à V. M. de me communiquer, est un homme auquel il n'y a rien eu à reprocher du côté de l'honnêteté et de la conduite; mais la modicité de sa fortune l'ayant réduit dans un état d'indigence, il en fut si affecté qu'il tomba dans une maladie aiguë qui lui avait entièrement troublé le cerveau. Dans cette situation, des gens qui s'intéressaient à lui le firent partir d'ici à la fin de l'automne dernier, et je doute fort que sa position passée et présente le mette dans le cas d'avoir des choses bien essentielles à communiquer.

VIII. — Mercy a Marie-Thérèse.

Paris, 25 février. — Sacrée Majesté. Il n'est encore rien survenu relativement aux projets que paraissait avoir formés M. le dauphin de vivre avec Mme la dauphine dans l'intimité que comporte leur union. Cette conduite, qui ne tient qu'au moral, n'en est pas moins inexplicable et fâcheuse. Je tâche d'employer tous les moyens possibles pour éloigner de l'esprit de Mme l'archiduchesse toute réflexion sur cet objet, en ne lui présentant que les beaux côtés de sa position, c'est-à-dire la certitude d'être aimée par le prince son époux et de posséder sa confiance. La santé de S. A. R. est parfaite, toute sa figure embellit; sa taille est bien remise par l'usage du corps de baleines, et Mme la dauphine observe maintenant avec assez de soin tout ce qui tient à la propreté et à la parure.

IX. — Mercy a Marie-Thérèse.

Paris, le 25 février. — Le prince de Starhemberg me mande que V. M. a daigné l'autoriser à m'informer des résolutions prises sur ce qui concerne la paix et la guerre entre la Porte et la Russie ; conséquemment il m'a instruit du point où en est cet important objet, et m'éclaircit par quelques détails ce que la chancellerie d'État m'en a marqué sommairement. Je dois avant tout mettre aux pieds de V. M. mes très-humbles actions de grâce de l'autorisation donnée au prince de Starhemberg, et qui est pour moi une nouvelle preuve de la confiance que V. M. daigne accorder à mon zèle. Les notions dont il s'agit peuvent me devenir très-utiles au bien du service, mais, pour le moment, elles exigent la plus grande circonspection de ma part et le plus profond secret (1).

D'après ce que j'observe ici, je ne puis douter que le ministère du roi ne soit informé d'une partie des mesures que V. M. juge à propos de prendre relativement à cette guerre turque ; cependant le duc de la Vrillière ne m'en dit pas un mot. Il est bien certain que l'on verrait ici avec grand plaisir de nouveaux embarras suscités à la Russie ; mais je remarque clairement que ce désir est combattu par la crainte d'une intelligence secrète avec le roi de Prusse, et on est d'autant plus tourmenté de ce soupçon qu'il s'accorde avec la prévention d'un penchant attribué à S. M. l'empereur pour la cour de Berlin. Je m'occupe infiniment de tout ce qui peut tendre à détruire ce préjugé, et ce sera un de mes grands objets vis-à-vis du nouveau ministre des affaires étrangères, quand il sera nommé. Le comte de Broglie, qui prétend à cette place, est très-assidu à la cour ;

---

(1) Nous avons vu que l'Autriche, d'accord avec la Prusse, offrait sa médiation entre la Russie et la Turquie ; en même temps elle assemblait sur ses frontières du sud-est des troupes pour appuyer ses propositions et se montrer prête à intervenir si elles étaient refusées. Joseph II comptait dans tous les cas sur un agrandissement, soit par la reconnaissance des Turcs si on les sauvait, soit, si le moment était arrivé de la chute de l'empire ottoman, en exigeant de la Russie une part des dépouilles (Voir la lettre de Joseph II à Léopold du 18 décembre 1770. A. d'Arneth, *Maria Theresia und Joseph II*, vol. 1 page 316). Cependant Marie-Thérèse ne se prêtait qu'avec une grande répugnance à la politique double où l'entraînait Joseph II, au mystère qu'on en faisait aux puissances alliées, France et Espagne, enfin à la possibilité d'une alliance avec la Turquie contre un peuple chrétien (voir dans le même ouvrage une note de Marie-Thérèse à Joseph II, du 19 janvier 1771).

mais l'inimitié du prince de Soubise (1) semble lui fermer absolument l'entrée dans le ministère, et on tient pour certain qu'il n'y sera point admis. D'après les recherches les plus exactes, je crois savoir que le roi ne l'a pas consulté dans ces derniers temps sur les affaires, mais ces apparences ne concluent rien à cette cour-ci, où l'intrigue et les hazards du moment décident tout.

Je remets ici la copie de la lettre de V. M. à Mme la dauphine.

X. — MARIE-THÉRÈSE A MERCY.

Vienne, le 15 mars. — Comte de Mercy. J'ai reçu avec bien du plaisir vos derniers rapports du 25 du passé. Malgré les inconvénients que je trouve encore dans la conduite de la dauphine, il est difficile d'y remédier. Je toucherai encore cette corde, mais il faut que je m'y prenne avec délicatesse. Je connais mes enfants : vouloir leur trop prêcher, c'est plutôt les gâter que corriger. Je crains que, dans le moment de l'arrivée de la comtesse de Provence, la jalousie n'éclate; la légèreté française et les intrigues de la cour achèveront le reste. Pourvu que l'abbé Vermond reste ferme dans son poste, je crains moins. Je suis bien aise de la grâce que ma fille lui a procurée ; ce n'est que dans des cas extraordinaires que je serai bien aise de recevoir ses rapports. Il vaut toujours mieux que Mme de Noailles reste dans son poste que de le voir occupé par une femme de la clique de la Barry. J'apprends avec plaisir que le dauphin paraît se changer à son avantage, mais je ne comprends rien à sa conduite vis-à-vis de sa femme ; est-ce peut-être la suite des mauvais principes qu'on lui a inspirés dans son éducation? On n'aurait sûrement pas eu sujet de regretter la mort du duc de la Vauguyon, mais la bonhomie du roi va-t-elle jusqu'à l'excès, de ne pouvoir éloigner cet homme dangereux de son poste? [Est-il vrai que le roi se donne à la boisson? J'attends mon bureau avec toute l'impatience.]

J'approuve infiniment la générosité de ma fille de secourir les gens de son service dans leur indigence, mais je me doute si l'abbé Vermont ne lui est pas quelquefois un mentor incommode, et je

---

(1) Le maréchal de Rohan-Soubise, celui qui perdit la bataille de Rosbach, était chef de la puissante maison de Rohan. Membre du conseil des ministres, courtisan habile, partageant les plaisirs et les désordres du roi, il était comme Mme de Marsan, sa sœur, ennemi des Choiseul, et faisait partie de ce que Mercy appelle la cabale opposée à la dauphine.

trouve à sa place les avertissements que vous lui donnez pour la garantir des surprises qu'on pourrait lui faire sur son chapitre. Ne laissez pas d'assurer les Choiseul de temps à temps de mes sentiments constants pour eux.

XI. — Mercy a Marie-Thérèse.

Paris, 17 *mars.* — Sacrée Majesté. Dans le courant de ce mois il est survenu relativement à Mme la dauphine des particularités dont il est de mon devoir d'exposer les détails à V. M. d'une façon circonstanciée.

Depuis quelque temps Mme la dauphine s'était prise d'une affection toute particulière pour la princesse de Lamballe, née princesse de Carignan et veuve du prince de Lamballe, fils du duc de Penthièvre (1). Cette jeune princesse, douce et aimable, jouissant ici des prérogatives de princesse du sang, se trouve très à portée de faire sa cour à Mme la Dauphine et de cultiver les bontés de S. A. R. Dans cette conjoncture, la comtesse de Brionne (2), toujours attentive à saisir celles qui peuvent être avantageuses à sa famille, forma le projet de marier le prince de Lambesc, son fils, avec la princesse de Lamballe, et d'engager Mme la dauphine à consentir que cet arrangement fût moyenné sous ses auspices et par ses bons offices immédiats. Aussitôt que je fus informé du projet en question, je ne tardai

---

(1) Ce besoin d'amitié et d'intimité, qui ne peut que faire honneur au caractère de Marie-Antoinette, si on pense au délaissement du dauphin, et au peu d'affection sincère qu'elle trouvait dans la famille royale, fut cependant une des causes de ses malheurs par l'abus qu'on fit autour d'elle de sa trop facile bonté. Nous verrons l'impératrice et Mercy le prévoir, et la mettre, mais vainement, en garde contre ce danger. Si la princesse de Lamballe ne mérita pas les reproches qu'on put adresser aux Polignac, sa faveur cependant ne fut pas sans inconvénients, comme nous le verrons par la suite de ces documents. Son affection et son dévouement pour Marie-Antoinette les ont rachetés ; on sait qu'elle était en Angleterre en 1792, et qu'elle revint volontairement près de la reine s'exposer au sort tragique qui l'attendait.

(2) La comtesse de Brionne, née Rohan Rochefort. Son mari était de la famille de Lorraine et ainsi allié à la maison impériale d'Autriche. Elle était alors veuve, encore très-belle, spirituelle, et ambitieuse pour ses enfants, auxquels elle voulait faire reconnaître un rang intermédiaire, comme princes étrangers, entre les princes du sang et la noblesse. Tout à fait du parti du duc de Choiseul, elle passait même pour être sa maîtresse. On voit cependant par la correspondance de Mme du Deffand que l'aimable et indulgente duchesse de Choiseul lui faisait bonne réception à Chanteloup, où elle était des hôtes habituels. Elle mourut à Vienne, en 1807.

pas de me rendre à Versailles pour prévenir Mme l'archiduchesse sur les inconvénients de la demande qui lui serait faite à cet égard. Je lui exposai : 1° que l'idée de la comtesse de Brionne ne réussirait pas, parce que la princesse de Lamballe ne voudrait pas perdre les prérogatives de princesse du sang, en épousant le prince de Lambesc ; 2° que si ce mariage devenait l'ouvrage de Mme la dauphine, elle se trouverait en quelque façon obligée à procurer des dédommagements à la princesse de Lamballe pour le rang qu'elle perdrait, et qu'en outre S. A. R. se trouverait chargée d'étendre sa protection sur tout ce qui concernerait le sort du prince de Lambesc, ses prétentions et celles de sa mère ; 3° que le détail de tout cela occasionnerait facilement des contestations et des embarras dont on ne pouvait prévoir les suites, qu'ainsi il me paraissait que Mme la dauphine éviterait tous ces inconvénients si elle répondait à la comtesse de Brionne, avec bonté, que le roi pourrait trouver mauvais qu'à son insu on songeât à faire des démarches pour l'établissement du prince de Lambesc, dont la charge comporte un service si rapproché de la personne du monarque, qu'il paraît que c'est au roi lui-même à disposer et à choisir les moyens de fixer l'état de son grand-écuyer.

Mme l'archiduchesse a bien voulu approuver mes réflexions et faire usage de la réponse que j'avais pris la liberté de suggérer. Les grâces qu'elle y joignit parurent satisfaire la comtesse de Brionne, qui n'a plus insisté sur une demande qui n'aurait abouti qu'à compromettre Mme la dauphine.

Le marquis de Castre (1), qui, par ses qualités personnelles et par ses emplois, est très-considéré dans ce pays-ci, a obtenu de Mme la dauphine la promesse d'une place de dame du palais pour sa belle-fille la marquise de Mailly, et j'ai coopéré à lui procurer cette grâce, parce que je savais que depuis longtemps elle lui était promise par le roi, qui a vu avec satisfaction que Mme la dauphine se prêtait d'elle-même à remplir l'engagement qu'il avait contracté à ce sujet.

Depuis près de deux mois le changement de conduite et de senti-

---

(1) Le marquis de Castries (l'habitude de prononcer Castre explique l'erreur que fait Mercy en écrivant ce nom) s'était illustré pendant la guerre de Sept-ans et avait gagné sur le duc de Brunswick la bataille de Clostercamp. Ministre de la marine en 1780, maréchal de France en 1783, il émigra pendant la révolution, et trouva un refuge auprès du duc de Brunswick, qui, à sa mort, en 1801, lui fit élever un monument dans le cimetière de la ville de Brunswick.

ments de M. le dauphin sur tout ce qui se passe à cette cour s'est manifesté d'une façon si visible, qu'il en est résulté beaucoup d'inquiétude pour les partisans de la cabale, qui en ont fait l'objet de toute leur attention. M. le dauphin, qui jusqu'à ces derniers temps avait paru dans l'ignorance et dans l'indifférence sur les intrigues actuelles, a manifesté tout à coup une contenance de dédain envers son gouverneur, le duc de la Vauguyon, et un grand mépris pour la comtesse du Barry, pour le chancelier de France, ainsi que pour ceux qui font cause commune avec eux. Ce jeune prince, qui avait tant désiré et sollicité d'être admis aux soupers familiers du roi, ne s'y présente plus et les évite même avec affectation. On ne manqua pas de faire remarquer au roi toutes ces circonstances, et de lui insinuer que les exhortations de Mme la dauphine avaient produit un pareil changement. Je fus informé que le roi se le persuadait, qu'il en prenait de l'humeur, et qu'il se proposait de le témoigner à Mme l'archiduchesse. Je prévis en même temps qu'il n'en parlerait pas lui-même à S. A. R., et que, par timidité, il s'adresserait de préférence à la comtesse de Noailles. D'après cette conjecture, je commençai d'abord par prévenir Mme la dauphine de tout ce que je savais, et j'insistai fortement pour qu'au premier mot qui serait dit à S. A. R. de la part du roi, elle voulût bien prendre le parti de s'expliquer elle-même avec le monarque, et je lui exposai en même temps quelques projets sur le langage à tenir en pareil cas. Je prévins pareillement la comtesse de Noailles, je lui représentai ce que son devoir et son attachement pour Mme la dauphine devait lui inspirer pour tâcher de mettre S. A. R. à couvert de tout désagrément de la part du roi. La comtesse me promit de suivre les conseils que je lui donnai à cet égard, et elle ne tarda pas à avoir l'occasion d'en faire usage. En effet, le 5 de ce mois, le roi fit appeler la comtesse de Noailles; il lui dit que depuis longtemps il désirait d'avoir une conversation avec elle sur le chapitre de Mme la dauphine; il fit d'abord des éloges du caractère et des grâces de S. A. R., mais il ajouta : 1° qu'il craignait les effets de sa grande vivacité; qu'il trouvait bon que, dans son intérieur, Mme la dauphine déployât toute sa gaieté naturelle, mais que dans le public, et lorsqu'elle tenait la cour, il fallait un peu plus de réserve dans son maintien; 2° qu'il désapprouvait l'habitude prise par Mme l'archiduchesse de faire porter à la chasse des comestibles qu'elle distribuait à tous ceux qui venaient entourer sa voiture, qu'il en résultait trop de familiarité, surtout avec les jeunes gens, et que cela lui déplaisait ; 3° que Mme la dauphine se permettait de parler trop librement « de ce qu'elle voyait ou croyait voir, et que ses re« marques un peu hazardées pourraient produire de mauvais effets « dans l'intérieur de la famille ».

J'observerai sur ces trois griefs que le premier est moins fondé qu'il ne l'était ci-devant, que la vivacité de Mme la dauphine s'est fort modérée, que son maintien en public est meilleur qu'il n'a jamais été, et qu'ainsi ce propos du roi n'était qu'un prétexte pour entamer une conversation de plaintes. Quant au second point, la remarque du roi porte sur une vérité dont j'ai senti les conséquences dans l'origine, comme le prouve mon très-humble rapport du 18 de décembre dernier. Relativement au troisième grief, qui est celui que le roi a sans doute le plus à cœur par rapport à l'effet qu'il peut produire sur M. le dauphin, je remarquerai que Mme l'archiduchesse, dans l'intimité de ses conversations avec ce jeune prince, a réellement contribué à lui ouvrir les yeux, soit sur son ancien gouverneur, soit sur la favorite, ainsi que sur le reste de la cabale, mais on ne peut lui reprocher aucune démarche ouverte ni aucun propos qui eût abouti à éloigner M. le dauphin du roi ; tandis que Mesdames de France n'ont cessé de tenir publiquement à ce jeune prince les discours les plus imprudents et les plus propres à le détacher des occasions de se trouver avec le roi.

J'en reviens à l'audience de la comtesse de Noailles, qui répondit au roi qu'elle lui garantissait le vif désir de Mme la dauphine de réussir à lui plaire en tout, que le fond du caractère de cette princesse annonçait toutes les bonnes qualités désirables, mais que son âge et sa vivacité pouvaient l'induire à commettre des petites fautes qu'il serait très-facile de rectifier, pour peu que le roi voulût l'en avertir ou l'autoriser, elle, comtesse de Noailles, à l'en prévenir de sa part. Le roi adopta ce dernier moyen ; il questionna la comtesse sur les conseils qu'on donnait à Mme la dauphine, et ajouta qu'elle n'en recevait pas toujours de bons. La dame d'honneur en convint ; elle dit que le roi devait en savoir plus qu'elle sur cet article, et que, par respect pour la source d'où partaient ces conseils, elle ne pouvait se permettre d'en parler. Le roi répliqua : « Je connais cette source et cela me déplaît fort. » Le trait de cette réponse porte directement sur Mesdames de France et sur la comtesse de Narbonne, dame d'atours de Mme Adélaïde. Le roi demanda à la comtesse de Noailles si je parlais fréquemment à Mme la dauphine. La comtesse répondit que cela n'arrivait pas aussi souvent qu'il serait à désirer, et le roi repartit avec bonté qu'il connaissait mon zèle et ma probité, et qu'il verrait avec plaisir que je me misse souvent à portée d'exposer à Mme l'archiduchesse mes réflexions sur ce qui la concerne. Le roi finit par enjoindre à la comtesse d'informer S. A. R. de cette conversation. La dame d'honneur s'en acquitta; Mme la dauphine consulta d'abord Mesdames ses tantes, qui ne manquèrent pas de lui conseiller des imprudences. Leur avis était que Mme l'archiduchesse demandât au roi si la comtesse de Noailles était établie chez S. A. R. en qualité de gouvernante; que, dans le cas contraire, Mme la dauphine suppliât le roi de lui témoigner directement à elle-même « ou par l'organe de « Mesdames » ce qui pourrait lui déplaire dans sa conduite. Ce même jour j'étais à Versailles; Mme la dauphine me confia son projet; j'applaudis fort celui de parler au roi, comme j'avais pris la liberté de le proposer, mais je suppliai de retrancher le reproche de « gouvernante » sur la comtesse de Noailles, et j'insistai avec la plus grande force qu'il ne fût point question de la médiation de Mesdames, en faisant sentir qu'elle serait également contraire à la confiance paternelle et aux sentiments ou préventions qui pourraient se trouver contre les médiatrices.

Mme la dauphine voulut bien acquiescer à mon sentiment; elle parla au roi le même soir et lui témoigna d'être affligée de ce que son papa n'avait pas assez d'amitié et de confiance en elle pour lui parler directement sur ce qui pouvait lui être agréable ou lui déplaire. S. A. R. assaisonna ce propos de toutes les grâces qui lui sont naturelles. Le roi parut extrêmement embarrassé; il n'entra en détail sur rien, assura Mme l'archiduchesse qu'il la trouvait charmante, qu'il l'aimait de tout son cœur; il lui baisa les mains, l'embrassa et approuva tout ce que S. A. R. venait de lui dire. Cette façon d'agir du roi est conséquente à son caractère et à son système de ne contrarier en rien ses enfants, et de supporter plutôt ce qui lui déplaît que d'y remédier par la moindre représentation directe. Mme la dauphine est si heureusement née, douée d'un si excellent caractère et d'un jugement si sain, qu'il n'y a certainement jamais à craindre d'écart essentiel dans sa conduite, mais pour ce qui est des petites fautes de jeunesse et de vivacité, ce que j'ai exposé ci-dessus prouve qu'il n'y a que les avertissements de V. M. qui puissent produire les effets désirables sur Mme la dauphine. Je remarque que ce qui lui vient de la part de V. M. lui fait toujours la plus grande impression, et qu'elle s'en occupe constamment. Le projet de S. A. R. était d'envoyer ce mois-ci un commencement de journal de ses lectures; mais je ne sais s'il pourra être prêt pour le départ du courrier, qui est arrivé dix jours plus tôt qu'il n'était attendu. Le point capital consiste toujours à combattre la trop grande influence de Mesdames, surtout de Mme Adélaïde, sur l'esprit de Mme la dauphine. Si cet inconvénient pouvait cesser, je n'en appréhenderais aucun autre, et la position où nous nous trouvons, l'abbé de Vermond et moi, nous met à même de remédier aux petits incidents, et de répondre qu'ils n'auront jamais de suites sérieuses.

Mme l'archiduchesse a fait ses dévotions le 9 du mois; les lectures ont été plus suivies et plus longues, les promenades à cheval plus modérées. S. A. R. assiste régulièrement aux sermons et offices du carême, et, dans ce temps de recueillement, il n'est rien arrivé de remarquable dans son train de vie journalier.

Le courrier mensuel, que je n'attendais que vers le 20, m'a remis le 12 au soir les dépêches dont il était chargé. Le lendemain je me suis rendu à Versailles pour y porter la lettre de V. M. à Mme la dauphine, que je trouvai à son jeu; S. A. R. fut agréablement surprise de la diligence du courrier, et elle parut très-contrariée de ne pas pouvoir lire tout de suite la lettre qu'elle venait de recevoir. Le roi, qui soupait ce même soir avec ses enfants, arriva chez Mme la dauphine et empêcha S. A. R. de me parler après le jeu. Dans cette occasion, je vis par moi-même que le roi était au mieux avec Mme l'archiduchesse; j'en jugeai par les petites caresses qu'il lui fit, et par le ton d'amitié qu'il prit avec elle.

Malgré tous les mouvements que je me donne, il n'y a pas eu moyen de faire finir à Liotard le portrait qu'il a commencé depuis si longtemps, et V. M. ne le recevra que par le prochain courrier.

XII. — Marie-Thérèse a Mercy.

Vienne, le 1er d'avril. — Comte de Mercy. Vos dernières lettres du 17 du passé me donnent une nouvelle preuve de tout l'avantage que ma fille tire de vos conseils. Vous avez très-bien fait de la détourner de s'intéresser au mariage de la princesse de Lamballe avec le prince de Lambesc. Je vous sais plus de gré encore des soins que vous avez pris de diriger ma fille à l'occasion des explications que le roi a eues sur son compte avec la comtesse de Noailles. Je ne laisse pas de lui représenter de temps à temps les inconvénients de sa confiance inconsidérée dans ses tantes ; mais il n'est pas aisé de la faire revenir d'un parti déjà pris, et elle ne manque pas de ressources pour se maintenir dans ses habitudes. Je ne comprends rien à la conduite du dauphin, et je crains que ce ne soit l'effet de l'éducation qu'on lui a donnée, ou de la malice de ceux qui y ont eu part. Au reste, comme la situation de ma fille est très-délicate et exposée à bien des événements où elle pourrait avoir besoin de vos conseils et de ceux de l'abbé Vermond, il m'importe infiniment de vous voir toujours l'un et l'autre à portée de la pouvoir aider. Je me repose donc sur vos soins de vous maintenir sur le pied où vous vous trouvez vis-à-vis de ma fille, et de ménager encore à l'abbé l'influence qui lui est tant nécessaire pour être utile à ma fille. Je ne lui parlerai pas du projet de m'envoyer le journal de ses lectures ; elle me les a envoyées de la main de l'abbé. Voilà sa lettre, qui est encore très-mal écrite, et ne me dit jamais rien d'intéressant. La confusion qui règne où vous êtes fait frémir ; notre situation n'est pas riante non plus. Starhemberg vous aura communiqué la marche des troupes des Pays-Bas et Italie ; je n'ai aucune opinion de ces ostentations si coûteuses et ruineuses, mais j'aurais bien plus de difficultés à me résoudre à faire la guerre même. La misère est terrible chez nous ; l'année menace d'être encore médiocre, sinon mauvaise. Deux guerres, contre les Russes et peut-être et vraisemblablement contre les Prussiens, nous ne sommes à même de soutenir en même temps ; cela doit arrêter sur le premier pas qui peut y entraîner.

[J'ai reçu les gazes qui sont très-bien, de même le bureau qui est très-beau et richement orné avec goût. Le prince de Kaunitz l'a trouvé très-bien ; il sera placé à Schönbrunn, dans mon cabinet près du jardin ; je suis curieuse ce qu'il coûte.

[Vous aurez appris les pertes très-grandes et sensibles que je viens de faire en quinze jours de temps de Tarouca (1), O'Do-

---

(1) Le comte Sylva Tarouca avait eu toute la confiance de Marie-Thérèse pendant les premières années de son règne ; plus tard l'influence prépondérante du comte Kaunitz l'éloigna

nel (1) et les deux Paar (2). J'avoue que j'en suis d'autant plus sensible que mes contemporains s'en vont tous et que, dans un âge avancé, on a plus besoin de consolation et qu'on aime de parler du temps passé, ce qui ne peut qu'ennuyer les jeunes gens.

[La situation de ma fille me peine, et sans votre secours et celui de l'abbé, j'en serais désolée. J'avoue que je ne voudrais pas voir ici Saint-Mégrin, le fils de cet indigne la Vauguyon, et cet ambassadeur de la main de cette femme. On raconte ici des bassesses du roi de Suède vis-à-vis de cette femme; quelle honte! Je suis toujours votre bien affectionnée.

P. S. — [Vous ferez lire ma lettre à ma fille; je n'ai pu la faire copier].

XIII. — MARIE-ANTOINETTE A MARIE-THÉRÈSE.

Ce 16 avril. — Madame ma très-chère mère. Je suis enchantée que le carême n'a pas nui à votre santé; la mienne est toujours très-bonne. L'empereur m'inquiète aussi beaucoup, malgré toute sa raison il s'exposera sûrement à toute sorte de fatigue et de danger. J'en suis doublement affligée, non-seulement par la tendresse pour lui et le vif intérêt que je prends au chagrin de Votre Majesté, mais aussi parce que je n'aurai pas le plaisir de le voir cette année.

Je serais bien fâchée si les Allemands étaient mécontents de moi;

---

du conseil intime de l'impératrice; mais elle conserva toujours son amitié et sa reconnaissance à celui qu'elle considérait comme le mentor et le fidèle ami de sa jeunesse. Elle lui écrivait en 1767 « qu'il lui était aussi nécessaire dans sa vieillesse et décrépitude que dans sa jeunesse et étourderie », et en 1740 encore, répondant à une lettre de lui : « J'étais heureuse, dit-elle, de revoir l'écriture de celui auquel je dois peut-être la prudence et la modération de mes jeunes ans ». Une autre fois c'est au milieu de ses angoisses maternelles qu'elle adresse à ce fidèle ami une lettre qui nous apprend comment Marie-Antoinette faillit échapper par une mort prématurée à sa terrible destinée. « La Marie (Marie-Christine), écrit Marie-Thérèse le 10 novembre 1763, est très-malade, et l'Antoinette a des convulsions : elle est sans connaissance depuis une heure ». Le comte Tarouca mourut le 8 mars 1771, âgé de soixante-quinze ans (V. Karajan, *Marie-Thérèse et le comte Sylva Tarouca*, en allemand ; Vienne, 1859).

(1) Comte Karl O'Donel, général de cavalerie, né en 1715, mort le 26 mars 1771.

(2) C'est-à-dire la comtesse et la princesse de ce nom. La comtesse de Paar avait été grande-maîtresse de l'impératrice douairière Élisabeth, mère de Marie-Thérèse. Après la mort de la célèbre comtesse de Fuchs, l'amie et la confidente de Marie-Thérèse, elle lui succéda comme grande-maîtresse de la cour. Elle mourut le 22 mars 1771, âgée de 86 ans. — La princesse de Paar était née comtesse Esterhazy. Son mari, neveu de la grande-maîtresse, avait accompagné Marie-Antoinette lorsqu'elle se rendit en France.

j'avouerai que j'aurais parlé davantage à M. de Paar et au petit Starhemberg s'ils avaient meilleure réputation ici. J'ai pourtant, dans les temps des bals, fait venir M. de Lamberg et Starhemberg, et d'abord que j'ai vu qu'ils dansaient, je les ai fait danser avec moi.

Il y a à cette heure beaucoup de train ici; il y a eu samedi un lit de justice pour affirmer la cassation de l'ancien parlement et en mettre un autre (1); les princes du sang ont refusé d'y venir et ont protesté contre les volontés du roi; ils lui ont écrit une lettre très-impertinente signée d'eux tous, hors du comte de la Marche, qui se conduit très-bien dans cette occasion-ci. Ce qui est le plus étonnant à la conduite des princes, c'est que M. le prince de Condé (2) a fait signer son fils, qui n'a pas encore quinze ans et qui a toujours été élevé ici. Le roi lui a fait dire de s'en aller, de même qu'aux autres princes, à qui il a donné défense de paraître devant lui et devant nous. Les ducs, quoi qu'ils y ont été, ils ont protesté et il y en a douze d'exilés à ce que l'on dit.

Il y aura aujourd'hui un mois que je pourrai déjà donner des nouvelles à Votre Majesté de la comtesse de Provence, car le mariage est le 14 de mai; on avait préparé beaucoup de fêtes pour ce mariage, mais on en retranche, manque d'argent.

Votre Majesté peut être fort rassurée sur ma conduite avec la comtesse de Provence, et je tâcherai sûrement de gagner son amitié et sa confiance sans pourtant aller trop loin. Mais j'ai bien peur que, si elle n'a pas beaucoup d'esprit et n'est pas prévenue, qu'elle sera tout à fait pour Mme du Barry. On fait tout ce qu'on peut pour la gagner, car sa dame d'atours, qui est Mme de Valentinois, est tout à fait de ce parti-là; il y a aussi Mme de Caumont qui va à sa rencontre; c'est elle qui a brouillé feu Mme la dauphine avec tout le monde, et M. de Saint-Mégrin, fils de M. de la Vauguyon, qui est encore plus dans l'intrigue et plus méchant que son père; il avait bien envie

---

(1) C'est au mois précédent que l'ancien parlement avait été cassé et remplacé par le parlement Maupeou. Le 18 avril le roi, sanctionnant ces mesures violentes et impopulaires, faisait enregistrer dans un lit de justice la suppression des anciens offices, la création des nouveaux, et cassait la Cour des aides, qui avait osé faire des remontrances. Prenant parti pour l'ancien parlement contre le roi, les princes du sang, sauf le comte de la Marche, s'abstinrent de paraître à cette séance.

(2) Louis Joseph de Bourbon, prince de Condé, père du dernier Condé, et grand'père du duc d'Enghien. Il était né en 1736, et mourut en 1818.

d'aller à Vienne au lieu de M. le baron de Breteuil (1) ; j'ai bien senti par moi-même le chagrin que cela ferait à Votre Majesté, mais grâce à Dieu cette affaire est rompue.

J'ai grand regret de la comtesse de Paar, que je respectais et aimais de tout mon cœur. La princesse, je la regrette comme femme d'esprit ; je partage le chagrin de Votre Majesté pour Tarouca, O'Donel et la Justel (2) ; c'est une grande perte que de bons et anciens serviteurs. Je conserve bien précieusement le livre qu'Elle m'a envoyé, car tout ce qui viendra d'elle me sera toujours bien cher, ce dont elle doit être persuadée si elle connaît la vive et respectueuse tendresse qu'aura toute sa vie pour elle sa très-soumise fille.

XIV. — Mercy a Marie-Thérèse.

Paris, 16 avril. — Sacrée Majesté. Au milieu des intrigues de cette cour et du trouble qu'elles y occasionnent, la position de Mme la dauphine me donne souvent de l'inquiétude, et j'en ai eu beaucoup dans ces derniers temps, pour les raisons que je vais exposer à V. M.

Depuis que les esprits sont entièrement révoltés contre tout ce qui se passe ici, le public ne garde plus de mesure dans ses propos. Les matières de gouvernement sont devenues presque les seuls objets des conversations de la cour, de la ville, même de tout le royaume, et cela a gagné jusque dans l'intérieur de la famille royale. Il est résulté de là que, dans les petits comités qui se tiennent journellement chez Mesdames de France, on y a épluché la conduite des princes du sang, des ministres, enfin de tous les acteurs de la scène présente, et on s'est proposé de leur faire dans l'occasion un accueil plus ou moins favorable suivant le jugement qui avait été porté sur chacun d'eux. Un de ceux qui parut le plus répréhensible aux yeux

---

(1) Louis Auguste Letonnelier, baron de Breteuil, avait été désigné en 1770 pour l'ambassade de Vienne ; les intrigues qui suivirent la disgrâce de Choiseul, dont il était un chaud partisan, firent qu'on lui préféra le prince de Rohan. Il fut envoyé en 1772 à Naples, et revint à Vienne en 1775. On sait combien il se montra fidèle pendant la révolution à Louis XVI et à Marie-Antoinette, dont il devint alors l'émissaire confidentiel auprès des puissances étrangères.

(2) Femme de chambre de l'Impératrice.

de Mesdames fut le prince de Condé; on lui attribuait des bassesses auprès de la favorite, de la fausseté envers les autres princes du sang, et conséquemment, lorsqu'il s'est présenté pour faire sa cour à Mme la dauphine et à Mesdames, il a été beaucoup plus mal reçu que ne doivent l'être des personnes de son rang. Le prince de Condé a pris le parti de s'adresser à moi par la voie d'une personne affidée; il m'a fait dire qu'il voyait avec chagrin qu'on était parvenu à lui nuire dans l'esprit de Mme la dauphine; que, cependant, de tous les princes du sang il était celui qui avait le plus recherché à se concilier les bonnes grâces de Mme la dauphine; qu'il tâcherait toujours de les mériter par son zèle, son attachement, son respect, et que je lui rendrais un grand service si je saisissais quelque occasion à faire parvenir à Mme la dauphine l'hommage de ses sentiments. J'assurai à celui qui me parlait que Mme l'archiduchesse, par principe ainsi que par caractère, était portée à bien traiter tous ceux qui ont l'honneur de l'approcher, que les princes du sang ayant plus de droits que personne à ses bontés, en éprouveraient toujours les effets, que les conjectures du prince de Condé ne pouvaient être fondées, qu'il avait sans doute attribué à un projet réfléchi quelques indices qui n'étaient sûrement que l'effet d'une distraction ou du hazard, et que je tâcherais de faire en sorte que Mme la dauphine fût informée des sentiments respectueux que le prince de Condé me confiait d'avoir pour elle. La circonstance me parut en effet exiger que j'exposasse à S. A. R. quelques réflexions, qui deviennent plus importantes que jamais. Je lui fis observer que, dans les conjonctures critiques où l'on se trouve ici, il n'y avait qu'un seul moyen pour se mettre à couvert de tout embarras, que ce moyen était de rester dans la plus parfaite inaction, et de ne se permettre ni examen, ni propos, ni recherches sur ce qui se passe; que pour peu que l'on s'écartât de cette méthode, il était impossible de ne pas essuyer des désagréments; que Mme la dauphine voyait très-bien qu'elle n'était pas en position à pouvoir remédier à la moindre chose; qu'en adoptant un parti c'était s'attirer les effets de la malignité des partis opposés, et courir les risques de se compromettre. Je joignis à cela quelques observations majeures, et rappelai des traits d'histoire de ce pays-ci qui prouvent que, dans de certains cas, l'état plus ou moins favorable d'une dauphine ou d'une reine de France a souvent dépendu du degré d'opinion et d'attachement qu'elle s'était conciliée de la part de la nation et des grands; que surtout les princes du sang devaient toujours être ménagés, parce que le souvenir du mal qu'on pouvait leur faire ne s'effaçait jamais et produisait un levain qui germait tôt ou tard. Mme la dauphine me répondit avec franchise qu'elle concevait très-bien mes raisons, qu'elle n'était jamais la première à parler des affaires courantes ni de ceux qui y sont mêlés, mais que quand il en était question dans l'intérieur de la famille, et que chacun disait son avis, il était difficile qu'elle ne dise pas aussi le sien. Je fis remarquer que dans ces cas-là on ne citerait jamais ce qu'auraient dit Mesdames, mais toujours ce qu'aura dit Mme la dauphine, et que, par conséquent, les risques sont tous pour elle, ce qui doit l'engager à plus de circonspection. S. A. R. en convint aussi, et elle voulut bien me promettre d'y faire attention. Il est bien certain qu'il n'y a que l'exemple qui l'entraîne, et que si on ne l'excitait pas à prendre part aux propos qui se tiennent, Mme la dauphine s'en abstiendrait très-aisément.

Je trouvai S. A. R. fort irritée contre la comtesse de Noailles; elle me dit que cette dame d'honneur lui avait débité tout plein de mensonges sur son audience chez le roi, que Mme la dauphine, ayant éclairci la vérité, avait fait des reproches à la comtesse, et S. A. R. en fit à ce sujet des plaintes qui ne sont en effet que trop fondées. Je suppliai cependant Mme l'archiduchesse d'user d'indulgence, parce qu'il est bien certain que la comtesse de Noailles, malgré ses défauts, est celle des femmes de la cour qui a le moins d'inconvénients pour la place qu'elle occupe. Cette considération me porte dans les occasions à plaider sa cause, et ce n'est pas sans peine que je parviens à arrêter les petites impatiences de Mme la dauphine contre cette comtesse, qui a si peu d'esprit et de caractère qu'il est impossible de lui faire entendre raison sur les moyens de remplir convenablement ses devoirs. Le seul parti que je puisse en tirer est celui de la mettre en opposition à l'empire de Mesdames, qui voudraient gouverner la maison et la personne de Mme la dauphine. Cet article est toujours celui de mes plus grands embarras; mais comme je suis averti momentanément de ce qui se passe, et que je trouve Mme l'archiduchesse constamment disposée à écouter avec bonté mes représentations, j'ai toujours eu jusqu'à présent le bonheur de détruire l'effet des mauvais conseils, des préventions, et d'éloigner les tracasseries qui auraient pu tirer à quelque conséquence. Je dois convenir que les soins de l'abbé de Vermond y ont pour le moins autant contribué que les miens, et cet honnête ecclésiastique rend à Mme la dauphine des services que l'on ne saurait apprécier; heureusement il a su se concilier toute l'estime et la confiance de S. A. R. Sa position le met d'ailleurs à portée de voir journellement ce qui se passe, et de pouvoir en parler à toute heure. Je ne jouis pas de ce dernier avantage, et quand je parviens une fois ou deux la semaine à parler à Mme l'archiduchesse, elle ne m'accorde que bien peu de moments, et toujours avec une grande crainte qu'on ne fasse des remarques sur ces courtes audiences. Je suis d'ailleurs bien sûr qu'elle m'honore de sa confiance, et son langage me le prouve assez; en toutes occasions, elle marque un désir et de l'empressement à me parler; mais en même temps elle me dit qu'elle a peur d'être observée, et j'ai lieu de croire que cette peur lui est inspirée par Mesdames, qui connaissent assez mes principes pour désirer que je ne sois pas trop souvent à portée de les exposer à Mme la dauphine. Au reste, quand j'ai quelque chose d'essentiel à dire, j'en trouve le moyen et suis toujours écouté avec bonté.

Le moment de l'arrivée de Mme la comtesse de Provence devenant très-prochain, j'ai rappelé à Mme la dauphine les réflexions qu'il y avait à faire sur cette circonstance. S. A. R. est bien disposée à faire un bon accueil à Mme de Provence; je crois cependant qu'il serait utile que V. M. daignât écrire à ce sujet à Mme l'archiduchesse ce qu'elle jugera être convenable. Mme de Provence sera à coup sûr bien conseillée, et cherchera à attirer le roi chez elle; Mme la dauphine, en se livrant à Mesdames ses tantes, a négligé cet avantage. Dès le voyage de Fontainebleau j'avais déjà fait des représentations sur cet objet important, et j'en ai rendu compte à V. M. par mon très-humble rapport du 20 octobre dernier. Depuis ce temps je n'ai cessé d'en parler à Mme l'archiduchesse; la présence de Mme de Provence rendra cette observation plus essentielle encore, et il serait infiniment à désirer que Mme la dauphine voulût se former en cela un plan de conduite de nature à lui procurer les préférences qui lui sont dues à tous égards.

Le prince de Starhemberg m'a envoyé par une occasion sûre la très-gracieuse lettre de V. M. en date du 15 de mars. Quoique le contenu de mon présent et très-humble rapport réponde à une partie de ce que V. M. daigne me mander, je dois cependant observer encore que les avertissements qu'il a plu à V. M. de donner à Mme la dauphine lui ont toujours fait grande impression, et que j'en ai sur-le-champ remarqué les bons effets, au moins pour quelque temps. Il résulte de là une plus grande certitude que l'arrivée de Mme. la comtesse de Provence ne fera naître aucun inconvénient, pour peu qu'il plaise à V. M. de répéter à Mme la dauphine ce que sa haute sagesse lui indiquera de plus nécessaire à dire sur cette circonstance.

Contre toute attente, le duc de la Vauguyon est échappé au danger de sa dernière maladie; on le croit cependant attaqué de la poitrine. L'existence de cet homme dangereux est un grand malheur; ses intrigues sont d'autant plus redoutables que tous les moyens lui sont indifférents quand il s'agit de parvenir à ses vues. J'ai enfin obtenu de Mme la dauphine qu'elle veuille dissimuler vis-à-vis de ce personnage, et cette méthode paraît le rendre plus circonspect dans sa conduite.

Mon très-humble rapport était écrit jusqu'ici lorsque le courrier mensuel, arrivé le 13 au matin, m'a remis la très-gracieuse lettre de V. M. en date du 1er de ce mois. Le même jour je me rendis à Versailles pour y présenter à Mme la dauphine les lettres qui étaient à son adresse. Celle de V. M. fut reçue avec le plaisir et l'empres-pressement accoutumés. S. A. R. revenait de la promenade et devait se rendre immédiatement chez le roi, ce qui l'obligea à me congédier promptement, en me disant qu'elle voulait lire sur-le-champ la lettre de V. M., et qu'elle me parlerait de bien des choses à la première occasion. Cette journée était très-remarquable pour le lit de justice qui s'était tenu le matin, et par la création du nouveau parlement. Les esprits se trouvaient en grande fermentation; je dis à Mme la dauphine que, dans un moment si critique, je la suppliais de ne tenir aucun propos d'approbation ou de blâme sur ce qui se passait, et que je me réservais de lui exposer plus à loisir les motifs importants de cet avis. S. A. R. voulut bien me promettre d'y avoir égard, et cela me tranquillisa d'autant plus que je sais par expérience que dans des cas semblables Mme l'archiduchesse tient assez exactement ce qu'elle s'engage d'observer. — Mme la dauphine a fait ses dévotions pascales le dimanche des Rameaux, dans l'église paroissiale de Versailles.

XV. — Mercy a Marie-Thérèse.

Paris, le 16 avril. — Le contenu de la lettre de V. M. à Mme la dauphine remplit tout ce que j'avais à désirer relativement aux avertissements qui me paraissaient nécessaires à cette princesse sur les articles les plus essentiels de sa conduite envers Mme la comtesse de Provence, et sur les marques de bonté et d'attention à donner aux personnes de marque de ce pays-ci. La façon dont V. M. a bien voulu s'en expliquer fera très-sûrement une impression forte et décisive sur l'esprit de Mme la dauphine, laquelle conserve heureusement la confiance, l'amour et la crainte filiale qui la rendent fort attentive à tout ce qui lui vient de la part de V. M. Je me trouve par là à même de faire valoir mes représentations, qui réussissent presque toujours quand elles portent sur des objets sur lesquels V. M. a parlé.

Je dois maintenant répondre aux articles que V. M. daigne m'écrire de main propre, et j'observerai : 1° que le caractère d'écriture de Mme la dauphine n'est jamais si mauvais que dans ses lettres à V. M.; parce qu'elle les écrit avec beaucoup trop de précipitation, dans la crainte d'être surprise soit par M. le dauphin, soit par Mesdames ses tantes, auxquelles jusqu'à présent elle n'a jamais rien communiqué de sa correspondance avec V. M. C'est un point sur lequel j'avais insisté dès le commencement, et que S. A. R. a toujours observé strictement. J'ai cependant averti l'abbé de Vermond de redoubler ses soins pour tâcher de gagner un peu de correction dans l'écriture et l'orthographe. Je rejoins ici la lettre de Mme la dauphine que V. M. a daigné m'envoyer. 2° Malgré ce que contiennent mes dépêches ministérielles, il est presque impossible que V. M. se forme une idée bien exacte de l'horrible confusion qui règne ici en tout. Le trône y est avili par l'indécence et l'extension du crédit de la favorite et par la méchanceté de ses partisans. La nation s'exhale en propos séditieux, en écrits indécents où la personne du monarque n'est point épargnée ; Versailles est devenu le séjour des perfidies, des haines et des vengeances ; tout s'y opère par des intrigues et des vues personnelles, et il semble qu'on y ait renoncé à tout sentiment d'honnêteté. Je n'ai pas hésité de présenter ce tableau à Mme la dauphine, et de lui faire observer bien souvent que le seul moyen possible d'éviter les inconvénients d'un temps si critique est de garder un profond silence sur les choses ainsi que sur les personnes, et S. A. R. commence à sentir la nécessité de cette méthode.

3° Dans mon très-humble rapport du 25 de février, j'ai mis aux pieds de V. M. mes profondes actions de grâce de l'autorisation qu'elle a daigné donner au prince de Starhemberg de me communiquer les circonstances les plus intéressantes du temps. Je me flatte d'avoir dissipé ici les soupçons et les doutes qu'on y marquait sur des apparences d'intelligence avec le roi de Prusse. J'ai fait envisager les mesures militaires de V. M. comme très-analogues à ce que peut désirer la France sur les moyens de mettre un frein aux projets ambitieux de la cour de Russie, et de la forcer à la paix par une contenance imposante. J'espère que ce grand objet réussira à V. M. sans qu'elle soit dans le cas d'aller au delà des démonstrations, et il en résulterait peut-être alors que les dépenses préparatoires à une guerre seraient compensées par l'avantage d'avoir éloigné pour longtemps une guerre réelle, laquelle, suivant mon faible jugement, aurait pu devenir nécessaire si la Russie avait rempli la totalité de son plan d'agrandissement et d'augmentation de puissance.

4° Le bureau de V. M. a coûté 1,776 livres de France, et la masse (1) qui contiendra le portrait de Mme la dauphine; que j'attends à tout moment et que j'espère de pouvoir remettre au courrier, coûtera 228 livres. Le tout sera payé des fonds destinés à Mme la dauphine, qui a paru bien enchantée de ce que son présent avait agréé à V. M.

5° Aussitôt que Mme la dauphine a appris le décès de la grande maîtresse comtesse de Paar et de la princesse de ce nom, indépendamment de ses regrets personnels, la première réflexion de S. A. R. a été un mouvement d'inquiétude sur la peine que V. M. éprouverait à cette occasion, et Mme l'archiduchesse m'en parla avec beaucoup de sensibilité. Je pris la liberté de lui répondre que V. M., qui à si juste titre est adorée de ses fidèles sujets, les devait trouver tous remplis d'empressement et de zèle à tâcher de lui faire réparer la perte de ceux qui ont eu le bonheur d'être attachés de plus près à sa personne sacrée.

6° Relativement à Mme la dauphine, mon devoir me prescrit la loi d'exposer dans mes très-humbles rapports la plus exacte fidélité, le

---

(1) Sans doute une sorte de support encadrant le portrait.

bien et le mal des circonstances. Jamais je ne croirai devoir tranquilliser V. M. aux dépens de la vérité des faits, mais je persiste toujours à oser lui affirmer que, quoique la situation de Mme l'archiduchesse soit délicate, sa conduite dans l'essentiel la préservera de tout embarras fâcheux, et qu'il y aura toujours moyen de prévenir de longue main, et de remédier aux circonstances qui pourraient menacer, mais qui ne seront jamais assez graves pour que V. M. doive s'en inquiéter.

7° Je sens que le choix du duc de Saint-Mégrin comme ambassadeur de France devrait être désagréable à V. M. Ce jeune homme, avec un maintien assez composé, passe pour être un sujet des plus vicieux qui existent, et beaucoup au delà de son père. Il est affreux d'imaginer que le roi ne soit entouré à présent que de gens de cette trempe, et qui parviennent à écarter tous ceux auxquels on peut supposer quelque vertu. Il est vrai que le roi de Suède (1) a étendu un peu trop loin ses complaisances politiques pour la favorite; le baron de Scheffer a des reproches à se faire à cet égard; il est cependant vrai aussi qu'il a été trompé, et que lorsque le roi de Suède alla souper chez la comtesse du Barry, on lui avait donné à entendre que le roi Très-Chrétien s'y trouverait, ce qui n'arriva pas.

Mme la dauphine était restée assez longtemps sans prendre l'exercice du cheval. Elle y est montée le 9.

V. M. m'ordonne de lui dire si le roi se livre à la boisson. Le bruit qui s'en est répandu n'est point fondé, et peut provenir de ce que l'on remarque souvent dans ce monarque des absences d'esprit qui ressemblent aux effets de l'ivresse, quoiqu'elles n'en soient pas les suites. Il est constant que la tête du roi s'affaiblit de plus en plus, et il s'y joint un ennui que doit occasionner au monarque le désordre général qui l'environne de toutes parts. Ce tableau n'est que trop souvent retracé dans mes dépêches, et je m'abstiens d'en ennuyer davantage V. M.

---

(1) Gustave III. Il était arrivé à Paris le 4 février, et y reçut le 1er mars la nouvelle de la mort de son père, qui le faisait roi. Malgré toutes les sympathies qu'il avait montrées au parti libéral des parlements et du duc de Choiseul, il avait trop besoin d'être soutenu par la cour de France, en vue de ses projets ultérieurs, pour n'avoir point courtisé la favorite; il avait été jusqu'à offrir un riche collier à son petit chien, et elle s'autorisait du souvenir de ces flatteries pour lui écrire lors de son coup d'État de 1772 une lettre de félicitations. Cette lettre se trouve au tome XXII des Papiers de Gustave III, aux archives d'Upsal.

XVI. — Marie-Thérèse a Mercy.

Schönbrunn, le 7 mai. — Comte de Mercy. J'ai reçu votre dépêche du 16 du passé et je ne trouve rien à répliquer aux réflexions que vous faites sur la situation de ma fille et sur celle de la cour de France ; l'une est aussi délicate que l'autre est affreuse. Je ne me repose que sur votre prudence et zèle, et je vois avec plaisir que vos démarches sont parfaitement conformes à mes intentions.

[Voilà ma lettre pour ma fille ; je souhaite que vous en êtes content ; il y a bien des répétitions ; je l'ai écrite à plusieurs reprises.

[Je suis enchantée de mon bureau, surtout de la masse, du portrait moins : je la connaissais plus jolie. Se tient-elle si droite et est-elle coiffée ainsi ? J'attends le grand portrait de Liotard avec impatience, et j'espère qu'on n'oublie pas celui à cheval. Si vous pouviez en attendant m'envoyer son habillement peint à cheval, chapeau sur tête, en petit, si cela se peut, même si la ressemblance n'y est pas.

[On dit les Jésuites reviendront et qu'ils sont tous du parti d'à cette heure ; j'en suis curieuse.]

XVII. — Marie-Thérèse a Marie-Antoinette.

Schönbrunn, le 8 mai. — J'ai reçu vos deux lettres, l'une par le courrier du 16 et l'autre par l'abbé de Vanwolden. J'écris actuellement devant la masse, qui me représente ma très-chère fille ; mais je ne lui trouve pas cet air de jeunesse qu'elle avait il y a onze mois, et malheureusement le changement d'état n'en est pas la cause ; j'attends cette nouvelle avec grand empressement, et me flatte que le mariage qui doit se faire en peu de jours accélerera mes vœux ; mais je ne saurais assez vous répéter : point d'humeur là-dessus ; la douceur, la patience sont les uniques moyens dont vous devez vous servir. Il n'y a rien de perdu, vous êtes tous deux si jeunes : au contraire pour vos santés ce n'est que mieux, vous vous fortifiez encore tous deux ; mais il est naturel à nous autres vieux parents de souhaiter l'accomplissement, ne pouvant plus (1) nous flatter de voir de petits et arrière-petits-fils.

---

(1) Le sens est évidemment : Ne pouvant plus qu'à peine...

Vous me ferez grand plaisir, ma chère fille, de me marquer comme vous trouvez votre belle-sœur; selon le conte que m'en a fait Rosenberg (1), vous n'aurez pas sujet d'en être jalouse, mais bien d'en avoir pitié et de vous en occuper : cela vous fera honneur et sera à sa place, non pour la gouverner, cela conviendrait aussi peu que la jalousie, mais pour la tirer d'embarras, car on dit qu'elle n'est pas bien de figure, très-timide, point de monde, mais au reste très-bien élevée ; avec le temps cela pourra faire une convenable liaison et amitié. Gardez-vous des rapports et contes pour et contre elle : le monde est méchant, on tâchera de gagner en flattant votre amour-propre et en le piquant. Conservez soigneusement et tâchez de gagner tous les jours de plus la confiance que vous me dites que le dauphin vous marque, et, par votre respect et attachement, tâchez de rencontrer en tout l'approbation du roi. Je voudrais bien que vous le vissiez plus souvent chez vous; c'est un point essentiel. Il a vu tous les jours votre belle-mère chez elle, et à mon grand étonnement je dois apprendre qu'il ne vient jamais chez vous que les jours de cérémonie : il est de coutume, cela décide pour ou contre vous dans le public; tâchez donc de gagner à l'avenir ce point ; j'en touche quelque chose à Mercy, c'est de la plus grande conséquence.

Ce que vous me dites des deux dames qu'on a données à la comtesse de Provence doit vous convaincre combien vous devez user de précaution; quelle différence de Mme de Noailles à ces deux! Je veux vous passer qu'elle vous excède à force de vous vouloir du bien, mais c'est toujours une femme qui passe pour être honnête et attachée à vous; c'est un grand point, et étant des premières maisons, où trouverez-vous des parfaites sans intrigues ou sans être ennuyantes? Je suis bien aise, après ce que vous me dites de Saint-Mégrin, d'en être quitte; mais il serait temps de nous envoyer une

---

(1) Wolfgang Franz Xavier, comte de Rosenberg, né en 1723, employé d'abord dans la diplomatie à Copenhague, puis à Madrid, fut ensuite chargé par Marie-Thérèse de diverses missions toutes de confiance, comme celle qu'il remplit en Toscane lorsque Léopold, âgé de dix-huit ans, y succéda à son père. Il fut pendant deux ans auprès du jeune prince comme ministre dirigeant, et conserva toujours son affection et son estime. Nous verrons Marie-Thérèse confier encore au comte de Rosenberg ce rôle de conseiller près de sa fille l'infante de Parme et près de l'archiduc Maximilien, lors de son voyage en France. Deux curieuses lettres de Marie-Antoinette, en 1775, nous montreront qu'elle partageait l'amitié et la confiance de sa mère pour ce fidèle et intelligent serviteur de la famille impériale. Le comte de Rosenberg, créé prince de l'Empire par Léopold, mourut en 1796.

fois un ambassadeur, de même de nommer un ministre, car il est bien difficile de s'expliquer sans en avoir, et si ce n'était pas pour vous, ma chère fille, Mercy aurait pu être mieux employé partout ailleurs que de rester ainsi en inaction ; mais vous y perdriez trop et j'ose dire tout : mais tâchez qu'on nous en envoie bientôt, autrement je ne réponds de rien.

Ma chère fille, on dit dans le monde et on est même étonné que vous voyez si rarement cet ambassadeur, que vous ne lui parlez qu'en passant, et que même vous avez l'air plus embarrassé que confiant avec lui. On cite même les exemples de la reine, votre grand'mère, et de votre belle-mère, qui voyaient régulièrement chez elles deux fois la semaine les ministres de leurs familles, qui conversaient avec eux et les distinguaient partout. Si on vous parle autrement et vous conseille de n'en rien faire, je crains que ce n'est pas pour votre bien. Outre cela Mercy est estimé par tout le monde, raisonnable, et ne saurait que vous faire honneur et du bien, en l'écoutant plus souvent. Je vous avoue que ce vous m'avez marqué de Paar et de Starhemberg, que ces messieurs n'avaient pas bonne réputation, m'a fait de la peine. J'ai vu par là tout ce qu'on ose vous dire, et si vous aviez marqué plus de prédilection pour votre nation, et que vous auriez au moins marqué que vous ne voulez pas qu'on en parle en mal devant vous, on s'en serait bien gardé. C'est une conviction de plus qu'on avait raison d'être étonné du peu d'empressement et de protection que vous avez pour les Allemands. Croyez-moi : le Français vous estimera plus et fera plus de compte sur vous s'il vous trouve la solidité et franchise allemande. Ne soyez pas honteuse d'être Allemande jusqu'aux gaucheries : il faut les excuser par bonté et ne souffrir qu'on ose s'en moquer; peu à peu vous vous accoutumerez à en faire de même. Quand on est jeune et voit journellement de ces sortes de choses, il est trop difficile de n'y pas tomber ; pour cela il est nécessaire d'avoir une dame ou un ministre qui puisse vous en avertir à temps. Faites un accueil distingué aux premiers, et des bontés à tous les Allemands, surtout ceux de mes sujets et des premières maisons : aux moindres, c'est-à-dire qui n'ont point d'entrée à la cour chez nous, de bonté, d'affection et de protection. Vous n'en serez jamais blâmée, mais bien plus estimée, hors de ceux qui n'ont jamais eu le bonheur de se faire aimer de personne : unique ressource et bonheur de notre état. Vous l'avez si parfaitement acquis! ne le perdez pas, en négligeant ce qui vous l'a procuré : ce n'est ni votre beauté, qui effectivement ne l'est pas telle, ni vos talents ni savoir (vous savez bien que tout cela n'existe pas); c'est votre bonté de cœur, cette franchise, ces attentions, appliquées avec tant de jugement. On dit que vous négligez à parler et distinguer les grands; qu'à la table, au jeu, vous ne vous entretenez qu'avec vos jeunes dames, en leur parlant à l'oreille, en riant avec elles. Je ne suis pas si injuste de vouloir vous interdire la conversation très-naturelle des jeunes gens que vous connaissez, pour ceux que vous ne voyez qu'en grand public; mais c'est un point essentiel la distinction des gens, que vous ne devez pas négliger, l'ayant si bien acquis au commencement. Là-dessus aucune négligence et n'imitez personne : suivez ce que vous avez vu et appris ici.

On parle encore des jeux que vous avez tenus le dernier hiver. Ne vous laissez pas aller au goût de mettre en ridicule les autres; vous y avez incliné un peu; si on s'aperçoit de ce faible, on ne vous servira que trop, et vous perdrez cette estime et confiance du public, si nécessaire, si agréable, et que vous possédez encore si parfaitement. Ma tendresse ne finirait jamais, et pardonnez-moi ces répétitions; mais je les regarde comme la base de votre bonheur, jugez combien il m'est à cœur. Ne croyez pas que Mercy m'en a écrit, mais je dois vous répéter qu'il est étonnant ce qu'on sait ici; je n'ai aucune correspondance, mais il y en a une quantité ici et qui marquent des particularités étonnantes. Tout le monde, sachant ma tendresse pour vous, me les porte pour ma consolation, mais voyant depuis quelque temps de la diminution, qu'on attribue encore aux conseils qu'on vous donne, j'ai cru ne pouvoir faire de trop sur ce point, et même charger Mercy de m'informer et de vous assister plus que jamais de ses conseils.

Les confusions qui sont actuellement chez vous me font bien de la peine pour le roi et pour vous. Mercy m'assure que vous vous conduisez à vous attirer l'estime de tout le monde, et augmenter même par une conduite mesurée, bonne et chrétienne l'estime qu'on a de vous. Suivez donc les conseils de Mercy, qui n'est occupé que de vous, et ne vous mêlez d'aucun parti; si vous pouvez même ignorer tout, ce ne serait que mieux. C'est dans ce moment que je préfère les promenades à cheval, en calèche, les bals, spectacles et tout ce qui est plaisir, fussent même des enfantillages, pour couper court aux occasions, qu'on n'en parle. Vous serez étonnée que nous sommes seuls dehors sans l'empereur. Vous connaissez son affection pour la ville, j'ai cru devoir lui proposer d'y rester, ce qu'il a accepté avec plaisir, venant tous les jours dîner avec nous ici.

XVIII. — Mercy a Marie-Thérèse.

Paris, 22 mai. — Sacrée Majesté. La lettre que V. M. avait écrite à Mme la dauphine, au commencement d'avril, a produit un si bon effet que, depuis ce moment là, j'ai vu diminuer d'une façon très-remarquable la plupart des petits inconvénients qui ont fourni matière à mes très-humbles rapports précédents. Ce changement favorable s'est particulièrement manifesté dans deux points essentiels : dans celui des propos sur les conjonctures critiques où l'on se trouve ici, et dans l'accueil de bonté convenable envers ceux qui font leur cour à Mme la dauphine. J'ai saisi l'occasion de lui exposer un tableau très-circonstancié de sa position actuelle, et en m'appuyant sur les principes dont V. M. a daigné faire mention dans ses lettres, j'ai prouvé à Mme la dauphine qu'elle ne pouvait se dispenser d'établir un plan de conduite par lequel, sans dissimulation ni fausseté, elle parviendrait facilement à apprécier les qualités d'un chacun, à se garantir des uns, à s'attacher les autres, et à ne mécontenter personne. J'ai fait voir qu'il était de la dignité d'une grande princesse de ne point employer inutilement des moyens de critique sur des objets auxquels on n'était pas en mesure de pouvoir remédier, que dans ces cas-là un silence froid était le seul désaveu convenable ; qu'une pareille contenance marquait de l'élévation dans l'âme, au lieu que les propos ne faisaient qu'indiquer une faiblesse impuissante ; qu'en combattant ouvertement une cabale, c'était se mettre en quelque façon de niveau avec ceux qui la composent, et s'exposer au compromis qui en résulte. Je m'aperçus que cette tournure de faire envisager les choses frappait Mme la dauphine ; je lui représentai que les personnes attachées au parti de la comtesse du Barry se vantaient d'être mal traitées par S. A. R., et qu'il ne fallait pas leur laisser l'impertinente satisfaction de croire que Mme l'archiduchesse s'occupât d'eux, que le meilleur moyen de les en punir était de leur parler de temps en temps avec un air d'aisance et d'indifférence, et que si Mme la dauphine avait voulu adresser une seule fois la parole à la comtesse du Barry elle-même, j'étais bien assuré que cette démarche aurait très-fort déconcerté les projets de méchanceté d'une cabale dont le plus grand relief est celui de paraître se soutenir contre les efforts manifestes que la famille royale emploie vainement contre elle.

Mme la dauphine, sans disconvenir de la vérité de mon idée, m'arrêta sur le chapitre de la comtesse du Barry, et me dit ingénuement que la crainte de déplaire à Mesdames ses tantes la retiendrait toujours de dire un mot à la favorite, mais qu'elle parlerait aux autres, et en effet, dès le lendemain, S. A. R. adressa la parole à la comtesse de Valentinois et au duc d'Aiguillon. Cela fit sensation à la cour, et des gens de la cabale m'en ayant parlé comme d'une nouvelle extraordinaire, je saisis cette occasion que j'attendais depuis longtemps pour leur reprocher l'ineptie et l'indécence des propos qui s'étaient tenus sur l'esprit de parti qu'on attribuait à Mme la dauphine, et je fis valoir le mieux qu'il m'était possible les preuves de l'impartialité de S. A. R. dans tout ce qui ne la regardait pas personnellement. Je ne serais point embarrassé de maintenir les choses dans cet état si Mesdames voulaient bien ne pas s'y opposer ; mais c'est toujours par un effet de leur mauvaise politique que j'ai le chagrin de voir détruire en partie ce que le jugement et le bon esprit de Mme la dauphine lui fait adopter de raisonnable.

Le comte de Broglie (1) s'est adressé à moi pour savoir si Mme l'archiduchesse consentirait à ce que la comtesse de Broglie remplaçât en qualité de dame du palais la duchesse de Boufflers, sa sœur, laquelle par raison de santé est résolue à se retirer. J'ai trouvé Mme la dauphine peu disposée à agréer le projet, par la raison de plusieurs engagements qui restent encore à remplir pour pareilles charges. J'ai cependant représenté à S. A. R. que le comte de Broglie était un personnage à ménager, et qu'en déclinant sa demande, il serait bon d'adoucir ce refus par une perspective favorable pour la suite. Mme l'archiduchesse a daigné m'autoriser à arranger cela pour le mieux ; conséquemment j'ai fait entendre au comte de Broglie qu'il ne dépendait pas dans ce moment-ci de Mme la dauphine

---

(1) Frère du maréchal de Broglie. Mercy a raison de dire que c'est un personnage à ménager. On a vu que le comte de Broglie dirigeait alors la correspondance secrète, et que le cabinet autrichien avait pénétré ce mystère.

de se prêter à ses vues, mais que S. A. R., sachant les bontés de V. M. pour la famille de Broglie, y aurait égard à l'avenir, et consentirait à attacher à son service la fille du comte de Broglie, quand les circonstances le permettront. Par cette promesse fort éloignée Mme la dauphine se trouve hors d'embarras, et le comte de Broglie m'a paru satisfait.

Relativement aux occupations journalières de Mme l'archiduchesse, je n'ai pour cette fois rien de fort essentiel à observer. Les heures de lecture se remplissent avec un peu plus de régularité que par le passé, et il en résulte toujours un très-grand bien, en ce que l'abbé de Vermond se trouve journellement à portée de suivre des conversations intéressantes, dans lesquelles il saisit les moyens de suggérer ce que les différentes conjonctures exigent pour le bien de Mme l'archiduchesse. D'ailleurs les idées de S. A. R. s'arrangent avec plus d'ordre, et, quoique son extrême vivacité subsiste toujours, cependant elle gagne visiblement du côté du maintien en public. Son langage est plus suivi; elle sait y mettre un esprit et des grâces qui enchantent, et si cette charmante princesse ne suivait que son propre mouvement et n'en fût pas distraite par les mauvais exemples, il n'y aurait sûrement jamais la moindre chose à redire à sa conduite. Mme la dauphine conserve sa passion pour l'exercice du cheval, et passé quinze jours il lui est arrivé un léger accident, dont j'ai été informé malgré les précautions prises pour me le cacher. S. A. R. se promenait dans les environs de Versailles; le cheval d'un de ses écuyers fit une ruade et toucha le pied de Mme l'archiduchesse, qui ne laissa pas paraître la moindre douleur. Elle continua sa promenade et revint avec le pied fort enflé, et sur ce que ses dames lui représentèrent qu'elle aurait dû déclarer d'abord le mal qu'elle ressentait, S. A. R. répondit qu'elle l'avait caché pour épargner à son écuyer le chagrin de se voir l'auteur involontaire de ce petit accident, qui n'a pas eu de suite et dont les marques ont disparu le lendemain. Ce trait de bonté a pénétré tous ceux qui en ont été témoins, et il peint parfaitement le caractère de Mme la dauphine. S. A. R. a un peu manqué à la parole donnée de ne jamais se trouver à la chasse à cheval; elle a suivi une chasse du sanglier sous prétexte d'avoir rencontré cette chasse par l'effet du hasard. Mme l'archiduchesse avait fort recommandé le secret sur cette circonstance, et surtout à mon égard. Elle croit que je l'ignore, et s'il plaisait à V. M. de faire connaître qu'elle en est informée, cela rendrait Mme la dauphine plus exacte à tenir un engagement, duquel il est de la dernière importance qu'elle ne s'écarte pas, vu les dangers auxquels elle pourrait s'exposer.

Dans le temps où j'écrivais mon très-humble rapport il est survenu un incident de conséquence, et dont les particularités doivent être exposées à V. M.

Mme la dauphine fut informée le 6 de ce mois que le roi devait donner dans la semaine la survivance de la place de dame d'atours occupée par la duchesse de Villars à la duchesse de Saint-Mégrin, belle-fille du duc de la Vauguyon. Mme la dauphine, alarmée de cette nouvelle, envoya chercher l'abbé de Vermond ; elle lui dit qu'elle n'avait pas le temps de me consulter, qu'il n'y avait pas un instant à perdre, qu'elle voulait écrire au roi, qui était à la Muette, et que l'abbé devait lui faire un projet de lettre. L'abbé représenta qu'il valait beaucoup mieux parler qu'écrire, mais Mme la dauphine ayant persisté dans sa volonté, l'abbé forma le projet de lettre suivant :

« J'apprends que Mme de Villars pense à demander à V. M. la sur-
« vivance de sa place pour Mme de Saint-Mégrin ; j'en suis si occupée
« que je ne puis attendre pour vous en parler le moment où j'aurais
« le bonheur de vous voir. J'aurais bien de la peine à voir Mme de
« Saint-Mégrin dans ma maison, et surtout dans une place comme
« celle-là. J'ai trop de confiance dans l'amitié de mon cher papa pour
« croire qu'il voulût me donner ce chagrin ; je le supplie instamment
« de me l'épargner. »

Mesdames voulurent changer le contenu de cette lettre et y insérer tout plein de phrases maladroites et déplacées ; l'abbé de Vermond fit tout au monde pour les faire retrancher, mais il ne l'obtint qu'en partie, et l'ascendant de Mesdames prévalut comme de coutume.

Le roi répondit le même jour ce qui suit : « On ne m'a pas parlé
« pour Mme de Saint-Mégrin ; je me souviens que feu mon fils lui avait
« promis une place dans la maison de sa belle-fille, mais les choses
« ont bien changé depuis, et vous avez eu la maison de la reine ;
« lorsque les places vaqueront par mort ou démission, j'espère que
« vous agréerez les personnes que je vous proposerai. Je ne suis pas
« surpris que Mme de Saint-Mégrin ne vous convienne pas ; elle est
« trop jeune et par trop bête. » Ce dernier mot était effacé, mais d'une manière à laisser la facilité de le lire.

Il résulte de cette réponse du roi que Mme la dauphine est garantie du danger qu'elle craignait ; mais, en récapitulant cette circonstance, je l'ai suppliée d'éviter autant que possible d'écrire, et surtout de faire entrer dans ses lettres des expressions de personnalités telles que Mesdames les suggèrent toujours, que le plus sûr était de parler directement au roi sans avoir recours au moyen des lettres. Les particularités ci-dessus énoncées ne sont connues que de l'abbé de Vermond et de moi ; Mme la dauphine nous en a ordonné le secret, et cela me met dans le cas de supplier V. M. de ne pas faire connaître qu'elle en est instruite.

Le 11 la cour se rendit à Fontainebleau ; Mme la dauphine parut assez occupée de l'objet de ce voyage ; on remarqua qu'elle était plus attentive et caressante vis-à-vis du roi, qui en fut enchanté. Le lendemain, toute la famille royale alla à une distance de deux lieues au-devant de Mme la comtesse de Provence. Le roi l'embrassa affectueusement ; elle fut reçue par son époux avec des marques de transport de joie ; Mme la dauphine l'accueillit d'un air d'aisance, d'amitié et avec toutes les grâces possibles, sans affectation ; elle parut occupée de la nouvelle mariée, lui marquant toutes les petites prévenances convenables, et joignant à ce procédé une continuation de cajoleries pour le roi qui produisirent un grand effet. De retour à Fontainebleau et pendant le souper, quoique ces premiers moments semblassent devoir être voués à Mme la comtesse de Provence, le roi fut beaucoup moins occupé d'elle que de Mme la dauphine. Jamais elle n'avait paru si charmante, et dans aucune occasion son triomphe n'avait été plus complet. Le roi lui fit mille caresses, et lui dit qu'il lui demandait à déjeuner pour le lendemain ; en effet le monarque arriva le matin en robe de chambre dans la chambre à coucher de Mme la dauphine, et il s'y rendit par une porte de communication qui avait été fermée jusqu'alors, et par laquelle jamais il n'avait voulu passer pendant le dernier séjour à Fontainebleau. Le roi fit lui-même son café chez Mme la dauphine ; il y resta près de deux heures, paraissant plus gai, plus content que de coutume. Successivement toute la famille royale y arriva et y prit du café. Depuis ce moment Mme l'archiduchesse a observé la même contenance, le même ton pendant les fêtes du mariage, et sa conduite a surpassé tout ce que j'en avais espéré. Je pris la liberté de témoigner à S. A. R. la joie que me causait cette circonstance, en lui faisant observer combien elle était sûre de réussir et de plaire quand elle le voulait; j'ajoutai à cela quelques réflexions sur la nécessité de ne point se relâcher et de maintenir les progrès visibles que S. A. R. venait de faire sur l'esprit du roi. Elle m'assura que c'était bien son projet; je remarquai très-distinctement qu'en connaissant sa supériorité sur la comtesse de Provence, elle n'en était point enorgueillie, et qu'elle écoutait plus la bonté naturelle de son caractère que le plaisir d'un triomphe public sur la princesse que la cabale s'était proposé de mettre en rivalité avec Mme l'archiduchesse. Relativement au personnel de Mme la comtesse de Provence, je dois ajouter ici que sa figure n'est point bien et son maintien peu agréable; elle n'a nulle grâce, elle parle peu et désagréablement. Le roi a dit au premier abord « qu'il la trouvait bien laide », et le public est de ce sentiment. Je vois qu'on prend même plaisir à le dire, et cela par une suite de cet attachement général que l'on a pour Mme la dauphine.

Le courrier mensuel étant arrivé ici le 18 au matin, je me suis rendu le 19 à Versailles pour y remettre les lettres adressées à Mme la dauphine. S. A. R. avait fait ses dévotions ce jour-là; elle reçut avec grand empressement la lettre de V. M., mais la solennité de la journée, les offices d'église ne laissèrent pas à Mme l'archiduchesse le loisir de me parler, et elle me dit qu'elle me ferait venir au premier moment de loisir. Il lui était également impossible d'écrire ce même jour, non plus que le suivant, qui était rempli par une fête du mariage, consistant en un bal paré. Étant obligé d'y assister, la journée fut également perdue pour moi du côté du travail, de façon que, malgré toute la diligence possible, il n'y a pas eu moyen de renvoyer le courrier avant aujourd'hui.

XIX. — Mercy a Marie-Thérèse.

A Paris, le 22 mai. — Il me reste à rendre compte à V. M. des objets sur lesquels Elle daigne m'écrire de main propre, et je commence d'abord par remettre ici la copie de la lettre à Mme la dauphine, et la lettre de cette princesse qu'il a plu à V. M. de me communiquer.

On ne peut rien désirer ni ajouter à la façon dont V. M. s'explique envers Mme la dauphine, et, par une suite de mon zèle pour cette charmante princesse, la lettre que V. M. lui écrit me cause une joie inexprimable, parce que je suis bien certain que cette lettre pénétrera le cœur de Mme l'archiduchesse, et persuadera son esprit. Aucun point essentiel n'est échappé à la sagesse de V. M., et les avertissements qu'elle donne produiront plus d'effet que n'auraient pu en produire dans une année les représentations de l'abbé de Vermond et les miennes.

Sur la façon remplie de clémence et de grâce avec laquelle V. M. daigne parler de moi à Mme la dauphine, je dois observer que S. A. R. m'a toujours marqué confiance et bonté, et que ce n'est que la crainte d'être observée qui a paru la gêner sur les moyens de me parler, à quoi peut-être les conseils des Mesdames pourraient bien avoir contribué.

Le portrait de Mme l'archiduchesse que V. M. a reçu est si mauvais en tout point que j'ai hésité à l'envoyer. S. A. R. ne se tient point aussi droite, elle n'est pas coiffée ainsi, il n'y a enfin aucune ressemblance. Mme la dauphine est tellement grandie et embellie que V. M. en serait surprise. Je ne cesse de presser pour que le grand portrait de Mme la dauphine, montant à cheval, soit achevé. La mort du peintre Vanloo, qui avait commencé cet ouvrage, en a suspendu l'exécution. Je vais aussi prendre des mesures pour procurer à V. M. un portrait de Mme l'archiduchesse en petit, et telle qu'elle est dans ses habillements de cheval, avec le chapeau sur la tête.

Il est très-vrai que les chefs de la cabale régnante à cette cour sont presque tous grands partisans des Jésuites, et nommément le duc de la Vauguyon et la comtesse de Marsan ; malgré cela, il paraît bien difficile que la société des Jésuites parvienne à se rétablir en France, parce que leurs biens ont été dissipés et convertis à des dépenses de l'État ; leurs colléges, maisons et églises ont été en partie démolis. L'opposition de l'Espagne serait encore un obstacle, d'autant plus difficile à surmonter que le roi Catholique presse vivement le Saint-Père d'abolir la société en question, de façon qu'à moins d'événements très-extraordinaires, et qui ne sauraient être prévus, il n'y a guère d'apparence que les Jésuites réussissent à se rétablir dans ce royaume.

XX. — MARIE-THÉRÈSE A MERCY.

Schönbrunn, le 6 juin. — Comte de Mercy, J'ai reçu vos dépêches du 22 mai. Plus la froideur du dauphin est extraordinaire, plus ma fille a besoin de tenir une conduite bien mesurée. Les conseils que vous continuez à lui donner sont excellents, et vous ne sauriez les lui trop répéter. Au reste van Swieten (1) est du sentiment que si une jeune fille et de la figure de la dauphine ne peut échauffer le dauphin, tout remède serait inefficace, qu'il vaut donc mieux y renoncer et attendre du temps le changement d'une conduite si étrange.

J'ai tout lieu d'être contente du premier début de ma fille à l'arrivée de la comtesse de Provence, mais je ne suis pas sans inquiétude pour l'avenir. Le parti dominant, faisant des efforts à mettre à sa tête la comtesse de Provence, tâchera de la faire briller, même aux dépens de la dauphine, et l'ostentation de former la cour de la comtesse de Provence, toute composée de créatures de ce parti, beaucoup plus nombreuse que celle de la dauphine, en est déjà une preuve. Les intrigues, les cabales, les jalousies, les tracasseries s'en mêleront à la fin et rendront toujours plus difficile la situation de ma fille, qui pourrait même s'abandonner dans la suite tête baissée à ses tantes. Je voudrais donc que vous tâchiez de vous approcher le plus souvent que possible de ma fille pour pouvoir observer tout ce qui se passe dans l'intérieur de sa cour et la conseiller en conséquence; l'abbé Vermond vous sera sans doute d'un grand secours. Au reste je vous saurai gré des nouvelles que vous me manderez de temps à temps sur le compte de la comtesse de Provence, en m'informant sur quel pied elle est avec le roi, avec son époux, avec ma fille et avec ses tantes, si elle a l'approbation de la cour et de la nation? Ma fille fera sans doute bien de traiter les personnes du parti dominant avec politesse, mais sans affectation, pour ne pas leur donner sujet de s'imaginer d'être des êtres assez importants pour pouvoir occuper et inquiéter la dauphine.

J'approuve tout ce que vous avez proposé à ma fille dans l'affaire de Mme de Saint-Mégrin et de la comtesse de Broglie. Je lui manderai quelques mots (sans vous compromettre) sur sa passion de

---

(1) Gérard van Swieten, célèbre médecin, né à Leyde, en 1700, élève de Boerhaave. Ses commentaires sur les *Aphorismes* de Boerhaave furent pendant un demi-siècle classiques dans toutes les écoles d'Europe. Persécuté dans sa patrie à cause de son attachement au catholicisme, il fut appelé à Vienne, à a fin de 1744, par Marie-Thérèse, dont il eut toute la confiance; sous sa direction un grand nombre d'établissements utiles aux sciences, et en particulier à la médecine, furent créés à Vienne. Il était très-austère de mœurs et simple d'habitude; pour le décider à paraître à la cour en manchettes, Marie-Thérèse lui en broda elle-même une paire. Il mourut en juin 1772.

monter à cheval, surtout à la chasse. Je souhaite à présent plus que jamais qu'elle s'attache à la lecture et qu'elle s'accoutume à réfléchir pour se garantir contre tout faux pas où elle pourrait être entraînée par la cabale, qui ne laissera sûrement pas d'aller en augmentant après l'arrivée de la comtesse de Provence. J'attends avec impatience le portrait de ma fille, supposant qu'il réussira mieux que celui en petit; comme il a valu cependant à Liotard 1,800 livres, je trouve qu'il est toujours le même.

Je vous sais gré d'avoir parlé au comte Durfort au sujet de l'infante ma fille (1). Elle m'a écrit sur les nouvelles tentatives contre du Tillot, mais je lui ai répondu que je me souvenais toujours de la parole qu'ils avaient donnée à deux grands rois de vouloir laisser agir du Tillot pendant quatre ans sans se mêler de rien, que la parole des princes doit être sacrée et qu'elle doit me respecter pour ne plus me parler d'une affaire à laquelle je ne saurais prendre part. Mais malgré cette déclaration précise et ma juste répugnance de paraître dans cette affaire, je ne saurais être indifférente au sort de ma fille, et vous me ferez toujours plaisir de tâcher au possible de lui être utile, parce que je crains beaucoup que la nouvelle mission des ministres de France et d'Espagne ne fasse le second tome de celle de Chauvelin et n'ait pour elle et pour son époux des suites encore plus désagréables. Je le crains d'autant plus que cette manœuvre est dirigée par deux boute-feux, Boisgelin et Previlla (2), dont le premier paraît fort imprudent et l'autre est connu pour une tête chaude sans crédit à sa propre cour.

[Ma fille m'a écrit de vous prévenir en bien pour Boisgelin, pour

---

(1) Marie-Amélie, quatrième fille de Marie-Thérèse, née en 1746, avait épousé, en 1769, l'infant don Ferdinand, petit-fils de Philippe V et duc de Parme. Du Tillot, marquis de Felino, premier ministre, gouvernait sagement depuis plusieurs années le petit État de Parme, et y opérait d'utiles réformes. L'incapacité complète de l'infant, plus encore que sa jeunesse, rendait souhaitable qu'il laissât son ministre maître absolu. Le roi de France, grand-père maternel de l'infant, et le roi d'Espagne, tous deux protecteurs du duché de Parme par le pacte de famille, approuvaient ce système. Cependant l'archiduchesse Marie-Amélie, vive, impétueuse et vaine, résolut de ne point accepter cette tutelle. Blâmée par sa mère, mais indocile à ses conseils, elle en vint à un état de rébellion ouverte. Pour toute cette curieuse affaire, qui va occuper une grande place dans la correspondance de Marie-Thérèse et de Mercy, voir notre Introduction.

(2) Envoyés de France et d'Espagne à Parme. Le comte de Boisgelin, né à Rennes, en 1733, avait commencé par entrer dans la carrière militaire. Il périt sur l'échafaud avec sa femme, sœur du chevalier de Boufflers, en 1794.

que sa cour ait des bontés pour lui; je vous le marque sans vous rien prescrire. Je crains que le dérangement à Parme est tel qu'on ne peut plus y porter remède. J'ai lieu de croire que la France et l'Espagne reconnaissent cela, mais voudraient m'y attirer et partager entre nous trois le soulagement nécessaire. Je vous avoue que je ne saurais m'y prêter pour bien des raisons; ainsi tâchez de décliner ces idées, car jamais cela ne se pourra. On a une autre idée, qui me serait aussi désagréable que la première, de faire voyager l'infant seul et m'envoyer ma fille. Je vous déclare que jamais je ne me prêterai à cela; que des jeunes gens doivent rester ensemble. Il serait bien honteux à la maison de Bourbon d'abandonner ainsi un prince à eux. Je serais fâchée de refuser net la venue de ma fille ici; il faudrait donc la faire venir avec son mari, ce qui serait le plus naturel, ou qu'elle reste à Parme ou Plaisance. L'infant ne profitera rien et ne se fera pas honneur non plus. Ils sont bien ensemble à cette heure; qu'on les laisse tranquilles chez eux. Plutôt que de les recevoir chez moi, je dois vous dire que Venise ou un autre endroit serait préférable. Tout cela n'est que pour vous et pour vous prévenir en cas qu'on vint vous en parler; l'idée du voyage vient de du Tillot et de la Malaspina (1).]

XXI. — Marie-Thérèse a Marie-Antoinette.

Laxenburg, le 9 juin. — Je vous écris de Laxenburg (2), où nous sommes venus hier soir; il y a un campement de quatre régiments d'infanterie et trois escadrons de cavalerie; nous aurons tous les soirs à six heures quelque manœuvre ou exercice toute cette semaine, si le temps le permet, qui menace toujours depuis ce mois pluie. Il y a eu des inondations très-fortes, qui empêcheront bien des mouvements. Toute la semaine sera remplie ainsi, l'autre le sera de spectacles, et la troisième encore d'un campement tout des troupes qui vont en Hongrie former l'armée. J'avoue cela me fait de la peine, ne voyant encore nulle apparence de paix, lorsque je la souhaite ardemment.

---

(1) La comtesse de Malaspina, grande maîtresse de l'infante de Parme.
(2) Laxenburg est encore aujourd'hui une des résidences d'été de la cour d'Autriche. Une partie des constructions date du temps de Marie-Thérèse, ainsi que les arrangements du parc, très-beau et très-vaste, et qui renferme un grand nombre de fabriques dans le goût du 18e siècle.

Depuis Pâques nous étions à Schönbrunn sans l'empereur, et je ne voyais point d'étrangers. J'ai reçu votre lettre pour le 13 le même jour; j'avoue cette attention m'a fait grand plaisir. Celle-ci, et même si j'écrivais par la poste, ne viendra jamais pour le 13 de ce mois, que je fêterai bien dans mon cœur, et bien des gens qui s'intéressent pour vous. Je suis bien contente du détail que vous me faites de vos déjeuners. J'aime mieux que vous changiez que de vous accoutumer à un seul. Grâce à Dieu que votre santé se soutient et est si bonne; je ne désapprouve pas les promenades, mais il ne faut pas y excéder, surtout à cheval. Je suis bien fâchée d'avoir appris que vous ne m'avez pas tenu parole et que vous courez à la chasse. C'est à cette condition, toujours en tremblant, que j'ai acquiescé que vous continuiez cet exercice; votre silence sur ce point me fait double peine; vous pouvez bien juger que ce qu'un millier de personnes voient ne peut être un secret. Je vous ai dit l'autre fois que vous ne sauriez croire tout ce qu'on sait ici de la cour et de l'intérieur. Toutes les lettres de Paris et de Versailles ne parlent que de vous et de votre sage et aimable contenance avec votre belle-sœur, mais ce que je préfère au-dessus tout, c'est ce que Mercy me mande, et le témoignage qu'il vous donne. On ne parle pas avec grande emphase de cette princesse, et on ose même faire des comparaisons; continuez de même, ma chère fille, et vous verrez que nos conseils vous sont utiles. Voyez plus souvent Mercy; ne craignez pas les qu'en dira-t-on? Le roi n'a sûrement rien contre, l'ayant approuvé à la reine et à la dauphine, et de tous les autres vous n'avez pas à chercher leur approbation : c'est bien à vous à donner le ton et non à eux. Point d'humeur, point de jalousie, et on se lassera à la fin de vous en donner, si on vous voit ferme et tranquille. La scène que vous me marquez le jour du mariage m'a fait pleurer et a augmenté mes souhaits. Ne vous découragez pas, conservez votre charmante gaieté plus que jamais et espérez en Dieu : tout ira bien.

XXII. — Marie-Antoinette a Marie-Thérèse.

Ce 21 juin. — Madame ma chère mère. C'est avec bien du plaisir que j'ai reçu avant-hier votre chère lettre, qui m'apprend que V. M. se porte bien. Pour moi je me porte à merveille; mon cher mari a pris médecine aujourd'hui, ayant eu une indigestion, il y a deux nuits. Il a beaucoup vomi, et en montant le matin chez lui, il s'est trouvé fort mal deux fois, mais il se porte très-bien à cette heure, et il m'a bien promis qu'il ne sera pas si longtemps à revenir coucher.

Nous sommes très-bien encore ensemble, ma sœur, mon frère et nous : j'espère que cela continuera toujours. Ma sœur est fort douce, fort complaisante et très-gaie. Elle m'aime beaucoup et a beaucoup de confiance en moi. Elle n'est point du tout prévenue, comme on l'a craint, ni pour Mᵐᵉ du Barry, ni pour M. de la Vauguyon ; elle m'en a parlé très-raisonnablement et s'est très-bien conduite le jour qu'à Marly elle était assise à côté d'elle.

Je suis au désespoir que V. M. puisse croire que je lui ai manqué de parole pour la chasse à cheval, n'y ayant été qu'une fois, à celle du daim, et ne l'ayant pas même bien suivie.

Nous sommes arrivés hier de Marly : pour moi, je suis revenue à pied. Je suis bien fâchée de me retrouver à Versailles, m'étant très-bien amusée à Marly. Il y avait beaucoup de monde, on y jouait avant et après souper : pendant une absence du roi nous avons dansé une fois, ce qui était fort gai ; ma sœur en a paru enchantée : nous partirons le 16 du mois prochain pour Compiègne.

Je ne vous parle point, ma chère maman, de la nomination de M. d'Aiguillon (1), ne me mêlant point d'affaires. L'on dit que c'est le coadjuteur de Strasbourg (2) qui doit aller à Vienne. Il est de très-grande maison, mais la vie qu'il a toujours tenue ressemble plus à celle d'un soldat que d'un coadjuteur.

---

(1) Armand Vignerod Duplessis Richelieu, duc d'Aiguillon, courtisan habile et aimable, mais peu scrupuleux, commença sa fortune par la faveur de Mᵐᵉ de Châteauroux, et la continua par celle de Mᵐᵉ du Barry, qui parvint à le faire premier ministre à la place de Choiseul, malgré les tristes antécédents de son gouvernement de Bretagne, où sa probité et même son courage avaient pu être soupçonnés. Son plat dévouement à la favorite lui valut le dédain et même l'aversion, imprudemment marqués peut-être, de Marie Antoinette. Elle voyait aussi en lui un ennemi de Choiseul, qui cherchait la popularité en se montrant peu favorable à l'alliance autrichienne, œuvre de ce ministre, et n'osait cependant la rompre, mais suscitait des tracasseries à la cour de Vienne. Marie-Thérèse, plus perspicace et plus politique, sut très-bien s'apercevoir qu'à défaut de bonne volonté, la légèreté et l'incapacité de d'Aiguillon lui étaient fort profitables. Nous la verrons, lors du premier partage de la Pologne, en 1772, déclarer qu'elle aime beaucoup mieux voir à la tête du ministère en France d'Aiguillon que Choiseul, et qu'il faut bien se garder de favoriser le retour de celui-ci.

(2) Le prince Louis de Rohan, coadjuteur de Strasbourg, avait alors trente-sept ans. Les lettres suivantes donneront beaucoup de curieux détails sur sa conduite à Vienne comme ambassadeur. On remarquera avec quel mépris Marie-Antoinette parle dès l'abord de ce personnage, qui lui sera plus tard si funeste par son rôle dans la fameuse affaire du collier.

Adieu, ma chère maman, je vous embrasse de bon cœur et vous aime tendrement.

XXIII. — Mercy a Marie-Thérèse.

Paris, 22 juin. — Sacrée Majesté. Depuis le départ du dernier courrier, les spectacles représentés sur le théâtre de Versailles m'ont fourni un prétexte à y aller passer plusieurs journées, et j'ai mis à profit cette bonne occasion d'observer de plus près les mouvements de l'intérieur de cette cour, et tout ce qui peut intéresser la conduite délicate et difficile que Mme la dauphine est dans le cas de devoir y tenir. La dernière lettre de V. M. à S. A. R. a produit à cet égard tous les bons effets que j'en avais espérés, et il ne fallait pas moins qu'un aussi puissant secours pour surmonter l'influence des mauvais conseils et des tracasseries qui se multiplient ici à chaque moment et d'une façon toujours plus dangereuse. Mme la dauphine a bien voulu me dire elle-même une partie des objets sur lesquels V. M. a jugé à propos de l'avertir. Je me suis fort étendu sur l'extrême importance de ces objets, et, en citant des exemples sur tout ce qui s'est passé, j'ai porté Mme l'archiduchesse à convenir que ses succès en différentes occasions avaient toujours été proportionnés au plus ou moins d'attention qu'elle avait eu à ne point s'écarter des préceptes qui lui sont donnés par V. M. — S. A. R. continue de se conduire à merveille vis-à-vis de Mme la comtesse de Provence ; elle la traite avec amitié et de la meilleure grâce possible ; elle sent bien la supériorité qu'elle a en tout sur sa belle-sœur, soit par les agréments de la figure, soit par ceux de l'esprit. Mme la comtesse de Provence n'a aucun de ces avantages ; elle n'annonce même aucun talent qui puisse y suppléer ; sa contenance est froide, embarrassée ; elle parle peu, sans grâce, et elle n'a rien de ce qui est nécessaire pour plaire à cette nation ; cependant Mesdames ne peuvent se garantir de quelques mouvements de jalousie, et je m'aperçois qu'elles voudraient en inspirer à Mme la dauphine. Heureusement le cœur et le caractère de S. A. R. sont trop éloignés de tout sentiment haineux pour s'y prêter facilement, et j'apporte tous mes soins pour prévenir de semblables impressions. Mesdames, d'après les avis de la comtesse de Narbonne, avaient imaginé d'attirer chez cette dame d'atours Mme la dauphine. On s'y est rassemblé quelques soirées ; il s'y établissait des petits jeux, et la comtesse de Provence n'y était point appelée. J'ai d'abord senti à quoi cela devait aboutir, et je me suis mis en devoir d'exposer là-dessus des représentations qui ont fait cesser cette exclusion de Mme de Provence. Je suis aussi surpris qu'affligé du goût que Mme la dauphine a pris pour cette comtesse de Narbonne, laquelle, sans esprit et sans lumières, est parvenue à subjuguer Mme Adélaïde, et à lui faire tenir la conduite la plus pitoyable en toute occasion. J'en suis venu à oser dire franchement à Mme la dauphine ce que je pense sur ce chapitre. S. A. R., bien loin de m'en savoir mauvais gré, est presque toujours disposée à convenir de mes raisons; mais le besoin de chercher des petits amusements, la facilité de se les procurer chez Mesdames, l'emportent souvent sur toute autre réflexion, et Mme l'archiduchesse s'abandonne par ennui à des choses auxquelles son jugement se refuserait d'ailleurs.

L'objet qui a le plus excité la jalousie de Mesdames est l'état de maison fastueux qui a été formé à M. le comte et à Mme la comtesse de Provence (1). Il est certain que ce luxe passe les bornes de la raison. Le public en est choqué; il s'élève de fréquentes disputes entre les charges du service du roi et celles d'une nouvelle maison que l'on semble vouloir assimiler en tout au service du souverain. M. le dauphin en a marqué un peu d'humeur, et comme il n'ignore pas que cet arrangement prend sa source dans les vues d'intrigues et de prédilection du duc de la Vauguyon, et dans son avidité à faire de l'argent par la vente de ces charges, il est certain que cette conduite ajoutera au mépris que M. le dauphin avait déjà conçu pour son ancien gouverneur. Ce dernier paraît fort occupé à inspirer au comte de Provence les sentiments que s'en est promis la cabale. On pré-

---

(1) Il est difficile de se faire une idée de toutes les charges dont s'encombrait alors le service des princes. Si on consulte l'Almanach royal, on trouvera que la maison du comte de Provence comptait huit aumôniers de divers rangs, plus le confesseur et le chapelain ayant la feuille des bénéfices; douze gentilshommes de la chambre et d'honneur, deux chambellans, deux maîtres de garde-robe, un premier maître d'hôtel, un premier écuyer, un maréchal des logis, deux capitaines des gardes, un capitaine des suisses, un premier fauconnier chef des oiseaux du cabinet, un premier veneur, un capitaine des levrettes de la chambre, un capitaine des chasses de l'équipage; toutes charges d'honneur remplies par les plus grands noms de la noblesse de France. Il faut ajouter un *conseil* pour les finances, affaires judiciaires, etc., composé de trente-sept charges, données à des gens de la magistrature et de la bourgeoisie. La maison de la comtesse de Provence est à peu près aussi nombreuse que celle de son mari.

sume que, par caractère, ce jeune prince penche un peu à l'intrigue, à l'intérêt et à une dissimulation outrée. Il ne semble pas qu'il soit trop bien secondé dans ce système par Mme la comtesse de Provence, laquelle jusqu'à présent n'a encore montré aucun égard particulier pour la comtesse du Barry. Quoi qu'il en arrive par la suite, j'ai cru devoir prendre une précaution, qui a été de m'expliquer avec l'ambassadeur de Sardaigne, qui est un homme sage et honnête. Je lui ai dit que, le roi son maître ayant fait connaître par son ministre à Vienne qu'il désirait que Mme la comtesse de Provence pût réussir à se concilier l'amitié de Mme la dauphine, V. M., pour favoriser ce désir, avait fortement enjoint à Mme l'archiduchesse de contribuer de son côté à établir entre elle et Mme sa belle-sœur une liaison qui pût leur être réciproquement agréable et utile, que cet avertissement avait produit l'effet désirable, puisque les deux princesses étaient au mieux ensemble, que cette union ne pouvait être troublée ni altérée que par des gens intrigants et méchants, et que c'était à l'ambassadeur de Sardaigne et à moi à veiller chacun de notre côté pour prévenir et dérouter les manœuvres des mal-intentionnés. Le comte de La Marmora me promit d'agir toujours en cela de concert avec moi, de ne me rien cacher de ce qui parviendrait à sa connaissance sur cette matière, et il m'ajouta que, depuis peu, le roi son maître lui avait itérativement ordonné de rappeler souvent à Mme la comtesse de Provence les égards et les soins qu'elle devait à Mme la dauphine. Si (comme je ne puis en douter) l'ambassadeur de Sardaigne m'a parlé avec vérité, et s'il agit en conséquence, il est bien certain que nos démarches réunies en imposeront beaucoup à ceux qui voudraient cabaler, et qu'elles contiendront leurs intentions dangereuses.

Depuis près d'un mois, Mme la dauphine continue à être plus prévenante et attentive envers le roi, et ce monarque lui en témoigne sa satisfaction par des caresses plus fréquentes et plus tendres. Mme l'archiduchesse est aussi infiniment plus circonspecte dans ses propos. De longtemps il ne m'est revenu qu'elle ait prononcé un mot sur la comtesse du Barry ou sur ses entours. S. A. R. a repris la méthode de parler à toutes les gens de marque qui lui font leur cour, et je m'aperçois qu'un chacun est content. On l'est surtout infiniment des preuves de bon caractère que S. A. R. donne en toute occasion ; je dois en rapporter une qui est très-remarquable. Le duc de Duras, gentilhomme de la chambre d'année (1), sachant combien Mᵐᵉ la dauphine aime la danse, lui proposa de faire des dispositions pour qu'il y eût des bals pendant le séjour que la cour fera à Fontainebleau en automne. Mᵐᵉ l'archiduchesse lui répondit que cet arrangement lui agréerait beaucoup, mais que, comme il en résulterait une augmentation de dépense, elle ne voulait pas qu'il fût dit qu'on trouvait de l'argent pour ses amusements, tandis que l'on n'en trouvait pas pour payer les appointements des gens de sa maison, qu'ainsi elle renonçait par cette raison aux divertissements qui lui étaient proposés. Cette réponse, que personne n'a ignorée, a causé une admiration générale, d'autant mieux méritée que l'intérieur de cette cour-ci est bien éloigné de produire des exemples de modération ou de réflexion compatissante sur le sort de ceux qui souffrent.

Les détails que je viens d'exposer doivent paraître très-rassurants sur les points de conduite essentiels; mais dans les détails de moindre importance, il reste beaucoup à désirer, et je ne dois point omettre ce qui en est à cet égard.

Depuis quelques semaines Mᵐᵉ la dauphine a repris la coutume de jouer avec des enfants, et malheureusement sa première femme de chambre en a deux, c'est-à-dire un garçon de six à sept ans et une fille de douze, l'un et l'autre très-bruyants, mal propres, et remplis d'inconvénients. Mᵐᵉ l'archiduchesse passe une grande partie de la journée avec ces enfants, qui gâtent ses habits, déchirent et cassent les meubles, et mettent le plus grand désordre dans l'arrangement des appartements. Mais ce qui est bien pire encore, c'est qu'au moyen de cet amusement Mᵐᵉ la dauphine ne trouve plus de moments à faire ses lectures, et elles ont été si négligées depuis quelque temps, qu'elles pourraient finir par être entièrement supprimées, à moins que V. M. ne daigne en écrire fortement. L'extrême vivacité de Mᵐᵉ la dauphine lui rend des occupations sérieuses d'autant plus nécessaires; lorsque S. A. R. s'est livrée quelques heures de suite à la dissipation, il est impossible de fixer son attention sur rien. Quand on lui parle immédiatement après le moment de ses lectures, alors on la trouve disposée à écouter, et raisonnante avec le sens le plus juste de tout ce dont il peut être question. J'ai souvent répété cette expérience, et elle m'a démontré l'importance dont il est de tâcher de persuader Mᵐᵉ la dau-

---

(1) C'est-à-dire gentilhomme de service pour l'année.

phine de ne jamais s'écarter tout à fait des occasions et des moyens qui sont propres à lui procurer un peu de recueillement. L'abbé de Vermond ne cesse de représenter cette maxime, mais dans ces derniers temps je l'ai vu fort affligé du peu d'effet qu'ont produit ses remontrances.

Le séjour de Marly n'a produit aucun inconvénient, quoique ces sortes d'occasions soient plus dangereuses, parce que la famille royale s'y trouve dans le cas de passer les soirées avec les gens qui composent les différents partis, et qu'alors la tentation de tenir des propos est plus prochaine. Lorsque le duc d'Aiguillon a été présenté à la famille royale comme ministre, on a remarqué, à mon grand regret, que Mme la dauphine ne lui avait pas dit un seul mot, tandis que Mesdames et surtout M. et Mme la comtesse de Provence avaient parlé avec beaucoup de bonté au nouveau ministre. Cependant j'avais supplié d'avance Mme l'archiduchesse de vouloir bien faire quelque attention à cette circonstance, que je prévoyais devoir être très-prochaine. Je tâcherai au moins de l'engager à réparer cette omission, qui ferait à la longue un mauvais effet.

La très-gracieuse lettre de V. M. en date du 6 de ce mois m'a été remise le 18 au matin par le courrier qui en était chargé. Ce jour était celui des premières conférences ministérielles que le duc d'Aiguillon a tenues à Paris. M'étant rendu chez lui, j'en revins si incommodé d'un gros rhume qui me tenait depuis quelques jours, que je me trouvai hors d'état d'aller porter à Marly les lettres adressées à Mme la dauphine. Heureusement l'abbé de Vermond était ici, et sur la prière que je lui fis d'aller porter les lettres à S. A. R., il s'en acquitta sur-le-champ.

Je crois avoir enfin trouvé un peintre qui réussira à faire un portrait bien ressemblant de Mme la dauphine dans ses habillements de cheval; cet ouvrage s'exécute sous mes yeux, mais il faudra encore quelques semaines avant qu'il puisse être achevé et porté au degré de perfection nécessaire.

XXIV. — Mercy a Marie-Thérèse.

...*A Paris, 22 juin.* — Je dois, par un très-humble rapport séparé, répondre à plusieurs articles des ordres que V. M. daigne me donner; mais avant de m'en acquitter il faut que je commence par rendre compte à V. M. du langage intéressant que m'a tenu mardi dernier le duc d'Aiguillon. Après un début sur les objets courants, ce ministre me demanda s'il était vrai que V. M. eût formé des projets sur Mme Marie, sœur de M. le dauphin. Je répondis que j'ignorais que V. M. eût formé des projets sur cette jeune princesse, que, si elle avait été d'un âge plus rapproché de celui de S. M. l'empereur, et que ce monarque eût songé à se remarier, je ne doutais pas que V. M. eût vu avec plaisir que l'empereur se décidât pour une princesse de la famille royale de France, mais que, ce dernier cas n'existant point, je n'imaginais pas quelles pourraient être les vues de V. M. sur Mme Marie (1). Le ministre ne me répliqua rien, et je soupçonne que cette question porte sur une ancienne ouverture que me fit à cet égard le duc de Choiseul, et dont il sera resté des traces dans ses papiers.

Après ce propos, qui me fut tenu sous une forme confidentielle et avec prière de n'en point faire usage, je m'aperçus que le duc d'Aiguillon était moins pressé de me parler d'affaires politiques que d'entrer avec moi en explication sur Mme la dauphine. Il me fit d'abord des protestations de son désir de gagner ma confiance, et il ajouta que, pour me donner une preuve de la sienne, il allait franchir les bornes que semblait prescrire une connaissance si récente entre nous, qu'enfin il allait me parler à cœur ouvert sur Mme l'archiduchesse. Après avoir fait avec esprit et vérité l'éloge du caractère, des grâces et du jugement de S. A. R., il me dit qu'il ne savait comment concilier avec de telles qualités certains écarts de conduite, dont le roi avait sujet d'être affecté, qu'il m'en parlait par ordre de ce monarque, lequel observait avec déplaisir dans Mme la dauphine des mouvements d'une aversion trop marquée envers des gens qui formaient la société du roi ; que Mme l'archiduchesse ne se bornait pas à leur refuser le traitement qui doit être accordé à ceux qui composent la cour, mais que S. A. R. y joignait encore des propos de satire et de haine, que cela attisait l'esprit de parti à la cour ; que d'ailleurs Mme la dauphine avait un maintien trop vif et trop enfantin ; que ces circonstances réunies amortissaient le goût et la tendresse à laquelle le roi se sentait porté pour Mme l'archiduchesse,

---

(1) Joseph II avait été marié une première fois à Isabelle de Parme, morte en 1763, et une seconde fois, en 1765, à Marie-Josèphe-Antoinette de Bavière, morte en 1767.

et qu'il serait bien essentiel de trouver remède à pareils inconvénients.

Une telle ouverture, faite à une seconde entrevue, eut lieu de m'étonner ; il fallait cependant y répondre, et je sentis bien que je ne m'en acquitterais pas sans courir les risques d'être compromis, vu le personnage auquel j'avais affaire ; mais l'essentiel était de mettre Mᵐᵉ la dauphine à couvert, et je ne balançai pas à prendre mon parti.

J'exposai au duc d'Aiguillon les principes de conduite qui avaient été donnés à Vienne à Mᵐᵉ l'archiduchesse ; j'en fis voir les fruits dans le début convenable en tous points que S. A. R. avait fait à son arrivée dans ce pays-ci ; j'entrai dans des détails sur la bonté de son esprit, de son caractère et de ses intentions ; j'observai qu'aussi longtemps qu'elle s'était guidée par elle-même, il n'y avait jamais eu le le moindre écart à lui reprocher, mais qu'aussitôt que les impulsions étrangères s'en étaient mêlées, que l'on avait osé parler à Mᵐᵉ la dauphine de choses qu'elle ne devait ni voir ni savoir, et que l'on était parvenu jusqu'à lui donner des conseils pernicieux, qu'alors les inconvénients avaient commencé à paraître, qu'il n'était pas difficile d'en apercevoir la source ; mais que, d'un autre côté, il était impossible d'arrêter les effets légers et momentanés des impressions qui provenaient de pareilles sources, surtout aussi longtemps que le roi ne donnerait pas à connaître par lui-même ce qui pouvait lui être agréable ou ce qui se trouvait de nature à lui déplaire ; qu'avec la douceur de caractère qu'avait Mᵐᵉ la dauphine, les moindres insinuations tendres et amicales faites par le roi produiraient un effet certain ; mais qu'en ne faisant aucunes démonstrations, et ne s'expliquant jamais sur rien, cela ne pouvait naturellement indiquer que du contentement sur l'intérieur de sa famille. Je fis remarquer en même temps que, s'il y avait eu à se plaindre de quelques vivacités ou légèretés, il était au moins certain que Mᵐᵉ la dauphine s'en était visiblement corrigée depuis quelque temps ; que ce n'était point à elle, mais à ses entours qu'il fallait s'en prendre de ce qui arrivait en ce genre ; qu'il serait d'ailleurs injuste d'exiger d'une princesse de quinze ans un maintien composé et grave que son âge ne comporte pas ; que cette gaieté innocente et naïve désignait un cœur bon, sincère, éloigné de toute fausseté ou méchanceté, qu'ainsi il n'y avait pas trop à se plaindre de l'état des choses telles qu'elles existaient.

Le duc d'Aiguillon comprit fort bien qu'en parlant des entours de Mme la dauphine, et de la source d'où lui venaient les mauvais conseils, j'avais prétendu désigner Mesdames, et il les nomma tout uniment, en ajoutant des propos peu mesurés sur leur chapitre. Il insista beaucoup pour que je me misse le plus souvent possible à portée de parler en particulier à Mme la dauphine, que le roi le désirait, et que lui, duc d'Aiguillon, avait ordre de me le témoigner. Il fit une légère mention de la manière froide dont Mme l'archiduchesse l'avait accueilli le jour de sa présentation comme ministre, en ajoutant cependant des protestations de son attachement très-respectueux pour S. A. R. et du désir qu'il avait de mériter ses bontés. Je répondis que par devoir envers mon auguste souveraine, par empressement à concourir à tout ce qui peut arriver de bien à cette cour-ci, et par un vrai zèle pour la personne de Mme la dauphine, j'employerais avec ardeur tous mes soins à ce qui pourrait lui être utile et convenable; mais que si mes représentations étaient sans cesse contrariées par des conseils opposés, il serait difficile qu'elles produisissent leur entier effet.

Il reste à savoir si l'usage que fera le duc d'Aiguillon de ce que je lui ai dit n'aboutira pas à chercher à me compromettre vis-à-vis de Mme la dauphine même. Il est vrai que, dans ce dernier cas, il faudrait qu'on défigurât mes expressions, mais c'est à quoi on peut s'attendre de la part de gens aussi intrigants et suspects que le sont ceux du parti actuellement dominant. Il est clair qu'en ceci la démarche du duc d'Aiguillon a été méditée dans le conseil de la comtesse du Barry, et qu'elle a pour but d'amener peu à peu Mme la dauphine à traiter mieux cette favorite. Ce même projet entre aussi beaucoup dans le choix qui va être fait du prince de Rohan, coadjuteur de Strasbourg, pour l'ambassade de Vienne. Cet ecclésiastique est entièrement livré à la cabale, et je crains bien que ce ne soit pas le seul inconvénient qui le rende peu propre à la place qui lui est destinée.

Je n'ai rien à répliquer sur ce que V. M. daigne me marquer touchant le sentiment du baron van Swieten. Madame la dauphine ajoute tous les jours à ses progrès sur l'esprit et le cœur de M. le dauphin; elle a sur lui l'empire que donnent la tendresse, la confiance et l'estime. — J'attends avec impatience le voyage de Compiègne comme le moment où je me trouve le plus à portée d'agir, et j'espère de tirer bon parti de ce séjour pour l'utilité du service de Mme la dauphine.

Quant à ce qui concerne les brouilleries survenues à Parme, on a considéré que l'infant ayant maintenant deux ans de plus, il n'était pas possible de lui envoyer une mission pareille à celle que le marquis de Chauvelin (1) a été dans le cas de remplir. En conséquence il a été résolu que le marquis de Cevallos et le comte de Durfort (2) ne paraîtront que sur le pied de conciliateurs, et n'employeront que les voies d'une persuasion respectueuse et modérée pour porter l'infant à rendre ses bonnes grâces à son ministre. La conduite imprudente du comte de Boisgelin est entièrement désapprouvée ; on lui enjoint de réparer les torts qu'on lui attribue envers le marquis de Felino, et on le rend même responsable du succès de la négociation des deux ministres extraordinaires. Heureusement on est persuadé ici que Mme l'archiduchesse infante n'est pour rien dans les brouilleries actuelles. J'ai eu grande attention à affermir cette opinion, et S. A. R. n'aura sûrement rien de désagréable à éprouver de la part des deux ministres espagnol et français. J'ai eu avec ce dernier plusieurs conversations à ce sujet, et je veillerai à l'exécution des ordres qui lui sont donnés de marquer toutes sortes de déférences, d'égards et de respect à Mme l'archiduchesse.

Je ne vois ici aucun indice qui annonçât l'idée d'engager V. M. à concourir aux secours pécuniaires qui peuvent être nécessaires à la cour de Parme, et si, contre toute attente, on en venait à une proposition aussi déplacée, on commencera sans doute par m'en parler, et dans ce cas-là il me sera facile de débarrasser V. M. d'une pareille demande.

---

(1) Le marquis de Chauvelin, courtisan favori du roi, officier supérieur et chargé en diverses occasions de missions diplomatiques, avait été envoyé à Parme en 1769 quelques mois après le mariage de l'infant et de l'archiduchesse pour enjoindre à l'infant de conserver comme ministre du Tillot, et exiger même la promesse que pendant quatre ans toute l'autorité lui serait laissée ; à cette seule condition les rois de France et d'Espagne continueraient les pensions qu'ils payaient à la cour de Parme, mais elles seraient versées entre les mains du ministre. Ce marquis de Chauvelin mourut subitement, le 23 novembre 1773, jouant avec le roi, qui éprouva plus de terreur que de regret de cet événement. On trouve dans une lettre de Mme du Deffand à l'abbé Barthélemy, du 26 novembre 1773, un charmant portrait du marquis de Chauvelin, grand ami des Choiseul.

(2) Envoyés par le roi d'Espagne et le roi de France, ils ne réussirent pas dans leur mission, et du Tillot, abreuvé de dégoût, quitta Parme à la fin de 1771. Le comte de Durfort revint en 1772.

L'idée de faire voyager l'infant est un ancien projet du marquis de Felino, qui n'a été goûté ni ici ni à Madrid. Je viens même d'en éloigner encore la pensée par le langage que j'ai tenu à l'ambassadeur d'Espagne, au ministre de Parme et au comte de Durfort, de façon qu'il ne sera plus question de pareil projet.

XXV. — Marie-Thérèse a Mercy.

Schönbrunn, 8 juillet. — Comte de Mercy. J'ai reçu votre lettre du 22 passé. Je suis bien aise de voir se cimenter l'union entre ma fille et la comtesse de Provence. Je trouve admirable la démarche que vous avez faite à cet effet vis-à-vis de l'ambassadeur de Sardaigne, et je ne laisserai pas d'en relever quelque chose vis-à-vis du ministre de Sardaigne ici, en faisant connaître toute ma satisfaction de la bonne intelligence qui passe entre les deux belles-sœurs, et combien j'en souhaite la continuation. Il me semble que ma fille ne perdrait rien si elle pouvait se résoudre à borner son intimité avec Mesdames pour s'attacher plus à la comtesse de Provence. La jalousie de Mesdames contre cette princesse et contre l'éclat de sa maison est bien déplacée. Vous ferez bien de mettre toujours ma fille sur ses gardes contre un sentiment si peu conforme à son rang, et d'éloigner tout sujet de tracasserie qui pourrait troubler l'amitié réciproque des deux belles-sœurs [et, après votre entretien avec le nouveau ministre, de la voir plus souvent que du passé].

Malgré toutes les bonnes dispositions de ma fille, je tremble toujours en réfléchissant sur la mauvaise qualité des entours dont elle est obsédée, et parmi lesquels il n'y a que trop de l'espèce de Mme de Narbonne. J'en suis d'autant plus inquiète, qu'à mon grand regret je m'aperçois de son peu de goût pour des occupations utiles et solides. J'appuyerai donc de nouveau sur le besoin d'une lecture suivie, dont elle ne me donne pas jusques ici la satisfaction de voir des preuves. Je lui ferai encore sentir toutes les ressources qu'elle trouvera dans des entretiens plus fréquents avec vous, que le roi approuve même avec plaisir, mais je ne trouve pas à propos d'ajouter pour le présent quelques mots sur ses amusements avec les enfants, pour ne pas lui faire naître des soupçons contre vous, sentiment auquel mes enfants n'inclinent que trop. Vous verrez, par la copie ci-jointe de sa dernière lettre, combien elle est laconique en répliquant aux différents points de ma longue lettre, surtout à celui qui est relatif à sa passion de monter à cheval.

Je suis bien aise que ma fille recommence à être plus prévenante envers le roi et les gens de marque, et qu'elle paraît être plus circonspecte dans ses propos, mais je ne trouve point la façon dont elle a reçu le duc d'Aiguillon, le jour de sa présentation, bien combinée avec les circonstances actuelles, et j'espère qu'elle tâchera de le réparer dans la suite. Il est vrai que je ne saurais jamais approuver qu'elle fît aux personnes du parti dominant un accueil trop marqué et qui approchât de la bassesse; mais qu'elle les traite bien sans affectation, comme des gens que le roi veut distinguer et dont elle doit ignorer tout ce qu'il y a de méprisable dans leur caractère et conduite.

Je reconnais au reste avec bien de la satisfaction ma fille dans sa réponse au duc de Duras sur la proposition qu'il lui a faite de donner des bals pendant le séjour de Fontainebleau, mais les propos que le duc d'Aiguillon vous a tenus sur son compte méritent votre attention et plus encore la sienne; il est surtout remarquable que le duc d'Aiguillon répète ce que Mme de Noailles avait déjà dit sur les défauts que le roi trouvait dans la conduite de ma fille; il pourrait en naître des inconvénients encore plus fâcheux, si la jalousie se mettait entre le dauphin et le comte de Provence, dont le caractère ne paraît pas être des meilleurs, selon les traits que vous en marquez.

Il n'y a sûrement aucun indice que l'empereur pense se marier avec la sœur du dauphin. Indépendamment de l'âge trop tendre de cette princesse, le portrait qu'on lui a fait de sa figure et de son trop d'embonpoint ne doit que l'éloigner de cette alliance. [Le point d'être Française y met double obstacle.] Je serais en effet contente de voir se multiplier par ce mariage les liens entre ma maison et celle de Bourbon; mais je ne proposerai jamais à l'empereur aucun mariage. Le choix de son épouse ne doit être que son propre ouvrage, si jamais il pense à se remarier, dont il n'y a pour le présent point d'apparence [et je doute tant que je vivrai].

Je n'augure rien de bon des brouilleries de Parme; ce qui me tranquillise le plus est la persuasion où l'on paraît être que ma fille n'y a pas de part. Je doute que cette opinion se soutiendra à la longue, et je vous remets par conséquent de ménager les intérêts de ma fille vis-à-vis du comte de Durfort de la manière que vous trouverez la plus convenable. J'ai tout lieu d'être mécontente du choix que la France a fait d'un aussi mauvais sujet que l'est le coadjuteur de Strasbourg pour l'ambassade ici. Je l'aurais peut-être refusé si je n'avais pas été retenue par la considération des désagréments qui auraient pu en rejaillir sur ma fille, mais vous ne laisserez pas de faire sentir à la cour de France qu'on fera bien de recommander à cet ambassadeur une conduite sage, conforme à son état et au poste qu'il va occuper, et que d'ailleurs je ne serais pas d'humeur de conniver aux écarts et scandales auxquels il voudrait peut-être s'abandonner. [Je vous avoue, je crains nos femmes ici.]

J'attends avec empressement le portrait de ma fille que vous m'annoncez, celui de Liotard n'ayant guère réussi.

Je connais très-bien que ma fille pourra difficilement s'intéresser dans l'affaire des Jésuites de Fribourg (1); aussi j'en remets la marche à votre prudence ordinaire pour la diriger de la façon que vous jugerez pouvoir le faire sans inconvénient.

[Vous ferez le présent que vous trouverez convenable pour cet écrit de la police (2). Les religieuses de la Visitation m'ayant sollicitée de recommander à ma fille leur maison à Paris, qui a souffert d'un incendie, comme je ne veux pas la tourmenter avec ces sortes de choses ni la mettre en goût de recommander, je vous le mande si une occasion se trouve à pouvoir dire un mot pour elles.]

[J'ai communiqué en entier votre relation à part, qui contenait l'entretien d'Aiguillon, à Kaunitz, m'ayant dit que vous lui en avez envoyé l'extrait.]

---

(1) Il est question ici d'un procès entre le collége des Jésuites de Fribourg et les moines de Cluny pour la possession de l'abbaye de Saint-Morand en Alsace; les premiers se fondant sur une donation de Ferdinand II, empereur d'Allemagne, avant la réunion de l'Alsace à la France, les seconds sur une possession antérieure. Les Jésuites voulaient que le procès fût porté au tribunal de Colmar, qui jugeait selon l'ancien droit allemand, les moines de Cluny réclamaient la loi française. C'était naturellement aux Jésuites que s'intéressait Marie-Thérèse; l'affaire fut perdue par eux devant le conseil d'État de France, et l'abbaye donnée à Dom Tirode, moine de Cluny; mais, par de nouvelles complications, l'affaire fut portée à Rome; la correspondance officielle de Mercy contient des détails sur ce long procès.

(2) On avait fait demander de Vienne des renseignements sur l'administration de la police à Paris; Mercy, dans son rapport officiel du 22 mai, annonce qu'il envoie un mémoire composé par M. Lemaire, commissaire au Châtelet (ce qui répond au titre de commissaire de police), connu par ses collègues comme l'un des plus habiles; Mercy ajoute qu'étant « homme à son aise et assez considéré, on ne peut lui donner une récompense en argent ». Ce mémoire, qui fut envoyé le 22 juin, ne se retrouve pas aux Archives de Vienne.

XXVI. — Marie-Thérèse a Mercy (1).

9 juillet. — Comte Mercy. Le chambellan Ficquelmont (2) vous remettra celle-ci avec l'incluse pour ma fille et un petit paquet, une écritoire pour elle ; il vous le remettra et attendra si vous trouvez convenable qu'il le présente lui-même ou que vous vous en chargiez. J'espère qu'il ne demandera rien ; au moins il ne m'a rien demandé ; il m'intéresse comme Lorrain, comme père chargé d'enfants et plus que vingt ans de service. Vous l'aiderez de vos conseils s'il en a besoin, et je vous en saurai compte.

XXVII. — Marie-Thérèse a Marie-Antoinette.

Schönbrunn, 9 juillet. — Le courrier étant encore arrivé plus tard qu'à l'ordinaire, je n'ai pu l'expédier plus tôt ; il vous trouvera dans les plus grands amusements et plaisirs à Compiègne, et c'est bien là que je me flatte que vous aurez assez de tendresse pour moi de ne plus contrevenir à vos assurances, de ne point courir à cheval à la chasse. Si je n'en savais les inconvénients, pourquoi voudrais-je vous priver d'un plaisir si innocent ? Je me tiens donc ferme sur vos promesses, et veux me tranquilliser en attendant.

J'attends en vain tous les mois la liste de vos lectures et occupations ; l'abbé Vermond n'est-il plus avec vous ? J'en serais fâchée, mais encore plus s'il l'était sans que vous en tiriez profit. A votre âge on passe bien des légèretés et puérilités ; mais à la longue cela ennuyera tout le monde et vous-même ; vous vous en trouverez très-mal ; à votre place il faut des lectures, même des occupations qui puissent vous être utiles, vous attirer l'estime et considération, surtout à un pays où on est si bien instruit et ne passe rien aux autres, quelque grands qu'ils fussent. Je ne peux vous cacher qu'on commence déjà à en parler, et vous perdrez par là l'idée grande qu'on s'est formée de vous : point essentiel pour nous, qui sommes sur le

---

(1) Pièce entièrement autographe.

(2) Charles comte de Ficquelmont, Lorrain de naissance, n'avait que douze ans lorsque le duc François de Lorraine, plus tard empereur François Ier, l'emmena en Autriche. Après avoir servi comme page à la cour de son protecteur, il fut nommé officier dans l'armée impériale, où il servit pendant trente-sept ans jusqu'au grade de colonel. Il fut nommé chambellan en 1764. Marié avec une comtesse de Buttler, il mourut en 1792.

théâtre du grand monde. Une vie continuellement dissipée sans les moindres sérieuses occupations influerait même sur votre conscience.

Je suis bien contente que vous êtes si bien avec votre belle-sœur; il vous convient à vous deux de toutes façons d'être bien liées. Dieu veuille que les jalousies et tracasseries ne vous troublent. Vous m'avez enchantée en me marquant la nomination de M. d'Aiguillon et la destination de Rohan; si ce dernier n'est pas estimable, surtout étant de l'état d'église, il ne rencontrera pas ici, et tout autre conviendrait mieux; mais comme vous dites fort bien, vous n'entrez pas dans les affaires, et je ne peux que vous animer de plus en plus de vous en tenir éloignée : elles sont trop embrouillées pour en oser même porter seulement un jugement, mais je dois vous avertir qu'on n'était pas content comme vous avez reçu ce nouveau ministre, et généralement que vous marquez à tout ce parti trop d'éloignement : aucune bassesse, ni les rechercher ni cajoler, mais vous êtes si bien qu'eux à la cour du roi, et vous devez comme enfants encore plus de respect et de soumission à ses volontés qu'aucun autre, sans entrer ou éplucher leurs mérites, d'où ils les tirent. Il vous suffit que c'est le roi qui distingue une telle ou un tel, que vous lui devez des égards, point des bassesses. Jusqu'à cette heure on a attribué que vous étiez dirigée par Mesdames, mais à la longue le roi pourrait s'en ennuyer, et vous devez savoir que ces princesses, pleines de vertus et mérites réels, n'ont jamais sû se faire aimer ni estimer ni de leur père ni du public : c'était la raison pourquoi je vous en ai déjà avertie souvent. On sait tout ce qui se dit et se fait chez elles, et à la longue tout restera sur vous, et vous en porterez le blâme toute seule.

XXVIII. — Mercy a Marie-Thérèse.

Compiègne, 24 *juillet*. — Sacrée Majesté. Lorsque j'envoyai le 18 du mois dernier à Mme la dauphine les lettres de V. M., qu'une indisposition m'empêchait de porter moi-même à Marly, je chargeai l'abbé de Vermond de prévenir S. A. R. que j'avais des particularités de conséquence à lui exposer, que dans l'état des choses actuel, je suppliais Mme l'archiduchesse de faire de sérieuses réflexions sur la nécessité de former un plan de conduite un peu plus politique et mesuré qu'il ne l'avait été jusqu'à présent, que le parti dominant se plaignait d'être maltraité, que j'apprenais que le duc d'Aiguillon avait été reçu froidement à sa présentation, que tout cela tirait à des conséquences bien plus graves que Mme la dauphine ne l'imaginait, et qu'elle en jugerait elle-même par des détails dont il fallait que je lui rendisse compte directement. J'étais bien sûr que cet avis donnerait à penser à Mme l'archiduchesse; elle questionna l'abbé, auquel j'avais recommandé de ne point entrer dans des éclaircissements; elle marqua un peu d'inquiétude sur son silence, et c'était précisément ce que je désirais, ce moyen étant le meilleur pour fixer l'attention de S. A. R. et la déterminer aux choses qui peuvent être convenables. En effet, dès le même soir, Mme la dauphine jouant au lansquenet avec le roi et toute la famille royale, et se trouvant assise à côté de la comtesse du Barry, S. A. R. prit une contenance plus aisée et qui ne marquait ni dégoût ni humeur; elle parla à la favorite quand les incidents du jeu le comportèrent, et cela de bonne grâce, sans affectation et sans qu'il y eût trop ni trop peu. Le lendemain, jour du retour de la cour à Versailles, le duc d'Aiguillon se présenta au jeu de Mme la dauphine, et il fut traité à merveille; S. A. R. lui parlait à tout moment d'un air de gaieté charmante; le duc paraissait un peu embarrassé et ne répondait que par monosyllabes; entretemps ces deux circonstances produisirent tout le bon effet que je m'en étais promis.

Ce même jour S. A. R. avait voulu revenir de Marly en se promenant à pied; le peuple, qui se rassemblait sur son passage, paraissait transporté d'admiration. Arrivée à l'entrée du parc de Versailles, Mme la dauphine y apercevant une grande foule, elle s'échappa comme un éclair et toujours à pied. Lorsque S. A. R. me fit la grâce de me conter, quelques jours après, cette particularité, je pris la liberté de lui demander pourquoi elle avait paru se sauver? « Parce que, me dit-elle, il y avait trop de monde. » Je reconnus bien à ce propos les impressions de Mesdames, et je hazardai quelques réflexions sur l'utilité qu'il y a de se concilier l'amour et l'attachement du peuple, en se montrant à lui avec bonté et sans lui marquer de répugnance. J'eus en même temps occasion d'exposer à Mme la dauphine les objets dont elle n'était que légèrement prévenue par l'abbé de Vermond. Je ne cachai point une partie des choses que m'avait dites le duc d'Aiguillon. S. A. R. m'écouta avec grande attention, et quoique ce que je lui disais ne fût qu'une répétition de ce que je lui avais exposé en d'autres temps, je cherchai à donner un peu plus de force à mes remarques, et à en tirer des conséquences qui frappèrent Mme l'archiduchesse. Elle me parla des différents personnages qui sont actuellement en faveur ; elle en fit les portraits avec une justesse merveilleuse, mais elle convint en même temps de la nécessité de ménager ces gens-là, et de ne point leur donner de prise ; qu'enfin elle était bien résolue à prendre ce parti, et que j'en verrais les effets incessamment. Depuis ce moment-là, Mme l'archiduchesse s'est observée avec soin. Le jour de la revue de la maison du roi, S. A. R. fit dire à la duchesse d'Aiguillon qu'elle lui donnerait une place dans ses carrosses. Quand le duc d'Aiguillon présenta le coadjuteur de Strasbourg comme nommé à l'ambassade de Vienne, Mme la dauphine traita le ministre avec bonté, et tint quelques propos obligeants au coadjuteur. Ces différentes circonstances ont eu tout le succès désirable, et, dans mes deux dernières conversations avec le duc d'Aiguillon, je l'ai trouvé très-satisfait du traitement qu'il a éprouvé de la part de Mme la dauphine; il m'a prié « de le diriger » (ce sont ses termes) « dans les moyens de s'attirer la confiance de S. A. R. Je lui ai répondu que cela lui serait facile, que le caractère de Mme l'archiduchesse la rendait fort sensible à l'attachement qu'on lui marque, et que cette voie était infaillible pour réussir auprès d'elle.

En général toute la cabale a depuis quelque temps changé de langage, et se dispose à faire des efforts pour se concilier les bonnes grâces de Mme la dauphine. Je n'ai aucune appréhension que S. A. R. se laisse séduire par ces gens-là ; elle les connaît et en a l'opinion qu'on doit en avoir, mais les circonstances exigent que ces mêmes gens soient ménagés, et je suis bien assuré que Mme l'archiduchesse s'y prêtera, pourvu que les mauvais conseils ne traversent pas mes représentations sur ce chapitre.

Le mardi 25 de juin, Mme la dauphine a eu un peu de fièvre et un assez gros rhume ; cette indisposition était provenue de ce que S. A. R. avait pris un bain trop chaud, et que, malgré une circonstance critique survenue, elle était montée à cheval ce jour-là. J'écrivis le 29 au secrétaire du cabinet, baron de Neny, que ce petit incident n'avait point eu de suite. Mme l'archiduchesse voulait en écrire elle-même à V. M., mais son indisposition, quoique très-légère, avait occasionné beaucoup de transpiration et tant d'affaiblissement, que les médecins ne voulurent point permettre à S. A. R. la moindre application. Pendant les trois jours qu'elle garda sa chambre, elle eut de longues conversations avec l'abbé de Vermond, auquel elle confia les réflexions que j'avais exposées à S. A. R. sur sa position actuelle. L'abbé, que j'avais eu soin de prévenir, appuya fortement tout ce que j'avais dit ; on peut heureusement s'en fier au zèle de cet ecclésiastique, dont le caractère et la conduite m'édifient au delà de toute expression. Il ne tient uniquement qu'à son attachement pour Mme la dauphine, et il ne s'est jamais démenti un instant à cet égard. Dans ce même temps S. A. R. a repris ses lectures avec une apparence de goût ; les enfants ont eu moins d'accès auprès d'elle. Pendant sa petite maladie M. le dauphin lui a marqué les soins les plus tendres ; le roi allait la voir plusieurs fois dans la journée, et restait fort longtemps avec S. A. R., prenant un ton d'amitié et d'aisance qui prouve le penchant qu'il a pour Mme l'archiduchesse. Les progrès que cette princesse fait sur l'âme de M. le dauphin deviennent journellement plus remarquables. Lundi, premier de ce mois, en présence de M. le comte et de Mme la comtesse de Provence, Mme la dauphine fit à M. le dauphin une mercuriale sur son goût immodéré pour la chasse, qui détruisait sa santé, et sur l'air de négligence et de rudesse que cet exercice lui faisait contracter. M. le dauphin crut abréger la réprimande en se retirant dans son appartement, mais Mme la dauphine l'y suivit, et continua à lui représenter un peu fortement tous les inconvénients de sa façon d'être. Ce langage causa à M. le dauphin tant d'émotion qu'il se mit à pleurer. Mme la dauphine mêla ses larmes aux siennes, et le raccommodement fut fort tendre. Mme l'archiduchesse n'oublia pas que la brouillerie avait commencé chez Mme la comtesse de Provence ; elle y ramena M. le dauphin. M. et Mme de Provence demandèrent si la paix était faite ; M. le dauphin répondit de fort bonne grâce que les querelles des amants n'étaient jamais de longue durée.

La bonne intelligence entre Mme la dauphine et Mme de Provence se soutient et augmente même ; Mme la dauphine y met de son côté toute la franchise et la gaieté qui lui est naturelle ; Mme de Provence y répond par beaucoup d'égards, de confiance et de bonne volonté. Par une contenance assez froide et réservée, elle a déconcerté tous les projets que la comtesse du Barry avait formés sur elle. La cabale paraît embarrassée de ce mécompte, et c'est ce qui détermine ces gens-là à faire de nouvelles tentatives pour se concilier un peu de bonté de la part de M. la dauphine. Depuis quelques jours la comtesse du Barry fait les éloges de Mme l'archiduchesse; elle parle de sa figure, de ses grâces naturelles, et s'exprime d'une façon peu avantageuse sur le chapitre de M la comtesse de Provence.

Le margrave et la margrave de Baden-Durlach, qui sont ici avec leurs enfants pour y passer quelque temps, m'ont témoigné leur désir de faire leur cour à Mme la dauphine, qui les a traités avec beaucoup de bonté et de distinction, S. A. R. s'étant ressouvenue de l'empressement respectueux avec lequel elle avait été reçue à son passage par le pays de Durlach (1).

Le 15 la cour partit pour Compiègne; je suivis la cour le 19, et le lendemain au soir le courrier mensuel me remit les ordres de V. M. en date du 8. Je me rendis sur-le-champ au château; Mme la dauphine revenait de la promenade et je lui présentai les lettres qui étaient à son adresse; celle de V. M. fut, comme de coutume, ouverte avec empressement et lue en partie. S. A. R. me dit avec sa bonté ordinaire qu'elle avait attendu le séjour à Compiègne pour y avoir de fréquents et longs entretiens avec moi, que son intention était de faire « son plan de conduite pour toute l'année » et qu'elle voulait que je lui donnasse mes avis à cet égard. Je répondis que de mon côté j'avais ardemment désiré des occasions à exposer à S. A. R. une infinité de choses qui surviennent journellement et qui méritent l'attention de Mme la dauphine. « Vous n'aurez (me dit-elle)
« qu'à me dire votre sentiment; je vous promets de le suivre, mais
« nous ne parlerons qu'après le départ du courrier; je vais à l'ins-
« tant souper avec le roi; demain la journée est remplie par les of-
« fices d'église, le jeu et le grand concert; lundi il y a grande
« chasse; mardi et mercredi je veux écrire, après quoi je vous par-
« lerai presque tous les jours ou chez moi ou chez la comtesse de
« Noailles, où j'irai les après-midi. » Moyennant cet arrangement, ce ne sera que par mon prochain et très-humble rapport que je serai en état de rendre compte à V. M. des effets de sa dernière lettre à Mme la dauphine; mais par le total des dispositions où je vois S. A. R., je puis presque assurer d'avance que j'aurai le mois prochain des choses très-satisfaisantes à mander à V. M., et que je tirerai à coup sûr grand parti du séjour présent à Compiègne.

---

(1) Près de Carlsruhe.

Par le contenu de mon très-humble rapport d'aujourd'hui, il se trouve que j'ai déjà répondu d'avance à une partie des articles que renferme la très-gracieuse lettre de V. M.; il ne me reste maintenant qu'à toucher quelques points des ordres de V. M., desquels je n'ai pas fait mention antérieurement.

1° Un très-grand objet serait (comme daigne le remarquer V. M.) que Mme la dauphine trouvât assez d'agréments dans la liaison avec Mme la comtesse de Provence pour qu'il en résultât une diminution d'intimité, ou, pour mieux dire, d'assujettissement vis-à-vis de Mesdames de France ; c'est à ce but que tendent toutes mes démarches, et s'il y avait moyen d'y parvenir, il ne me resterait plus la moindre inquiétude sur la conduite de Mme l'archiduchesse.

2° Je ne suis pas sans espérance que Mme la dauphine prenne enfin plus de goût pour des occupations solides. Dans ces dernières semaines S. A. R. a fait quelques bonnes lectures, mais les avertissements de V. M. n'en seront pas moins nécessaires de temps en temps sur ce chapitre.

3° Il serait sans doute contraire à la décence, même à la dignité de Mme la dauphine, qu'elle eût des égards trop étendus pour les gens du parti dominant; mais vu l'état actuel de cette cour il me paraît également indispensable que S. A. R. paraisse ne pas voir ce qui s'y passe, et qu'elle ne marque ni haine ni aversion pour personne. Mme l'archiduchesse est censée devoir ignorer le personnage que joue ici la comtesse du Barry ; par conséquent S. A. R. ne peut la regarder que comme une femme présentée à la cour, et qui est dans le cas de participer plus ou moins au traitement qu'éprouvent celles qui y sont admises. De là je dois soumettre aux hautes lumières de V. M. s'il y aurait de l'inconvénient que, lorsque la comtesse du Barry se trouve dans le cercle des dames qui font leur cour à Mme la dauphine, S. A. R., qui parle à toutes les femmes, adressât aussi une seule fois la parole à la favorite, soit sur sa robe, soit sur un éventail, ou quelque propos de ce genre. Il est au moins certain qu'une pareille circonstance ferait cesser bien des tracasseries, et j'en juge par l'effet qu'ont produit deux ou trois paroles que Mme la dauphine a dites à cette favorite en jouant le dernier soir à Marly; et il est à observer que ces paroles étaient indispensables à dire, parce que le jeu même exigeait qu'elles fussent prononcées. D'ailleurs j'ai toujours remarqué que Mesdames, en excitant Mme la dauphine à garder un maintien sévère et silencieux, ne négligeaient pas d'avoir sous main des petits ménagements pour la comtesse du Barry, et cette conduite est d'autant plus étrange qu'il semble qu'on veuille toujours mettre Mme la dauphine à la brèche et la faire servir d'instrument à manifester une haine qu'on n'ose faire paraître soi-même.

4° Relativement au coadjuteur de Strasbourg, il est certain que le choix d'un pareil ambassadeur est aussi bizarre que déplacé, mais je saurai faire sentir ici ce que V. M. est en droit d'attendre de sa conduite, et je suis persuadé que cet ecclésiastique se soutiendra dans les bornes que lui prescrit son état. Il est assez adroit pour se contraindre, et il en concevra la nécessité.

5° Je me dispose à envoyer par ce courrier le portrait de Mme la dauphine; il est d'une ressemblance frappante, mais il est peint en pastel, et on me fait craindre qu'il ne soutiendra pas le transport. On me dit en même temps qu'il y a un artiste à Paris qui possède l'art de fixer le pastel; je vais consulter encore des gens du métier, et me déterminerai d'après leur dernier avis. Dans tous les cas, le retard de cet envoi ne serait différé que jusqu'au mois prochain.

6° J'ai quelques espérances que sous ce nouveau ministère je rencontrerai moins de difficultés dans l'arrangement de l'affaire des Jésuites de Fribourg, et s'il est possible que Mme la dauphine y intervienne sans inconvénient, j'exposerai à S. A. R. les intentions de V. M., ainsi que ce qui concerne l'intérêt à prendre pour le couvent des religieuses de la Visitation à Paris.

XXIX. — Mercy a Marie-Thérèse.

Compiègne, 24 juillet. — Le prince de Kaunitz me mande par ordre de V. M. ce que je dois dire à Mme la dauphine sur sa conduite à tenir vis-à-vis du roi, et il m'autorise même à communiquer à S. A. R. la lettre qu'il m'écrit (1). Je réponds au prince que Mme l'archidu-

---

(1) Voici quelques fragments de cette lettre du prince de Kaunitz :

«... Manquer d'égards à des gens que le roi a mis en place ou dans sa société, c'est lui manquer à lui-même. Ce serait bien pire si on se permettait sur leur compte des propos offensants. On ne doit voir dans ces sortes de personnes que la circonstance d'être gens que le souverain a jugés dignes de sa confiance et de ses bontés, et on ne doit point se permettre d'examiner si c'est à tort ou à raison : le choix seul du prince doit être respecté ; moyennant cela, et par respect pour lui, on doit des égards à ces sortes de gens. La prudence veut même que l'on en ait pour eux, parce qu'ils peuvent nuire... J'ai peine à me per-

chesse a remis jusque après le départ du courrier de s'entretenir avec moi sur les objets dont il s'agit ; j'ajoute que le sentiment du prince fera certainement beaucoup d'impression sur S. A. R., et que les circonstances me décideront sur les moyens à employer pour faire envisager à Mme l'archiduchesse toute l'importance de ce qui lui est suggéré.

Relativement au propos tenu par le duc d'Aiguillon sur un projet de mariage de S. M. l'empereur avec Mme Marie, il est vraisemblable qu'on ne m'en fera plus mention, mais en tout cas je réglerai mes réponses d'après ce que V. M. daigne me marquer à cet égard.

Quant aux brouilleries qui existent à la cour de Parme, l'essentiel étant que Mme l'archiduchesse infante n'y soit point mêlée, je me flatte que les mesures que j'ai prises à cet effet réussiront. On attend un rapport du comte de Durfort à ce sujet ; je serai informé de ce que ce ministre aura mandé, et j'agirai selon ce qui me paraîtra le plus convenable et le plus conforme aux intentions de V. M.

J'ai cru qu'il pouvait convenir au bien du service de V. M. que je resserrasse mes liaisons avec le comte de Broglie, et je pense d'a-

---

suader que, douce et raisonnable comme elle est, Mme la dauphine puisse ne point s'être dit à elle-même tout ce que je viens de dire ; et je me flatte par conséquent que ce qu'on lui reproche a été au moins exagéré... Quoi qu'il en soit cependant, comme le roi le croit, c'est tout comme si cela était, et moyennant cela je suis d'avis que Mme la dauphine, si cela n'est pas déjà fait, devrait incessamment chercher l'occasion de parler au roi en particulier et de lui dire avec l'ingénuité et les grâces qui lui sont naturelles : « Mon papa, le duc d'Aiguillon a dit au comte de Mercy, et, à ce qu'il a assuré, par votre ordre, que vous observiez en moi des mouvements d'une aversion trop marquée envers des gens qui formaient votre société ; que cela attisait l'esprit de parti à la cour ; que d'ailleurs j'avais un maintien trop vif et trop enfantin, que toutes ces circonstances réunies amortissaient les bontés que vous vous sentiez disposé à avoir pour moi et qu'il était essentiel de trouver remède à pareil inconvénient. Je pourrais vous dire bien des choses, mon papa, pour ma justification, mais je crois devoir vous en épargner l'ennui ; je me bornerai à vous prier d'avoir la bonté d'être une fois pour toutes persuadé que, par devoir et par inclination, vous plaire est l'unique objet de mes vues, et que je suis prête, par conséquent, à faire ou à ne pas faire à l'avenir tout ce que vous voudrez bien me prescrire ou seulement me témoigner désirer ; faites-moi donc la grâce de me dire tout ce que vous voulez que je fasse, et daignez y ajouter celle d'être persuadé d'avance que vous serez obéi. Je suis bien persuadée que, bon et sage, vous ne m'ordonnerez que ce que vous croirez que je puisse et doive faire, et je vous réitère, moyennant cela, mon bon papa, l'assurance que je tâcherai de ne vous rien laisser à désirer. » Voilà mon très-humble avis ; je vous laisse la liberté, si vous le jugez à propos, de lire cette lettre à Mme la dauphine, et, quelque parti qu'elle juge à propos de prendre, je me flatte qu'elle y verra au moins le sentiment d'un homme raisonnable et qui n'a pensé qu'à elle quand il l'a mis par écrit.

voir acquis quelque crédit auprès de lui. Il est avec le duc d'Aiguillon aussi bien que peuvent l'être deux personnes qui s'observent de très-près, et qui croient devoir se ménager réciproquement. Si le comte de Broglie reste en possession de la correspondance secrète, cela donnera lieu à apprécier les bornes que le roi pourra mettre à sa confiance dans le duc d'Aiguillon. Je sais que, pendant les absences du comte de Broglie, on remet toutes les semaines chez lui une boîte fermée à clef et qui contient des lettres. Cette boîte est portée à sa terre de Ruffec par un exprès, que le comte expédie dans la même semaine avec ses réponses. Ce fait est certain, mais je n'ai pu jusqu'à présent en découvrir davantage sur ce mystère.

XXX. — Marie-Thérèse a Mercy.

Schönbrunn, 4 *août.* — Comte de Mercy, Je vous communique la requête ci-jointe de l'abbé de Zwettel (1), et je vous charge en conséquence de faire sentir en mon nom à l'abbé de Citeaux les difficultés que rencontre son dessein d'obliger les abbés de son ordre établis dans mes pays héréditaires, à se rendre au chapitre qui doit se tenir le 2 de septembre à Citeaux, et que je compte qu'il sera convaincu lui-même. Je vous assure de ma constante grâce.

XXXI. — Marie-Thérèse a Mercy.

Schönbrunn, 10 *août.* — Comte de Mercy, J'ai reçu vos lettres du 24 du passé par le courrier Caironi.

Le prince de Kaunitz ignorait jusqu'ici ma correspondance particulière avec vous, mais comme vous lui avez fait entendre dans votre rapport précédent que vous m'écriviez sur ce qui regarde ma fille, je ne voulais plus lui en faire mystère, et je lui ai communiqué votre lettre en le chargeant de vous répondre lui-même sur son contenu ce qu'il était convenu avec moi [sans l'avoir pourtant vu]. Comme, après cette démarche, je me trouverai quelquefois dans le cas de lui faire part de vos lettres, je vous en avertis pour que vous sépariez encore sur une seconde feuille à part ce qui ne doit servir que pour mon infor-

---

(1) L'abbaye de Zwettl, fondée en 1138, est située dans l'archiduché de Basse-Autriche sur la rive gauche du Danube.

mation [outre le rapport secret pour moi seule, que tout le monde ignore].

Je vois toujours avec plaisir votre exactitude dans le détail que vous me faites de la situation et de la cour de France et de celle de ma fille, et je suis très-contente de la façon dont vous continuez à vous employer à lui être le plus utile. Votre rapport me fait oublier en quelque manière son style laconique. [Elle ne m'a répondu sur rien ; ma lettre ne contient rien d'intéressant non plus cette fois-ci.]

Ce n'est pas en vérité le moment de mettre en avant le mariage de l'empereur avec Mme Marie ; je suis cependant bien aise de voir différé de quelques années son voyage en France. Comme l'embonpoint de Mme Marie pourrait diminuer dans cet intervalle, ce changement pourrait peut-être encore contribuer à fixer ses vues sur elle ; mais c'est toujours un événement bien douteux et dont je ne saurais aucunement garantir le succès [ni même la moindre apparence, mais je m'entretiens dans cette faible espérance pour ne pas me décourager encore plus que je ne le suis].

Ma fille à Parme est contente du comte de Durfort ; je suis persuadée que c'est l'effet des entretiens que vous avez eus avec lui. Les liaisons que vous tâchez de resserrer avec le comte de Broglie, en y mettant toute la circonspection possible, peuvent avoir de très-bonnes suites.

Ma fille est à la vérité très-habile à faire des portraits ; je voudrais seulement qu'elle en tirât parti pour régler sa conduite sur la connaissance qu'elle sait prendre du caractère des hommes.

Je suis bien aise qu'elle commence à mieux traiter le duc d'Aiguillon. Sans entrer dans le personnel, elle doit en user de même avec les gens du parti dominant et même avec la comtesse du Barry, en parlant sur des choses indifférentes avec elle comme avec toutes les autres dames que le roi veut admettre à sa cour et même y distinguer. Elle doit ignorer ce qu'est cette femme, la traiter bien, mais sans faire des bassesses. Peut-être une telle conduite serait-elle capable de piquer ses tantes et d'affaiblir les liaisons trop étroites qui subsistent entre elles, mais il s'entend toujours que le dauphin en soit d'accord ; s'il trouvait à y redire, il vaudrait mieux que ma fille continuât à éviter Mme du Barry. Je suis d'ailleurs contente de la bonne harmonie qui continue à se soutenir entre elle et la comtesse de Provence, et j'attends avec empressement le plan de conduite auquel vous dites qu'elle va travailler. Dès que le coadjuteur de Strasbourg voudra se conduire ici d'une façon conforme à son état et à son poste, il n'aura pas lieu de regretter le séjour qu'il fera ici [s'il se conduit avec édification même pour son état].

J'ai mandé à ma belle-fille l'archiduchesse grande-duchesse combien vous êtes content des sentiments et des procédés du comte de Fuentes (1). Elle en a rendu compte à son père, qui m'en a fait faire par son canal un compliment très-obligeant [même sur votre personnel, ce qui m'a fait plaisir]. Je trouve à propos de faire passer le prince de Lobkowitz (2) dans son voyage à Madrid par Paris, pour se concerter avec vous et le comte de Fuentes sur ce qu'il y aurait de mieux à faire pour le bien de l'alliance, le roi d'Espagne étant convaincu lui-même que le concert de nous deux est le meilleur moyen de contenir la France au milieu de la confusion et des intrigues dont elle se trouve accablée. Cette démarche, qui marque ma confiance en vous, ne laisse pas d'avoir excité de la jalousie ici, mais je crois que vous devez l'ignorer.

Pour l'affaire des Jésuites de Fribourg, j'en remets la négociation à votre dextérité ordinaire.

XXXII. — Marie-Thérèse a Marie-Antoinette.

Schönbrunn, 17 août. — Le courrier part cette fois-ci un peu tard : j'ai eu tout plein d'empêchements, et je commence furieusement à vieillir ; même, en travaillant, il me faut le double du temps dont j'avais besoin ci-devant. J'ai reçu votre portrait en pastel, bien ressemblant; il fait mes délices et celles de toute la famille ; il est dans mon cabinet où je travaille, et la masse (3) dans ma chambre à coucher, où je travaille le soir ; ainsi je vous ai toujours avec moi, devant mes yeux; dans mon cœur vous y êtes profondément toujours.

J'attendais avec impatience ce que vous me direz sur ce que Mercy vous a dit de ma part; mais j'ai vu que vous avez retardé cette

---

(1) Grande-duchesse de Toscane, femme de Léopold. Elle était fille de Charles III, roi d'Espagne. Le comte de Fuentes était ambassadeur d'Espagne à la cour de France.

(2) Auguste Antoine, prince de Lobkowitz, d'une grande famille de Bohême, nommé ambassadeur d'Autriche en Espagne.

(3) Voir la page 55.

conversation après le départ du courrier; mais ce qui me rassure depuis, c'est que Mercy me mande que vous avez déjà, sur son conseil, commencé à traiter poliment le parti dominant, et même adressé quelques propos vagues, ce qui a fait un effet merveilleux. Je ne m'étends plus sur ce chapitre; Mercy est chargé de vous parler clair; je suis seulement charmée que vous vous êtes prêtée si promptement à son conseil. Je suis toujours sûre du succès si vous entreprenez une chose, le bon Dieu vous ayant douée d'une figure et de tant d'agréments, jointe avec cela votre bonté, que les cœurs sont à vous, si vous entreprenez et agissez; mais je ne puis vous cacher pourtant ma sensibilité, il me revient de toute part et trop souvent que vous avez beaucoup diminué de vos attentions et politesses à dire à chacun quelque chose d'agréable et de convenable, de faire des distinctions entre les personnes. On dit que vous vous négligez beaucoup sur ce point, on l'attribue à Mesdames, qui jamais n'ont su s'attirer l'estime et la confiance; mais ce qui est pire que tout le reste, on prétend que vous commencez à donner du ridicule au monde, d'éclater de rire au visage des gens : cela vous ferait un tort infini et à juste titre, et ferait même douter de la bonté de votre cœur; pour complaire à cinq ou six jeunes dames ou cavaliers vous perdriez le reste. Ce défaut, ma chère fille, dans une princesse n'est pas léger; il entraîne après soi, pour faire la cour, tous les courtisans, ordinairement gens désœuvrés et les moins estimables dans l'État, et éloigne les honnêtes gens, ne voulant se laisser mettre en ridicule, ou s'exposer à se devoir fâcher, et à la fin on ne reste qu'avec mauvaise compagnie, qui entraîne peu à peu dans tous les vices. On répète partout que les Allemands ne sont pas distingués par vous : rendez justice au vrai mérite de cette nation. Si vous ôtez quelque ridicule dans l'extérieur ou prononciation, ou à se coiffer, vous trouverez au contraire bien de réels talents et du mérite en eux, dont tous les étrangers en font tant de cas.

Je puis me représenter votre embarras en refusant Broglie (1) à

---

(1) Marie-Thérèse se faisait gloire de ne jamais oublier les services reçus. Voici à quels souvenirs elle fait ici appel. En 1757 la France avait conclu avec l'Autriche le traité secret de Versailles. On sait avec quelle rapidité Frédéric II envahit à ce moment la Bohême; les troupes autrichiennes n'y étaient point encore concentrées; les Autrichiens furent battus devant Prague et la ville fut investie. L'épouvante était grande à Vienne; Marie-Thérèse soutenue par Kaunitz restait intrépide. Le comte de Broglie, envoyé en mission en Allemagne

cause de sa femme : je ne puis pas nier que je l'estime, m'ayant montré tant de zèle dans la situation la plus critique où je me suis trouvée, après la bataille de Prague. Vous pouvez dans les occasions lui marquer que je m'en souviens toujours. J'étais enchantée que Durfort a eu les entrées chez vous ; il le mérite par ses qualités réelles, et ayant eu le bonheur de constater l'union par votre mariage.

Tout ce qui me revient de la façon que vous êtes ensemble, vous quatre jeunes gens, me fait grand plaisir : votre belle-sœur ne vous fait nul tort ou même concurrence dans la figure, mais son caractère est plus solide et avec plus de connaissances ; vous n'avez donc qu'à gagner toujours étant liée avec elle, et naturellement vous aurez à passer longues années ensemble. Il faut donc bien se lier et tirer parti pour votre particulier autant que pour l'État même. Tant que vous serez bien ensemble, il y aura peu de personnes qui oseront faire des tracasseries ; mais la moindre froideur donnerait beau champ, et vous n'en ressentiriez que trop les inconvénients tant pour votre repos qu'agrément.

Mercy me mande que le petit écritoire que je vous ai envoyé vous a fait grand plaisir ; que vous avez tout de suite cherché mes fenêtres et avez dit les choses les plus jolies et les plus touchantes. Jugez quel effet cela m'a fait ; ne gâtez pas ce fonds de tendresse et bonté que vous avez, et ne copiez pas des originaux qui n'ont jamais réussi dans le public, nonobstant leur mérite réel : ce qu'on ne leur a jamais appris, ni même ils eurent des exemples devant eux pour pouvoir se former, et à vous cela est naturel, et vous en avez vu les effets merveilleux. Je compte que mes répétitions si souvent réitérées vous ennuyeront moins, que d'être convaincue (1) qu'elles sont dictées par ma tendresse, qui souhaite vous voir heureuse et cherche à éloigner les écueils de la jeunesse.

---

par la France, arrivait à Vienne au milieu de ces circonstances. Connaissant ses talents militaires, Marie-Thérèse le retint pour aider Kaunitz à la réorganisation de son armée. Il y travailla énergiquement ; de nombreux renforts furent envoyés au maréchal Daun, qui put ainsi gagner la bataille de Kolin et délivrer Prague : la Bohême était sauvée. En apprenant le succès de ses armes, Marie-Thérèse s'écria qu'une part de l'honneur revenait au comte de Broglie, et lui fit remettre deux heures après son portrait enrichi de diamants. On voit que, quinze ans après, elle n'avait point oublié le service rendu. (Voir le travail sur *La diplomatie secrète sous Louis XV* de M. le duc A. de Broglie, dans la *Revue des Deux Mondes* du 15 juillet 1870 ; l'auteur parle d'après la correspondance du comte de Broglie, conservée au ministère des affaires étrangères, à Paris.)

(1) C'est-à-dire : vous serez moins ennuyée que convaincue, etc.

XXXIII. — Mercy a Marie-Thérèse.

Paris, 2 septembre. — Sacréé Majesté, Les détails dont j'ai à rendre compte à V. M. pourraient m'entraîner dans des longueurs, et pour tâcher de les éviter autant qu'il sera possible, je crois devoir donner aujourd'hui à mon très-humble rapport la forme d'un journal.

A Compiègne. Le 24 de juillet, jour du départ de l'avant-dernier courrier, Mme la dauphine se rendit à la chasse du cerf avec Mme la comtesse de Provence. Pour éviter le trop grand nombre des voitures et l'embarras qui en résulte, il a été arrangé que, pendant ce voyage, les deux princesses iront toujours à la chasse ensemble, et que Mesdames de France prendront d'autres journées pour se procurer le même divertissement.

Le 25, la cour se rendit en grand cortége à l'église paroissiale, dont on célébrait la fête. Après midi il y eut sermon, vêpres et le salut ; Mme la dauphine ne rentra qu'à six heures et demie ; elle me fit appeler, et, dans une audience de près d'une heure, j'eus occasion de lui parler de tous les objets sur lesquels elle m'avait promis de m'écouter après le départ du courrier. Mes représentations furent dirigées d'après le contenu de la lettre de V. M. à Mme la dauphine ; je rappelai l'entretien que j'avais eu avec le duc d'Aiguillon, j'en déduisis les conséquences, je fis lecture de la lettre que le prince de Kaunitz m'a écrite à ce sujet, et j'insistai fortement sur la nécessité de parler au roi dans les termes suggérés par la lettre susdite (1). Mme l'archiduchesse me marqua beaucoup de répugnance à faire cette démarche, laquelle, selon elle, ne produirait d'autre effet que celui d'embarrasser le roi, de lui faire prendre une contenance froide sans le déterminer à s'expliquer, et S. A. R. me cita en preuve de son opinion ce qui était arrivé, passé quelques mois, lorsqu'elle s'était plainte au roi de ce qu'il avait chargé la comtesse de Noailles de parler à Mme la dauphine, au lieu de lui faire connaître lui-même et directement ses volontés. Dans cette occasion, sans faire de réponse, le roi avait changé de conversation, et Mme la dauphine supposa qu'il en serait de même dans le cas présent. Je représentai que ni l'embarras du roi ni son silence ne devaient point empêcher Mme l'archiduchesse de lui parler

---

(1) C'est la lettre que nous avons donnée page 192.

quand il s'agissait d'éclaircissements sur sa conduite, parce que les explications indirectes seraient toujours sujettes à des doutes, indépendamment de l'abus que pourraient faire de cette méthode ceux qui seraient chargés de l'employer. S. A. R. me répondit que le sentiment du prince de Kaunitz suffirait pour la déterminer, mais qu'elle se persuadait que, si elle était à même de parler à ce ministre et de lui dire ses raisons, elle le ramènerait peut-être à son avis ; qu'au reste elle y penserait encore, et qu'en attendant elle s'observerait si soigneusement dans sa conduite, ses propos, et vis-à-vis d'un chacun, que sûrement il ne surviendrait plus de nouveaux sujets de plainte.

Le 26 je reçus par le comte de Fiquelmont la très-gracieuse lettre de V. M. en date du 9 juillet ; je remis sur-le-champ à Mme la dauphine celle qui lui était adressée, et le chambellan ci-dessus nommé présenta lui-même à S. A. R. la boîte dont il était porteur. Le même soir j'écrivis au secrétaire du cabinet, baron de Neny, par la poste ordinaire, en le priant de rendre compte à V. M. des marques de sensibilité et de tendresse que Mme l'archiduchesse avait données à la réception d'un présent qui lui retraçait les lieux où elle avait eu le bonheur de vivre auprès de son auguste mère (1).

Le 27 Mme la dauphine prit le divertissement de la chasse du cerf ; elle fit dire à la duchesse d'Aiguillon de l'y accompagner, et cette marque de bonté produisit un très-bon effet auprès du ministre, qui ne cesse maintenant de se louer du traitement que veut bien lui faire éprouver Mme l'archiduchesse.

Le 28 la journée fut employée à la représentation qui s'observe tous les dimanches ; il y eut jeu et grand couvert. J'étais prié à souper le même soir chez la comtesse de Valentinois ; je m'y rendis avec le nonce et l'ambassadeur de Sardaigne, qui y étaient pareillement invités. Nous y trouvâmes le duc et la duchesse d'Aiguillon, le duc de la Vrillière, une dame du palais, d'autres dames du service de Mme la comtesse de Provence, et la comtesse du Barry ; c'était la première fois que je me trouvais vis-à-vis de cette femme. L'ambassadeur de Sardaigne lui parla d'abord comme à une personne avec laquelle on est en connaissance. Le nonce marqua beaucoup d'em-

---

(1) Une écritoire, probablement en porcelaine, sur laquelle étaient représentées des vues du palais impérial. Voir les lettres de Marie-Thérèse du 17 août et de Marie-Antoinette du 2 septembre.

pressement à se mêler de la conversation ; je crus devoir observer plus de réserve, et ce ne fut qu'après que la favorite m'eut adressé la parole que je me livrai à causer tout naturellement avec elle. Je reçus de sa part plus de distinctions que n'en avaient éprouvé les autres ; je ne me mis point à table, et la comtesse du Barry, sous prétexte qu'elle devait être rentrée chez elle avant onze heures, ne soupa pas non plus. Le conversation se soutint sur des objets indifférents ; elle fut interrompue par le duc d'Aiguillon, qui, en me prenant à part, m'apprit que le roi voulait me parler en particulier, et qu'il l'avait chargé de me proposer de me rendre le surlendemain au retour de la chasse chez la comtesse du Barry, où S. M. me verrait. Je répondis, sans hésiter, que je me rendrais partout où le roi l'exigerait. J'ajoutai en souriant que, d'après la promesse faite au duc d'Aiguillon de lui parler toujours sans détours, je ne pouvais lui cacher que ce projet du roi, de me parler, ne me semblait avoir d'autre but réel que celui de me faire aller chez la favorite ; que, sans entrer dans le plus ou le moins de raisons qui pouvaient avoir arrêté les ambassadeurs sur cette démarche, il était au moins certain qu'ils s'y étaient tous refusés jusqu'à présent, et que je ne savais comment interpréter qu'on m'eût choisi pour faire planche dans cette occasion. Le duc d'Aiguillon me répondit que ma conjecture n'était point fondée, que le roi lui ayant dit l'avant-veille qu'il voulait me parler, il avait proposé à ce monarque de me faire venir dans son cabinet à une heure où il se trouverait peu de monde dans les antichambres, que le roi, rejetant cette idée, lui avait répondu : « Vous savez que je ne suis pas logé « ici de façon à pouvoir le voir en bonne fortune, ainsi engagez-le « à venir me trouver chez Mme du Barry ; » qu'au reste, pour me mettre tout à fait à l'aise, le duc d'Aiguillon me priait de prévenir les ambassadeurs que je n'allais chez la comtesse du Barry qu'ensuite de ce que le roi m'y avait appelé. Je n'eus rien à répliquer, bien résolu d'ailleurs de ne point laisser ignorer aux ambassadeurs le motif de la démarche que j'allais faire ; mais, avant que je ne fusse dans le cas de le leur dire, j'appris que l'ambassadeur de Sardaigne avait déjà témoigné au duc d'Aiguillon son désir de voir la favorite chez elle, et que les ambassadeurs d'Angleterre, de Venise et d'Hollande étaient déterminés à faire la même visite.

Le 29 Mme la dauphine alla se promener à cheval, et la journée se passa sans que j'eusse occasion de lui parler.

Le 30 Mme l'archiduchesse, me voyant le matin chez elle avec les autres ambassadeurs, s'approcha de moi pour me dire à voix basse qu'elle me faisait compliment sur la bonne compagnie où elle savait que j'avais été admis au souper du dimanche. Je répondis que cette circonstance serait suivie, dans la journée même, d'un petit événement bien plus remarquable, et dont je rendrais compte le lendemain à S. A. R. Le duc d'Aiguillon m'avait donné rendez-vous au château à sept heures; il vint m'y trouver et, me disant que le roi, de retour de la chasse, achevait de s'habiller, il me conduisit chez la comtesse du Barry, qui me reçut avec les attentions les plus marquées. Elle me pria de m'asseoir à côté d'elle. Le duc d'Aiguillon, sous prétexte de voir un portrait qui était dans la pièce voisine, y emmena trois personnes qui se trouvaient présentes. La favorite prit ce moment pour me dire qu'elle était très-aise que l'idée du roi, de me parler chez elle, la mît à portée de faire ma connaissance, qu'elle voulait s'en prévaloir pour me confier un sujet de peine qui l'affectait beaucoup, qu'elle n'ignorait pas que depuis longtemps on s'était occupé à la détruire dans l'esprit de Mme la dauphine, et que pour y parvenir on avait eu recours aux calomnies les plus atroces, en osant lui attribuer, à elle, du Barry, des propos peu respectueux sur la personne de S. A. R., que, bien loin d'avoir à se reprocher une faute aussi énorme, elle s'était toujours jointe à ceux qui faisaient les justes éloges des charmes de Mme l'archiduchesse; que, quoique cette princesse l'eût constamment traitée avec rigueur et une sorte de mépris, elle ne s'était jamais permis de plaintes contre S. A. R., mais uniquement contre ceux qui lui inspiraient ces mouvements d'aversion; que quand il s'était agi de quelques objets que Mme la dauphine paraissait désirer (comme en dernier lieu une demande pour le payement de sa maison), elle, du Barry, s'était empressée de solliciter et de représenter au roi qu'il ne pouvait pas se dispenser de se prêter aux désirs de Mme la dauphine sur des demandes si raisonnables, qu'enfin le roi allait venir et qu'elle me priait de vérifier auprès de ce monarque ce qu'elle m'avait dit pour sa justification. Je répondis à la favorite en prenant cause d'ignorance, de l'aversion et des froideurs qu'elle disait éprouver de la part de Mme la dauphine. Je l'assurai que le caractère de cette princesse l'éloignait de tout sentiment de haine, et que les conjectures à cet égard étaient bien plus fondées sur des propos vagues que sur des réalités. Ne croyant pas devoir

entrer dans des explications plus étendues, je m'en tins à de semblables réponses, et le roi arriva un instant après, par un petit escalier qui aboutit au cabinet où je me trouvais. La comtesse du Barry se retira; le roi, en s'approchant de moi, me dit : « Jusqu'à pré-
« sent vous avez été l'ambassadeur de l'impératrice, mais je vous
« prie d'être maintenant mon ambassadeur au moins pour quelque
« temps. » Après ce début le roi devint plus embarrassé ; il me dit qu'il avait voulu me parler en particulier sur le chapitre de Mme la dauphine, qu'il aimait cette princesse de tout son cœur, qu'il la trouvait charmante, mais qu'étant jeune et vive, « ayant un mari qui n'était pas en état de la conduire », il était impossible que Mme l'archiduchesse évitât les piéges qui lui étaient tendus par l'intrigue; que, sachant que V. M. daignait m'accorder sa confiance, le roi était déterminé par là à me donner la sienne, en se rapportant à moi des soins que je croirais pouvoir prendre, pour surveiller un objet qui intéressait son bonheur et celui de sa famille royale. Je répondis que les préceptes de conduite donnés à Mme la dauphine lors de son départ de Vienne s'étaient bornés à deux points, celui d'aimer, de respecter le roi, et de lui marquer obéissance en tout, V. M. sachant trop « ce qu'elle devait se promettre de l'amitié du
« roi dans l'usage qu'il ferait de son autorité sur Mme l'archiduchesse »;
que le second point fortement recommandé à cette princesse avait été de chercher à se concilier la tendresse, l'estime et la confiance de M. le dauphin, de vivre en bonne amitié avec la famille royale, et de s'unir à elle dans les recherches des moyens de contribuer au bonheur du roi; que si Mme la dauphine s'était écartée en quelque chose de ce précepte, je croyais pouvoir assurer qu'il n'y entrait ni projet, bien moins encore de mauvaise volonté de sa part, et que moyennant cela, si le roi voulait bien expliquer lui-même ses intentions à Mme l'archiduchesse, il trouverait à coup sûr en elle l'empressement le plus tendre à lui obéir et à lui plaire. Le roi me répondit qu'il répugnait à avoir des explications avec ses enfants, qu'il me priait de prendre ce soin; il me dit ensuite qu'il remarquait avec déplaisir que Mme la dauphine se livrait à des préventions, à des haines qui ne venaient point d'elle et qui lui « étaient suggérées »,
qu'elle traitait mal, même avec affectation, les personnes que le roi admettait dans sa société particulière ; que, sans songer à gêner les préférences que Mme l'archiduchesse jugerait à propos de marquer

aux uns ou aux autres, on ne lui demandait en général que d'accorder strictement le traitement que toute personne présentée est en droit d'attendre, qu'une conduite opposée occasionnait des scènes à la cour, y échauffait l'esprit d'intrigue et de parti. Le roi me répéta plusieurs fois : « Voyez souvent Mme la dauphine ; je vous autorise à lui dire tout ce que vous voudrez de ma part ; on donne de mauvais conseils à Mme la dauphine ; il ne faut point qu'elle les suive. » Après cette dernière phrase le roi ajouta immédiatement : « Vous voyez ma confiance, puisque je vous dis ce que je pense sur l'intérieur de ma famille, » expressions qui me parurent porter sur les conseils donnés par Mme Adélaïde. Je tâchai par quelques réflexions respectueuses de faire sentir au roi combien il serait préférable, soit pour la convenance, soit pour l'effet à espérer, qu'il parlât lui-même à Mme la dauphine ; il persista dans sa première idée, en me disant : « Je vous verrai de temps en temps ; je vous autorise à dire ce que vous jugerez à propos. » Je répliquai qu'en rapportant à Mme la dauphine le langage du roi, j'aurais soin de m'en acquitter avec l'exactitude la plus scrupuleuse, mais que jamais je n'oserais donner ni extension ni interprétation à ce même langage, attendu que ces explications ne pouvaient avoir lieu qu'entre le roi et Mme la dauphine. Je donnai cette tournure à ma réponse, pour ne pas laisser croire au roi que je me chargerais de prononcer à Mme la dauphine le nom de la comtesse du Barry, que lui-même n'avait pas pu prendre sur lui de me nommer. Dans ce moment le roi appela la favorite et le duc d'Aiguillon, qui s'étaient tenus à l'écart dans une espèce de passage qui aboutit à un cabinet de toilette ; la conversation dura encore quelques moments sur d'autres objets. Le roi parla de S. M. l'empereur, du désir qu'il aurait eu de le voir ; il dit : « L'empereur a de l'amitié pour moi ; » il cita avec un air de satisfaction l'assurance qu'il avait du même sentiment de la part de V. M. ; il parla vaguement de la guerre turque, du soupçon que le roi de Prusse cherchait à tirer parti de la circonstance pour s'agrandir. « Il tire parti de tout, » ajouta-t-il « jusqu'à faire de la fausse monnaie. » Il finit en disant : « Il est tard, je vais souper avec mes enfants. » La favorite et le duc d'Aiguillon, sans me questionner sur l'audience que j'avais eue, et dont ils savaient bien sûrement l'objet, me dirent qu'il fallait que je visse souvent le roi, qu'il s'accoutumerait à moi, que cela était désirable à bien des égards, qu'on

me devait toute confiance, et toute justice à ma probité, à mon amour pour le bien. M. d'Aiguillon ajouta : « Soit relativement à Mme la dau-
« phine, soit sur d'autres objets, il ne peut être que bon que vous
« parliez au roi de vos affaires et qu'il vous parle des siennes ». Je répondis que, sans méconnaître tout ce qu'avait de flatteur pour moi cette confiance et l'effet qu'elle produirait, cependant je devais observer que la nature de ma mission et la façon de la remplir ne demandait qu'une forme simple, et que, par principe ainsi que par caractère, j'étais toujours porté à la désirer telle ; que je croyais parler au roi quand je parlais à son ministre, et que par choix je préférerais toujours cette méthode usitée. Le duc d'Aiguillon insista encore sur ce qu'il avait dit, et cette singulière aventure se termina par des compliments, sans que je puisse voir encore bien clair dans le but de ce petit manége, contre lequel au reste je serai attentivement sur mes gardes.

Le 31, au retour d'une promenade que Mme la dauphine avait faite en voiture, j'allai lui rendre un compte exact de tout ce qui s'était passé la veille. S. A. R. remarqua d'elle-même que l'objet de cela était de la porter à parler à la comtesse du Barry. Je répondis que je n'en doutais pas, qu'au reste il fallait nécessairement prendre un parti quelconque, que je venais recevoir les ordres de S. A. R. pour me diriger en conséquence. Mme l'archiduchesse exigea que je lui exposasse mon sentiment ; j'obéis en lui disant :

1º Qu'il me paraissait d'une nécessité absolue que S. A. R. parlât au roi, en lui disant mot par mot tout ce que j'avais rapporté de sa part, et en lui en demandant l'explication dans des termes tendres et respectueux ; que je croyais également nécessaire que S. A. R. se plaignît avec douceur de ce que le roi, au lieu de lui dire directement ses intentions, préférait la voie d'un tiers pour les lui faire parvenir ; enfin je répétai encore les termes suggérés par la lettre du prince de Kaunitz.

2º Que si Mme l'archiduchesse voulait annoncer par sa conduite publique qu'elle a connaissance du rôle que joue ici la comtesse du Barry, alors la dignité de S. A. R. exigeait qu'elle demandât au roi qu'il fût interdit à cette femme de paraître désormais au cercle; mais que, si Mme l'archiduchesse voulait paraître ignorer le vrai état de la favorite, il s'ensuivait la nécessité de la traiter sans affectation et comme le serait une femme présentée, pour laquelle on aurait le moins d'égards, que cela serait effectué si, dans une occasion où la comtesse du Barry paraîtrait au cercle, Mme la dauphine, en faisant sa tournée, lui adressait une seule fois la parole, que par là tous les motifs spécieux de plaintes cesseraient, que, si après cela on voulait engager S. A. R. à des complaisances plus étendues, elle se trouverait avoir des armes pour s'en défendre, et qu'il ne me serait pas difficile d'intervenir pour écarter les embarras en ce genre.

3° Que je croyais qu'il convenait que Mme la dauphine consultât là-dessus M. le dauphin, mais que je la suppliais de ne pas prendre des directions de Mesdames ses tantes, desquelles elle ne pouvait certainement se promettre aucun conseil utile en pareilles matières. J'ajoutai encore que je suppliais S. A. R. de réfléchir à tout cela jusqu'au lendemain, et de vouloir bien ensuite m'apprendre sa détermination.

Le 1er août, Mme la dauphine alla à la chasse du cerf en calèche; l'animal, étant sur ses fins, se porta à la rivière; il fallait traverser un champ de blé pour y arriver; Mme l'archiduchesse déclara qu'elle aimait mieux manquer ce spectacle de la chasse que de se le procurer en faisant du tort aux cultivateurs, qui sont toujours peu et mal dédommagés dans de semblables occasions. Ce sentiment de bonté et d'humanité fit un merveilleux effet et fut le sujet de la conversation de tout Compiègne. Pendant cette même chasse, le roi était venu à plusieurs reprises auprès de Mme la dauphine; il monta quelques moments dans sa calèche, prit Mme l'archiduchesse sur ses genoux, et lui fit mille caresses. Au retour de la chasse, je me rendis au château, S. A. R. me dit qu'elle avait pris son parti, qu'elle parlerait une fois à la comtesse du Barry à la première occasion, que M. le dauphin y consentait, qu'il approuvait tout ce que j'avais proposé la veille, mais que Mme Adélaïde s'opposait au projet de parler au roi, parce qu'il n'en résulterait que de l'embarras pour le monarque, qui d'ailleurs ne s'expliquerait point. Je fis sentir toute la faiblesse de ce raisonnement, puisque cet embarras du roi ne pouvait tourner qu'à l'avantage de Mme la dauphine, et qu'il en résulterait que ce monarque, pour éviter de pareils embarras, deviendrait moins facile à se prêter aux impulsions et aux démarches suggérées par le parti dominant, que cela en imposerait aussi à ce même parti, s'il s'apercevait que Mme la dauphine sait s'adresser directement au roi et s'expliquer avec lui dans l'occasion.

S. A. R., qui saisit bien tout ce qui est raisonnable, promit de parler.

Le 2, il y eut une grande promenade sur les ânes; toute la famille royale fut de cette partie.

Le 3, après dîner, je reçus de l'abbé de Vermond le billet ci-joint, en original (1), et je vis avec douleur que dans cette occasion importante, ainsi que dans toutes les autres, je trouvais toujours la même opposition de la part de Mme Adélaïde à tout ce que je pouvais suggérer de raisonnable et d'utile. Je me rendis à la cour, et pendant près de trois quarts d'heure j'exposai à Mme la dauphine les réflexions les plus fortes. Je parlai avec respect, mais aussi avec franchise du système de conduite de Mesdames; je fis voir que ce système de faiblesse leur avait ôté toute considération, soit auprès du roi, soit auprès du public; je conclus que Mme la dauphine, en suivant les mêmes errements, s'exposait à en éprouver les mêmes effets, que le roi était rebuté par la contrainte et la gêne où il voyait ses enfants vis-à-vis de lui, que, n'ayant jamais trouvé ni aménité ni douceur dans leur société, il était induit par là à chercher ailleurs des compensations bien fâcheuses à l'État, plus encore à la famille royale. Je réitérai les plus vives instances pour que S. A. R. parlât au roi; elle me le promit de nouveau et m'écouta avec la plus grande bonté.

Le 4, jour de dimanche, Mme la dauphine alla à la grande messe dans une église en ville; elle assista après-midi au salut; elle tint le cercle et se rendit le soir au grand couvert du roi.

Le 5 S. A. R. monta à cheval; après sa promenade elle me donna audience, et me dit qu'elle n'avait pas encore eu occasion de parler

---

(1) « Madame la dauphine m'a dit cette après-dînée : « Il faut que je vous fasse votre leçon « pour M. de Mercy; vous lui direz que j'ai dit à mes tantes que je parlerais une fois à « Mme du Barry en sa présence et que, de plus, je parlerais au roi sur ce qu'il a dit à M. de « Mercy sur moi; que mes tantes ne veulent pas que je parle au roi parce que.... vous savez « le reste. Tâchez de lui parler aujourd'hui. » J'ai répondu que je ne savais pas si cela serait possible, parce que V. E. est à la chasse. J'ai répété les raisons de parler au roi; on ne me répondait pas. J'ai ajouté : « Vous êtes donc décidée, Madame, à ne pas parler ? — Oui, à moins que M. de Mercy ne veuille absolument. » Cela a été dit sans humeur. Je vois que Mme la dauphine ne croit pas pouvoir raisonnablement refuser V. E.; elle désirerait qu'Elle ne lui en parlât plus; c'est la raison de son empressement à me faire faire sa commission. Si V. E. peut parler ce soir à Mme la dauphine comme ne m'ayant pas vu, et lui demander simplement si elle a parlé au roi, l'affaire sera bien avancée. V. E. connaît le respect et le dévouement de son serviteur. — Samedi, cinq heures du soir. » (Cette note fait partie du rapport de Mercy.)

au roi, mais qu'elle se faisait sa leçon pour la bien employer quand elle en trouverait le moment.

Le 6 Mme la dauphine, de retour d'une promenade à cheval, vint dans la soirée chez la comtesse de Noailles, et me fit la grâce de s'y entretenir avec moi sur plusieurs objets intéressants. Je lui parlai beaucoup du caractère du roi, de sa bonté, de sa timidité, du penchant naturel qui le porterait de préférence à se livrer à ses enfants, pour peu qu'ils voulussent de leur côté chercher à soulager l'ennui auquel ce monarque est enclin. Je fis voir combien il serait facile à Mme l'archiduchesse de s'emparer du roi, et j'observai les avantages immenses qui ne manqueraient pas d'en résulter. S. A. R. m'écouta avec attention, mais elle finit par me dire de bonne foi que « le courage lui manquait tout à fait », et qu'elle ne se sentait pas la force de parler au roi, ainsi qu'elle s'y était engagée les jours précédents. Je répondis que si j'étais à portée de m'expliquer vis-à-vis de Mesdames ses tantes il me serait facile de leur démontrer ce que leurs conseils ont de déraisonnable et de pernicieux à cet égard. Mme la dauphine chercha à excuser ses tantes, et il ne me fut pas possible de la ramener à la résolution de parler au roi. Je l'assurai cependant que tôt ou tard elle ne pourrait pas s'en dispenser; qu'en attendant elle serait toujours tourmentée par des insinuations indirectes et peu convenables, et que sa timidité donnerait au parti dominant un avantage décisif en toute occasion. Quelque longs que soient ces détails, j'ai cru ne devoir en rien omettre, pour que V. M. soit en même d'apercevoir jusqu'à quel point les conseils de Mesdames tendent à énerver l'âme de Mme la dauphine. J'emploierai avec persévérance tous les moyens possibles pour diminuer ce grand inconvénient; mais, à moins que V. M. ne daigne interposer fortement ses remontrances et son autorité, je n'obtiendrai rien de stable; l'influence de Mesdames porte sur l'objet le plus essentiel, qui est d'inspirer à Mme la dauphine « d'avoir peur du roi et de s'éloigner de lui ». S'il est possible de remédier à ce point capital, il ne me restera aucune inquiétude sur tous les autres points de conduite, parce que du côté du maintien, des grâces et de toutes les bonnes qualités essentielles, S. A. R. ne laisse rien à désirer. Elle est généralement adorée et le sera toujours de plus en plus à mesure que son caractère se déploiera.

Le 8 Mme la dauphine a été à la chasse du cerf; le temps était affreux, la pluie et la boue pénétrèrent dans les calèches ; S. A. R. ne s'en amusa pas moins ; elle rentra fort mouillée, mais sa santé n'en souffrit pas.

Le 9, S. A. R. se promena à cheval avec Mmes Adélaïde et Sophie ; elle passa l'avant-soirée chez Mme Victoire, qui se trouvait indisposée d'un rhume, et le roi soupa avec la famille royale.

Le 10 j'appris que la comtesse du Barry se proposait d'aller le lendemain au cercle, et qu'elle avait fait proposer à la comtesse de Valentinois de l'y accompagner ; j'en prévins Mme la dauphine, qui m'avait très-expressément chargé d'épier ce moment. S. A. R. m'assura qu'elle dirait quelques mots à la favorite, mais qu'elle voulait que je fusse présent ; qu'à la fin du jeu je devais m'approcher de la favorite et lui parler ; que Mme l'archiduchesse, en faisant sa tournée, s'arrêterait auprès de moi et, comme par occasion, adresserait la parole à la comtesse du Barry. S. A. R. ajouta que cet arrangement était nécessaire pour la rassurer contre la peur qu'elle se sentait. J'observai qu'il fallait au moins prendre une résolution ferme de remplir ce projet, parce que, sans cela, mon rôle paraîtrait avoir été d'induire Mme la dauphine à parler à la favorite, et que je n'en aurais que du ridicule si S. A. R. marquait dans ce moment-là une répugnance invincible à cette démarche. Mme l'archiduchesse trouva mauvais que j'eusse le moindre doute sur la fermeté de sa résolution ; je la suppliai cependant de ne point confier ce petit arrangement à Mmes ses tantes ; elle me le promit, mais malheureusement le secret ne fut point gardé.

Le 11 au soir, je me rendis au cercle ; la comtesse du Barry y était avec sa compagne ; Mme la dauphine m'appela pour me dire qu'elle avait peur, mais que tout l'arrangement subsistait. La partie de jeu étant sur la fin, S. A. R. m'envoya me placer auprès de la favorite, avec laquelle je liai conversation. Dans le moment tous les yeux se tournèrent vers moi ; Mme la dauphine commença à parler aux dames, elle arrivait de mon côté et n'était plus qu'à deux pas, lorsque Mme Adélaïde, qui ne la perdait point de vue, éleva la voix et dit :
« Il est temps de s'en aller, partons ; nous irons attendre le roi chez
« ma sœur Victoire. » A ce mot Mme la dauphine s'éloigna, et tout l'arrangement fut manqué. Cette petite scène fut suivie de bien des propos tenus chez Mesdames ; elles blâmèrent beaucoup mes conseils ; Mme la dauphine eut cependant la bonté de prendre ma défense,

surtout après que M. le dauphin eut dit avec beaucoup de phlegme : « Pour moi, je trouve que M. de Mercy a raison et que vous avez tort. »

Ce même soir, tous les ambassadeurs, le nonce y compris, étaient priés à souper chez la comtesse du Barry. Malgré la petite humiliation qu'elle venait d'essuyer de nouveau chez Mme la dauphine, elle redoubla d'égards et d'attentions envers moi. J'expliquai au duc d'Aiguillon tout ce qui s'était passé dans la soirée, et cela me servit d'exemple pour prouver de quelle source provenaient les inconvénients, et à qui il fallait s'en prendre ; cela produisit le bon effet de mettre Mme la dauphine à couvert des tracasseries. Le roi, dans l'impatience de savoir le traitement qu'avait éprouvé la favorite au cercle, était venu le lui demander à l'issue du conseil d'État, et avant d'aller souper avec la famille royale. Après le souper de la comtesse du Barry, le roi revint chez elle et resta une heure et demie avec nous ; il s'approchait de moi à tout moment avec une sorte d'embarras ; enfin, m'ayant comme poussé dans un coin de la chambre, il me dit : « Hé bien, M. de Mercy, vous avez vu Mme la dauphine ? » Il ajouta tout de suite : « Vos avis ne fructifient guère ; il faudra que je vienne à votre secours ! » J'allais répondre, mais le roi ne m'en donna pas le temps, et s'approcha du prince de Soubise et du chancelier, qui étaient à deux pas de là. Je doute fort que le roi puisse prendre sur lui de s'expliquer avec Mme la dauphine, la matière serait trop embarrassante ; mais il résulte de là un grand mal, parce que le roi, en gardant le silence, se renferme dans les moyens de marquer son mécontentement par des bouderies et des froideurs. D'un autre côté la famille royale, s'en reposant sur la sécurité que le roi ne parlera pas, croit pouvoir se dispenser de toute circonspection, soit dans sa conduite, soit dans ses propos, d'où naissent sans cesse des tracasseries et une aigreur dont les suites ne sauraient être indifférentes. Dans cet état de choses, Mme Adélaïde conserve sur Mme la dauphine tout son empire, et en use de façon à éloigner S. A. R. de tout ce qui pourrait être raisonnable et utile. Mme l'archiduchesse continue à être bien avec M. le comte et Mme la comtesse de Provence ; mais ces deux derniers, fort éloignés de se laisser diriger par Mme Adélaïde, tiennent une conduite assez prudente et un peu suspecte du côté de la bonne foi, parce qu'en affectant d'être de même avis que Mesdames, ils ont cependant grand soin dans le particulier de ménager la favorite, et tous ceux du parti dominant.

Quelque minutieux que soient ces détails, il m'a paru indispensable de les mettre sous les yeux de V. M., pour qu'elle daigne juger du mal et du remède que son autorité seule peut y apporter.

Après ce qui s'est passé le 11, Mᵐᵉ la dauphine m'a dit avec une extrême bonté, que ce qui lui faisait le plus de peine était la crainte de m'avoir compromis, qu'elle voyait bien mon zèle pour elle, et que, si ses tantes ne s'y opposaient pas, elle suivrait mes avis; enfin, S. A. R. m'a avoué de bonne foi que, croyant mes conseils bons, la crainte de déplaire à Mᵐᵉ Adélaïde et la sécurité du silence du roi, l'empêchaient de les suivre.

Le 12, le 13 et le 14 se sont passés sans événements remarquables. S. A. R. a été à la chasse le lundi, le mardi à la promenade, et elle a rempli des devoirs de piété le mercredi. Je dois rapporter à cette date quelques fâcheuses préventions que l'on a données à Mᵐᵉ l'archiduchesse contre la famille des Broglie. Le comte de Broglie avait demandé que la place de dame du palais qu'occupait sa belle-sœur passât à sa femme, et en conséquence la duchesse de Boufflers remit sa place, en écrivant à Mᵐᵉ la dauphine à ce sujet : S. A. R. répondit dans des termes peu favorables; la comtesse de Narbonne avait minuté cette réponse. Les Broglie se plaignirent de son contenu, et montrèrent la lettre à quelques personnes; cela revint à Mᵐᵉ la dauphine, qui en a été si fâchée qu'elle s'est proposé de ne plus dire un mot à aucun de cette famille. Cependant, comme ce sont des gens bons à ménager, et que d'ailleurs ils se flattent de la protection de V. M., je soumets à ses hautes lumières s'il ne conviendrait pas d'arrêter le petit ressentiment de Mᵐᵉ la dauphine, ou de l'engager au moins à n'en pas donner de démonstration publique.

Le 15 une grande partie de la journée a été employée à assister au service divin; il y a eu après-midi une procession et le soir jeu et grand concert. Le 16, après une promenade, Mᵐᵉ la dauphine me donna audience; je repris encore tout ce qui s'était passé précédemment; j'y ajoutai de nouvelles réflexions, qui furent écoutées avec bonté; j'entrai dans quelques détails sur les lectures de S. A. R.; elles n'ont pas été absolument négligées à Compiègne. Il est visible que depuis quelques mois, Mᵐᵉ l'archiduchesse gagne infiniment du côté du maintien et de la réflexion. S. A. R. prit le divertissement de la chasse. Le 17 elle passa la journée à se préparer à la communion. Le 18, après avoir approché de la sainte table, Mme la dauphine employa une partie de la journée à des actes de piété. Le 19 il y eut après-midi promenade en voiture. S. A. R. avait renvoyé depuis deux jours les chevaux de selle à Versailles, et cela uniquement par un motif d'humanité et de bonté. Ce motif était de permettre à son écuyer de retourner à Versailles, où sa femme était au moment d'accoucher. Le soir je me rendis chez la comtesse de Noailles, où Mme l'archiduchesse passa près d'une heure. J'annonçai à S. A. R. que l'abbé Marcy (1) venait d'arriver, et je la suppliai de donner le lendemain à cet ecclésiastique la plus longue audience qu'il serait possible. Le 20 et le 21 Mme la dauphine vit l'abbé ci-dessus nommé, et s'entretint avec lui à différentes reprises pendant fort longtemps. Elle lui remit une lettre à V. M., aux pieds de laquelle l'abbé Marcy exposera les détails de ces deux journées.

Le 22, 23 et 24 se passèrent sans autres particularités remarquables, si ce n'est que j'eus journellement occasion de parler à Mme l'archiduchesse ; je lui fis observer la conduite circonspecte et prudente que Mme la comtesse de Provence tient vis-à-vis du parti dominant. La comtesse du Barry s'était rendue un matin au dîner de cette princesse, qui lui avait parlé sans affectation, et ce petit événement, joint à quelques autres de cette nature, avait occasionné des comparaisons de conduite qui étaient toutes à l'avantage de Mme la comtesse de Provence. Mme la dauphine ne me fit d'autre objection que celle de la peur de déplaire à Mesdames ses tantes. Ces princesses abusent tellement de leur ascendant sur Mme l'archiduchesse qu'il en résultera toujours des inconvénients très-fâcheux et impossibles à prévenir, à moins qu'il ne plaise à V. M. d'expliquer ses volontés d'une façon ferme et décidée sur cet article. Dans ce cas, comme les prochaines lettres arriveront au commencement du séjour à Fontainebleau, je m'y trouverai à même d'y rectifier plusieurs points très-essentiels, mais dans lesquels je ne réussirai qu'autant que je serai appuyé par l'autorité de V. M. Le 25, après la cour, je suis revenu à Paris, ainsi que tous les ministres étrangers, lesquels, pour

---

(1) L'abbé Jean Marcy, directeur du cabinet impérial de physique; Lorrain d'origine et très en faveur auprès de l'empereur François de Lorraine ; Marie-Antoinette avait donc dû le connaître dans son enfance.

éviter les embarras de la route, quittent ce séjour deux ou trois jours avant le départ de la famille royale. Le 28 au matin, je reçus par la voie de Bruxelles la très-gracieuse lettre de V. M. en date du 10, avec les incluses à Mᵐᵉ la dauphine. S. A. R. n'étant revenue à Versailles que le 29 au soir, je m'y rendis le 30 au matin, et lui présentai la lettre de V. M. Mᵐᵉ l'archiduchesse en fit sur-le-champ la lecture tout bas ; je m'aperçus que ce n'était pas sans beaucoup d'émotion ; elle lut à voix haute l'article où V. M. se plaint « d'une diminution d'attention et de politesses envers un chacun ». Elle se récria sur l'inexactitude de pareils rapports, et surtout de ce qu'on l'accusait « de donner quelquefois des ridicules ». S. A. R. s'arrêta aussi à l'article du comte de Broglie, en disant que ce dernier lui avait manqué, en montrant à plusieurs personnes la lettre que S. A. R. avait écrite à la duchesse de Boufflers en lui refusant l'agrément qu'elle demandait de remettre sa place à la comtesse de Broglie. Le fait est que cette lettre avait été envoyée par le comte de Broglie à son frère, l'évêque de Noyon, qui, étant à Compiègne, commit en effet l'imprudence de montrer cette lettre à quelques personnes, faute que le comte de Broglie n'aurait probablement pas commise, et à laquelle il n'a personnellement point de part. Je fis cette réflexion à Mᵐᵉ la dauphine, qui parut se calmer.

XXXIV. — MERCY A MARIE-THÉRÈSE.

Paris, le 2 septembre. — Ensuite de la lettre que le prince de Kaunitz m'a écrite le 9 de juillet (1), par ordre de V. M., il m'a paru impossible de lui laisser ignorer partie des objets qui ont rapport à ladite lettre. En conséquence je communique aujourd'hui à ce ministre, par une lettre particulière : 1° les motifs de mon apparition chez la comtesse du Barry ; 2° ce que le roi m'a dit à cette occasion ; 3° mes instances auprès de Mᵐᵉ la dauphine pour la porter à parler au roi ; 4° l'opposition de Mesdames ; 5° la façon dont la favorite a été traitée lorsqu'elle s'est présentée au cercle ; le projet de Mᵐᵉ la dauphine à cet égard, et les causes qui avaient fait manquer ce projet.

V. M. n'ignore pas les derniers événements qui sont survenus à Parme ; le roi Très-Chrétien en a été très-affecté ; le duc d'Aiguillon

---

(1) Voir la note de la page 192.

m'a communiqué un rapport du comte de Durfort, par lequel ce ministre mande que, quoique Mᵐᵉ l'archiduchesse infante observe assez de circonspection et de retenue sur tout ce qui se passe, il y a cependant des probabilités que S. A. R. a coopéré à exciter cet orage, et que le comte de Boisgelin y a contribué par ses conseils. Ce dernier est mandé pour venir rendre compte de sa conduite, que l'on croit ici très-répréhensible. J'ai fait observer au duc d'Aiguillon que ce que le comte de Durfort mandait touchant Mᵐᵉ l'infante n'était qu'un soupçon, dont la réalité était pour le moins très-douteuse, qu'au reste le ministre de France étant annoncé comme l'instigateur de cette tracasserie, c'était sur lui que devait en tomber le mauvais gré s'il est réellement coupable. Le duc d'Aiguillon n'a pu en disconvenir, mais il m'a prié de rendre compte du désir que le roi aurait qu'il plût à V. M. d'envoyer à Parme une personne de confiance pour y résider auprès de Mᵐᵉ l'infante, et donner à cette princesse les conseils qu'exigeront les circonstances. On ne sait ici quel parti prendre; on balance à rappeler le marquis de Félino, mais on croit ne pouvoir le remplacer, et on voudrait en conséquence imaginer encore des moyens de concilier les choses par des voies de douceur, l'âge de l'infant n'admettant plus les voies d'autorité.

Lors de l'arrivée du courrier de Bruxelles, le présent et très-humble rapport séparé était écrit jusqu'ici. Je vais maintenant y reprendre tous les articles que contient la très-gracieuse lettre de V. M.

1° Sans me rappeler l'inadvertance par où j'ai pu donner à connaître au prince de Kaunitz que j'adressais à V. M. des rapports particuliers sur Mᵐᵉ la dauphine, j'aurai grand soin de tâcher de réparer cette faute involontaire en remplissant à l'avenir bien exactement ce que V. M. daigne m'ordonner à cet égard. Un de mes rapports ne contiendra que des détails simples sur ce qui concerne Mᵐᵉ la dauphine, et dans un second rapport séparé j'insérerai les objets plus particuliers en tous genres, mes réponses aux ordres de V. M., et ce que les circonstances pourraient me mettre dans le cas d'exposer sur les articles que V. M. daigne me confier.

2° Ce qu'il plaît à V. M. de me marquer sur l'idée du mariage de S. M. l'empereur avec Mᵐᵉ Marie me servira de direction dans tous les cas à venir. Cette jeune princesse grandit, mais son embonpoint ne diminue pas encore, et c'est grand dommage, car elle est d'ailleurs d'une physionomie agréable, polie, très-aimable et parfaitement bien élevée, ce qui est fort remarquable au milieu des inconvénients que rencontre l'éducation pratiquée à cette cour-ci.

3° V. M. aura daigné observer, dans mon premier et très-humble rapport, que M. le dauphin avait approuvé mes représentations sur l'utilité dont il serait à Mme la dauphine de ne point traiter trop mal la comtesse du Barry. Ce point me paraît plus essentiel que jamais, parce qu'il est le foyer de toutes les tracasseries et de toutes les démarches fâcheuses dans lesquelles le roi pourrait se laisser entraîner pour marquer du ressentiment à ses enfants. Les occasions que j'ai eues de voir cette favorite m'ont mis à portée de commencer à la connaître ; elle paraît avoir peu d'esprit, beaucoup de légèreté, de la vanité, sans annoncer un caractère méchant ou haineux. Il est très-facile de la faire parler, et, dans bien des cas, on pourrait tirer grand parti de son indiscrétion. Je suis assuré que si Mme la dauphine voulait se résoudre à lui adresser une seule fois la parole, il me serait alors très-aisé d'arrêter toutes autres prétentions plus étendues, et de prévenir mille embarras qui résultent de l'étrange position où se trouve l'intérieur de cette cour.

4° Ce n'est que par des raisons de ménagement pour la comtesse de Marsan et pour le prince de Soubise que le duc d'Aiguillon s'est prêté à la nomination du coadjuteur de Strasbourg pour l'ambassade qu'il va remplir ; le ministre sent lui-même que ce choix est très-déplacé. Je crois que le coadjuteur parviendra à régler sa conduite ; il a un dehors assez séduisant et aimable, mais on lui attribue un caractère très-léger, peu sûr et beaucoup de penchant à l'intrigue ; il paraît même que ce jugement est fondé sur des preuves claires et certaines.

5° Je suis bien pénétré de tout ce que je dois à la confiance que V. M. daigne me marquer dans l'article qui concerne mes liaisons avec le comte de Fuentes, ainsi que dans la résolution qu'il a plu à V. M. de prendre, de faire passer le prince de Lobkowitz par Paris pour y concerter ce qui pourra être utile au bien du service. J'emploierai tout mon zèle à tâcher d'y contribuer ; d'après mes observations, c'est à la bonne intelligence de V. M. avec le roi Catholique que l'on pourrait attribuer en grande partie le ton de ménagement, les égards et les attentions que le nouveau ministre me marque en matière d'affaires. Le roi Très-Chrétien a toujours eu une sorte d'éloignement personnel pour le duc d'Aiguillon, qui n'a encore, en effet d'autre consistance que celle que lui donne la favorite; mais cet appui, qui ne tient qu'à l'intrigue, est trop sujet aux vicissitudes. Il faut au duc d'Aiguillon un crédit politique; l'estime et la confiance des cours amies de la France peuvent seules le lui procurer; il sait que la cour d'Espagne est prévenue contre lui; mais cette même cour pourrait lui devenir plus favorable si elle remarquait que le duc d'Aiguillon a su se concilier l'approbation de V. M. Voilà probablement les combinaisons qui règlent la conduite présente du nouveau ministre. Je ne puis que me louer infiniment de lui jusqu'à présent, mais je serai encore longtemps en garde contre la finesse et la dissimulation dont on le suppose très-capable. Mon intimité avec le comte de Fuentes, qui n'a réellement rien de caché pour moi, servira beaucoup pour éclairer de près le nouveau ministre, et pour le maintenir dans des principes de conduite qui conviennent au bien du système.

XXXV. — Marie-Antoinette a Marie-Thérèse.

Ce 2 septembre. — Madame ma très-chère mère, J'ai été enchantée de l'arrivée du courrier, son retard ayant commencé à m'inquiéter. M. de Mercy m'a parlé de ce dont V. M. l'a chargé; je crois qu'il sera content de mes réponses, et j'espère qu'elle est bien persuadée que mon plus grand bonheur consiste à lui plaire. Je tâcherai aussi de bien traiter le Broglie, quoiqu'il m'ait manqué personnellement. Je suis au désespoir que vous pouvez ajouter foi à ce que l'on vous dit, que je ne parle plus à personne; il faut que vous ayez bien peu de confiance en moi pour croire que je sois assez peu raisonnable pour m'amuser avec cinq ou six jeunes gens, et manquer d'attention pour ceux que je dois honorer.

Je suis bien éloignée des idées que V. M. me croit sur les Allemands: je me ferai toujours gloire d'en être; je leur connais bien de bonnes qualités que je souhaiterais aux gens de ce pays-ci; et tant que les bons sujets viendront, ils seront contents de l'accueil que je leur ferai. Je plains mon frère Ferdinand (1) d'approcher du

---

(1) L'archiduc Ferdinand, troisième fils de Marie-Thérèse. Il quittait Vienne pour aller épouser la princesse Béatrix d'Este, héritière du duché de Modène, et devenir lieutenant général de Lombardie.

moment de son départ, sentant bien par ma propre expérience combien il en coûte pour vivre éloigné de sa famille. Je crois bien qu'il y aura bientôt des fruits de son mariage: pour moi, je vis toujours dans l'espérance, et la tendresse que M. le dauphin me marque tous les jours de plus en plus ne me permet pas d'en douter, quoique j'aimerais mieux que tout soit fini. Nous quatre nous vivons toujours fort bien ensemble. La comtesse de Provence est très-douce et gaie en particulier, de qu'elle ne paraît point en public. M. de Mercy a eu raison de dire que l'écritoire m'a fait grand plaisir : elle m'en fait tous les jours, et il me semble vous voir, ma chère maman, dans toute cette maison et appartements. Je ne vous parle pas de toutes les tracasseries de ce pays-ci ; M. de Mercy vous dira sûrement ce qui en vaut la peine ; pour moi, je m'y mêlerai toujours le moins possible. V. M. peut être bien sûre que je me conduirai toujours par ses conseils, et que j'espère me montrer toujours digne d'elle et de la bonne éducation qu'elle m'a donnée.

XXXVI. — MARIE-THÉRÈSE A MARIE-ANTOINETTE.

Schönbrunn, 30 septembre. — Madame ma chère fille, j'ai vu Viquemont (1) et Mercy (2) : tous deux m'ont comblée de consolation en m'assurant que vous êtes en bonne santé, et bien gaie et contente et aimée. Le dernier m'a dit de vous avoir vue en particulier à deux reprises et assez longtemps. Je vous en sais bon gré d'avoir changé selon mes souhaits de voir plus familièrement ceux qui viennent d'ici ; mais il a confirmé ce que toutes les lectures disent, que vous n'agissez que par vos tantes. Si vous voulez lire mes instructions, vous verrez ce que je vous ai marqué sur ce chapitre. Je les estime, je les aime, mais elles n'ont jamais su se faire aimer ni estimer, ni de leur famille ni du public, et vous voulez prendre le même chemin. Cette crainte et embarras de parler au roi, le meilleur des pères, celle de parler aux gens à qui on vous conseillé de parler ! Avouez cet embarras, cette crainte de dire seulement le bonjour ; un mot sur un habit, sur une bagatelle vous coûte tant de grimaces, pures grimaces, ou c'est pire. Vous vous êtes donc laissé entraîner dans un

---

(1) Le comte de Ficquelmont, voir la pièce XXVI, 9 juillet 1771.
(2) Voir la note de la page 212.

tel esclavage que la raison, votre devoir même, n'ont plus de force de vous persuader. Je ne puis plus me taire, après la conversation de Mercy et tout ce qu'il vous a dit que le roi souhaitait et que votre devoir exigeait, vous avez osé lui manquer ; quelle bonne raison pouvez-vous alléguer? Aucune. Vous ne devez connaître, ni voir la Barry d'un autre œil que d'être une dame admise à la cour et à la société du roi. Vous êtes la première sujette de lui, vous lui devez obéissance et soumission ; vous devez l'exemple à la cour, aux courtisans; que les volontés de votre maître s'exécutent. Si on exigeait de vous des bassesses, des familiarités, ni moi ni personne ne pourrait vous les conseiller, mais une parole indifférente, de certains regards, non pour la dame, mais pour votre grand-père, votre maître, votre bienfaiteur! Et vous lui manquez si sensiblement dans la première occasion où vous pouvez l'obliger et lui marquer votre attachement, qui ne reviendra plus de si tôt! Voyons à cette heure pour qui? Par une honteuse complaisance pour des gens qui vous ont subjuguée en vous traitant en enfant, vous procurant des courses à cheval, sur des ânes, avec des enfants, avec des chiens ; voilà les grandes causes qui vous attachent de préférence à eux qu'à votre maître, et qui vous rendront à la longue ridicule, ni aimée ni estimée. Vous avez si bien commencé. Votre figure, votre jugement, quand il n'est pas dirigé par d'autres, est toujours au vrai et pour le mieux. Laissez-vous conduire par Mercy ; quel intérêt est-ce que j'ai, moi, et lui, que votre unique bonheur et le bien de l'État? Détachez-vous de ces exemples contraires : c'est à vous à donner le ton après le roi, et non à être menée, comme un enfant, quand vous voulez parler. Vous avez peur de parler au roi, et vous n'en avez pas de lui désobéir ou le désobliger. Je peux pour un peu de temps vous permettre d'éviter les explications verbales avec lui, mais j'exige que vous le convainquiez par toutes vos actions de votre respect et tendresse ; en imaginant en toutes les occasions ce qui peut lui plaire; qu'il ne lui reste sur cela rien à désirer, aucun exemple ou discours contraire. Devriez-vous même vous brouiller avec tous les autres, je ne puis vous le passer ; vous n'avez qu'un seul but, c'est de plaire et faire la volonté du roi ; en agissant ainsi, je vous tiens quitte pour quelque temps des explications verbales avec le roi.

Vous me dites que, pour l'amour de moi, vous traitez les Broglie bien, quoiqu'ils vous ont manqué personnellement; voilà encore un travers, et de là même source : se peut-il qu'un petit Broglie puisse vous manquer? Je ne comprends pas cela; jamais personne n'a manqué ni à moi, ni à tous vos dix frères et sœurs; s'il a déplu à quelqu'un de votre suite, vous n'en devez prendre connaissance, encore moins vous l'approprier; il suffit encore pour vous que les Broglie sont estimés du roi, que vous ne devez ni écouter, ni agir, ni penser même autrement. Si vous aimez votre repos, votre avenir, agissez ainsi et point autrement.

J'ai retenu le courrier au premier jour du mois pour entrer en ordre, et je ne puis vous cacher, j'étais si accablée de tout ce qu'il m'a porté, qu'il me fallait ce temps pour me remettre. Le départ de votre frère a augmenté ma sensibilité et mes occupations. Vous verrez par le journal tout ce qui s'est fait; ne prenez pas pour humeur ou gronderie ce que je vous ai marqué; prenez-le pour la plus grande marque de ma tendresse et de l'intérêt que je prends à vous de vous marquer tout ceci avec tant d'énergie; mais je vous vois dans un grand assujettissement, et vous avez besoin qu'on vous en tire au plus vite et avec force, si l'on peut encore espérer de l'amendement. Mes conseils, ceux de l'abbé, de qui je n'entends jamais parler, ceux de Mercy n'ont rien produit, n'ont pu vous garantir des inconvénients ; jugez combien j'en dois être affectée, et combien je voudrais, aux dépens de ma vie, vous être utile et vous tirer de l'abandon où vous vous êtes jetée. Il n'est pas étonnant que vous y êtes tombée, mais après que je vous fais voir les inconvénients, que je vous donne même les remèdes pour en sortir, vous seriez inexcusable si vous ne vous en tiriez. Je n'exige pas de vous que vous rompiez la compagnie que vous hantez, Dieu m'en garde! mais je veux que vous demandiez conseil à Mercy de préférence à eux, que vous le voyiez plus souvent, que vous lui parliez de tout et que vous ne rendiez rien de ce qu'il vous dira aux autres : que vous commenciez à agir par vous-même. Des complaisances outrées sont des bassesses ou faiblesses ; il faut savoir jouer son rôle si on veut être estimé; vous le pouvez si vous voulez vous gêner un peu et suivre ce qu'on vous conseille; si vous vous abandonnez, je prévois de grands malheurs pour vous : rien que des tracasseries et petites cabales, qui rendront vos jours malheureux. Je veux prévenir cela et vous conjure de croire aux avis d'une mère qui connaît le monde et qui idolâtre ses enfants, et ne veut passer ses tristes jours qu'en leur étant utile. Je vous embrasse tendrement; ne me croyez pas fâchée, mais touchée et occupée de votre bienfêtre.

XXXVII. — MARIE-THÉRÈSE A MERCY.

Schönbrunn, 15 octobre. — Comte de Mercy, Quelque contente que je suis du contenu de votre lettre du 2 du passé, par les nouvelles preuves que vous me donnez de votre empressement à être utile à ma fille, je ne lui vois guère d'envie de prendre une résolution ferme de sortir de cette dépendance qui arrête l'effet de vos bons avis. Elle n'entre jamais dans le détail des objets sur lesquels je lui écris, et elle se borne à bien abréger ses lettres, comme vous le verrez encore par la copie ci-jointe de la dernière. Je continuerai à lui répéter ce que je trouverai le meilleur pour son propre bonheur, et je souhaite que vos remontrances puissent lui faire impression.

Le dénouement des affaires de Parme vient d'arriver; du Tillot se retire et don Llano le remplace (1). J'entends beaucoup de bien sur le compte de ce dernier; je souhaite qu'il puisse mieux rencontrer auprès de ma fille que son prédécesseur, et qu'elle veuille à la fin se prêter de bonne foi à mes conseils. J'espère que Boisgelin ne retournera plus et qu'on aura quelques grâces pour du Tillot, que je ne saurais croire coupable.

[Vous trouverez ma lettre ci-jointe un peu forte à ma fille, mais après qu'elle vous a manqué si fortement, cela était nécessaire pour la réveiller de sa léthargie, où elle ne s'abandonne que trop. Si vous la trouvez trop forte, vous pouvez la retenir et lui dire que je vous ai chargé de lui faire des excuses que je n'ai pu lui écrire cette fois-ci. A l'abbé Vermond vous direz que je ne peux jamais lui marquer assez ma reconnaissance pour son attachement et ses conseils, qu'il veuille bien les lui continuer encore quelque temps, que le bonheur de ma fille dépend de son secours et du vôtre.]

---

(1) Don Joseph Augustin de Llano, marquis de Zuvero, envoyé en octobre 1771 par le roi d'Espagne pour remplacer du Tillot, marquis de Félino; il ne réussit pas mieux que son prédécesseur à réprimer les écarts et les violences de l'infant et de l'infante et à obtenir d'eux le rétablissement d'un gouvernement régulier.

XXXVIII. — MARIE-ANTOINETTE A MARIE-THÉRÈSE (1).

Ce 13 octobre. — Madame ma très-chère mère, c'est avec bien du plaisir et de l'impatience que j'ai vu arriver le courrier, y ayant bien longtemps que je n'ai eu de vos chères nouvelles. Vous me permettrez de m'excuser sur tous les points que vous me mandez. Premièrement, je suis au désespoir que vous ajoutiez foi à tous les mensonges qu'on vous mande d'ici, de préférence à ce que peuvent vous dire Mercy et moi. Vous croyez donc que nous voulons vous tromper. J'ai bien des raisons de croire que le roi ne désire pas de lui-même que je parle à la Barry, outre qu'il ne m'en a jamais parlé. Il me fait plus d'amitiés depuis qu'il sait que j'ai refusé; et, si vous étiez à portée de voir comme moi tout ce qui se passe ici, vous croiriez que cette femme et sa clique ne seraient pas contents d'une parole, et ce serait toujours à recommencer. Vous pouvez être assurée que je n'ai pas besoin d'être conduite par personne pour tout ce qui est de l'honnêteté. Pour les Broglie, si vous étiez mieux informée, ma chère maman, vous sauriez qu'un petit Broglie manque dans ce pays-ci, comme il ne manquerait pas à Vienne. J'ai écrit avec toute l'honnêteté possible à Mme de Boufflers que le roi n'accorde pas ce qu'elle demandait; les Broglie ont jugé à propos de tourner ma lettre en ridicule et en ont donné des copies; ce n'est pas là un travers pris pour quelqu'un à ma suite !

J'étais bien fâchée de ne pouvoir faire l'affaire de Mme de Bussy; j'ai mandé dans le temps à la princesse Charlotte (2) que j'avais tout tenté et que cela était impossible, vu la naissance de M. de Bussy (3), quoique la sienne soit très-bonne.

---

(1) Cette lettre est datée 13 septembre sur la pièce originale autographe; mais il est évident que c'est une erreur de plume, qu'elle est du mois d'octobre et envoyée par le courrier du 15. Cela résulte de toute la teneur de la lettre, qui répond évidemment à celle de Marie-Thérèse du 30 septembre. Il suffit, comme preuve évidente, de remarquer que Marie-Antoinette annonce la mort de la duchesse de Villars, qui est du 15 septembre, et la nomination de la duchesse de Cossé, qui est du 17, comme on le verra dans le rapport suivant de Mercy, du 15 octobre.

(2) La princesse Charlotte de Lorraine, abbesse de Remiremont, tante de Marie-Antoinette.

(3) Bussy-Castelnau. Si sa naissance était obscure, les services qu'il avait rendus à la France auraient pu la faire oublier. Lieutenant de Dupleix dans les Indes, il prit part à ses succès, conquit et soumit le Dekhan. Dupleix, quand il fut rappelé, disait qu'il se consolerait de sa

La mort de Mme de Villars m'a donné bien de la tracasserie. M. de la Vauguyon m'a persécutée jusqu'à faire écrire M. le dauphin (qui dans le fond ne s'en soucia pas) à M. d'Aiguillon pour me faire parler en faveur de Mme de St-Mégrin. Quoiqu'on vous dise que je n'ose pas parler au roi, je lui ai parlé du consentement de M. le dauphin, et il m'a autorisée à le refuser. Je l'ai prié en même temps de vouloir bien agréer une de mes dames pour la place de dame d'atours, qu'il a refusée par l'instigation de Mme du Barry. On m'a donné la duchesse de Cossé, fille de M. de Nivernais (1) et belle-fille du maréchal de Brissac. Elle a très-bonne réputation; le roi m'avait chargée de lui apprendre sa nomination en me marquant qu'il ne le disait à personne; cependant, dès la veille, M. d'Aiguillon avait été l'annoncer à Mme de Cossé, et il y avait cinquante personnes dans la confiance. Je me suis plainte au roi du ridicule que me donnait l'indiscrétion de ses confidents; il m'a bien reçue et m'a dit qu'il en était fâché. J'ai pris Mme la duchesse de Luxembourg (2), fille de M. de Paulmy, à la place de Mme de Boufflers (3); elle est jeune et paraît bonne enfant; dans ce moment-ci on n'a pas trop le choix des dames, à cause des tracasseries des affaires et de la favorite.

Vous saurez sûrement, ma très-chère maman, le malheur de Mme la duchesse de Chartres, qui vient d'accoucher d'un enfant mort;

---

disgrâce si on lui donnait Bussy pour successeur. Bussy ne put s'entendre avec Lally-Tollendal, et fut victime des entreprises mal conçues de celui-ci. Le Dekhan fut perdu, Bussy fut fait prisonnier par les Anglais. Il revint en France lors du procès de Lally. Plus tard, Louis XVI le nomma lieutenant-général des forces de terre et de mer au cap de Bonne-Espérance. Sa femme, Mlle de Messey, était parente du duc de Choiseul, et faisait partie de la société de Mme du Deffand, où le mari, malgré ses hauts faits, était peu estimé. Il avait rapporté de l'Inde de grandes richesses, qui lui valurent le surnom de Bussy-butin. La comtesse de Bussy demandait d'être présentée à la cour.

(1) La duchesse de Cossé, par sa réputation d'esprit et de vertu, était digne de son père Louis de Mancini Mazarin, duc de Nivernais, que lord Chesterfield, dans ses *Lettres à son fils*, cité comme le modèle du gentilhomme accompli. Le duc de Nivernais remplit d'importantes missions diplomatiques; mais il est resté plus connu par ses nombreuses poésies, particulièrement ses fables, d'un style élégant et agréable.

(2) Cette duchesse de Luxembourg n'était que parente de la maréchale de Luxembourg, si célèbre par son esprit dans les salons du dix-huitième siècle. Le duc son mari était fils du duc de Bouteville. Il fut président de la noblesse de Poitou aux états-généraux de 1789; son fils fut pair de France et ambassadeur au Brésil sous Louis XVIII.

(3) La duchesse de Boufflers, belle-fille de la maréchale de Luxembourg, et mère de la duchesse de Lauzun.

quoique cela soit terrible, je voudrais pourtant en être là, mais il n'y en a pas encore d'apparence.

« On dit que l'abbé de Langeac est à Vienne avec le coadjuteur; c'est un fort mauvais sujet et est fils bâtard de la Sabatin, maîtresse de M. de la Vrillière (1); celle du contrôleur général a été chassée, atteinte et convaincue d'avoir vendu tous les emplois; je voudrais bien que toutes les autres fussent chassées de même.

« Pour vous faire voir l'injustice des amis de la Barry, je dois vous dire que je lui ai parlé à Marly; je ne dis pas que je ne lui parlerai jamais, mais ne puis convenir de lui parler à jour et heure marquée pour qu'elle le dise d'avance et en fasse triomphe. Je vous demande pardon de ce que je vous ai mandé si vivement sur ce chapitre; si vous aviez pu voir la peine que m'a fait votre chère lettre, vous excuseriez bien le trouble de mes termes, et vous croiriez bien que, dans ce moment comme toute ma vie, je suis pénétrée de la plus vive tendresse et la plus respectueuse soumission pour ma chère maman. »

XXXIX. — Mercy à Marie-Thérèse.

Fontainebleau, 15 octobre. — Sacrée Majesté, La prolixité de mon très-humble rapport du 2 septembre m'avait empêché de rendre compte à V. M. de l'audience que me donna Mme la dauphine le 30 août. Je crois devoir en exposer ici les détails, afin que V. M. soit parfaitement informée de la façon de penser de Mme l'archiduchesse sur tous les points les plus essentiels à sa conduite.

Dans cette audience du 30, je trouvai S. A. R. plus pénétrée que jamais des impressions que lui donnent Mmes ses tantes; mais elle convint en même temps qu'elle suivait leurs conseils moins par persuasion que par une sorte de facilité et de complaisance. Je répondis à Mme l'archiduchesse que j'étais bien convaincu de cette vérité, laquelle, dans ses effets, devenait d'autant plus dangereuse que par là S. A. R. se trouvait souvent dans le cas d'agir d'une façon totalement opposée à son propre sentiment. Cette matière me condui-

---

(1) Le duc de la Vrillière, ministre secrétaire d'État pendant cinquante-cinq ans (ce fut Malesherbes qui lui succéda en 1775), avait pour maîtresse une femme dont le mari, nommé Sabatin, avait été enfermé par lettre de cachet; devenue veuve, elle trouva pour l'épouser un comte de Langeac, qui légitima les nombreux enfants qu'elle avait eus du duc de la Vrillière.

sit à des réflexions fort étendues sur les inconséquences du système de Mesdames; j'en citai des exemples, entre autres celui de ce qui s'était passé du vivant de la marquise de Pompadour. Mme Adélaïde, après lui avoir marqué beaucoup de haine, s'était enfin jetée entre ses bras sans ménagement et au point de s'en rapporter à cette favorite pour le choix d'un confesseur. Enfin je fis voir que, dans toutes les conjonctures, la conduite de Mesdames n'avait jamais été qu'un mélange de légèreté et de faiblesse, que, pour leur faute, elles avaient perdu pour jamais la confiance du roi et la vénération du public, que Mme la dauphine voyait bien par elle-même que je n'exagérais rien sur cette triste vérité, et que je la suppliais de faire les réflexions nécessaires pour éviter de si grands inconvénients, et qui occasionneraient tant de chagrin à V. M. que je ne pouvais pas disconvenir que, par une suite des désordres de l'intérieur de cette cour, la situation où se trouvait la famille royale était à la vérité assez pénible et difficile, mais que dans la nécessité de supporter ce que l'on ne peut empêcher, il n'y a qu'une prudence suivie qui puisse diminuer les inconvénients, et faire éviter les dangers toujours attachés aux temps extraordinaires et critiques. Mme la dauphine me parut très-pensive à la suite de ce que je venais de lui dire; elle m'assura que l'ascendant de Mmes ses tantes ne la déterminerait jamais à aucune faiblesse. J'observai que cependant cela était arrivé en quelques occasions; Mme l'archiduchesse ne s'en défendit point, en ajoutant que l'expérience du passé l'éclairait sur le parti qu'elle devait prendre pour l'avenir. Je la laissai dans ces dispositions, et, pendant plusieurs jours, S. A. R. resta fort rêveuse et occupée du contenu de la dernière lettre de V. M. ainsi que des représentations que j'avais été dans le cas d'y joindre. Je n'avais pu engager Mme l'archiduchesse à s'expliquer positivement sur le traitement qu'elle se proposait de faire par la suite à la comtesse du Barry, mais je me trouvai bientôt à même de reparler sur cet article, à l'occasion d'une circonstance qui ne tarda pas à survenir. La favorite m'ayant fait prier par le duc d'Aiguillon de l'aller voir la première fois que je me rendrais à Versailles, je fus chez elle le mardi 10. Je me suis mis sur le pied de parler à cette femme d'un ton de vérité et de franchise qui ne tient ni de la complaisance ni de la flatterie, et, soit que cette méthode lui ait inspiré quelque confiance, ou que ce soit l'effet de sa légèreté naturelle, j'en appris des particularités assez extraordinaires. Elle me parla d'abord de son extrême désir de mériter et d'obtenir que Mme la dauphine ne la regardât pas d'un œil d'aversion, que, sachant bien que les rigueurs de S. A. R. ne provenaient pas de son propre mouvement, et n'étaient que l'effet des impulsions de Mmes ses tantes, Mme du Barry avait cru devoir s'en expliquer vis-à-vis du roi, en le priant de consentir qu'elle ne parût jamais en présence de Mesdames, soit à Versailles, soit dans les petits voyages auxquels ces princesses seraient admises, que, le roi n'ayant rien répondu à cette proposition verbale, Mme du Barry avait jugé à propos de lui renouveler par écrit, et qu'elle venait de recevoir une réponse assez satisfaisante du monarque, par où il indiquait des expédients qu'elle m'expliqua sur-le-champ. Je pensai d'abord que, par bien des raisons, il me serait fort utile de voir la lettre du roi, et, pour y parvenir, je feignis de comprendre mal tout ce que m'avait dit la favorite. Je lui fis des objections et je l'induisis enfin, quoique avec peine, à me montrer cette lettre que je lus en entier; elle était écrite assez négligemment soit pour le caractère, soit pour le style. Le début en était conçu en ces termes : « Vous avez tort de croire que je vous « aime moins parce que je ne vous ai pas répondu d'abord ; je vous « aime toujours beaucoup et de même. » Le roi disait ensuite que, s'il donnait un ordre à Mesdames de mieux traiter la favorite, il croyait bien qu'elles obéiraient, mais de mauvaise grâce ; qu'il attribuait leur éloignement pour la comtesse du Barry moins à un esprit de parti en faveur du duc de Choiseul qu'à des principes de dévotion et des scrupules ; que la feue reine, quoique très-pieuse, ne s'était cependant jamais conduite ainsi, que le roi était fatigué de la tristesse et de la gêne que Mesdames occasionnaient dans les petits voyages et lorsqu'elles se trouvaient avec la société ordinaire du roi, que le meilleur parti était d'exclure ces princesses dans de semblables occasions, et de n'admettre à ces voyages que Mme la dauphine et Mme la comtesse de Provence, que la favorite devait penser à ce projet et dire ensuite au roi ce qu'il avait à faire.

Je fus assez frappé de cette singulière lettre, qui laisse facilement deviner la tournure de celle qu'avait écrite la comtesse du Barry. V. M. sera sans doute surprise de cette forme établie entre le roi et sa favorite de se communiquer par écrit des choses qui sembleraient ne devoir être traitées que verbalement ; mais soit timidité, embarras ou autre raison, le roi a été de tout temps en usage de faire connaître par écrit à ses enfants, à ses ministres et ses maîtresses tout ce de quoi il se sentait quelque répugnance à parler. Dans le cas dont il s'agit, je demandai à la favorite quelque temps pour penser à ce qu'elle venait de me confier, et je la priai de suspendre tout conseil à donner au roi sur cette matière, jusqu'à ce que je lui en eusse dit, à elle, mon sentiment. La comtesse du Barry consentit à ce que je lui demandais ; je lui tins quelques propos assez forts sur les ménagements que, par prudence, elle devait observer en tout ce qui concernait Mme la dauphine. J'insinuai quelques réflexions « sur le présent et sur l'avenir ». Elle comprit et reçut très-bien ce que je lui disais ; elle me parla des brouilleries de Parme, et prévoyant que mes propos seraient rendus au roi, je les tournai de façon à mettre Mme l'infante à couvert de tout soupçon ou reproche. La comtesse du Barry me parut assez persuadée sur ce point, et j'en induisis que le roi l'était de même et favorablement à Mme l'archiduchesse infante. La favorite me dit que le comte de Boisgelin, qui ne manque ni d'esprit ni d'intrigue, avait songé à s'emparer de la cour où il était, que, pour y réussir, il s'était d'abord occupé à écarter ceux qui pouvaient mettre obstacle à ses vues, que de là était résulté tout le mal, et que ce même Boisgelin ne serait plus renvoyé à Parme.

A l'issue de cette conversation, je me rendis chez Mme la dauphine, et je lui exposai d'abord un fait dont le duc d'Aiguillon m'avait parlé dans la matinée du même jour. Il s'agissait de la place de dame d'atours, qui paraît devoir être bientôt vacante par une suite du fâcheux état où se trouve la duchesse de Villars. V. M. daignera se rappeler que cette place avait été anciennement promise par le roi à la belle-fille du duc de la Vauguyon, que, par un juste éloignement pour ce dernier, Mme la dauphine répugnait à ce choix, qu'elle en avait écrit au roi, et que ce monarque, par sa réponse, s'était engagé à ne pas contraindre S. A. R. sur cet article. Cependant le duc de la Vauguyon, muni d'une promesse positive et par écrit, venait de former de nouveaux tentatifs. Il avait engagé M. le dauphin à écrire au duc d'Aiguillon la lettre dont je joins ici une copie, et que le ministre me confia en original. Immédiatement après cette démarche, M. le dauphin s'en était excusé auprès de Mme la dauphine, en lui disant que le seul désir de se délivrer des importunités du duc de la Vauguyon l'avait déterminé à écrire la lettre susdite, mais que d'ailleurs il ne prenait aucun intérêt à la personne ni aux affaires de son ancien gouverneur. D'un autre côté, le roi, ne sachant quel parti prendre entre deux promesses contradictoires, avait chargé le duc d'Aiguillon de m'engager à chercher quelque expédient propre à tirer d'embarras le monarque. J'avais d'abord répondu au ministre que je n'en voyais pas le moyen, que la promesse faite par le roi à Mme la dauphine, étant claire et précise, semblait anéantir tout engagement précédent, que d'ailleurs, la duchesse de Saint-Mégrin étant fort jeune, son âge paraissait être un juste motif d'exclusion, et qu'il serait assez dur de confier un service aussi immédiat que l'est celui d'une dame d'atours à une personne pour laquelle Mme la dauphine marque l'éloignement le plus décidé. Les choses en étaient à ce point lorsque je parlai à Mme l'archiduchesse; je la trouvai inquiète : je lui proposai de s'expliquer verbalement avec le roi, de lui reproduire sa promesse par écrit, et j'assurai que, moyennant cette démarche, le duc de la Vauguyon se trouverait éconduit de sa demande. S. A. R. me dit que Mme Adélaïde lui conseillait de ne pas parler, mais d'écrire au roi. Je fis des représentations contre cette forme; j'observai que, dans un entretien verbal, Mme la dauphine remporterait vraisemblablement deux avantages, celui d'être débarrassée de la duchesse de Saint-Mégrin, et celui peut-être de déterminer le roi à faire tomber le choix d'une dame d'atours sur la personne que Mme l'archiduchesse pourrait proposer; que, par la voie de l'écriture, il ne fallait pas se flatter d'obtenir en même temps ces deux objets, parce que le roi, qui ne sait rien refuser quand on lui parle, est beaucoup moins facile quand on le met dans le cas de répondre par écrit. J'en restai là sur ce point, et, sans témoigner que j'eusse connaissance de la lettre du roi à la comtesse du Barry, je me bornai à prévenir Mme la dauphine que je savais positivement que le roi, dans sa société particulière, s'était plaint de la conduite de Mesdames, de leur froideur, de leur contrainte, qu'il se proposait de les exclure de ses petits voyages et de n'y admettre que Mme la dauphine et Mme la comtesse de Provence. J'ajoutai que, si ce projet s'effectuait, il méritait beaucoup d'attention de la part de S. A. R.; qu'il me paraissait bien difficile de se refuser aux propositions que le roi pourrait faire à cet égard; que, d'un autre côté, la conduite à tenir dans ces petits voyages était assez délicate, que je suppliais Mme l'archiduchesse de faire quelques réflexions là-dessus, et de me garder le secret vis-à-vis de Mesdames ses tantes de tout ce que je venais de lui exposer. S. A. R. me parut inquiète des notions que je lui donnais; elle me parla de la comtesse du Barry; je répétai ce qu'il y avait à dire sur cette favorite, et sur les excès à éviter dans le genre de traitement qu'il convient de lui faire éprouver. Je remarquai que Mme la dauphine avait pensé sérieusement à mes représentations précédentes, et cela me donna de bonnes espérances dans la suite.

Deux jours après, l'état de la duchesse de Villars ayant empiré, Mme Adélaïde réussit comme de coutume à faire adopter ses conseils; elle induisit Mme la dauphine à écrire une lettre assez mal conçue qu'elle lui dicta, et qui contenait une prière au roi de refuser la place de dame d'atours à la duchesse de Saint-Mégrin, et de n'accorder cette même place qu'à une personne qui pût être agréable à S. A. R. Cette démarche eut l'effet que j'avais prévu; dès le lendemain, le roi répondit à Mme l'archiduchesse qu'il consentait à l'exclusion de la duchesse de Saint-Mégrin, qu'elle était en effet trop jeune, mais que, comme Mme la dauphine était elle-même bien jeune, le roi choisirait sa dame d'atours, et qu'il comptait que S. A. R. la recevrait de sa main. La lettre finissait par cette phrase : « Écoutez les conseils « de M. de Mercy; ils sont bons, et l'impératrice votre mère les ap- « prouve. »

La duchesse de Villars étant morte dans la nuit du 15, le roi envoya le duc d'Aiguillon le 16 à Paris pour proposer à la duchesse de Cossé la place de la défunte, et Mme la dauphine ne fut informée de cette résolution que le 17 au soir, par un billet que le roi lui écrivit de Bellevue. La duchesse de Cossé est fille du duc de Nivernais; elle a trente ans, assez d'esprit; il n'y a jamais eu de reproches à lui faire sur sa conduite, et on parle en bien de son caractère. Mais la circonstance qui donne à penser, c'est que le duc de Cossé est entièrement livré à la favorite, que cette dernière a effectué le choix en question, et que, par conséquent, Mme l'archiduchesse ne sera pas dans le cas d'accorder beaucoup de confiance à sa nouvelle dame d'atours (1). S. A. R. me fit consulter par l'abbé de Vermond, qui me

---

(1) Madame du Deffand, en annonçant la nomination de Mme de Cossé, dit : « Elle l'aurait refusée de grand cœur, mais son mari, qui est favori de la sultane, l'avait demandée à son insu et l'a obligée d'accepter. Comme elle nourrit sa petite fille, on lui permet de n'accepter qu'après qu'elle l'aura sevrée. » Malgré ses entours, la duchesse de Cossé n'épousa pas le parti de Mme du Barry, comme on le verra dans un rapport suivant. Il faut ajouter que son mari, le duc de Cossé-Brissac, gouverneur de Paris après son père, se montra pen-

communiqua le projet de réponse au roi ; il consista en ce peu de lignes : « Aussitôt que j'ai reçu votre billet, mon cher papa, j'ai écrit à « Mᵐᵉ de Cossé pour lui apprendre votre choix. Elle m'a répondu « très-honnêtement ; elle ne pourra venir ici que samedi ; j'espère « qu'elle justifiera votre choix et tout le bien qu'on vous a dit « d'elle. » Mᵐᵉ la dauphine m'avait permis de diriger un peu cette réponse ; je crus que S. A. R., en montrant sa soumission, et point d'humeur, ne devait se permettre aucun terme qui marquât une satisfaction aussi positive que si elle avait été consultée. Je laissai dans le projet de réponse le terme « très-honnêtement » et la répétition du mot « choix » pour que le roi ne soupçonnât pas qu'on eût suggéré la réponse que lui faisait Mᵐᵉ la dauphine. Tout ce que je crains à la suite de cette première démarche du parti dominant, c'est qu'il cherchera à entourer peu à peu Mᵐᵉ l'archiduchesse de gens voués à la cabale. Je sais même qu'on pense déjà à écarter la comtesse de Noailles pour disposer de sa place ; cependant je serais bien assuré de dérouter tout ce projet si Mᵐᵉ la dauphine veut ne point suivre les avis de Mesdames ses tantes, et faire quelque attention à ce que je serai dans le cas de lui proposer. Ma position à cet égard est très-favorable, parce que je me suis acquis la confiance de ce parti dominant, et je me trouve toujours instruit de leurs vues assez à temps pour en informer Mᵐᵉ l'archiduchesse et lui suggérer ce que les circonstances paraissent exiger pour le mieux.

Dans ces derniers temps, j'ai tâché de faire en sorte que le roi retardât toute proposition de voyage où Mᵐᵉ la dauphine se trouverait seule avec Mᵐᵉ la comtesse de Provence, parce que, dans quelques audiences que Mᵐᵉ l'archiduchesse m'a accordées, j'ai assez remarqué qu'elle n'était pas suffisamment déterminée à une forme de conduite telle qu'il conviendrait de tenir dans de pareilles circonstances. J'ai pensé d'ailleurs que le séjour de Fontainebleau allait me fournir des occasions de parler au roi en particulier, de découvrir plus clairement ses idées, de réitérer à Mᵐᵉ la dauphine les représentations que les différentes conjonctures exigeront, et que, par conséquent, il était plus prudent de chercher à gagner du temps avant de voir s'entamer des

---

dant la révolution entièrement dévoué à Louis XVI, refusa d'émigrer, accepta en 1791 le commandement de la garde constitutionnelle, et fut massacré en septembre 1792, dans l'orangerie de Versailles transformée en prison.

démarches qui peuvent tirer à des conséquences sérieuses. Guidé par ces motifs, j'ai arrangé mon langage vis-à-vis de la comtesse du Barry et du duc d'Aiguillon d'une façon à les retenir sur les conseils à donner au roi, et il en est résulté que ce monarque s'est rendu ici le 7 de ce mois directement, sans faire de séjour à Choisy, où il a coutume de s'arrêter un jour ou deux avec la famille royale. Il serait à désirer que le roi commençât ici à prendre l'habitude de voir Mme la dauphine chez elle et point chez Mesdames; le local des logements prête beaucoup à cet arrangement, puisque l'appartement de Mme l'archiduchesse est à côté de celui du roi, et que celui de Mesdames en est fort éloigné. J'ai pris quelques mesures pour acheminer l'effet de cette idée; mon prochain et très-humble rapport exposera à V. M. ce qui en résultera.

Le courrier mensuel m'a remis le 11 au soir les ordres de V. M. en date du premier de ce mois. Le lendemain, je ne pus présenter à Mme la dauphine les lettres qui lui étaient adressées qu'à son retour de la chasse; S. A. R. se préparait à aller au spectacle; elle était à sa toilette, entourée des femmes de son service; Mme l'archiduchesse reçut ses lettres avec l'empressement ordinaire, mais elle remit à un autre temps de me parler.

XL. — Mercy a Marie-Thérèse.

A Fontainebleau, le 15 octobre. — Quoique V. M. ait daigné m'autoriser à supprimer sa lettre à Mme la dauphine (1), je n'ai pas cru devoir hésiter à la remettre, parce qu'il n'y avait point de temps à perdre pour apporter remède à un mal qui a déjà pris de si profondes racines que je crains bien que V. M. ne se trouve encore dans le cas de soutenir pendant quelque temps le ton d'autorité qui peut seul ramener Mme la dauphine des préjugés nuisibles que Mme Adélaïde lui a inspirés, et qui seraient toujours une source d'inconvénients nécessaires à éviter.

Mme l'archiduchesse, qui était à sa toilette, ouvrit d'abord la lettre de V. M. Elle la lut rapidement, et je m'aperçus qu'elle en était vivement saisie; mais, comme j'ai appris à connaître ce que peuvent indiquer ces premiers mouvements, je n'ai pas été fort satisfait de

---

(1) La lettre si sévère du 30 septembre, pièce XXXVI.

ceux que j'ai cru remarquer dans cette occasion. S. A. R. me dit fort peu de paroles, d'un ton qui marquait plus d'impatience que de docilité ou de persuasion : il ne m'en a pas fallu davantage pour prévoir à peu près quelle sera sa réponse. Je ne doute pas qu'elle marquera à V. M. de la réticence sur l'article de la favorite ; M l'archiduchesse dira sûrement que le roi ne lui a point témoigné de mécontentement à cet égard ; que ce que le monarque m'avait chargé de dire n'est que l'effet de l'impulsion de la cabale, mais que, dans le fond, le roi est assez indifférent sur le traitement qu'éprouve sa favorite ; c'est ce que Mme Adélaïde ne cesse de répéter à Mme la dauphine. S. A. R. dira peut-être qu'elle a parlé quelquefois au roi ; cela est vrai en effet, mais ce n'a jamais été que dans des cas très-rares, toujours avec gêne et contrainte, et jamais sur des objets essentiels, comme j'en avais supplié si souvent S. A. R. Je suis bien assuré d'avance que dans sa réponse il n'y sera pas fait mention de Mesdames ses tantes, et il serait peut-être important que V. M. témoignât de la surprise sur cette omission en cas qu'elle ait lieu. Au reste, quelle que puisse être la réponse de Mme la dauphine, il n'est pas moins certain que la lettre de V. M. lui fera une profonde impression, et je n'aurai qu'à attendre le moment de la réflexion pour appuyer avec succès sur tous les points de conduite sur lesquels V. M. a déclaré ses volontés.

Relativement à un nombre d'objets, Mme l'archiduchesse gagne de jour en jour davantage ; c'est-à-dire du côté du maintien, un peu du côté de l'application, et infiniment du côté du langage et des grâces ; tout caractérise en elle une belle âme, de la vérité et un jugement très-sain. Il n'y a que la vivacité de l'âge et les insinuations déraisonnables de Mesdames qui répandent un nuage sur de si excellentes qualités.

Il me reste maintenant à répondre à quelques articles de la trèsgracieuse lettre de V. M.

Sur ce que le prince de Starhemberg m'avait mandé, il y a quinze jours, par ordre de V. M., j'ai fait sentir ici avec tous les ménagements nécessaires qu'il serait bon de ne plus renvoyer le comte de Boisgelin à Parme. Le duc d'Aiguillon m'a paru très-décidé à remplacer ce ministre par un sujet plus convenable ; cependant le comte de Boisgelin emploie ses parents, ses amis, entre autres toute la famille de Beauvau, pour tâcher de conserver son poste. Il vient même de se procurer quelque accès chez la favorite ; mais, d'après ce qu'elle m'en a dit elle-même, je ne puis douter de la stabilité du parti qu'on a pris là-dessus, et, suivant les circonstances, j'agirai encore en conformité de ce que V. M. est dans le cas de désirer à cet égard. Le duc d'Aiguillon me parle encore souvent du souhait du roi son maître qu'il plût à V. M. d'envoyer près de Mme l'archiduchesse infante un sujet de confiance, qui sût se procurer un peu de crédit sur l'esprit de cette princesse.

On est ici plus persuadé que jamais de la bonne administration du marquis de Félino, et on lui destine pour récompense une pension de trente mille livres qui sera payée moitié par l'Espagne et moitié par cette cour, où le marquis de Félino jouira de son rang de conseiller d'État, avec l'espoir d'être employé dans les affaires de l'intérieur. L'infant avait envoyé ici le comte Cavriani, un de ses chambellans; l'objet de sa mission était d'aggraver les prétendus torts du marquis de Félino et de faire l'apologie de la conduite du comte de Boisgelin. Pour remplir cette tâche, le comte de Cavriani a d'abord produit une sorte de mémoire dont la copie se trouve ici jointe(1). Cette pièce, où il y a des traits manifestement faux, nommément celui qui regarde le marquis de Chauvelin, cette pièce, dis-je, a été très-mal reçue ainsi que celui qui en était le porteur. Ce dernier étant venu me parler de ses affaires, je lui ai répondu que je n'avais pas à m'en mêler pour autant qu'elles regardaient l'infant, mais que je priais très-fort le comte de Cavriani de s'abstenir de mêler Mme l'infante dans les objets de sa négociation, en l'avertissant que je m'en informerais de près, et que j'interviendrais au moment où je pourrais m'apercevoir qu'il occasionnât par ses démarches quelque tracasserie à Mme l'archiduchesse. D'un autre côté, je me suis adressé à l'ambassadeur d'Espagne pour qu'il prévînt le nouveau ministre Llano sur tout ce qui peut intéresser le repos, la tranquillité et l'agrément de Mme l'infante, ce que le comte de Fuentes m'a promis d'exécuter.

V. M. m'a ordonné, par une note séparée, de moyenner l'effet de la recommandation de Mme la princesse Charlotte en faveur de la comtesse de Bussy, qui demande d'être présentée à la cour. Il y a

---

(1) Dans ce mémoire l'infant don Ferdinand accusait du Tillot de n'avoir ni probité ni religion, et le nommait « un gueux et une vile canaille »; il prétendait qu'avec les deniers de l'État il avait corrompu le marquis de Chauvelin.

quelque temps qu'à la réquisition de Mme la princesse, Mme la dauphine demanda directement au roi cette faveur; mais elle fut décidément refusée, parce que, malgré le titre de comte, il a été avéré que M. de Bussy, avant son voyage dans l'Inde, n'était pas gentilhomme, et que son père était d'une extraction fort basse. Il sera bien difficile de revenir de cette décision; si cependant j'entrevoyais une de ces circonstances favorables qui arrivent quelquefois dans ce pays-ci, je la saisirais pour reprendre cet objet.

J'ai dit à l'abbé de Vermond ce que la clémence de V. M. m'a autorisé à lui faire connaître; cet honnête ecclésiastique, bien pénétré des grâces de V. M., tâchera de les mériter par la continuation de son zèle pour Mme la dauphine.

XLI. — Marie-Thérèse a Mercy.

Vienne, 31 octobre. — Comte de Mercy. Vos dépêches du 15 du passé me fournissent une nouvelle preuve de votre zèle pour le bien de ma fille. Comptez que la justice que je vous en rends est aussi complète que la satisfaction que j'en éprouve. Je vous communique copie de la lettre que j'écris à ma fille en suite des notions que vous venez de me donner sur son compte. Je souhaite que mes avis portent à la fin coup; mais je remarque encore dans sa dernière lettre plus d'humeur que de conviction.

Vous vous êtes très-bien conduit dans le dernier entretien que vous avez eu avec Mme du Barry. A vous parler franchement, il me semble qu'il n'y aurait pas de mal que le roi fît quelquefois de petits voyages dans la seule compagnie de ses jeunes belles-filles et sans Mesdames. Peut-être une telle démonstration leur donnerait-elle de l'embarras et les rendrait plus souples et circonspectes.

Je vous répète encore une fois de faire tous vos efforts pour empêcher le comte de Boisgelin de retourner à Parme : vous pourriez même en parler en mon nom au roi, si vous le trouviez à propos. Je ne veux point de mal à Boisgelin, mais il s'est trop attaché à ma fille pour ne pas craindre de son retour à Parme de nouveaux inconvénients. Peut-être est-il encore l'auteur ou du moins complice du mémoire présenté par Cavriani contre Félino (1). Je le trouve bien

---

(1) Du Tillot, marquis de Félino.

fort et chargé, et, sans prétendre de vouloir faire l'apologie de Félino, je ne saurais le croire aussi coupable qu'on tâche de le faire paraître dans ce mémoire.

Je suis d'accord qu'il serait avantageux d'envoyer à Parme un sujet de confiance, mais d'où le prendre? Je serais bien aise si vous pouviez m'en proposer. J'ai conçu une idée qui pourrait peut-être convenir. Le comte de Rosenberg n'est pas employé, et comme il aime à voyager, il voudra sans doute revoir en quelque temps mes enfants à Florence et se rendre encore à Milan pour y faire sa cour à mon fils Ferdinand. Il pourrait à cette occasion passer pour quelques mois à Parme, pour concerter un plan de conduite pour ma fille avec don Llano, avec lequel il était très-bien dans le temps qu'il s'est trouvé en Espagne.

Je trouve fondées les conséquences que vous tirez du choix de la duchesse de Cossé. Il serait malheureux pour ma fille de se voir peu à peu entourée des gens du parti dominant, dont les sentiments et le caractère ne sont la plupart guère approuvés. Je regretterais par ce motif infiniment l'éloignement de la comtesse de Noailles. Dites-moi si elle serait flattée, et si vous trouviez à propos que je lui envoyasse quelque bijou, mon portrait, ou quelque chose des raretés de ce pays-ci, par exemple porcelaine, pièces pétrifiées, etc.

Je suis contente, on ne saurait plus, de l'abbé Vermond; vous pouvez l'en assurer en toute occasion. Je crains seulement qu'on ne parvienne à dégoûter ma fille de ce fidèle et zélé serviteur, pour l'obliger à la retraite.

Je ne trouve pas à propos de faire plus quelque démarche en faveur de la comtesse Bussy; j'en préviens ma belle-sœur, et vous pouvez de même l'en informer.

Le prince de Kaunitz étant déjà au fait de ma correspondance particulière avec vous, je lui ai communiqué votre dernier rapport ostensible. Je pense continuer sur le même pied, en ne gardant pour moi seule que les notions particulières que vous mettrez toujours dans un rapport séparé.

XLII. — Marie-Thérèse a Marie-Antoinette.

Vienne, 31 octobre. — Celle-ci viendra bien trop tard pour votre naissance; mais vous pouvez être bien sûre que j'en suis bien occupée, que je remercie journellement Dieu, en le priant de vous conserver telle que vous puissiez faire votre salut et le bien dans le pays où vous êtes, en rendant heureuse votre famille, et en augmentant autant qu'il puisse dépendre de vous la gloire de Dieu et le bien du prochain. On peut beaucoup, surtout nous autres, prêcher par l'exemple et les paroles : les faveurs que la Providence vous a prodiguées, ne les employez que pour son service et ne vous négligez pas sur ce point : il est essentiel. D'autres doivent se donner des peines infinies pour l'acquérir, et à vous cela est naturel; il faut seulement ne pas se négliger, et étant obligée par ma tendresse de vous dire toujours tout, on trouve déjà un changement notable sur vos attentions et politesses pour chacun.

Je n'ai pas trouvé mauvais que vous vous êtes défendue vivement sur le sujet de ma dernière lettre. Tout ce qui me marque votre sensibilité et votre candeur m'est cher; mais épluchez un peu si c'était plutôt impatience que sensibilité sur mes remontrances; mais ce qui m'a fait de la peine, et m'a convaincue de votre peu de volonté de vous en corriger, c'est le silence entier sur le chapitre de vos tantes, ce qui était pourtant le point essentiel de ma lettre et qui est cause de tous vos faux pas. Dans le reste c'est sur ce point, ma chère fille, que vous me devez suivre et me mettre au fait. Est-ce que mes conseils, ma tendresse méritent moins de retour que la leur? J'avoue, cette réflexion me perce le cœur. Comparez quel rôle, quelle approbation ont-elles eus dans ce monde? et, cela me coûte à le dire, quel est-ce que j'ai joué? Vous devez donc me croire de préférence, quand je vous préviens ou conseille le contraire de ce qu'elles font. Je ne me compare nullement avec ces princesses respectables, que j'estime sur leur intérieur et qualités solides; mais je dois répéter toujours qu'elles ne se sont fait ni estimer du public ni aimer dans leur particulier. A force de bonté et coutume de se laisser gouverner par quelques-uns, elles se sont rendues odieuses, désagréables et ennuyées pour elles-mêmes, et l'objet des cabales et tracasseries. Je vous vois prendre le même train et je dois me taire? Je vous aime trop pour le pouvoir ou le vouloir, et votre silence affecté sur ce point m'a fait bien de la peine et peu d'espérance de changement.

Les bonnes nouvelles de votre bonne sœur la reine de Naples me comblent de joie, et celles de Ferdinand, qui est enchanté de son épouse; je vous envoie ici la lettre qu'il m'a écrite dès la première entrevue. Toutes ces nouvelles, qui ont dû m'accabler de contentement, ont été diminuées par les réflexions sur votre dangereuse situation, qui l'est d'autant plus, puisqu'il paraît que vous ne la connaissez pas ou ne voulez pas la connaître, en n'employant pas les moyens nécessaires et les conseils qu'on vous donne pour vous en tirer. Il y a bien des mois que je n'entends rien de vos lectures, de vos applications : je ne vois plus rien là-dessus de l'abbé, qui tous les mois aurait dû m'envoyer vos amusements utiles et raisonnables; tout cela me fait trembler : je vous vois aller avec une certaine sûreté et nonchalance à grands pas à vous perdre, au moins vous égarer. Quels chagrins et efforts ne vous coûtera pas d'en revenir! Si vous voulez me croire à cette heure, vous n'aurez pas la moitié des peines. Vous me dites que vous avez parlé au roi ; cela doit être votre occupation tous les jours, et pas seulement quand vous avez des demandes à faire. Un si bon père, un si bon prince peut-il vous imposer, que vous ayez de la peine à vous en expliquer? Vous perdrez tous vos soins si vous prenez la plume à la main; ni le caractère ni la diction préviendront pour vous, en revanche vous avez quelque chose de si touchant dans toute votre personne qu'on a peine à vous refuser ; c'est un don de Dieu, dont il faut le remercier et s'en servir pour sa gloire ou pour le bien d'autrui.

Vous verrez par le journal nos occupations; nous voilà en ville pour le plus beau temps. L'empereur ne viendra pas encore avant dix jours ; il a fait un terrible voyage dans toutes les montagnes : par bonheur que le temps était si beau, pour voir la situation de ce beau royaume (1) qui depuis trois ans est réduit à la misère, ayant eu un manque total de la récolte. On est occupé, surtout l'empereur même, à chercher les moyens à le soulager ; mais le mal étant général, il y a pourtant bien des malheureux qui succombent. Jugez combien j'en suis affectée, d'autant plus qu'en Hongrie la récolte a été très-médiocre; ainsi que les moyens sont difficiles et lents.

XLIII. — Marie-Antoinette a Marie-Thérèse.

15 *novembre*. — Madame ma chère mère. Je suis bien touchée de tout ce que vous voulez bien me marquer sur le jour de ma nais-

---

(1) Joseph II faisait un voyage en Bohême.

sance. Je désire surtout de mettre à profit les bons avis que vous me donnez, ma chère maman. La lettre de mon frère m'a fait un plaisir que je ne puis dire ; il me semble que je l'en aime davantage ; ce sera sûrement un bon mari, qui fera le bonheur de sa femme. Je ne crois point avoir mal fait en me laissant aller au premier mouvement, qui m'a fait dire le petit secret à M. le dauphin ! Je n'avais pas le ton de reproche, il était pourtant un peu embarrassé. J'ai toujours bonne espérance ; il m'aime beaucoup et fait tout ce que je veux, et finira tout lorsqu'il aura moins d'embarras.

Je puis bien vous assurer que, quoique je vous aie montré vivement ma sensibilité, ce n'était que de la sensibilité ; on me laisse assez tranquille sur cet article, les amies et amis de cette créature n'ont pas à se plaindre que je les traite mal.

Quand je vous ai écrit, ma chère maman, que je ne prenais pas d'avis pour l'honnêteté, je voulais dire que je n'avais pas consulté mes tantes. Quelque amitié que j'aie pour elles, je n'en ferai jamais de comparaison avec ma tendre et respectable mère ; je ne crois pas m'aveugler sur leurs défauts, mais je crois qu'on vous les exagère beaucoup.

Quoique l'état de la reine me fasse penser souvent au mien, je n'en partage pas moins la joie de ma chère sœur.

Depuis l'été les voyages et les chasses m'ont empêchée de faire des lectures suivies ; j'ai pourtant lu presque tous les jours quelque chose.

La petite vérole de la comtesse de Provence s'est passée à merveille ; elle ne sera presque point marquée. Je l'ai vue avant qu'elle partît pour la Muette, avec le consentement du roi et de M. le dauphin.

J'oublie encore la prière que m'a faite l'abbé de le mettre aux pieds de Votre Majesté. Je ne puis vous dire, ma chère maman, combien je désire et j'espère vous donner autant de satisfaction que mon frère et ma sœur : c'est ce dont vous assure de toute son âme...

XLIV. — MERCY A MARIE-THÉRÈSE.

Fontainebleau, 16 novembre. — Sacrée Majesté. Je devais croire que le séjour à Fontainebleau fournirait ample matière à mon très-humble rapport d'aujourd'hui ; cependant les détails en seront moins étendus que je n'aurais dû le présumer. L'avant-dernière lettre de V. M. a donné à Mme la dauphine une secousse assez forte pour fixer ses réflexions, et pour la convaincre intérieurement de ce que par raison elle devait adopter, mais l'amour-propre s'est trouvé un peu en contraste avec la persuasion, et il en est arrivé que S. A. R. s'est peu expliquée vis-à-vis de moi en paroles, mais beaucoup par les changements avantageux que je remarque journellement dans l'essentiel de sa conduite. Il n'y avait rien de mieux à espérer, et c'est ce que V. M. daignera remarquer dans le journal suivant.

Le 16 octobre, Mme la dauphine se rendit à la chasse du cerf; j'ai coutume d'y aller dans ces occasions, et de me tenir toujours à portée des calèches de S. A. R. Elle me demanda si le courrier était parti, et quel jour il pourrait arriver à Vienne? Mme l'archiduchesse n'était point dans son assiette ordinaire; je la vis pensive et s'occupant peu de la chasse, qu'elle aime d'ailleurs beaucoup. Le soir elle fit venir l'abbé de Vermond, et lui dit qu'elle voulait me montrer la lettre de V. M., afin que je rendisse témoignage sur la vérité des faits qu'elle trouvait avoir été exagérés à V. M. L'abbé ne convint point de cette supposition; il parla avec sa franchise et son zèle ordinaire, et il réduisit Mme la dauphine à n'avoir plus rien à répondre.

Le 17, j'épiai l'occasion de parler à Mme l'archiduchesse, et j'en trouvai le moment dans l'après-midi; S. A. R., sans me faire mention de la lettre qu'elle avait reçue, me dit simplement que V. M. lui marquait de l'inquiétude, mais que, dans le fond, elle ne pouvait pas se figurer tout le désordre qui régnait ici, et combien il était difficile d'y tenir une conduite de nature à satisfaire un chacun. Je répondis que je n'étais pas surpris que V. M. fût en peine de Mme l'archiduchesse, puisqu'il en existait de très-justes motifs; que mon devoir de même que mon zèle ne m'avait pas permis de rien dissimuler là-dessus à S. A. R.; qu'il ne me restait rien à ajouter à mes très-humbles représentations précédentes, mais que, pour en résumer en peu de mots toute la substance, je prenais encore la liberté de répéter à Mme la dauphine qu'aussi longtemps qu'elle négligera les moyens de plaire au roi, qu'elle traitera mal les gens que ce monarque affectionne, et qu'elle s'abandonnera aveuglément aux impulsions de Mesdames ses tantes, il ne pourra manquer d'en résulter des inconvénients qui deviendront toujours plus graves, qui ne cesseront d'alarmer à très-juste titre la tendresse de V. M., et qui troubleront le repos et le bonheur de S. A. R.; que, quelle que pût être la situation actuelle de cette cour-ci, je ne pouvais pas convenir qu'il fût difficile à Mme la dauphine d'y tenir une conduite qui eût une approbation générale, puisqu'il ne s'agissait, pour y parvenir, que de marquer de la bonté à un chacun selon son rang et son état, et de ne prendre part à aucune des intrigues qui peuvent diviser les courtisans entre eux; que cette méthode était aussi simple que facile à observer, et qu'elle serait d'un succès infaillible. Je représentai ensuite les motifs qui m'avaient déterminé à me mettre en liaison avec le parti dominant, qu'en cela je n'avais eu pour but que celui de tâcher de me rendre plus utile au service de S. A. R., que sans doute j'y serais parvenu, pour peu que Mme l'archiduchesse eût voulu se prêter aux mesures que je croyais indispensables dans les temps actuels. Je joignis à cela un tableau des gens en faveur de leur caractère, et je fis voir combien il importait de les ménager. Mme la dauphine m'écouta avec une grande attention; elle ne me répondit presque rien, et je reconnus à ce signe que mon langage avait fait impression. Ce même jour M. le comte de Provence fit la revue de son régiment; cette fonction se fit avec toute la magnificence et l'appareil qu'on cherche toujours à mettre aux occasions qui concernent ou qui peuvent faire valoir ce jeune prince, qui en agit très-politiquement avec la cabale, et qui se l'est attachée par ce moyen. J'ai fait entrevoir à Mme l'archiduchesse ce qui en est à cet égard; mais la matière est trop délicate pour ne pas la toucher avec circonspection, et en cherchant à éclairer Mme la dauphine sur la vérité des choses, j'ai soin de m'en acquitter de façon à ne point faire naître des mouvements de défiance et de haine dans l'intérieur de la famille royale.

Le 18, le roi allant à la chasse, passa devant le régiment de M. le comte de Provence; ce prince se mit à la tête du corps, mais le roi ne sortit point de voiture, et à peine regarda-t-il la troupe, ce qui mortifia beaucoup tous les officiers. Le soir, Mme la comtesse de Provence fut attaquée de la petite vérole, et Mme la dauphine, qui s'était proposé de faire ses dévotions le jour de la Sainte-Thérèse, et qui en avait été empêchée par l'arrivée du courrier et par quelques arrangements de cour, se confessa le soir.

Le 19, S. A. R. communia; elle marqua toutes les attentions convenables à l'état où se trouvait Mme la comtesse de Provence, et il en a été de même pendant le reste de la maladie de cette princesse. L'après-midi, j'eus une conversation assez longue avec la comtesse du Barry. Le système que je me suis formé de longue main vis-à-vis de cette femme m'a si bien réussi, que je lui ai fait adopter les idées qui peuvent être les plus convenables à Mme la dauphine. En conséquence, la favorite croit que S. A. R. n'a pour elle ni penchant ni haine, que l'impulsion de Mesdames est la seule cause des dégoûts qu'elle éprouve, que si Mme la dauphine n'était pas subjuguée par Mesdames ses tantes, et qu'on la laissât agir de son propre mouvement, la favorite n'aurait pas lieu de se plaindre. Il y a bien à tout cela quelque chose de vrai, mais j'ai cherché à donner à cette croyance une tournure d'évidence qui est parvenue jusqu'à la conviction, et j'en retire le grand avantage de faire retomber sur Mesdames le mauvais gré de toutes les scènes qui surviennent, de calmer l'esprit de la favorite sur la façon de penser de Mme l'archiduchesse, et d'éviter d'être chargé trop fréquemment de porter à S. A. R. des insinuations de la part du roi. C'est d'après cet état des choses que me parla la comtesse du Barry; je la trouvai raisonnable et tranquille sur le chapitre de Mme la dauphine, fort animée sur celui de Mesdames, méditant toutes sortes de projets contre la comtesse de Narbonne, son ennemie jurée. Je mis, comme de coutume, tout cela à profit, en cherchant cependant par de bonnes raisons à inspirer de la modération et de l'éloignement pour tout ce qui peut occasionner des éclats. Je me permets dans ces occasions de dire à la favorite des vérités assez fortes sur sa position, sur ce qu'une bonne et saine politique exige de sa part; et mes raisonnements sont toujours très-bien reçus. Le roi survint pendant cette conversation; il me dit : « Il y a longtemps que nous n'avons parlé ensemble de Mme la dau- « phine; il faut cependant que nous en parlions encore. » Le propos se soutint quelques moments sur le chapitre de S. A. R., mais il ne fut question de rien de particulier, et l'entretien se trouva interrompu par l'arrivée du chancelier et du duc de la Vrillière.

Le 20 se passa comme tous les dimanches en représentation; je trouvai cependant le moment de rendre compte à Mme la dauphine de ce qui s'était passé la veille; j'y ajoutai les réflexions convenables. S. A. R., sans s'expliquer plus amplement, me dit de bonne grâce et d'un air gai : « Vous verrez que l'on sera content, et que tout ira bien ».

Le 21, Mme l'archiduchesse refusa la proposition qui lui fut faite d'aller à la chasse, ne voulant pas prendre part à des amusements publics jusqu'à ce que l'état de la maladie de Mme la comtesse de Provence ne laissât plus aucune inquiétude. Le soir au jeu, S. A. R. parla beaucoup à la maréchale de Mirepoix et à la princesse de Montmorency, toutes deux intimes amies de la favorite. Ces deux dames, surtout la dernière, avaient été constamment mal traitées, de façon que ce changement fut fort remarqué.

Le 22 au matin, Mme la dauphine me fit dire, par l'abbé de Vermond, comment elle s'était conduite le soir d'auparavant, le chargeant d'ajouter que je verrais par là qu'elle n'oubliait pas mes avis. S. A. R. se promena l'après-midi en voiture, et alla à la comédie, le roi ayant décidé qu'il y aurait spectacle, Mme la comtesse de Provence étant hors de tout danger.

Le 23, je remerciai Mme l'archiduchesse de la bonne nouvelle qu'elle m'avait fait donner la veille. Je joignis quelques remarques utiles à l'objet, et S. A. R., sans en dire davantage, me répéta encore : « que tout irait bien, et que je le verrais ».

Le 24, il n'y eut rien de remarquable ; Mme l'archiduchesse alla le soir à la comédie.

Le 25, la dauphine monta à cheval ; son goût pour cet exercice n'a point diminué, mais elle en use avec modération et précaution, de manière qu'il est moins à craindre qu'il arrive des accidents. Le même jour le comte de Broglie, évêque de Noyon, arrivé la veille, se présenta au souper de Mme l'archiduchesse, qui lui parla avec bonté, et j'observai cette circonstance avec d'autant plus de plaisir qu'elle est très-sûrement un effet de la lettre de V. M. ; mais j'en remarquai, le lendemain un autre qui est bien plus de conséquence.

Le 26, la lieutenance générale du pays d'Aunis ayant été donnée au baron de Montmorency, et cette place exigeant six mois de résidence, Mme Adélaïde a cru que ce prétexte lui était favorable pour se débarrasser du baron, qui est son chevalier d'honneur et qu'elle n'aime point, parce que la comtesse de Narbonne le hait, et parce qu'il s'est comporté sagement vis-à-vis de la favorite. En conséquence, Mme Adélaïde déclara au baron de Montmorency qu'ayant à présent une charge qui obligeait à résidence, il eût à remettre la démission de celle de chevalier d'honneur. Le baron s'en excusa en disant qu'ayant prêté serment entre les mains du roi pour cette place, il n'y avait aussi qu'un ordre du roi qui pût la lui faire quitter. Madame, non contente de cette première fausse démarche, fit venir le duc de la Vrillière, et le chargea de se procurer la démission demandée ; la chose fit grand bruit à la cour; le baron fut soutenu par la favorite, le roi décida qu'il garderait sa place, et Mme Adélaïde eut la confusion de voir tourner à son désavantage une scène qui avait fixé l'attention de tous les courtisans. Je ne manquai pas de faire bien observer à Mme la dauphine toutes les nuances de cette aventure et à quel degré fâcheux pouvaient aboutir l'imprudence, le discrédit, et cette répugnance de parler au roi quand on peut en saisir journellement les occasions et les mettre à profit. Mme l'archiduchesse, contre sa coutume, ne chercha pas pour cette fois à justifier Mme sa tante ; elle ajouta elle-même à mes réflexions, et je vis clairement qu'elle commençait à ouvrir les yeux sur la vérité, et que les derniers avertissements de V. M. produisaient ce changement favorable.

Le 28, les bals que la maladie de Mme la comtesse de Provence avait interrompus recommencèrent ; ils se donnent les lundis dans la salle du spectacle au château ; ils n'ont lieu que pour amuser Mme la dauphine, laquelle les avait refusés d'abord, par la crainte que cela fît une augmentation de dépense, mais il a été arrangé depuis qu'il n'y aurait point d'opéra, et que ce retranchement serait suppléé par des bals. Ces occasions sont très-favorables à Mme l'archiduchesse ; elle y est d'une gaieté, d'une bonté, et avec tant de grâces que tout le monde en est enchanté. Le roi ne vient point à ces bals, probablement parce que la favorite n'ose s'y présenter, et je sais que c'est la présence de Mesdames qui l'en éloigne le plus ; cependant ce lundi on l'aperçut dans une loge d'en haut, où elle était avec le roi, l'un et l'autre s'y tenant de façon à ne vouloir pas être remarqués.

Le 29, Mme la dauphine se promena à cheval. Le 30, elle se confessa. Le 31, S. A. R. fit ses dévotions pour le jour de sa naissance, qui était le surlendemain, et qu'elle n'aurait pas pu fêter ce jour-là, à cause des arrangements de cour, qui comportent que toute la famille royale assiste à la chasse de Saint-Hubert. Le 1er novembre, une partie de la journée se passa à assister au service d'église, et toute la famille royale soupa avec le roi. Le 2, on fit la première chasse de Saint-Hubert ; toute la famille royale prit ce divertissement ; Mme la dauphine, après avoir été quelque temps en voiture, monta à cheval ; j'étais présent, et S. A. R. me dit qu'elle ne songeait pas à enfreindre les ordres de V. M. qui lui interdisaient la chasse à cheval ; qu'elle allait se promener sur les hauteurs, d'où elle espérait de voir la chasse. Cela réussit en effet, et Mme l'archiduchesse, en restant sur une montagne, vit toute la chasse sans en approcher plus près que d'une demi-lieue.

Le 3, jour de dimanche, se passa à assister au service divin et à remplir les fonctions ordinaires de la cour; au soir il y eut jeu et grand couvert. Le 4, Mme la dauphine assista à la seconde chasse de Saint-Hubert en voiture; le soir il y eut spectacle à la cour. Le 5, S. A. R. monta à cheval, et il ne se passa rien de remarquable dans la journée. Le 6, je reçus par la voie de Bruxelles une lettre que Mgr l'archiduc Ferdinand écrivait à Mme la dauphine pour lui donner part de son mariage. Je portai sur-le-champ cette lettre à S. A. R., qui daigna s'entretenir fort longtemps avec moi. Elle me parla enfin pour la première fois de la lettre qu'elle avait reçue de V. M., et Mme l'archiduchesse me parut fort en peine sur la façon dont V. M. interpréterait sa réponse, qu'elle avoue avoir été écrite avec un peu de précipitation. Cet aveu me donna matière à exposer bien des réflexions, et Mme la dauphine en fut si émue que les larmes lui en vinrent aux yeux. « Après tout », me dit-elle, « l'impératrice sait « bien que je ferai toujours ce qu'elle voudra. » Je répliquai que cette résolution était bien juste et nécessaire au bonheur de S. A. R.; mais, en entrant dans les détails, je fis voir que les intentions de V. M. n'avaient pas toujours été remplies fort exactement. Mme l'archiduchesse se prêta à discuter les objets; il fut question de celui de la favorite, et S. A. R. m'assura qu'elle la traiterait bien quand l'occasion s'en présenterait, ce qui, je crois, n'arrivera qu'à quelque voyage de Marly ou de Choisy. Par la totalité de ce que me dit Mme la dauphine, je remarquai avec une grande satisfaction qu'elle était entièrement persuadée de plusieurs vérités que j'ai pris la liberté de lui représenter si souvent, nommément sur la nécessité de parler au roi et de ne jamais lui écrire, sur l'importance dont il est de rechercher les moyens de voir le plus souvent possible ce monarque, et de lui plaire par un maintien d'aisance, de tendresse et de respect. Je n'eus rien à désirer sur les propos que me tint là-dessus Mme l'archiduchesse, et j'ose me flatter plus que jamais qu'il en résultera les effets que l'on doit s'en promettre. Le 7, il y eut spectacle à la cour. Le 8, S. A. R. se promena à cheval. Le 9, Mme la dauphine vit Mme la comtesse de Provence à son passage dans une galerie; ces deux princesses se parlèrent de loin et Mme l'archiduchesse mit à cette marque d'attention toute la grâce et l'amitié possible. Le soir il y eut spectacle à la cour. Le 10 se passa comme tous les dimanches, à remplir la représentation ordinaire. Le 11, Mme la comtesse de Provence partit pour la Muette, où elle acheva sa quarantaine, qui finit le 26 de ce mois. Cette princesse a beaucoup de taches de rougeur, mais on assure qu'elle ne sera pas marquée de la petite vérole. Le 12, Mme la dauphine s'est promenée à cheval et a passé une partie de la soirée au spectacle représenté sur le théâtre de la cour. Le 13, S. A. R. se rendit à la chasse du cerf; elle était tant soit peu enrhumée, et M. le dauphin eut l'attention d'exiger que Mme l'archiduchesse restât dans une voiture fermée et ne montât pas dans les calèches qui servent en pareilles occasions. Ce même jour, le courrier mensuel arriva à sept heures du soir, et me remit les ordres de V. M. en date du 31 octobre; je ne tardai pas à aller porter à Mme la dauphine les lettres qui lui étaient adressées. S. A. R. se trouvait à son souper, qui ne dura pas un quart-d'heure, par une suite de l'impatience de recevoir et de lire la lettre de V. M. Ce même motif me fit congédier sur-le-champ; j'employai la matinée du lendemain à conférer avec le duc d'Aiguillon, et au sortir de chez ce ministre je me suis enfermé chez moi pour travailler à l'expédition du courrier, de façon que je dois remettre à mon prochain et très-humble rapport le compte qu'il y aura à rendre à V. M. sur les effets de sa lettre à Mme l'archiduchesse.

Je ne perdrai point de vue les moyens de provoquer le projet du roi de faire venir Mme la dauphine et Mme la comtesse de Provence à ses petits voyages à l'exclusion de Mesdames de France; mais comme ces petits voyages sont très-rares en hiver et qu'ils ne recommencent qu'avec la belle saison, cela me donnera le temps de tâcher d'aplanir les petits inconvénients que pourrait faire naître l'exécution de ce projet, qui ne sera utile qu'autant que Mme la dauphine prendra une résolution bien décidée d'observer un maintien convenable vis-à-vis de la favorite, et que j'aurai pu m'assurer que cette dernière ne portera pas ses vues sur un traitement qui passât les bornes que V. M. a prescrites sur cet article à Mme l'archiduchesse.

XLV. — Mercy a Marie-Thérèse.

Fontainebleau, 16 *novembre.* — Depuis quelques semaines, M. le dauphin n'est plus reconnaissable par le changement avantageux dans ses manières envers Mme l'archiduchesse, et il porte ses attentions jusqu'à la galanterie et les soins les plus recherchés. Ce sont des petites caresses, un empressement à être le plus que possible avec Mme la dauphine, à la prévenir en toute chose, enfin il ne manque rien à tout ce qui peut caractériser la tendresse, et elle paraît s'accroître de jour en jour. Le roi étant dernièrement dans l'intérieur de sa famille, dit en plaisantant qu'il n'espérait de succession que celle que lui donnerait M. le comte d'Artois. M. le dauphin se retournant vers Mme Victoire, lui dit en riant : « Mon père a peu d'o-« pinion de moi, mais il sera bientôt désabusé ». Entretemps Mme la dauphine est tranquille et calme sur cet article, les propos et les confidences ont cessé; c'est ce que j'avais toujours tâché d'obtenir.

Il reste quelques articles de la très-gracieuse lettre de V. M. auxquels je crois de mon devoir de répondre dans ce très-humble rapport séparé et secret :

1° Après la façon dont le duc d'Aiguillon s'est expliqué vis-à-vis de moi sur le comte de Boisgelin, il n'est pas à prévoir que ce dernier parvienne à récupérer son poste à Parme. Il y emploie cependant les plus grands efforts, et il est très-bien secondé par sa sœur la comtesse du Bois de la Motte, que l'on dit être dans une liaison fort intime avec le duc d'Aiguillon. Si je m'aperçois de quelque apparence de réussite dans les sollicitations de cette femme, alors je parlerai plus ouvertement au ministre, et je me servirai du concours de l'ambassadeur d'Espagne, qui a également ordre d'insister sur l'exclusion du comte de Boisgelin.

2° Il me paraît que le projet de V. M. de faire passer au comte de Rosenberg quelques mois à Parme, réunirait toutes les circonstances les plus avantageuses à une pareille commission. La consistance personnelle du comte de Rosenberg, son humeur douce et liante, sa capacité et ses anciennes liaisons avec don Llano lui procureraient sans doute de grandes facilités à remplir sa tâche. Cet envoi momentané d'une personne si distinguée ne pourrait d'ailleurs être regardée comme une mission en règle, et par conséquent ne serait point sujet à des inconvénients de cérémonial. L'ordre que V. M. daigne me donner d'exposer mon faible avis m'a fait entrer dans ce détail; d'ailleurs le peu de connaissance que j'ai d'autres sujets capables d'une commission si délicate ne me laisse rien à dire à cet égard.

3° Il est des circonstances où une marque de grâce accordée par V. M. à la comtesse de Noailles pourrait devenir très-utile, et ce serait peut-être dans le cas où on songerait à éloigner cette dame d'honneur, sous prétexte qu'elle déplaît à V. M. ou à Mme la dauphine; mais les projets que le parti dominant peut avoir sur cette place ne me paraissent pas encore assez avancés pour donner à craindre une prompte réussite, et si V. M. daignait le trouver bon, je crois qu'il serait d'une plus grande utilité d'attendre le moment où une marque de bonté donnée à la comtesse de Noailles pût produire l'effet désirable.

4° Je dois mettre aux pieds de V. M. mes très-humbles actions de grâce au sujet de la communication que, par ses ordres, m'a faite son secrétaire de cabinet de quelques pièces de la correspondance du chargé d'affaires de Prusse (1). Ces notions me sont d'une grande importance pour ce qu'exige le bien du service, et je prie aujourd'hui à ce sujet le baron de Pichler de mettre sous les yeux de V. M. des observations qui sont peut-être de quelque utilité pour éclaircir et apprécier au juste la valeur des dépêches du Sr Sandoz au roi son maître. Il y a déjà quelque temps que je crois commencer à démêler le caractère du duc d'Aiguillon, et à lui trouver des indices de fausseté qui fixent toute mon attention. Cependant je suis persuadé que, dans les conjonctures actuelles, il n'y a pas de grands écarts à craindre de la part de ce ministre, qui se trouve embarrassé et lié par la force des choses, par la situation critique de la monarchie française, par la disette de ressources, et par le danger inévitable où cette courci tomberait si elle méconnaissait le besoin indispensable qu'elle a de l'alliance de V. M. et de celle de l'Espagne. L'intérêt personnel du duc d'Aiguillon doit l'empêcher de s'égarer sur cette vérité, et j'éclairerai sa marche d'assez près pour espérer d'apercevoir à temps ce que des changements de circonstances pourront lui permettre d'effectuer en bien ou en mal. Ce ministre continue à être absorbé par les petites intrigues; il est aux pieds de la favorite, parce que le

---

(1) Sandoz, chargé d'affaires de Prusse à Paris. Il s'agit sans doute de pièces interceptées.

roi ne peut encore s'accoutumer à lui, tout lui fait ombrage; maintenant il craint le coadjuteur de Strasbourg, et lui a donné pour surveillant un jeune homme qui se nomme Nayac, qui est une créature de la famille d'Aiguillon, et dont le prince de Rohan a été forcé de se charger malgré lui.

5° Je viens d'apprendre par l'abbé de Vermond que Mme la dauphine (qui était fort inquiète sur la tournure de sa dernière lettre) a été très-soulagée en lisant celle de V. M. — S. A. R. s'en est exprimée avec attendrissement. Elle a dit à l'abbé qu'elle retrouvait toujours en toute occasion les bontés de V. M.; qu'elle se sentait des torts sur le passé, mais qu'elle voulait sérieusement les réparer, qu'enfin elle allait répondre sur tous les articles, même sur celui de Mesdames ses tantes. Après le départ du courrier, je tâcherai de tirer bon parti des dispositions si favorables de Mme l'archiduchesse. Le contenu de la lettre de V. M., dont je rejoins ici la copie, m'offre de grands moyens, et ils sont encore augmentés par la candeur, la bonne foi qui ne se sont jamais démenties dans le caractère de Mme l'archiduchesse, non plus que le respect et la tendre soumission qu'elle conserve pour V. M.

XLVI. — Marie-Thérèse a Mercy.

Vienne, le 3 décembre. — Comte de Mercy, J'ai reçu avec la satisfaction ordinaire vos lettres du 16 du passé. Je suis bien aise du changement que vous croyez trouver dans la conduite du dauphin, mais ce sont toujours les effets qui peuvent le plus en garantir la réalité.

J'approuve votre concert avec le comte de Fuentes sur les mesures à prendre pour tenir le comte de Boisgelin éloigné de Parme. Vous pourriez même lui faire, en confiance, part de mon dessein d'y envoyer pour peu de temps et sous quelque prétexte le comte de Rosenberg, dont je suis persuadé que le choix sera agréable à la cour d'Espagne. Fuentes pourrait l'en prévenir, sans en parler cependant comme d'une affaire arrêtée par la voie de ministres, mais comme d'une idée qui m'est particulière.

Je vous autorise à faire en mon nom à Mme de Noailles le présent que je lui destine, dès que vous remarquerez qu'il serait à sa place. Vous pourriez même en faire l'emplette à Paris selon que vous le trouverez à propos.

Les remarques que vous faites sur les lettres de Sandoz sont très-fondées ; je vous en communique la suite, et je crois en pouvoir juger (1) de l'embarras où vous vous trouvez quelquefois, dans l'obscurité dans laquelle on vous laisse sur des objets qui ne sont pas indifférents à la cour où vous êtes, et qui croit devoir vous en demander des éclaircissements [tous les autres se trouvent dans le même cas].

L'exclusion complète de Mesdames de France des petits voyages du roi me paraît un objet qui mérite encore d'être examiné, vu la sensation qu'un tel arrangement ferait dans l'esprit de ces princesses et même dans le public. Je ne voudrais pas non plus que ma fille et sa belle-sœur (jeunes comme elles sont) se trouvent trop souvent livrées à la seule comtesse du Barry et à sa clique. D'ailleurs je suis bien aise de la bonne harmonie qui subsiste toujours entre ces deux princesses.

Je vous envoie copie de la dernière lettre de ma fille ; peut-être ne remplira-t-elle pas votre attente : du moins, laconique comme elle est dans sa façon d'écrire, je crois y entrevoir ou un reste d'humeur ou beaucoup d'éloignement pour toute application. [Je ne vous envoie pas la copie de la mienne, puisqu'elle ne contient rien d'intéressant.]

[Vous serez étonné qu'un changement considérable se fait dans le ministère sans exil et tout avec bonté. Je dois cela à tout le monde, ne fût-ce que de m'avoir supportée si longtemps. C'est l'empereur qui l'a choisi ainsi et moi je l'ai approuvé, le chargeant du fardeau qui commence à me peser. Ne croyez pas encore que je tends à mon but de retraite ; non, je veux aider encore mon fils. Le délabrement de notre intérieur a encore besoin de moi ; ce serait une ingratitude ou lâcheté de quitter dans ce triste moment, mais je compte me soulager sur mon fils, qui a des talents et forces bien supérieures. Votre ami Binder prendra la place de Pergen ; ce dernier sera employé ailleurs.]

LXVII. — Marie-Antoinette a Marie-Thérèse.

Ce 18 décembre. — Madame ma très-chère mère. Agréez mon hommage et mes vœux pour la nouvelle année ; ses enfants ne désirent tous que de vous donner satisfaction, et je le désire autant qu'une

---

(1) C'est-à-dire : je crois pouvoir juger par ces remarques...

autre. Si vous aviez pu voir la joie que m'a faite votre dernière lettre et combien je suis aise de voir que vous n'êtes pas mécontente de moi! Vous pouvez être persuadée que ne serai jamais heureuse, ma chère maman, sans l'assurance de vous plaire.

Je vous envoie ma mesure et celle de M. le dauphin; la mienne a été prise sans souliers ni coiffure, pour la sienne elle l'a été avec des souliers fort plats, et on peut compter sa coiffure pour rien, étant très-basse; quoique je sois fort grandie je ne suis point maigrie; pour M. le dauphin, quoiqu'il soit fort hâlé par le grand air, son teint s'éclaircit et sa santé se fortifie; il est tous les jours plus aimable et il ne manque plus à mon bonheur que d'être dans le cas de la reine; je l'espère bientôt.

Quand je vous écris, ma chère maman, sur la du Barry, c'est à cœur ouvert, et vous pouvez croire que je suis trop prudente pour en parler sur le même ton avec les gens d'ici.

La comtesse de Provence est revenue depuis huit jours avec nous; elle n'est point marquée et presque pas rouge. On dit toutes sortes d'horreurs de son mari contre M. de Choiseul (1); mais je suis convaincue du contraire, et nous continuons à vivre tous très-bien ensemble.

Quoique le carnaval est fort long, il a déjà commencé ici dès le mois d'octobre, et nous dansons toutes les semaines une fois chez moi.

J'étais aujourd'hui au tiré de M. le dauphin; il tire à merveille, et avec beaucoup de prudence; il a tué une quarantaine de pièces; cela prouve bien qu'il n'a pas la vue aussi basse qu'on le croirait à le voir.

Je suis bien enchantée que vous ayez toujours de bonnes nouvelles de Milan; ma nouvelle belle-sœur ne peut me donner que de la jalousie sur le mariage. Quoique je sois fort contente ici, j'envie le bonheur qu'a ma sœur Marie de vous voir souvent; j'ose dire que j'en serais aussi digne par la respectueuse et vive tendresse que j'ai pour ma chère maman.

---

(1) Allusion à l'intrigue où était entré le comte de Provence pour dépouiller Choiseul de la charge importante et très-lucrative de colonel des Suisses, et se la faire attribuer à lui-même. Nous en trouverons les détails plus loin.

XLVIII. — Mercy a Marie-Thérèse.

Paris, 19 *décembre.* — Sacrée Majesté. Après le départ du courrier expédié de Fontainebleau le 16 du mois dernier, étant au moment de retourner à Paris, j'allai le lendemain prendre les ordres de Mme la dauphine; qui me témoigna qu'elle espérait que V. M. serait satisfaite du contenu de la lettre que S. A. R. venait de lui écrire. Elle ajouta qu'à son retour à Versailles elle me parlerait de plusieurs objets, et qu'elle était enfin résolue de s'occuper sérieusement des moyens propres à éviter les petits embarras et les inconvénients qui avaient existé jusqu'alors.

Le 19, jour du départ de la cour, le roi alla déjeuner dans la chambre de Mme la dauphine; il y resta fort longtemps et y parut très-gai et content. Ce monarque prit ensuite dans sa voiture Mme l'archiduchesse, M. le dauphin et Mesdames ; il les ramena jusqu'à mi-chemin, qui est le rendez-vous de la chasse que le roi fait ordinairement en revenant de ces voyages.

A la première occasion que j'eus d'aller à Versailles, Mme la dauphine me fit la grâce de s'y entretenir fort longtemps avec moi, et elle me parla d'une façon aussi satisfaisante que raisonnable sur tous les objets qui la concernent. Elle me témoigna d'abord une grande sensibilité aux marques de tendresse que V. M. lui donne, en l'avertissant de tout ce qu'exige une bonne et sage conduite. S. A. R., avec une candeur admirable, entra elle-même en détail sur toutes les petites fautes de vivacité et de légèreté qu'elle avait à se reprocher ; « mais, » ajouta-t-elle, « si l'impératrice voyait tout ce qui se passe ici, elle me pardonnerait; il n'y a pas de patience qui puisse y tenir ». Mme l'archiduchesse, en parlant de Mesdames, me dit qu'elle connaissait fort bien leurs défauts et leur caractère peu solide ; que cependant c'était sa seule ressource du côté de la société ; qu'elle en éprouvait quelquefois des petits désagréments, mais qu'il fallait bien passer quelque chose aux faiblesses de ceux avec lesquels on est obligé de vivre. Mme la dauphine me conta à cette occasion plusieurs traits de déplaisance de Mesdames ses tantes. Elle me dit entre autres que, parlant un jour du plaisir que lui causait le mariage de Mgr l'archiduc Ferdinand avec Mme la princesse de Modène, Mme Adélaïde s'était échappée à dire : « Vraiment nous en sommes bien fâchées, puisque ce mariage aurait fort convenu à l'infant de Parme (1). » Mme l'archiduchesse, en rappelant ce propos désobligeant, en paraissait encore fort choquée. Elle s'expliqua très-bien sur l'esprit intrigant et dangereux de la comtesse de Narbonne; je vis que S. A. R. commençait à ouvrir les yeux et à faire des réflexions très-solides et très-justes sur ses entours. J'ajoutai tout ce qui me parut propre à les confirmer; j'appuyai beaucoup sur la simplicité du principe qui consiste à ne s'occuper que de ce qui regarde personnellement Mme la dauphine, à écarter tous les objets de parti et d'intrigue, et à traiter un chacun sans affectation et selon l'état qu'il remplit à la cour. Je parlai de la favorite; mais, quelque important que soit cet article, je trouvai Mme l'archiduchesse aussi peu disposée que de coutume aux circonstances. Elle ne me répondit que d'une façon vague et indécise; cela ne m'empêcha pas de réitérer les représentations que j'ai si souvent exposées à ce sujet; je les crois en effet de la dernière conséquence. L'ascendant que la comtesse du Barry a pris sur l'esprit du roi n'a presque plus de bornes; cela influe visiblement en tout ce qui concerne la famille royale, et plus la favorite est mortifiée par des mauvais traitements, plus elle tâche de se prévaloir de ses avantages momentanés pour marquer son ressentiment. Il résulte de là que toutes les grâces demandées par Mesdames sont refusées, qu'elles éprouvent sans cesse des désagréments en tous genres, et que le roi se détache peu à peu de ses enfants, au point de causer le scandale le plus fâcheux. Jusqu'à présent j'ai réussi à séparer la cause de Mme la dauphine d'avec celle de Mesdames ses tantes, en faisant retomber sur ces dernières le blâme de toutes les scènes critiques qui se passent; mais à la longue il serait presque impossible que Mme l'archiduchesse ne s'y trouvât enveloppée, et en considérant les principes et les maximes du parti dominant à cette cour, son penchant à rapporter tout à des vues et intérêts personnels, il ne serait peut-être pas impossible que la crainte d'une haine constante de la part de Mme la dauphine contre ces gens-là ne les portât à de fausses démarches, qui pourraient influer même dans les affaires les plus importantes et les plus sérieuses. Quelque étrange que soit cette réflexion, le désordre de cette cour-ci semble l'autoriser, ainsi que le

---

(1) L'infant de Parme était neveu de Mesdames par sa mère, Marie-Louise-Elisabeth de France, fille de Louis XV.

caractère suspect de ceux qui y ont le plus de crédit. J'ai cru, moyennant cela, qu'il était de mon devoir de faire mention dans ma dépêche ministérielle d'un propos que m'a tenu la comtesse du Barry, et qui a trait à ce que je viens d'exposer à V. M.

En attendant que Mme l'archiduchesse veuille bien adopter une conduite un peu plus politique, mon unique soin consiste à endormir la favorite et à lui faire espérer un avenir plus conforme à ses souhaits. Par là je me maintiens dans sa confiance; je suis instruit de ses craintes, de ses mesures; je ralentis les moyens d'observation et d'espionnage qu'on employait vis-à-vis de Mme la dauphine, et je crois d'avoir obtenu en cela un avantage essentiel.

Il se passe peu de journées dans l'intérieur de la famille royale sans qu'il survienne des petites matières à tracasserie; mais depuis quelque temps Mme l'archiduchesse use dans ces occasions de toute la prudence et de la modération nécessaires pour ne pas se compromettre légèrement vis-à-vis de ceux contre lesquels on cherche à l'irriter. En dernier lieu, M. le comte d'Artois confia à S. A. R. qu'en faisant un jour son éloge en présence du duc de la Vauguyon, ce dernier l'avait contrarié avec assez d'aigreur, et s'était exprimé peu avantageusement sur le chapitre de Mme la dauphine, que la comtesse de Marsan renchérissait bien plus encore sur les témoignages de sa mauvaise volonté, et que, partout où elle pouvait placer un mot contre Mme l'archiduchesse, elle s'en acquittait avec tout le fiel et la méchanceté possibles. S. A. R. m'ayant parlé avec un peu d'émotion de cette particularité, je n'eus point de peine à lui faire sentir combien il était au-dessous d'elle de s'arrêter à de pareilles misères, qui devaient être méprisées sans mériter d'autre attention que celle de s'observer à l'avenir en présence de ces gens-là, et de ne leur point fournir matière à exercer leur critique impertinente et déplacée. Mme la dauphine a paru adopter ce sentiment, et n'a pas traité plus mal le duc de la Vauguyon ni la comtesse de Marsan. Il ne m'est pas également facile de ramener S. A. R. sur le chapitre de M. le comte de Provence, dont elle se méfie, et, à dire vrai, avec assez de raison. Toute la tournure de ce jeune prince tend à la fausseté, et son petit manége politique semble se porter au delà des vues que son âge peut admettre. Il marque en tout une ambition trop étendue; il attire à lui par toutes sortes de moyens le parti dominant, et cherche à s'établir comme le point de réunion de ce parti; cela choque infiniment Mme l'archiduchesse, et, malgré les plus fortes représentations, il n'est pas toujours possible d'arrêter les marques de son ressentiment. Passé quelques jours, il a éclaté d'une façon un peu violente à la suite d'une circonstance dont je vais exposer les détails. Pendant le séjour de Mme la comtesse de Provence à la Muette, sa dame d'atours, la comtesse de Valentinois, lui avait donné une fête à sa maison de campagne, très-voisine du château royal. Cette fête consistait en une pièce de théâtre ; les louanges de la princesse en faisaient la matière ; cependant il s'y trouvait aussi des couplets à l'honneur de Mme la dauphine et de toute la famille royale ; mais à cela on avait mêlé deux passages, que je joins ici en copie, dont l'un concerne le chancelier de France (1) et l'autre semble adaptable à la comtesse du Barry (2). Ces deux hors-d'œuvre avaient extrêmement choqué le public et déplu à la famille royale ; d'ailleurs la favorite, qui s'était trouvée à cette fête, y avait éprouvé un accueil très-distingué de la part de Mme la comtesse de Provence, qui l'avait reçue dans l'intérieur de l'appartement, où la princesse était descendue avant de se montrer à toute l'assemblée. Il n'en fallait pas davantage pour exciter du dégoût à Versailles. Quatre jours après, Mme la dauphine vint

---

(1) Nous trouvons annexées au rapport de Mercy cette petite pièce et la suivante :

Malgré discorde et ses noirs émissaires,
De la justice ardera le flambeau,
A la chicane on rognera les serres
Et Thémis sera sans bandeau.

(2) C'est la beauté
Qui nous corrige et nous éclaire,
C'est la beauté
Qui nous mène à la vérité.
Le désir de plaire,
Toujours si nécessaire,
D'un esprit austère
Adoucit la sévérité.
On est tenté,
On aime, on brûle, on persévère,
Pour la beauté
Dont on veut fléchir la fierté.
Ce que n'a pu faire
La raison sévère,
L'amour seul l'opère,
Et rien n'a coûté.
C'est la beauté
Qui nous corrige et nous éclaire,
C'est la beauté
Qui nous mène à la vérité.

voir Mme de Provence à la Muette; il y fut question de la fête; il y eut quelques petites explications où Mme la comtesse de Provence marqua de l'embarras; pour s'en tirer, elle donna à entendre qu'elle ne se conduisait que d'après les errements dictés par M. le comte de Provence. Mme l'archiduchesse, de retour à Versailles, trouva ce prince chez Mesdames, et lui fit une sortie très-vive sur la duplicité de son caractère et sur différents points de conduite dont elle rappela les traits avec une plaisanterie amère et qui décontenança entièrement M. le comte de Provence. Ce moment de chaleur se termina cependant sans autre suite; mais un second incident vint bientôt renouveler tout le levain qu'avait occasionné le premier. Mme la dauphine, revenant seule de chez Mesdames par un passage intérieur, se trouva près du cabinet de M. le comte de Provence : ce prince y était avec le duc d'Aiguillon ; ils parlaient si haut que, la porte étant ouverte, Mme la dauphine crut entendre qu'il s'agissait de placer une des femmes de chambre de la comtesse du Barry chez Mme de Provence, et que le jeune prince exhortait le ministre de proposer au roi cet arrangement. Mme la dauphine, de vivacité, courut chez M. le dauphin ; se jetant à son col et l'embrassant tendrement, elle lui dit : « Je sens, mon cher mari, que je vous aime tous les jours davan-
« tage. Votre caractère d'honnêteté et de franchise me charme ; plus
« je vous compare avec d'autres, plus je connais combien vous valez
« mieux qu'eux. » Sur cela, Mme l'archiduchesse lui conta tout ce qu'elle venait d'entendre. S. A. R. ne me cacha pas cette circonstance ; elle m'en parla avec la bonté et la confiance qu'elle daigne me marquer en toute occasion. Je lui fis observer combien il était essentiel, dans des cas pareils, d'avoir un peu de retenue et des ménagements, que si M. le comte de Provence donnait lieu à soupçonner son caractère, c'était une raison de plus à être sur ses gardes, et à ne point lui donner les moyens de faire un usage nuisible de ce que pourrait lui dire Mme la dauphine; que d'ailleurs, en allumant le feu de la discorde dans le sein de la famille royale, il pourrait pour le présent et pour l'avenir en résulter des suites très-fâcheuses ; qu'enfin, dans des conjonctures aussi critiques la patience et la prudence n'offraient d'autres remèdes que celui de gagner du temps, d'assoupir les esprits inquiets et dont on a à se méfier, de ne point les pousser à bout ni les induire à des démarches violentes. Je fis voir en même temps combien ce dernier danger pouvait influer dans les objets les

plus graves, et combien Mme la dauphine aurait de reproches à se faire dans la suite si par vivacité elle donnait lieu à des choses dont elle n'envisageait pas toutes les conséquences. S. A. R. m'écouta avec attention ; mais il me fut impossible de la tirer de son indécision sur le traitement à faire à la favorite dans les occasions, et ce point désagréable, quoique essentiel, reste toujours une cause prochaine à tout plein d'embarras.

Le 15 au soir, je reçus par le courrier mensuel les ordres de V. M. en date du 3 ; le roi devait se rendre le lendemain au matin à Choisy ; Mme la dauphine devait de son côté passer la journée à une partie de promenade et ne rentrer que le soir à Versailles. Le surlendemain, mardi, le duc d'Aiguillon venait tenir dans la matinée les conférences ministérielles à Paris ; de façon que, ne sachant comment saisir le moment de présenter à Mme la dauphine les lettres qui lui étaient adressées, je pris le parti d'en charger l'abbé de Vermond, qui devait retourner le même soir à Versailles, et qui se trouvait chez moi au moment de l'arrivée du courrier. Il s'agissait d'ailleurs de hâter l'expédition de ce dernier, pour qu'il puisse être de retour au temps où V. M. l'a ordonné. Aussitôt qu'il sera parti, j'irai faire ma cour à Mme l'archiduchesse, et profiterai des dispositions favorables où j'espère de trouver S. A. R., pour lui représenter tout ce que les volontés de V. M. me prescrivent.

Relativement au contenu de la très-gracieuse lettre de V. M., j'observerai que le projet d'exclure Mesdames de France des petits voyages du roi est resté entièrement suspendu, et qu'il me sera facile d'empêcher que Mme la dauphine se trouve seule admise à ces sortes de parties de plaisir, dont les inconvénients pourraient surpasser les avantages.

Il me reste à ajouter que, malgré une dissipation peut-être un peu trop étendue, Mme l'archiduchesse n'a cependant pas dans le courant de ce mois négligé tout à fait ses lectures. Les conversations avec l'abbé de Vermond deviennent journellement plus longues, plus sérieuses et plus instructives. Cet honnête ecclésiastique, toujours également zélé et occupé de son objet, a su trouver une méthode sage, et qu'il applique fort heureusement à ramener Mme la dauphine à la réflexion sur les actions et les propos de sa journée. Il en est résulté des changements très-avantageux à S. A. R., soit du côté du maintien en public, soit dans le langage, dans l'acception des personnes et dans la convenance des propos à leur tenir. C'est proprement dans ces points que Mme la dauphine acquiert un discernement et une grâce qui lui attirent les hommages d'un chacun; cependant S. A. R. penche toujours vers une répugnance à parler, et je ne cesse de lui représenter combien il serait dommage qu'elle ne donnât pas la plus grande extension possible à l'usage d'un moyen si puissant dans ce pays-ci, et qui lui assurerait l'amour et l'attachement de la nation.

XLIX. — Mercy a Marie-Thérèse.

A Paris, 19 décembre. — Il m'a paru indispensable d'insérer dans la dépêche que j'adresse aujourd'hui au chancelier de cour et d'État quelques circonstances qui regardent la position actuelle de Mme la dauphine, parce que ces circonstances peuvent donner matière à des spéculations politiques très-importantes. Eu égard au caractère des gens qui gouvernent le roi, on ne saurait étendre trop loin les soupçons sur les effets possibles de leur méchanceté! Le roi, sans être vieux par le nombre des années, l'est beaucoup par une suite de la vie qu'il mène; il s'affaisse, il pourrait manquer dans peu. Le parti dominant ne peut envisager cette époque sans frémir, surtout en supposant à Mme la dauphine une haine et un esprit de vengeance que ces gens-là mesurent sur leur propre façon de penser et d'agir. Ils voient d'ailleurs que Mme la dauphine prend un empire décidé sur M. le dauphin, et que par conséquent leur sort sera un jour entre les mains de cette princesse. Ces réflexions, fondées sur la peur qu'occasionne toujours une mauvaise conscience, peuvent produire d'étranges effets de la part de gens atroces, qui ne verraient plus de moyens de se sauver, et qui croiraient n'avoir plus rien à ménager. J'ai tâché de faire sentir ces grandes vérités à Mme la dauphine, en lui démontrant que la seule méthode propre à se préserver des méchants que l'on ne peut écarter, c'est de leur laisser entrevoir la possibilité d'obtenir leur pardon, quand ils le mériteront, par une meilleure conduite. Ce moyen calme les esprits et les éloigne de se porter à des extrémités. S. A. R., par vivacité et par l'extrême répugnance qu'elle a à penser un instant aux choses qui lui déplaisent, n'a point assez senti la force de mes représentations, et, en tout ce qui tient à une conduite politique, je ne puis réussir à fixer son attention. Je dois soumettre aux hautes lumières de V. M. l'usage qu'elle jugera à propos de faire de ce que je viens d'exposer, mais il est plus que probable que si Mme l'archiduchesse voulait un peu réfléchir, se prêter aux circonstances, envisager l'avenir, et me fournir quelques moyens d'agir, je parviendrais peut-être à empêcher que la favorite serve d'instrument à bien des choses nuisibles, et il ne serait pas impossible de diminuer par là cette dépendance où elle est du duc d'Aiguillon, qui s'annonce de plus en plus sous des traits d'une noirceur qui fait trembler.

Dans ce très-humble rapport séparé et secret, je vais répondre à plusieurs articles de la très-gracieuse lettre de V. M.

1° J'ai fait au comte de Fuentes la communication à laquelle V. M. daigne m'autoriser sur le sujet du comte de Rosenberg et sur celui du comte de Boisgelin. Quant à ce dernier, après ce que le duc d'Aiguillon m'en a dit, il doit être constant que cet envoyé ne retournera plus à Parme; il ne cesse pas cependant d'intriguer pour récupérer son poste; jusqu'à présent rien ne lui réussit à cet égard, et il en est toujours aux termes indiqués dans mon très-humble rapport du 16 du mois dernier. Le comte de Fuentes préviendra sa cour dans le sens que V. M. l'ordonne sur la destination momentanée du comte de Rosenberg (1), qui est de la connaissance et des amis du comte de Fuentes, lequel m'a assuré d'avance que le roi son maître apprendrait avec grand plaisir un arrangement si propre au bien de la chose, et dont V. M. veut bien l'informer d'une façon confidentielle et amicale.

2° Jusqu'à présent je ne prévois pas encore le moment où il pourrait convenir de faire un présent à la comtesse de Noailles; selon les circonstances, j'userai de la permission que V. M. daigne me donner à cet égard, mais je tâcherai que ce ne soit pas sans un motif dont il y ait une utilité réelle à attendre. Le danger du déplacement de la comtesse de Noailles semble s'être un peu éloigné; en revanche

---

(1) On a vu par la lettre de Marie-Thérèse du 31 octobre (pièce XLI) l'annonce de cette mission du comte de Rosenberg, dernière tentative de l'impératrice pour engager sa fille Marie-Amélie, l'infante duchesse de Parme, à une conduite plus mesurée. Le comte de Rosenberg fut porteur d'un mémoire divisé en une suite d'articles que l'infante devait accepter. Les plus importants regardaient le rétablissement de l'ordre et de l'étiquette dans l'intérieur de la résidence ducale, le payement des dettes, et le recouvrement des bijoux que Marie-Amélie avait engagés, enfin et surtout la promesse de ne point entraver le ministre don Llano, auquel les rois d'Espagne et de France avaient confié l'administration du duché. La suite nous montrera le détail de cette mission et le peu de succès qu'elle obtint

la duchesse de Braucas, dame d'honneur de Mme la comtesse de Provence, est au moment de perdre sa charge pour cause d'une opposition trop marquée contre la favorite. De pareils événements deviendront ici de plus en plus fréquents; ils ne peuvent avoir lieu sans scandale et sans occasionner un grand trouble dans l'intérieur de la famille royale. Cette vérité vient à l'appui de tout ce que j'ose répéter sans cesse à Mme la dauphine sur les ménagements à garder dans des temps si critiques.

3° En remettant ici les deux pièces de la correspondance du chargé d'affaires Sandoz que V. M. me fait la grâce de me confier, j'y joins quelques observations, telles que mes faibles idées me les ont dictées sur la matière. Il en résulte pour moi une grande facilité de plus à bien connaître et à suivre la marche de l'émissaire prussien; je ne le perds pas de vue, et je me flatte qu'en cette partie rien ne sera négligé de ce qu'exige le service de V. M. Tout bien pesé et examiné, il est plus que probable que le duc d'Aiguillon, se laissant aller aux impulsions de son caractère enclin aux intrigues, aux petites ruses et aux manœuvres sourdes, n'a cependant aucunes vues bien décidées. Sans connaissance fondée des affaires d'État, il chemine dans les ténèbres, et comme il ne peut manquer de s'aheurter de toutes parts, il faudra nécessairement qu'il revienne sur ses pas; mais, dans tous les cas, il est apparent que cet homme restera toujours un ministre très-médiocre, difficultueux et assez faux pour éloigner la confiance des cours. La conduite simple, modérée et patiente que j'aurai toujours grand soin de tenir vis-à-vis de lui me préservera au moins de l'effet de ses passions soupçonneuses et haineuses, et, en ne lui donnant aucune prise sur moi, je tâcherai ou de le ramener, ou pour le moins de le retenir de se livrer à de trop grands écarts.

4° Je remets pareillement ici la copie de la dernière lettre de Mme la dauphine. S. A. R. m'avait parlé de son embarras à s'expliquer sur le chapitre de Mmes ses tantes; d'ailleurs il est très-vrai (comme V. M. l'a remarqué) que c'est par éloignement pour les occupations qui exigent le repos que Mme l'archiduchesse est si laconique dans ses lettres. Son projet est toujours de dire mille choses à V. M.; mais quand il s'agit de rester assise à un bureau, la vivacité y met de grands obstacles, et cette même vivacité fait que Mme l'archiduchesse attache souvent à une phrase fort courte un sens bien plus étendu qu'il n'est possible d'y remarquer (1). Elle observe quelquefois la même méthode en parlant, et ce n'est qu'à force d'habitude et de réflexion que je parviens à ne rien laisser échapper de ce que S. A. R. veut me dire quand elle daigne s'entretenir avec moi sur des objets de détail. D'ailleurs il est certain qu'elle conserve au fond de son cœur un amour et une soumission bien réelle pour V. M., et que les petits mouvements d'humeur ou d'impatience ne tiennent pas contre ces sentiments.

5° Tandis qu'on essuie en France des rigueurs, des exils, on n'éprouve à Vienne que de l'indulgence et des bontés. Toute l'Europe sait (et on paraît le sentir ici mieux qu'ailleurs) que la sagesse et la clémence ont présidé à toutes les opérations du règne de V. M. Les dispositions qu'elle juge à propos de faire dans son ministère en sont une nouvelle preuve. Nous devons tous implorer le ciel pour que V. M. trouve des soulagements à la vie laborieuse et pénible qu'elle consacre au bonheur de ses États, mais nous devons aussi espérer que V. M. ne s'en lassera jamais, et que son règne si doux, si nécessaire, si glorieux passera le terme de notre vie. Les grands talents de son auguste fils, qui donne un exemple unique et admirable de volonté à effectuer le bien, présentent à V. M. une ressource qui, en allégeant le poids de ses travaux, réunira en même temps l'expérience, l'activité, la clémence et l'ordre, conditions qui établissent la perfection des gouvernements de ce monde.

---

(1) L'abbé de Vermond, dans une note à Mercy du 3 septembre 1771, lui rend compte de la manière dont, bien souvent, elle écrivait « ou plutôt griffonnait, par sauts et par bonds ».

ANNÉE 1772.

I. — Marie-Thérèse a Mercy.

Vienne, 4 janvier. — Comte de Mercy, J'ai reçu vos deux lettres du 15 du passé. Leur contenu me fait voir autant vos soins pour être utile à ma fille que sa situation bien critique. J'en connais avec douleur tout le danger, et je ne saurais que me rapporter à ce que je vous ai mandé réitérément sur cet objet, en mettant au reste toute ma confiance dans vos lumières et dans votre zèle. Votre tâche est à la vérité pénible, vu surtout la nonchalance et la légèreté de ma fille [un peu d'entêtement], accoutumée à se contenter d'amusements momentanés, sans réfléchir aux suites; mais c'est un motif de plus pour vous encourager à redoubler d'efforts, sans vous laisser rebuter par les difficultés que vous pourriez rencontrer dans votre marche.

J'approuve ce que vous venez de faire pour dérouter Boisgelin et pour prévenir Fuentes de la nouvelle destination de Rosenberg. Je compte qu'il ne tardera pas d'arriver ici, et je discuterai alors le projet de sa mission à Parme, si pourtant il veut s'y prêter. [Je l'espère.]

Je vous envoie la suite de la correspondance de Sandoz; elle contient sûrement nombre de faits, controuvés par lui-même, mais vous saurez au mieux les éplucher et en tirer quelques lumières pour suivre ses allures.

II. — Marie-Antoinette a Marie-Thérèse.

Le 21 janvier. — Madame ma très-chère mère, Je ne doute point que Mercy ne vous ait mandé ma conduite du jour de l'an, et j'espère que vous en aurez été contente. Vous pouvez bien croire que je sacrifie toujours tous mes préjugés et répugnances, tant qu'on ne me proposera rien d'affiché et contre l'honneur. Ce serait le malheur de ma vie s'il arrivait de la brouillerie entre mes deux familles; mon cœur sera toujours pour la mienne, mes devoirs ici seront bien durs à remplir. Je frémis de cette idée; j'espère que cela n'arrivera jamais, et qu'au moins je n'en fournirai pas le prétexte. Je suis charmée que les nouvelles de Naples et de Florence continuent : j'ai un pressentiment que, quand les miennes commenceront elles ne cesseront pas et donneront de la joie à ma chère maman.

Je me suis bien trompée sur ce que je vous ai mandé sur le comte de Provence; il s'est beaucoup déshonoré dans l'affaire de Mme de Brancas (1); sa femme le suit en tout, mais ce n'est que par peur et par bêtise, étant, comme je le crois, fort malheureuse. Au reste, je vis fort bien avec eux, quoique je me méfie de leur caractère, qui n'est pas aussi sincère que le mien. Pour le comte d'Artois, quoiqu'encore en éducation, il montre des sentiments d'honnêteté, qu'on ne peut pas croire qu'il les tienne de son gouverneur (2). Il lui a résisté lorsqu'il lui voulait faire chasser un honnête homme que M. de Choiseul avait placé auprès des Suisses comme secrétaire (3); aussi a-t-il l'approbation de son frère aîné, qui a aussi montré dans l'affaire de Brancas qu'il avait plus d'amitié et de confiance pour sa femme que le comte de Provence.

III. — Mercy a Marie-Thérèse.

Paris, 23 janvier. — Sacrée Majesté, Après le départ du courrier expédié d'ici le 19 de décembre, et à la première occasion que j'eus de faire ma cour à Mme la dauphine, elle me marqua beaucoup de joie sur le contenu de la lettre qu'elle venait de recevoir de S. A. R. « Pour cette fois » dit-elle, « je ne suis plus grondée, et l'impéra-

---

(1) Madame de Brancas avait été renvoyée du service de la comtesse de Provence pour avoir offensé madame du Barry.

(2) Le duc de la Vauguyon.

(3) Ce secrétaire des Suisses était l'abbé Barthélemy, l'auteur du Voyage d'Anacharsis, si intime dans la maison de Choiseul. Mme du Deffand écrit le 10 janvier 1772 à la duchesse de Choiseul : « Je ne suis pas du tout contente de la tournure qu'a prise l'affaire de l'abbé. Le petit comte d'Artois, qui me paraît un enfant charmant, voulait qu'il gardât tout; on ne lui donne que la moitié ».

« trice commence à sentir que je ne puis pas changer de conduite « vis-à-vis de la favorite. » S. A. R. m'ajouta qu'elle mandait à V. M. que la bonne harmonie subsistait toujours entre elle, Mme la comtesse et M. le comte de Provence, et que, quoiqu'on attribuât quelques défauts graves à ce dernier, elle ne croyait pas cette imputation bien fondée. Mme la dauphine remarqua qu'elle s'exprimait ainsi pour tranquilliser V. M., mais que, dans le fait, elle avait de violents soupçons sur le caractère de M. le comte de Provence, et qu'elle était assez mécontente de lui. Je répondis sur l'article de la comtesse du Barry, qu'en partant du principe qu'il convenait à Mme la dauphine de paraître ignorer l'état de cette femme, il s'en suivait la nécessité de la traiter avec indifférence, mais sans affectation ni mépris ; que, sans savoir ni oser interpréter ce qu'il avait plu à V. M. d'écrire sur ce chapitre, je craignais cependant que Mme l'archiduchesse ne rapprochât un peu trop de ses propres idées les intentions que V. M. pouvait lui avoir marquées à cet égard. S. A. R. ne parut pas contente de ma remarque.

Peu de temps après, il survint d'autres particularités assez critiques. V. M. aura daigné voir dans mes dépêches d'office les manœuvres employées pour dépouiller le duc de Choiseul de la charge de colonel général des Suisses (1), et la fâcheuse impression qu'avait faite à la cour et dans le public le projet de donner cette charge à M. le comte de Provence. Dans le fait, ce prince n'avait été mis en avant que pour déterminer le roi à un acte de sévérité qu'il n'aurait sans cela jamais fait éprouver au duc de Choiseul. Cependant, M. le dauphin ayant marqué de l'humeur et tenu des propos assez durs, la cabale sentit qu'elle avait grièvement compromis M. le comte de Provence, et on eut recours à l'expédient de l'engager à nier ses démarches, et de faire donner la charge à M. le comte d'Artois. Malgré cette tournure, il n'en fut pas moins découvert et avéré que M. le comte de Provence avait écrit au roi pour lui demander la charge en question, et le jeune prince resta ainsi inculpé de la chose même,

---

(1) Le 6 décembre 1771, le roi avait fait demander au duc de Choiseul sa démission de la charge de colonel des suisses; on peut voir dans les mémoires de Besenval le récit de toutes les intrigues qui agitèrent amis et ennemis du ministre disgracié en cette circonstance. L'honneur en resta au duc de Choiseul. Il envoya sa démission sans condition, reçut en dédommagement 300 mille francs comptant, avec 60,000 francs de pension, et eut le plaisir de voir le comte de Provence, que la cabale avait mis en avant, n'oser profiter du succès.

et du blâme de l'avoir niée. Cette action, jointe à celle du renvoi de la duchesse de Brancas, et nombre d'autres petites circonstances faisant connaître de plus en plus que le comte de Provence est entièrement livré au parti de la favorite, il en est résulté dans la famille royale une scission dont les suites pourraient devenir très-fâcheuses, et, dans ces derniers temps, je me suis uniquement occupé des moyens de tâcher de retenir Mme la dauphine de toute démonstration trop forte contre le jeune prince son beau-frère. Jusqu'à présent j'ai obtenu un peu de modération, mais les occasions sont si fréquentes, et elles produisent tant de fermentation et d'aigreur, qu'il est presque impossible de sauver tous les inconvénients d'une situation si critique. Mme la comtesse de Provence joue de son côté un rôle fort suspect; elle se plaint quelquefois de la nécessité où elle est de se conformer aux démarches de son époux, elle voudrait paraître y répugner; cependant, d'après une exacte vérification des faits, j'ai toute certitude que cette jeune princesse n'est pas de bonne foi, et sans trop éclairer Mme la dauphine sur ce point, je l'ai suppliée d'exclure toutes confidences trop étendues du commerce d'amitié qu'il lui convient d'entretenir toujours avec Mme la comtesse de Provence.

Relativement à Mesdames de France, les avis de V. M. ont produit quelque effet, et je vois avec grande satisfaction que Mme l'archiduchesse (au moins dans certains cas) secoue le joug que Mme Adélaïde cherche toujours à lui imposer. J'en ai une preuve très-récente dans ce qui s'est passé au jour de la nouvelle année. Il est d'usage que toutes les femmes présentées vont ce jour-là faire leur cour à la famille royale. Je fus informé que la comtesse du Barry se disposait à remplir le même devoir, et, la veille de l'an, je me procurai chez Mme la dauphine une audience, dans laquelle j'employai tous les moyens imaginables pour persuader S. A. R. de ne point traiter mal la favorite. Ce ne fut pas sans grande peine que j'obtins une promesse à cet égard. L'essentiel était que Mesdames ne fussent point consultées, et c'est ce qui arriva heureusement. Dans la matinée du lendemain la comtesse du Barry parut chez Mme l'archiduchesse; elle y était venue avec la duchesse d'Aiguillon et la maréchale de Mirepoix. Mme la dauphine adressa d'abord la parole à la première; passant ensuite devant la favorite et la regardant sans gêne ni affectation, elle lui dit : « Il y a bien du monde aujourd'hui

« à Versailles, » après quoi S. A. R. parla tout de suite à la maréchale de Mirepoix.

M'étant rendu au dîner de Mme l'archiduchesse, lorsqu'elle fut sortie de table, elle me fit entrer, et me dit : « J'ai suivi vos conseils, « voilà M. le dauphin qui rendra témoignage de ma conduite. » Le prince se mit à sourire, mais en ne disant mot ; alors Mme l'archiduchesse me conta elle-même ce qui s'était passé, et elle finit en disant : « J'ai parlé une fois, mais je suis bien décidée à en rester « là, et cette femme n'entendra plus le son de ma voix. » C'était la première fois que je me trouvais à portée de parler en présence de M. le dauphin, et je tâchai de mettre à profit cette bonne occasion. Je fis d'abord compliment à Mme l'archiduchesse sur le parti raisonnable qu'elle avait pris dans la matinée ; je me permis d'exposer quelques réflexions assez fortes sur la situation actuelle où se trouve la famille royale, sur les inconvénients qu'elle doit tâcher d'éviter, enfin sur la nécessité d'une conduite prudente, et combinée de façon à ne point choquer le roi par des démonstrations d'une résistance déplacée, à ne pas non plus marquer de faiblesse, mais surtout à ne point donner prise aux intrigues particulières, qui, par des vues totalement étrangères à la famille royale, pourraient tendre à la compromettre et à la faire servir d'instrument à la réussite des choses qu'elle a le plus d'intérêt à éloigner.

Je m'aperçus que M. le dauphin comprenait très-bien le sens de ce que je disais ; il marqua d'y applaudir par quelques gestes et quelques signes de tête, sans cependant proférer une parole. Mme la dauphine prit mon langage un peu plus légèrement, sans cependant contredire mes raisonnements. J'ai éprouvé aussi que M. le dauphin (qui m'a d'ailleurs toujours fort bien traité) depuis cette audience m'a marqué plus de bonté que de coutume, et je suis le seul des ministres étrangers auquel il parle un peu de suite.

Si la contenance que Mme la dauphine a tenue le premier jour de l'an vis-à-vis de la favorite obtient l'approbation de V. M., et qu'elle daigne le faire connaître à S. A. R., je crois que cela produirait un très-bon effet pour l'avenir. Au reste, je puis assurer très-positivement à V. M. qu'il n'y a aucun danger que Mme l'archiduchesse aille trop loin dans le traitement favorable à faire à la comtesse du Barry, et qu'au contraire S. A. R. aura toujours plus besoin d'être excitée que d'être arrêtée sur cet article.

La circonstance que je viens de rapporter a effectué tout le bien que je m'en étais promis. Dès le même soir de la nouvelle année le roi accueillit Mme la dauphine avec des démonstrations de tendresse plus marquées que de coutume, et on chanta les louanges de S. A. R. chez le duc d'Aiguillon et chez tous ceux qui tiennent à ce parti. Mesdames, qui avaient tenu une conduite tout opposée, et qui se croyaient assurées d'être imitées dans cette occasion comme dans les précédentes, firent des reproches à Mme la dauphine. La comtesse de Narbonne s'exalta en propos, et je vis le moment où S. A. R. était presque au repentir de ce qui s'était passé.

Relativement aux petits détails journaliers des occupations de Mme la dauphine, je n'ai à en dire que des choses satisfaisantes. S. A. R. continue régulièrement ses lectures ; il est même très-visible qu'elle y prend plus de goût, et si elle ne préfère pas toujours des livres sérieux, au moins elle les choisit avec goût et dans un genre propre à former l'esprit. Ce sont des lettres bien écrites, des anecdotes historiques, quelquefois des pièces de théâtre, jamais de romans ou autres livres frivoles, pour lesquels S. A. R. ne marque aucune curiosité. Elle s'en remet là-dessus à ce que lui suggère l'abbé de Vermond, qui est aussi judicieux qu'attentif et délicat dans les choix qu'il propose. Mme la dauphine acquiert de jour en jour plus d'agrément dans le propos ; elle a la répartie prompte, toujours juste, et une façon de s'exprimer qui ne tient en rien d'une routine empruntée ; elle a entre autres le talent de parler à tout un cercle, et cela de façon qu'un chacun est dans le cas de croire que c'est à lui que le propos est adressé. Malgré cette facilité, qui rend Mme l'archiduchesse charmante, il est cependant vrai qu'elle ne parle point assez aux gens de marque, jamais un mot aux simples étrangers. Enfin S. A. R. parle rarement dans les occasions où il serait le plus flatteur qu'elle adressât la parole, comme au temps de ses repas, où le monde afflue toujours. Cet article est si essentiel dans ce pays-ci que je ne cesse d'en faire l'objet de mes représentations. Il y a des temps où elles ne sont pas infructueuses, mais S. A. R. retombe quelquefois dans un silence qui dure trop longtemps.

Les amusements de cet hiver consistent en deux spectacles par semaine et un bal ; Mme la dauphine y paraît avec toutes les grâces possibles ; elle danse mieux que par le passé ; elle a inspiré le goût de cet exercice à M. le dauphin, qui s'y livre très-volontiers ; les promenades à cheval ont lieu quand le temps le permet, mais elles se font avec modération et très-rarement dans la saison présente.

Je ne dois point omettre ici l'exactitude de Mme l'archiduchesse dans les pratiques de piété qu'elle remplit avec toute la décence convenable ; S. A. R. a fait ses dévotions le 26 du mois dernier.

Le courrier mensuel est arrivé ici le 18 au soir, et le lendemain Mme la dauphine a reçu les lettres qui lui étaient adressées. Son empressement à les lire ne lui permet jamais de me donner audience dans ces moments-là, et ce n'est que quelques jours après que S. A. R. me fait la grâce de me parler des objets dont V. M. a jugé à propos de lui écrire. Après l'expédition de ce courrier, je retournerai à Versailles pour y remplir tout ce que le service de Mme l'archiduchesse pourra exiger. Il doit y avoir la semaine prochaine des petits bals chez la comtesse de Noailles ; je sais qu'il est question d'en exclure Mme la comtesse de Provence, et que ce projet a été formé chez Mesdames. C'est une occasion prochaine à tracasserie que je vais tâcher d'éloigner. Je suis même presque assuré d'y réussir, parce que j'ai des raisons très-fortes à faire valoir, et des expédients à proposer. Le plus simple sera que la comtesse de Noailles n'invite personne à ses bals, et qu'elle se borne à y recevoir les princes et princesses de la famille royale qui voudront y venir sans être sollicités d'honorer ces petites fêtes de leur présence.

M. le dauphin persiste dans ses bons procédés, sa complaisance et sa douceur envers Mme la dauphine. Il en est de plus en plus occupé et enchanté ; mais les circonstances essentielles à leur mariage restent encore suspendues. M. le comte de Provence est dans la même situation, et on a des sujets de croire qu'il y restera plus longtemps que M. le dauphin.

IV. — Mercy a Marie-Thérèse.

Paris, 23 janvier. — Si la santé du roi continue à s'affaiblir, il pourrait en résulter de grands changements à cette cour ; ce serait le moment où il dépendrait de Mme l'archiduchesse de jouer un rôle aussi brillant qu'utile ; mais il faudrait pour cela que S. A. R. voulût bien donner un peu plus d'attention aux choses sérieuses, et qu'elle sût y sacrifier quelques petits amusements qui l'absorbent entièrement. Elle s'ennuie avec le roi, et ne prend pas toujours la peine de le dissimuler ; il est cependant certain que le monarque a le penchant le plus décidé pour Mme la dauphine, mais elle ne veut point s'en prévaloir, et quoique je ne cesse de lui représenter les raisons les plus fortes sur ce point si important, c'est celui de tous sur lequel je gagne le moins.

Il paraît maintenant bien certain que le comte de Boisgelin ne retournera pas à Parme. La maréchale de Mirepoix sollicite vivement ce poste pour son neveu le prince de Chimay. Le comte de Rosenberg, qui n'a passé ici que peu de moments, en est parti bien persuadé de l'utilité dont sa présence pourra être à Parme. Nous avons eu sur cet article un long entretien avec le comte de Fuentes, et je m'en remets à cet égard ainsi que sur d'autres objets à ce que le comte de Rosenberg s'est chargé d'exposer de vive voix à V. M. Ce ministre n'a pas cru devoir paraître à la cour ; mais, de son aveu, j'ai pensé qu'il convenait de ne pas laisser ignorer plus longtemps sa destination au duc d'Aiguillon. J'ai fait valoir cette résolution de V. M. comme une suite de son désir à complaire au roi Très-Chrétien. Le duc d'Aiguillon a reçu cette ouverture avec beaucoup de marques de satisfaction ; mais il souhaiterait qu'après le court séjour du comte de Rosenberg à Parme il plût à votre V. M. d'y établir à demeure un sujet de confiance, qui entretînt le bon ordre qu'il est à espérer que le comte de Rosenberg réussira à établir à la cour de l'infant.

Je remets ici les pièces secrètes (1) que V. M. a daigné me communiquer, et j'y joins les petites observations dont elles sont susceptibles. Quoique la correspondance de Sandoz soit pitoyable par le fond et la forme, il est très-important de vérifier les faussetés qu'elle contient, et il en résulte pour moi de grandes facilités à combiner les démarches de cet émissaire prussien. Je crois voir clairement que le duc d'Aiguillon se repent déjà de s'être avancé trop légèrement vis-à-vis de la cour de Berlin, et qu'il cherche maintenant à revenir sur ses pas. Sans aucunes vues décidées, il avait imaginé qu'en donnant quelques inquiétudes sur sa façon de penser, il engagerait les cours alliées à le ménager davantage, et à s'occuper du soin de le gagner. Au lieu de cela, il s'aperçoit que sa conduite n'a

---

(1) Ce sont des pièces interceptées de la correspondance de l'envoyé de Prusse que Marie-Thérèse a envoyées par le courrier du 4 janvier.

produit que de la méfiance, qui intercepte toutes les opérations politiques, embarras dont le roi s'aperçoit, et qui le confirme dans le peu d'opinion qu'il a de son ministre. Dans cette position, la force des choses contraindra le duc d'Aiguillon à changer sa marche; il a compromis son crédit au dehors, et il n'en acquiert aucun auprès de son maître. L'opposition du chancelier peut lui devenir très-redoutable, et ceux qui, par intérêt, avaient cru devoir se lier avec ce ministre des affaires étrangères semblent s'en détacher à mesure qu'ils le connaissent davantage. De ce nombre est, entre autres, le ministre de la marine, le sieur de Boynes, qui passe à juste titre pour la meilleure tête qu'il y ait à présent dans le ministère de Versailles. Le roi en fait grand cas, et probablement cet homme jouera un rôle dans la suite; il est beau-frère du baron de Breteuil, et pourrait bien un jour lui faciliter les moyens de parvenir au ministère. Ce baron se rendra incessamment à son ambassade; je lui ai dit ce qui m'a paru de plus convenable pour l'engager de se conduire d'une façon à mériter la bienveillance de la reine de Naples. Le baron de Breteuil, avec plusieurs défauts, est cependant très-attaché au système présent, et s'il plaisait à V. M. de le faire connaître sous ce point de vue à l'archiduchesse-reine, cet avis pourrait peut-être dans certains cas devenir de quelque utilité.

J'espère les plus grands et les meilleurs effets de ce qu'il a plu à V. M. d'écrire en dernier lieu à Mme l'archiduchesse, et cette lettre renferme tout ce que j'avais à désirer pour appuyer les moyens que j'emploie à persuader S. A. R. sur les objets utiles et indispensables; celui d'endormir la favorite est un des plus essentiels, et, dans ma position vis-à-vis de cette femme, je pourrais peut-être réussir à arrêter le duc d'Aiguillon sur les fausses démarches que l'on est dans le cas de craindre de sa part et de chercher à prévenir.

V. — MARIE-THÉRÈSE A MERCY.

Vienne, 10 février. — Comte de Mercy, J'ai reçu par le courrier Caironi votre lettre du 23 du passé. Je suis bien aise qu'à la fin vous avez réussi d'engager ma fille à dire quelques mots, quoique très-indifférents, à la comtesse du Barry. Bien loin de craindre qu'elle ne s'avance trop loin, j'ai plutôt remarqué par sa dernière lettre, ci-jointe en copie, combien il lui avait coûté de faire ce pas. Tant que les la Vauguyon, Narbonne, Marsan, etc., influeront dans l'intérieur de la cour, je sens trop bien que la situation de ma fille est très-critique et exige de votre part une attention suivie, ce que vous exécutez aussi avec un zèle qui seul est capable d'adoucir mes inquiétudes. Je suis charmée que le dauphin vous marque de la confiance, ce qui peut produire dans la suite bon effet; mais je serais fâchée s'il venait à se brouiller avec le comte de Provence, dont il y aurait à craindre des suites dangereuses. Vous faites donc très-bien de tâcher de dissiper au possible tout sujet d'aigreur, et d'empêcher qu'on n'écarte pas le comte et la comtesse de Provence des parties de plaisir, comme on avait formé le projet de les exclure des bals de Mme de Noailles. Je vois avec peine la décadence du roi; sa mort dans ce moment, où les affaires du royaume sont dans une crise violente et dans le plus grand désordre, arriverait bien à contretemps.

Rosenberg m'a rendu ce que vous avez traité avec lui sur les affaires de Parme et autres objets. J'approuve que vous avez participé à Aiguillon la mission de Rosenberg à Parme; dès qu'il s'y sera rendu, je l'ai chargé d'examiner le terrain de cette cour pour pouvoir, en conséquence faire le choix d'un sujet aussi propre que possible à y remplir avec succès le poste de mon ministre. Vous pouvez, en attendant, faire sentir à Aiguillon que je compte que, dans ce cas, on accordera à mon ministre un traitement convenable, sans réveiller les anciennes difficultés d'étiquette.

Je marquerai à ma fille la reine de Naples ce que vous me mandez sur le compte du baron de Breteuil. Vous pouvez lui en faire part, en ajoutant que je ne l'ai pas oublié depuis le temps que j'ai eu le plaisir de le voir et connaître à Vienne.

La nomination de l'archevêque de Reims au cardinalat (1) est faite à la vérité d'une façon peu régulière; mais, comme je compte de voir bientôt réparé par la cour de Rome ce défaut, il me parait qu'en

---

(1) Charles Antoine de la Roche-Aymon, grand aumônier depuis 1760 et archevêque de Reims en 1762. Il avait baptisé Louis XVI, lui avait fait faire sa première communion, et bénit son mariage. C'est encore lui qui officia à la cérémonie du sacre en 1775. Ses biographes parlent de sa piété et de sa charité, mais les mémoires du temps s'étonnent de sa fortune. « En considérant d'où il est parti, écrit Mme du Deffand, de sacristain des Minimes au degré le plus haut, sans mérite, sans appui, et, pour ainsi dire, sans intrigue, il est le triomphe de la médiocrité. » L'incident rapporté par Marie-Thérèse concorde fort bien, comme on voit, avec ces témoignages.

attendant, le meilleur sera de ne pas trop relever cette affaire et la laisser peu à peu tomber.

[Je vous confierai pour vous seul que j'en suis cause, ayant trop vite compté sur un propos que l'empereur a dit de son indifférence là-dessus pour obliger la France et Rome. Je l'ai fait mander à Hrzan à Rome, qui en a parlé au pape, mais avec réserve; celui-ci, croyant de pouvoir y compter, m'a mise dans cet embarras à cette heure dont je serai tirée par la nomination de l'évêque de Passau. C'est la raison pourquoi je voudrais que vous laissiez tomber toute l'affaire. Je suis fâchée de ne pouvoir vous dire rien de plus que cette note sur Hegyes (1); la mort de Grassalkovits (2), le changement du ministère en sont cause.]

VI. — Marie-Thérèse a Mercy.

Vienne, le 10 février. — Comte de Mercy, Le prince de Rohan eut le 19 du passé sa première audience de moi. Il débuta d'abord par l'envie qu'il avait eue depuis longtemps de se présenter devant moi. Il entra ensuite dans le détail sur la stabilité des sentiments du roi pour ma personne et pour le système actuel. J'y répondis honnêtement, en l'assurant de mon parfait retour, et du cas que je faisais de l'amitié du roi. Rohan reprit qu'encore le ministère actuel pensait de même que le roi. Je répondis que j'ai toujours regardé notre alliance comme l'effet de nos sentiments réciproques, et non comme l'ouvrage de ministres, que je la voyais affermie par les liens du sang contractés entre nos deux maisons; et que dès que le roi faisait choix d'un ministre, je le croyais incapable de penser différemment, et que je lui rendrai cette justice tant qu'il ne me donnera pas sujet de changer de sentiment. Rohan finit par me prier de le traiter avec bonté et d'avoir de l'indulgence pour lui. Je lui fis sentir que tous ses prédécesseurs étaient contents du séjour qu'ils avaient fait à ma cour. J'en articulai ensuite les noms : Hautefort, Choiseul,

---

(1) C'est le nom d'une terre que Mercy possédait en Hongrie et qu'il souhaitait vendre ; les lettres suivantes donneront des détails sur cette affaire, dont l'impératrice s'occupe avec une grande sollicitude pour les intérêts de son fidèle ambassadeur.

(2) Le comte Antoine Grassalkovits soutint avec autant de talent que d'ardeur la cause de Marie-Thérèse à la diète de Hongrie en 1741; quoique d'une naissance obscure, ses grandes qualités l'avaient élevé aux plus hautes dignités de sa patrie.

que je n'oublierai jamais, Praslin, du Châtelet, Durfort (1), et que j'espérais par conséquence qu'il se trouvera dans le même cas. En entendant les mots « que je n'oublierai jamais », ajoutés à la mention que je fis de Choiseul, Rohan, en souriant, les répéta tout bas, sans rien dire, et moi j'ai de même laissé tomber le discours.

Il me parla encore de ma fille, en faisant son éloge, mais en ajoutant qu'il y avait de certaines difficultés par rapport à elle, et que la cause en était qu'elle n'avait pas auprès d'elle des gens capables de la bien conseiller. Je me doute que cette réflexion pourrait porter sur l'abbé Vermond, et tendre à l'éloigner de ma fille pour lui substituer quelqu'un de la clique du parti dominant. Je lui répliquai que je leur avais envoyé ma fille telle que je croyais qu'ils pourraient en être contents, avec beaucoup de santé, enjouement, grâces naturelles, docilité, etc.; qu'au reste il ne dépendait que d'eux de la former telle qu'elle leur conviendrait, objet qui intéressait le plus le roi, qui pourrait le procurer uniquement. Rohan tient jusqu'ici bonne contenance; il est tout uni dans ses façons et tout simple dans son extérieur, sans grimaces et faste, très-poli envers tout le monde, mais peut-être dans la vue d'exiger un retour complet d'attentions et d'égards. D'abord il déclara de ne pas vouloir fréquenter les spectacles; mais il changea bientôt de sentiments, parce qu'on lui a fait sentir qu'il se priverait par là d'une des premières ressources qu'on a ici.

VII. — MARIE-THÉRÈSE A MARIE-ANTOINETTE.

Vienne, le 13 février. — Je vous envoie sur cette feuille à part par Mercy ma réponse sur la vôtre du 21 janvier, où vous me marquez de vous avoir exécutée le jour de l'an à suivre mes conseils. L'effet a marqué que ces conseils étaient bons, et vous m'avez fait rire de vous imaginer que moi ou mon ministre pourraient jamais vous donner des conseils *contre l'honneur :* pas même contre la moindre décence. Voyez par ces traits combien les préjugés, les mauvais conseils ont pris sur votre esprit. Votre agitation après ce peu de pa-

---

(1) Le marquis d'Hautefort fut nommé ambassadeur à Vienne en 1750; le duc de Choiseul, alors marquis de Stainville, en 1757, le duc de Praslin, alors comte de Choiseul, en 1759, le comte du Chatelet en 1761, le marquis de Durfort en 1767.

roles, le propos de n'en plus y venir, font trembler pour vous ; quel intérêt aurais-je que votre bien et celui même de votre état, le bonheur du dauphin et le vôtre, la situation critique où vous et tout le royaume et la famille se trouvent, les intrigues, les factions ? Qui peut vous conseiller mieux, mériter votre confiance, que mon ministre, qui connaît à fond tout l'état et les instruments qui y travaillent ? Il n'a d'autre objet plus intéressant, et je puis dire, le seul, votre bonheur. Son attachement, sa capacité devraient vous tranquilliser et vous en servir, comme d'une ressource dans toutes les différentes occasions où vous pourriez vous trouver. Mais il ne suffit pas de l'entretenir seulement : *il faut suivre tous les conseils sans exception qu'il vous donnera : il faut, par une conduite compassée et suivie, vous mettre à même de suffire à tout.* Le roi est âgé, les indigestions dont il souffre ne sont pas indifférentes : il peut arriver des changements en bien et en mal avec la du Barry, avec les ministres. La conduite du comte de Provence mérite toute attention et circonspection. Vous trouverez assez de monde qui vous rapporteront, vous animeront contre eux ; mais gardez-vous bien : ces mêmes gens font peut-être la même chose chez eux. Évitez soigneusement toute scission dans la famille ; dissimulez, ne relevez rien et restez bonne ; c'est l'unique moyen de soutenir la paix chez soi. Je vous répète, ma chère fille, si vous m'aimez, de suivre mon conseil, c'est de suivre sans *hésiter* et avec *confiance* tout ce que Mercy vous dira ou exigera ; s'il souhaite que vous répétiez vos attentions vis-à-vis de la dame ou d'autres, vis-à-vis du comte de Provence ou elle (1), de le faire, d'être persuadée qu'il sait mieux que vous tous les ressorts dont on se sert pour brouiller les choses. On sait cela quand on est attentif et hors des différentes factions ; vous ne saurez l'être de même ; il faut tous les talents, tout l'attachement de Mercy pour s'être rendu si utile et nécessaire à vous ; il s'agit de votre bonheur : puis-je trop insister que vous suiviez ses conseils et les miens ?

Je vous envoie ce papier à part de ma lettre pour le rendre à Mercy, ne voulant qu'il puisse tomber en d'autres mains. Si vous voulez le reprendre tous les mois, vous pourrez le lui rendre cacheté, et lui or-

---

(1) C'est-à-dire : ou de la comtesse de Provence.

donner de vous le rapporter pour passer (1) et vous imprimer d'autant plus mes tendres conseils, qui ne finiront qu'avec ma vie, que vous pourrez rendre plus heureuse ou moins.

VIII. — Marie-Thérèse a Mercy.

Vienne, 25 février. — Comte de Mercy, Ayant communiqué au prince de Lobkowitz mes intentions par rapport à mes deux filles, la reine de Naples et l'infante de Parme, je l'ai chargé en même temps de vous en faire part, pour concerter ensemble les mesures qui seraient les plus conformes à mes vues. N'étant pas accoutumée (comme vous le savez très-bien) à traiter mes enfants avec trop d'indulgence, je trouve cependant un peu forte la gêne dans laquelle on prétend continuer à tenir mes filles et leurs époux, dans un temps qu'ils avancent déjà en âge. Il ne saurait manquer d'en résulter beaucoup d'inconvénients. Je crois qu'il serait bon de le faire sentir à la cour d'Espagne, et je m'en remets à ce que, de concert avec le prince de Lobkowitz, vous trouverez à propos d'insinuer sur ce sujet à la dite cour. J'ai encore fait connaître à ce ministre de vous communiquer toujours les affaires plus importantes relatives à son poste, surtout celles qui pourraient également intéresser les deux cours bourbonnes, de France et d'Espagne [et de l'instruire de temps en temps de ce qui pourrait intéresser mon service et surtout ma famille.]

IX. — Mercy a Marie-Thérèse.

Paris, 29 février. — Sacrée Majesté, Au moment où j'expédiais le courrier du 23 janvier, je fus encore à temps d'informer le secrétaire du cabinet, baron de Neny, d'une alarme que venait d'éprouver Mme la dauphine sur la santé de V. M. Les détails de cette circonstance sont si intéressants qu'il est de mon devoir de les exposer ici.

Le jour où le cardinal de la Roche-Aymon reçut la barette, il prit, suivant la coutume établie à cette cour, une audience en grande cérémonie auprès de toute la famille royale. Au moment où ce prélat allait être conduit chez Mme la dauphine, le duc d'Aiguillon y entra.

---

(1) Sans doute : repasser.

Approchant de S. A. R., il lui demanda si elle avait des nouvelles de V. M. Sur l'air de surprise que Mme l'archiduchesse marqua à cette question, le ministre ajouta qu'elle ne devait point être inquiète, que V. M. s'était trouvée indisposée, qu'on l'avait saignée, et qu'elle était beaucoup mieux. Le duc d'Aiguillon prétend avoir joint à cela d'autres circonstances rassurantes, mais dès le premier mot Mme la dauphine s'était troublée au point de ne rien entendre ; elle rentra dans son cabinet fondant en larmes, et ne pouvant proférer d'autres paroles que celles de dire qu'elle était hors d'état de donner audience au cardinal, après quoi S. A. R. m'écrivit le billet ci-joint (1). La comtesse de Noailles, qui était présente, sans cependant avoir entendu les propos du duc d'Aiguillon, prit le parti d'aller trouver ce ministre. Elle lui demanda les lettres de Vienne, en prit les extraits, les rapporta à Mme la dauphine, laquelle, revenant un peu de son premier saisissement, examina les nouvelles, et s'aperçut alors qu'elles ne parlaient que d'une indisposition presque entièrement cessée, et qui ne pouvait avoir aucune suite. Au reste il n'est sorte de marques de la douleur et de la tendresse la plus touchante que S. A. R. n'ait données dans cette occasion. Elle demanda d'abord un chapelet qu'elle a reçu de V. M. ; elle se mit en prière ; M. le dauphin, qui ne la quitta pas, semblait partager bien sincèrement les peines de son auguste épouse, et m'en parla après coup d'une façon qui marquait également son attachement respectueux pour la personne sacrée de V. M. Entretemps le billet de Mme la dauphine me donnait de vives inquiétudes ; le courrier n'était point expédié, et je ne pouvais par conséquent me rendre sur l'heure à Versailles. Je pris le parti d'envoyer dans la nuit un exprès au duc d'Aiguillon, en le priant de me communiquer le contenu de ses nouvelles. Le 24 au matin, je reçus du ministre la réponse ci-jointe (2), qui me tranquillisa ; trouvant ce-

---

(1) Voici ce billet avec son orthographe : « M. d'Aigullion vien de m'apprendre que l'imperatrice a été saignez deux fois, je vous prie de m'en dire toute de suite des nouvelles. — ANTOINETTE. »

« A Monsieur le comte de Mercy. »

(2) J'ai l'honneur de vous envoyer, monsieur le comte, l'extrait de la lettre par laquelle nous avons appris l'incommodité et la guérison de l'impératrice. V. E. y verra qu'elle peut être tranquille sur une santé si précieuse, et que les légères inquiétudes qu'on a eues à Vienne à ce sujet sont totalement dissipées.

Mme la dauphine n'en aurait eu aucune si elle eût bien voulu m'écouter et me croire, mais elle ne fit ni l'un ni l'autre, et j'ai été accusé d'avoir fait une étourderie, pendant que je ve-

pendant dans cette réponse une tournure de plainte contre Mme l'archiduchesse, je craignis que cet événement n'eût encore donné matière à tracasserie. Je ne m'étais point trompé ; mais, étant le surlendemain à Versailles, je réussis à persuader Mme la dauphine que le duc d'Aiguillon n'avait eu dans sa conduite que de bonnes intentions, et je parvins de même à persuader le ministre que S. A. R. lui avait rendu justice à cet égard.

Je trouvai Mme l'archiduchesse très-occupée du contenu de la dernière lettre de V. M. ; elle était vivement frappée des réflexions sur la possibilité d'un refroidissement entre les deux cours, et sur les motifs qui pourraient y donner lieu. « Cela est cependant », me dit-elle, « bien plus sérieux que je ne l'aurais imaginé. Vous aviez rai-
« son de me le dire ; je mande à l'impératrice que je ne me le par-
« donnerais jamais si ma conduite occasionnait un pareil malheur,
« que plutôt que de m'y exposer je suis résolue à vaincre mes ré-
« pugnances vis-à-vis de la favorite, que dans tous les cas mon cœur
« serait toujours pour ma famille, et que s'il existait des brouille-
« ries, je sens que mes devoirs deviendraient trop difficiles à remplir
« ici. »

Je fus bien enchanté d'entendre tenir ce langage à Mme la dauphine, et je profitai d'aussi heureuses dispositions pour rappeler tout ce qui était propre à en affermir le succès. Je retraçai les désa-

---

nais remplir ce que me prescrit mon respect et mon attachement pour elle, en prévenant les alarmes qu'elle aurait pu avoir avec raison, si la nouvelle de l'incommodité de l'impératrice lui fût parvenue par une voie moins sûre et moins détaillée. Je lui ajoutai même que le prince Louis me mandait, du 11, qu'il devait avoir audience de cette princesse le lendemain, ce qui constatait sa guérison ; mais toutes mes attentions n'ont abouti qu'à me faire un démérite. J'espère que V. E. sera plus juste, et qu'elle est bien persuadée que je me serais empressé de lui faire part de cette nouvelle, si je n'eusse imaginé qu'elle en était aussi bien informée que moi. Je lui renouvelle les assurances bien sincères de l'attachement inviolable avec lequel j'ai l'honneur d'être, monsieur le comte, le très-humble et très-obéissant serviteur.

LE DUC D'AIGUILLON.

Versailles, ce 24 janvier 1772.

Extrait d'une lettre de M. Durand, de Vienne le 9 janvier 1772.

L'impératrice garde la chambre depuis huit jours. Elle souffre d'une forte oppression et d'une fluxion sur la joue gauche qui revient souvent ; on la saigna mardi dernier. Le mercredi on agita si elle le serait une seconde fois ; mais le mal diminuant, on a jugé n'avoir pas besoin de recourir à cet expédient. Elle est actuellement sans fièvre, et les inquiétudes où l'on a été un moment sont dissipées.

gréments sans nombre auxquels S. A. R. se verrait journellement exposée, si l'harmonie et l'unité d'intérêt venaient à cesser entre les deux augustes maisons ; que si M. le dauphin parvenait au trône dans de pareilles conjonctures, je laissais à juger à S. A. R. combien alors ses embarras deviendraient encore plus directs et plus pénibles. Dans cet endroit Mme la dauphine m'interrompant avec vivacité, me dit : « Je vous réponds que, dans le cas où M. le dauphin serait « maître, toute brouillerie cesserait bientôt. » Cela fut prononcé d'une façon très-touchante et qui exprimait bien le sentiment de Mme l'archiduchesse. Jamais je n'avais eu le bonheur de la voir si pénétrée des avertissements de V. M., et d'après ce qui s'est passé depuis ce moment-là, j'ai lieu de me flatter que l'impression sera aussi durable qu'elle a été forte et réfléchie.

Dans cette même audience, Mme la dauphine me parla des événements journaliers qui surviennent dans l'intérieur de la famille, et des griefs qui s'y multiplient contre M. le comte de Provence. Le despotisme qu'il exerce sur la princesse son épouse a souvent donné lieu à celle-ci de se plaindre ; elle voudrait paraître répugner à toutes les démarches agréables au parti dominant, et elle s'en excuse comme d'une violence que lui fait subir le ton impérieux et absolu du jeune prince. De pareilles confidences ont été d'abord adressées à Mme Adélaïde, dans l'intention sans doute qu'elles parvinssent à Mme la dauphine ; mais par une suite de ma défiance très-fondée du petit manége de Mme la comtesse de Provence, j'ai supplié Mme la dauphine de ne point se prêter à des explications dont on pourrait faire un abus dangereux. Les sujets de peines et de plaintes que peuvent se donner réciproquement deux jeunes époux, sont des secrets qui doivent rester ensevelis entre eux, et qui ne sauraient être communiqués à personne, si l'on veut se respecter soi-même. Cette réflexion bien clairement énoncée suffit pour arrêter toute confidence en ce genre, et j'ai cru ne pouvoir proposer à Mme l'archiduchesse un meilleur expédient pour écarter des embarras qui peuvent tirer à conséquence lorsqu'ils portent sur des matières si délicates.

Les bals que la comtesse de Noailles donne à Mme la dauphine les mercredis de chaque semaine ont très-bien réussi sans occasionner des tracasseries. La première idée avait été de tâcher d'en exclure M. le comte et Mme la comtesse de Provence ; je me suis fortement opposé à ce projet et en ai fait sentir les inconvénients. On s'est borné à n'inviter personne; M. et Mme de Provence sont venus au bal sans aucun cortége, et ces petites fêtes, qui se répètent de temps en temps, se sont passées avec beaucoup de gaieté et de simplicité.

Quelque minutieux que soient par leur objet certains détails que je vais exposer, je ne crois pas devoir les omettre, parce qu'ils présentent une idée des abus qui subsistent ici en toutes choses, et que d'ailleurs V. M. sera en même de juger des motifs qui m'ont obligé d'entrer dans les détails susdits vis-à-vis de Mme la dauphine. Il y a un fonds de cent vingt mille livres assigné chaque année uniquement pour l'entretien de la garde-robe de S. A. R.; cette somme est payée sur les mandements de la dame d'atours, laquelle, au bout de l'an, produit un compte auquel on ne peut rien comprendre, et qui cependant doit être approuvé et signé par Mme la dauphine. Lorsque la duchesse de Villars était en place, son âge et ses infirmités l'avaient tellement abattue qu'il s'était introduit un énorme pillage dans son département, et qu'au lieu de cent vingt mille livres, la dépense de la garde-robe pour dix-huit mois se montait à trois cent cinquante et quelques mille francs. Quand la duchesse de Cossé entra dans les fonctions de sa charge, elle fut effrayée de cet excès de dépense, et parut en attribuer la cause aux fantaisies et aux volontés de Mme la dauphine; alors je crus devoir intervenir dans l'examen de cet objet, et je me procurai les moyens de prouver que S. A. R. (qui n'a jamais choisi ni demandé un habit ni un ajustement quelconque, et qui s'en est toujours remise entièrement là-dessus à sa dame d'atours), n'avait aucune part à la mauvaise économie de cette dernière. A l'épluchement des comptes il se trouva en effet des déprédations criantes; je citerai celles qui me frappèrent par leur ridicule. Les femmes de chambre portaient en dépense quatre paires de souliers par semaine, trois aunes de ruban par jour pour nouer le peignoir de Mme la dauphine, deux aunes de taffetas par jour pour couvrir la corbeille où on dépose les gants et l'éventail. Il en était de même d'une infinité d'autres articles. Je représentai à Mme l'archiduchesse qu'elle ne devait pas souffrir qu'on se servît de pareils emplois pour autoriser des voleries; je l'engageai à faire avec sa dame d'atours un travail dans lequel tous ces abus ont été réformés, de façon que je suis bien sûr maintenant que les cent vingt mille livres suffiront amplement à l'entretien de la garde-robe.

S. A. R. reçoit par année quatre-vingt-seize mille livres pour sa cassette; cette somme est chargée de vingt mille livres d'anciennes pensions que faisait la feue reine à différents particuliers. Je me suis récrié contre l'injustice de cet arrangement, parce que la reine avait laissé par testament, et sur des biens qui lui étaient propres, les fonds nécessaires pour l'acquit des pensions, et que d'ailleurs il est absurde de mettre à la charge de Mme la dauphine des engagements qu'elle n'a pas pris et qui ne la regardent point. Si S. A. R. avait daigné m'en croire, il lui aurait été facile de se débarrasser de pareils engagements; mais par bonté et par facilité, elle n'a rien voulu changer au pied établi. Mme l'archiduchesse a perdu au jeu en dix-huit mois douze cent trente-cinq louis; malgré cela, à la fin de la première année il restait sept mille et quelques cents livres d'épargne dans sa cassette. Cette somme a été donnée par forme de gratification aux gens de sa maison, mais son trésorier Pommery (1) a voulu s'arroger le droit d'en faire la distribution, et, sur mes représentations, S. A. R. s'est résolue à décider elle-même à l'avenir de l'emploi de ses épargnes. J'ai cru qu'il était bon qu'elle s'accoutumât à observer et apprécier le zèle et l'exactitude de ceux qui la servent, et qu'elle les récompense de son propre mouvement sans s'en remettre à cet égard à l'arbitrage d'un tiers, qui ne manquerait pas d'en abuser par des prédilections et des injustices. Au reste Mme l'archiduchesse, en suivant les mouvements de son caractère, n'est portée ni à la parcimonie, ni à une dépense trop étendue; elle tient en cela un juste milieu; elle n'a encore disposé que d'une très-petite partie des mille louis que V. M. m'a ordonné de payer à sa volonté; le peu qui en a été dépensé a été employé à quelques présents et en aumônes.

Depuis que Mme la dauphine a commencé à ouvrir les yeux sur l'empire de Mesdames, et sur les inconvénients qui en résultaient, S. A. R. a pris le parti sage de secouer le joug. Elle est maintenant très-convenablement vis-à-vis de Mesdames ses tantes, sur un ton d'aisance et de bonne amitié; mais sans s'abandonner aveuglément aux opinions des autres, elle réfléchit et se décide par elle-même. Mme l'archiduchesse ne se livre pas davantage aux dames de son service pour lesquelles elle marque le plus de penchant. Personne ne la gouverne; elle traite avec plus de bonté la comtesse de Noailles, et

---

(1) Randon de Pommery, trésorier général de la maison de la dauphine.

en tout ce qui concerne cet article de conduite, les choses en sont au point désirable où V. M. les a amenées par ses avertissements, qui ont enfin produit l'effet que j'en avais toujours espéré.

Dans le nombre des événements qui pouvaient survenir, celui de la mort du duc de la Vauguyon en est un des plus favorables à Mme la dauphine. Cet ancien gouverneur, sans être estimé par M. le dauphin, ne laissait pas de lui en imposer et de conserver sur son élève un ascendant très-dangereux de la part d'un aussi méchant homme. Il a trouvé dans les démonstrations du public le châtiment de ses fautes. On a porté jusqu'à l'indécence la joie générale que causait son trépas (1). M. le dauphin n'a pas voulu aller le voir une seule fois. J'avais supplié Mme l'archiduchesse de tâcher de l'engager à remplir cet acte de bienséance; jamais on n'a pu l'y résoudre. Le roi a marqué lui-même la dernière indifférence sur le décès de ce vieux courtisan.

Lorsque le docteur Ingenhouse est repassé par ici, je lui ai procuré les occasions de faire sa cour à Mme la dauphine, et il en a obtenu une audience de laquelle il aura rendu compte à V. M., ainsi que de plusieurs observations que je lui ai communiquées pour le mettre plus en même de bien voir l'état des choses.

Relativement aux occupations sérieuses de Mme l'archiduchesse, elle continue ses lectures avec assez de suite et de fruit; son excellente mémoire lui donne à cet égard toutes les facilités; elle connaît presque toutes les familles de ce pays et retient les noms de chaque individu qui lui a été présenté. Parmi les occupations de pur agrément, S. A. R. ne néglige pas les petits ouvrages en broderie et autres; elle cultive assez la musique, et y ferait plus de progrès si elle voulait s'astreindre à la règle et se livrer moins à la routine.

A mesure que les rigueurs de la saison se dissipent, Mme l'archiduchesse reprend plus fréquemment l'exercice du cheval et de la promenade à pied. S. A. R. a eu un peu de rhume au commencement de ce mois, mais cette légère incommodité ne l'a privée d'aucun de ses amusements; elle s'est bornée à les prendre avec un peu plus de ménagement, et s'est conformée à tous les petits moyens de précaution qui lui ont été conseillés par son médecin.

Le courrier mensuel, qui n'est arrivé ici que le 24 au matin, m'a

---

(1) Le billet d'invitation à l'enterrement du duc de la Vauguyon amusa en particulier la cour et la ville par la longue énumération des titres qui y étaient accumulés; Grimm l'a cité.

remis les ordres de V. M. en date du 10 ; je me suis rendu le même jour à Versailles pour y présenter les lettres adressées à Mme la dauphine. J'arrivai pendant le bal, qui ne finit qu'à dix heures ; S. A. R. me fit alors appeler dans son cabinet, où elle reçut avec la joie et l'empressement ordinaire la lettre de V. M. Elle en fit lecture sur-le-champ en ma présence; mais Mme la dauphine ayant fort chaud, je la suppliai de ne pas tarder à changer de linge, et elle remit à un autre moment de me parler des objets dont il a plu à V. M. de lui faire mention.

Le commencement de mon présent et très-humble rapport contient toutes les observations que j'ai à exposer sur les points dont V. M. daigne me parler dans sa très-gracieuse lettre. Je suis presque assuré de réussir toujours à prévenir des brouilleries d'éclat entre M. le dauphin, Mme la dauphine et M. le comte et Mme la comtesse de Provence. M. le dauphin me traite journellement avec plus de bonté ; il s'est tellement habitué à moi qu'il vient me parler dans tous les endroits où il m'aperçoit, ce que jusqu'à présent il n'avait encore fait vis-à-vis de personne, ayant eu pour maxime de ne parler aux gens que quand il les voyait dans son appartement.

X. — Mercy a Marie-Thérèse.

Paris, 29 février. — Je dois dans ce très-humble rapport secret reprendre tous les objets dont V. M. daigne me faire mention, et pour plus d'exactitude j'en formerai des points séparés.

1° Lorsqu'à l'issue du bal je présentai la lettre secrète (1) de V. M. à Mme la dauphine, elle en parut très-affectée et crut d'abord qu'elle essuyait une réprimande. S. A. R. me lut une grande partie de cette lettre, et d'article en article je lui fis observer que V. M. ne la grondait pas, mais que, par un effet de sa vive tendresse, elle appuyait simplement sur des objets si essentiels qu'on ne saurait trop les répéter et les discuter. J'ajoutai brièvement de fortes remarques sur ces mêmes objets, particulièrement sur celui de la grande utilité de tâcher de s'emparer de l'esprit et de la confiance du roi dans le cas où la santé de ce prince vînt à le rendre à lui-même, et à se détacher de ses habitudes actuelles. J'observai qu'en attendant il fal-

---

(1) C'est la lettre de Marie-Thérèse, du 13 février, page 271.

lait ménager la favorite, et par-dessus tout maintenir l'harmonie dans l'intérieur de la famille. Mme l'archiduchesse m'écouta bien attentivement ; elle convint de tout ce que je lui représentais ; elle parla avec la plus tendre sensibilité de sa ferme résolution à donner tout contentement à V. M.; elle se persuada qu'elle n'était point grondée, et elle me congédia d'un air satisfait et tranquille.

2° J'ai prévenu le duc d'Aiguillon sur la résolution de V. M. d'établir dans la suite un ministre à Parme, pourvu qu'on ne réveillât pas les anciennes difficultés d'étiquette. Le duc m'a répondu qu'elles n'avaient jamais été excitées que par la cour d'Espagne, mais que celle-ci interviendrait pour les écarter, et qu'il m'assurait qu'il y aurait bon moyen à lever cet obstacle.

3° J'ai dit au baron de Breteuil que V. M. daignerait le recommander à la reine de Naples. Cet ambassadeur m'a paru bien pénétré de cette grâce et de celle que V. M. y ajoute en lui faisant dire qu'Elle ne l'a pas oubliée. Dans ces derniers temps, j'ai tiré bon parti du baron de Breteuil ; par son moyen, je travaille avec succès à rectifier le premier commis Gérard (1). Je me suis mis aussi en mesure vis-à-vis du ministre de la marine, le sieur de Boynes, qui dans la suite pourrait jouer un grand rôle ici, et sur lequel Breteuil, comme parent et ami, a toute influence.

4° Il ne sera plus fait mention de la promotion de l'archevêque de Reims au cardinalat, et les ordres de V. M. me serviront de règle si on venait à m'en parler.

5° Je mets aux pieds de V. M. mes très-humbles actions de grâce pour l'extrême clémence avec laquelle Elle daigne de main propre me faire mention de l'objet relatif à la vente de ma terre en Hongrie. Cet article, qui décidera de ma petite fortune présente et à venir ainsi que de ma tranquillité, tient à la bonté, à la munificence de la plus grande et de la meilleure des souveraines, et je ne me permettrai jamais de désirer au delà de ce qu'Elle jugera à propos de m'accorder.

6° Je m'étais bien attendu à ce que le prince de Rohan tâcherait

---

(1) Gérard (Conrad-Alexandre) avait été secrétaire d'ambassade à Vienne, et était alors premier commis aux affaires étrangères à Paris. Il fut ensuite envoyé, en 1778, comme ministre aux États-Unis. Son frère, qui ajouta à son nom celui de Rayneval, comme lui premier commis, puis chargé de missions importantes, auteur de plusieurs ouvrages de droit public et membre de l'Institut, commença l'illustration de cette famille, continuée dans la même carrière par son fils et son petit-fils.

de se présenter à V. M. sous de beaux dehors, et je suis même convaincu qu'il saura contraindre sa légèreté et ses penchants naturels. Il est foncièrement trop suspect au duc d'Aiguillon et trop mal avec lui pour ne pas s'observer. La comtesse de Marsan espère de former un grand personnage de ce coadjuteur, et de le mettre en position de coopérer à toutes les intrigues de cette femme, d'autant plus dangereuse qu'elle a de l'esprit et de l'amabilité. Tout ce que le prince de Rohan dira à V. M. sur Mme la dauphine sera certainement très-insidieux. L'abbé de Vermond a toujours dû être en butte à ce parti, et j'ai eu bien de la peine à sauver ce vertueux ecclésiastique de tous les piéges qui lui ont été tendus, et que sa simplicité et son honnêteté ne lui laissaient pas toujours apercevoir. Je suis maintenant hors de crainte sur la solidité de sa position, et c'est un point bien important pour Mme la dauphine dans ce moment. Je vois avec satisfaction que S. A. R. est dans une situation convenable vis-à-vis de tous les chefs de parti. La favorite, depuis la nouvelle année, sans former de nouvelles prétentions, ne se plaint plus et paraît tranquille. La comtesse de Marsan est traitée comme sa place le comporte, et ne peut avoir aucun grief. Le duc d'Aiguillon est bien traité dans toutes les occasions; le chancelier, qui fait l'impossible pour se concilier les bontés de la famille royale, s'attache particulièrement à plaire à M. le dauphin et à Mme la dauphine, de laquelle il ne cesse de chanter les louanges. De mon côté, je suis tellement en mesure vis-à-vis de tous ces personnages que, de quelque côté que puisse tourner la chance, je me flatte d'être toujours en même d'opérer ce qu'exigera le bien du service de V. M. La favorite me traite avec une préférence qui donne un peu d'humeur aux autres ambassadeurs; jusqu'à présent, j'ai ménagé avec grande circonspection mon petit crédit auprès de cette femme, mais dans des cas importants et qu'on ne peut prévoir, j'espérerais d'en tirer bon parti. Le chancelier me fait toutes les avances imaginables; je le ménage, mais de façon à ne pas donner le plus petit ombrage au duc d'Aiguillon, qui, au moins par les apparences, me marque d'être satisfait de mes procédés.

Le chancelier, à l'aide de l'archevêque de Paris, réussit assez à entraîner Mme Louise (1) dans des objets d'intrigue dont cette princesse ne

---

(1) Madame Louise, quatrième fille de Louis XV, était entrée en 1770 aux Carmélites de

se doute peut-être pas. On a agité la question de transférer à Versailles le couvent des Carmélites, de Saint-Denis, mais ce projet souffre de grandes difficultés, et ne serait pressé jusqu'à un certain point qu'autant que la santé du roi indiquerait un prochain retour à une vie plus réglée et plus chrétienne. Ce prince se portant mieux, et le retour de la bonne saison lui étant favorable, il est apparent que les choses traîneront encore quelque temps sur le pied où elles sont. Mon grand objet est que Mme la dauphine saisisse bien le moment de tout changement possible, et que personne qu'elle ne s'empare du roi, s'il venait à être rendu à lui-même. Je ne cesserai jamais de représenter à S. A. R. tout ce qui pourra tendre à ce but, et de la façon dont se forme son esprit, elle sera très en état d'y atteindre.

XI. — Marie-Thérèse a Mercy.

Vienne, 1er mars. — Comte de Mercy, Le prince de Lobkowitz vous aura déjà rendu ou vous rendra, à son arrivée à Paris, ce dont je l'ai chargé par rapport à mes deux filles, la reine de Naples et l'infante de Parme et leurs époux, mais ce que Las Casas (1) mande à Llano sur ce sujet par la lettre ci-jointe ne combine ni avec mes vues ni avec les démarches que Lobkowitz devrait faire. C'était Sambucca qui m'a proposé de tâcher d'éloigner Tanucci, pour faire sortir le roi des entraves où il se trouve à cette heure, sans avoir aucune part aux affaires. J'en sens l'inconvénient : cette gêne excessive pourrait à la fin hébéter le roi et le dégoûter tout à fait du travail, ce qui pourrait l'entraîner dans des dissipations, frivolités ou quelque chose de pire ; indépendamment qu'une telle sujétion ne saurait qu'affaiblir dans le public l'autorité et la réputation du souverain (2). J'ai donc cru qu'il

---

Saint-Denis. Ceci répond sans doute à la question que nous trouvons dans une lettre du baron Pichler à Mercy, du 4 décembre 1771 : « On dit que le roi et le duc d'Aiguillon ont de fréquents pourparlers avec Mme Louise, la carmélite, qui doit fortement travailler à engager le pape à dissoudre le mariage de Mme du Barry pour la mettre à même d'épouser le roi. Le succès de cette négociation est assez indifférent à S. M. I.; même elle ne connaît que trop que c'est l'unique moyen de mettre la conscience du roi à couvert. S. M. voudrait cependant savoir si ce bruit est fondé. » Archives de Vienne.

(1) Ministre d'Espagne à Vienne.

(2) On sait le grand rôle que joua à Naples Tanucci, ministre de Charles IV. Savant légiste, tout dévoué aux idées réformatrices qui animaient son temps, il eut la confiance entière de son roi. Quand, en 1759, celui-ci fut appelé au trône d'Espagne et laissa celui de

conviendrait de faire sentir au roi d'Espagne qu'il vaudrait mieux relâcher en quelque façon cette subordination rigoureuse dans laquelle le ministre tient le roi son fils. Sans qu'on le laisse maître absolu du gouvernement, il suffirait de lui prescrire qu'il traite les affaires d'accord avec le ministre. C'est dans ce sens que je crois que vous pourriez vous expliquer avec Lobkowitz, qui ne sait d'ailleurs rien de la lettre de Las Casas. Ne connaissant pas encore assez Lobkowitz, je me suis doutée de (1) lui faire communiquer la pièce en question ; mais je me remets à vous de lui parler sur son contenu de la façon que vous jugeriez à propos. Au reste vous ferez bien d'entretenir avec lui une correspondance confidente sur les objets qui pourraient intéresser son ministère, et je vous autorise même à lui dépêcher en secret dans des cas plus pressants à mes frais des exprès, sans qu'ils aient l'air de courriers, ou que le public puisse en soupçonner quelque chose ; ce que vous pourriez lui suggérer d'observer de même à votre égard dans des cas semblables.

Je ne saurais accorder mon approbation à l'ambassadeur Rohan ; c'est un gros volume farci de bien de mauvais propos, peu conformes à son état d'ecclésiastique et de ministre, et qu'il débite avec imprudence en toute rencontre ; sans connaissance d'affaires et sans talents suffisants, avec un fonds de légèreté, présomption et inconséquences. On ne saurait faire compte ni sur ses explications, ni sur ses rapports. La cohue de sa suite est de même un mélange de gens sans mérite et mœurs (2). Je ne vous le dis pas dans la vue de vous faire

---

Naples à son fils Ferdinand IV, âgé de neuf ans, Tanucci, nommé chef du conseil de régence, gouverna sans contrôle, continuant à mêler à de sages et utiles réformes de chimériques ou imprudentes innovations. A en croire les mémoires contemporains, le reproche que lui fait Marie-Thérèse n'était pas sans fondement ; l'éducation négligée qu'il fit donner au jeune prince, la dissipation et les plaisirs dont il entoura sa jeunesse semblèrent autant de moyens calculés pour l'éloigner des affaires. Le caractère fier, ardent, passionné de l'archiduchesse Marie-Caroline, mariée en 1768, devait ressentir avec amertume le joug du ministre tout-puissant. La lutte que nous voyons commencer dura jusqu'en 1776, où Caroline fit enfin renvoyer le vieux Tanucci. Elle le remplaça par le marquis de la Sambucca, qui nous apparaît ici proposant dès 1772 le renvoi de Tanucci ; à Sambucca succéda bientôt le trop fameux Acton, qui domina et compromit la reine, et l'entraîna dans une politique aussi inconséquente que violente.

(1) C'est-à-dire : j'ai hésité à...
(2) Voici le détail du train de maison du prince de Rohan à Vienne : une écurie de 50 chevaux, deux voitures de parade qui avaient coûté ensemble 40,000 livres ; un premier écuyer, brigadier des armées du roi, un sous-écuyer, deux piqueurs ; sept pages de famille

demander son rappel, mais si sa cour prenait elle-même ce parti, j'en serais très-contente. [N'en portez aucune plainte; ce n'est que pour votre connaissance toute seule.

[Ce courrier vous est dépêché pour rentrer en règle; j'espère qu'il sera au plus tard le 13 à Paris, et que vous l'expédierez jusqu'au 15, pour qu'il puisse être ici le 26 toujours.

[Je vous prie de m'envoyer par les courriers une bonne quantité de cette gaze.]

XII. — Mercy a Marie-Thérèse.

Paris, 15 *mars*. — Sacrée Majesté, Eu égard au temps du départ du dernier courrier, je ne m'attendais pas à voir arriver le 11 celui qui vient de me remettre les ordres de V. M. en date du premier de ce mois. Cependant, comme l'intention de V. M. est que la correspondance rentre dans sa régularité primitive, et que par conséquent le renvoi du courrier ne doit point être retardé, je vais l'expédier promptement, en supprimant pour cette fois les détails les moins essentiels que je n'ai point préparés d'avance.

Lorsque Mme la dauphine reçut les lettres qui lui étaient adressées, elle lut dans celle de V. M. que depuis le départ du dernier courrier V. M. ne savait rien de ce pays-ci, parce que je n'avais écrit que par la poste, et que V. M. ne comptait guère sur ce qui lui vient par Bruxelles. « Enfin, » s'écria Mme la dauphine, « l'impératrice ne croira plus que ce qu'elle apprendra d'ici; j'en suis ravie. » Je ne le fus point du tout de cette réflexion, parce que je crois plus utile que Mme l'archiduchesse reste dans le doute sur les correspondances et les sources des remontrances que lui fait V. M. — S. A. R. avait été purgée le même jour, plutôt par précaution que par nécessité; les derniers bals du carnaval avaient été un peu trop fréquents et trop vifs. Le dimanche gras, Mme l'archiduchesse s'était trouvée un peu plus abattue d'un rhume qui la tenait depuis quelque temps. Je

---

noble avec leur gouverneur et leur précepteur; deux gentilshommes pour les honneurs de la chambre et six valets de chambre; un maître d'hôtel, un chef d'office, deux heiduques; quatre coureurs dont les habits chamarrés d'or avaient coûté 4,000 livres pour chacun; 12 valets de pied et deux suisses; dix musiciens habillés d'écarlate; un intendant; un trésorier. Enfin, pour le service diplomatique, un premier secrétaire (l'abbé Georgel), quatre secrétaires et quatre gentilshommes (Mémoires de l'abbé Georgel, page 216).

me joignis à son médecin pour la supplier de se ménager un peu davantage; elle voulut bien le promettre. Le lendemain, la comtesse de Noailles donnait dans son appartement un bal et un souper à la famille royale; cette fête, ornée de différentes mascarades, était préparée de longue main; on devait y exécuter une contredanse dont la figure formait les lettres du nom de baptême de Mme la dauphine, et le projet était de faire durer le bal jusqu'au jour. Tout ce divertissement réussit à merveille; mais, quoique Mme l'archiduchesse s'y amusât infiniment, se sentant fatiguée, elle eut la modération de se retirer à trois heures du matin. M. le comte et Mme la comtesse de Provence veillèrent jusqu'à six heures; enfin le mardi gras fut terminé par un bal qui commença à cinq heures et finit avant dix heures du soir. Le samedi, Mme l'archiduchesse ressentit un mouvement de fièvre qui ne dura que six heures; M. le dauphin fut plus incommodé et passa une journée dans son lit, mais dès le lundi 9 Leurs Altesses royales étaient entièrement rétablies. Je leur fis ma cour le soir au jeu, où je les vis de la meilleure humeur. Le plus grand avantage qu'ont produit les amusements du carnaval a été de rétablir plus d'union et d'harmonie qu'il n'en avait existé depuis longtemps dans l'intérieur de la famille royale. Les partis opposés s'étaient efforcés, comme de coutume, à faire naître des incidents de discorde. Les bals de la comtesse de Noailles leur en fournissaient la matière; heureusement j'avais éventé tous ces vilains projets, et, au moyen du maintien raisonnable et charmant que Mme la dauphine a observé, tout le monde a été enchanté. Le seul germe de tracasserie qui a paru produire quelque effet a été fondé sur des rapports faits à Mme l'archiduchesse, de certains propos attribués à la comtesse de Marsan, et qui portaient sur une critique des amusements de S. A. R. Je la trouvai assez irritée de ces sortes d'avis, et presque déterminée à en parler avec aigreur à la comtesse de Marsan. Je représentai à Mme la dauphine les inconvénients de cette démarche; elle eut la bonté de se rendre à mes raisons, et la comtesse de Marsan fut traitée avec la même bonté que de coutume. Cette femme intrigante, vindicative et dangereuse exige beaucoup de ménagements; je sais depuis longtemps qu'elle s'est permis des propos fort répréhensibles sur le compte de Mme la dauphine, sur ce que, dans le commencement, S. A. R. l'avait traitée un peu trop légèrement; je crus devoir tenter tous les moyens propres à ramener cette femme; j'y trouvai de grandes difficultés du vivant du duc de la Vauguyon, mais après sa mort mes soins ont eu plus de succès. La comtesse de Marsan s'est rapprochée de moi, et, quoiqu'avec peu d'espérance de gagner quelque crédit auprès d'elle, je me trouve au moins en position à la surveiller de plus près et à arrêter en partie ce que peut dans certaines circonstances lui dicter la fougue de son caractère.

XIII. — Mercy a Marie-Thérèse.

Paris, 15 mars. — Conformément aux ordres de V. M., je vais, dans ce très-humble rapport séparé, reprendre les objets dont V. M. daigne me faire mention dans sa gracieuse lettre.

J'ai reçu hier une lettre du prince de Lobkowitz datée de Ratisbonne, du 5 de ce mois. Il me mande qu'il comptait se remettre en route le 9, et d'arriver à Strasbourg vers le 20, d'où je conclus qu'il ne sera ici que dans les derniers jours du mois. Après qu'il m'aura communiqué les ordres dont il est chargé, je conférerai avec lui sur les moyens propres à faciliter l'exécution de ces mêmes ordres, et je crois que j'aurai à cet égard quelques notions à lui donner dont il pourra tirer parti. Je ferai d'ailleurs entrer le comte de Fuentes dans le sens de ce que V. M. peut désirer relativement à la reine de Naples et à Mme l'archiduchesse infante. Je puis me flatter d'avoir un peu d'ascendant sur l'esprit de l'ambassadeur d'Espagne, qui jouit d'une assez grande influence à sa cour. L'intervention du comte de Fuentes peut devenir d'une grande utilité, et un des avantages de ce moyen serait que plusieurs points délicats (comme celui qui concerne le marquis Tanucci et la dépendance du roi de Naples) pourraient être négociés et ménagés de façon à ne pas laisser trop paraître les intentions immédiates de V. M., afin que, dans tous les cas possibles, ses hautes volontés ne soient jamais exposées à être compromises. L'arrivée du prince de Lobkowitz est nécessaire pour que je puisse former de concert avec lui un plan d'après lequel nous tendrons au même but. Quant à la partie purement politique de l'ambassade du prince de Lobkowitz, je crois qu'il pourra remplir à Madrid de grands objets et fort utiles au service de V. M. Un accord bien cimenté entre V. M. et le roi d'Espagne est peut-être le frein le plus puissant à opposer aux écarts du ministère de France. J'exposerai toutes mes réflexions là-dessus au prince de Lobkowitz, et j'observerai dans notre correspondance ce qu'il plaît à V. M. de m'ordonner à cet égard.

J'ai été averti par le duc de Noailles que l'ambassadeur prince de Rohan avait abusé de ce que V. M. a daigné lui dire dans la première audience, nommément de l'expression « qu'elle n'oubliera jamais le duc de Choiseul ».

Le prince de Rohan doit avoir mandé cette particularité à la comtesse de Marsan, qui a cherché à en faire tout le mauvais usage possible auprès de la comtesse du Barry et auprès du duc d'Aiguillon. Je ne vois pas cependant qu'il en soit résulté une impression bien vive, et, dans une assez longue conversation avec la favorite, je lui ai tenu un langage qui a paru fixer toute son attention, et qui la rendra peut-être moins facile à se livrer aux idées qu'on cherchera à lui donner. Cette conversation se trouve déduite en partie dans ma dépêche d'aujourd'hui; mais j'y ai omis plusieurs propos préparatoires dont je dois observer et attendre les effets avant de pouvoir en rendre un compte détaillé. J'avais bien prévu tous les inconvénients qui doivent résulter du caractère frivole et de l'imprudence du prince de Rohan; je sens aussi que, par des raisons majeures, V. M. pourrait se résoudre à tolérer les défauts de cet ambassadeur; si cependant il se livrait à des traits de conduite trop répréhensibles, je trouverais bien des moyens à les faire réprimer sans que V. M. fût compromise, et que l'on soupçonnât la moindre plainte de sa part. Le hasard m'a procuré une lettre que le secrétaire d'ambassade de France, l'abbé Georgel a écrite à une de ses intimes amies; j'ai cru qu'il ne déplairait point à V. M. d'être informée du contenu de cette lettre dont je joins ici la copie. J'ai des voies par lesquelles j'espère d'être instruit de ce que l'ambassadeur et son secrétaire pourront mander ici à leurs amis, et je veillerai à tout ce que leur imprudence pourrait occasionner en mal (1).

XIV. — Marie-Thérèse a Mercy.

Vienne, 18 mars. — Comte de Mercy, J'ai reçu votre dépêche du 29 du passé. Je suis sensible aux sentiments que ma fille et son

---

(1) Dans ses Mémoires, l'abbé Georgel raconte en détail comment il eut communication d'un grand nombre de dépêches du cabinet de Vienne par l'infidélité d'un des commis; il est curieux de voir qu'à son tour il était trahi par ceux auxquels il se fiait.

époux ont témoignés à l'arrivée de la nouvelle de mon indisposition. Vous avez bien fait de la rassurer sur le contenu de ma lettre confidente; c'est dans le naturel de mes enfants de se croire grondés, dès qu'on leur donne de bon cœur des avertissements sur leur conduite. Je suis bien aise qu'elle commence à connaître l'utilité de vos conseils; je souhaite qu'elle en soit convaincue de plus en plus, et qu'elle s'y prête de bon gré. Rien de mieux que le parti que vous avez suggéré à ma fille de ne pas entrer dans les plaintes, vraies ou fausses, de la comtesse de Provence; il est essentiel pour son repos et pour celui de la famille qu'elle reste en bonne intelligence avec le comte et la comtesse de Provence, sans se mêler de leurs affaires, et sans leur faire des confidences qui pourraient tirer à conséquence. On a très-bien fait de ne pas les exclure des bals de la comtesse de Noailles. Je suis d'accord avec vous que la mort du duc de la Vauguyon est un événement favorable à la situation de ma fille.

Je vous sais bien du gré des soins que vous vous donnez pour aider ma fille à mettre en règle son économie; les abus qui s'y sont commis sont énormes. Si vous trouviez que, pour plus animer ma fille à bien faire, il serait bon de lui envoyer quelquefois quelque chose des productions, comme vin de Tokay, etc., ou emplettes de mes pays, faites-m'en souvenir, je l'exécuterai avec plaisir.

J'ai déjà écrit à la reine de Naples en faveur du baron de Breteuil. Vous faites très-bien de tâcher de gagner par son canal le ministre de la marine Boynes, mais je doute que, malgré votre habileté, vous réussirez à rectifier Gérard.

Sans vouloir plus remuer l'affaire de la promotion de l'archevêque de Reims, je veux cependant vous informer, en particulier, que le pape s'est expliqué d'avoir été assuré par le cardinal de Bernis, au nom du roi, que nous étions d'accord avec lui sur cette promotion, et que, sur cette assurance, il s'était laissé engager à nommer cardinal l'archevêque de Reims. Je serais bien aise si, sans en faire une affaire, vous pouviez tirer au clair si en effet le cardinal de Bernis a tenu au pape ce langage, et sur quel fondement.

Le prince de Rohan me déplaît de plus en plus; c'est un bien mauvais sujet; sans talents, sans prudence, sans mœurs, il soutient fort mal le caractère de ministre et d'ecclésiastique. L'empereur aime à la vérité à s'entretenir avec lui, mais c'est pour lui faire dire des inepties, bavardises et turlupinades. Kaunitz paraît aussi content de lui, parce qu'il ne l'incommode pas (1), et lui montre toute sorte de soumission. Je ne veux pas (du moins dans ce moment) demander son rappel, mais je vous répète que je le verrais avec plaisir dénicher bientôt d'ici.

Je suis scandalisée de la mauvaise foi de Sambucca, qui, dans la lettre ci-jointe de Losada, m'affiche ses idées d'éloigner Tanucci (2). Ma fille n'affectionne pas en vérité ce ministre, mais elle ne se plaint non plus des griefs qu'elle aurait contre lui; même elle croit entrevoir plus de complaisance et d'attention dans ses procédés depuis qu'elle est grosse. Je souhaiterais qu'on laissât un peu plus d'influence dans les affaires au roi, pour l'accoutumer au travail et le détacher des frivolités et mauvaises compagnies. Je croirais encore avantageux que, si jamais Tanucci venait à quitter sa place, on ne mît pas de nouveau le roi sous la tutelle de quelque autre ministre aussi roide que Tanucci. C'est dans ce sens que je vous charge d'en parler à Lobkowitz, sans lui faire voir cependant la lettre de Sambucca, pour le mettre à même de s'expliquer sur ce sujet d'une façon convenable avec le roi d'Espagne.

La conduite que vous tenez au milieu des troubles et factions dont la cour de France est agitée ne saurait être ni plus sage ni plus conforme à mes intérêts. La juste confiance que j'ai dans vos lumières étant parfaite, je compte sur vos talents pour tout ce qui concerne mes affaires et celles de ma fille.

[Pour nuire à Tanucci ou le changer, je vous prie de prévenir Lobkowitz de ne pas s'y prêter; pas même dans les conversations particulières avec Losada ou autres; mais qu'on tâche d'animer le roi qu'il gouverne par lui-même, et qu'on le détache de cette foule de mauvais polissons qui l'entourent; c'est le plus grand grief que j'ai contre Tanucci de voir cela d'un œil indifférent.

---

(1) Il n'est pas inutile de rappeler ici que ce moment était celui où se négociait, dans le plus profond secret à l'égard de la France, le traité de partage de la Pologne, et où l'Autriche se décidait à y prendre part. On conçoit que le prince de Kaunitz fût « content » d'un ambassadeur de France qui ne « l'incommodait pas ». Joseph II écrit en avril (la date du jour manque) à son frère Léopold : « Il n'y a plus de mystère qu'un corps de troupes entrera au mois de juin de nous en Pologne, mais sur le partage il faut garder le secret le plus inviolable, quoiqu'il commence à percer, et que les Français ont déjà eu vent de la mine à Berlin. » Voir la Correspondance entre Marie-Thérèse et Joseph II, publiée par M. A. d'Arneth, tome 1, page 367.

(2) Voir la note sur Tanucci et les affaires de Naples, page 283.

[Je n'écris pas par cette voie à ma fille, ne sachant quand celle-ci vous reviendra. Je suis honteuse de ne pouvoir vous mander encore quelque chose de décisif pour votre terre; tous les changements à la Chambre ici, à Presbourg et à Kaschau en même temps, en sont cause (1).]

XV. — Marie-Thérèse a Mercy.

Vienne, 31 *mars.* — Comte de Mercy, Je vois avec bien du plaisir les progrès que vous faites sur l'esprit de ma fille. Pour lui en faire sentir ma satisfaction, je vais prendre un ton gai vis-à-vis d'elle, sans laisser cependant de l'animer à se prêter à vos conseils.

Le caractère de la comtesse de Marsan est sûrement dangereux. Je ne la crois pas exempte des vues de gagner du crédit auprès de ma fille; j'en serais fâchée, étant toujours persuadée que la comtesse de Noailles est encore celle qui convient le plus à ma fille.

L'ambassadeur Rohan est toujours le même. Je suis sur mes gardes vis-à-vis de lui, mais l'empereur et Kaunitz le goûtent assez; l'un s'amuse à lui faire dire des misères, et l'autre est content de son peu de capacité. Je me rapporte à ce que je vous ai mandé sur le compte de cet ambassadeur.

Je me rapporte de même à ce que je vous ai marqué sur les insinuations faites en Espagne par Sambucca pour prêter et à moi et à ma fille ses idées d'éloigner Tanucci. Rien n'est moins fondé; je crois seulement qu'on fait mal de ne laisser au roi aucune influence dans les affaires, ce qui pourrait à la fin lui faire perdre tout goût pour le travail et l'entraîner dans de mauvaises compagnies. Cela arrive aussi malheureusement, et si même on éloigne du roi quelques mauvais sujets, ils sont remplacés par d'autres aussi mauvais et pires encore, comme il vient d'arriver, en plaçant auprès du roi le duc de Reale, homme le plus méprisable et reconnu pour tel. Cependant Tanucci dissimule tout et ne fait rien pour arrêter ce désordre. C'est dans ce sens que je vous charge de nouveau de parler à Lob-

---

(1) Il s'agit des difficultés que les lois de Hongrie opposaient à la vente, souhaitée par Mercy, de la terre qu'il possédait dans ce pays, et des droits qu'exigeait la Chambre aulique, à Vienne. Marie-Thérèse fit abaisser ces droits en faveur de son ambassadeur. — Presbourg et Kaschau sont deux villes de Hongrie. Voir plus bas le rapport de Mercy à Marie-Thérèse en date du 17 février 1773.

kowitz, en lui rappelant ce que je vous ai déjà mandé plus en détail sur ce sujet.

XVI. — Mercy a Marie-Thérèse.

Paris, 15 avril. — Sacrée Majesté, Depuis la date de mon dernier et très-humble rapport, la cessation des amusements du carnaval et l'uniformité du genre de vie convenable au temps du carême me fournissent peu d'objets à exposer à V. M. sur les occupations actuelles de Mme la dauphine. Les plus essentielles consistent dans la régularité avec laquelle S. A. R. assiste à tous les devoirs pieux plus particulièrement pratiqués dans ce saint temps. Il y a dans la chapelle de la cour trois sermons par semaine ; Mme l'archiduchesse n'en a omis aucun, et je dois répéter encore que, dans toutes les occasions où elle se trouve à l'église, elle y paraît avec la contenance la plus édifiante et la plus recueillie.

Quoique la saison soit assez inconstante et pluvieuse, S. A. R. profite des intervalles de beau temps pour faire quelques promenades à cheval et pour prendre part quelquefois aux chasses du roi, lesquelles pendant l'hiver ont lieu dans les environs les plus rapprochés de Versailles. Le reste du temps, Mme la dauphine se livre avec plus de suite, plus de réflexion et de goût à des occupations sérieuses, utiles et agréables. L'abbé de Vermond remarque à cet égard un très-grand progrès en bien ; les lectures ont lieu presque journellement ; elles sont souvent de plusieurs heures ; elles donnent lieu à des conversations d'instruction qui augmentent infiniment les connaissances de Mme la dauphine. Cette princesse est douée d'une mémoire et d'une justesse d'esprit dont le développement me cause de l'admiration toutes les fois que je suis en même de parler à S. A. R. sur quelque matière sérieuse. Par une suite du goût que Mme la dauphine a pour la danse, elle s'est décidée à perfectionner cet exercice ; elle en prend des leçons trois fois la semaine ; elle continue aussi à prendre des leçons de musique. Cela joint à quelques petits ouvrages à l'aiguille et à l'emploi des heures destinées au cercle, ainsi qu'aux visites chez le roi, les journées se trouvent remplies d'une façon bien moins dissipée et plus convenable que par le passé. Il en résulte aussi que Mme la dauphine est moins longtemps avec Mesdames ses tantes, et que les conversations oiseuses en sont fort diminuées, ce qui est à regarder comme un des plus grands biens que l'abbé de Vermond et moi ayons eus en vue jusqu'à présent.

Après cet exposé sommaire de la situation du moment, je vais détailler ce que les faits particuliers peuvent avoir de plus remarquable.

Depuis quelques semaines, Mme la dauphine a pris plus décidément le parti d'établir une bonne et sincère harmonie entre elle et M. le comte et Mme la comtesse de Provence. V. M. aura daigné observer dans les propres lettres de Mme l'archiduchesse des soupçons point trop mal fondés sur la conduite louche et sur le caractère du prince et de la princesse ci-dessus nommés. J'ai cru devoir tâcher de dissiper une partie de ces nuages, et je me suis appliqué à persuader à Mme la dauphine qu'en ne s'avançant pas au delà de ce que la prudence peut admettre, elle ne courait jamais de risque en marquant aux princes en question autant d'intimité qu'il en faut pour maintenir l'agrément de la société, sans se livrer à des confidences qui ne sont ni nécessaires ni utiles, et qu'en suivant cette maxime il devenait superflu d'éplucher de trop près le fond des consciences, surtout quand il s'agissait de circonstances qui n'intéressent pas directement Mme la dauphine. Ces représentations, qui s'accordent très-fort avec le bon caractère de S. A. R., ont paru lui faire impression. Le comte de Provence, de son côté, a cherché plus attentivement les moyens de plaire à Mme la dauphine; il lui a parlé des conseils que lui avait donnés le feu duc de la Vauguyon; il s'est exprimé d'une façon à faire sentir qu'il croyait avoir été induit en erreur sur bien des objets de conduite; enfin le jeune prince a donné à entendre par son langage qu'il s'apercevait d'avoir été entraîné dans l'intrigue, et qu'il se persuadait que cette voie ne lui convenait pas. Je serais très-porté à croire qu'il y a plus d'adresse que de bonne foi dans cette ouverture de M. le comte de Provence, mais au reste, Mme l'archiduchesse l'a écouté sans rien répondre qui pût la compromettre, et il en est résulté le bon effet de calmer un levain d'aigreur qui ne laissait pas d'occasionner du trouble dans l'intérieur de la famille royale. A cet égard, les choses en sont dans des termes très-convenables; j'espère même qu'elles s'y maintiendront solidement. Le point essentiel est de faire éviter à Mme l'archiduchesse toutes les surprises auxquelles sa franchise naturelle pourrait l'exposer, et c'est à quoi je ne cesse de veiller avec l'attention la plus scrupuleuse.

Un incident survenu vers la fin du mois dernier a causé beaucoup d'agitation à la cour, et m'a donné d'autant plus d'inquiétude et d'embarras, qu'il s'agissait d'un fait où Mme la dauphine se trouvait immédiatement impliquée. Dès le temps du mariage du roi, il avait été établi dans les étiquettes de la cour que les gardes du corps, les gendarmes de la garde et les chevau-légers ne seraient pas admis à entrer au diner de la reine, quand ils se trouveraient revêtus de leurs uniformes ; tous les militaires susdits prenaient des habits de couleur et non d'uniforme lorsqu'ils voulaient faire leur cour en pareille occasion. Depuis le commencement de cette année, il s'est fait un règlement par lequel il est défendu aux militaires susdits de quitter dans aucun cas leurs habits d'ordonnance, de façon que les chefs des corps demandèrent que leurs subordonnés fussent admis à entrer en uniforme au diner de Mme la dauphine. Le duc de Noailles, comme capitaine des gardes du corps actuellement de quartier, conjointement avec le duc d'Aiguillon, comme chef des chevau-légers, et le prince de Soubise, en qualité de chef des gendarmes de la garde, adressèrent leur demande à la comtesse de Noailles, qui leur déclara qu'elle s'en tiendrait à l'ancienne étiquette jusqu'à ce qu'il plût au roi d'en disposer autrement. Les esprits s'échauffèrent là-dessus, et les chefs susdits résolurent d'aller supplier Mme la dauphine d'être favorable à leur nouvelle prétention. Comme je connais par expérience combien les objets de cette nature occasionnent de vivacité et de fermentation dans ce pays-ci, je crus devoir prévenir Mme la dauphine, et la supplier de s'observer dans ses réponses. La plus simple était de dire que les établissements d'étiquette étant déterminés et réglés par la volonté du roi, Mme l'archiduchesse n'était pas dans le cas d'ajouter ou de retrancher aux usages de cette cour, et que c'était du roi qu'il fallait demander et obtenir une décision. S. A. R. voulut bien en effet tenir ce langage au duc de Noailles, mais Mesdames s'étant fort exaltées contre cette nouvelle prétention, elles parvinrent à exciter un peu de vivacité dans Mme la dauphine. Il s'ensuivit quelques propos qui ne firent qu'augmenter la chaleur de cette contestation. La comtesse de Noailles prit une audience du roi, lui exposa ses raisons ; S. M. les approuva, et dit qu'il n'y aurait point de changement à l'ancien usage ; mais les chefs de corps ayant eu audience de leur côté, le roi décida en leur faveur. La comtesse de Noailles, qui s'était vantée de ce que le roi lui avait dit, se trouva grièvement compromise; elle parla de quitter la cour, et je vis le moment où tout cela allait devenir très-sérieux. J'imaginai un expédient, qui était que le duc de la Vrillière se fît autoriser à écrire à la comtesse de Noailles, que, quoique le roi lui eût témoigné de vouloir le maintien de l'ancienne étiquette, cependant S. M. y ayant reconnu depuis des inconvénients, elle avait jugé à propos de changer sa première résolution. Cette lettre, écrite par le ministre, produisit l'effet de mettre à couvert la comtesse de Noailles; les esprits se calmèrent un peu, et en parlant aux deux partis, je suis presque parvenu à effacer l'aigreur que cet incident avait produite. Mon plus grand soin a été surtout de faire valoir l'impartialité de Mme la dauphine, et c'est à quoi je me flatte d'être enfin parvenu.

S. A. R. est toujours parfaitement bien traitée par le roi; la favorite ne s'est plus montrée au cercle depuis le jour de l'an, mais elle est tranquille et ne forme aucune plainte. Je lui ai fait sentir qu'après le bon accueil qu'elle avait éprouvé une fois de la part de Mme la dauphine, il était sage et convenable de laisser les choses dans ces termes pendant quelque temps, qu'insensiblement l'esprit de parti s'affaiblirait dans les entours de la famille royale, et qu'alors tout ce qui, dans le moment présent, pourrait occasionner des tracasseries, ne produirait plus les mêmes sensations. La favorite, qui me marque toujours la même confiance, a goûté ce raisonnement et en a adopté la marche.

La comtesse de Marsan, laquelle (par des motifs énoncés dans ma dépêche d'aujourd'hui) se trouve en opposition avec le duc d'Aiguillon, a fait depuis peu une démarche qui m'a causé beaucoup d'inquiétude. Cette comtesse a imaginé d'exciter la famille royale contre le projet du duc d'Aiguillon de raccommoder les princes du sang avec la cour. La comtesse de Marsan s'était d'abord adressée à Mesdames, leur avait représenté qu'elles devaient veiller à la dignité du roi, qui n'admettrait pas que ce monarque reçût les princes du sang en grâce, avant que ces derniers n'eussent fait une rétractation complète de leur désobéissance passée (1). La comtesse de Marsan concluait par proposer que la famille royale en parlât au roi, et Mesdames se chargèrent d'y disposer M. le dauphin et Mme la dauphine. Une démarche aussi fausse, dans un objet majeur, me détermina d'abord à faire les

(1) Lorsqu'ils avaient pris parti pour l'ancien parlement.

plus fortes représentations à Mme l'archiduchesse pour l'engager à ne point se laisser impliquer dans une intrigue de cette nature, qui ne pouvait avoir aucun succès, et qui ne manquerait pas d'exciter une odiosité dont tout le blâme retomberait sur Mme la dauphine, dont la conduite marquait bien plus que non pas celle des autres princes et princesses. S. A. R. comprit les raisons importantes que je lui exposais à ce sujet; je la laissai décidée à ne point agir, et j'eus la satisfaction de lui entendre dire d'elle-même : « Lorsque je suis arrivée dans ce pays-ci, j'étais trop jeune et trop inconsidérée. Je me suis livrée à mes tantes, qui m'ont entraînée à bien des fausses démarches; mais je sais maintenant à quoi m'en tenir. » Cette réflexion sage m'a tout à fait tranquillisé sur l'objet dont il s'agit.

Le prince de Lobkowitz étant arrivé ici dans les derniers jours de mars, je le présentai à Versailles le 7 de ce mois. Mme la dauphine lui a fait une réception des plus agréables, et j'ai prié le prince de rendre compte lui-même de tout ce qu'il a été dans le cas de remarquer sur le maintien, les propos, la figure et les grâces de S. A. R.

Le courrier arrivé le 10 m'a remis les ordres de V. M., datés du 31 de mars. Les lettres adressées à Mme la dauphine lui ont été présentées sur-le-champ, et S. A. R. m'a témoigné hier qu'elle était bien satisfaite et encouragée de ce que V. M. daigne lui marquer du contentement de sa conduite.

XVII. — Mercy a Marie-Thérèse.

15 *avril*. — Sacrée Majesté, Le prince de Lobkowitz m'a remis la très-gracieuse lettre de V. M. du 25 de février, et nous avons déjà eu plusieurs entretiens sur les objets qui intéressent le très-auguste service, mais particulièrement sur les archiduchesses reine et infante. D'après les premières tentatives que j'ai faites auprès de l'ambassadeur d'Espagne, je crois que l'on n'obtiendra pas grand secours de lui contre le despotisme du marquis de Tanucci. Le comte de Fuentes paraît assez prévenu en faveur de ce ministre, et ce ne sera qu'à la longue que je pourrai peut-être parvenir à apporter quelque changement à ses opinions. Je me suis mis en mesure pour y travailler, et je ne perdrai de vue aucun moyen d'arriver à ce but. Il serait peut-être difficile, même dangereux, au prince de Lobkowitz de débuter à Madrid par attaquer de front le marquis Tanucci; mais,

celui-ci ayant des ennemis, il semble que la voie la plus sûre serait de se prévaloir de leurs intentions, de leur faciliter les moyens d'aller en avant. Dans ce cas l'ambassadeur impérial pourrait leur servir de point d'appui et de ralliement; il pourrait les diriger sans trop paraître lui-même, et, suivant les circonstances, intervenir plus ou moins à leurs démarches. Cette méthode suppose une connaissance du local; quand le prince de Lobkowitz l'aura acquise, sur ce qu'il voudra m'en communiquer, je tâcherai d'ici de seconder son ouvrage, et j'en ai d'abord saisi un moyen en prévenant le baron de Breteuil par un langage et des réflexions qui se rapportent aux vues de V. M.

Relativement à l'archiduchesse infante, j'ai bien informé le prince de Lobkowitz de tout ce qui s'est passé ici par rapport à S. A. R. Le comte de Durfort, de retour de sa mission, ne m'est point venu voir; de mon côté, je n'ai pas cru devoir marquer trop d'empressement à le rechercher, d'autant plus que je sais à peu près tout ce qu'il pourrait me dire. Le duc d'Aiguillon m'a parlé de certains diamants que l'archiduchesse infante doit avoir envoyés à Vienne pour y être vendus. J'ai pris cause d'ignorance de ce fait; au reste on ne forme ici actuellement d'autres plaintes contre Mme l'infante si ce n'est qu'elle mène une vie trop solitaire et retirée. On espère beaucoup de la présence du comte de Rosenberg à Parme; mais, dans tous les cas, on ne paraît pas avoir ici le projet d'imposer des gênes à S. A. R., ni de contrarier ce que peut exiger la tranquillité et l'agrément de sa vie. S'il survenait à cet égard des incidents contraires, je me flatte de trouver des ressources propres à y remédier.

Quant à la partie purement politique de l'ambassade du prince de Lobkowitz, je m'applique à lui faire bien connaître le tableau de la cour de France et les moyens importants de tâcher de la rectifier par la coopération de la cour d'Espagne. Dans ce point, le comte de Fuentes sera d'un grand secours, et pourra me donner lieu à rendre ma correspondance avec le prince de Lobkowitz utile au service de V. M.

Je dois reprendre encore deux articles de la très-gracieuse lettre de V. M. du 31 de mars, nommément celui qui regarde le marquis Tanucci. C'est bien dans le sens des volontés de V. M. que je me suis expliqué avec le prince de Lobkowitz sur le ministre en question, et je crois très-possible de faire sentir à Madrid qu'en désirant ce qui convient au bien réel du roi de Naples, le roi d'Espagne ne peut que savoir gré à V. M. des réflexions qu'elle fera insinuer à cet égard ; mais, comme ces réflexions se trouvent sans doute en opposition avec les vues personnelles du marquis Tanucci, il serait peut-être convenable que le prince de Lobkowitz se servît adroitement des ennemis de ce ministre pour le démasquer auprès du roi catholique, et l'engager à mettre des bornes à une autorité trop despotique qui est exercée sur le roi son fils.

Relativement au prince de Rohan, il est certain que le duc d'Aiguillon lui a voué une mauvaise volonté bien décidée, et que cette circonstance donne lieu à l'inimitié du secrétaire d'État avec la comtesse de Marsan et le prince de Soubise (1). Le chancelier de France tire quelque parti de ces deux derniers personnages, et il en résulte que les deux cabales dominantes se balancent avec une sorte d'égalité, qui annonce un combat très-long avant que l'un des deux antagonistes ne succombe (2).

La circonstance à cela de favorable pour le service de V. M. que, comme les mouvements d'intrigue absorbent ici tous les esprits et les distraient des objets du dehors, il y a moins à craindre des démarches que le ministère de France aurait pu faire en tout autre temps pour gêner les opérations qu'occasionnera la prochaine pacification de la guerre, et ce qui sera arrangé relativement à la Pologne (3). Tout ce que jusqu'à présent le duc d'Aiguillon m'a dit à ce sujet ne m'a occasionné que très-peu d'embarras. Ce ministre traite les affaires sans énergie, sans nerf et sans vues ; son génie le porte à employer des petits moyens de fausseté ; mais cette méthode ne peut jamais être bien redoutable, et n'oblige qu'à un peu de vigilance et d'observation.

---

(1) Le prince de Rohan était neveu du maréchal de Soubise et de Mme de Marsan.

(2) Nous trouvons dans la correspondance inédite de Mercy au baron Neny une peinture plus complète de la situation : « M. le chancelier (Maupeou) et M. d'Aiguillon, dit-il, combattent encore à armes égales. Le roi les estime peu et paraît décidé à les laisser longtemps en opposition sans se décider pour aucun des deux. Le contrôleur général (Terray) se soutient en pillant le public ; malgré ses extorsions, personne n'est payé et chacun crie le plus haut qu'il peut.... La favorite et sa famille s'enrichissent tant qu'elles peuvent. Rien ne suffit à leur avidité. » Lettre du 15 juin 1772. Archives de Vienne.

(3) Le 17 février 1772 l'impératrice de Russie et le roi de Prusse avaient signé la convention secrète qui décidait du premier partage de la Pologne. La cour de Vienne accédait à ce traité au mois d'avril.

Mme la dauphine a fait avant-hier ses dévotions pascales à la paroisse de Versailles avec toute la solennité, la décence et l'édification possible.

XVIII. — Mercy a Marie-Thérèse.

Paris, 15 avril. — Si le cardinal de Bernis a dit à Rome que V. M. était consentante à la promotion de l'archevêque de Reims au chapeau, il est au moins certain que ledit cardinal de Bernis n'a pas mandé à sa cour qu'il eût avancé cette assertion. C'est ce que le duc d'Aiguillon m'a fait connaître assez positivement, et la seule conjecture probable sur l'éclaircissement de cette circonstance est que le Saint-Père pourrait avoir dit lui-même au cardinal de Bernis, qu'il savait par le comte de Hrzan (1) que V. M. ne s'opposait pas à la nomination de l'archevêque de Reims au cardinalat.

J'ai lieu de présumer que l'ambassade du prince de Rohan ne sera pas de longue durée. La mort de son oncle, qui est très-infirme, mettrait le coadjuteur dans le cas de devoir prendre possession de l'évêché de Strasbourg; d'ailleurs le duc d'Aiguillon, qui prend ombrage de ce prélat, tâchera certainement de l'éloigner de la carrière des affaires, de la lui rendre désagréable et de l'en dégoûter. Tout cela me porte à croire que V. M. ne sera pas longtemps ennuyée du sujet dont il est question, et dont j'avais prévu la mauvaise réussite.

Au moyen des nouvelles lumières que V. M. daigne me donner sur ses intentions relativement au marquis Tanucci, tout sera arrangé et concerté entre le prince de Lobkowitz et moi de façon à ne passer en rien le but que V. M. s'est proposé. Le prince de Lobkowitz est déjà prévenu à fond sur la circonspection à garder dans ses propos, ses démarches. Je ne lui ai point communiqué la lettre du ministre Sambucca que je rejoins ici; mais je l'ai fort prévenu sur l'importance dont il est de s'observer de près dans les conversations qu'il pourra avoir avec le duc de Losada, et de les faire porter sur deux points : 1° celui de la nécessité d'habituer le roi de Naples aux affaires et à l'application; 2° de le détourner de ces sociétés pernicieuses qui, à la longue, ne manqueraient pas de corrompre le cœur et l'esprit du jeune roi.

---

(1) Le comte de Hrzan représentait l'Autriche à Rome.

J'ai sans cesse de nouvelles actions de grâces à mettre aux pieds de V. M. pour l'indulgence et la clémence avec laquelle elle daigne me marquer d'accueillir mon zèle, et pour l'extrême bonté qui lui rappelle ma très-humble prière au sujet de la vente de mes terres en Hongrie ; ma vie sera trop courte pour tâcher de mériter tant de grâces ; mon âme en est pénétrée.

XIX. — Marie-Thérèse a Mercy.

Schönbrunn, 1er *mai*. — Comte de Mercy, J'ai reçu votre lettre du 15 ; elle ne laisse pas d'augmenter ma satisfaction sur le bon effet que vos conseils continuent à produire sur l'esprit de ma fille. Vous faites très-bien de tâcher d'éloigner tout sujet d'animosité qui pourrait lui rester contre le comte et la comtesse de Provence, en l'avertissant cependant de ne leur accorder sa confiance qu'autant qu'elle serait sûre de n'y rien risquer.

La faiblesse du ministère de France d'aujourd'hui serait un contretemps plus fâcheux encore, si nous n'y gagnions pas par le peu d'attention qu'il donne aux affaires plus intéressantes, et par le peu de nerf et de suite qu'il met dans ses démarches. Il est essentiel d'aller de concert avec l'Espagne pour arrêter au possible la France de toutes les fausses démarches auxquelles elle est exposée par son engourdissement. La bonne intelligence qui passe entre vous et Fuentes peut beaucoup y influer. Je suis très-contente de la façon de penser de ce ministre, mais je n'exige ni son concours ni de tout autre pour déplacer Tanucci, comme vous aurez vu par ma dernière lettre ; je souhaite seulement qu'on tâche d'habituer le roi mon gendre au travail, sans l'assujettir à une dépendance outrée du ministre, et qu'on écarte les mauvaises compagnies. C'est dans ce sens que je vous charge de continuer à vous expliquer avec Lobkowitz, en lui indiquant le moyen de s'y prendre avec circonspection. Je vous suis obligée des soins que vous vous êtes donnés pour le mettre au fait de la situation de la cour de France, et j'espère beaucoup de la correspondance que vous continuerez à entretenir avec lui.

Je ne sais rien que ma fille l'infante ait envoyé ici des diamants pour être vendus ; on sait seulement qu'elle en a engagé à un juif de Mantoue pour la valeur de 2,000 sequins, mais une partie plus considérable doit avoir été envoyée à Bologne ou ailleurs, ce qu'on va éclaircir. Rosenberg a commencé sa commission à Parme; il faut en voir le succès par la suite.

C'est toujours une énigme par quelle voie le pape s'est laissé engager à la promotion de l'archevêque de Reims. Le meilleur sera de laisser tomber cette affaire, pourvu que le pape se prête à nous contenter bientôt par la nomination de l'évêque de Passau.

Je serais très-contente de me voir débarrassée de l'ambassadeur Rohan par la mort de son oncle, l'évêque de Strasbourg. C'est toujours le même mauvais sujet, sans génie, caractère, mœurs; mais l'espérance d'en être bientôt quitte me rend son séjour ici moins insupportable. [Comme je ne marque à ma fille que ma satisfaction sur ce que vous en êtes content, je ne vous envoie pas la copie. Je suis bien triste et nullement contente des affaires du nord, et que nous négligeons ceux du sud.]

XX. — MERCY A MARIE-THÉRÈSE.

Paris, 15 mai. — Dans ces derniers temps, Mme la dauphine ne s'est relâchée en rien sur ses occupations utiles et agréables. Le genre de ses lectures devient plus sérieux et plus instructif; l'histoire de France et les mémoires particuliers qui s'y rapportent semblent être préférés maintenant à d'autres livres de goût, mais moins essentiels, que S. A. R. se plaisait à lire ci-devant. Il ne paraît pas lui en coûter le moindre effort pour rester deux ou trois heures de suite dans ses appartements. Elle prend la peine de lire elle-même, ou, en faisant continuer la lecture par l'abbé de Vermond, S. A. R. s'occupe à quelque ouvrage manuel. Les enfants ne sont presque plus admis auprès de Mme l'archiduchesse; elle cultive la danse avec le plus grand succès. Il n'en est pas absolument de même de la musique; mais cependant ce dernier objet ne laisse pas d'enlever plusieurs moments à l'oisiveté. Malgré cela, il reste encore des instants d'ennui qui conduisent Mme la dauphine chez Mesdames ses tantes, et ce sont les occasions que je suis le plus dans le cas de redouter.

Depuis un certain temps, et toujours par l'insinuation de Mesdames, Mme la dauphine s'est laissé persuader à accorder des protections, à faire des recommandations dont les objets sont souvent déplacés, injustes, et de nature à mettre les ministres dans l'impossibilité de s'y prêter. J'ai fait voir à Mme l'archiduchesse que tout cela aboutissait visiblement à compromettre son crédit, et même la justice naturelle qui est dans son caractère. Dans bien des cas S. A. R., cédant à l'importunité, permettait qu'on employât son nom pour appuyer telle ou telle demande dont elle ne se faisait point expliquer le fond. Je me suis fortement opposé à de pareilles surprises, et dans deux ou trois petites circonstances particulières je suis tellement parvenu à faire sentir ce que de tels abus ont de dangereux, que Mme la dauphine s'est bien déterminée à les réprimer par la suite. Ceux des ministres auxquels Mme l'archiduchesse est le plus dans le cas de s'adresser, sont le contrôleur général et le ministre de la guerre (1). Ce dernier marque une grande envie d'obéir et de plaire à S. A. R., et, à moins d'une impossibilité totale, il hésite rarement à remplir ses ordres de très-bonne grâce. Le contrôleur général est un peu plus rétissant; cependant il finit toujours par faire ce que veut Mme la dauphine, et il est certain que ses intentions sont beaucoup plus respectées que celles des autres princes et princesses de la famille royale. Je ne cesse de représenter à Mme l'archiduchesse que, pour se maintenir dans cette position, il faut absolument éviter toute demande qui s'opposerait au bon ordre ou qui pourrait nuire à un tiers, parce que, sans cela, en favorisant une personne, on court risque d'en affliger plusieurs, de commettre des injustices, et d'embarrasser les ministres.

S. A. R. a de la peine à vaincre ou à dissimuler sa répugnance pour le duc d'Aiguillon. Elle ne lui demande jamais rien, et rejette toute sollicitation qui peut tenir à ce département. Ce n'est qu'avec grand'peine que je suis parvenu à engager S. A. R. à dissimuler son aversion pour le ministre susdit; à présent, il n'a pas sujet de se plaindre, il n'est point mal traité, mais il pourrait l'être mieux, et je crois que la bonne politique l'exigerait. Quant à la favorite, elle se trouve aussi dans le cas de n'avoir pas le moindre grief. Il est vrai qu'elle ne s'est plus montrée depuis la nouvelle année, mais aussi il n'y a pas un seul propos à reprocher à Mme la dauphine sur le compte de cette femme, et cet article délicat en

---

(1) L'abbé Terray, contrôleur général depuis 1769; et le marquis de Monteynard, qui avait remplacé en 1771 le duc de Choiseul au ministère de la guerre.

est dans des termes qui surpassent ce que j'en aurais osé espérer.

La comtesse de Marsan cherche par toutes les voies possibles à regagner la confiance de la famille royale, le tout en vue de trouver un appui à ses intrigues. Elle a commencé par s'adresser à Mesdames ; elle leur a expliqué en dernier lieu la position critique du chancelier, le danger du retour des princes à la cour, du rétablissement de l'ancien parlement, et elle a voulu faire voir que ces circonstances ne tendaient à rien moins qu'à avilir l'autorité du roi, à porter des atteintes à la religion, et à bouleverser l'État. Mesdames, qui sont fort portées pour le chancelier, ont saisi avec leur légèreté ordinaire toutes les idées de la comtesse de Marsan, et ont cherché à les faire valoir auprès de Mme la dauphine. Je la trouvai en effet assez prévenue lorsqu'elle me fit la grâce de m'en parler, et je crus devoir, dans une longue audience, dessiller les yeux à S. A. R. sur cette matière, qui n'a pour objet que l'intrigue, et qui ne tendrait qu'à compromettre ceux qui voudraient s'en mêler. Mme la dauphine a très-bien senti les vérités que je lui ai exposées à cet égard ; je suis bien sûr qu'elle ne se laissera pas entamer de ce côté dangereux, et qu'elle observera une parfaite neutralité, même dans les cas où Mesdames ses tantes se laisseraient entraîner à des démarches, dont, à coup sûr, elles n'auront qu'à se repentir.

La bonne intelligence entre Mme la dauphine et M. le comte et Mme la comtesse de Provence se cimente de plus en plus ; toutes les apparences sont que ces deux derniers ont réellement abandonné le parti de la favorite et du duc d'Aiguillon ; ils en font au moins tout le semblant. Le comte de Provence a cherché à avoir des explications à ce sujet avec Mme l'archiduchesse ; il lui a dit qu'elle devait convenir qu'elle s'était longtemps méfiée de lui, que, de son côté, il avouait qu'elle n'avait pas eu absolument tort, mais que maintenant il était bien revenu sur ses pas ; qu'il connaissait le duc d'Aiguillon, son humeur intrigante et méchante, et qu'il n'en serait plus la dupe. Mme la dauphine a écouté toutes ces ouvertures sans rien répondre qui puisse donner prise sur elle ; je l'avais supplié d'être fort sur ses gardes, et en effet il faut du temps encore avant de pouvoir s'assurer du degré de sincérité dont le comte de Provence peut être capable. Son caractère n'est pas exempt de soupçon de ce côté-là, et si sa conversion est réelle, ce ne peut être que l'ouvrage de la comtesse de Marsan, et c'est une raison assez forte pour se défier des vues qui ont occasionné ce changement. Mme la comtesse de Provence, de son côté, est absolument en tout aux ordres de Mme l'archiduchesse, douce, complaisante, attentive; sans juger du fond par de pareils dehors, ils suffisent au moins pour entretenir la paix et faire cesser les petites piquanteries dont j'ai fort longtemps été dans le cas de craindre les effets et les suites.

Une circonstance plus grave m'a mis dans le cas de demander audience de Mme la dauphine pour lui faire des représentations sur l'objet suivant. S. A. R. a pour première femme de chambre une nommée Misry (1), laquelle, sans talents ni esprit, ne laisse pas d'avoir du penchant à l'intrigue, beaucoup d'envie d'afficher du crédit et assez de hardiesse pour en imposer à cet égard. Quoique Mme l'archiduchesse sache l'apprécier à sa juste valeur, un peu de facilité, ou la crainte d'essuyer des importunités, ont souvent porté S. A. R. à céder aux demandes de la Misry, et j'ai dû même intervenir dans plusieurs occasions pour réprimer les indiscrétions de cette femme. Enfin j'appris en dernier lieu qu'elle avait induit Mme l'archiduchesse à accorder dans la chambre de cette Misry des audiences à certaines femmes qui sollicitaient des grâces, et je sus nommément qu'une marquise de Laffare avait obtenu une pareille audience. L'abus d'une telle méthode, et tout ce qui pourrait en résulter de dangereux, me portèrent à en exposer avec force les conséquences à Mme la dauphine. Je lui fis voir combien la Misry avait manqué à ses devoirs, qu'une faute de ce genre suffirait pour obliger la dame d'honneur de porter plainte au roi, et de lui demander l'expulsion de la coupable, qu'enfin cette femme avait perdu de vue tout ce qu'elle devait à Mme la dauphine, en l'exposant ainsi à être compromise. S. A. R., qui, par vivacité, n'avait point envisagé cette circonstance sous un aspect bien sérieux, parut très-frappée de mes réflexions, et convint avec sa bonne foi ordinaire qu'elles étaient justes ; en effet Mme l'archiduchesse réprimanda grièvement la Misry, et lui défendit de se mêler dorénavant de rien qui eût trait à des sollicitations. Me trouvant tranquille sur cet article, je le laissai ignorer à la comtesse de Noailles, afin qu'il n'en résultât point de bruit.

---

(1) Madame de Misery. Les Mémoires de Mme Campan donnent quelques détails sur cette dame, qui était de très-bonne naissance, étant fille du comte de Chemant et alliée à la famille de Montmorency.

Le courrier mensuel, arrivé ici le 10, m'a remis les ordres de V. M. en date du 1er, et les lettres adressées à Mme la dauphine lui ont été présentées le lendemain.

XXI. — Mercy a Marie-Thérèse.

Paris, 15 mai. — Je vais maintenant reprendre les points contenus dans la très-gracieuse lettre de V. M.

1° Relativement à la façon dont le ministère de France envisage les objets politiques, V. M. aura daigné voir dans mes dernières dépêches la sensation qu'a produite ici la nouvelle des arrangements qui sont sur le point d'être conclus en Pologne. Sans s'arrêter au langage du duc d'Aiguillon, il est certain que son caractère méfiant et, plus encore, son ignorance en affaires confondent les idées qu'il se forme des conjonctures actuelles, qu'il ne sait ni les apprécier ni les juger, et que, dans son incertitude, il est probable qu'il s'arrêtera au système de blâmer toutes les mesures prises par V. M., et de les interpréter de la façon la plus défavorable; mais il est également certain que toute la mauvaise volonté du ministre ne persuadera pas le roi son maître, qui personnellement et plus fortement que jamais tient à ses sentiments pour V. M. et à ceux de l'alliance. Je crois pouvoir répondre que tous les efforts du duc d'Aiguillon pour faire varier son maître à cet égard n'aboutiraient qu'à perdre le ministre, et je répondrais pareillement que la favorite ne s'ingérerait pas à vouloir appuyer les démarches que le duc pourrait se proposer pour altérer la solidité du système. Une suite d'observations ne me laissent pas le moindre doute à cet égard. Je vois clairement que les arrangements projetés en Pologne n'ont point personnellement affecté le roi ; qu'il croit que V. M. ne pouvait pas se dispenser de donner les mains aux arrangements susdits, et qu'ils sont une suite inévitable des circonstances. La seule chose qui pourrait peiner le monarque serait d'être dans le cas de croire que l'amitié de V. M. s'est refroidie pour lui ; mais le remède à cet inconvénient serait que, selon les conjonctures, il plût à V. M. de donner au roi une marque directe et purement personnelle de sa confiance, soit par une lettre, soit en m'ordonnant de dire de sa part et dans l'occasion quelque chose qui pût flatter le roi, et lui marquer que V. M. s'en repose toujours sur la solidité de ses sentiments. L'usage que je ferais d'un pareil ordre ne devrait avoir aucune apparence ministérielle ni d'apprêt, mais les moyens ne me manqueraient pas de donner une forme convenable à la démarche dont il s'agit.

2° Quoique le comte de Fuentes ait un congé pour retourner en automne à Madrid, j'espère de le persuader à revenir au moins pour quelque temps à son poste actuel. Cet ambassadeur est bien imbu de toutes les vérités que je suis occupé à lui inspirer; il les fera valoir à sa cour, et, comme je préviendrai le prince de Lobkowitz du parti qu'il pourra tirer de la présence du comte de Fuentes à Madrid, je me flatte qu'il en résultera quelques facilités de plus à ce que les volontés de V. M. soient remplies, tant sur les affaires politiques que sur celles qui regardent la personne du roi de Naples.

3° Relativement à Mme l'infante, on sait ici que S. A. R. a recommencé à paraître dans le monde, et que l'arrivée du comte de Rosenberg produit déjà de bons effets (1). D'ailleurs les plaintes ont cessé contre Mme l'archiduchesse, et je ne perds aucune occasion à tenir le langage qui me paraît propre à écarter l'effet des impressions antérieures sur le chapitre de cette princesse.

4° Il est constant que le duc d'Aiguillon ne fait aucun cas du prince de Rohan; il n'a d'ailleurs aucun appui assez considérable ici pour contrebalancer tous les inconvénients qui se multiplient contre lui. J'en conclus que V. M. en sera bientôt débarrassée. Il s'était répandu ici des bruits d'une brouillerie de cet ambassadeur avec son secrétaire d'ambassade; ce dernier vient d'écrire sur ce sujet à une de ses amies une lettre dont je me suis procuré la copie, que je crois devoir mettre sous les yeux de V. M. Il ne serait pas hors de vraisemblance que le baron de Breteuil succédât au prince de Rohan, et, malgré quelques petits inconvénients personnels au baron, je crois que, pour le fond des affaires, et eu égard à ses sentiments, V. M. n'aurait pas lieu de s'en plaindre. Il vient de partir pour son ambassade à Naples, et je l'ai vu dans des dispositions à s'y comporter de façon à pouvoir plaire à V. M. Le Sr de Boynes, son beau-frère, prend ici beaucoup de consistance, et la liaison que j'ai cimentée

---

(1) Mercy se trompe ici complétement. La mission du comte de Rosenberg n'amena dans la conduite de l'infante aucun amendement, et une rupture avec l'impératrice sa mère en fut la conséquence. Voir notre Introduction pour tout l'ensemble de cette curieuse affaire.

avec lui pourra, dans bien des cas, n'être pas inutile au bien du service.

XXII. — Marie-Thérèse a Mercy.

Schönbrunn, 1ᵉʳ de juin. — Comte de Mercy, Les nouvelles que vous continuez à me donner sur la conduite de ma fille sont à la vérité satisfaisantes ; mais, dès que je jette les yeux sur les dangers auxquels elle est exposée à tout moment dans une cour telle que l'est à présent celle de France, je ne suis pas sans inquiétude, et je sens le besoin qu'elle a de vos conseils et de votre attention suivie. Je trouve au mieux ce que vous avez proposé à ma fille, en lui conseillant de ne pas trop se charger de recommandations, de mieux traiter Aiguillon, de se défier des menées de la comtesse de Marsan et de réprimer la témérité de la Misry.

Je crois bien que le parti que nous venons de prendre à l'égard de la Pologne aura fait de la sensation en France. Quelque persuadée que je suis des sentiments du roi, je ne saurais me déterminer à lui écrire sur ce sujet, mais je vous laisse entière liberté de lui en dire de ma part tout ce que vous trouverez à propos (1).

---

(1) Nous ne pouvons mieux faire, pour commenter et expliquer cette réponse de Marie-Thérèse à Mercy, que de citer la lettre qu'elle écrivait à Joseph II le 25 janvier 1772, lors des premiers arrangements avec la Prusse et la Russie qui devaient se terminer par le traité de partage de la Pologne. (Voir la Correspondance entre Marie-Thérèse et Joseph II, publiée par A. d'Arneth, tome Iᵉʳ, page 362) : « Je suis trop pressée de notre situation critique pour ne l'exposer encore une fois dans tout son jour, et tâcher de trouver le remède, sinon bon, au moins le moins mauvais..... Il n'est pas possible à présent de revenir sur nos pas, après les fausses démarches, que j'ai toujours regardées telles, depuis le mois de novembre 1770, où la marche des troupes d'Italie et des Pays-Bas a été résolue, et depuis la malheureuse convention signée avec les Turcs. Le ton trop menaçant avec les Russes, notre conduite mystérieuse, tant avec nos alliés que nos adversaires, tout cela est provenu qu'on a mis pour principe à chercher à profiter de la guerre entre la Porte et la Russie pour étendre nos frontières, et obtenir des avantages auxquels nous ne pensions pas avant la guerre. On voulait agir à la prussienne, et on voulait en même temps retenir les apparences de l'honnêteté ; sous ce point de vue on s'est fait illusion sur les moyens, et on cherche et se flatte encore sur les apparences et sur les événements. Il se peut que je me trompe, et que ces événements soient plus favorables que je ne puis les envisager ; mais dussent-ils nous procurer le district de la Valachie, Belgrade même, je les regarderais toujours comme achetés trop chèrement, l'étant aux dépens de l'honneur, de la gloire de la monarchie, de la bonne foi et religion de nous autres.

« Depuis mon malheureux règne nous avons tâché au moins de marquer en tout une conduite vraie et équitable et de bonne foi, de modération, de fidélité en nos engagements. Cela

Je suis de plus en plus indignée de la mauvaise foi de Sambucca, en abusant pour ses propres vues de la confidence que lui-même m'a faite au sujet de Tanucci. Voilà quelles idées baroques Las Casas m'attribue dans sa lettre à Llano. Mandez à Lobkowitz de laisser tomber toute cette affaire, et de ne pas entrer en matière, si même on voulait lui parler sur le compte de Tanucci.

La mission du comte de Rosenberg à Parme n'a eu aucun effet; ma fille s'étant nettement refusée à toutes ses propositions, il est parti de Parme pour Milan, pour y attendre mes ordres. Je diffère de les lui donner jusqu'à l'arrivée des lettres d'Espagne. En attendant, j'ai rompu toute correspondance avec ma fille, et j'ai ordonné à ma famille tant ici qu'à Florence et à Milan d'en agir de même et de lui renvoyer toutes les lettres qu'elle nous écrirait, sans les ouvrir. Cela vient aussi d'être exécuté depuis quelque temps; reste à voir l'effet de cette démarche.

[J'ai trouvé nécessaire d'agir ainsi, connaissant que trop l'entêtement de ma fille, mais nonobstant les grands chagrins qu'elle me cause, elle est pourtant mon enfant. Je ne voudrais qu'on la poussât entièrement à bout, mais détourner qu'on ne me la renvoie pas].

Dès que je serai débarrassée de Rohan, je serai indifférente sur le choix du ministre que la cour de France voudra nous envoyer, pourvu qu'il soit tel qu'il puisse nous convenir, et si Breteuil se trouve dans ce cas, il peut compter d'être bien accueilli ici. Je regretterais le rappel de Fuentes de Paris, et j'espère que les insinuations que vous lui faites feront beaucoup de bien à Lobkowitz.

XXIII. — Marie-Antoinette a Marie-Thérèse.

Versailles, 13 *juin.* — Madame ma très-chère mère, J'attends avec la plus grande impatience la nouvelle de l'accouchement de la reine. Je blâme fort ceux qui lui ont donné des préjugés contre les

---

nous attira la confiance, j'ose même dire l'admiration de l'Europe, le respect et la vénération de nos ennemis; depuis un an tout cela est perdu. J'avoue, j'ai peine à le soutenir, et rien au monde ne m'a plus coûté que la perte de notre renommée. Malheureusement je dois avouer vis-à-vis de vous que nous le méritons, et c'est là que je souhaite qu'on remédie, en rejetant comme mauvais et ruineux tout principe de profiter de ces troubles, et qu'on délibère comment sortir au plus vite de cette malheureuse situation, et le moins mal, sans penser à des acquisitions pour nous, mais bien à rétablir notre crédit et bonne foi, et, autant que cela se peut, la balance politique. »

accoucheurs. Je m'abandonnerais bien à me confier à qui l'on voudrait, pour être assurée d'en venir là. Le beau temps étant venu aussi dans ce pays-ci, j'espère que la récolte sera bonne, dont nous avons grand besoin.

Je suis bien affligée de la maladie de van Swieten ; quoique tout le monde ne pense pas de même, je le regarde comme un homme de beaucoup de mérite et à qui toute la famille a de l'obligation. Il a déjà échappé de cette maladie ; j'espère encore pour cette fois-ci ; ce serait une grande perte pour ma chère maman et pour toute la famille.

La bonne amitié continue toujours entre nous tous. Le comte de Provence est plus de huit jours dans son lit, d'une fièvre d'humeur avec des redoublements ; il a rendu beaucoup de bile, et il est beaucoup mieux.

Je ne puis vous dire, ma chère maman, combien je suis affligée de l'infante ; il est bien étonnant qu'elle n'ait pas profité de vos bonnes leçons et de tout ce que vous lui avez fait dire par Rosenberg. Malgré tout cela, je saisirai avec empressement toute occasion de diminuer la mauvaise impression que cela peut faire ici ; sans cela je fuis les occasions d'en entendre parler. Il me semble que, si j'avais eu le même malheur qu'elle, le seul désir d'épargner du chagrin à ma chère maman, cela me convertirait.

Je viens de recevoir une lettre de la Böhme (1). La reine est bien heureuse, et moi aussi en ce moment de la savoir si bien délivrée (2) ; quoique ce ne soit qu'une fille, je crois cependant qu'elle doit être contente par l'espérance que cela lui donne d'avoir des garçons.

Le comte d'Angivillier (3), homme d'esprit, qui a été attaché à l'éducation de M. le dauphin et qui est intendant du jardin royal, désirerait d'avoir quelques petits morceaux des mines d'Hongrie et d'Autriche. J'ai pensé que ma chère maman voudrait bien me donner le moyen d'obliger un homme de mérite ; je prends la liberté de lui envoyer la note de ce qu'il désirerait.

---

(1) Mme Eléonore Pöhme, femme de chambre de la reine Caroline de Naples.
(2) Elle était accouchée d'une princesse, nommée Marie-Thérèse, qui épousa son cousin François II, empereur d'Autriche, et mourut en 1807.
(3) La Billarderie, comte d'Angivilliers, était directeur général des bâtiments, jardins, manufactures et académies. Le magnifique cabinet de minéralogie qu'il avait formé fut cédé par lui en 1780 au Muséum d'histoire naturelle. Il émigra en 1791 et mourut en Allemagne en 1810.

Vous avez bien de la bonté de penser à ma fête : je ne demande à Dieu que de me rendre digne de ma chère maman et de me conserver son amitié.

XXIV. — Mercy a Marie-Thérèse.

Paris, 15 juin. — Les deux dernières lettres que V. M. a écrites à Mme la dauphine ont produit des effets trop intéressants pour que je ne croie pas de mon devoir d'en exposer ici les détails. J'ai eu le délicieux spectacle de l'attendrissement de Mme l'archiduchesse pour V. M. — S. A. R. m'a relu plusieurs fois la dernière lettre qu'elle avait reçue ; elle l'a paraphrasée de réflexions et de sentiments qui ne s'effaceront jamais. Les deux derniers courriers avaient déjà apporté de bonnes lettres ; j'en avais examiné l'effet avec attention. J'ai rapproché mes idées des lettres anciennes, où la morale avait été présentée un peu plus sévèrement, et, comme V. M. m'a expressément ordonné de lui rendre un compte fidèle de tous les mouvements que je puis remarquer dans l'âme de Mme la dauphine, je ne dois rien omettre de ce que je crois avoir aperçu distinctement dans la circonstance dont il s'agit.

Toutes les lettres de V. M. ont été reçues avec respect, mais pour le moins avec autant de crainte. Le mauvais ton des entours, l'habitude de ne recevoir ni réprimande ni contradiction, ni même des avis de la part du roi non plus que de la part de M. le dauphin, joint à l'éloignement de trois cents lieues, sont sans doute les causes que les lettres de sévérité n'ont pas toujours produit l'effet désirable. D'ailleurs jamais une mère n'eut autant de droit qu'en a V. M. de parler avec autorité. J'ai représenté plusieurs fois cette grande vérité dans les moments où les lettres chagrinaient ; Mme la dauphine convenait du principe, mais elle se figurait qu'elle était peu aimée, et qu'elle serait toujours traitée avec rigueur. Les dernières lettres ont enfin détruit ce préjugé, et V. M. acquiert de plus en plus la certitude de conduire Mme l'archiduchesse sur tout ce qui tient à l'essentiel de sa position et de ses devoirs. S. A. R. a tant de ressources dans l'esprit et dans le caractère, qu'il n'y a plus le moindre doute sur les effets que l'on doit s'en promettre par la suite.

Depuis la date de mon dernier et très-humble rapport, il n'est survenu aucun changement remarquable aux occupations journalières de Mme la dauphine. L'exercice de la danse est continué avec assiduité et succès; il en est même résulté le grand bien de faire naître à M. le dauphin l'idée de participer aux leçons que prend Mme la dauphine. Cet amusement utile prolonge les moments où ils sont ensemble; indépendamment de ces occasions, M. le dauphin paraît plus empressé à saisir celles où il peut être seul avec Mme la dauphine. L'ascendant qu'elle a sur lui augmente visiblement; elle lui parle très-naturellement de ses défauts; il reçoit très-bien ce qui lui est dit à cet égard, et il y fait attention. Il en est résulté un changement favorable dans le maintien et le langage de ce jeune prince, et c'est bien sûrement l'ouvrage de Mme l'archiduchesse. Enfin il n'y aurait rien à désirer sur la parfaite union de ces deux augustes époux, si l'état de leur mariage était mieux constaté; mais sur cet article essentiel il ne subsiste que des espérances, qui ne se réalisent point encore. Entretemps, la conduite de Mme la dauphine est en ce point aussi prudente et sage qu'il est possible de le désirer; il n'y entre ni propos, ni impatience, ni humeur, et elle ne permet plus qu'on lui parle d'un objet qui n'admet ni commentaires ni conseils.

Quoique l'influence de Mesdames opère encore dans bien des circonstances, cela n'arrive cependant pas avec assez d'efficacité pour qu'il puisse en résulter des effets dangereux. M. le dauphin et Mme la dauphine ont même contracté avec M. le comte et Mme la comtesse de Provence une liaison plus suivie; ils passent quelquefois entre eux des soirées, lesquelles ci-devant se passaient toujours chez Mesdames. Cette petite diversion est d'une grande utilité; j'avais pris la liberté d'en proposer l'idée, et cela en vue d'éloigner le plus que possible l'occasion prochaine d'entendre ou de participer à tous les propos oiseux qui ne cessent d'être tenus chez Mesdames, et qui établissent une source de tracasseries des plus fâcheuses.

Quoique les lectures n'aient pas été absolument négligées dans le courant de ce mois, cependant le beau temps, les promenades et les chasses ont un peu suspendu l'assiduité aux occupations sérieuses. Autant que je puis en juger par ce que m'a dit Mme la dauphine, je doute qu'elle ait répondu à la question que lui a faite V. M. sur ses lectures avec l'abbé de Vermond. Lorsque Mme l'archiduchesse est embarrassée, le silence est toujours sa ressource; elle en est quitte à trop bon marché, et il serait peut-être à désirer que V. M. daignât, d'un ton d'amitié et sans réprimande, réitérer quelquefois les questions qui sont restées sans réponse; je suis très-assuré que cela produirait un fort bon effet.

Depuis que Mme la dauphine a repris du goût pour la musique, il se tient de temps en temps chez elle des petits concerts, où se réunit la jeune famille royale; Mesdames n'y paraissent point ordinairement. J'ai vu un de ces concerts, et je ne puis exprimer combien Mme l'archiduchesse y est charmante, attentive envers tout le monde, marquant avec jugement et dignité des bontés à un chacun, et donnant par là un spectacle de grâces et d'agrément qui, depuis longtemps n'était plus connu à cette cour-ci. Ces mêmes concerts se répètent chez Madame, sœur de M. le dauphin; j'ai obtenu de Mme la dauphine qu'elle voulût bien y assister, et elle y a même chanté un soir. J'ai eu en cela deux motifs : celui de multiplier les occasions d'amusement, qui arrachent à l'oisiveté et à l'ennui, et celui de procurer à la comtesse de Marsan une satisfaction qu'elle avait fort à cœur. Il n'est point inutile de ménager cette femme dangereuse; et je ne crains point qu'elle séduise Mme l'archiduchesse, parce qu'elle la connaît et sait l'apprécier à sa juste valeur. Tout ce que je puis faire pour augmenter et soutenir le crédit de la comtesse de Noailles ne me réussit qu'imparfaitement, par une suite de l'extrême ineptie de cette dame d'honneur, laquelle, avec des vues assez honnêtes, n'a aucun des talents nécessaires à les faire valoir. Je lui avais formé un plan pour attirer Mme la dauphine chez elle pendant les soirées; ce projet a réussi quelquefois, et serait tourné en habitude journalière, si la comtesse de Noailles avait eu l'adresse d'amuser Mme l'archiduchesse et de lui épargner les propos ennuyeux auxquels ladite comtesse n'est que trop sujette.

Mme la dauphine a depuis longtemps un grand désir de voir Paris. Elle s'était proposé de faire tenir des chevaux de selle à une certaine distance, d'y arriver en voiture, de monter à cheval et de se promener sur les boulevards sans entrer dans la ville. Ce projet n'avait aucun inconvénient, d'autant plus qu'il se serait exécuté dans le plus parfait incognito. La comtesse de Noailles avait elle-même donné l'idée de cet arrangement, mais Mme Adélaïde ayant voulu être de la partie, elle persuada à Mme la dauphine de ne se faire suivre à cheval que par une dame qui est attachée au service de Mme Adélaïde.

La comtesse de Noailles crut avec une sorte de raison qu'il en résultait un tort pour sa fille, la duchesse de Durfort, qui est dame du palais et en possession de suivre Mme la dauphine dans ses promenades à cheval. En conséquence, la comtesse de Noailles fit naître tant de difficultés que la partie projetée n'eut point lieu. Le plus grand obstacle qu'on opposa à Mme l'archiduchesse fut de lui faire craindre la rencontre de beaucoup de monde, et lorsque S. A. R. me parla de l'embarras que cela lui aurait causé, je pris la liberté de lui répéter ce que je lui ai si souvent représenté, pour éloigner d'elle cette peur de voir du monde. Mme l'archiduchesse est aimée du public, et, en paraissant le fuir et le craindre, ce serait aliéner les esprits et manquer un objet des plus essentiels à une grande princesse, qui est celui de s'attirer le cœur des peuples. Si Mme la dauphine venait à Paris, elle y serait reçue avec un enthousiasme et des démonstrations de joie, qui sont les seules causes pour lesquelles on a éloigné jusqu'à présent du roi l'idée de faire voir la capitale à Mme l'archiduchesse, ce qui, suivant la coutume ordinaire, aurait dû avoir lieu immédiatement après son mariage.

Il est survenu, passé quelques jours, dans l'intérieur de la famille royale un petit événement que Mme la dauphine a daigné me confier, avec ordre d'en garder le secret et surtout de n'en point faire mention dans mes très-humbles rapports. Il y avait sur la cheminée de la chambre de M. le comte de Provence une pièce de porcelaine très-artistement travaillée. Quand M. le dauphin se trouvait dans cette chambre, il avait coutume d'examiner la porcelaine susdite et de la manier. Cela paraissait inquiéter M. le comte de Provence, et, au moment où Mme la dauphine le plaisantait sur cette crainte, M. le dauphin, qui tenait entre ses mains la pièce de porcelaine en question la laissa tomber, et elle se brisa en morceaux. M. le comte de Provence, dans son premier mouvement de colère, s'avança sur M. le dauphin ; ils se colletèrent et se donnèrent quelques coups de poing. Mme la dauphine, très-embarrassée de cette scène, eut la présence d'esprit de séparer les combattants, et elle reçut même à cette occasion une égratignure à la main. Une parfaite réconciliation suivit immédiatement la querelle ; personne n'en avait été témoin, et il n'en transpira pas la moindre chose. Mme l'archiduchesse, en me contant ce fait, avoua qu'elle avait été au moment d'appeler du secours. Je lui représentai qu'il y aurait eu à cela de très-grands inconvénients, parce qu'une pareille scène rendue publique serait devenue une affaire sérieuse pour M. le comte de Provence. Je fis sentir à cette occasion tout ce que les formes, dans ce pays-ci, établissent sur la différence de l'état d'un dauphin d'avec celui de ses frères, et combien il y a de distance de l'un à l'autre. Il importe que Mme la dauphine se forme des idées très-distinctes là-dessus, et je mets toutes les circonstances à profit pour lui exposer les notions par lesquelles elle puisse juger de la supériorité du rang de son époux et du partage qu'elle doit en faire avec lui.

Dans ces derniers temps les tracasseries de l'intérieur n'ont rien produit de relatif à Mme l'archiduchesse. Tout est assez bien à cet égard; S. A. R. est constamment très-bien traitée par le roi. Un peu plus de prévenance et d'aisance vis-à-vis de lui ajouterait encore infiniment au penchant tendre que le monarque a pour Mme la dauphine. Je ne cesse de lui représenter là-dessus tout ce que j'imagine de plus persuasif; les avertissements de V. M. peuvent seuls effectuer ce qui est à désirer à cet égard; le moindre échec à la santé du roi pourrait mettre Mme l'archiduchesse dans le cas de jouer un grand rôle. Cette circonstance pourrait n'être pas fort éloignée; il s'agit pour S. A. R. de se trouver en position, et cela devrait être ménagé de longue main. Il est plus que temps de s'en occuper avec suite; mais je rencontre auprès de Mme l'archiduchesse des difficultés quand il s'agit de porter ses réflexions sur un avenir sérieux, et je crois devoir m'y prendre avec beaucoup de ménagement, pour ne pas la rebuter sur des idées que l'âge et la dissipation rendent un peu pénibles, jusqu'à ce que l'expérience vienne au secours, et en démontre la nécessité.

Mme la dauphine a fait ses dévotions le surlendemain de la Pentecôte; quinze jours auparavant, S. A. R. avait rempli cet acte de religion, et c'est toujours avec la même régularité et édification qu'elle persiste à maintenir tous les usages que lui prescrit la piété.

Le courrier mensuel, qui n'est arrivé ici que le 12, m'a remis les ordres de V. M. datés du 1er de ce mois; le même jour, Mme la dauphine a reçu les lettres qui se trouvaient à son adresse, et elle a paru bien contente de trouver dans celle de V. M. des marques de satisfaction, par lesquelles S. A. R. semble plus encouragée à tâcher d'en mériter la continuation.

XXV. — Mercy a Marie-Thérèse.

Paris, 15 juin. — Sacrée majesté, Mes dépêches d'office contiennent aujourd'hui les remarques que j'ai cru essentiel d'exposer sur la sensation que font ici les arrangements auxquels V. M. s'est décidée relativement à la Pologne. Il est très-certain que le roi Très-Chrétien envisage cet objet d'un œil d'équité et de modération qui me rassure pleinement sur la stabilité de ses sentiments et de son attachement à l'alliance (1). J'userai avec circonspection de la permission que me donne V. M. de tenir en temps et lieu le langage qui conviendra pour confirmer le roi dans ce qu'il peut se promettre de l'amitié de V. M. pour lui ; il ne restera plus qu'à calmer les effets de l'amour-propre du duc d'Aiguillon, qui est personnellement piqué du triste rôle qu'il joue dans le début de son ministère. Je me flatte qu'il y aura des moyens efficaces à employer pour le ramener ; celui des bonnes dispositions de la favorite ne me paraît pas devoir être négligé, et je crois que, par ces considérations, il serait important que, pendant le séjour à Compiègne, Mme la dauphine voulût bien faire à la comtesse du Barry un accueil assez favorable pour que je me trouve en mesure de tirer parti de cette femme du côté de son ascendant sur le roi et sur le ministre. Le moindre avertissement

---

(1) Nous trouvons dans la correspondance du baron de Blome, ministre du baron de Danemark en France, un témoignage, qui semble assez intéressant pour le citer ici, de la manière dont la situation de l'Autriche et de la France se présentait aux autres cours de l'Europe. « La cour de Vienne s'est expliquée envers celle-ci sur les affaires de Pologne, en exposant les motifs qui l'ont déterminée à faire entrer un corps de troupes dans ce royaume. Elle a témoigné : — qu'elle désirerait que les choses fussent rétablies dans le premier état, et que de ce moment elle retirerait ses troupes ; mais comme elle était informée que les deux cours de Pétersbourg et de Berlin avaient fait l'an passé un traité de partage, qui a fait le principal objet du voyage du prince Henri, par lequel elles se garantissaient mutuellement les acquisitions à faire en Pologne, S. M. I. se voyait indispensablement obligée de son côté de faire valoir les droits qu'elle pouvait avoir sur quelques provinces de ce royaume, pour maintenir en quelque façon la balance entre ces deux puissances ; — que, quelques acquisitions que S. M. I. pût faire en Pologne, elles ne seraient jamais l'équivalent de celles du roi de Prusse, ni le dédommagement de l'accroissement excessif de cette puissance ; — qu'enfin le mal étant trop avancé, la chose paraissait sans remède, puisqu'aucune puissance, pas même celles qui avaient garanti le traité d'Oliva, ne voulaient s'en mêler. A cette ouverture le duc d'Aiguillon doit avoir répondu : qu'il convenait que la conduite de la cour de Vienne était aussi juste que nécessaire, mais que ce serait toujours un grand mal pour la balance de l'Europe si le partage en question venait à se réaliser. Au reste ce ministre n'a avisé aucun moyen pour rétablir les choses sur l'ancien pied. (Archives de Soroe.)

de V. M. produira sur Mme la dauphine les impressions désirables à cet égard, et elles seraient sans doute utiles au bien du service.

Le comte de Fuentes étant sur le point de dépêcher un courrier à Madrid, je vais profiter de cette occasion pour faire parvenir au prince de Lobkowitz les derniers ordres de V. M. J'étais convenu avec cet ambassadeur qu'il ne se presserait point à agir, et je suis bien sûr qu'il sera informé à temps pour se conformer aux mesures que rend nécessaires la tournure intrigante et vraiment indigne que le ministre Sambucca a voulu donner à un objet aussi juste que l'était celui que V. M. s'était proposé. Je rejoins ici la lettre dudit Sambucca, qu'il a plu à V. M. de me confier.

D'après une conversation que j'avais ici avec le comte de Fuentes, je m'étais aperçu qu'il se trouvait déjà informé du peu de succès de la mission du comte de Rosenberg à Parme. Le comte de Fuentes m'a dit que le roi son maître ne prendrait aucun parti que celui que V. M. trouvera bon de lui suggérer ou d'approuver. D'après ce qui s'est passé, et à en juger par quelques détails que me communique le prince de Starhemberg, il semble que la faiblesse extrême de l'infant est foncièrement l'origine de tous les petits écarts auxquels se livre Mme l'archiduchesse, et qu'il n'y a que l'embarras et le besoin de secours qui puisse les ramener l'un et l'autre à des idées plus raisonnables.

Je ne suis pas sans espérance de persuader le comte de Fuentes à revenir ici après l'expiration du congé qu'il a obtenu, et je ferai au moins en sorte que sa présence à Madrid devienne utile aux objets qui intéressent le service de V. M.

Après que ceci était écrit, j'ai eu encore une longue conversation avec le comte de Fuentes sur les affaires de Parme. Il m'a montré l'article d'une lettre du marquis Grimaldi, datée du 1er de ce mois; le ministre espagnol s'exprime ainsi : « Vous savez ce qui s'est passé « à Parme ; on n'a pu les réduire, parce que l'infant est d'une ex- « trême faiblesse, et que l'infante en fait ce qu'elle veut. L'impéra- « trice a pris le meilleur parti possible ; elle est très-fâchée de ce qui « se passe. » Le roi Très-Chrétien n'écrit plus à l'infant depuis trois ordinaires, et il y a longtemps que le roi d'Espagne a cessé toute correspondance.

Nous venons d'apprendre dans le moment l'heureuse délivrance de la reine de Naples. S. M. a écrit peu d'heures après une lettre à Mme la dauphine, qui lui a été remise hier par l'ambassadeur de S. M. Sicilienne.

Je sais que le duc d'Aiguillon a fait depuis peu au roi son maître des observations désavantageuses au prince de Rohan sur la légèreté de ce dernier, et sur le danger que le dérangement de ses affaires domestiques n'occasionne des inconvénients peu décents à l'état d'un ambassadeur de France. Je conclus de là que le ministre minera peu à peu ce coadjuteur, et qu'on ne le laissera pas bien longtemps à la cour de V. M.

XXVI. — Marie-Thérèse a Mercy (1).

Ce 18 juin. — Comte Mercy, C'est un certain Caprini, que vous connaîtrez mieux que moi, qui s'est offert, allant jour et nuit, si je ne pouvais le charger de quelque commission. J'ai cru pouvoir profiter de cette occasion d'informer la dauphiné des circonstances heureuses et consolantes de Naples, qui m'ont comblée de joie. Demandez à ma fille la copie de la lettre de la reine qu'elle m'a écrite elle-même, de même les promotions; je n'ai pas eu le temps de les copier. Je touche à ma fille un mot sur le dauphin; la situation est incompréhensible, et je suis tout étonnée qu'on laisse aller les choses sans s'en occuper.

Des affaires de Parme, depuis que j'ai renvoyé les lettres de ma fille, je n'ai plus entendu un mot. On dit qu'elle a pris tout cela tout tranquillement, et continue à faire sa volonté et à faire des dettes. Autant de consolation que j'ai de Naples, de Versailles, Florence et Milan, car mon fils est heureux et content et se conduit bien, et son épouse enceinte de deux mois (j'ai oublié de le mander à la dauphine, vous le lui marquerez), autant de chagrin m'a causé dès le premier instant de son départ cette fille. Rosenberg est malade de la fièvre tierce à Milan, je crois de la bile qu'il a faite. Je ne vous dis rien des affaires, elles sont toujours de même; nous ne voyons pas plus clair d'aucun côté. Dieu veuille que ces ténèbres ne restent suspendues sur nous.

---

(1) Pièce entièrement autographe.

XXVII. — Marie-Thérèse a Mercy.

Schönbrunn, 2 juillet. — Comte de Mercy, Quoique persuadée de la satisfaction que vous me marquez que ma fille avait témoignée sur les expressions de ma dernière lettre, elle n'a pas pris trop de peine à m'en convaincre elle-même par sa réponse (1), qui, selon la façon de son style, dit bien peu.

Je suis contente qu'elle s'amuse à la danse et à la musique; il faut qu'elle s'occupe à quelque chose. Je ne suis pas moins contente de la bonne intelligence qui se soutient entre les deux jeunes princes et leurs épouses. La scène qui s'est passée entre le dauphin et le comte de Provence a été bien forte ; il est heureux que tout s'est d'abord terminé sans suites et sans éclat. Ma fille s'est bien conduite dans cette rencontre.

Le silence de ma fille sur le progrès de ses lectures est l'effet de son envie de faire tomber les objets qui ne sont pas de son goût. Comme elle m'a adressé une note de l'abbé Vermond, où sont marquées quelques productions de mines qu'elle demande pour ce monsieur, j'en prendrai occasion de lui rappeler les rapports sur ses lectures, en lui insinuant que j'étais charmée de trouver dans sa lettre cette note de Vermond, parce que je supposais d'abord d'y voir quelque détail sur ses lectures.

Je suis fâchée que le projet de faire voir Paris à ma fille avait manqué. Sa répugnance de se montrer au public et de traiter avec le grand monde me fait craindre qu'elle ne prenne à la fin l'habitude du reste de la famille royale, qui, par son peu d'affabilité et par ses manières un peu bourrues, ne sait se faire ni aimer ni estimer par le public. Je ne compte non plus qu'elle voudra se donner assez de peine pour gagner de l'ascendant sur le roi, quelque avantage qu'il pourrait en résulter. Je connais son indolence et paresse d'esprit, jointes aux dissipations ordinaires à son âge. Dès qu'il s'agit de quelque objet sérieux, et qu'elle croit y entrevoir de la gêne, elle ne veut pas réfléchir et agir en conséquence.

Je ne vois que trop le mauvais effet de nos démarches en Pologne; il est à souhaiter que le roi persiste dans les mêmes sentiments;

---

(1) Du 13 juin.

mais je crains que le roi de Prusse ne réussisse à le détacher de moi. Stormond, nommé ambassadeur à la cour de France (1), a toujours marqué de bonnes intentions. C'est un honnête homme, intelligent et raisonnable ; mais notre malheureux système actuel l'a bien indisposé et révolté contre nous (2), de même que presque tous les autres ministres étrangers qui se trouvent à ma cour. Je vous communique ce que Rocheford marque à Stormond sur le compte du sieur Anslie, pour vous en mettre au fait, lorsqu'il se trouvera à Paris (3).

Ma fille, l'infante de Parme, va toujours son train, sans faire la moindre démarche pour se rapprocher de moi et de sa famille ; ainsi toute correspondance entre nous et elle reste suspendue, et je n'ai de parti à prendre dans ce moment qu'à attendre les résolutions de la cour d'Espagne et de tâcher alors de rendre sa situation la moins dure que possible, à moins qu'elle ne rende elle-même par son obstination inutiles mes efforts.

Pour l'ambassadeur Rohan, je me rapporte à ce que je vous ai déjà marqué sur son sujet. Je serai bien aise de son rappel, sans vouloir le demander, à moins qu'il n'y donne lieu par trop d'extravagances.

[Vous serez étonné que Kaunitz est assez content de Rohan ; il est souple avec lui et l'amuse.]

XXVIII. — MARIE-THÉRÈSE A MERCY.

Comte Mercy, J'ai cru de mettre sur un papier à part la commission pour ma fille que vous m'avez suggérée pour le séjour de Com-

---

(1) Lord Stormond, ambassadeur d'Angleterre à la cour d'Autriche, passait à celle de France.

(2) Le cabinet de Saint-James ne paraît cependant pas avoir été très-irrité du partage de la Pologne. Lord Rochford, secrétaire d'état aux affaires étrangères d'Angleterre, écrivant le 24 juillet 1772 à l'ambassadeur anglais à Constantinople, Murray, le blâme très-vivement d'avoir fait quelques démarches pour retarder la conclusion de la paix entre la Turquie et la Russie, dont ce partage devait être la conséquence. Il ajoute : « Quant à l'événement, aussi extraordinaire qu'inattendu, du partage de la Pologne entre trois puissances qui semblaient si éloignées de s'entendre, je dois vous informer que, quoique ce changement puisse susciter quelqu'e appréhension pour le commerce de l'Europe, ni S. M. ni les autres puissances commerciales ne croient cet objet d'assez d'importance actuelle pour avoir l'intention d'y faire une opposition directe. Voir lord Mahon, *History of England*, édition Tauchnitz, tome V, page 386.

(3) Le sieur Anslie, que Marie-Thérèse croyait désigné pour venir en France comme secrétaire d'ambassade n'y vint point en effet. — C'est évidemment encore une pièce interceptée que Marie-Thérèse communique à Mercy.

piègne (1). Vous pourriez le lui communiquer en entier, même le lui laisser, si vous le trouvez à propos, ou le supprimer entièrement, si vous ne le trouvez convenable. Personne n'en sait rien que nous deux et Starhemberg en gros ; n'ayant pas même tenu copie, étant pressée, vous ferez bien d'en tirer une, et croyez-moi toujours votre bien affectionnée.

XXIX. — Marie-Thérèse a Mercy (2).

Ce 2 juillet. — Comte Mercy, J'ai marqué à ma fille que je vous ai chargé d'une commission particulière pour elle qui m'intéresse beaucoup, comme souveraine et comme mère. La voilà. Notre malheureuse situation, tant pour la Pologne que pour les Prussiens et Russes, avec lesquels nous sommes forcés de tenir pour éviter plus grand mal, ne change sûrement rien à l'envie et constance, de préférence à tous, de l'alliance avec la France et l'Espagne, unique naturelle pour nos intérêts et maisons. Ce point mis de base, je ne dis pas que la France n'ait quelque sujet de plainte sur la façon comme tout est allé, qu'on n'a pu la prévenir, ce n'est pas manque de bonne volonté ; mais, ayant à faire à un parti plus fort qui s'était concerté depuis longtemps, et l'insuffisance totale de la Porte leur donnant beau jeu, nous ne pouvions, sans risquer notre propre existence, nous refuser aux offres qu'on nous a faites à la fin de février, avec la clause expresse de ne rien communiquer à personne. Notre situation était telle que nous ne pouvions refuser, mais nous n'avons jusqu'à ce moment même rien encore conclu, espérant que, par des événements non attendus, nous pourrions faire changer de face toute la négociation ; mais tous nos soins ont été inutiles, et nous avons dû nous résoudre à accéder à leurs traités. Le courrier partira en trois jours pour signer. Rien au monde ne m'a fait plus de peine, mais surtout le tort que nous avons vis-à-vis de nos alliés et de toute l'Europe, comme si nous préférions un intérêt particulier à toute honnêteté et égards. Nous aurions mal calculé un village d'augmentation au roi de Prusse (3), encore plus un si grand objet et pour nous de la dernière

---

(1) Ces paroles se rapportent évidemment à la pièce suivante, du 2 juillet.
(2) Pièce entièrement autographe.
(3) C'est-à-dire : nous aurions mal calculé d'accorder ne fût-ce qu'un village d'augmentation au roi de Prusse, à plus forte raison...

importance, tant que nous pouvions espérer de l'empêcher et même en avantageant la Russie. Nous l'avons tenté, mais voyant que tout était inutile, il fallait choisir le moins mauvais parti, car un bon ce n'est plus question.

Voilà donc notre triste situation, en même temps que le ministre en France est bon Prussien. Les humiliantes avances qu'il a fait faire au roi sur ce sujet nous ont rendus aussi plus circonspects, et le roi de Prusse plus intraitable. De la confiance ne nous pourrons guère avoir dans cet homme. Nous savons pour sûr que l'Angleterre et le roi de Prusse veulent gagner la Barry; vous devez mieux savoir que moi si vous croyez la chose telle. Le roi est constant dans ses amitiés et j'ose appeler à son cœur; mais il est faible, ses alentours ne lui laissent pas le temps de réfléchir et suivre son propre sentiment. Vous voyez par ce tableau combien il importe à la conservation de l'alliance qu'on emploie tout pour ne se détacher dans ce moment de crise pour jamais. Je ne me séparerai jamais du système adopté; j'en ai donné des preuves bien convaincantes; mais si la France pateline avec la Prusse, qui la trompera sûrement, alors je dois vous dire que c'est le seul point où je ne pourrais m'empêcher de changer de même à mon grand regret; mais cela serait infaillible. Pour empêcher ces maux et ces désagréments pour la monarchie et la famille, il faut employer tout, et il n'y a que ma fille, la dauphine, assistée par vos conseils et connaissances du local, qui pourrait rendre ce service à sa famille et sa patrie. Avant tout, il faut qu'elle cultive par ses assiduités et tendresse les bonnes grâces du roi, qu'elle tâche de deviner ses pensées, qu'elle ne le choque en rien, qu'elle traite bien la favorite. Je n'exige pas des bassesses, encore moins des intimités, mais des attentions dues en considération de son grand-père et maître, en considération du bien qui peut en rejaillir à nous et aux deux cours; peut-être l'alliance en dépend.

Je me suis étendue un peu au long sur ce chapitre; il est d'une si grande importance que je m'attends de vos soins et de ceux de ma chère fille que vous emploierez tous vos soins et elle tous ses agréments, en se détachant des préjugés qu'on pourrait lui suggérer contre. Il n'y en a aucune de valable en comparaison du bien qu'elle peut faire. J'attends tout de vos soins et de sa tendresse, et croyez-moi toujours votre bien affectionnée.

XXX. — Marie-Antoinette a Marie-Thérèse.

Versailles, 17 juillet. — Je me représente tout ce que ma tendre mère a souffert pour Van Swieten (1) et la reine. Elle m'a écrit elle-même une lettre charmante. Elle est ivre de joie, et ne peut la montrer à une sœur qui la sente et partage mieux.

J'ai vu Mercy, et après avoir lu votre chère lettre, je lui ai parlé sur ce qu'elle m'annonçait. Il m'a montré la sienne, qui m'a fort touchée et donné à penser. Je ferai de mon mieux pour contribuer à la conservation de l'alliance et bonne union; où en serais-je s'il arrivait une rupture entre mes deux familles? J'espère que le bon Dieu me préservera de ce malheur, et m'inspirera ce que je dois faire; je l'en ai prié de bon cœur.

Je ne veux pas attendre après Compiègne pour vous rendre compte de mes lectures. Je lis depuis quelque temps avec l'abbé les Mémoires de l'Estoile; c'est un journal des règnes de Charles IX, Henri III et Henri IV. On y voit jour par jour tout ce qui s'est passé dans ce temps-là, les bonnes et les mauvaises actions, les lois et les coutumes. J'y retrouve les noms, les charges et quelquefois l'origine des gens qui sont à la cour. Je lis encore les Lettres d'une mère à sa fille et de la fille à sa mère; quoiqu'elles soient amusantes, elles ont de bons principes et une très-bonne morale.

Mon confesseur m'a donné le livre de Tobie avec une paraphrase très-pieuse; j'en lis presque tous les jours un verset ou deux, comme il me l'a recommandé, qui sont ordinairement de deux pages.

La comtesse de Noailles a eu un grand effroi. Le chevalier d'Arpajon, son fils cadet, vient d'avoir la petite vérole; il avait été inoculé par Gatti (2); ce n'est pas le premier exemple des inoculés de ce médecin-là; aussi tous ceux qui l'ont été par lui ont eu grande peur.

Un prélat près de Gunzburg (3) m'a envoyé huit médailles de celles

---

(1) Voyez plus haut la note de la page 168. Anton Störck succéda comme premier médecin de l'impératrice à Van Swieten, mort au milieu de juin 1772.

(2) Médecin florentin, qui contribua beaucoup à propager l'inoculation. Un caractère singulier, mélange de naïveté, de grâce et de bouffonnerie tout italienne, lui valait un grand succès dans le monde; il était très-intime et très-goûté dans la maison du duc de Choiseul. Il est souvent question de lui dans la correspondance de Mme du Deffand.

(3) Günzburg est une petite ville de Bavière (cercle de Souabe), à 48 kil. O. d'Augsbourg, au confluent de la Günz avec le Danube.

qu'il a fait frapper en reconnaissance du blé que V. M. a envoyé aux pauvres gens qui en manquaient; ce monument m'a fait un plaisir sensible. Personne à ma place n'a jamais eu le plaisir d'entendre parler de sa mère avec une admiration aussi sincère que je l'entends souvent ici. J'ai écrit au prélat pour le remercier. Nous n'avons pas grand monde à Compiègne. Les brouilleries des princes et des ministres en éloignent beaucoup. Tout le monde se porte bien ici; l'on pense à ôter le cautère au comte de Provence, il est d'un tempérament bien faible. Dieu merci! M. le dauphin se porte très-bien.

Ma chère maman est bien bonne de vouloir bien faire faire ma commission pour M. d'Angivillier. Je suis sûre que je lui fais un grand plaisir.

Je n'oublierai sûrement pas ce que Mercy m'a dit; cela est bien important, j'en suis bien inquiétée; mais je serais trop heureuse de contribuer à l'union et de prouver à ma chère maman la déférence et la tendresse respectueuse qu'aura toute sa vie...

XXXI. — Mercy a Marie-Thérèse.

Compiègne, 18 *juillet.* — Sacrée Majesté, Jusqu'aujourd'hui je me suis occupé à exposer dans mes très-humbles rapports avec l'attention la plus scrupuleuse l'influence que les hasards, les préjugés, les impulsions des entours, et un concours de circonstances fâcheuses ont eue sur la conduite de Mme la dauphine. Toutes ces causes étaient étrangères à son âme, et leurs effets ne pouvaient être que momentanés. V. M. aura daigné voir combien ces influences ont perdu de leur force, combien Mme l'archiduchesse a gagné et gagne encore journellement à cet égard. Ses dispositions à écouter la vérité, un peu d'expérience acquise, et un discernement juste et naturel qui se développe de plus en plus, affermissent S. A. R. contre une grande partie des écueils qui l'environnent; cependant j'en aperçois encore qui seraient peut-être le plus à craindre, eu égard à leur nature et à leur source, et c'est sur ce chapitre important que doivent se réunir aujourd'hui toutes mes réflexions.

Depuis assez longtemps, je vois que le caractère de Mme la dauphine contracte une empreinte de faiblesse, qui n'est que l'effet des exemples qu'elle a devant les yeux, et qui dans bien des cas a donné lieu à des représentations très-instantes de ma part. S. A. R. s'accoutume à avoir peur de tout, et à se laisser subjuguer par cette même peur. Ceux qui ont assez de hardiesse pour oser la fatiguer par leurs importunités sont presque sûrs de prendre de l'ascendant sur S. A. R., et sans qu'elle fasse cas de leur personnel, connaissant même l'injustice de leurs demandes, elle s'y prête souvent, uniquement par crainte, tandis qu'il ne lui en coûte pas de résister à des instances mieux fondées, mais qui lui sont exposées avec modération, discrétion et respect. Parmi un nombre d'exemples qui constatent cette vérité, j'en citerai un qui a eu lieu tout récemment, et qui m'a forcé à me mettre en opposition à ce que l'on désirait de Mme la dauphine.

La comtesse de la Marck, sœur du duc et du comte de Noailles (1), s'est prise depuis longtemps d'une amitié fort extraordinaire pour deux Hollandaises, sœurs, que des hasards ont établies dans ce pays-ci. Une de ces femmes se nomme la baronne de Nieukerk ; elle s'est séparée de son mari, et il n'y a rien de fort avantageux à dire

---

(1) La comtesse de la Marck, quatrième fille du maréchal Adrien Maurice de Noailles, née en 1719, avait épousé le comte Louis Engelbert de la Marck. Elle n'eut pas d'enfant, mais le comte de la Marck avait d'un premier mariage une fille devenue la mère de ce comte de la Marck, l'ami et le correspondant de Mirabeau, qui fut si dévoué à Marie-Antoinette pendant la révolution. — Aimable et spirituelle, la comtesse de la Marck comptait dans la société ; elle fut une de ces grandes dames dont le roi de Suède Gustave III rechercha la conversation pendant son séjour en France en 1772, et avec lesquelles il continua une correspondance régulière. Vive et ardente, on la voit inquiète dans sa correspondance avec le roi de Suède si d'autres dames, entre autres la comtesse de Boufflers, paraissent plus avant dans sa faveur ; c'est sans doute une de ces amitiés passionnées qui la rend indiscrète et importune dans la circonstance dont parle Mercy. Elle resta cependant juste pour la dauphine malgré les refus qu'elle en éprouva ; on peut en juger par une lettre qu'elle écrit à Gustave III le 1er septembre de cette même année 1772. Voici un fragment de cette lettre qui confirme singulièrement les appréciations de Mercy sur la cour. « Le roi ne peut se suffire à lui-même, et ses enfants ne lui sont d'aucune ressource. Ses filles ont de petites têtes !... impossible d'y rien mettre de raisonnable. M. le dauphin montre quelques vertus sauvages, mais sans esprit, sans connaissances, sans lecture, n'en ayant pas même le goût, et dur dans ses principes comme brut dans ses actions......... Il a peur des femmes ; puisque la sienne ne l'a point guéri, il faut croire que personne n'en viendra à bout. Elle est jolie cette dauphine, elle a de l'esprit, et une grâce et un agrément dans toute sa personne qui n'appartiennent qu'à elle ; mais sa grande jeunesse et un peu de frivolité, apanage de son âge, la rendent inutile au roi. D'ailleurs il en a été mécontent au sujet de Mme du Barry........ Le reste de la cour est divisé d'esprit et de principes, et on se déchire à plaisir. » Voir A. Geffroy, *Gustave III et la cour de France*, tome 1er, page 255.

sur la conduite qu'elle a tenue à Paris depuis sa séparation (1). Sa sœur, qui se nommait Mlle de Nievenhem, était chanoinesse à Clèves ; elle abjura la religion protestante pour embrasser la foi catholique, et à la faveur de cette conversion, la comtesse de la Marck, aidée de la comtesse de Noailles, obtint mille écus de pension de Mme la dauphine pour la nouvelle convertie. Je me récriai un peu sur le taux de cette pension, et sur ce que, de préférence, on en chargeait la cassette de Mme la dauphine, tandis qu'il y a ici des fonds ecclésiastiques destinés à de pareilles œuvres pieuses. Je fis des représentations à ce sujet, et Mme l'archiduchesse m'avoua qu'elle avait été surprise, et qu'elle sentait qu'on avait un peu abusé de sa facilité. Dans ces derniers temps il vint dans l'idée de la comtesse de la Marck de marier Mlle de Nievenhem, qui a vingt-deux ans, avec le duc de Lauraguais, qui en a près de soixante-dix (2). Ce projet parut d'abord au public d'un ridicule excessif ; il croisait d'ailleurs les convenances de toute la parenté du duc de Lauraguais, surtout s'agissant d'une étrangère, qui est comme tombée des nues dans ce pays-ci. Cependant ces considérations n'arrêtèrent point la comtesse de La Marck, et, d'une façon aussi hardie qu'indiscrète, elle se procura une audience particulière de Mme la dauphine pour lui extorquer la promesse de parler au roi, et de solliciter ce monarque de consentir à un échange de domaines, par lequel échange le duc de Lauraguais aurait gagné six cent mille livres au détriment des revenus royaux. Mme l'archiduchesse, quoique choquée de l'énormité d'une pareille demande et du motif sur lequel elle était fondée, céda aux importunités, parla au roi et fut en même temps refusée et compromise. Tout cela s'était passé si rapidement, que le mal était fait avant que je fusse instruit du danger. La comtesse de la Marck, se voyant déroutée, ne fit que redoubler d'audace, et, dans une seconde audience, elle demanda à Mme la dauphine d'insister auprès du roi pour obtenir en faveur de Mlle de Nievenhem une pension de dix mille livres, la

---

(1) Cette baronne de Nieukerk ou Nieuwerkerke figure en effet dans la société de Mme de la Marck, et Gustave III, par exemple, au cours de son active correspondance avec cette dernière, la comprend dans ses souvenirs.

(2) Ce ne peut être le duc de Brancas, comte de Lauraguais, connu comme littérateur, ami de Voltaire et membre de l'Académie des sciences, car il n'avait en 1772 que trente-neuf ans ; c'est sans doute son père, le duc de Villars-Brancas-Lauraguais, pair de France, chevalier de la Toison d'or et lieutenant général.

continuation de celle de mille écus dont elle jouissait sur la cassette de S. A. R., et, par-dessus cela, une somme de vingt mille écus pour le trousseau de la future épouse. Aussitôt que je fus informé de ces nouvelles demandes, j'en portai plainte à Mme l'archiduchesse elle-même. Je lui représentai combien il était punissable d'oser abuser à ce point de ses bontés, et je fis sentir toutes les conséquences qui en résulteraient, soit dans le cas présent, soit dans ceux de même nature qui pourraient survenir dans la suite. S. A. R. comprit parfaitement mes raisons; mais je vis avec chagrin qu'elles étaient contrebalancées par l'embarras et une sorte de crainte qu'avait inspirée le ton audacieux et décisif de la comtesse de la Marck. Cependant, sur une lettre qu'écrivit cette dernière, je parvins à déterminer Mme la dauphine à lui répondre négativement sur tous les points demandés. Finalement, la comtesse de la Marck ayant obtenu par d'autres voies quatre mille francs de pension pour sa protégée, je demandai au contrôleur général que ces quatre mille francs fussent remis annuellement à la caisse de Mme la dauphine, d'où ils seraient payés à la future duchesse de Lauraguais, laquelle, moyennant cela, n'aurait plus rien à prétendre à la charge de S. A. R., et, malgré toutes les clameurs que j'eus à essuyer, l'arrangement a été fixé ainsi que je l'avais proposé.

Quelque minutieux et diffus que soit ce détail, je n'ai pas cru pouvoir l'omettre, afin que V. M. daigne juger de ce que peut produire ici l'indiscrétion et l'intrigue, et combien il faut être sur ses gardes pour en prévenir ou éviter les effets. Un peu de fermeté dans Mme la dauphine écarterait les dangers de cette espèce, mais S. A. R. a grand besoin d'y être encouragée; elle m'a expressément défendu de rendre compte de la circonstance ci-dessus énoncée, et cela me met dans le cas de supplier V. M. de ne pas paraître en avoir connaissance par mes très-humbles rapports. Les gens du service en sous-ordre trouvent également des facilités à obtenir ce qu'ils désirent de Mme l'archiduchesse, à mesure qu'ils osent employer de l'importunité, et c'est toujours par embarras que S. A. R. se détermine. J'en ai un nombre d'exemples, mais je ne laisse passer aucune de ces occasions sans réitérer mes respectueuses remontrances, qui sont toujours reçues avec bonté, quoique souvent elles ne produisent pas l'effet que j'en voudrais obtenir.

Les occupations sérieuses et utiles n'ont pas été négligées dans le courant de ce mois ; Mme l'archiduchesse fait de grands progrès dans l'exercice de la danse ; M. le dauphin n'en tire pas le même parti, quoiqu'il y soit fort assidu. Les lectures ont été un peu négligées depuis que les promenades et les chasses se multiplient à la faveur de la belle saison. Le séjour à Compiègne sera une occasion de plus à la dissipation, mais cela pourra être suppléé par d'autres moyens instructifs et utiles. Tout se passe dans l'intérieur de la famille avec beaucoup de tranquillité et de paix. Mme l'archiduchesse paraît bien confirmée dans la position sage où elle s'est mise vis-à-vis de Mesdames ses tantes, et, quoique ces dernières jouissent encore d'un crédit plus étendu qu'il ne serait à désirer, il est cependant visible que Mme la dauphine ne leur cède plus par persuasion, mais uniquement par un peu de crainte et de complaisance ; encore cela n'arrive-t-il que dans des occasions de moindre importance.

S. A. R. est fort bien avec M. le comte et Mme la comtesse de Provence ; je n'entends plus parler d'aucune dispute, d'aucun propos. M. le dauphin est toujours le même envers Mme l'archiduchesse ; doux, complaisant, empressé d'être avec elle, mais sans donner à l'intimité plus d'extension qu'elle n'a eue jusqu'à cette heure.

Le roi continue à marquer à Mme la dauphine l'amitié la plus tendre ; il serait fort à désirer que S. A. R. y répondit avec un peu plus de soin ; j'emploierai pendant le séjour de Compiègne les représentations les plus suivies pour obtenir ce point essentiel. J'aurai pareillement à insister beaucoup sur deux autres articles, celui de parler plus habituellement aux gens de marque, et celui de ne point se prêter à prendre part aux petites plaisanteries qui se font quelquefois sur des personnes âgées, ou qui ont dans la figure quelques défauts remarquables.

Le courrier mensuel m'a remis le 13 les ordres de V. M. en date du 2. Le transport de mes gens et de mes effets a retardé de vingt-quatre heures mon arrivée ici, où j'ai présenté à Mme la dauphine les lettres qui lui étaient adressées. Celle de V. M. a été reçue avec l'empressement ordinaire, mais S. A. R. a remis jusqu'après le départ du courrier les audiences presque journalières qu'elle daigne m'accorder pendant les séjours à Compiègne.

XXXII. — Mercy a Marie-Thérèse.

Compiègne, 18 juillet. — J'ai appris par la comtesse de Noailles, par l'abbé de Vermond et par mes propres observations, que depuis quelques semaines Mme l'archiduchesse éprouve de temps en temps des moments de tristesse, qui ne sont point de durée, mais qui annoncent cependant l'approche de quelques réflexions fâcheuses sur la conduite incompréhensible de M. le dauphin, et sur l'incertitude de la durée et des suites que pourra avoir sa froideur. J'appréhende depuis longtemps que Mme la dauphine ne fixe enfin ses pensées sur ce chapitre, et il n'est sorte de moyens que je n'aie employés pour tâcher d'en reculer l'instant. Quand S. A. R. daigne s'entretenir avec moi, j'ai grand soin de lui présenter l'état de sa position sous les aspects les plus agréables. Elle me dit en dernier lieu que je voyais tout du bon côté, mais que j'ignorais les circonstances qui pouvaient l'affecter et la chagriner. Elle ajouta en même temps, avec la bonté et la confiance qu'elle m'accorde, que, pendant le séjour de Compiègne, elle aurait plus d'occasions à me parler sur ces matières. Je suis bien préparé au langage que j'aurai à tenir dans le cas où S. A. R. vînt à s'expliquer sur ces peines, mais je crois que ce que V. M. daignerait lui mander de consolant et de propre à calmer des inquiétudes de cette nature, produirait un effet aussi utile que nécessaire, en attendant qu'il plaise au ciel de faire changer des circonstances que l'on ne sait à quoi attribuer.

A l'occasion de l'assemblée du clergé, l'archevêque de Toulouse (1), intime ami de l'abbé de Vermond, a harangué le roi, M. le dauphin et Mme la dauphine. Ces discours ne sont point faits pour être publiés, et je ne m'en suis procuré les copies ci-jointes que sous la condition expresse qu'elles ne passeront que sous les yeux de V. M.

Je dois en revenir maintenant au contenu des deux très-gracieuses lettres de V. M. Lorsque je remis à Mme la dauphine celles qui lui

---

(1) Loménie de Brienne, qui devint premier ministre en 1787 par l'influence de la reine. Prélat sans foi et sans mœurs, dévoré d'ambition et habile intrigant, il dut certainement à l'amitié de l'abbé de Vermond la faveur de Marie-Antoinette. Il faut dire qu'il était parvenu à donner en général une haute idée de ses talents comme financier, et que l'opinion publique applaudit à son élévation. Il se trouva cependant très-inférieur à la tâche qui lui incomba lorsqu'il remplaça de Calonne.

étaient adressées, elle se trouvait avec M. le dauphin ; cependant elle ouvrit ses lettres et les lut sur-le-champ. S. A. R. allait se mettre à table ; elle m'ordonna d'attendre la fin de son souper, qui ne dura pas plus d'un quart d'heure ; je la vis fort occupée et pensive en rentrant dans son cabinet. M. le dauphin la quitta ; elle me fit appeler, et me demanda avec empressement quelle était la commission particulière dont j'avais à m'acquitter auprès d'elle. Je répondis que je croyais ne pouvoir mieux la remplir qu'en présentant à S. A. R. la lettre secrète de V. M. Elle la lut avec une grande attention, et je vis qu'elle en était fort frappée. Après cette lecture et quelques moments de silence, « Comment puis-je faire, » me dit-elle, « pour « gagner l'esprit du roi? On nous l'enlève et on ne nous le laisse pas « voir, et dans les égards à observer, comment Mme du Barry peut-« elle entrer pour quelque chose ? » Je répliquai qu'on ne pouvait pas se dissimuler une vérité fâcheuse, qui était que cette du Barry se trouvait en position d'influer d'une façon très-décisive dans les objets les plus sérieux, et je récapitulai une infinité d'exemples qui en étaient la preuve. Je fis sentir à Mme la dauphine combien il était flatteur pour elle que V. M. lui confiât un soin aussi important, aussi précieux que l'est celui de veiller, de coopérer et d'entretenir l'union des deux cours. J'ajoutai une vérité bien forte et personnelle à Mme l'archiduchesse, en lui représentant les embarras extrêmes que lui causerait un refroidissement entre les cours. Je parlai de l'état d'une dauphine, et de ce que sa position a de critique jusqu'au moment où elle ait donné un héritier à la France. J'exposai le tableau actuel de cette cour, et les ressources inestimables que donnait à Mme l'archiduchesse l'amitié qui subsiste entre V. M. et le roi. J'entrai en détail sur les moyens de captiver ce monarque, sur la nécessité de ménager la favorite, les ministres. Il serait impossible de transmettre ici tout ce que j'eus occasion de dire pendant l'espace de près de trois quarts d'heure, mais je rassemblai tant d'observations frappantes en tous genres, que je vis enfin Mme la dauphine pénétrée et persuadée. Elle me dit qu'elle ferait tout ce que V. M. désirait d'elle, qu'indépendamment de tout autre motif, son amour, son respect pour son auguste mère la détermineraient ; qu'un refroidissement entre les deux cours lui causerait un chagrin qui la rendrait malheureuse, que je n'avais qu'à suggérer ce qu'il y avait à faire, et qu'elle se prêterait à tout. Je trouvai dans les expressions de

Mᵐᵉ la dauphine tant de sensibilité, de tendresse pour V. M., tant de raison dans la façon d'apercevoir et de sentir ce que j'exposais, que je crois pouvoir affirmer que la lettre de V. M. a produit l'effet le plus complet et le plus désirable. J'ai retenu cette lettre et la renverrai par le prochain courrier, si tant est que ce soit la volonté de V. M., lorsqu'elle daigne m'ordonner d'en tirer une copie.

J'en reviens aux autres points dont il plaît à V. M. de me faire mention.

1° Je crois être sûr que Mᵐᵉ la dauphine enverra à V. M. par ce courrier un journal de ses lectures. Je n'imagine pas qu'il sera fort étendu, mais s'il plaisait à V. M. d'en marquer quelque satisfaction, je tirerais parti de cet encouragement pour persuader S. A. R. à mettre plus de diligence et de suite dans ses occupations.

2° Quant aux matières politiques, il est certain que le duc d'Aiguillon a débuté dans son ministère par des indices de mauvaise volonté, qui n'étaient que l'effet de ses passions personnelles; il craignait que V. M. n'accordât une protection trop efficace au duc de Choiseul, et il redoutait les suites de cette haute protection : d'ailleurs il n'entendait pas les affaires, et par ignorance il s'est laissé aller à de fausses démarches. J'ai prédit dans le temps qu'il reviendrait bientôt sur ses pas, forcé par la nécessité des choses, et je crois m'apercevoir que cela arrive journellement. Le ministre voit maintenant qu'il lui est impossible de dissoudre une alliance qui est dans le cœur du roi son maître, lequel, par sentiment personnel pour V. M., ne se laissera jamais détacher d'un système qu'il a dit plusieurs fois « être son ouvrage ». Ce n'est que par intérêt personnel que le duc d'Aiguillon a cru devoir se défier du système présent; je suis enfin parvenu à lui tranquilliser l'esprit à cet égard, et à lui persuader qu'il peut obtenir par une conduite raisonnable les mêmes bontés, la même confiance que V. M. accordait à son prédécesseur. Depuis qu'il entrevoit cet espoir, il s'est radouci sur tous les points, même sur celui des affaires de Pologne, dont il commence à parler avec assez de modération et de raison. Indépendamment de cela, ma position vis-à-vis de la favorite est devenue plus avantageuse; j'ai commencé à l'éclairer sur les grandes vérités politiques : elle m'écoute et conçoit ce que je lui dis. Je tâche de la guider par son intérêt personnel, et, Mᵐᵉ la dauphine se prêtant un peu à appuyer mes démarches, j'espère que les choses seront maintenues ici dans les termes qu'exige le service de V. M.

3° Quoique le sieur Anslie ait été proposé par le lord Rochefort pour le secrétariat d'ambassade de France, il y a apparence que cette place sera confiée à un nommé Saint-Paul (1), qui a été au service de V. M. dans le grade de colonel. Je sais que le lord Stormond demande le dit Saint-Paul, qui a encore pour concurrents le sieur de Churchill et le lord Klenbresil, lesquels vraisemblablement ne réussiront pas. Je rejoins ici la lettre du lord Rochefort, qu'il a plu à V. M. de me confier.

4° Le comte de Fuentes m'a dit que sa cour attendait encore quelques éclaircissements sur les intentions de V. M., avant de se déterminer à proposer un parti à prendre sur la cour de Parme. Le duc d'Aiguillon, en me disant la même chose, m'insinua qu'il conviendrait peut-être d'appeler l'infant en Espagne, de l'y faire rester quelque temps, qu'il s'agirait de savoir si V. M. agréerait que Mme l'infante allât à Vienne. Je répondis net que ce projet me paraissait inadmissible, qu'il serait contre l'ordre et la convenance de séparer ainsi deux époux, qu'il fallait songer à d'autres moyens, prévoyant que celui-ci ne serait sûrement point du goût de V. M. Le duc d'Aiguillon n'insista pas, et je regarde sa proposition comme un propos jeté en avant et au hasard. Le roi enverra à Parme en qualité de son ministre le marquis de Flavigny (2), qui a été avec le même caractère à Liége dans le temps de l'élection du prince-évêque. Ce marquis de Flavigny est un homme assez sage et tranquille, âgé de cinquante ans environ, d'un esprit assez médiocre. Le comte de Boisgelin s'est donné des mouvements incroyables pour conserver son poste; il m'a même causé quelques embarras dans les moyens d'intercepter ses démarches. L'infant vient d'écrire une lettre très-forte contre don Llano, avec lequel il dit ne pouvoir plus se comporter. Le roi a mal reçu cette confidence, et s'en est expliqué vis-à-vis de l'infant. Je vais informer le prince de Lobkowitz des particularités ci-dessus énoncées.

5° Je m'étais bien douté de la souplesse que le prince de Rohan emploierait vis-à-vis du prince de Kaunitz. Je suis imformé de

---

(1) De Saint-Paul fut en effet secrétaire d'ambassade, et succéda en 1776 à lord Stormond comme ministre plénipotentiaire.

(2) Il y resta jusqu'en 1792.

quelques détails des dépêches de cet ambassadeur de France, et je sais que depuis quelque temps il se loue beaucoup des bontés qu'il éprouve à la cour de V. M. Le duc d'Aiguillon ne paraît pas content de son style d'affaires; il en rend compte très-légèrement. L'évêque de Strasbourg menaçant une prompte ruine, il est apparent que le coadjuteur terminera bientôt sa carrière politique, et que V. M. s'en trouvera délivrée.

XXXIII. — Marie-Thérèse a Mercy.

Schönbrunn, 1er d'août. — Comte de Mercy, J'ai reçu votre lettre du 18 du passé. Je regarde tout ce que vous me marquez de satisfaisant sur la conduite de ma fille comme l'effet de vos insinuations zélées. C'est aussi sur elles que je compte le plus pour l'avenir, mais je n'en crains pas moins qu'elle ne se laisse aller à la fin au penchant du reste de la famille de France, qui ne sait ni se faire aimer ni donner le ton, et qui a déjà contracté l'habitude de se laisser surprendre ou subjuguer par les entours. Vous vous êtes très-bien pris en faisant vis-à-vis de ma fille usage de la lettre que je vous ai écrite, pour l'animer à se mettre sur un pied plus conforme à la situation des affaires et à mes intérêts. Mon intention a été que vous deviez garder l'original et m'en envoyer la copie; je compte de la recevoir par le premier courrier.

Quelque peu de confiance que j'aie dans les sentiments du duc d'Aiguillon, j'approuve fort les soins que vous vous donnez pour le rectifier et pour lui ôter le soupçon que je voudrais lui nuire pour favoriser le duc de Choiseul, mais je compte toujours le plus sur l'attachement du roi au système actuel. Je suis très-convaincue de votre empressement à l'y confirmer de plus en plus et à engager surtout ma fille à seconder au mieux vos démarches à cet effet.

Ma fille m'a envoyé par le dernier courrier le journal de ses lectures, qui ne contient pas beaucoup à la vérité, mais je ne lui en marquerai pas moins ma satisfaction pour l'animer à redoubler d'assiduité.

Vous avez très-bien fait de combattre le projet d'appeler l'infant en Espagne et d'envoyer ici son épouse. Indépendamment des inconvénients qui pourraient naître de leur séparation, je ne saurais me prêter à cette idée, après que ma fille, depuis presque trois mois et dès le moment que j'ai rompu toute correspondance avec elle, n'écrit non plus à moi ni ne fait la moindre démarche qui marque quelque désir de se rapprocher de moi ou de changer de conduite; je crois donc ne pouvoir faire rien d'autre que d'attendre les résolutions de la cour d'Espagne. Je suis bien aise que vous avez réussi à détourner le renvoi de Boisgelin à Parme; reste à voir comment Flavigny débutera, et s'il ne sera pas doucereux ou trop souple à se laisser gagner par les insinuations de ma fille.

Je vous sais gré des copies que vous m'avez envoyées des discours de l'archevêque de Toulouse; vous pouvez compter que je ne les laisserai pas divulguer.

Sans souhaiter la mort de l'évêque de Strasbourg, je ne serais pas fâchée de cet événement, qui me débarrasserait du prince de Rohan, nullement fait pour le poste qu'il occupe. Je me hâte à dépêcher ce courrier pour vous mettre à même de m'envoyer par son retour les nouvelles que vous m'annoncez.

[Starhemberg m'assure qu'il vous informe des nouvelles politiques. Ma situation n'a jamais été si critique et désolante pour moi que celle d'à cette heure, et si la guerre ne finit cette année, je prévois encore des plus grands malheurs. Avais-je tort de protester tant contre la guerre turque?]

[Je vous prie de m'envoyer reliés tous ces livres par le courrier.]

XXXIV. — Marie-Thérèse a Mercy.

Schönbrunn, 1er *d'août*. — Comte de Mercy, Ce qui est marqué dans la lettre ci-jointe d'Aiguillon à Rohan de la confidence que j'aurais faite au prince de Hildbourghausen (1) de mon humeur contre Kaunitz n'est qu'une supposition: Je ne suis pas entrée en matière sur ce sujet avec le prince de Hildbourghausen. Je crois devoir vous en instruire en secret, pour pouvoir vous conduire en conséquence, si jamais on vous tenait des propos semblables. Quelque parti qu'on tire des interceptes (2), le cas dont il s'agit est une

---

(1) Le prince de Saxe-Hildburghausen (Joseph-Frédéric), né en 1702, avait épousé en 1738 la princesse Anne Victoire de Savoie, nièce et héritière du célèbre prince Eugène. C'est lui qui, avec Soubise, perdit en 1757 la bataille de Rosbach.

(2) C'est-à-dire des lettres ou dépêches interceptées; on voit encore par le présent exemple combien le cas était fréquent.

nouvelle preuve combien la réflexion est nécessaire, pourne pas se laisser surprendre par de faux rapports. Vous en avez trouvé vous-même bien des exemples dans la correspondance de Sandoz et Golz.

XXXV. — Mercy a Marie-Thérèse.

Compiègne, 14 *août.* — Sacrée Majesté, Je vais donner à ce présent et très-humble rapport la forme d'un journal, afin que V. M. soit plus exactement informée des circonstances du séjour de Compiègne.

Le 18 juillet, après l'expédition du courrier, j'eus occasion de faire ma cour le même soir à Mme la dauphine chez la comtesse de Noailles. S. A. R. m'y parla de son extrême désir que V. M. fût contente d'elle, et des soins qu'elle se proposait d'employer pour obtenir cette satisfaction. Les expressions de Mme l'archiduchesse étaient remplies de tendresse et de respect pour son auguste mère. J'observai que le moyen de rendre V. M. contente était que Mme la dauphine se rendit elle-même réellement heureuse. J'entrai en détail sur les conditions nécessaires à y parvenir, se concilier l'amitié du roi, conserver, cultiver la tendresse, l'estime, la confiance de M. le dauphin, maintenir la paix et l'union dans la famille royale, s'attirer les respects et l'amour du public. Il fut question du traitement convenable à accorder aux personnes de marque; j'insistai beaucoup sur celui qu'on ne pouvait refuser aux ministres du roi et particulièrement au duc d'Aiguillon; S. A. R. approuva tout ce que je lui exposai, et ses réflexions me donnèrent de bonnes espérances.

Le 19, jour du dimanche, il y eut cour, jeu et grand couvert le soir. S. A. R. me dit qu'elle avait bien pensé à mes représentations de la veille, qu'ayant rencontré chez le roi le duc d'Aiguillon, elle lui avait parlé longtemps. Le ministre me dit en effet qu'il n'avait jamais été si bien traité par Mme la dauphine.

Le 20 S. A. R. se rendit à la chasse du cerf avec Mme la comtesse de Provence. Les deux princesses montèrent dans leurs calèches; je fus témoin de toutes les petites marques d'attention et d'amitié que le roi témoigna de préférence à Mme la dauphine; S. A. R. y répondit avec toutes les grâces possibles.

Le 21 Mme l'archiduchesse passa la matinée et une partie de l'après-midi à s'occuper de la lecture, de la musique; vers le soir elle se promena en voiture; à son retour je lui présentai la lettre de V. M. apportée par le marchand italien Caprini. Cet homme était tombé malade en route, et son voyage avait été retardé de plus de trois semaines par cet accident. Quoique Mme la dauphine fût déjà instruite des couches heureuses de la reine de Naples, S. A. R. eut un nouveau plaisir en partageant la satisfaction exprimée dans la lettre de V. M. L'abbé de Vermond me dit le même jour que Mme l'archiduchesse lui avait parlé longtemps des objets de conduite que je lui avais représentés trois jours auparavant, qu'elle paraissait plus pensive, plus frappée que de coutume, et qu'il croyait le moment très-favorable pour fixer à cet égard d'une façon stable les idées de S. A. R.

Le 22 Mme la dauphine monta à cheval; elle rencontra la chasse du cerf et la suivit quelque temps. S. A. R. ne croit pas que de pareils hasards soient une contravention à l'engagement pris vis-à-vis de V. M. de ne point aller à la chasse à cheval. Dans le fait Mme l'archiduchesse use de cet exercice avec modération et avec toute la sagesse à prévenir les accidents.

Le 23 la matinée fut employée à la lecture et à des occupations sérieuses. L'après-midi S. A. R. joua au piquet avec M. le comte de Provence. M. le dauphin, qui était présent, tenant une baguette à la main, s'amusa à en frapper le bras de M. le comte de Provence. Ce prince en fut impatienté, et, après quelques avertissements, qui ne firent point cesser ce badinage, M. le comte de Provence sauta sur la baguette et voulut l'arracher des mains de M. le dauphin. La querelle allait s'échauffer; mais Mme la dauphine s'empara de cette baguette, la cassa en morceaux et termina la dispute. Quand S. A. R. me conta cette aventure, je la suppliai d'en faire des plaintes sérieuses à M. le dauphin et de lui faire sentir à quelles conséquences fâcheuses peuvent aboutir de semblables badinages. Mme l'archiduchesse en parla dès le lendemain; le prince son époux reçut la leçon avec douceur et docilité: il promit de s'abstenir de pareilles plaisanteries, et parut très-satisfait du soin que Mme la dauphine prenait de lui en faire sentir les inconvénients. M. le dauphin n'a contre lui que les suites d'une excessivement mauvaise éducation; il déploie d'ailleurs des qualités essentielles du côté du caractère, il a de la droiture, il écoute très-bien la vérité; il ne faut pas même de détours pour la lui dire: c'est ce que Mme l'archiduchesse pratique journellement et point sans succès. Ce jeune prince a pris l'habitude de me parler, et cela est d'autant plus remarqué qu'il ne parle presque à personne. Je me suis mis sur le pied de répondre très-franchement à ses questions. Il y a quelque temps qu'il me demanda si j'aimais la chasse? Je lui dis que je l'aimais comme objet d'exercice, et qu'à mon avis cet amusement n'était bon qu'à cet usage; j'ajoutai sans hésiter tous les inconvénients qu'il produisait quand il devenait une passion; j'appuyai sur les dangers d'une fatigue outrée, sur la perte du temps si précieux à l'instruction des princes et dont ils sont comptables envers Dieu et les hommes. Tout ce que je hasardai en réflexions fortes sur cette matière fut écouté en silence, mais tranquillement, et M. le dauphin ne m'en a que mieux traité du depuis.

Le 24, étant chez la comtesse du Barry, elle me parla de sa position vis-à-vis de la famille royale. Je lui répétai ce que ses propres intérêts exigeaient du côté des ménagements à garder envers les jeunes princes et princesses. La favorite me marqua d'être plus tranquille sur ce que pensait Mme la dauphine à son égard; elle me dit aussi son projet d'aller, sous peu de jours, faire sa cour à S. A. R. Je me proposai dès lors d'en prévenir Mme l'archiduchesse, qui était allée ce jour-là se promener en voiture.

Le 25, jour de la fête de la paroisse, toute la cour assista à la grande messe, aux vêpres et au salut dans l'église paroissiale; le soir il y eut jeu chez Mme la dauphine.

Le 26, quoique ce fût un dimanche, je trouvai moyen de parler un instant à Mme l'archiduchesse avant l'heure de la cour; je la prévins de la prochaine apparition de la comtesse du Barry, et je la suppliai de vouloir bien faire à cette femme une réception convenable et qui n'excitât point de rumeurs. En sortant de chez Mme la dauphine, je fus informé que la favorite se proposait d'y aller le même matin, je rentrai chez S. A. R. pour lui en donner avis, je renouvelai quelques représentations pressantes, et elles produisirent leur effet. La favorite étant arrivée après la messe du roi avec la duchesse d'Aiguillon, Mme la dauphine adressa d'abord la parole à cette dernière, et, se tournant ensuite vers la favorite, elle tint quelques propos sur le temps, sur les chasses, de façon que, sans interpeller directement la comtesse du Barry, elle pouvait cependant croire que ces mêmes propos s'adressaient autant à elle qu'à la duchesse d'Aiguillon. Il n'en fallut pas davantage pour que la favorite fût très-contente. Le roi, instruit de ce qui s'était passé, en parut fort satisfait, et le témoigna à Mme la dauphine par de petites attentions qu'il lui marqua le même soir au grand couvert. Immédiatement après l'apparition de la comtesse du Barry, Mme l'archiduchesse se trouvant avec M. le dauphin, avec M. le comte et Mme la comtesse de Provence, elle leur fit des réflexions très-justes sur la conduite à tenir vis-à-vis de la favorite. Elle observa que Mesdames s'étaient trompées dans leur système à cet égard, et qu'en le faisant adopter aux deux jeunes princes et aux deux princesses, elles les avaient jetés dans un d'autant plus grand embarras qu'il était assez difficile de se dédire sur un parti pris, quoiqu'on en reconnût les inconvénients. Il me paraît important de citer cette réflexion de Mme la dauphine, parce que si, en lui marquant du contentement de la conduite qu'elle a tenue en dernier lieu, il plaisait à V. M. d'ajouter que S. A. R. aurait évité pareils embarras si elle avait suivi dès les commencements les avis qui lui ont été donnés, il se trouvera que cette petite leçon est précisément dans le sens des réflexions que Mme l'archiduchesse a faites elle-même et que M. le dauphin a très-fort approuvées.

Le 28, j'avais supplié Mme la dauphine de ne point prévenir Mesdames sur le maintien qu'elle se proposait de tenir vis-à-vis de la favorite. S. A. R. n'en avait en effet point parlé ; dans le cas où Mesdames lui fissent quelques reproches sur ce qui s'était passé, je proposai à Mme l'archiduchesse de faire une réponse honnête mais sérieuse, et qui donnât à connaître que S. A. R. ne voulait point être régentée, et que sur certains objets elle ne croyait devoir rendre compte à personne ; cependant ni Mme Adélaïde ni Mme Sophie ne firent de questions ; elles se bornèrent à un peu de bouderie qui n'entraîna aucune explication. Quant à Mme Victoire, il y a longtemps que, par les conseils de la marquise de Durfort, elle tient une conduite à part, plus modérée, plus prudente et de nature à ne point se trouver enveloppée dans les tracasseries. Ce même jour, 28, Mme la dauphine étant dans la soirée chez la comtesse de Noailles, elle eut la bonté de s'entretenir avec moi sur le contenu de cet article. Par le langage qu'elle me tint, je jugeai qu'elle était bien affermie dans l'idée qu'elle doit avoir du système et des conseils de Mesdames.

Le 29, Mme l'archiduchesse prit le divertissement de la chasse dans ses calèches ; elle se trouva à la mort du cerf qui fut pris dans la rivière ; le roi resta longtemps auprès de Mme la dauphine et lui fit, comme de coutume, mille amitiés.

Le 30, un temps pluvieux ayant empêché la promenade, Mme la dauphine passa la journée à s'occuper de la lecture et de la musique. Le roi soupe tous les jeudis à un pavillon détaché du palais et que l'on nomme le petit château. La favorite fait en quelque façon les honneurs de ce pavillon ; les princesses de la famille royale n'y vont point, mais M. le dauphin y allait les autres années ; il ne voulait plus y retourner cette année-ci, et le roi en paraissait affecté. Je suppliai Mme l'archiduchesse d'engager M. le dauphin à reparaître à ces soupers du petit château, et il s'y est prêté de très-bonne grâce. J'ai trouvé moyen de faire informer le roi que cette nouvelle apparition du dauphin était l'effet des conseils de Mme la dauphine, et le monarque lui en a su un gré infini. Ce même jeudi 30, Mme l'archiduchesse étant venue passer la soirée chez la comtesse de Noailles, j'eus une conversation assez longue avec S. A. R. Elle me parla beaucoup de M. le dauphin, de son caractère honnête, de sa douceur, de sa complaisance ; Mme l'archiduchesse me dit qu'à l'égard de tous ces points elle était heureuse. Je vis bien cependant que son esprit était peiné par d'autres réflexions, sur lesquelles elle ne pouvait s'expliquer. En restant dans la circonspection qu'exigent de pareilles matières, je donnai à mes propos la tournure propre à montrer les objets sous l'aspect le plus favorable, et je fis voir à Mme la dauphine que tout le bien qu'il est en son pouvoir d'opérer dans ce pays-ci lui offrait soit pour le présent soit pour l'avenir une source intarissable de bonheur dans le genre le plus propre à flatter une âme aussi grande et aussi belle que l'est la sienne.

Le 31, après une promenade dans la forêt, Mme la dauphine et toute la famille royale soupa avec le roi, ce qui arrive deux fois la semaine. Dans ces occasions le roi se retire à onze heures ; il monte dans l'appartement de la favorite, et il y joue au piquet jusqu'à une heure. Ce même soir il y avait un petit amusement arrangé chez la marquise de Durfort. Deux des meilleurs comédiens de la troupe de Paris devaient jouer des proverbes, sorte de comédie qui n'exige aucun apprêt. M. le dauphin et Mme la dauphine, Monsieur et Mme la comtesse de Provence et Mesdames avaient prévenu la veille la marquise de Durfort qu'ils viendraient à ce divertissement seuls et sans suite. M. le dauphin y ajouta la condition qu'il n'y eût personne hors la famille de la marquise de Durfort. En même temps il eut la bonté de m'excepter et de me dire lui-même qu'il désirait que je m'y trouvasse. Cette soirée se passa très-gaiement; les proverbes furent joués; M. le dauphin, auquel on reproche de ne prendre-garde à personne, eut l'attention de me faire asseoir à portée de lui; il me parla beaucoup et je fus surpris de l'aisance de sa conversation, lui qui d'ailleurs ne parle presque jamais, surtout lorsqu'il se trouve hors de son appartement.

Le 1ᵉʳ d'août, Mᵐᵉ l'archiduchesse employa la matinée à la lecture, à la musique et à la danse; après midi S. A. R. fut se promener dans la forêt en voiture et avec l'espoir de rencontrer la chasse que le hazard conduisit trop loin pour pouvoir y arriver.

Le 2, jour du dimanche, il y eut cour le matin; le soir jeu chez Mᵐᵉ l'archiduchesse, et le souper public appelé le grand couvert. J'eus occasion de remarquer que, soit dans la matinée, soit au jeu, Mᵐᵉ la dauphine parla avec plus d'attention et de grâce à toutes les personnes distinguées qui se présentèrent pour lui faire leur cour.

Le 3, il y eut grande chasse du cerf; Mᵐᵉ l'archiduchesse s'y rendit avec Mᵐᵉ la comtesse de Provence dans des calèches. Au retour S. A. R. passa quelques moments de la soirée chez sa dame d'honneur, où elle eut la bonté de s'entretenir avec moi sur tout plein de petits objets relatifs à son service.

Le 4, il survint ce jour-là un incident qui me mit dans le cas de réitérer à Mᵐᵉ l'archiduchesse des représentations qui portent sur un objet essentiel, s'agissant d'un principe de faiblesse que je cherche à combattre partout où j'ai lieu de le remarquer. S. A. R. désirait dans les journées de mauvais temps d'aller à la comédie au théâtre de la ville. La comtesse de Noailles lui en avait donné l'idée; quoique ce théâtre ne soit pas des mieux arrangés, il y a des exemples que la cour y a été; l'étiquette ni l'usage ne s'y opposent point. M. le dauphin souhaitait lui-même voir ce spectacle, et il ne s'agissait que du préalable de demander le consentement du roi, qui certainement aurait agréé cette demande. Mᵐᵉ la dauphine imagina que l'agrément de Mesdames lui était nécessaire; elle songea à plusieurs petits moyens indirects et dictés par la peur pour se procurer cet agrément, et elle voulait que la comtesse de Noailles se chargeât du soin de l'obtenir de Mesdames. Quand S. A. R. daigna me confier son embarras, je combattis vivement la forme qu'elle choisissait pour en sortir. J'exposai d'abord que toutes les choses auxquelles on supposait le consentement du roi et celui de M. le dauphin n'avaient pas besoin d'autre attache, qu'en souhaitant de plus l'aveu de Mesdames, c'était pour elles une attention et point un devoir de la part de Mme la dauphine, par conséquent qu'il ne fallait ni tournure ni détour pour témoigner cette attention, laquelle ressemblerait à une dépendance si on y mêlait des doutes et des craintes. Je m'étendis très-fort sur ce chapitre; Mme l'archiduchesse convint de mes raisons, mais elle préféra de suspendre plutôt son projet d'aller à la comédie, que de se déterminer à courir les risques de l'improbation de Mesdames ses tantes.

Le 5, j'eus occasion chez la comtesse de Noailles de parler longtemps à Mme la dauphine. Il fut question des moyens à employer pour plaire au roi; je fis compliment à S. A. R. de la contenance qu'elle avait tenue l'avant-veille lors du petit accident arrivé au roi à la chasse du cerf, ainsi que j'en rendis compte par la poste du même jour à la chancellerie d'État. Le roi avait été atteint d'un coup de pied de cheval, mais si légèrement qu'à peine on apercevait la place où le coup avait porté. Mme la dauphine était arrivée sur ces entrefaites, et avait donné au roi des marques d'inquiétude si tendres et si touchantes, que le monarque en était resté enchanté. Il monta dans la calèche de Mme l'archiduchesse, lui faisant mille caresses. Le hasard fit que les calèches passèrent dans la route où s'était faite la première entrevue lors du mariage de Mme la dauphine. Le roi dit qu'il voulait célébrer dans la même place le souvenir d'une si heureuse journée, et il embrassa plusieurs fois Mme l'archiduchesse. Je relevai les petits détails de cette circonstance vis-à-vis de S. A. R., et je tâchai de lui démontrer combien il lui serait facile de captiver le roi si elle y apportait les soins nécessaires dans les différentes occasions.

Le 7, M. le dauphin et Mme la dauphine allèrent voir une Chartreuse située près de Noyon, à six lieues de Compiègne.

Le 8, Mme l'archiduchesse monta à cheval dans les environs où le roi chassait le cerf. S. A. R. rencontra la chasse, mais elle ne la suivit que de loin et toujours dans la forme d'une promenade.

Le 9, Mme la dauphine alla entendre la grande messe à la paroisse. S. A. R. a rempli cet acte de dévotion tous les dimanches pendant ce voyage. Elle est accompagnée par Mme la comtesse de Provence et par Mesdames. Le roi n'y assiste pas et entend la messe dans la chapelle du château, ainsi que cela se pratique tous les autres jours de la semaine. Ce même dimanche, il y eut cercle le soir et grand couvert chez le roi.

Le 10, le courrier mensuel était arrivé la veille avant minuit; il m'avait remis les ordres de V. M. en date du 1er de ce mois ; je me rendis le matin à la cour et y présentai à Mme la dauphine les lettres qui étaient à son adresse. Celle de V. M. fut d'abord ouverte et lue en ma présence ; je vis sur la physionomie de Mme l'archiduchesse qu'elle était bien satisfaite du contenu de la lettre qu'elle lisait. Elle n'eut point le temps de me parler à la suite de cette lecture, parce qu'on vint l'avertir que le roi l'attendait pour passer à la messe.

XXXVI. — Mercy a Marie-Thérèse.

Compiègne, 14 *août.* — Dans mon très-humble rapport ostensible, je n'ai pu faire mention du motif qui a déterminé la bonne conduite que Mme la dauphine a tenue dans ces derniers temps ; elle est l'effet de la lettre secrète de V. M., et j'en joins une copie ainsi qu'elle daigne me l'ordonner. Cette lettre a tellement frappé Mme l'archiduchesse, qu'elle m'a presque tous les jours parlé de son contenu. Je suis bien sûr qu'au moins pour longtemps les impressions subsisteront, et j'en tirerai le meilleur parti possible. En total, quoique les dangers et les inconvénients soient toujours prochains à cette cour-ci (1), j'en suis maintenant beaucoup moins embarrassé, parce qu'au moyen de la connaissance que j'ai du local, des mesures que j'ai prises pour être informé de tout et presque dans le moment, au moyen, dis-je, de l'attention que j'y porte, et de la confiance que veut bien prendre Mme la dauphine aux observations que je lui expose, il est impossible qu'il survienne rien qui ne soit prévenu, ou à quoi il ne soit remédié sur-le-champ, et j'ose assurer V. M. qu'elle peut être entièrement tranquille sur ce qui regarde S. A. R.

---

(1) Dans une lettre au baron Neny du même courrier, 14 août 1772, Mercy dit : « Les inimitiés, les tracasseries et leurs fureurs nous ont suivis à Compiègne. Il est pitoyable de voir le ton de méchanceté et de noirceur qui depuis un certain temps s'établit ici : nul rang, nul état n'est excepté ; l'envie de nuire et de se détruire, d'aider à une cabale, y fait employer toutes sortes de moyens, et cela s'étend beaucoup plus loin qu'il ne serait possible de le dire. »

Il me reste à répondre à quelques articles de la très-gracieuse lettre de V. M.

1° Après ce que j'ai dit des changements favorables qui se manifestent dans la façon de parler et d'agir du duc d'Aiguillon, il reste toujours constant que ce ministre est d'un caractère trop faux et trop suspect pour que l'on puisse s'en reposer sur ses assertions. Ce sera toujours sa convenance personnelle qui le guidera, et c'est par là que je le juge. Il ne peut méconnaître la faiblesse de son crédit; il n'a ni la force, ni le génie, ni la connaissance nécessaire de l'ensemble des affaires pour refondre un système; il sait d'ailleurs que son maître est inviolablement attaché à celui qui existe, et que c'est un des principes sur lequel le roi est le plus inébranlable. D'après cela je conclus que le duc d'Aiguillon ne tentera pas des entreprises inutiles, et qu'il s'accoutumera même à aimer l'alliance, bien entendu qu'il puisse y prévoir *sa sûreté* et *son intérêt personnel*. C'est d'après ce raisonnement que j'ai cru qu'il pouvait être utile de laisser entrevoir à ce ministre la possibilité d'obtenir l'un et l'autre, c'est-à-dire *sûreté et intérêt*. Je serai toujours en garde contre lui, mais en même temps très-persuadé qu'on peut le gagner par les deux moyens susdits.

2° D'après ce que le prince de Lobkowitz m'a mandé en date du 14 juillet, V. M. aura reçu les réponses de la cour d'Espagne sur les mesures à prendre relativement à celle de Parme (1). Le prince de Lobkowitz ne me mande rien de ces mesures, mais le duc d'Aiguillon me les a dites en partie. Ce ministre désapprouve le projet d'envoyer des troupes espagnoles à Parme; son avis serait d'attribuer à don Llano toute l'autorité dans l'administration du gouvernement, sans qu'il fût astreint à prendre en rien l'attache de l'infant; 2° de

---

(1) On se rappelle que don Llano avait été envoyé par le roi d'Espagne pour remplacer du Tillot; il n'avait pas tardé à être aussi détesté de Marie-Amélie que son prédécesseur. Pour ne point le voir, elle s'enfermait chez elle, se disant malade; en réalité elle passait ses journées dans ses écuries avec des gens de service ou bien au haras qu'elle avait établi près de Parme. Afin de subvenir à des dépenses qui s'augmentaient par le manque d'ordre et par une générosité sans contrôle, elle avait vendu ou engagé une partie de ses diamants. Le malheureux don Ferdinand, placé entre sa femme et son ministre, tâchait vainement d'apaiser l'une sans fâcher l'autre. — On a vu que la mission officieuse de Rosenberg avait complètement échoué, et que Marie-Amélie avait résisté aux conseils de sa mère et à la menace d'une rupture, maintenant effectuée, avec la cour de Vienne. Les cours d'Espagne et de France allaient essayer, sans plus de succès, d'imposer leur autorité.

laisser à l'infant et à Mme l'infante toute liberté dans leur vie privée, au hazard même de payer quelques dettes qu'ils pourront contracter. 3° De faire arriver en Espagne les gens suspects et turbulents, soupçonnés de donner des mauvais conseils aux jeunes souverains. 4° De faire retirer le capucin confesseur de Mme l'infante, ce que le duc d'Aiguillon offre d'effectuer par le moyen du père général des capucins qui est actuellement à Paris. Il m'a paru que ces idées étaient assez justes et modérées, d'autant plus que le duc d'Aiguillon paraît attribuer beaucoup plus de torts à l'infant qu'à Mme l'infante.

3° Si je pouvais entrevoir quelque voie indirecte pour accélérer le retour du prince de Rohan, je n'en perdrais pas l'occasion ; mais je suis toujours persuadé que V. M. ne sera plus longtemps ennuyée par cet ambassadeur. Son oncle dépérit journellement, et il se joint à cela toutes sortes de motifs à croire que le prince de Rohan sera obligé de songer à son retour en France.

4° Le prince de Starhemberg (ainsi qu'il a plu à V. M. de l'autoriser) m'informe des particularités les plus intéressantes qui concernent l'état actuel des affaires politiques. C'est aux démarches inconsidérées du ministère de France que l'on doit en grande partie attribuer cette guerre turque dont la sagesse de V. M. avait prévu les suites embarrassantes. J'ai représenté dans le temps tout ce qu'il était possible de dire là-dessus, sans pouvoir arrêter la vivacité du duc de Choiseul qui avait mal vu cet objet. Au reste du point où en sont les choses, il me paraît que la paix est infaillible, et quant aux arrangements auxquels V. M. s'est déterminée (1), la sensation qu'ils ont faite dans les cours alliées ne sera que passagère. J'en vois l'exemple ici, où l'objet est maintenant envisagé avec autant de flegme et de modération qu'on y avait mis d'abord de vivacité et d'impatience. J'espère moyennant cela que V. M. sera bientôt tranquille sur ces grands objets, dont l'apaisement ajoutera aux faits de son glorieux règne.

5° Les deux livres que V. M. a ordonnés se trouvent dans un paquet à part à l'adresse du baron de Neny.

---

(1) Relativement à la Pologne.

XXXVII. — Marie-Thérèse a Mercy.

Compiègne, 14 *août.* — Je rejoins ici la pièce secrète qu'il a plu à V. M. de me confier (1); elle m'éclaire sur des questions que m'avait faites le duc d'Aiguillon pour savoir en quel degré de crédit le prince de Hildbourghausen se trouve auprès de V. M., et si ce prince était ami du prince de Kaunitz. J'ai répondu au ministre français que les degrés de liaison particulière n'influaient en rien à la cour de V. M.; que voyant tout par elle-même, et jugeant de tout avec connaissance de cause, les cabales ni les intrigues n'avaient point de prise, et que nous jouissions tous du bonheur de servir V. M. avec paix et tranquillité. Si le duc d'Aiguillon me réitérait ses questions, je réglerai mes réponses d'après les notions que daigne me donner V. M.

XXXVIII. — Mercy a Marie-Thérèse.

Compiègne, 14 *août.* — Sacrée Majesté, Mme la dauphine me fait dire dans l'instant qu'à son très-grand regret elle a oublié de remercier V. M. de l'envoi qui contient des minéraux de Hongrie (2). S. A. R. se propose de réparer par le prochain courrier une omission que le peu de temps qu'elle a eu à écrire sa lettre a occasionnée.

XXXIX. — Marie-Thérèse a Mercy.

Schönbrunn, 1er *septembre.* — Comte de Mercy, Vous sauriez bien imaginer, combien je suis contente des nouvelles que vous me mandez par votre lettre du 14 du passé sur le compte de ma fille. Je dois ce succès à votre zèle et à votre habileté, et c'est encore pour la suite que je me repose sur vos efforts et soins pour aider au mieux ma fille. Le reste de sujétion qu'elle a pour ses tantes ne laissera pas d'influer quelquefois dans ses idées et démarches.

Je souhaite que les apparences que le dauphin donne d'un bon caractère ne se démentent jamais, et je suis bien charmée des mar-

---

(1) La lettre interceptée du ministre de Prusse dont il est question dans la pièce XXXIV
(2) Destinés au cabinet de M. d'Angivilliers; voir la pièce XXIII.

ques de confiance et d'affection que le roi et surtout le dauphin continuent à vous donner [et que le dernier pourrait profiter de votre conversation et raisonnement].

Vous avez raison de croire qu'on ne saurait faire fond sur le caractère d'Aiguillon qu'autant qu'il sera lié par les vues de son intérêt personnel. Durand (1) n'a pas moins de mauvaise volonté. Outré de nos arrangements avec la Russie et la Prusse, dont il avait toujours annoncé à sa cour la non-réussite, il doit partir à Pétersbourg dans le dessein de faire sentir à la cour de Russie notre mauvaise foi à l'égard de la France, et de lui inspirer de la méfiance contre nous.

Je dois encore vous informer que Stormond, qui pensait d'ailleurs très-bien, est à présent aussi animé contre nous, indigné comme il est du partage de la Pologne.

Rohan est toujours le même, mais presque toutes nos femmes, jeunes et vieilles, belles et laides, ne sont pas moins ensorcelées de ce bien mauvais original d'extravagances et étourderies. Il paraît se plaire beaucoup ici, car il assure de vouloir y rester même après la mort de son oncle. A Dieu ne plaise que cela arrive jamais.

Les affaires de Parme restent toujours dans le même état d'indécision, mais je m'attends à une ouverture que Mahony (2) doit me faire, en me remettant de la part de son maître le choix, ou du moins l'indication, des mesures à prendre à Parme. En attendant je vous communique l'extrait ci-joint d'une lettre que le roi d'Espagne m'a écrite à l'occasion de l'accouchement de ma fille, la reine de Naples. Dans mon particulier je ne trouverais pas d'inconvénient dans l'idée (si le roi d'Espagne l'approuvait) de faire venir pour quelque temps l'infant et son épouse en Espagne, en leur assignant cependant quelque autre ville que Madrid pour leur séjour.

---

(1) Diplomate et l'un des agents les plus actifs de la correspondance secrète, le bras droit du comte de Broglie dans toutes les négociations en Pologne pour relever ce royaume et sauver son indépendance. Ministre en Autriche pendant l'intérim depuis le mariage de Marie-Antoinette jusqu'à la nomination de Rohan, envoyé ensuite en Russie, il assistait au renversement de la politique pour laquelle il avait travaillé.

(2) Ministre d'Espagne en Autriche.

XL. — Mercy a Marie-Thérèse.

Paris, 16 *septembre.* — Je vais reprendre ici la suite du journal exposé dans mon très-humble et précédent rapport jusqu'à la date du 10 d'août (1).

Le 11, S. A. R. fit une promenade à cheval. J'observerai ici que la santé de Mme l'archiduchesse paraît se fortifier considérablement depuis deux ou trois mois ; la grande croissance qu'elle a prise tout à coup l'avait fait maigrir ; elle était aussi fort sujette à s'enrhumer ; maintenant cette incommodité devient moins fréquente. S. A. R. mange très-bien à ses repas des choses saines et toujours sans excès.

Le 12, la matinée fut employée à la lecture et à écrire les lettres qui devaient partir par le courrier. Après-midi Mme la dauphine alla se promener en voiture ; elle rencontra dans la forêt Mme la comtesse de Provence ; elles rentrèrent en même temps. En traversant la ville un palefrenier de la suite de Mme la comtesse de Provence fit une chute avec son cheval et se blessa grièvement. La princesse ne s'arrêta pas ; mais Mme la dauphine, qui suivait à une petite distance, fit arrêter sa voiture et ne voulut pas quitter la place jusqu'à ce qu'elle eût vu remplir les ordres qu'elle donna sur-le-champ pour que ce malheureux blessé fût secouru. Cette différence de conduite a été fort remarquée ; on en parla toute la soirée à la cour et en ville : la bonté, l'humanité de Mme l'archiduchesse reçurent les justes éloges qui leur sont dues, et on parut un peu scandalisé de l'indifférence que Mme la comtesse de Provence avait marquée dans cette occasion.

Le 13, M. le dauphin fit encore quelque résistance pour aller au souper du petit château qui a lieu tous les jeudis. Je suppliais Mme la dauphine de déterminer le prince son époux à ne point se refuser aux choses qui peuvent plaire au roi. Je prévins même S. A. R. que j'étais informé du projet de la comtesse du Barry de saisir la première occasion de s'asseoir à table à côté de M. le dauphin ; que si cela arrivait, il me paraissait convenir que le jeune prince s'efforçât à prendre un air d'aisance qui ne donnât point lieu à des remarques malignes et de nature à augmenter les propos d'aigreur qui s'étaient

---

(1) Voir la pièce XXXV, où commence ce journal du séjour de Compiègne.

calmés depuis quelque temps. Mme l'archiduchesse parla à M. le dauphin et en obtint d'abord la promesse de faire ce qui lui était suggéré. Le jeune prince demanda si j'avais parlé de cet objet à Mme la dauphine; elle répondit fort naturellement qu'oui; il ne répliqua rien, mais le lendemain, en sortant de son souper, où je m'étais trouvé, il me dit en souriant : « J'ai été hier souper au petit château, » et il passa sans me donner le temps de lui répondre. J'avais appris que tout s'était bien passé la veille à ce petit château, et que la comtesse du Barry ne s'était point assise à table à côté de M. le dauphin, quoiqu'on le lui eût conseillé.

Le 14, le duc d'Aiguillon me dit que le roi, se trouvant la veille chez la favorite, il y avait été question de la bonne réception que cette dernière avait éprouvée de la part de Mme la dauphine, que le roi, en renouvelant les marques de sa satisfaction à cet égard, avait en même temps encouragé cette favorite à se présenter plus souvent chez Mme l'archiduchesse, mais qu'on me demandait conseil sur ce qu'il y avait de mieux à faire en cela. Je n'hésitai pas à répondre au duc d'Aiguillon que, selon mon avis, la comtesse du Barry agirait prudemment en se montrant rarement chez Mme la dauphine, que des apparitions trop fréquentes n'aboutiraient qu'à exciter plus de fermentation dans l'intérieur de la famille royale, qu'il en résultait des embarras pour Mme la dauphine et aucune utilité pour la favorite; que celle-ci devait se contenter d'être bien reçue deux ou trois fois par an, jusqu'à ce que le temps eût tout à fait calmé les esprits, et que l'habitude fît envisager la position de cette femme d'un œil différent que l'on ne la voit encore aujourd'hui. J'eus ensuite occasion de répéter ces mêmes raisons à la favorite, et de les faire si bien valoir qu'elle les a adoptées, en se décidant à ne plus faire sa cour jusqu'au voyage de Fontainebleau. Je rendis compte de tout ceci à Mme la dauphine, et lui fis voir par là combien il lui en coûterait peu à ne pas mécontenter des gens qu'il est de la bonne politique de ménager dans les circonstances actuelles.

Le 15, jour de l'Assomption, Mme la dauphine accompagna le roi matin et soir à tous les offices qui se célébrèrent dans l'église paroissiale et qui furent terminés par une procession; le soir, il y eut jeu et cercle à la cour.

Le 16, il y eut cour, jeu et grand couvert; Mme la dauphine passa les intervalles de la journée dans ses appartements et ne sortit point.

Le 17, après une promenade en voiture, S. A. R. se retira pour se préparer à faire ses dévotions.

Le 18, elle remplit avec une piété exemplaire cet acte de religion, et elle resta toute la journée dans une retraite fort recueillie.

Le 19, la matinée fut employée à des occupations sérieuses. D'après ce que m'assure l'abbé de Vermond, les lectures se font avec attention et goût; ce qu'il y a de bien certain, c'est que Mme l'archiduchesse est beaucoup plus instruite de tout ce qui a trait aux mémoires et anecdotes historiques de ce pays-ci, que ne le sont aucun des princes et princesses de la famille royale. Je prends souvent la liberté d'insister pour que S. A. R. cherche des moyens à engager M. le dauphin à lire quelques bons livres; elle a fait à cet égard quelques tentatives, qui n'ont point été absolument infructueuses. M. le dauphin a commencé ici à lire les Mémoires de Sully, et je sais qu'il a mis un peu de suite à cette lecture. Il a de la mémoire et du discernement; un peu d'application pourrait produire de merveilleux effets sur ce jeune prince. Le même jour, après midi, Mme la dauphine monta à cheval et rencontra la chasse dans la forêt. Le roi ayant aperçu de loin S. A. R., fit lui-même ranger toute sa suite pour que Mme l'archiduchesse arrivât jusqu'à lui. Il s'entretint avec elle d'un air de gaieté et d'amitié, et prit soin que S. A. R. fût conduite dans les endroits où il était apparent que la chasse devait passer.

Le 20, la journée se passa sans la moindre particularité remarquable; Mme la dauphine ne sortit que vers le soir pour faire une promenade en voiture, et elle passa le reste du temps dans ses appartements, où chez Mme la comtesse de Provence, toujours accompagnée par M. le dauphin qui soupa le même soir au petit château.

Le 21, après une promenade faite en voiture et à pied dans l'après-dînée, Mme la dauphine vint passer une partie de la soirée chez la comtesse de Noailles. Je m'y trouvai, et il n'y avait d'ailleurs personne. S. A. R. me parla de différents objets; elle me dit d'abord qu'elle s'apercevait d'être depuis quelque temps traitée par le roi avec plus d'attention et d'amitié que par le passé. J'en attribuai la raison aux soins que Mme l'archiduchesse avait pris de marquer dans sa conduite plus d'envie de plaire au monarque; je rappelai quelques réflexions sérieuses sur le présent et sur l'avenir. V. M. aura daigné voir dans mon très-humble rapport du 15 de juin que ces mêmes réflexions sérieuses avaient été écoutées fort légèrement dans ce temps-là, mais pour cette fois j'eus lieu de connaître que Mme la dauphine s'en était occupée au delà de mes espérances. Elle me répéta elle-même des observations que je lui avais exposées dans le temps, et je trouvai un progrès de solidité qui doit nécessairement produire plus de suite et de tenue dans les idées et dans la conduite de S. A. R. Elle me parla ensuite de ses entours, de ses dames du palais, de ses femmes de chambre et autres personnes de son service en sous-ordre. J'eus lieu, en rappelant plusieurs circonstances, de lui faire observer combien il était important de connaître à fond ces gens-là, leur caractère, leurs intérêts et leurs vues, pour se garantir des impressions qu'ils peuvent chercher à donner et qui pour la plupart doivent toujours être suspectées de cabales et d'intrigues. Il fut question de la famille royale, et par les propos de Mme l'archiduchesse je remarquai la diminution du crédit de Mesdames, mais je vis bien en même temps qu'elles tenaient encore par les liens de l'habitude et de la peur. Ce dernier motif est celui qui me fait le plus de peine, parce qu'il me paraît de la dernière conséquence que Mme la dauphine s'accoutume à sentir qu'elle n'est responsable de ses actions qu'à V. M., au roi et au prince son époux; que les autres suffrages ne doivent être gagnés que par des complaisances et point par la sujétion; qu'enfin après le roi et le dauphin Mme l'archiduchesse a le premier rang dans ce pays-ci. Ces idées justes et raisonnables sont nécessaires à lui affermir le caractère, et, en voyant les choses de plus loin, il semble d'autant plus essentiel d'inspirer à Mme l'archiduchesse des sentiments décidés que, vu le caractère et la façon d'être de M. le dauphin, il est presque infaillible que Mme la dauphine soit réservée un jour à gouverner la France. Il serait prématuré, peut-être même dangereux, de trop avancer ces réflexions vis-à-vis de Mme l'archiduchesse, mais je m'attache à l'y préparer de longue main, en attendant que le temps, les circonstances et les hautes lumières de V. M. me dictent les degrés que j'aurai à donner à mes représentations sur ce grand objet.

Le 22, Mme la dauphine monta à cheval après midi; elle se promena du côté de la chasse, la rencontra et la suivit de loin. J'étais à la suite de S. A. R. et je fus témoin de la modération qu'elle met toujours à ces sortes de promenades, en évitant de se trouver dans la foule et de s'exposer au moindre accident.

Le 23 fut employé au service divin; il y eut jeu et grand couvert chez le roi.

Le 24, Mme la dauphine se rendit à la chasse du cerf; elle prit ce divertissement en calèche avec Mme la comtesse de Provence. Le soir j'allai prendre les ordres de S. A. R.; le départ de la cour étant fixé au 27, et celui des ministres étrangers ayant lieu deux jours auparavant, pour éviter les embarras des transports d'équipages et des chevaux de poste nécessaires à les voiturer. Mme l'archiduchesse me permit de lui faire une petite récapitulation de ce qui s'était passé pendant le séjour à Compiègne, et, en comparant le point où en était S. A. R. avec celui où elle se trouve aujourd'hui, elle voulut bien convenir qu'elle avait gagné du terrain sur bien des articles. Je lui dois cet hommage que la première réflexion la porta d'abord à dire : « J'espère que l'impératrice sera bien contente de moi. » Je parlai du prochain voyage à Fontainebleau, où j'espère que le roi commencera à s'accoutumer à aller voir Mme la dauphine dans son appartement, qui est attenant à celui du monarque. J'insistai beaucoup sur l'importance d'acheminer cette habitude, et S. A. R. me parut bien déterminée à faire ce qu'il faut pour se procurer cet avantage.

Le 25, jour de Saint-Louis, toute la famille royale alla complimenter le roi; les ministres étrangers remplirent le même devoir, et l'après-midi je partis pour Paris.

Le 27, la cour revint à Versailles. Mme la dauphine y rapporta une petite toux qui fut jugée provenir de quelques crudités dans l'estomac. Son premier médecin, Lassone, a conseillé à S. A. R. quelques bols où il entre très-peu d'ipécacuana. Mme l'archiduchesse prendra ensuite du lait d'ânesse; mais ce régime est plus un objet de précaution que de besoin réel : il n'infirme rien sur ce que j'ai exposé plus haut touchant l'état de S. A. R.

Le courrier mensuel m'ayant remis le 12 les ordres de V. M. en date du premier de ce mois, je me disposais à aller sur-le-champ présenter à Mme la dauphine les lettres qui lui étaient adressées; mais le hazard ayant amené chez moi l'abbé de Vermond, qui repartait pour Versailles, je crus pouvoir le charger des lettres susdites, pour gagner du temps et accélérer le renvoi du présent courrier, lequel sans cela n'aurait pas pu être expédié aujourd'hui.

La très-gracieuse lettre de V. M. ne contenant aucun article qui exige des remarques ultérieures de ma part, je me bornerai simplement à observer que, de tout ce que mon zèle a pu me suggérer pour me rendre utile au service de Mme la dauphine, un des plus puissants moyens m'a paru être celui de tâcher d'obtenir un peu de bonne opinion et de confiance de la part de M. le dauphin, et c'est depuis bien longtemps que j'ai cet objet en vue. Le caractère froid et réservé du jeune prince m'a fait rencontrer des difficultés que j'ai crues souvent insurmontables, et je dois avouer que, si je les ai un peu aplanies, je ne puis l'attribuer qu'au secours et aux bontés de Mme l'archiduchesse, qui m'a rendu favorable l'esprit du prince son époux. Maintenant je cultiverai avec une extrême attention cette heureuse circonstance, et remplirai les volontés que V. M. daigne me marquer à cet égard.

Le livre qui se trouve ici joint est un de ceux dans lesquels Mme la dauphine fait des lectures habituelles, et S. A. R. a désiré par cette raison qu'il en parvînt un exemplaire à V. M.

XLI. — MERCY A MARIE-THÉRÈSE.

Paris, 16 *septembre.* — Dans une des audiences que me donna Mme la dauphine, elle voulut entendre une seconde fois la lecture de la lettre secrète de V. M. datée du 2 juillet. J'obéis le surlendemain, et j'eus par là occasion de juger encore mieux de la forte impression que cette lettre a faite sur l'esprit de S. A. R. Je m'en suis formé un point d'appui, qui donnera pendant longtemps toute l'efficacité désirable à mes représentations. Quoique depuis longtemps je sois très-bien traité par le roi, j'ai vu que la bonne réception faite par Mme la dauphine à la comtesse du Barry avait beaucoup ajouté aux bontés que me témoigne le monarque. L'ayant trouvé une après-midi chez cette favorite, il m'appela dans l'embrasure d'une fenêtre et me dit que Mme l'archiduchesse (1) venait de lui écrire, qu'elle lui mandait « d'apercevoir avec douleur qu'elle avait perdu en lui « un père aussi chéri que respecté, qu'elle attribuait ce malheur à « des rapports calomnieux, et qu'elle désirait ardemment de récu- « pérer ses bonnes grâces. » Le roi me parla avec intérêt et douceur de tout ce qui s'était passé à Parme. Je répondis fort simplement que V. M. avait vu avec chagrin que Mme l'archiduchesse fût impli-

---

(1) L'infante de Parme.

quée dans les motifs du désordre qui existait à cette cour-là, et que V. M. n'avait point épargné les avertissements les plus sévères pour tâcher de remédier au mal, quoiqu'en examinant le fond des choses on ne puisse attribuer à Mme l'infante que des fautes d'inexpérience, tandis que le désordre réel est manifestement l'ouvrage de quelques sujets dangereux et intrigants, qui n'ont point eu de peine à s'emparer et à abuser de la confiance d'un jeune prince et d'une jeune princesse, peu en état d'être en garde contre des pièges bien difficiles à apercevoir à leur âge. Le roi convint de la vérité de cette remarque; il ne fit pas la moindre plainte contre Mme l'infante, il tint quelques propos sur la faiblesse de l'infant, et finit par dire qu'il fallait cependant tâcher de trouver quelque moyen à rétablir l'ordre et à empêcher les suites fâcheuses que ne manquerait pas d'entraîner un dérangement qui serait d'une plus longue durée. La comtesse du Barry approcha dans ce moment, et le roi changea de discours. Il me questionna sur les occupations de V. M., et parla avec une vraie vénération et amitié de son auguste personne. Il me demanda ensuite en riant à quoi en était S. M. l'empereur « avec son ami le roi de Prusse? » La favorite prit le propos, et dit qu'elle était bien persuadée que l'empereur connaissait à fond le roi de Prusse, qu'au moyen de cela il était facile de juger de la nature de son amitié pour un prince accoutumé « à tromper tout le monde, et sur la foi duquel on ne pouvait jamais se fier ». Le roi sourit et, de mon côté, j'avançai quelques remarques analogues au sujet, et qui, sans avoir une forme trop sérieuse ni ministérielle, donnaient cependant à connaître ce qu'on pouvait et devait penser des manœuvres qu'a faites dans ces derniers temps le monarque prussien, et de quel œil elles avaient été envisagées et appréciées, soit par V. M. soit par S. M. l'empereur. Le roi parut satisfait de mon langage, qu'il écouta d'un air plus sérieux. Il finit par dire qu'il espérait « que tous ces embarras se termine- « raient le moins mal possible ». Ma dépêche d'aujourd'hui contient une partie de cette conversation; mais je n'ai pas cru pouvoir y insérer toutes les particularités que je mets ici sous les yeux de V. M. J'ai appris depuis que le premier mouvement du roi avait été de répondre à Mme l'infante, mais qu'il avait été retenu par l'idée que cela pourrait déplaire à V. M., attendu qu'Elle a interrompu elle-même sa correspondance avec S. A. R.

Quoique le duc d'Aiguillon continue à tenir vis-à-vis de moi un langage très-convenable et modéré, je n'en suis pas moins en garde contre ses intentions, et j'ai cru devoir développer à Mme la dauphine les réflexions qu'il y a à faire à cet égard, soit pour le présent, soit pour l'avenir. Je sais à n'en pouvoir douter que M. le dauphin a une opinion peu favorable du duc d'Aiguillon, et cette circonstance pourrait être utile dans bien des cas. Au reste la confection des arrangements relatifs à la Pologne devient une nouvelle mortification pour le ministre français; mais je crois pouvoir affirmer que le roi Très-Chrétien envisage ces mêmes arrangements avec plus de raison et de justice, et qu'ils ne porteront aucune atteinte à ses sentiments pour le système actuel.

Lorsque le lord Stormond sera arrivé ici, je veillerai de près sur ses démarches, et serai bientôt en même de rendre compte à V. M. du langage que pourront lui dicter ses opinions personnelles.

Quant au prince de Rohan, il est bien certain que la mort de son oncle le forcerait invinciblement à revenir sur-le-champ dans ce pays-ci. Il est même une autre circonstance qui produirait un pareil effet: ce serait la vacance de la grande aumônerie de France. Cette place est occupée par le cardinal de la Roche-Aymon, octogénaire très-cassé et infirme. Le prince de Rohan s'est vanté d'avoir la promesse de cette charge, qui est l'objet de son ambition; mais indépendamment des deux objets susdits, je crois encore que le coadjuteur ne conservera pas longtemps son ambassade, et je dois en juger ainsi par la façon dont pensent à son égard le ministre et la favorite.

Il semble que l'on a des vues sur une princesse de Savoie pour le mariage de M. le comte d'Artois, qui cependant n'aura lieu qu'à la fin de l'année prochaine.

La santé de M. le comte de Provence est toujours fort chancelante. Ce jeune prince est d'une faiblesse qui n'admet pas l'usage des exercices qui seraient propres à fortifier son tempérament. Les médecins ont pris la résolution de lui fermer un cautère qu'on avait dû former dans son enfance. Il en est résulté que M. le comte de Provence commence à ressentir des incommodités occasionnées par les humeurs qui refluent dans le sang. Il lui est venu des dartres aux mains, et il a perdu ses cheveux; tous ces symptômes, assez inquiétants, n'annoncent pas que la santé du jeune prince puisse se rétablir aisément, et on n'est guère dans le cas de s'attendre qu'il puisse avoir des enfants.

I.

XLII. — MARIE-THÉRÈSE A MERCY.

Schönbrunn, 2 octobre. — Comte de Mercy, J'ai reçu votre lettre du 16 du passé, et j'y ai trouvé de nouveaux sujets de satisfaction. Rien de plus sage que les démarches que vous avez faites pour persuader ma fille d'engager le dauphin à assister aux soupers du petit château, et pour détourner les apparitions trop fréquentes de la comtesse Barry chez ma fille. Elle doit être convaincue qu'on n'exige d'elle point de bassesses pour la favorite, mais qu'elle la traite avec cette politesse indifférente qu'elle doit à toute dame reçue à la cour, sans entrer dans son personnel. Il n'y a que l'article de Mesdames qui me laisse quelque inquiétude, vu le goût de ma fille pour la nonchalance et la paresse. Elle croira trouver des sentiments également favorables à son penchant dans ses tantes, qui, comme toute la famille royale, n'aiment pas à représenter, dans la crainte d'être gênées par l'étude de se faire aimer et estimer. Vous faites donc très-bien de lui répéter de temps en temps que c'est elle qui doit donner le ton, sans se laisser gouverner par ses tantes, mais je suis encore d'accord avec vous qu'il ne faut pas lui laisser trop entrevoir l'avenir qui pourrait mettre entre ses mains le gouvernement de France. Je trouve très-bon le livre dans lequel ma fille fait ses lectures habituelles. Je suis enchanté de la marque qu'elle a donnée de son bon cœur, en prenant soin du palefrenier à la suite de la comtesse de Provence qui s'est blessé en traversant la ville.

C'est une nouvelle preuve de votre habileté que d'avoir réussi d'être goûté par le roi et par le dauphin. C'est un point bien essentiel, le caractère du ministre n'étant pas trop sûr. Le propos du roi sur l'amitié prétendue de l'empereur avec le roi de Prusse mérite attention, mais la réponse que vous avez faite sur ce sujet au roi et à la favorite ne saurait être meilleure.

Stormond est toujours aigri contre nos arrangements en Pologne, comme vous le verrez par la copie ci-jointe de sa dépêche.

A Parme il n'y a pas de changement. J'ai fait remettre à las Casas, chargé d'affaires d'Espagne dans l'absence du comte de Mahony, le mémoire ci-joint; il faut en voir l'effet.

Le prince de Rohan est toujours le même; sans mœurs, sans caractère, sans talents, sans génie; c'est un vrai panier percé. Cependant il fait radoter presque toutes les femmes ici. Les extravagances augmentent tous les jours, et me le rendent presque insupportable. Je serais bien aise d'en être délivrée d'ici au printemps prochain, pour ne pas être obligée de faire à la fin des démarches pour obtenir son rappel.

Je suis fâchée du mauvais état de santé du comte de Provence, et je le suis d'autant plus que ma fille me marque que depuis quelque temps elle est sur un très-bon pied avec lui.

XLIII. — Marie-Antoinette a Marie-Thérèse.

Ce 14 octobre. — Madame ma très-chère mère, Agréez mes vœux et mes hommages pour la Sainte-Thérèse ; je demanderai bien demain par l'intercession de cette sainte patronne la conservation de votre précieuse santé.

J'ai bien profité du malheur de Schönborn pour M. le dauphin. Je lui ai lu l'article devant mes tantes, qui l'ont prêché ainsi que moi. Il avait eu deux jours auparavant une bonne leçon par lui-même ; en courant à la chasse, il n'a pas vu une grosse pierre glissante qui a fait tomber son cheval de manière qu'il s'est trouvé dessous l'animal. Un de ses écuyers s'est risqué à se jeter à la jambe du cheval pour empêcher ses mouvements. Il en a eu un léger coup de pied, qui lui a permis de continuer la chasse ainsi que M. le dauphin, qui n'a eu aucune douleur. Il m'a fait l'amitié de venir me l'apprendre lui-même, de peur que je n'eusse de l'inquiétude.

Ma sœur Marianne m'a fait l'amitié de m'apprendre qu'il y a un nouveau portrait de Votre Majesté. Ce serait une grande grâce si vous m'en accordiez une copie.

Le lait continue à me très-bien faire. Je dors tous les matins une heure ou deux après l'avoir pris. Les gens qui ne m'avaient vue depuis quelque temps me trouvent engraissée.

Quoique le temps soit fort rempli ici, je lis au moins un peu tous les jours. J'ai commencé à lire les *Anecdotes de la cour de Philippe Auguste* par Mlle de Lussan (1).

Je vous remercie bien, ma chère maman, de m'avoir en quelque

---

(1) Marguerite de Lussan, morte en 1758, avait composé toute une série de romans historiques peu lus aujourd'hui. Les *Anecdotes* avaient paru en 1733-38, en six volumes in-12.

sorte associée aux fêtes de Laxenbourg par le détail que vous m'envoyez. Il me semble que l'empereur y a bien pris part, et en a été fort content.

Le plan de Schönbrunn et de Vienne m'a fait le plus grand plaisir. J'ai été bien payée de la petite peine que j'ai eue à reconnaître les endroits qui ont été changés par le plaisir que j'ai eu à m'en occuper. Mon appartement de Schönbrunn est bien honoré de loger Votre Majesté. J'en suis bien contente, si cela lui épargne quelques fois de monter ; rien n'est plus fatigant pour la respiration. Les soins que ma chère maman s'est trop souvent refusés, elle devrait bien les accorder à la tendresse et à l'inquiétude de ses enfants. La mienne a grand besoin d'être rassurée ; c'est la plus grande consolation que je puis avoir.

XLIV. — Mercy a Marie-Thérèse.

Fontainebleau, 16 *octobre*. — Sacrée Majesté, Pendant l'intervalle des deux voyages de Compiègne et de Fontainebleau, le roi n'étant presque jamais à Versailles, les ministres étrangers y ont fort peu d'accès, et pendant le mois de septembre même, jusqu'à notre arrivée ici, j'ai trouvé moins d'occasions que de coutume à pouvoir faire ma cour à Mme la dauphine. J'y ai suppléé cependant par une correspondance presque journalière avec l'abbé de Vermond, et, à mesure que cet ecclésiastique m'a informé des particularités qui semblaient mériter attention, je me suis rendu auprès de S. A. R. pour lui exposer ce que les différentes circonstances exigeaient. La première qui s'est présentée n'était pas d'une grande importance ; je crus cependant qu'il convenait que Mme la dauphine fût informée de quelques détails qui regardent son service subalterne. Une de ses femmes de chambre nommée de Marolle, aussi adroite qu'intrigante, a trouvé moyen depuis longtemps de se procurer des bienfaits de Mme l'archiduchesse, au point d'occasionner du dégoût et beaucoup de jalousie parmi le reste du service (1). J'appris que cette Marolle, qui, par sa tournure, ne mérite aucune préférence, avait l'impudence de se plain-

---

(1) On voit dans les Mémoires de Mme Campan que mademoiselle de Marolles, femme de chambre ordinaire, avait été élévée à Saint-Cyr. Restée pauvre, elle se retira, lors de la révolution, en province, près de Tours.

dre et de taxer M*me* la dauphine de peu de penchant à la générosité ; ces propos causant du scandale parmi les gens en sous-ordre, j'informai S. A. R. de ce qui se passait à cet égard. Je lui fis voir que ses bontés avaient été surprises, et que la personne qui en abusait n'était pas celle qui y avait le plus de droit. Je suppliai en même temps M*me* l'archiduchesse de paraître ignorer ce qu'elle venait d'apprendre, et de n'en faire usage que pour prévenir les désordres de ce genre par une dispensation plus réfléchie de ses bienfaits envers ceux qui les méritent par leurs services. J'appuyai beaucoup sur la nécessité de ne jamais céder aux importunités ; c'est malheureusement le moyen qui réussit le mieux auprès de M*me* la dauphine, et je lui en exposai tous les inconvénients. S. A. R. m'écouta avec sa bonté ordinaire; elle me parla de ses entours d'une façon à ne me laisser aucun doute qu'elle sait les apprécier. Changeant ensuite de propos, elle me marqua un extrême contentement de la dernière lettre de V. M. « L'impératrice », me dit-elle, « est contente de « moi ; elle me marque la plus grande tendresse ; elle m'avertit de « ne pas me prêter à l'esprit de parti, de plaire au roi et de penser « qu'on ne doit de compte et de soumission qu'à lui, qu'elle sent « bien que cela n'a pu être dans les commencements, mais qu'à la « raison et à la réflexion qu'elle aperçoit dans sa chère enfant, elle « espère tout pour l'avenir. » M*me* la dauphine était dans la joie de son cœur en me communiquant cet article ; je relevai tout ce qu'il avait d'agréable pour S. A. R., et j'insistai sur la facilité des moyens à procurer à V. M. une satisfaction qui est due aux bontés et à la tendresse avec laquelle elle ne cesse de s'occuper de M*me* la dauphine. S. A. R. me dit qu'elle espérait que V. M. serait contente de sa réponse, et surtout des détails dans lesquels elle entrait sur M. le dauphin.

Peu de jours après, il survint un incident assez sérieux dont voici l'objet. Le roi devait aller le 22 septembre voir démolir les étais d'un magnifique pont qui vient d'être bâti sur la Seine au village de Neuilly. L'apparat de cette manœuvre était ménagé de façon à devenir un spectacle intéressant, auquel tous les habitants de Paris se proposaient d'assister. Il fut mis en question dans la famille royale si M. le dauphin et M*me* la dauphine se rendraient à Neuilly, et Mesdames décidèrent pour la négative, par la raison que la comtesse du Barry devait s'y trouver. M*me* la dauphine ne crut point cette raison suffisante ; elle déclara à Mmes ses tantes qu'elle ne se conformerait point à leur avis ni à leur marche, et qu'elle jugeait convenable d'aller partout où il s'agissait de se trouver auprès du roi. Cette contestation s'échauffa ; on en vint à des propos assez piquants de part et d'autre ; cela ne fut pas longtemps ignoré dans Versailles, et les parties intéressées voulurent en faire un objet d'intrigue. En ayant été informé, je me rendis auprès de Mme l'archiduchesse ; je la trouvai très-irritée contre Mesdames. Elle me dit : « Si maman me voyait « dans ce moment-ci, elle saurait que je ne suis pas du parti de mes « tantes ». Je répondis que S. A. R. ne serait jamais d'aucun parti que de celui de la raison, qui dans cette occasion me paraissait toute de son côté, mais qu'il me semblait qu'on avait mis un peu prématurément en question un point, lequel dépendait du désir que marquerait le roi, qui ne s'était point encore expliqué ; que, s'il laissait au choix de Mme la dauphine d'aller à Neuilly ou de n'y point aller, je croyais que S. A. R. ferait bien de témoigner du désir à accompagner le monarque, mais que s'il ne disait rien, ce serait peut-être une marque que le roi préférait d'être seul dans l'occasion dont il s'agissait. Partant d'ailleurs de mes anciens principes, je soutins qu'il fallait sortir de tutelle et d'asservissement, mais qu'il était également nécessaire de prévenir et d'empêcher toute désunion dans l'intérieur de la famille royale, qu'en résistant aux volontés un peu trop despotiques de Mesdames, cela pouvait s'effectuer sans y mettre de l'aigreur. Mme l'archiduchesse voulut bien acquiescer à ce sentiment, et le roi ne lui ayant pas proposé d'aller voir le pont de Neuilly, elle ne s'y rendit point, sans cependant laisser ignorer à Mmes ses tantes que le parti qu'elle prenait n'était fondé que sur le silence du roi. En tâchant de pacifier cette petite querelle, j'appris ensuite que j'avais travaillé très-gratuitement pour Mesdames, parce qu'elles imaginèrent que l'idée de Mme la dauphine, d'aller au pont de Neuilly, lui avait été suggérée par moi, et elles m'en surent tout le mauvais gré possible. C'est ce qui m'arrive presque dans toutes les occasions, et cela est inséparable de ma position ; je n'en suis ni surpris ni affecté. J'ai mis ma gloire et mon amour-propre à remplir le précieux devoir d'aller toujours directement au but des choses qui tiennent au bien du service de Mme l'archiduchesse, et quand il en résulte pour moi quelque tracasserie personnelle, je n'y fais pas la moindre attention.

Dans la conjoncture que je viens d'exposer, le comte de Provence tint à M. le dauphin un propos assez singulier; il lui dit que le duc de la Vauguyon, de son vivant, l'avait toujours grondé et tourmenté pour qu'il fût du parti de la favorite, qu'après la mort de ce gouverneur, il s'était réuni au parti de Mesdames, mais que, n'y gagnant rien du côté des tracasseries, il imaginait que M. le dauphin, Mme la dauphine et lui, comte de Provence, trouveraient leur convenance à faire bande à part et à former un parti entre eux. Lorsque Mme la dauphine me confia ce propos, je lui représentai que la dénomination de parti, et plus encore la chose était ce qui pourrait arriver de plus fâcheux dans la famille royale, qu'ainsi il fallait bannir de telles idées, toujours suivies de discordes et de troubles, qu'en vivant bien ensemble, chacun devait, à sa façon et suivant ses lumières, tâcher de remplir l'objet principal, qui est celui de plaire au roi, que dans tout le reste des actions particulières et indifférentes l'intérêt commun était de se réunir pour se rendre réciproquement la vie aussi douce et agréable que possible, que cela supposait nécessairement un commerce de complaisance, de bons procédés mutuels qui doivent exclure tout germe d'opposition, de parti et de cabale.

L'abbé de Vermond m'assure que depuis le retour de Compiègne Mme la dauphine n'a point négligé ses lectures ni ses autres occupations utiles ou agréables. Quant au maintien de S. A. R. en public, il gagne toujours de plus en plus, et elle n'a besoin d'encouragement que sur le seul article d'avoir moins de répugnance à parler à ceux qui lui font leur cour. Le traitement qu'elle accorde aux gens en place est très-convenable; mais il serait à désirer qu'elle étendît ses marques de bonté sur ceux qui, sans être dans le ministère, occupent par leur naissance ou leur rang une position distinguée dans ce pays-ci.

Le déplacement et arrangement de ma maison ayant, comme de coutume, retardé mon départ de Paris de quelques jours, et le courrier mensuel y étant arrivé le 12 à midi, je me rendis ici le même soir, et y présentai à Mme la dauphine les lettres qui lui étaient adressées. Elle ouvrit sur-le-champ celle de V. M., et après en avoir fait la lecture, elle me dit : « L'impératrice est contente de moi, j'es-
« père qu'elle le sera toujours; elle craint encore les conseils de mes
« tantes, mais vous savez ce qui en est. » Je répondis à S. A. R. qu'elle avait une bonne occasion à augmenter la satisfaction de

V. M., et que le présent séjour à Fontainebleau lui en fournirait assez de moyens. « Je ferai tout, » me répliqua Mme l'archiduchesse, « nous en parlerons amplement après le départ du courrier. » Elle me demanda si j'étais informé d'une chute arrivée à Laxenbourg, dont V. M. lui faisait mention sans lui marquer la personne qui avait éprouvé cet accident. Je répondis que je n'en avais aucune connaissance. Je prévins Mme la dauphine sur une circonstance qui aura lieu lundi 19. M. le dauphin verra ce jour-là, à quatre lieues d'ici, son régiment d'infanterie; il importe que ce jeune prince paraisse dans une telle occasion avec grâce et bonté, et que Mme la dauphine, qui sera présente, se mette de ce côté-là à l'unisson. Je citai ce qu'avaient fait en pareils cas feu M. le dauphin et feue Mme la dauphine; je me chargerai de présenter à Mme l'archiduchesse une liste des officiers du corps qui, par leurs mérites, peuvent espérer d'obtenir quelque distinction; je supppliai S. A. R. d'obtenir du prince son époux qu'il se comportât de façon à ne point donner du mécontentement.

XLV. — Mercy a Marie-Thérèse.

Fontainebleau, 16 octobre. — Je vais reprendre dans ce très-humble rapport séparé ceux des articles de la très-gracieuse lettre de V. M. qui exigent des remarques ultérieures de ma part.

Les sentiments personnels du lord Stormond exigeront beaucoup d'attention à l'arrivée de cet ambassadeur à cette cour-ci; la conformité de sa façon de penser sur la Pologne avec celle du duc d'Aiguillon pourrait établir entre eux plus de concert qu'il ne conviendrait au bien du service de V. M. Le duc d'Aiguillon croit jouir de quelque crédit en Angleterre; probablement il se flatte à cet égard bien au delà de la réalité. Je ne sais cependant jusqu'où et par quels moyens ce ministre pourrait songer à cimenter une liaison solide et une bonne intelligence entre la cour de Londres et la sienne. Je le soupçonne très-capable de se former des chimères à cet égard; la chose ne paraît point susceptible d'effets réels, mais un homme aussi malhabile que l'est le duc d'Aiguillon pourrait, par inexpérience et en suivant des vues courtes, tenter des fausses démarches qui occasionneraient des tracasseries, des embarras, toujours essentiels à éviter. Je veillerai attentivement sur tout ce qui pourrait en arriver, afin de tâcher de prévenir ou de remédier autant que possible à pareils inconvénients. L'accès que je me suis procuré auprès de la favorite me met à portée de l'éclairer sur les grandes vérités politiques. Cet accès me procure aussi la facilité de parler au roi ; mais ce sont des moyens (surtout le dernier) que je crois devoir n'employer que dans des cas où je verrais que les autres voies me manqueraient. Je remets entretemps ici la lettre du lord Stormond qu'il a plu à V. M. de me confier.

Le prince Lobkowitz me marque en dernier lieu quelque appréhension sur le jugement que porte la cour de Madrid sur les opérations en Pologne et sur la réserve qui à cet égard a été observée vis-à-vis de la France. Je crois que les soupçons du prince de Lobkowitz ne sont pas tout à fait fondés, et j'en juge par le langage que le marquis de Grimaldi a tenu au marquis d'Ossun (1), et par celui que m'a tenu constamment le comte de Fuentes. L'arrivée de ce dernier à Madrid produira à coup sûr de bons effets, et y barrera les insinuations du duc d'Aiguillon. C'est pour les prévenir encore mieux que j'ai cru devoir me comporter vis-à-vis du chargé d'affaires d'Espagne Magallon ainsi que V. M. daignera le voir dans ma dépêche d'aujourd'hui ; je joins pareillement ici le mémoire remis à Las Casas, et dont V. M. a voulu que j'eusse connaissance pour ma direction ultérieure dans l'objet dont il traite (2).

XLVI. — Marie-Thérèse a Mercy.

Vienne, 31 octobre. — Comte de Mercy, Je trouve dans votre lettre du 16 les mêmes marques du zèle dont vous êtes animé à être utile à ma fille. J'en vois avec plaisir le bon effet ; j'aurais seulement souhaité que vous eussiez engagé ma fille à demander elle-même au roi la permission de l'accompagner le jour qu'il s'est rendu au pont de Neuilly. Il est essentiel de l'accoutumer à se prêter aux représentations en public, en lui ôtant cette mauvaise crainte de la gêne qu'elle croit devoir y essuyer ; ou, tout aimable et gracieuse qu'elle est d'ailleurs en particulier, elle ne réussira guère à la longue à ga-

---

(1) Le marquis de Grimaldi était ministre des affaires étrangères en Espagne, et le marquis d'Ossun y était ambassadeur de France.

(2) Ce mémoire traitait encore des affaires de Parme.

gner l'amour et l'estime du public. Sa réserve envers les personnes de distinction, surtout les étrangers et nommément les Allemands, qui n'ont pas laissé de s'en plaindre, est encore un point sur lequel elle devrait tâcher de se corriger. Elle m'a dernièrement mandé d'être à présent très-bien avec le comte de Provence et d'en avoir même fait son confident. Je suis bien aise qu'elle vit en bonne intelligence avec son beau-frère, mais je ne suis pas d'avis qu'elle lui fasse trop de confidences, et qu'elle se lie avec lui par une intimité trop étroite. Ce prince me paraît être d'un caractère faux, et comme il est mieux de figure que le dauphin, et autant flatteur que l'autre est rustre, la comparaison que ma fille pourrait faire entre les deux frères, ne serait peut-être pas à l'avantage de son époux. Vous avez très-bien fait de combattre le projet du comte de Provence de former avec le dauphin un parti à part, ce qui aurait infailliblement augmenté les cabales, les intrigues et les désordres qui n'ont déjà que trop gagné dans la famille et à la cour.

Quelque bien aise que je serais d'être délivrée de Rohan, je suis d'accord avec vous qu'il faut s'y prendre avec circonspection, pour ne pas mécontenter ses partisans, qui dans ces conjonctures pourraient tâcher de faire tort à mes intérêts.

La réponse du roi Catholique n'étant pas encore venue, les affaires de Parme restent toujours sur le même pied.

Je ne laisse rien apercevoir à ma fille de ce que vous me marquez par rapport à sa femme de chambre Marolle, et j'en use de même à l'égard des autres nouvelles de cette espèce, à moins que vous ne trouviez à propos que j'entre là-dessus en quelque détail.

[Je vous joins une liste trop ample du jardinier Rink, élève de Steckhoven, Hollandais, qui souhaite de ces arbres fruitiers pour le nouveau jardin fruitier, fait et achevé exprès. Sur tout ce qui est pêche, nous sommes mal ici. J'aime les pêches qui tirent un peu sur le verdâtre; je n'en sais le nom. Il me paraît que Rink a tiré de tous les livres les différents noms; vous ne choisirez que les meilleurs, mais vous les enverrez le plus tôt le mieux.]

XLVII. — MERCY A MARIE-THÉRÈSE.

Fontainebleau, 14 *novembre*. — Sacrée Majesté, Quoique mon dernier et très-humble rapport ait été expédié le 16 d'octobre, je crois devoir commencer le présent journal de la date du 12 du même mois, pour détailler quelques particularités que je n'avais exposées que sommairement.

Le 12 octobre, Mme la dauphine avait été à la chasse en calèche; le même soir, je lui présentai les lettres à son adresse que venait de m'apporter le courrier. En entrant dans la chambre de S. A. R., M. le dauphin, qui s'y trouvait, vint à moi et me dit avec bonté qu'il était bien aise que je fusse arrivé. Il prit de mes mains les paquets, parmi lesquels il y en avait un assez volumineux; il les regarda et me les rendit au moment où Mme la dauphine s'avançait pour les recevoir. Il sortit ensuite de la chambre, et c'est ce qui arrive toujours quand il suppose que j'ai quelque chose à exposer à Mme l'archiduchesse. Mon audience se passa d'ailleurs ainsi que j'en ai rendu compte dans mon très-humble rapport précédent.

Le 13, Mme la dauphine ne fit qu'une promenade en voiture dans l'après-dînée; elle passa une partie de la soirée au spectacle qui est donné au théâtre de la cour trois fois la semaine. Le mardi, on y joue la comédie française, le jeudi la tragédie, et le samedi l'opéra. En m'informant de l'emploi des matinées de S. A. R., j'appris que, depuis le commencement du séjour à Fontainebleau, M. le comte de Provence allait tous les matins chez elle, que souvent même il y retournait deux fois, et qu'il restait assez longtemps seul avec Mme l'archiduchesse. Cette marche me parut cacher quelque mystère; mais je sentis qu'il fallait user de circonspection dans le choix des moyens propres à m'en éclaircir.

Le 14, S. A. R. monta à cheval avec l'intention d'aller rencontrer la chasse du cerf. Mme l'archiduchesse croit, moyennant cette forme de promenade, ne point manquer à l'engagement qu'elle a pris de ne pas courir la chasse à cheval. C'est cependant ce qu'elle exécute dans le fait, mais avec aussi peu d'inconvénient que possible, soit par la modération et les précautions auxquelles elle se prête, soit par la bonne assiette et l'adresse avec laquelle S. A. R. sait conduire son cheval. Ce jour-là, le cheval qu'elle monta broncha fortement dans un chemin où quelques grosses pierres se trouvaient cachées sous le sable; Mme la dauphine n'en fut point du tout dérangée, et elle soutint son cheval de la main et de la bride, de façon qu'il n'arriva aucun accident.

Le 15, Mme l'archiduchesse célébra le jour du nom de V. M. par des actes de piété plus marqués. Le soir, je me procurai une occasion de prévenir S. A. R. sur la prochaine revue que M. le dauphin devait faire de son régiment. J'observai que, comme c'était la première occasion où ce jeune prince paraissait à la tête d'une troupe, il était essentiel qu'il se montrât avec grâce. Je pris la liberté d'indiquer ce qui me semblait pouvoir lui être suggéré; en n'écoutant que mon zèle, je parlai avec une franchise respectueuse des mauvais effets que produisait cette taciturnité, cette négligence de plaire qui, jusqu'à présent, avait caractérisé toutes les actions de la famille royale. J'ajoutai qu'une des plus grandes marques d'attachement que Mme la dauphine pût donner au jeune prince son époux était de se prévaloir de l'ascendant qu'elle a sur lui pour le porter à toutes les actions utiles et propres à lui concilier l'opinion et l'affection publique. S. A. R. saisit cette idée avec vivacité, et elle m'assura que dès le jour même elle allait s'occuper à bien disposer M. le dauphin pour la revue en question. J'observai qu'il était également important que Mme l'archiduchesse n'épargnât pas les marques de grâces qui lui sont si naturelles et qui sont si précieuses à cette nation-ci. Je n'oubliai pas de parler des générosités qui sont toujours bien placées en pareilles occasions. Mme la dauphine répondit à cet égard que l'année dernière, lors de la revue du régiment de M. le comte de Provence, la princesse son épouse avait donné cinquante louis à la troupe, et que S. A. R. en userait de même. Je représentai que, comme il n'y avait point de comparaison à faire d'une dauphine à une comtesse de Provence, il devait aussi y avoir une différence dans leurs actes de libéralité. Mme l'archiduchesse ne me parut pas fort contente de cette remarque; en général elle penche vers une économie un peu trop stricte. Elle donne cependant à ceux qui ont la hardiesse de demander et d'importuner; mais, à l'exception de quelques charités peu considérables, il n'y a pas d'exemple que Mme la dauphine ait fait de son propre mouvement quelque libéralité marquée. J'ai encore entre mes mains près des trois quarts de la somme de mille louis que V. M. m'a ordonné de tenir à la disposition de S. A. R., mais elle n'use point de cet argent, et quand je lui en rappelle le souvenir, elle me répond que cela est bon à garder pour des occasions. Je n'ai pu me dispenser de m'étendre un peu sur ce chapitre, parce que à tous égards, et particulièrement vis-à-vis de la nation française, l'habitude d'une économie trop sévère nuirait à la juste opinion de bonté et de grandeur que le public a conçue pour Mme la dauphine.

Le 16, S. A. R. avait écrit ses lettres la veille ; elle me les envoya dans la matinée ; elle fit une promenade en voiture, et je restai toute la journée occupé à expédier le courrier.

Le 17, Mme l'archiduchesse se rendit à la chasse du cerf en calèche. Au retour, j'eus occasion de parler à S. A. R.; elle m'ordonna d'abord de promettre que je ne ferais mention à qui que ce soit, et surtout « que je n'écrirais jamais un mot » sur l'objet qu'elle voulait bien me confier. Après ce préalable, elle me donna un papier d'environ six pages d'écriture qui lui avait été remis la veille par M. le comte de Provence. Ce papier contenait des conseils à Mme la dauphine sur sa conduite; on y traitait des moyens par lesquels S. A. R. parviendrait facilement à se concilier une amitié plus intime de la part du roi, plus de poids et de considération dans la famille royale, et un entier dévouement de la part des gens de la cour et de la nation. Une partie de ce qui était dit sur ces objets me parut juste et sensé, mais je trouvai trois articles qui me donnèrent un violent soupçon de quelque projet d'intrigue cachée. Ces articles consistaient :

1° A dépeindre le duc d'Aiguillon sous les couleurs les plus noires. On avertissait Mme la dauphine d'être toujours en garde contre les menées de ce monstre (ce sont les termes dont on se servait). On lui imputait toutes les tracasseries et les petits désagréments que pouvait éprouver la famille royale. Il est à observer que cependant on ne faisait pas mention de la liaison du ministre avec la favorite, sur le chapitre de laquelle on gardait le silence.

2° On conseillait à Mme l'archiduchesse de faire voir au roi les lettres qu'elle recevait de V. M., afin que le duc d'Aiguillon ne pût jamais inspirer des soupçons à son maître sur cette correspondance.

3° On représentait à Mme la dauphine que, quoiqu'elle eût sujet d'être satisfaite de mon zèle, il serait à propos que, dans les temps critiques actuels, S. A. R. me parlât moins souvent en particulier, pour éviter les interprétations d'intrigues en matière d'affaires que l'on chercherait à donner à des audiences trop fréquentes.

Je ne marquai pas la moindre surprise à Mme l'archiduchesse du contenu de ce papier, et je me bornai à lui faire observer :

1° Que tout ce qu'il y avait de bon dans ce papier se rapportait aux mêmes principes qui avaient été constamment mis sous les yeux de S. A. R. ;

2° Que, quant aux trois articles ci-dessus mentionnés, le premier annonçait de l'intrigue, le second était faux dans ses conjectures et gauche dans ses moyens, puisque Mme la dauphine ne pouvait montrer une lettre de V. M. sans prendre par là une sorte d'engagement de les montrer toutes à l'avenir, ce qui deviendrait en même temps l'aveu d'avoir commis une faute en ne les montrant pas jusqu'à présent ; qu'enfin le roi n'ayant jamais marqué ni doute ni soupçon sur les lettres que Mme la dauphine recevait, il était tout simple qu'elle ne changeât rien à sa méthode ordinaire; que, pour l'article qui me concernait, personne ne devait ignorer que le roi et M. le dauphin avaient plus d'une fois assez manifestement fait connaître leur intention que j'eusse auprès de Mme l'archiduchesse un accès aussi fréquent et aussi particulier qu'elle le jugerait à propos, qu'ainsi la remarque du donneur d'avis était aussi déplacée sur ce point que sur les deux précédents, qu'en un mot l'écrit en question ne me paraissait signifier qu'une tentative très-suspecte de sonder les dispositions de Mme la dauphine, et de tâcher de l'écarter de la voie circonspecte et prudente qu'elle a suivie jusqu'à présent. S. A. R. me répondit qu'on ferait à cet égard des efforts inutiles ; elle ordonna qu'on apportât de la lumière et elle brûla le papier en question, en me disant que je pouvais juger du cas qu'elle en faisait. S. A. R. me répéta cependant qu'elle exigeait que je gardasse le plus grand secret sur cette circonstance: elle ne me dit point qui était l'auteur du papier, et je m'abstins de faire aucune question, parce que j'ai remarqué qu'en témoignant ne jamais vouloir savoir au delà de ce que Mme l'archiduchesse veut bien me dire, cette méthode l'engageait à une plus grande confiance envers moi. Je n'ai d'ailleurs aucune inquiétude sur les suites de pareilles tentatives d'intrigue, parce que je suis très-assuré que, si on parvenait même à persuader Mme la dauphine sur des objets de quelque importance, elle n'entreprendrait certainement aucune démarche avant de m'en parler.

Le 18, cette journée du dimanche fut employée à la représentation ordinaire ; le soir il y eut jeu, et le roi soupa à son grand couvert avec la famille royale.

Le 19, M. le dauphin se rendit à midi à deux lieues d'ici, où il était attendu par son régiment. Mme la dauphine ne tarda pas à s'y rendre de son côté ; je l'avais suppliée la veille de vouloir bien comprendre la duchesse d'Aiguillon et la duchesse de Mirepoix (1) au nombre des dames qui seraient choisies pour la suivre ; S. A. R. y consentit. A l'arrivée du roi, M. le dauphin commanda lui-même les évolutions que fit le régiment. Ce jeune prince parcourut les rangs, parla à tous les officiers ; il les présenta à Mme la dauphine qui, de sa main, daigna leur donner à chacun une cocarde. Elle commença par M. le dauphin ; il prit la cocarde et la mit sur-le-champ à son chapeau. Pendant une des manœuvres, il arriva qu'un cuirassier eut le malheur de tomber avec son cheval ; M. le dauphin courut à lui, demanda à cet homme s'il s'était blessé, et lui donna trois louis de sa main ; ce soldat n'avait reçu qu'une légère contusion. Après le départ du roi, M. le dauphin et Mme la dauphine restèrent encore près d'une heure au milieu du cercle des officiers, et leur donnèrent toutes sortes de marques de bonté. M. le dauphin fit distribuer deux cents louis à la troupe, et elle en reçut cent de la part de Mme la dauphine. Tout le monde fut émerveillé de la conduite que tint dans cette occasion le jeune prince ; elle passa de beaucoup ce que j'avais osé m'en promettre, et j'eus la satisfaction d'entendre, le même soir, qu'on attribuait aux soins de Mme l'archiduchesse le maintien et les actions très-convenables du prince son époux dans une occasion si marquée. Le roi en parla beaucoup le lendemain, et je tirai un grand parti de ces circonstances, en en faisant observer les effets à Mme la dauphine.

Le 20 M. le comte de Provence passa dans la matinée une demi-heure dans le cabinet de Mme l'archiduchesse ; il sortit de chez elle, et y revint encore une seconde fois ; il résulte de ces fréquentes visites du matin que pendant ce voyage Mme la dauphine néglige plus que ci-devant ses occupations sérieuses et particulièrement la lecture. J'espère que ce dérangement cessera au retour à Versailles ; l'abbé de Vermond est du même avis. Il ne s'effraye pas non plus que moi d'une dissipation momentanée, et qui ne pourra être que passagère. Le soir du mardi, Mme l'archiduchesse assista au spectacle de la cour.

Le 21 S. A. R. monta à cheval à la rencontre de la chasse, qu'elle trouva et qu'elle suivit. Mme l'archiduchesse, en me parlant de ces promenades, qui ne s'accordent pas trop avec les promesses faites à

---

(1) La duchesse d'Aiguillon, mère du ministre, et la duchesse de Mirepoix étaient de la société de Mme du Barry.

V. M., m'a dit que le roi aimait à la voir à cheval. Cela est en effet très-vrai; S. A. R. croit, moyennant cette raison, devoir saisir quelquefois l'occasion des chasses. J'ai répondu que le motif était certainement d'un grand poids, mais qu'il n'était pas moins essentiel d'éviter de donner des inquiétudes à V. M., qu'ainsi il fallait au moins user de prudence et de modération en prenant un exercice qui est plus dangereux ici qu'à Compiègne, par la qualité du terrain rempli de rochers.

Le 22, après la visite ordinaire du comte de Provence, Mme l'archiduchesse fit le matin une lecture un peu plus longue; j'eus occasion de lui parler quelques moments dans l'après-midi; S. A. R. me fit mention de plusieurs objets; elle s'exprima avec chaleur et aigreur contre le duc d'Aiguillon, contre la favorite, à l'occasion d'un pavillon que cette dernière a fait bâtir à côté de son appartement, en prenant du terrain sur un jardin, qui est de plain-pied à l'appartement de Mesdames, de façon que ce jardin, qui formait ci-devant une promenade réservée à la famille royale, se trouve maintenant masqué par ce nouveau bâtiment. Mme la dauphine trouvait cette entreprise fort impertinente, et, dans le fait, on ne peut l'envisager différemment. Je vis bien en total qu'on avait fort aigri Mme l'archiduchesse, et ce ne fut pas sans peine que je la ramenai à des idées de modération et de prudence. Je lui représentai avec ingénuité que je craignais très-fort que ces petites variétés que j'apercevais dans sa façon de penser ne prissent leur source dans la liaison plus intime qu'on remarquait entre elle et M. le comte de Provence.

J'ajoutai que, bien éloigné de vouloir pénétrer les secrets de Mme la dauphine, je la suppliais au contraire de me les laisser ignorer, mais que je devais à mon zèle de lui représenter qu'en tout état de cause elle ne pouvait ni ne devait rien concerter avec le comte de Provence, en matière d'idées, d'opinion et de système de conduite, sans en informer M. le dauphin et sans s'assurer de son aveu; que cette remarque était d'une extrême importance pour le présent et pour l'avenir, que je suppliais S. A. R. d'y réfléchir sérieusement, qu'on savait d'ailleurs que le comte de Provence était entouré d'intrigants, qui ne manqueraient pas de lui insinuer des idées conformes à leurs vues, que d'ailleurs la façon d'agir de Mme de Provence était fort suspecte, qu'elle cherchait manifestement à ménager la famille royale et la favorite, que ce jeu était étayé sur tout plein de petites faussetés que j'avais découvertes et dévoilées dans le temps, qu'ainsi Mme la dauphine devait être sur ses gardes entre l'époux et l'épouse, pour éviter qu'on n'abusât de sa confiance ou de trop de facilité à se livrer aux impulsions qu'on songeait peut-être à lui donner. Mme l'archiduchesse me répondit avec candeur que si elle avait des secrets elle n'en aurait jamais pour moi en matière de conduite; qu'elle voyait bien que le comte de Provence cherchait à s'attacher au dauphin et à elle, que leurs entretiens ne roulaient que sur des petits détails d'amusements et d'arrangements de la journée; que quand le comte de Provence voulait traiter de matières plus sérieuses (ce qui était arrivé bien rarement), elle avait détourné la conversation; qu'une seule fois il avait remis ce papier dont j'étais informé, mais qu'il ne s'était plus agi de son contenu; que je pouvais être bien tranquille sur toute démarche de cette nature, parce qu'elle ne m'en laisserait ignorer aucune; et qu'elle ne se laisserait persuader à rien sans daigner auparavant m'en demander mon avis. Comme dans aucun cas je n'ai jamais éprouvé le moindre détour ni la plus petite dissimulation de la part de Mme la dauphine, je suis très-assuré qu'elle m'a dit l'exacte vérité dans l'occasion dont il s'agit, et cette explication me soulagea infiniment. Je rappelai les anciens principes, et j'obtins la promesse que S. A. R. y persévérerait.

Le 23, dans la matinée, Mme l'archiduchesse employa une heure à la lecture; elle fit ensuite de la musique, et après midi elle monta à cheval.

Le 24 il ne se passa rien de remarquable. Le comte de Provence fit sa visite accoutumée; il n'y eut point de lecture. S. A. R. passa une partie de la soirée au spectacle; et l'après-soupé chez Mmes ses tantes. C'est toujours le refrain de la journée; mais je dois observer ici, une fois pour toutes, que le crédit et l'influence de Mesdames sur Mme la dauphine n'ont cessé d'aller toujours en déclinant, et la liaison plus suivie avec le comte de Provence a amené les choses au point que Mesdames ne sont plus consultées sur rien, et qu'on ne leur parle même plus des petites dispositions de la journée, dont ci-devant elles étaient les arbitres.

Le 25, jour du dimanche, la matinée fut employée à assister au service divin et à la représentation ordinaire; le soir il y eut jeu et grand couvert chez le roi.

Le 26, étant allé chez la comtesse du Barry, elle m'apprit son projet d'aller faire le lendemain sa cour à Mme la dauphine, et elle me pria de lui ménager la meilleure réception possible. Je répondis à cette favorite que, comme elle avait eu lieu d'être satisfaite du traitement éprouvé à Compiègne, j'étais bien assuré qu'il en serait de même ici, que je ne croyais ni nécessaire ni convenable d'entamer une sorte de négociation, et de mettre des apprêts à une chose qui n'en exigeait aucun, Mme l'archiduchesse ayant prouvé depuis longtemps qu'elle n'avait ni prévention, ni haine, ni mauvaise volonté contre personne. La comtesse du Barry me parut satisfaite de ce langage; je lui rappelai l'idée très-convenable qu'elle avait eue à Compiègne d'engager le roi à aller chez Mme l'archiduchesse au lieu de ne voir cette princesse que chez Mesdames. La favorite m'assura qu'elle en avait parlé plusieurs fois au roi, que ce monarque avait fait ici quelques visites le matin à Mme la dauphine, qu'il s'y était rendu par la porte de communication qui tient à son appartement (je savais ce fait, qui a eu lieu en trois occasions), mais que, pour ce qui était de voir journellement Mme la dauphine chez elle, et d'y faire venir Mesdames, le roi ne pourrait être amené à ce changement que par degrés, soit qu'il fût retenu par l'habitude ou par la crainte de chagriner Mesdames ses filles, qu'au reste il était visible que Mme l'archiduchesse avait fait depuis quelque temps beaucoup de progrès sur l'esprit du roi, et qu'elle, favorite, s'emploierait sincèrement à y coopérer de plus en plus. Malgré le propos que j'avais tenu à cette femme, je ne manquai pas d'aller prévenir Mme l'archiduchesse de ce qui devait se passer le lendemain; je me bornai simplement à lui dire que j'espérais qu'elle voudrait bien se ressouvenir de ce que j'avais été dans le cas de lui exposer à Compiègne; S. A. R. me parut un peu interdite; elle m'assura cependant que tout irait bien.

Le 27 j'étais inquiet de l'espèce d'indécision que j'avais remarquée la veille. Je me rendis chez Mme la dauphine; elle revenait de la messe. « J'ai bien prié, me dit-elle, j'ai dit : Mon Dieu! si vous « voulez que je parle, faites-moi parler; j'agirai suivant ce que vous « daignerez m'inspirer! » Je répondis à Mme l'archiduchesse que la voix de son auguste mère était la seule qui pût lui interpréter la volonté de Dieu en matière de conduite, et qu'ainsi elle se trouvait inspirée d'avance sur ce qu'elle avait à faire pour le mieux. Je n'eus que le temps de dire ce peu de mots, parce que S. A. R. devait passer chez le roi. La comtesse du Barry vint un moment avant le dîner, accompagnée de la duchesse d'Aiguillon. Mme la dauphine parla d'abord à cette dernière ; elle dit, en regardant la favorite, « qu'il faisait mauvais temps, qu'on ne pourrait pas se promener « dans la journée ». Ce propos n'était pas adressé bien directement à la personne, et soit par le ton, soit par la contenance, la réception ne fut pas des meilleures. Heureusement M. le dauphin s'était trouvé présent dans cette occasion ; je rejetai sur cette circonstance l'air de froideur et d'embarras de Mme l'archiduchesse. Je rappelai à la favorite ce que je lui avais dit la veille, que le hasard et les différents incidents décidaient le plus ou le moins d'accueil ; enfin je réussis à lui persuader que, dans le fond, elle avait été bien reçue. Elle m'avoua qu'elle avait cru remarquer de la bonne volonté de la part de Mme la dauphine, et qu'elle imaginait en effet que la présence de M. le dauphin avait été l'obstacle à une démonstration plus favorable ; enfin il n'y eut encore pour cette fois ni propos ni mécontentement, et c'est beaucoup plus que la réalité des circonstances ne pouvait me laisser espérer. Dans l'après-dîner la comtesse de Palffy (1), arrivée ici la veille, eut une longue audience de Mme l'archiduchesse, qui daigna la traiter avec toute sorte de grâces et de bonté.

Le 28 Mme la dauphine ne sortit point ; elle employa une heure à la lecture dans la matinée, et elle passa le reste du temps dans ses appartements et chez Mesdames ses tantes. Il y eut ce jour une grande tracasserie, dans laquelle je fus obligé d'intervenir. Le duc de la Vrillière donnait ce même soir à souper à la comtesse du Barry ; il invita à cette occasion la dame d'atours de Mme la dauphine, la duchesse de Cossé, qui refusa de s'y rendre. V. M. daignera se rappeler que la duchesse de Cossé, quoique par caractère et par principes très-éloignée de la favorite, lui doit cependant sa place, laquelle, pour parler plus exactement, a été donnée à la demande du duc de Cossé, entièrement livré à la comtesse du Barry. Le refus de la duchesse de Cossé de souper avec cette dernière fit grand bruit ; il en résulta des reproches amers au duc de Cossé ; on exigea qu'il usât

---

(1) Il y avait alors quatre comtesses de Palffy à la cour d'Autriche, mais celle qui est nommée ici est Marie-Gabrielle, comtesse de Colloredo, fille du vice-chancelier de l'empire, qui, avec son mari, le comte Jean Palffy, fit plusieurs voyages en France et y passa l'hiver 1772-73.

d'autorité vis-à-vis de sa femme, et, ne sachant comment se tirer d'affaire, il eut la maladresse et la mauvaise foi de s'excuser en assurant que sa femme n'en agissait ainsi que par les ordres de Mme la dauphine. Le duc d'Aiguillon m'ayant interpellé sur ce fait, je désavouai nettement le duc de Cossé, et m'engageai à donner preuve de la fausseté de son assertion. J'en parlai sur-le-champ à Mme la dauphine, laquelle en effet n'avait pas dit un mot à sa dame d'atours au sujet de la favorite. Je proposai au duc d'Aiguillon de le soutenir en face au duc de Cossé; mais on était déjà convaincu de son mensonge, et il en remporta toute la confusion qu'il méritait. Il partit le surlendemain pour Paris; mais, en vue de se réhabiliter auprès de la favorite, il écrivit à sa femme une lettre très-forte par où il exigeait d'elle de témoigner à la comtesse du Barry toutes sortes d'attentions, et de ne se refuser à rien de ce qui pourrait lui plaire. La duchesse de Cossé répondit à son mari qu'en prenant possession de sa charge, elle avait été voir la comtesse du Barry, mais qu'après cette démarche, elle n'en ferait aucune qui pût la faire regarder comme étant de la société de la favorite, que jamais elle ne s'y résoudrait, et qu'elle préférerait de remettre la démission de sa place. Ayant eu sur cette querelle un entretien avec la duchesse de Cossé, je lui fis bien comprendre qu'il était de son honnêteté et de son zèle, même de son devoir, de ne jamais citer Mme la dauphine comme motif du parti qu'elle prendrait en semblables occasions; que S. A. R. ne devait y entrer en rien ni pour rien, qu'elle devait même être censée ignorer ces sortes de débats, qui n'aboutissaient qu'à augmenter les démêlés particuliers et les embarras. La duchesse de Cossé m'assura qu'elle était fort de mon avis, et qu'elle se conduirait toujours en conséquence (1).

Le 29 Mme l'archiduchesse se rendit à la chasse du cerf en calèche: j'eus occasion de lui parler encore du démêlé de sa dame d'atours avec la favorite. Je suppliai S. A. R. de vouloir bien ne jamais entrer en matière ni s'expliquer sur pareils objets. Elle m'assura que c'était bien son intention; je dois affirmer en effet que, depuis très-

---

(1) Une dépêche du comte de Creutz à sa cour, où il trace les portraits des dames de la dauphine, présente la duchesse de Cossé comme une charmante exception dans le milieu d'intrigues qui entourait Marie-Antoinette. « Mme de Cossé, dit-il, est aimée et respectée pour ses vertus et l'agrément de son esprit. Elle ne s'intéresse à aucun parti; elle veut que sa maîtresse soit également aimée de tout le monde. » Archives de Suède.

longtemps, on ne peut avec justice attribuer à Mme l'archiduchesse le moindre propos dont on eût à se plaindre.

Le 30 S. A. R. fit une promenade à cheval; l'abbé de Vermond demanda et obtint un congé pour aller vaquer à quelques affaires qui exigeaient sa présence à Paris. Cet ecclésiastique ne reviendra plus ici, et se trouvera à Versailles le 16 novembre, jour du retour de la cour; c'est la première fois qu'il s'absente pour un nombre de jours de son service auprès de Mme l'archiduchesse. Il possède toujours à très-juste titre son entière confiance, et il ne s'est jamais relâché dans son zèle, aussi éclairé qu'utile.

Le 31 Mme la dauphine fit de la musique le matin; après-midi elle assista aux vêpres.

Le 1er novembre une grande partie de la matinée fut employée à assister au service divin, il en fut de même dans l'après-dîner; le soir il y eut jeu et grand couvert.

Le 2 Mme la dauphine fit ses dévotions, devoir pieux qu'elle remplit tous les ans à pareil jour; elle passa le reste de la journée en retraite, et ne sortit que pour voir la famille royale.

Le 3 S. A. R. se rendit à la grande chasse de la Saint-Hubert; le roi s'arrêta longtemps auprès de la calèche de S. A. R.; c'est ce qui arrive à toutes les chasses, et il est aisé de remarquer dans ces occasions le ton d'amitié, de satisfaction et d'attention que prend le monarque vis-à-vis de Mme la dauphine. Je ne puis que répéter ici que S. A. R. ne se met point assez en frais de prévenance vis-à-vis du roi; toutes les avances viennent toujours de sa part, et elles sont très-souvent reçues avec un air de respect, mais en même temps de froideur, qui gêne le roi et qui sûrement ne peut lui être agréable.

Le 4 je suppliai Mme l'archiduchesse d'accorder une audience à la comtesse de Palffy, et cette dame resta plus d'une heure dans le cabinet de S. A. R., qui lui parla avec beaucoup de bonté et de confiance sur tout ce qui a rapport à sa position, à ses entours et autres particularités en ce genre. J'avais prévenu la comtesse de Palffy sur le langage qu'elle pourrait tenir selon les questions que lui ferait Mme la dauphine. S. A. R. parla de la favorite dans des termes fort modérés et raisonnables; elle dit que cette femme n'était point méchante, qu'elle n'était dangereuse que par ses entours, que tout se conduisait ici par intrigue, que le meilleur et seul moyen d'en éviter les inconvénients était d'éviter de se mêler de ces sortes de tracasseries.

Le 5 Mme la dauphine monta à cheval et se rendit à la chasse du cerf; S. A. R. était habillée en grand uniforme de chasse. Cet ajustement plut infiniment au roi; il s'occupa beaucoup de Mme l'archiduchesse, et parut fort satisfait du nouveau genre d'habillement qu'elle avait imaginé.

Le 6 je me procurai une occasion de parler à Mme la dauphine. Elle me fit encore mention d'elle-même des visites de M. le comte de Provence; elle me dit qu'il ne lui avait plus parlé de choses sérieuses, qu'il saisissait cependant tous les moyens de dire du mal du duc d'Aiguillon, et de louer le chancelier. Je fis observer à Mme l'archiduchesse que ce langage ne pouvait être dicté que par la comtesse de Marsan et par le prince de Soubise, et que, sans doute, ils employaient auprès de M. le comte de Provence une de leurs créatures attachée à ce prince en qualité de premier maître d'hôtel. Cet homme est le marquis Sinetti (1), italien d'origine, très-adroit, intrigant, et d'un caractère fort dangereux. Je l'avais d'abord soupçonné d'être l'auteur du papier remis à Mme la dauphine. Je la trouvai disposée à être en garde contre ce personnage, et elle m'assura que ses réponses au comte de Provence seraient toujours conçues de façon qu'on ne pourrait en faire mauvais usage. S. A. R. me parla de M. le dauphin d'un ton plus satisfait, en me disant qu'il commençait à marquer un peu plus de dispositions à la lecture et aux occupations utiles. Il est certain que ce jeune prince continue à changer à son avantage; quand il se détermine à parler, il s'exprime avec beaucoup de bon sens, et il est facile d'observer que la rudesse de son extérieur ne part point du tout de son caractère, qui semble incliner bien plus à la modération et à la douceur.

Le 7 Mme l'archiduchesse ne sortit que pour faire une promenade en voiture. Je me rendis, comme de coutume, à la chasse du roi; il fallait passer une rivière pour arriver au rendez-vous. Je trouvai M. le dauphin au bord de l'eau; il me fit entrer dans son bateau, et me demanda si je voulais le suivre pendant la chasse. Il me parla de plusieurs objets relatifs à cet amusement, et la conversation continua jusqu'au moment où le cerf fut attaqué.

---

1) Voir l'*Almanach royal* de 1772, page 150.

Le 8, jour du dimanche, après la représentation ordinaire, il y eut jeu chez Mme la dauphine ; toute la famille soupa avec le roi dans ses cabinets, et le grand couvert fut remis au mercredi, fête de Saint-Martin.

Le 9 Mme la dauphine prit le divertissement de la chasse en calèche. Depuis le départ de l'abbé de Vermond, les lectures ont été fort négligées, ainsi que je l'avais prévu. Les autres exercices ont été plus suivis, c'est-à-dire celui de la musique et de la danse. Mme l'archiduchesse a un goût de préférence pour cette dernière occupation, et elle y a fait de grands progrès.

Le 10 les médecins jugèrent à propos de faire prendre à M. le dauphin une médecine de précaution ; Mme l'archiduchesse passa toute la journée avec lui ; S. A. R. ne voulait pas même paraître au spectacle de la cour, mais le jeune prince exigea d'elle de s'y rendre. Immédiatement en sortant du théâtre, Mme l'archiduchesse alla passer le reste de la soirée dans la chambre de M. le dauphin.

Le 11, jour de Saint-Martin, il y eut service d'église le matin et l'après-midi ; S. A. R. ne sortit pas, elle tint jeu le soir, et toute la famille royale soupa au grand couvert du roi.

Le 12, le courrier mensuel étant arrivé dans la nuit du 11 au 12, je me rendis le matin de bonne heure chez Mme la dauphine. Elle était à sa toilette ; elle fit sortir son service, et je lui présentai les lettres qui lui étaient adressées. S. A. R. parcourut rapidement celle de V. M.; elle me dit qu'elle voulait profiter de ce moment pour me parler, et sa première question fut s'il subsistait encore un danger de refroidissement entre les deux cours. Cette question fut suivie immédiatement d'une sortie très-vive contre le duc d'Aiguillon, que Mme l'archiduchesse dépeignit fort au naturel, soit du côté du caractère, soit du côté des moyens d'agir et des talents. Je répondis que, quoique la situation des affaires politiques fût assez critique, il était à espérer qu'elle n'occasionnerait point de changement dans les liaisons entre les cours, mais que personne ne pouvait mieux contribuer que Mme la dauphine à cimenter l'amitié de V. M. avec le roi, que cela tenait beaucoup à la conduite sage et conciliante qu'observerait S. A. R. Mme l'archiduchesse m'écouta attentivement pendant plus d'une demi-heure, et elle m'assura qu'elle était persuadée des vérités que je lui exposais, ainsi que bien résolue à se conduire en conséquence. Je parlai du prochain retour à Versailles, du loisir que procurerait la saison de l'hiver pour mettre un peu plus de suite et de temps aux occupations sérieuses. J'insistai surtout pour que S. A. R. sentît bien la nécessité et l'utilité immense dont il serait que M. le dauphin fût persuadé et encouragé à faire un bon emploi de son temps. Mme l'archiduchesse m'assura qu'elle s'occupait infiniment de cet article, qu'elle avait déjà obtenu quelque chose, qu'elle se flattait de gagner davantage, et que je n'avais qu'à lui proposer successivement toutes les idées que je croirais propres à effectuer cet objet.

Il me reste à répondre à quelques articles de la très-gracieuse lettre de V. M., et j'observerai d'abord qu'il serait très-utile que V. M. daignât réitérer ses avertissements à Mme l'archiduchesse sur le traitement à faire aux étrangers qui lui sont présentés. Elle ne les honore jamais d'une parole, et cela sans distinction de rang ni de nation. Le prince de Gavre et le comte Esterhazy (1), que j'ai présentés en dernier lieu, n'ont pas été traités plus favorablement. Je ne puis rien obtenir sur cet article, et cela est d'autant plus étonnant que S. A. R. a, quand elle le veut, une facilité et une grâce à s'exprimer que la nature a accordées à bien peu de personnes.

Il sera toujours utile que V. M. daigne ne point paraître être informée par moi des différents objets sur lesquels elle jugera à propos de donner des avertissements à Mme la dauphine; cette réserve me maintiendra sa confiance, qui m'est absolument nécessaire pour réussir à rendre mon zèle utile à son service.

XLVIII. — Mercy a Marie-Thérèse.

Fontainebleau, 14 novembre. — La résolution prise à Parme contre don Llano a causé ici autant de surprise que de mécontentement (2).

---

(1) Les princes de Gavre occupent un rang élevé dans la noblesse des Pays-Bas; celui qui est ici nommé doit être le prince François-Joseph-Rasse, qui fut chambellan au service d'Autriche. Voir le *Nobiliaire des Pays-Bas et du comté de Bourgogne*, par le baron de Herckenrode, Gand, 1865. — La famille d'Esterhazy, d'origine hongroise, était très-nombreuse au temps de Marie-Thérèse; son chef, le prince Nicolas Joseph, était en grande faveur près de l'impératrice et de l'empereur. Il est assez difficile de distinguer les membres divers de cette famille. Celui qui est présenté ici à la dauphine est sans doute le même que nous trouverons plus loin compromis par un duel, et objet des pressantes recommandations de Marie-Antoinette.

(2) L'infant de Parme, excité, quoi qu'en dise Mercy, par sa femme, venait de renvoyer don

L'infante en a écrit au roi, qui ne lui a point fait de réponse, et attend celle du roi Catholique pour s'y conformer. Suivant ce que m'a dit le chargé d'affaires d'Espagne, il y a apparence que sa cour se décidera d'après le contenu du mémoire que V. M. a fait remettre à Las Casas. On est toujours plus porté ici à attribuer tout le tort à l'infant qu'à Mme l'infante, et on paraît décidé à ne vouloir point se mêler du choix des moyens propres à remédier au mal qui existe. Je saisis toutes les occasions de communiquer au prince de Lobkowitz ce que je suis dans le cas d'apercevoir sur cet objet. Je le préviens également sur les matières d'affaires que l'on aurait fort désiré ici de faire envisager en Espagne dans un sens contraire aux intérêts de V. M.

J'ai profité utilement du séjour de Fontainebleau pour gagner de plus en plus la confiance de la favorite; elle m'a invité à souper avec sa société la plus particulière, et qui se rassemble chez elle lorsque le roi soupe avec sa famille. Cette femme s'est mise sur le pied de ne recevoir les ministres étrangers que les dimanches dans l'avant-soirée; je suis le seul qui ait auprès d'elle un accès journalier, même dans les moments où le roi s'y trouve. Je me tiens en habitude de parler quelquefois d'affaires à cette favorite, et je l'ai particulièrement sondée sur le chapitre du prince de Rohan. Après m'être bien assuré qu'elle ne prenait aucun intérêt à cet ambassadeur, je lui ai insinué, sous l'apparence de confidence et sous le secret, que le prince de Rohan paraissait peu propre au poste qu'il occupe, que je voyais par ses dépêches, dont le duc d'Aiguillon m'avait communiqué des articles, qu'il entendait peu les affaires, et que je savais d'ailleurs que sa conduite privée répondait mal au caractère dont il est revêtu, et que, moyennant cela, je craignais fort qu'il ne réussît pas à se rendre utile au service du roi son maître et au bien de l'alliance, que ce que j'en disais d'ailleurs n'était que sous le sceau de la confiance et par zèle pour les deux cours. La favorite me répondit fort naturellement que le duc d'Aiguillon et elle faisaient peu d'état des talents du prince de Rohan, qu'on le connaissait pour être fort léger, que son rappel subit aurait l'air d'une disgrâce, que le prince de Soubise et la comtesse de Marsan en seraient révoltés, et qu'on

---

Llano sans consulter le roi d'Espagne; une rupture avec l'Espagne et la France, puissances protectrices de Parme, était l'inévitable conséquence de cette mesure violente et irréfléchie.

croyait devoir les ménager parce qu'on travaillait à les détacher du parti du chancelier; qu'au reste cette ambassade du prince de Rohan ne pouvait pas être de bien longue durée. Le duc d'Aiguillon ne s'est point ouvert jusque-là; mais, dans une conversation où je me plaignais de la tournure que donnait le prince de Rohan au langage du prince de Kaunitz, j'ajoutai quelques réflexions sur la légèreté du coadjuteur et sur le mauvais effet que cela pouvait produire dans les affaires. Le duc d'Aiguillon me répondit : « Je ne l'en crois pas « toujours sur sa parole; d'ailleurs c'est un panier percé, il a eu « quelques histoires de douane dont vous êtes sans doute informé (1). » Je me bornai à sourire sans entrer en matière, et je n'ai pas cru pour cette fois qu'il serait prudent d'aller plus avant, dans la crainte du mauvais usage qu'aurait pu en faire le duc d'Aiguillon. Je saisirai toutes les occasions d'ajouter à cette première démarche, et j'espère que cela accélérera l'époque où V. M. se verra débarrassée de l'ambassadeur en question. Comme il est arrivé depuis quelque temps que le roi, se trouvant avec sa famille, a parlé quelquefois des affaires de Pologne et de Suède, j'ai imaginé qu'il était utile de donner sur ces deux objets à Mme la dauphine quelques éclaircissements, pour qu'elle ne se trouve point embarrassée des propos qui sont tenus en sa présence. J'ai demandé à S. A. R. si elle s'était aperçue que le roi, en traitant de ces matières, y mît un intérêt personnel ou de l'humeur. Mme l'archiduchesse m'a assuré qu'elle avait observé tout le contraire, que le roi lui avait dit un jour en badinant : « Il ne faut pas parler des affaires de Pologne devant vous, parce « que vos parents ne sont pas du même avis que nous; » qu'un autre jour le roi lui avait dit en riant : « L'empereur veut s'opposer à ce « qui s'est fait en Suède (2); cela nous brouillera, et je vais vous

---

(1) Sous le couvert de la franchise que possédait comme ambassadeur le prince de Rohan, une contrebande considérable se faisait à l'ambassade de France à Vienne. Georgel, secrétaire et confident de Rohan, ne le nie point dans ses Mémoires, mais prétend que l'ambassadeur n'en tirait aucun profit particulier. Telle ne semble pas être l'opinion de d'Aiguillon et de Mercy. Pour faire cesser ce scandaleux abus sans offenser la France, Marie-Thérèse retira la franchise à tous les ambassadeurs.

(2) Dans la journée du 19 août 1772, Gustave III avait fait arrêter les principaux chefs ou partisans des États suédois, mis sous clef les sénateurs et les membres du comité secret, et fait accepter par ce qui restait de la diète une nouvelle constitution. Les coups d'État ne profitent d'ordinaire ni à la liberté ni à la dignité d'un peuple; celui de Gustave III a eu cependant le mérite de terminer une honteuse anarchie, une scandaleuse vénalité, et de déjouer les

« renvoyer à Vienne; » que là-dessus, en l'embrassant et continuant d'un ton de gaieté, il avait ajouté que c'étaient le maréchal de Lacy (1) et le comte de Dietrichstein (2) qui cherchaient à prévenir S. M. l'empereur contre l'événement arrivé en Suède. Tout ce langage semble prouver assez que ces objets ne font point une impression personnelle sur le roi; la façon distinguée et remplie de bonté avec laquelle il me traite en est une autre preuve; il ne s'agit, pour donner une tournure plus liante aux affaires, que de tâcher de rectifier l'esprit inquiet et soupçonneux du duc d'Aiguillon; cette entreprise a des difficultés: cependant je me flatte d'avoir un peu calmé l'effervescence de son caractère, et j'espère qu'avec la patience je gagnerai plus de terrain vis-à-vis de lui.

Je ferai le choix des arbres fruitiers que V. M. ordonne; mais il faudra nécessairement un peu de temps pour que je puisse me les procurer de la meilleure espèce et de façon à m'assurer de n'être point trompé. J'enverrai ces arbres successivement si je trouve de la difficulté à les acquérir tous à la fois.

XLIX. — MARIE-THÉRÈSE A MERCY.

Vienne, le 30 novembre. — Comte de Mercy, J'ai reçu vos dépêches du 14; si je comptais moins sur votre habileté et zèle, je ne laisserais pas d'être en quelque façon inquiète sur les inconvénients que pourrait produire la liaison de ma fille avec le comte de Provence; mais je me repose sur vous, ayant tant de preuves de votre dextérité à faire reconnaître à ma fille les dangers auxquels elle se trouve exposée sans cesse. Je ne lui écrirai rien par ce courrier sur les articles de votre dernière lettre, pour ne pas lui donner quelque sujet de méfiance contre vous, étant trop important qu'elle vous accorde toujours une confiance entière.

Le roi Catholique va nous faire part de la résolution qu'il a prise sur l'affaire de Parme. Llano a ordre de se rendre à Florence pour y attendre les dispositions ultérieures de son maître. Revilla, mi-

---

projets de la Russie et de la Prusse, qui préparaient certainement le démembrement de la Suède.

(1) Le célèbre maréchal de Lacy, un des généraux les plus estimés du 18ᵉ siècle, et très aimé de Joseph II; nos correspondances donneront plus loin des détails sur lui.

(2) Le comte Jean-Charles de Dietrichstein, **grand** écuyer de Joseph II.

nistre d'Espagne, doit quitter la cour de Parme sans prendre congé. La pension que l'Espagne payait à l'infante est suspendue; toute correspondance avec Parme rompue, étant même défendu aux courriers espagnols de passer par Parme; tous les étrangers qui se trouvent au service de Parme ont la liberté de le quitter, en conservant les mêmes appointements dont ils jouissent à présent, et que l'Espagne continuera à leur payer. Le roi d'Espagne a communiqué en même temps sa résolution au roi de France, qui prendra apparemment le même parti. [J'approuve le parti pris, n'en voyant d'autre que de les laisser faire et courir à leur ruine dans une couple d'années, ou de les faire venir en France ou en Espagne tous deux et les tenir comme interdits. Je prévois encore ce dernier cas en peu d'années, quand ils auront encore usé de leurs derniers moyens avec leurs folles dépenses. Je vous le répète encore une fois, que les ayant abandonnés entièrement, que jamais aucun secours de notre part ne pourra avoir lieu, que même s'ils se raccommodaient avec les deux cours, nous en ferons de même, mais seulement pour l'extérieur, jamais ma correspondance ne se recommencera. Vous m'informerez de temps en temps de ce qui se fera, et tâcherez que cela ne puisse rejaillir sur la dauphine. Dans ce moment-ci, l'aigreur que cela doit causer naturellement vient très à contre-temps. Je vous avoue, votre rapport m'a un peu troublée; ma fille pourrait bien être aussi peu de bonne foi sur les confidences qu'elle vous fait que sur la chasse vis-à-vis de moi. Je ne trouve pas à redire qu'elle le fasse, mais qu'elle s'obstine à lui donner la tournure est contre la bonne foi, et marque un caractère pas droit, qui, joint aux diaboliques intrigues de cette cour, pourrait devenir très-dangereux. La seule ressource et confiance est dans vos soins, dont je vous sais bien bon gré.]

L. — MARIE-THÉRÈSE A MERCY (1).

Sans date (30 *novembre*). — Je vous envoie par curiosité ce que les autres gens disent de Rohan; vous n'avez qu'à le brûler (2). Nos bons Allemands se scandalisent; c'est ce qui me fait le plus de peine; il y a de quoi.

---

(1) Pièce entièrement autographe.
(2) Cette pièce ne s'est point retrouvée.

Je vous préviens, ma fille ne m'ayant écrit que fort succinctement, je ne lui ai pas répondu beaucoup, mais voilà deux passages que j'ai cru vous devoir prévenir : « Ce que vous me dites des courses « à cheval du dauphin ne me fait pas plaisir; mais il y en a d'autres « bruits ici, comme que vous courez aussi à cheval à la chasse, et « que vous avez eu un accident ; les uns disent une chute, les « autres près d'une chute. Je n'y ajoute foi, comptant sur vos pro-« messes. J'en touche un mot à Mercy pour me tirer de cette incerti-« tude... — Je suis bien aise que vous avez vu chez vous la Palffy ; cela « est déjà répandu ici, et a détruit le bruit qui était ici, que vous ne « regardez aucun Allemand, encore moins leur dire un mot si on « vous les présente, comme cela est arrivé à Esterhazy. J'avoue, « cela me fait de la peine si vous négligez ce don particulier, cet « agrément que vous aviez en vous présentant, qui vous a gagné en « chemin tous les cœurs ; mais je serais encore plus fâchée si vous ne « sentiez plus d'inclination pour vos compatriotes. Le sang alle-« mand coule dans vos veines, n'ayez pas honte de l'être. »

Voilà les deux passages desquels vous ne ferez pas semblant, mais que j'ai cru devoir vous en prévenir, en parlant avec ma fille. J'ai fini ainsi ma lettre : « Soyez bien assidue à faire votre cour au « roi et de prévenir ses souhaits. La crise politique exige toute votre « attention ; le bonheur de nos maisons et le vôtre en particulier en « dépend. »

Je ne voudrais pas des absences plus fréquentes de l'abbé, mais j'entre dans sa situation pénible.

Si la Beauvau religieuse vous demande quelque argent, vous lui remettrez.

LI. — MARIE-ANTOINETTE A MARIE-THÉRÈSE (1).

Versailles, le 15 décembre. — Madame ma très-chère mère, Les gazettes n'ont pas encore raison : je ne désespère pas que cela n'arrive bientôt. Je crois qu'il n'est pas encore assez fort ; certainement du moment que cela arrivera, je ne perdrai pas une minute pour vous le mander. Mercy secondera sûrement bien mon empressement.

---

(1) Réponse à une lettre de Marie-Thérèse que nous n'avons pas, mais dont on vient de lire trois fragments dans la lettre précédente à Mercy.

Je soupçonne qu'on vous en aura dit sur mes cavalcades plus qu'il n'y en a. Je vais, ma chère maman, vous dire la vérité tout entière. Le roi et M. le dauphin ont plaisir de me voir à cheval. Je ne le dis que parce que tout le monde s'en est aperçu ; surtout pendant le voyage de Compiègne, ils ont été enchantés de me voir l'habit d'équipage. Quoique je dois avouer que je n'ai pas eu de peine de me conformer à leur goût, je puis néanmoins assurer que je ne me suis jamais laissé emporter à la poursuite de la chasse, et j'espère que, malgré mon étourderie, je me laisserai toujours arrêter par des gens sensés qui m'accompagnent, et ne me fourrerai jamais dans la bagarre. Je n'aurais pas cru qu'on eût pris pour un accident ce qui m'est arrivé à Fontainebleau ; on trouve de temps en temps dans la forêt de grandes pierres de grès ; dans un de ces endroits, en montant au très-petit pas, mon cheval ne voyant pas une de ces pierres, qui était couverte de sable, a glissé ; j'ai fait un mouvement qui l'a retenu et j'ai continué.

La Palffy n'est pas encore venue ici ; j'espère qu'elle viendra lundi prochain pour voir le bal. Esterhazy a dansé hier avec nous ; tout le monde a été fort content de son maintien et de sa manière de danser : j'aurais dû lui parler lorsqu'on me l'a présenté : mon silence n'était que de l'embarras, ne le connaissant pas. On me ferait grande injustice de croire que j'ai de l'indifférence pour ma patrie ; j'ai plus de raison que personne pour sentir tous les jours le prix du sang qui coule dans mes veines, et ce n'est que par prudence que, dans quelque occasion, je n'en fais pas sentir toute la valeur.

Toutes vos lettres vous manderont sûrement la nouvelle disposition des princes. M. le prince de Condé a écrit au roi en son nom et en celui de son fils pour témoigner sa soumission (1). La lettre était fort bien, quoiqu'il n'y parlât pas du Parlement, mais on en était convenu. Le roi lui permit de venir le lendemain, et lui et son fils nous ont fait visite à tous, ce qui s'est fort bien passé de part et d'autre. Quelques jours après, avec la permission du roi, j'ai invité le duc, la duchesse et Mademoiselle de Bourbon au bal. Pour M. le duc d'Orléans, son fils et M. le prince de Conti, ils ne sont pas encore revenus, mais on espère que cela ne tardera pas.

---

(1) Il était éloigné de la cour depuis qu'avec tous les princes du sang il avait pris parti pour le Parlement.

Je ne néglige rien pour faire ma cour au roi et prévenir ses souhaits autant que je puis les deviner. J'espère qu'il est content de moi ; c'est mon devoir de le contenter, mon devoir et ma gloire si je puis contribuer à conserver l'union des deux maisons.

Mercy doit être content du silence que je garde depuis longtemps sur tout ce qui fait murmurer contre la favorite. Le roi a fait une petite chute avant-hier ; nous avons eu peur un moment, mais on nous a rassurés en disant qu'il continue la chasse. Nous nous sommes trouvés à son retour ; il était de très-bonne humeur et n'avait pas la moindre chose.

Je préviens le jour de l'an pour ne m'exposer au retard de la poste. Mes vœux les plus ardents sont pour la conservation de votre précieuse santé, et pour mériter la continuation des bontés et la tendresse de ma très-chère maman.

LII. — Mercy a Marie-Thérèse.

Paris, 16 *décembre.* — Sacrée Majesté, La cour étant partie de Fontainebleau le 17 de novembre, Mme la dauphine arriva ce même jour à Versailles. Elle eut le surlendemain une conversation avec son confesseur, lequel, d'après les avis que l'abbé de Vermond et moi lui avions donnés, se mit en devoir de faire quelques représentations à S. A. R. sur la nécessité dont il était qu'elle voulût bien songer à un emploi utile de son temps pendant la saison de l'hiver. Cet ecclésiastique, aussi sensé qu'il est vertueux et honnête, tint à Mme l'archiduchesse un langage qui intéressait également sa conscience et ses avantages temporels. Il lui fit voir que, dans l'état des choses telles qu'elles se trouvent, l'exemple que donnerait Mme la dauphine pouvait décider de la tournure que prendrait M. le dauphin, et, tirant toutes les conséquences qui dérivent d'une supposition aussi fondée, il eut à dire bien des vérités qui ne pouvaient manquer de faire une impression très-forte sur Mme l'archiduchesse. Nous ne tardâmes point à en voir les effets. S. A. R. dit peu de jours après à l'abbé de Vermond qu'elle voulait pendant cet hiver « récupérer le temps perdu dans la dissipation de l'été et des voyages », qu'il ne s'agissait que d'établir un plan fixe et journalier d'occupations sérieuses et utiles, et qu'elle s'y livrerait avec toute la suite et l'attention nécessaires. Depuis ce moment-là les lectures ont repris sans être interrompues, et, pour peu qu'il plaise à V. M. d'insister sur cet objet, j'espère qu'il prendra maintenant une forme plus stable et qu'il en résultera tout le bien qui est à désirer. Les bals ont recommencé chez Mme la dauphine le 23 de novembre ; ils sont fixés au lundi de chaque semaine, et continueront jusqu'à la fin du carnaval. On a vu à cette occasion les progrès que Mme l'archiduchesse a faits dans l'exercice de la danse ; elle s'en acquitta avec toute la grâce possible, et on peut dire avec vérité que S. A. R., par les agréments de sa figure, efface toutes les jeunes personnes qui sont dans le cas de paraître à ces fêtes. M. le dauphin n'a pas, à beaucoup près, tiré le même parti des leçons de danse qu'il a prises fort assidûment ; mais on remarque cependant infiniment moins d'embarras dans sa contenance : il se tient mieux et n'a plus rien de choquant dans sa démarche ni dans son maintien.

Quoique les assiduités de M. le comte de Provence chez Mme la dauphine n'aient pas discontinué, elles ont cependant pris une tournure plus indifférente, et il est maintenant bien certain et reconnu que leurs conversations ne roulent que sur des petits objets purement relatifs à la société intérieure de la famille, sans qu'il s'y mêle des matières de parti, d'intrigues, ou des propos qui pussent tirer à la moindre conséquence. Je me suis donné tous les soins et attentions imaginables pour m'en assurer, et rien ne m'aurait échappé à cet égard s'il y avait eu lieu à quelque découverte intéressante. Mme la dauphine est d'un caractère fort ouvert, la dissimulation lui est difficile et pénible ; mais quand il s'agit d'objets sérieux, elle a une extrême appréhension d'être compromise, et cette crainte la rend plus circonspecte que son âge et sa vivacité ne semblent le comporter. Je puis dire avec certitude qu'à l'exception de M. le dauphin, nous sommes, l'abbé de Vermond et moi, les seuls que S. A. R. honore d'une vraie confiance. La comtesse de Noailles aurait été à portée d'en obtenir, si elle avait su se prévaloir des avis que je lui ai donnés dans le temps ; mais cette dame, qui a peu de caractère et d'esprit, ne pouvait guère réussir vis-à-vis d'une jeune princesse douée d'un tact aussi fin que l'a Mme l'archiduchesse. Il en a été de même par rapport à Mesdames, et lorsque j'appréhendais le plus les effets de leur crédit, je n'étais pas dans le cas d'en craindre ni prévoir la durée. Il n'y a d'ailleurs personne parmi les alentours de Mme la dauphine qui soit en même de prendre quelque ascendant sur elle. S. A. R. a marqué successivement une sorte de prédilection pour la duchesse de Chaulnes et pour la princesse de Chimay (1). Ce goût n'a été que très-passager et toujours fort éloigné de la confiance. Les dames ci-dessus nommées, ainsi que toutes celles qui ont l'honneur de servir Mme l'archiduchesse, sont traitées avec beaucoup de bonté; mais aucune n'est en passe de prendre du crédit ni d'influer par des conseils. Parmi les petites tracasseries survenues depuis le retour de Fontainebleau, il s'en est trouvé une dont l'origine était assez ancienne, et qui concerne le cardinal de la Roche-Aymon. Ce prélat ayant la feuille des bénéfices, Mme la dauphine lui avait demandé au commencement de l'année une retraite pour l'abbé du Chastel, ancien aumônier de la reine, et remplissant actuellement les mêmes fonctions au service de S. A. R. (2). La demande était de toute justice, et conforme à l'usage établi à cette cour, qui assigne aux aumôniers des récompenses ecclésiastiques proportionnées à la durée de leurs services, pour lesquels ils n'ont presque aucun émolument annuel. Cependant le cardinal, malgré plusieurs avertissements réitérés, tarda plus de huit mois à satisfaire aux intentions de Mme l'archiduchesse. Il finit enfin par donner à cet abbé du Chastel une abbaye d'un revenu au-dessous du taux ordinaire à ces sortes de retraites, et il alla donner part de cet arrangement à Mme la dauphine, qui lui répondit d'un air sérieux : « Monsieur le cardinal, je « vous suis bien obligée; j'espère qu'une autre fois vous ne me ferez « pas attendre si longtemps. » Le prélat, quoique à tort, se croyant maltraité par cette réponse, qu'il n'avait que trop méritée, alla s'en plaindre à sa bonne amie la comtesse de Noailles, et chargea cette dame d'honneur de dire à Mme la dauphine qu'il ne reparaîtrait plus chez cette princesse qu'autant qu'elle lui ferait dire de s'y rendre pour prendre ses ordres. La comtesse de Noailles ayant eu la maladresse de s'acquitter à la lettre d'une commission aussi peu convenable, Mme l'archiduchesse en fut à juste titre fort piquée, et elle répondit qu'elle se passerait très-bien de voir le cardinal, et que quand elle aurait quelque récompense ecclésiastique à demander, elle

---

(1) La duchesse de Chaulnes et la princesse de Chimay étaient « dames pour accompagner » auprès de la dauphine; nous les retrouverons dans la suite de ces correspondances.

(2) L'abbé du Chastel est porté dans l'*Almanach royal* de 1772, au chapitre de la Chapelle de la maison de la dauphine, comme « aumônier ordinaire ».

s'adresserait directement au roi. Le prélat ainsi que la comtesse de Noailles furent très-consternés de cette réponse ferme, à laquelle ils ne s'étaient point attendus, et ils s'adressèrent à moi, comme cela arrive presque toujours quand il s'agit de remédier à quelque fausse démarche. Je fis sentir au cardinal qu'il avait manqué à Mme la dauphine dans son procédé relatif au fond de la demande qu'elle lui avait faite, qu'il avait plus de tort encore dans la forme employée pour se plaindre de S. A. R., et que la comtesse de Noailles avait de son côté commis une grande imprudence. Ensuite je rendis à Mme l'archiduchesse un compte exact de ma conversation avec les deux personnages susdits, en la suppliant d'user d'indulgence envers le cardinal, qui était assez puni de sa faute par l'espèce d'aveu qu'il avait été obligé d'en faire. Je trouvai S. A. R. peu disposée à la lui pardonner purement et simplement. Elle me dit que le prélat n'avait qu'à revenir, mais que, la première fois qu'il paraîtrait chez elle, elle ne lui dirait pas un mot. J'insistai encore sur un pardon moins sévère; mais il y a apparence que le cardinal n'en sera pas quitte à meilleur marché. Au reste, j'ai vu avec grand plaisir que dans cette occasion Mme l'archiduchesse commençait à prendre le ton convenable à se faire respecter. Je n'ai jamais cessé de représenter l'utilité de ce système, qui est d'autant plus nécessaire à cette cour-ci que le roi, tolérant dans un chacun une conduite arbitraire qui n'est jamais réprimée, il peut facilement en résulter de la licence et un oubli des égards respectueux qui sont dus à la famille royale, si elle négligeait d'y pourvoir par elle-même. Je ne me suis pas contenté de faire sur ce chapitre important de très-fréquentes représentations à Mme la dauphine, et j'ai obtenu qu'elle en fît usage vis-à-vis de M. le dauphin, qui paraît en avoir senti les conséquences. Je vois en effet que, depuis cinq ou six mois, les gens de la cour deviennent plus circonspects et attentifs sur tout ce qui a trait à M. le dauphin ou à Mme la dauphine. Les ministres, même la favorite, gardent envers ces princes plus de mesure que par le passé; il n'en est pas de même à l'égard de Mesdames, et je n'ai pas laissé échapper cette observation à Mme l'archiduchesse, qui est maintenant sur ce point aussi éclairée que je l'ai toujours désiré. C'est avec peine que Mesdames supportent la perte de leur influence et du petit despotisme qu'elles s'étaient accoutumées à exercer dans la famille; elles en marquent leur ressentiment par des petites critiques sur Mme la dauphine, et par une affectation à exalter Mme la comtesse de Provence; mais il n'y a pas la moindre chose à craindre des effets de cette mauvaise volonté, parce que Mme l'archiduchesse ne donne aucune prise réelle. Elle marque à Mesdames ses tantes tous les égards justes et convenables; M. le dauphin est parfaitement d'accord avec elle sur la nouvelle tournure de société qu'elle s'est formée; le roi en est lui-même très-content, parce qu'il s'aperçoit d'une grande diminution de propos et de tracasseries depuis que la tutelle de Mesdames a cessé. Il n'y a dans la liaison des deux jeunes princes et princesses d'autre inconvénient que celui qu'y occasionne le caractère suspect de Mme la comtesse de Provence. Depuis que j'ai engagé Mme la dauphine à l'observer de plus près, elle a découvert plusieurs traits de fausseté très-désagréables. Si M. le comte de Provence en avait été informé, cela aurait certainement ajouté à l'indifférence et à une sorte de dégoût qu'il a pour son épouse; mais Mme l'archiduchesse, par bonté de caractère, cherche tous les moyens à ramener la bonne intelligence entre les deux époux. Elle prend toujours le parti de la comtesse de Provence, et, en connaissant son caractère pour ce qu'il vaut, elle dissimule les petits sujets de plainte et ne s'occupe qu'à rendre le bien pour le mal.

Par la conduite que tient la comtesse de Marsan, je remarque qu'elle a le projet de fonder sur les débris du crédit de Mesdames une influence qu'elle cherche depuis bien longtemps à gagner auprès de Mme la dauphine. Cette comtesse se donne tous les soins imaginables pour plaire à S. A. R. J'ai fait observer cette marche à Mme l'archiduchesse, et je suis bien assuré qu'elle ne s'y laissera pas tromper.

La santé de S. A. R. a beaucoup gagné par le régime qu'elle a observé pendant quelque temps. L'usage du lait a diminué cette facilité qu'elle avait à s'enrhumer; le 9 elle a fait ses dévotions.

Le courrier mensuel, arrivé ici le 12, m'a remis les ordres de V. M. en date du 30 de novembre, et le même soir Mme la dauphine a reçu les lettres à son adresse. Ce n'est jamais que d'un courrier à l'autre que je me trouve en état de rendre compte à V. M. des impressions que font ces avertissements à Mme l'archiduchesse; mais je puis dire en général qu'ils n'ont jamais été sans effet. Au bout de huit à dix jours, S. A. R. me parle ordinairement du contenu des dernières lettres qu'elle a reçues; alors elle a fait ses réflexions, et c'est le moment que je saisis pour exposer les remarques que je crois les plus propres à fixer son attention. Mme la dauphine a toujours été vivement frappée de tout ce que V. M. lui mandait; mais, dans les premiers temps, cette sensation n'était que momentanée. La dissipation effaçait promptement les idées qui pouvaient déplaire. A présent il en est tout autrement; Mme l'archiduchesse met plus de réflexion et de mémoire aux choses qui l'affectent, et j'en ai la preuve certaine en ce que S. A. R. me parle quelquefois de plusieurs objets dont V. M. lui a fait mention dans ses lettres de quelques mois en arrière.

LIII. — MERCY A MARIE-THÉRÈSE.

Paris, 16 *décembre*. — Ce n'est que par Mme la dauphine elle-même que V. M. peut être exactement informée de la position actuelle où se trouve S. A. R. vis-à-vis du jeune prince son époux. La circonspection que je dois apporter dans mes recherches sur une matière aussi délicate pourrait aisément m'en laisser échapper quelques circonstances. Le dauphin sait que je ne cesse de tenir un langage propre à détourner la curiosité et l'attention de cet objet, et c'est à cette circonstance que je crois devoir attribuer en grande partie les bontés singulières qu'il me marque. Tandis qu'il ne parle presque à personne, il a toujours quelque chose à me dire; il vient à moi partout où il m'aperçoit, et au bal du 7 de ce mois, en me voyant arriver, il quitta sa place, traversa la salle pour venir faire la conversation avec moi. Le malheur est que ces conversations sont si décousues par la forme et le fond que je trouve avec bien de la peine le moyen de prononcer quelques phrases utiles. Cela arrive cependant quelquefois, et je vois que ce n'est point le goût qui manque à M. le dauphin pour parler des choses sérieuses, mais qu'il n'y a de sa part qu'un pur défaut d'habitude et d'assurance. Mme la dauphine a gagné sur lui de lui faire faire quelques lectures, et je me flatte toujours que ce jeune prince tournera à bien.

Je sais à n'en pouvoir douter que le prince de Rohan a écrit à ses parents, la comtesse de Marsan et le prince de Soubise, qu'ayant découvert qu'on était parvenu à lui nuire dans l'esprit de V. M., il avait pris le parti de demander une audience dans laquelle il était parvenu à se justifier tellement qu'il se flattait que V. M. lui avait rendu ses grâces. Il ajoute à cela des expressions très-respectueuses et très-vives sur la magnanimité et la bonté de V. M. En même temps, il se plaint amèrement du duc d'Aiguillon, qui, à ce qu'il prétend, cherche à lui jouer des tours et à le contrarier dans les plus petites choses. Je crois cette dernière circonstance très-vraie, et elle me confirme dans l'idée que ce prince de Rohan ne conservera pas longtemps son ambassade. Je n'ai plus eu occasion d'aller en avant sur ce point, mais je ne laisserai échapper aucun moment favorable à coopérer au rappel de ce coadjuteur.

Je n'ai rien à rapporter à V. M. sur les dernières et fâcheuses circonstances de Parme. Le roi n'en paraît pas affecté jusqu'à un certain point, et il semble s'en reposer tranquillement sur les mesures que prendra la cour de Madrid, se conformant d'ailleurs aux marques de ressentiment qu'a données cette dernière. Quant à la suspension des pensions que l'infant reçoit des deux cours, comme ces pensions forment un engagement pris vis-à-vis de V. M. et à l'occasion du contrat de mariage de Mme l'archiduchesse, j'ai cru devoir faire observer au duc d'Aiguillon qu'on ne pouvait point agir arbitrairement sur cet article et sans l'aveu de V. M., ce dont le ministre susdit n'a pas pu disconvenir.

Je ne tarderai pas à faire un envoi d'une partie des arbres fruitiers destinés pour les potagers de Schönbrunn. Il m'a été impossible de me les procurer chez les Chartreux (1), qui ont perdu toute leur vogue en ce genre, non plus que dans les pépinières des particuliers ; mais

---

(1) On ne sait pas précisément à quelle époque furent créées les pépinières des Chartreux, attenantes à leur couvent de Paris. Elles occupaient au milieu du 17e siècle jusqu'à 80 arpents ; la pépinière du jardin du Luxembourg, détruite à la fin du règne de Napoléon III, en était un débris. C'est au 18e siècle que les cultures fruitières existant dans ce vaste enclos furent soumises à une direction régulière, celle d'un religieux, le frère Alexis, qui les administra pendant soixante-deux ans. Il eut pour successeurs le frère François, auteur de l'ouvrage intitulé : *Le jardinier solitaire*, puis le frère Philippe, un des plus habiles arboriculteurs de son temps. La célèbre pépinière fut dirigée ensuite par un jardinier d'une rare habileté, Christophe Hervy, qui sut l'amener, en 1770, au plus haut degré de prospérité. La suppression légale du jardin fruitier des Chartreux eut lieu en 1792. A cette époque, la vente d'arbres fruitiers donnait un bénéfice net de 24,000 à 30,000 francs par an. — Le jardin du Roi, qui a dû fournir à Marie-Thérèse les arbres fruitiers dont parle Mercy, ne pouvait être que le jardin potager du roi, à Versailles, créé sous Louis XIV par la Quintinye, et dont on voit le plan général en tête de l'*Instruction pour les jardins fruitiers et potagers* de ce célèbre jardinier (Barbin, 1690, 2 vol. in-4°). Ce grand et bel établissement existe encore aujourd'hui, et n'a pas cessé d'être entretenu par l'État. — Mercy a tort de croire que la pépinière des Chartreux avait perdu toute sa vogue en 1772, car Hervy devait diriger alors le jardin fruitier du couvent ; mais elle avait momentanément décliné après le frère Alexis.

le marquis de Marigny, frère de feu la marquise de Pompadour, intendant des bâtiments et ayant sous sa direction tous les jardins du roi, s'est chargé de me fournir tous les arbres demandés, et V. M. les aura de l'espèce la plus parfaite qui existe.

Je dois reprendre ici les articles des deux très-gracieuses lettres de V. M., et lui exposer en toute soumission les remarques qu'elles exigent de ma part.

En tout objet de conséquence, je trahirais mes devoirs les plus sacrés si j'affirmais à V. M. une chose dont je n'eusse pas la certitude la plus entière. C'est dans cet esprit que j'ose encore assurer et que je garantirais sur ma propre vie que V. M. peut être parfaitement tranquille sur les suites de la liaison de Mme la dauphine avec M. le comte de Provence. Cette princesse n'est sûrement pas dans le cas de pouvoir en cela user de dissimulation vis-à-vis de moi; mais quand elle en aurait le projet, ce que son caractère n'admet pas, elle n'aurait pas la possibilité d'y réussir, vu tous les moyens infaillibles que j'ai de m'éclaircir sur la vérité des faits relatifs à S. A. R. Il n'en est donc à cet égard purement que ce que j'ai exposé à V. M. Je puis également assurer que Mme l'archiduchesse n'aura jamais une vraie confiance dans M. le comte de Provence. Je le connais très-capable d'intrigue; je sais même qu'il y est poussé par la comtesse de Marsan, mais tout cela ne me donne aucune inquiétude. Mme la dauphine n'ignore point ces circonstances, et, au moment où je remarquerais le moindre danger, une demi-heure d'audience auprès de S. A. R. me suffirait pour détruire avec la plus grande facilité toutes les petites manœuvres qu'on aurait employées pour la porter à quelque fausse démarche, et j'aurai sûrement les yeux bien ouverts sur une matière de cette importance.

Relativement à ce qui s'est passé à Parme, mon premier soin a été de bien examiner le degré d'humeur que pouvait en avoir le roi, et jusqu'où cela influerait sur Mme la dauphine. Je me suis assuré qu'on ne lui en parlait pas même, et un jour où je trouvai le roi chez la comtesse du Barry, ce monarque me dit en riant qu'on avait interdit la cour au ministre de Parme, qu'il nomma « le pauvre d'Argental (1) », et il plaisanta sur cette circonstance, sans mar-

---

(1) Le comte d'Argental, si connu par l'amitié de Voltaire et sa correspondance assidue avec le patriarche de Ferney. Il était effectivement bien innocent des désordes de Parme.

quer la moindre aigreur. Ayant répondu d'une façon un peu plus sérieuse sur le fond de la chose, le roi me répliqua : « Ce sont des « enfants, il faut espérer qu'ils deviendront plus sages avec l'âge. »

Les deux articles de la lettre de V. M. à Mme la dauphine sont conçus de façon à me donner bien des moyens à en tirer un très-grand parti, et je prévois d'avance l'impression qu'ils feront sur S. A. R. J'ose dire que ces deux articles étaient très-nécessaires, et la façon dont V. M. termine la lettre me mettra en même de rappeler les grands objets, et d'obtenir que la favorite ne soit point mal traitée lorsqu'elle paraîtra au jour de l'an.

LIV. — Marie-Thérèse a Mercy.

Vienne, le 31 décembre. — Comte de Mercy, J'ai reçu votre lettre du 16, dont le contenu me fournit beaucoup de sujets de satisfaction.

Je suis charmée de la résolution de ma fille d'être plus attachée aux lectures et autres occupations sérieuses. Je suis également contente de sa circonspection vis-à-vis de ses dames, et je souhaite que ses conversations avec le comte de Provence ne roulent que sur des objets indifférents. Au reste j'approuve infiniment les soins de ma fille de cultiver au mieux la bonne intelligence entre ce prince et son épouse, en dissimulant les sujets de mécontentement que la duplicité de la comtesse peut lui donner.

Quelque effet de mes lettres que vous croyiez entrevoir dans la sensation de ma fille, je ne saurais vous cacher que, dans le style de ses réponses, je pense remarquer une espèce de peine à se prêter à mes avertissements. Je vous communique la copie de sa dernière lettre pour pouvoir en juger d'autant mieux.

Je conviens que l'embarras du dauphin de se mettre en règle est déplacé; mais vouloir l'en corriger par des remontrances réitérées, ce ne sera peut-être qu'augmenter son embarras; il faut en attendre le dénoûment avec patience. Ma fille ferait un des plus grands biens à son époux si elle réussissait à lui inspirer le goût pour la lecture et autres occupations solides.

Il s'en faut beaucoup que le prince de Rohan se soit justifié vis-à-vis de moi; même je le crois du nombre de ces esprits incorrigibles, et je serais toujours contente de son rappel, dès qu'on pourrait l'obtenir de bonne façon.

Dans le moment présent, je n'ai trouvé d'autre parti à prendre sur les affaires de Parme que de me conformer aux dispositions des rois de France et d'Espagne. Ce parti était d'autant plus indispensable qu'en Italie, et même ailleurs, on commençait déjà à supposer gratuitement que l'obstination de l'infante était fomentée par les insinuations d'ici, vu l'envie que j'avais de faire dominer mes filles dans les pays où elles sont établies. Vous sentirez combien il importe de détruire un soupçon si peu fondé sur la vérité, mais qui ne laisserait pas de faire du tort à la reine de Naples et à la dauphine, si jamais il prenait consistance (1).

L'infante a écrit il y a quelques semaines à moi, à l'empereur et à ma fille Marianne, pour nous faire part qu'elle était enceinte dans le quatrième mois. Je n'y ajoute pas une foi entière, après avoir reçu plus d'une fois de fausses nouvelles de cette espèce. Quoi qu'il en soit, notre correspondance avec elle étant toujours interrompue, nous avons trouvé à propos de lui renvoyer ses lettres sans les ouvrir et sans réponse, en lui faisant connaître que, tant que la correspondance ne sera pas rétablie entre Madrid et Parme, on n'acceptera pas ici ses lettres. Si le roi de France paraît plus indulgent, je crains que le roi d'Espagne ne soit plus roide, offensé comme il est par le renvoi de Llano, et toujours ferme dans ses résolutions. En attendant, il faut sans doute tâcher de conserver à l'infante et à son époux les pensions accordées par la France et par l'Espagne, et d'en assurer même les arrérages après que la réconciliation sera faite.

Pour les arbres fruitiers, je me remets à ce que vous trouverez le meilleur. Je compte que vous ferez prendre soin qu'ils ne soient endommagés en chemin par la gelée de cette saison.

[Vous verrez par la lettre de ma fille que le style ni cette tendre confiance ne se trouve jamais vis-à-vis de moi. Je ne sais si l'abbé

---

(1) Ce n'est pas la première fois que Marie-Thérèse exprime cette crainte qu'on ne rende Marie-Antoinette responsable des torts de ses sœurs. Au moment du mariage de la dauphine, elle écrivait à son ministre à Parme, en lui parlant de l'infante Marie-Amélie : « Ma fille va trop vite en besogne, et le ministre en est alarmé ; la reine de Naples se gendarme de même contre Tanucci. Quels seront à la fin les raisonnements qu'on fera, même à mon tort, sur les procédés de mes filles vis-à-vis des ministres? On leur prêtera sûrement une envie décidée de dominer, et les réflexions qu'on fera sur ce sujet pourront bien influer sur l'avenir de ma dauphine ». Lettre de Marie-Thérèse au baron Knebel, 15 août 1769. Archives de Vienne.

l'aide à faire ses lettres à l'empereur; elles sont très-bien, enjouées, et avec bien de l'esprit. Cette remarque n'est que pour vous; vous n'en ferez semblant que pour m'informer de la grande différence de cette correspondance, d'où elle peut venir. J'ai une autre curiosité; il y a des lettres qui disent que du Tillot ne fait qu'excuser les actions de Parme. Si cela était, vous pourriez bien lui marquer une fois combien j'en suis touchée.]

LV. — Marie-Thérèse a Marie-Antoinette.

Vienne, le dernier de l'an. — Ce que vous me dites pour excuse de m'avoir manqué de parole, de courir à cheval à la chasse, aurait été en règle si avant un an ou peut-être plus tôt (1) vous me l'aviez marqué, à la première fois que vous l'avez fait. Votre candeur, votre tendresse auraient diminué le petit manque de parole, mais l'ayant dû apprendre par les gazettes, j'avoue, cela m'est sensible, et jette une ombre pour l'avenir sur votre confiance vis-à-vis de moi. Un tel oubli ne peut servir d'excuse, car c'est de cet oubli dont j'ai à me plaindre. Pourquoi voudrais-je vous priver d'un plaisir si innocent, moi qui donnerais ma vie pour vous en procurer, si je ne craignais les suites? Les jeunes gens ne restent jamais à une certaine mesure dans leurs amusements. Je prévoyais alors que vous en feriez de même. Je n'ai plus rien à redire dès que le roi et le dauphin l'approuvent : vous n'entendrez plus un mot là-dessus de ma part; mais ce dont je suis sensible, c'est de votre silence.

L'embarras vis-à-vis d'Esterhazy est un autre point que je ne saurais vous passer. Comment, l'Antoinette à douze et treize ans savait recevoir très-joliment son monde, leur dire à chacun quelque chose de poli et gracieux; cette vérité, tout Vienne, tout l'Empire, la Lorraine, la France l'ont vue, et la dauphine à cette heure, pour un simple particulier aurait de l'embarras? Ne vous accoutumez pas à ces frivoles excuses : embarras, crainte, timidité, chimères! Ce n'est que mauvaise coutume de se laisser aller sans réflexion et sans se gêner pour rien, quand on se sert de ces propos. Vous savez combien votre affabilité vous a gagné les cœurs : vous voyez tous les jours l'opposé, et pouvez-vous laisser aller et négliger ce point important!

---

(1) C'est-à-dire : Si vous me l'aviez marqué il y a un an et plus peut-être.

Je finis avec la vieille année mes sermons; vous me ferez tort si vous ne les prenez pour la plus grande marque de ma tendresse et de l'intérêt vif que je prends à votre futur bien-être, dont je suis continuellement occupée. Je m'attends à apprendre du jour de l'an l'effet de mes conseils pour votre conduite vis-à-vis de la favorite. Sur ce point-là, je ne peux vous passer que vous vous contentiez seulement de ne point entrer dans les tracasseries contre elle; mais que vous suiviez mes conseils, que vous la traitiez avec politesse et lui parliez comme à toute autre dame reçue à la cour. Vous devez cela au roi et à moi; tous les autres n'ont pas de droit sur votre complaisance. En faisant son devoir, on ne doit point penser au qu'en dira-t-on, et vous n'avez à rendre compte à personne qu'à nous de vos actions. Je ne voudrais pas que vous vous laissiez avilir ou dominer par d'autres. Prenez garde! Cette balance une fois perdue, elle n'est guère à retrouver ou avec beaucoup de peine, à quoi je ne vous crois pas fort encline, aimant trop vos aises.

Je suis bien aise que le retour des deux princes a mis une planche à l'entière réconciliation, les bontés du roi étant si grandes que je le souhaiterais toujours content et tranquille, comme il le mériterait. Dans un âge avancé, on cherche et a besoin de satisfaction et tranquillité.

ANNÉE 1773.

I. — Marie-Antoinette a Marie-Thérèse.

Versailles, le 13 janvier. — Vous me punissez bien d'un oubli; sur toute chose écartez cette vilaine ombre sur ma confiance; elle ferait le malheur de ma vie. Je vous ai bien dit la vérité sur l'approbation du roi et de M. le dauphin; il est vrai qu'il n'y a pas grand mérite à ma complaisance. Je n'oserais pas dire que je vais sagement à cheval, si je n'avais le témoignage de mes deux écuyers, qui ne me quittent jamais, et qui sont des gens bien graves et bien raisonnables.

Le roi a appris la grossesse de ma sœur (1) par une lettre de l'infant, à qui il n'a pas répondu. Selon l'usage, l'infant a écrit à M. le dauphin et à mes frères; mais le roi ne leur a pas permis de répondre. Pour moi, je me tiens en silence, à l'exemple de mes deux familles. Il faut espérer que quand l'infante se verra plusieurs enfants, elle sentira mieux son devoir et travaillera à contenter ses parents.

J'ai aussi appris la grossesse de la reine (2) et, ce qui m'a fait le plus de plaisir, c'est qu'on dit que sa grossesse est toute différente de l'autre, ce qui me fait espérer un garçon; quand pourrai-je en dire autant!

On dit que le grand-duc et sa femme (3) iront en Espagne; je voudrais bien qu'ils eussent peur de la mer et qu'ils prissent leur chemin par ici; il serait un peu plus long, mais ils seraient bien reçus, mon frère ayant grande réputation; et, avec cela, je porte jalousie

---

(1) L'infante de Parme, Marie-Amélie.
(2) La reine de Naples, Marie-Caroline.
(3) Le grand-duc de Toscane, Léopold, et sa femme Marie-Louise, fille de Charles III, roi d'Espagne.

de ce que je suis la seule de la famille qui ne connaisse pas ma belle-sœur.

Les portraits de mes petits frères, que vous m'avez donnés dans la garniture émaillée, me font un nouveau plaisir. Je les ai fait mettre en bague et les porte tous les jours. Ceux qui les ont vus à Vienne les trouvent fort ressemblants, et tout le monde en général trouve leurs figures charmantes. Le jour de l'an est ici un jour de foule et de cérémonie. Je ne puis m'en faire ni mérite ni blâme pour les conseils de ma chère maman : la favorite est venue chez moi dans un moment où il y avait beaucoup de monde ; je n'aurais pu parler à tous et j'ai parlé en général. J'ai lieu de croire que la favorite et sa sœur (1), qui est son premier conseil, avaient été contentes ; cependant je crois que, deux jours après, M. d'Aiguillon a voulu leur persuader qu'elles avaient été maltraitées. Quant au ministre, il ne s'est jamais plaint de moi pour lui, et, à la vérité, j'ai toujours eu attention de le traiter aussi bien que les autres ministres.

Vous aurez appris, ma chère maman, que le duc d'Orléans et le duc de Chartres sont revenus (2). J'en suis charmée pour la paix, la tranquillité et le bonheur du roi ; mais je ne crois pas que ma chère maman, à la place du roi, eût accepté la lettre qu'ils ont osé écrire et qu'ils font imprimer dans les gazettes étrangères.

J'ai eu grand plaisir de revoir M. de Stormond. Je lui ai demandé des nouvelles de ma chère famille, et il m'a paru avoir plaisir de m'en dire. Jusqu'ici il me paraît revenu (3) et tout le monde lui trouve un fort bon ton. J'ai chargé M. de Mercy de l'engager à venir à un de mes bals de lundi. Nous avons aujourd'hui le premier chez la comtesse de Noailles ; ils continueront jusqu'aux Cendres ; ils commenceront une heure ou deux plus tard, afin de n'être pas si fatiguées que l'année dernière pour commencer le carême. Malgré les plaisirs du carnaval, je suis toujours fidèle à ma chère harpe, et on trouve que j'y fais des progrès. Je chante aussi toutes les semaines au concert de ma sœur Madame ; quoiqu'il y ait fort peu de monde, on s'y amuse fort bien, et d'ailleurs cela fait grand plaisir à mes

---

(1) Sa belle-sœur Mlle du Barry.
(2) Ils étaient exilés de la cour depuis qu'ils avaient pris parti pour l'ancien Parlement.
(3) Il y a probablement ici une omission dans cette lettre, qui n'est conservée qu'en copie ; il faut lire sans doute : « revenu de ses préventions ». Voir la lettre de Marie-Thérèse du 1er septembre 1772.

deux sœurs. Je trouve encore le temps de lire un peu ; j'ai commencé l'*Histoire d'Angleterre,* par M. Hume ; elle me paraît fort intéressante, quoiqu'il faille se souvenir que c'est un protestant qui l'a composée.

Toutes les gazettes vont parler du cruel incendie de l'Hôtel-Dieu (1) ; on a été obligé de transporter les malades dans la cathédrale et chez l'archevêque (2). Il y a d'ordinaire cinq ou six mille malades dans l'hôpital ; malgré les soins qu'on y a portés, on n'a pas pu empêcher qu'une partie du bâtiment n'ait été brûlée, et, quoiqu'il y ait quinze jours que cet accident soit arrivé, il y a encore du feu dans les souterrains. L'archevêque a donné un mandement pour ordonner des quêtes ; j'y ai envoyé mille écus. Je n'en ai rien dit ; on m'en fait des compliments qui embarrassent, mais on prétend qu'il faut que cela soit pour donner bon exemple. Je vous envoie, ma chère maman, les Almanachs comme à l'ordinaire.

Je viens de relire votre chère lettre, pour voir si je n'ai rien oublié : j'ai le cœur navré du reproche du défaut de confiance, mon cœur ne l'a jamais mérité. Je demande à ma chère maman de me rendre la sienne ; me permet-elle de l'embrasser ? je serai bien de tout mon cœur...

II. — Mercy a Marie-Thérèse.

Paris, le 16 *janvier.* — Peu de jours après le départ du courrier de décembre, me trouvant à Versailles, Mme la dauphine me fit appeler dans son appartement, et me parla de la dernière lettre qu'elle avait reçue de V. M. — S. A. R. me parut assez en peine d'avoir à se reprocher un peu de dissimulation sur les chasses à cheval, et elle me marqua de la surprise de ce que V. M. était informée de sem-

---

(1) Ce terrible incendie commença dans la nuit du 29 au 30 décembre. Le feu, après avoir couvé dans les souterrains, éclata vers une heure du matin avec une telle violence que la lueur jeta l'alarme jusqu'aux extrémités de la ville ; cependant on fut promptement maître de l'incendie, grâce au courage et à l'activité du corps nouvellement organisé des pompiers, aidés de plusieurs détachements des gardes-françaises et des religieux des couvents voisins : capucins, augustins, cordeliers, etc. L'archevêque de Paris, tous les magistrats principaux de la cité étaient sur le lieu du sinistre ; les malades furent transportés dans l'archevêché, dans Notre-Dame et dans d'autres églises et couvents. Dix périrent dans les flammes ; mais il y eut un plus grand nombre de morts et de blessés parmi ceux qui leur portaient secours. Une très-grande partie des bâtiments furent détruits, et la perte évaluée à deux millions.

(2) Christophe de Beaumont, archevêque de Paris depuis 1746.

blables particularités. Je répondis à Mᵐᵉ l'archiduchesse que rien n'était plus simple, que, tout le monde ayant les yeux fixés sur elle, il était impossible que la moindre de ses actions pût échapper à l'attention du public, qui s'occupait et parlait de ces mêmes actions, par une suite du vif intérêt que S. A. R. inspire à un chacun. Mᵐᵉ la dauphine, revenant encore sur les chasses, voulait me faire convenir que l'on pouvait au moins attribuer à des hasards les occasions où elle s'y était trouvée à cheval. Je lui répondis, avec ma franchise respectueuse, que des hasards que l'on peut faire naître quand on le veut ressemblent trop à des détours dont les actions d'une grande princesse ne doivent jamais être soupçonnées, et que dans les petites choses, ainsi que dans les plus importantes, la bonne foi était toujours le parti le plus respectable et le plus utile à prendre; que je disais cette vérité avec d'autant plus de plaisir que je connaissais combien elle était gravée dans le cœur et le caractère de S. A. R., que cette juste opinion lui attachait toutes les honnêtes gens, et que, pour ce qui me concerne personnellement, mon zèle aurait été très-inutile au service de S. A. R. si elle n'avait daigné toujours le rendre actif par la vérité avec laquelle elle n'a cessé de me parler sur les objets qui l'intéressent. Je lui fis observer combien peu V. M. songeait à contrarier ou à gêner les amusements de Mᵐᵉ la dauphine, que d'après ce qu'elle-même avait eu la bonté de me dire, et de me faire lire dans les lettres de V. M., je n'y avais jamais remarqué le ton d'autorité, mais bien celui que prend une mère tendre lorsqu'elle veut être regardée par sa fille chérie comme la meilleure amie qu'elle puisse avoir dans le monde; que le seul retour que Mᵐᵉ la dauphine pouvait donner à un sentiment si précieux était, de sa part, une confiance sans bornes, et qu'il serait bien douloureux à V. M. de n'en pas éprouver les effets, même dans les moindres occasions. A ces réflexions, je vis paraître quelques larmes dans les yeux de Mᵐᵉ l'archiduchesse. Elle me dit avec une naïveté charmante : « Je n'ai pas
« une pensée dans l'esprit que je ne voulusse dire à ma mère ; mais
« l'écriture m'embarrasse, et j'ai peur de l'inquiéter en lui mandant
« les choses de travers. Je lui ai écrit que c'était pour plaire au roi
« et au dauphin que je me suis trouvée quelquefois à cheval à la
« chasse; vous savez bien que cela est vrai. » J'en convins en effet;
mais j'ajoutai que, dans des cas pareils, il me paraissait indispensable que Mᵐᵉ la dauphine mandât toujours purement et simplement

à V. M. ce qui en était, pour prévenir les inquiétudes que ne manqueraient pas d'occasionner les bruits publics lorsqu'ils parviennent à la connaissance de V. M. Je saisis ce moment pour dire qu'entre autres je ne serais pas surpris qu'on eût parlé à Vienne de la liaison si particulière qui, depuis quelque temps, s'est établie entre Mme la dauphine et M. le comte de Provence. A ce mot, Mme l'archiduchesse me répondit que V. M. le savait, et que S. A. R. lui avait mandé dans le temps qu'elle voulait se faire un confident de M. le comte de Provence. « Je crois, ajouta-t-elle, que nous l'avons retiré du tripot
« de M. d'Aiguillon et de la du Barry. M. le dauphin le croit de
« même; au reste, je ne me fie pas plus à lui qu'il ne faut, encore
« bien moins à sa femme, qui est faible et fausse, mais je me trouve
« encore mieux entre nous qu'avec mes tantes, qui donnent dans
« toutes les tracasseries. » Mme la dauphine me montra la fin de la lettre de V. M., comme pour m'en demander l'interprétation ; je lui répétai ce que, dans tant d'occasions, j'avais été dans le cas de lui représenter sur la nécessité d'une conduite réfléchie, politique et conciliante vis-à-vis des gens que le roi affectionne. Mme l'archiduchesse me répondit que sa position vis-à-vis de la favorite était d'autant plus embarrassante que M. le dauphin avait de plus en plus cette femme « en horreur ». Je répliquai que cela ne déterminait pas les raisons majeures, que S. A. R. devait faire comprendre au jeune prince son époux qu'il s'agissait de remplir ce qu'exigeaient la décence et la paix intérieure, que ces motifs étaient d'un trop grand poids pour ne pas arrêter des petits mouvements d'impatience, qui ne remédient jamais au fond du mal, et qui en multiplient les effets. Mme la dauphine me parut assez convaincue de cette vérité. Le prince de Condé et le duc de Bourbon étaient revenus à la cour depuis peu ; je proposai à Mme l'archiduchesse de dire au roi qu'elle attendait ses ordres sur le moment où il jugerait à propos qu'elle invitât ces princes aux bals des lundis. S. A. R. suivit mon avis, et cette petite attention pour les princes produisit dans le public un très-bon effet ; ils parurent au bal du 21, et je ne laissai pas ignorer que c'était au souvenir de Mme la dauphine qu'ils devaient cet agrément.

Il a paru ici au commencement de décembre un livre intitulé *Lettres provinciales* (1). J'en fais mention dans ma dépêche minis-

---

(1) *Lettres provinciales, ou Examen impartial de l'origine, de la constitution et des révolu-

tériale d'aujourd'hui, et, pour éviter à V. M. l'ennui de lire deux fois la même chose, je me bornerai à exposer ici les particularités relatives à ce livre qui ont trait à Mme la dauphine. En lui présentant l'exemplaire de cet ouvrage, avec les passages marqués, je la suppliai de les faire lire à M. le dauphin; je n'étais pas fâché de saisir une occasion sérieuse à remuer un peu l'âme de ce jeune prince. Il fut en effet assez frappé des passages en question. J'avais prévenu Mme l'archiduchesse sur les réflexions qu'elle pouvait y ajouter; elle voulut bien en faire usage, et me dire ensuite l'impression qu'elles avaient produite sur l'esprit du prince son époux. L'importance de la matière me mit dans le cas d'exposer à Mme l'archiduchesse quelques grandes vérités, qui me parurent fixer son attention. Je lui fis voir que dans un gouvernement où l'autorité et le bon ordre se trouvent interceptés par un esprit d'intrigue, de haines personnelles et de cabales, il n'est sorte d'embarras et de dangers qu'on ne soit dans le cas de prévoir et de tâcher de prévenir. Les passions humaines s'exaltent, les esprits hardis et factieux osent tout entreprendre; alors l'État approche de sa ruine et succombe, à moins que les qualités personnelles, les vertus du prince que la Providence appelle au gouvernement ne remédient au mal et n'en imposent à ceux qui cherchent à le troubler. J'en tirai la conclusion qu'il ne suffirait pas à M. le dauphin d'être un homme ordinaire, et que c'était à Mme l'archiduchesse à cultiver ou à exciter dans le prince son époux toutes les idées qui peuvent lui élever l'âme, et lui donner cet esprit de prudence et de prévoyance nécessaire à écarter les inconvénients présents et à éviter ceux de l'avenir. Je m'aperçus que ce langage étonnait un peu Mme l'archiduchesse, et lui faisait impression. Elle me confia le jugement qu'elle porte sur M. le dauphin; elle lui suppose un penchant décidé pour la justice, pour l'ordre et pour la vérité, du bon sens et de la justesse dans sa façon d'envisager les

---

tions de la monarchie française, par un avocat de province, à un avocat de Paris, La Haye et Paris, 1772, in-8°. L'auteur était un jurisconsulte nommé Pierre Bouquet, neveu du célèbre bénédictin du même nom. Mercy ne dit que peu de chose de ce livre dans sa dépêche officielle. Il parle de certaines hardiesses de l'auteur, qui attribuait au roi le droit de choisir parmi ses enfants son successeur. On croyait, dit-il, que le chancelier avait contribué par ses conseils et par une sorte de collaboration à cet ouvrage, et on avait remarqué que son premier secrétaire et son confident, Le Brun, en avait, comme censeur, approuvé la publication; Le Brun avait, à cause de cela, perdu sa place, et le livre avait été défendu par un arrêt du conseil.

objets; mais Mme la dauphine craint dans le prince son époux les effets de la nonchalanche, de peu d'aptitude à être ému, enfin un défaut de nerf, sans lequel on ne pense ni on ne sent assez vivement pour agir avec efficacité. Ce portrait de M. le dauphin m'a paru très-conforme à sa façon d'être; je suis cependant convaincu qu'il est susceptible d'un développement fort avantageux, et j'ai exposé à Mme l'archiduchesse tout ce que mon imagination pouvait me fournir pour l'engager à porter ses soins et son attention vers les choses utiles au jeune prince dont il est question, en lui donnant elle-même l'exemple d'une conduite telle que les circonstances et la prudence l'exigent. Mes représentations produisirent l'effet de porter Mme l'archiduchesse à parler au dauphin sur tous les objets les plus essentiels; elle l'exhorta à faire un meilleur emploi de son temps, à mettre plus de liant, plus de douceur dans son maintien extérieur, et elle insista surtout avec force sur les raisons qui devaient l'engager à traiter la favorite d'une façon qui ne déplût point au roi, et qui fît cesser les plaintes et les tracasseries dont la famille royale était sans cesse tourmentée. Ce langage fit tellement impression à M. le dauphin qu'au jour de l'an, la favorite s'étant présentée chez lui, il la traita fort bien et lui adressa la parole, au grand étonnement de tout le monde. Mais, par un contraste auquel je ne devais pas m'attendre, il arriva que la comtesse du Barry fut très-mal reçue chez Mme la dauphine, qui ne dit pas un mot à personne, pas même à la duchesse d'Aiguillon ni à la maréchale de Mirepoix, qui accompagnaient la favorite. Je fus aussi surpris que consterné de cet incident, et je ne tardai pas à en aller faire des plaintes à Mme l'archiduchesse. Je lui exposai que, par cette conduite, elle détruisait tout ce que je tâchais de ménager ici pour le bien de son service et pour celui de V. M.; que ma plus grande peine était de savoir comment je rendrais compte à V. M. du peu d'égard que Mme la dauphine marquait aux avertissements si souvent réitérés de V. M. et aux motifs essentiels sur lesquels ces mêmes avertissements étaient fondés, que je la suppliais d'observer l'inconséquence de cette façon d'agir, et les suites désagréables qui en résulteraient. S. A. R. parut un peu embarrassée de cette remontrance; elle me dit qu'elle croyait avoir fait assez pour le moment, en persuadant M. le dauphin de se prêter de meilleure grâce aux circonstances; que, pour elle, en ne parlant à personne, elle avait traité un chacun également, que par conséquent il n'y avait pas lieu à se plaindre. Il me fut bien aisé de répondre à des objections de cette nature, et je m'en acquittai de façon que Mme la dauphine convint qu'elle était bien éloignée de se trouver en règle. Elle m'assura que cela serait réparé dans l'occasion, et elle exigea en même temps que je rendisse à V. M. un compte très-mitigé de ce qui s'était passé dans la conjoncture dont il s'agit.

Je ne m'occupai plus qu'à tâcher de détruire la sensation qu'avait pu causer ce petit événement. Je trouvai d'abord la favorite assez mortifiée; mais je lui dis, ainsi qu'à sa belle-sœur, tant de choses sur le service important que leur avait rendu Mme la dauphine, en adoucissant M. le dauphin à leur égard, que je parvins à leur persuader qu'elles avaient lieu d'être très-satisfaites. La favorite me pria même de bien faire valoir auprès de Mme la dauphine la respectueuse reconnaissance qu'elle devait à S. A. R., et tout fut calmé de ce côté-là.

Je n'en fus pas quitte à si bon marché vis-à-vis du duc d'Aiguillon, qui me dit, entre autres choses piquantes, qu'il semblait que Mme la dauphine eût le projet de narguer le roi par la façon dont elle traitait les personnes qu'il affectionnait le plus. Je pris de mon côté un ton plus ferme, et répondis au ministre que je m'étais mis assez à découvert sur le désir de contribuer à tout ce que pouvaient exiger la paix et l'ordre dans l'intérieur de cette cour, que mes représentations, dictées par les ordres de V. M., avaient toujours tendu à ce but, mais que je ne pouvais lui cacher, à lui d'Aiguillon, qu'il était aussi injuste qu'absurde de vouloir toujours rejeter l'odiosité des misères qui surviennent sur le compte de Mme la dauphine, qui serait en droit de ne point s'écarter de l'exemple que lui donnent le prince son époux et les propres filles du roi sur ce qui concerne la favorite. J'ajoutai à cela un petit commentaire sur ce qui s'était passé en différents temps, et je conclus par soutenir qu'on avait lieu d'être très-satisfait de Mme la dauphine, qu'en se plaignant d'elle mal à propos, on courrait risque de la révolter avec grande raison, et que si cela arrivait, et que le roi en marquât du mécontentement, je ne pourrais me dispenser de répéter dans l'occasion à ce monarque ce que je venais de lui dire, à lui d'Aiguillon. Je vis que ce langage avait entièrement dissipé la vivacité du ministre; en reprenant un ton fort doux et amical, il m'assura que c'était par zèle pour Mme la dauphine qu'il s'était expliqué avec moi, qu'il désirerait que cette princesse employât pour plaire au roi toutes les grâces dont la nature l'a douée, et qu'elle réussirait certainement dans cet objet essentiel, pour peu qu'elle voulût s'en occuper. Je soumets aux hautes lumières de V. M. de faire de tout ceci tel usage qu'elle jugera à propos vis-à-vis de Mme l'archiduchesse. Il conviendrait peut-être au bien de la chose que S. A. R. ne soit pas dans le cas de me reprocher d'avoir porté plainte contre ce qui s'est passé, quoique je ne lui aie point dissimulé que je ne pouvais pas me dispenser d'en faire quelque mention dans mon très-humble rapport.

Dans le courant du mois, Mme l'archiduchesse n'a pas négligé ses lectures. Les bals des lundis et deux spectacles par semaine sont les amusements dont la cour jouit dans cette saison-ci, qui n'admet ni les chasses ni les promenades bien fréquentes. Mme la dauphine se montre à ces bals avec toutes les grâces possible; on a remarqué qu'elle ne parlait pas aux femmes qui vont chez la comtesse du Barry, et il serait à souhaiter que S. A. R. ne donnât pas lieu à cette remarque.

Le courrier mensuel m'ayant apporté le 11 les ordres de V. M. en date du 31 décembre, je me rendis le lendemain matin à Versailles, et y présentai à Mme la dauphine les lettres qui lui étaient adressées. Elle fut très-émue et embarrassée à la lecture de celle de V. M., dont le contenu se trouvait merveilleusement bien adapté aux circonstances du moment. Je restai près d'une heure avec Mme l'archiduchesse, et je suis bien sûr de n'avoir eu de longtemps un entretien qui lui ait fait autant d'impression. Ce qui l'a affectée le plus a été la façon dont j'ai fait concevoir à S. A. R. que, contre son intention, elle manquait par le fait à la tendresse, à la reconnaissance et à la soumission qu'elle doit à V. M. Sur ces propos, Mme l'archiduchesse a donné des marques si naïves et si touchantes de son amour et de son respect pour V. M. que j'en suis resté dans l'enchantement. S. A. R. a tout promis pour les circonstances à venir; elle a exigé que je diminuasse dans mon très-humble rapport les détails du jour de l'an, et j'ai dû m'y engager. Elle m'ajouta qu'après le départ du courrier elle voulait encore avoir avec moi une longue conversation, où elle me confierait « le tableau de ses idées ». Je tirerai bon parti de tout ce que S. A. R. me dira et de tout ce qu'elle me mettra dans le cas de lui répondre. Ce que je puis bien affirmer à V. M., c'est qu'en toutes pareilles conjonctures je trouve dans l'âme de Mme la dauphine des signes infaillibles d'une vérité, d'une honnêteté et d'une candeur vraiment admirables. Moyennant quoi je n'ai nulle appréhension des petites fautes que l'âge, la vivacité, et un tourbillon aussi dangereux que l'est celui-ci peuvent occasionner momentanément.

III. — Mercy a Marie-Thérèse.

Paris, 16 *janvier.* — Dans l'audience que j'ai eue de Mme la dauphine, je me suis fort attaché à lui parler de l'extrême tendresse que V. M. a pour elle. S. A. R. s'est expliquée avec beaucoup d'effusion sur ce chapitre. « Il n'est rien que je ne fisse, me dit-elle, « pour prouver à ma mère mon amour. » J'insistai sur la grande satisfaction qu'aurait V. M. de trouver en tout des marques du sentiment de sa fille chérie, et que c'était un point que je supposais que Mme la dauphine ne perdait jamais de vue. Alors elle me dit de son propre mouvement : « J'aime l'impératrice, mais je la crains, quoique « de loin ; même en écrivant, je ne suis jamais à mon aise vis-à-vis « d'elle (1). » Je répliquai que cette timidité me paraissait déplacée et remplie d'inconvénients, que je n'avais pas remarqué dans S. A. R. la même peur lorsque souvent, en ma présence, S. M. l'empereur lui avait fait de petites réprimandes : « Oh! cela est bien différent, me dit-elle, l'empereur est mon frère ; je lui répondais quand il me « fâchait, et j'étais accoutumé à plaisanter avec lui. »

Voilà l'explication de la différence du style de Mme la dauphine quand elle écrit à V. M. ou à S. M. l'empereur. D'ailleurs jamais l'abbé de Vermond n'a dicté une phrase entière dans les lettres de S. A. R., mais elle lui dit quelquefois une idée, et s'il s'y trouve une expression qui ne soit pas correcte, il l'en avertit.

Il est très-vrai que du Tillot a constamment tenu ici le langage le plus respectueux sur l'infant et sur Mme l'infante, rejetant leurs

---

(1) La tendresse inquiète et sévère de Marie-Thérèse pour ses enfants devait imprimer à ceux-ci un sentiment de crainte mêlé à l'affection. Ce n'est pas seulement Marie-Antoinette qui s'exprimait ainsi ; après bien des années, en 1813, Marie-Caroline de Naples, fugitive, traversant la Pologne pour se rendre à Vienne, rappelait encore devant quelques amis fidèles les impressions de son enfance ; elle parlait de « sa mère, l'auguste Marie-Thérèse, que ses enfants respectaient profondément, disait-elle, mais à qui pourtant elle faisait grand'peur ! » *Études diplomatiques et littéraires* du comte Alexis de Saint-Priest, tome II, page 297.

fautes sur la méchanceté de leurs alentours, et parlant avec éloge de leurs qualités personnelles. J'ai été moi-même témoin de ce langage chez la comtesse du Barry, le roi y étant. Du Tillot se trouve actuellement en province, chez ses parents; il reviendra ici pour s'y établir, et je lui dirai que V. M., informée de ses discours honnêtes, m'a autorisé à lui en marquer sa haute approbation. L'infant et l'infante ont écrit au roi à l'occasion de la nouvelle année; ce monarque aurait été assez porté à y répondre, mais il en a été retenu jusqu'à présent par l'appréhension d'en recevoir des plaintes du roi d'Espagne. On continue ici à ne marquer ni colère ni humeur; le duc d'Aiguillon ne m'a plus dit un seul mot de Parme; on se borne à suivre pas à pas la marche que tiendra le roi Catholique. La restitution des pensions et de leurs arrérages ne souffrira pas de difficulté lors du raccommodement, mais il serait à désirer qu'il ne tardât pas trop longtemps à s'effectuer. Je remarque ici que l'ambassadeur de Sardaigne est extrêmement curieux et occupé de tout ce qui a trait aux affaires de Parme; il faut nécessairement qu'il ait reçu des ordres de sa cour à cet égard. Je fais passer aujourd'hui à Mme la princesse Charlotte de Lorraine une lettre de Mme l'infante; c'est le ministre de Parme, d'Argental, qui m'a remis cette lettre.

J'ai eu depuis peu une occasion d'insinuer, comme de moi-même et à titre de confidence, au duc d'Aiguillon que, d'après certaines circonstances, j'avais lieu de soupçonner que la conduite un peu trop légère du prince de Rohan déplaisait fort à V. M. Le ministre me répondit avec une grande indifférence pour le personnel du coadjuteur, mais il me fit sentir que, par ménagement pour la comtesse de Marsan et pour le maréchal de Soubise, il se trouvait un peu gêné. « Il faut prendre garde, lui dis-je, que l'essentiel des affaires n'en « souffre. » Le duc d'Aiguillon ne me répartit que par un geste et ce peu de mots : « Cela ne sera pas assez long. » Tout le nœud de cette affaire est que le maréchal de Soubise menace de se jeter dans le parti du chancelier, et que le duc d'Aiguillon conserve encore l'espoir de l'attirer de son côté. Quand cette crise sera terminée, j'espère que les moyens d'accélérer le rappel du prince de Rohan deviendront plus faciles.

Je persiste toujours à oser affirmer que les lettres de V. M. produisent un grand effet sur Mme la dauphine; mais je dois répéter encore que cette sensation, toujours vive dans le premier moment, se ralentit ensuite et a besoin d'être alimentée.

J'ai mandé au baron de Pichler les détails qui ont rapport aux ordres de V. M. sur l'envoi des arbres fruitiers, et je m'arrange pour effectuer au printemps ce que la saison présente a rendu impraticable. Je remets ici les deux copies des lettres qu'il a plu à V. M. de me confier.

IV. — MARIE-THÉRÈSE A MARIE-ANTOINETTE.

Vienne, 31 *janvier.* — Madame ma chère fille, Je suis bien contente que votre carnaval se passe si agréablement, et je n'entends parler que de votre figure et de la façon que vous dansez cette année : tout le monde trouve un grand changement, et Stormond vous a trouvée bien changée à votre avantage, et a été bien content de votre réception. Continuez ainsi, cela ne peut vous coûter ; il ne faut seulement pas se négliger sur ce point, et cultiver la coutume que vous en avez ; cela devient à la longue entièrement naturel. Surtout je vous recommande de distinguer les étrangers, et leur adresser la parole, et à des gens d'un certain âge et rang qui viennent vous faire leur cour. Vous ne sauriez croire combien un regard, un salut, une parole de votre part ont d'effet sur ces sortes de gens : cela s'étend par tout le royaume. Ces bonnes gens ne sont pas accoutumés qu'on ne s'en occupe que pour être mis souvent en ridicule par les jeunes gens et courtisans. J'ai été aussi enchantée des mille écus que vous avez envoyés à l'Hôtel-Dieu. Vous dites fort bien que vous étiez fâchée qu'on vous en a parlé ; ces actions ne devraient être sues que de Dieu, et je suis bien sûre que vous l'avez fait ainsi ; mais les autres ont aussi leurs bonnes raisons de l'avoir publié, comme vous dites vous-même, pour l'exemple. Ma chère petite! nous devons cet exemple, et c'est un point très-essentiel et délicat de notre état. Le plus souvent que vous pourriez faire des actes de bienfaisance et générosité, sans vous déranger, le mieux serait, et ce qui serait une ostentation et prodigalité dans une autre est convenable et nécessaire chez nous. Nous n'avons d'autres ressources que les bienfaits et la bonté, surtout une dauphine ou épouse d'un souverain ; cet avantage même je ne l'ai jamais eu.

Je ne suis pas contente comme s'est passé le jour de l'an ; vous

vous êtes trop préparée; il faut le réparer à la première occasion ; le mois de février est bon pour cela comme celui de janvier. Je ne prétends pas trop en exigeant quatre ou cinq fois par an que vous adressiez sans affectation la parole à la favorite, et vous ne sauriez mieux confondre M. d'Aiguillon si vous ne lui donnez aucune prise sur ce point. Je prétends même plus ; votre contenance vis-à-vis du roi sera plus aisée, plus confiante, quand vous ne vous sentirez point de reproche sur ce point, car, au dire de tout le monde, le roi vous marque plus de tendresse que vous ne lui en marquez. On vous connaît une certaine gêne, qui ôte tout le mérite de vos actions, et ce bon père le mérite si bien !

Ma chère fille, voilà quatre points que je vous recommande avec toute la tendresse dont vous me connaissez capable. Ne dites pas que je gronde, que je prêche, mais dites : maman m'aime bien, et est continuellement occupée de moi et de mon bien-être ; il faut la croire, la consoler en suivant ses bons conseils. Vous vous en trouverez bien, et toute ombre, qui vous a tant déplu, sera bannie à l'avenir dans ma confiance. Je ne vous dis plus rien sur ce sujet ; j'en ai dit tout ce qu'il fallait la dernière fois. Je ne garde jamais aucune rancune, ni *Verschmach* (1) ; quand j'ai dit ces choses, cela me suffit. Je suis sincère et exige une grande exactitude de sincérité et candeur vis-à-vis de moi ; n'étant nullement exigeante, mais bien complaisante, je peux l'exiger.

A Florence point de question d'Espagne, mais elle (2) est encore grosse de trois mois; si ce voyage en Espagne a lieu une fois, il se fera par mer. Je souhaiterais qu'au retour elle puisse vous voir ; c'est une princesse d'une grande vertu et mérite, amoureuse de son mari. Pendant que tout le monde est au bal masqué, ayant même renvoyé toutes mes femmes, je passe des moments délicieux avec ma fille chérie, et en l'embrassant tendrement, je suis...

V. — Marie-Thérèse a Mercy.

Vienne, 1ᵉʳ février. — Comte de Mercy, J'ai reçu vos deux lettres, l'ostensible et la réservée, du 16 du passé, par le courrier Kleiner.

---

(1) Provincialisme autrichien inusité aujourd'hui, et qui n'a d'autre sens que celui du mot français *rancune*.

(2) La grande-duchesse de Toscane.

Malgré tous les soins que vous employez avec autant de zèle que de discernement pour diriger les démarches de ma fille, je ne remarque que trop combien il lui coûte de faire quelques efforts pour se prêter à vos avis et aux miens. Dans ce siècle, on n'aime que le ton badin et flatteur, et, dès que, dans les meilleures vues, on fait quelque remontrance un peu sérieuse, voilà nos jeunes gens excédés, en s'imaginant d'être grondés, et, comme ils supposent presque toujours, à tort. Je vois que ma fille est dans le même cas ; je n'en laisserai pas moins de lui donner de temps en temps des avertissements tant que vous les croirez être de quelque utilité, et je lui écrirai même par ce courrier dans le sens des articles que vous m'avez marqués, en y entremêlant quelque flatterie, quelque peu que j'aime d'ailleurs ce style ; mais je vous répète, tant que ma fille ne quittera pas cette légèreté et cette mollesse que je lui connais à se donner des efforts pour exécuter nos conseils, je ne compte guère sur ses succès. Je vous communique sa dernière lettre, qui vous fournira une nouvelle preuve du peu de franchise dont elle s'explique envers moi. [Sur ce point, je vous avoue, je ne suis pas tranquille ; je la trouve trop souvent en défaut, et elle sait s'en tirer que trop finement, et donner des tournures même aux dépens de la vérité, et continue, nonobstant ses promesses, ses aveux d'avoir manqué de la reconnaître, à suivre ses volontés]. Au reste vous avez très-bien répondu à Aiguillon, lorsqu'il vous a fait des plaintes sur la froideur de ma fille.

Les infants de Parme continuent à suivre leur marche ; cependant je conviens qu'il faut les faire rentrer dans la jouissance des pensions accordées par les cours bourbonnes à l'époque de leur réconciliation et leur même en assurer le remboursement des arrérages. Je suis bien aise que du Tillot s'explique sur leur compte d'une façon honnête, et je vous permets de lui en témoigner mon gré. [Je l'ai toujours estimé.]

Je souhaite toujours le rappel de Rohan, mais ce n'est point au risque d'augmenter vos embarras et tracasseries, qui n'agitent déjà que trop votre ministère. [La brochure indigne qui est sortie à cause du partage de la Pologne fait très-mauvais effet et ne sera pas oubliée dans son temps ; par ces petites vengeances la France excède tout le monde (1).]

---

(1) Les écrits contre le partage de la Pologne se multipliaient alors, et le ministère fran-

Pour l'envoi des arbres fruitiers, je m'en remets à ce que vous trouverez le plus à propos, selon l'avis des gens qui en ont le plus de connaissance.

[Pauvre Neny a perdu, il y a deux jours, très-subitement et presqu'entre ses bras sa digne et vertueuse femme (1) ; il en est au désespoir. Je crains même pour lui, étant fort sensible, et depuis huit mois il a perdu tous ses vieux domestiques des Pays-Bas, qui menaient toute l'économie de la maison, son chanceliste de confiance (2), et à cette heure sa femme. Il ne se portait sans cela pas trop bien ; si la saison serait meilleure, je l'aurais persuadé à faire un tour chez lui ; mais il m'est très-attaché, et il aime sa petite campagne auprès de Schönbrunn. Je ne sais s'il sera en état de vous écrire sur les affaires de vos terres en Hongrie, lui ayant donné le *referat* (3) de la Chambre pour le faire copier et vous l'envoyer. Celle de Hongrie était tout à fait contraire. Je ne saurais le trouver mauvais ; n'étant pas marié, le cas du fisc est trop près et favorable (4). Vous ne pourriez mieux faire que de lever une fois cet obstacle, pour me procurer la continuation d'une famille qui a tant de services et mérites à ma

---

çais, se consolant par une vengeance facile de son impuissance, n'exerçait pas à ce sujet une censure bien sévère. Les Mémoires secrets de Bachaumont parlent, à la date du 2 janvier 1773, d'une brochure de 50 pages in-8°, imprimée à Londres : *Observations sur les déclarations des cours de Vienne, Berlin et Pétersbourg sur le démembrement de la Pologne*. « L'auteur y montre que ce partage est l'ouvrage de la force, une usurpation manifeste, une injustice criante, etc. » Le 28 avril, autre brochure « récemment arrivée d'Angleterre, et qui fait grand bruit dans le monde politique ; elle a pour titre : *De l'insuffisance des prétentions de S. M. Prussienne sur la Grande-Pologne*.... avec une préface de l'éditeur, qui est ce qui cause le plus de scandale ; elle est écrite avec une fierté républicaine ». C'est plus probablement de la première que se plaint ici Marie-Thérèse. Les caricatures se joignaient aux pamphlets : au commencement de cette même année paraissait la gravure de Le Mire, intitulée le *Gâteau des rois* : Catherine II, Frédéric II et Joseph, en face du roi de Pologne suppliant, tiennent la carte de Pologne et indiquent le partage. L'estampe fut arrêtée chez l'éditeur ; mais « on présume que c'est une tournure pour prévenir les plaintes des ministres étrangers qu'elle intéresse, et que, sourdement, on relâchera les exemplaires au graveur ». *Mémoires secrets*, édition de Londres, 1780, pages 247, 274, 281, 303.

(1) Marie Élisabeth, née de Lebzelten, morte le 1er février 1773, à l'âge de quarante ans.

(2) Le chanceliste n'est qu'un secrétaire en sous-ordre, qui dispose les papiers, fait les copies, expédie les dépêches, etc.

(3) C'est le rapport que le chef d'un département, par exemple le président de la chambre de Hongrie, adresse au souverain pour lui exposer son opinion sur quelque affaire.

(4) Il s'agit de biens qui, après l'extinction d'une famille, doivent retomber au fisc. Il n'y avait pas de descendant direct, Mercy n'ayant jamais été marié. Le cas de la réversion était donc prochain, et la situation, vu la valeur de ces biens, pouvait être dite « favorable » pour le fisc.

maison. Le tout peut se finir tout d'un coup, de la façon que vous verrez le *referat*, et, si tout est arrangé, je compte encore diminuer la somme de 200,000 florins à 160,000 florins; mais je ne saurais aller plus loin, et cela uniquement pour vous et votre personne, car je me doute encore toujours de quelques tours de votre acheteur, connaissant l'homme.

[Nous sommes ici dans la plus grande ignorance et calme des affaires; gare qu'elles ne se réveillent tout d'un coup. On dit partout en ville que le congrès à Bukarest est levé comme celui de Iassy (1). J'en serais bien fâchée; mais, n'ayant personne là, les nouvelles ne nous viennent de là que par la voie de Varsovie, de Constantinople ou de Pétersbourg. Jugez du temps qu'il faut et du peu de fond qu'on peut y faire. On ne nous dit que ce qu'on veut; les Turcs ni les Russes ne voulaient, après celui de Iassy, souffrir quelqu'un de nous ou de Prusse ou autre puissance à Bukarest; ainsi des lettres particulières par des Arméniens et marchands en savent plus que nous.

[Les affaires de Suède ne sont rien moins que claires; je souhaite plus que je ne l'espère que le roi se soutient dans le système d'à cette heure sans guerre. Je crains sa jeunesse, de vouloir se faire un nom, et les agaceries de la France pour troubler les choses et non pour son bien. Celles du roi de Prusse ne sont que trop claires. Il ne démordra plus de resserrer tant Danzig et Thorn (2) qu'ils seront obligés de recourir à lui. Même la Russie, ce qui est incompréhensible, en est d'accord, et nous a fait perdre les bons moments en lanternant, nous cajolant où on aurait pu y remédier; ils nous ont bien menés par le nez : j'en suis inconsolable. Si je pouvais me consoler, c'est que j'étais toujours contraire à cet inique partage, si inégal, et à nous lier avec ces deux monstres, même au risque de faire plutôt la guerre que j'abhorre à juste titre, et plus encore à cette heure que jamais, à cause de la constitution de notre militaire; mais j'ai cru que c'était il y a deux ans et demi le cas. Depuis, le manque de récolte, les mortalités, la misère extrême de nos pays m'a tellement accablée que j'ai cédé, mais bien contre ma conviction. Je souhaite que la monarchie ne s'en ressente encore après mon exis-

---

(1) Les hostilités allaient en effet recommencer entre la Turquie et la Russie.
(2) Par le premier traité de partage de la Pologne, Danzig et Thorn restèrent villes libres et indépendantes; le second partage (1793) les donna à la Prusse.

tence, et je veux bien supporter les désagréments actuels et la perte de ma réputation, ce qui n'est pas peu, pourvu que cela ne reste que sur ma malheureuse personne, qui descendra bientôt auprès de mes ancêtres, étant accablée de chagrin, peu aidée dans un âge où on en aurait le plus de besoin. Cela ne peut durer ; je regarde même ce moment (1) comme un bien, espérant dans la miséricorde de Dieu et dans le fond de mes intentions, qui sont connues seulement à cet Être suprême. Et croyez-moi toujours votre bien affectionnée.]

VI. — MARIE-ANTOINETTE A MARIE-THÉRÈSE.

Versailles, 15 février. — Je vous ai écrit, il y a huit jours, par la Palffy ; j'apprends qu'elle n'est partie qu'aujourd'hui. Je vous parlais d'un rhume tout à fait passé et d'une charmante fête que ma sœur, Madame, m'avait donnée, suivie d'un petit bal, qui a duré jusqu'à trois heures du matin. Nous avons été, M. le dauphin, le comte, la comtesse de Provence et moi, jeudi dernier à Paris au bal de l'Opéra ; on a gardé le plus grand secret. Nous étions tous masqués ; cependant on nous a reconnus au bout d'une demi-heure. Le duc de Chartres et le duc de Bourbon, qui dansaient au Palais-Royal, qui est tout à côté (2), sont venus nous trouver, et nous ont fort pressés d'aller danser chez Mme la duchesse de Chartres ; mais je m'en suis excusée, n'ayant la permission du roi que pour l'Opéra. Nous sommes venus ici à sept heures, et avons entendu la messe avant de nous coucher. Tout le monde est enchanté de la complaisance de M. le dauphin pour cette partie, pour laquelle on lui croyait de l'aversion.

Le jardin de Schönbrunn me paraît avoir prodigieusement gagné ; j'ai peine à croire que tout ce que je vois sur le plan puisse être déjà exécuté ; la métamorphose de la montagne surtout doit faire un changement fort agréable.

Le portrait de ma petite nièce (3) m'enchante ; on l'a vu ici avec grand plaisir ; on lui trouve de la ressemblance avec moi. Je l'ai

---

(1) Celui de la mort.
(2) Le théâtre de l'Opéra occupait depuis 1673 l'ancienne salle de la Comédie française, attenante au Palais-Royal à l'est, à peu près où est aujourd'hui la place Valois. Des appartements du duc d'Orléans, au Palais-Royal, on passait dans les loges réservées du théâtre.
(3) Sans doute la petite Marie-Thérèse, fille aînée de la reine de Naples, née le 6 juin 1772.

fait encadrer tout de suite, et l'ai envoyé à Mme de Beauvau. J'espère que la joie qu'elle en aura ne l'empêchera pas de renvoyer tout de suite mon charmant petit portrait; je l'en ai fait prier.

J'ai été pénétrée de l'amitié de ma sœur Marianne, qui, malgré sa maladie, m'a écrit par ce courrier; heureusement cette vilaine maladie ne paraît pas de nature à revenir. La reine m'a mandé la petite vérole de son mari : j'aurais été bien effrayée à sa place. Je suis surprise qu'il est toujours sorti; il me paraît qu'elle raffole de sa petite fille. Si on me voyait en particulier avec le roi, on conviendrait que je n'y ai pas l'air gêné; en public c'est autre chose, mais aussi on blâmerait d'y être comme dans le particulier. On croit que le mariage du comte d'Artois avec la sœur de la comtesse de Provence est décidé, quoique pas déclaré. Nous vivons toujours tous dans une fort bonne union. Jeudi j'assisterai à un proverbe, dans lequel joue ma petite sœur; je vous l'envoie, ma chère maman, afin que vous jugiez de nos amusements. Ce proverbe a été composé par un nommé de Dromigola, ami de Mme Graffigny (1). Quand le courrier arrivera, le carême sera déjà commencé; je le redoute pour la santé de ma chère maman. Je la supplie de penser qu'elle est nécessaire à ses enfants, et à moi plus qu'à aucun autre.

VII. — Mercy a Marie-Thérèse.

A Paris, le 17 février. — Avant le départ du dernier courrier, Mme la dauphine m'avait signifié qu'à ses premiers moments de loisir, elle voulait encore me parler des objets qui avaient donné lieu à mes dernières représentations. S. A. R. m'ajouta alors qu'elle me ferait le tableau de ses idées : ce sont les termes dont elle se servit. A mon premier voyage à Versailles, cette audience eut lieu; je trouvai Mme l'archiduchesse occupée et peinée du reproche qu'elle

---

(1) Le nom de Mme de Graffigny est resté connu, bien qu'on ne lise plus guère ses *Lettres d'une Péruvienne*, roman qui charma le dix-huitième siècle. Sa correspondance, datée de Cirey pendant un séjour qu'elle y fit près de Voltaire et de Mme du Châtelet, et publiée en 1820, offre plus d'intérêt. D'une famille noble de Lorraine, elle était protégée par l'impératrice, dont elle reçut une pension jusqu'à sa mort en 1758. Deux petites comédies composées par elle avaient été jouées à Vienne sur le petit théâtre de la cour par les jeunes archiducs. Quant au nom de Dromigola, Pichler, de qui est la copie de cette lettre, seule subsistante aux archives de Vienne, altère peut-être de la sorte le nom de Dromgold, secrétaire du duc de Nivernais et littérateur.

se faisait d'avoir eu, au jour de l'an, trop peu d'égard aux intentions de V. M. dans la façon dont la favorite avait été traitée. Je vis clairement que S. A. R. cherchait à tranquilliser sa conscience en se persuadant que la favorite n'avait pas lieu de se plaindre, et qu'en tout cas le mécontentement de cette femme n'était pas d'une assez grande importance pour qu'il pût influer sur des choses essentielles, et nommément sur le maintien de la bonne harmonie entre les deux cours. Il me parut que Mme la dauphine, en me disant plusieurs raisons spécieuses, voulait résoudre ses doutes là-dessus, et croyait me ramener à son sentiment. Je ne mis aucune modification à ma réponse, et j'exposai à S. A. R. qu'elle ne pouvait pas se dissimuler trois vérités très-réelles : la première, d'en avoir agi directement contre les avis et la volonté de V. M., 2° que la comtesse du Barry avait été fort mal reçue au jour de l'an, et 3° que la mauvaise volonté de cette favorite pouvait occasionner dans les affaires les plus essentielles des effets très-dangereux et très-nécessaires à éviter ; que, le mal étant fait, il serait très-inutile de vouloir se le cacher à soi-même, qu'il fallait de préférence s'occuper des moyens propres à le réparer, que je ne concevais pas comment Mme l'archiduchesse pouvait balancer un instant à prendre à cet égard le parti que lui dictaient la raison, la décence, la convenance et, plus que tout cela, ses devoirs envers son auguste mère ; que connaissant, comme je faisais, le cœur et le caractère de S. A. R., je pouvais lui prédire en toute assurance qu'elle ne jouira jamais d'une satisfaction réelle ni d'une tranquillité constante aussi longtemps qu'elle laissera ses devoirs en contraste avec des préjugés aussi nuisibles qu'ils sont peu raisonnables. J'entrai dans un détail très-circonstancié du local de cette cour, et des individus qui la composent. Mme l'archiduchesse me fit des remarques et des réponses assez embarrassantes ; mais je n'en laissai aucune sans réplique, et S. A. R. parut convaincue de bonne foi. « J'avoue, me dit-elle, qu'à
« mon début dans ce pays-ci j'ai commis une grande faute, en me
« laissant aller aux propos et aux impressions qu'on m'a données ; mais
« le mal étant fait, et ayant pris un pli que tout le public a vu, con-
« venez qu'il est bien difficile d'en revenir et de se donner un dé-
« menti à soi-même. » Je fis voir à Mme l'archiduchesse qu'elle n'était nullement dans ce cas-là, que toute la partie du public qui n'est point livrée aux factions et qui pense raisonnablement, avait vu avec

regret que l'on entraînait Mme la dauphine dans des cabales qui sont au-dessous d'elle; que ce même public, s'apercevant très-bien qu'un si grand inconvénient n'était occasionné que par des insinuations du tiers et du quart, avait toujours espéré du bon esprit de Mme l'archiduchesse que, lorsqu'elle réfléchirait par elle-même, elle concevrait qu'il n'est ni juste ni décent que la famille royale tienne une conduite par laquelle elle semble vouloir faire la critique de la conduite du roi; que si ce monarque était dans la voie de l'erreur, ce n'était point à ses enfants à le remarquer; que les saintes Écritures nous rappelaient à cet égard un trait bien frappant dans la malédiction du Seigneur sur celui des fils de Noé qui avait ri de l'ivresse de son père, tandis que Dieu avait béni les enfants de ce patriarche qui l'avaient couvert de leur manteau. Mme la dauphine finit encore par paraître convaincue, et par réitérer ses promesses pour l'avenir. Elle me parla avec une extrême ingénuité et bonté de toutes les idées que, jusqu'à présent, elle s'était formées sur elle-même, sur le roi, sur la famille royale, en un mot sur tous les objets qui s'étaient présentés à son esprit. Ces remarques étaient remplies de jugement; je fis quelques petites observations sur des articles où il me paraissait entrer du préjugé. S. A. R. m'ajouta : « J'ai écrit tout ce que je viens de vous « dire ; je relirai cela dans une année pour pouvoir remarquer les « changements qui arriveront dans ma façon de voir les choses et « de les juger. »

Pendant ce carnaval, les occupations sérieuses sont un peu restées en souffrance; cependant il y a eu presque tous les jours quelques moments employés aux lectures ; un bal par semaine à la cour, un second chez la comtesse de Noailles, occasionnent des répétitions de contredanses, des arrangements de parure, par conséquent beaucoup de dissipation. A cela s'est jointe la petite indisposition de Mme la dauphine, qui a gardé deux jours le lit, plus par précaution que par nécessité absolue. Ce n'était en effet qu'un petit rhume qui avait produit un peu d'élévation dans le pouls, et qui, par ce régime sage, fut sur-le-champ entièrement dissipé, comme je le mandai dans le temps au baron de Pichler, afin que V. M. ne fût point alarmée par quelques faux bruits qui auraient pu se répandre sur cette légère incommodité. La petite Madame, sœur de M. le dauphin, a toutes les semaines chez elle un concert auquel Mme la dauphine assiste; elle y chante quelquefois, et s'en acquitte avec toute la grâce possible. Mesdames, en haine de la comtesse de Marsan, ont fait toutes sortes de tentatives pour empêcher Mme l'archiduchesse d'aller à ces concerts; mais S. A. R. ne s'en est pas laissé détourner. La comtesse de Marsan a donné à Mme la dauphine une fête très-galante; elle était préparée pour le 17 de janvier, jour de Saint-Antoine, mais, à cause du rhume de S. A. R., la fête n'eut lieu que plusieurs jours après. Elle commença par la représention d'un proverbe dont le mot était : « Il vaut mieux tard que jamais. » On fit intervenir dans le jeu de cette petite pièce différents personnages dont les habillements caractérisaient les nations qui ont le bonheur de vivre sous la domination de V. M. Chacun venait dire quelque chose à la gloire de son auguste souveraine et à la louange de Mme la dauphine. Le divertissement fut terminé par un bal. Il résulta de cette fête une infinité de petites tracasseries, comme il en arrive ici de toutes choses. Plusieurs dames du service de Mme la dauphine et de Mesdames se plaignirent de n'avoir pas été invitées; la comtesse de Noailles prit de son côté un peu de jalousie. Dans un de mes voyages à Versailles, je parvins à apaiser l'aigreur de ce tripotage, sans que Mme la dauphine se trouvât dans le cas d'y intervenir en rien. S. A. R. voit toujours avec sagesse et toute la réserve nécessaire les tentatives que forme Mme la comtesse de Marsan pour s'insinuer et gagner de l'ascendant sur elle. J'ai saisi toutes les occasions de répéter à Mme l'archiduchesse ce qu'il convenait pour la tenir en garde contre les vues de cette femme aimable, mais intrigante et dangereuse. Mme la dauphine paraît la reconnaître si bien, et j'y veillerai d'ailleurs de si près que j'espère de prévenir toute espèce de surprise.

Les assiduités de M. le comte de Provence n'ont eu d'autres suites ni conséquences que celles que j'avais prévues dans l'origine, c'est-à-dire que cette liaison ne porte que sur de très-petits objets de détails journaliers, relatifs à la société de la famille royale. Le jeune prince continue cependant toujours à aller les matins chez Mme la dauphine; je m'y suis trouvé un jour au moment où M. le comte de Provence y arrivait. Mme l'archiduchesse m'ordonna de rester, et je fus témoin de leur conversation; c'était une continuation de celle de la veille, et il s'agissait d'arrangements de mascarades pour les derniers jours de carnaval. Ce n'est pas que je ne sois persuadé que, dans le principe, les vues du comte de Provence ou de ceux qui le faisaient agir n'aient eu quelque but d'intrigue, mais Mme la dauphine s'y est si peu prêtée que tout ce projet a été étouffé dans sa naissance. Il restait un seul point qui me laissait encore quelque inquiétude : c'est que M. le comte de Provence est singulièrement bien instruit de toutes les satires, chansons, épigrammes qui se débitent sur le compte de la favorite et du ministère. Il communiquait ces sortes de pièces à Mme la dauphine, et j'avais lieu d'être en peine de l'usage qu'elle en pourrait faire ; mais, S. A. R. ayant eu la bonté de me confier tout ce qu'elle apprenait dans ce genre, je lui ai fait sentir combien il devenait dangereux de paraître informée de certaines choses dont on partageait toujours l'odiosité, lorsqu'il était prouvé qu'on ne les ignorait pas. Je la suppliai en conséquence de témoigner au comte de Provence qu'elle n'avait ni curiosité ni plaisir à apprendre ce que la méchanceté imagine et débite sur le compte de ceux qu'elle poursuit. Mme l'archiduchesse s'est prêtée à cet avis, et je vois que, depuis quinze jours, M. le comte de Provence ne lui a plus communiqué ses anecdotes.

L'incendie de l'hôpital nommé Hôtel-Dieu a donné lieu à Mme l'archiduchesse de faire une action aussi belle dans son objet qu'admirable par la forme sous laquelle elle s'est exécutée. S. A. R. a envoyé mille écus à l'archevêque de Paris, l'un des directeurs de cet hôpital, et, pour que personne ne pût pénétrer le secret de cette bonne œuvre, il n'est sorte de petites précautions que Mme la dauphine n'ait prise pour la cacher. Elle n'en a parlé à personne, pas même à l'abbé de Vermond ; elle ignore que j'ai pénétré ce charmant et vertueux mystère ; je ne l'ai appris que quelque temps après ; peut-être en aura-t-elle fait confidence à V. M. par le dernier courrier. Il est bien certain que ce n'est pas par un effet de l'exemple que Mme l'archiduchesse a été portée à cette bonne œuvre ; personne dans la famille royale n'a songé à venir au secours des pauvres dans un malheur aussi pressant, et cette circonstance ajoute d'autant plus au mérite d'une action si belle et si digne du cœur de Mme la dauphine.

M. le dauphin continue à changer fort à son avantage, soit par le maintien, soit du côté du propos. J'ai lieu de m'en convaincre lorsque, les lundis, je vais assister au souper de ce prince. Dans ces occasions, il a coutume de faire la conversation avec moi pendant tout le repas, et, quoique ces conversations portent ordinairement sur différentes objets de peu de conséquence, cependant il m'est facile de remarquer que ce jeune prince acquiert plus d'ordre dans ses idées, et qu'il les déduit avec plus de suite. Il met quelquefois de la finesse dans ses questions ; j'en ai eu une preuve lundi 1er de ce mois. Il s'agissait de l'heure où le roi était revenu de la chasse ; je dis qu'il était rentré à cinq heures et trois quarts. M. le dauphin me demanda comment je savais cela ? Je répondis que j'avais vu rentrer le roi. « Où étiez-« vous, me dit-il, quand vous l'avez vu rentrer ? » Je répondis que j'étais dans le château ; M. le dauphin sourit en me regardant, et je compris qu'il ne m'avait fait ces questions que pour éclaircir le soupçon que c'était chez la favorite que j'avais vu le roi, ce qui en effet était vrai. Mme la dauphine ne néglige rien de ce qui peut engager le prince son époux à quelque application solide ; elle s'en fait un objet d'amour-propre, et j'ai grand soin de lui représenter tout ce qui est de nature à fixer son attention à cet égard.

La comtesse de Palffy a eu plusieurs audiences de Mme la dauphine, dans lesquelles S. A. R. lui a parlé avec assez d'ouverture, hors sur le chapitre de Mme la comtesse de Provence, sur laquelle Mme l'archiduchesse a un peu dissimulé sa vraie façon de penser. Elle a donné à la comtesse de Palffy une lettre par laquelle elle rend compte à V. M. des détails du rhume que S. A. R. a essuyé, et d'une petite opération qu'on a été obligé de lui faire en ôtant une dent qui commençait à se gâter.

Mme l'archiduchesse est très-bien avec le roi. Elle prend quelquefois un peu d'aisance vis-à-vis de lui ; mais cette bonne tournure ne se soutient pas assez constamment. Cependant je m'aperçois d'avoir gagné quelque petite chose sur ce point important. Il reste à remarquer que toutes fois et quantes le roi a été traité par Mme la dauphine avec amitié et même familiarité, il vient toujours me répéter avec joie les propos que lui a tenus Mme l'archiduchesse ; cela m'est arrivé encore en dernier lieu chez Mme la comtesse du Barry, et cette favorite en prit occasion de dire plusieurs choses très-agréables sur les grâces dont Mme la dauphine est douée.

Le courrier mensuel, qui est arrivé ici le 12, m'a remis les ordres de V. M. en date de premier de ce mois. Incommodé d'une atteinte de rhumatisme, obligé d'ailleurs de ne pas perdre un moment pour renvoyer le courrier à temps, afin qu'il soit de retour à Vienne avant la fin de ce mois, qui n'a que vingt-huit jours, j'ai dépêché un exprès à Versailles pour y porter les lettres adressées à Mme la dauphine.

I.

VIII. — Mercy a Marie-Thérèse.

A Paris, le 17 février. — Dans ce très-humble rapport séparé et secret, je dois rendre compte à V. M. d'une circonstance aussi importante que remarquable, et dont je ne fais mention dans mes dépêches d'aujourd'hui que sous les modifications que V. M. daignera y apercevoir.

Le ministre de la marine, le sieur de Boynes, sans doute par l'entremise de son intime amie la marquise de Durfort, s'est adressé à Mme Victoire pour lui confier que le mariage du comte d'Artois allait être décidé, que lui, Boynes, « était le maître » de faire tomber le choix d'une épouse ou sur une princesse de Savoie, ou sur mademoiselle de Bourbon, fille du prince de Condé ; que, comme ce choix pouvait intéresser l'intérieur de la famille royale, lui, Boynes, était résolu à ne rien faire que ce que lui dicteraient M. le dauphin et Mme la dauphine ; qu'en conséquence il suppliait Mme Victoire de s'informer de leur intention, à laquelle il se conformerait avec autant de zèle que de respect.

Mme Victoire s'étant acquittée sur-le-champ de cette commission, M. le dauphin en parut interdit ; mais Mme la dauphine, avec autant de présence d'esprit que de prudence, fit une réponse pour lui et pour elle, en disant que cet objet était trop délicat pour qu'ils voulussent s'en mêler en aucune manière, sur quoi Mme Victoire répliqua qu'ils devaient prendre quelques jours pour y réfléchir avant de donner leur réponse décisive.

Mme l'archiduchesse ayant eu la bonté de me demander mon avis, je lui fis voir que, sans pénétrer le mystère de la démarche du sieur de Boynes, elle avait certainement un but duquel il fallait se méfier. Ce ministre de la marine tient trop à la favorite et au duc d'Aiguillon pour s'être avancé arbitrairement et sans leur aveu sur une matière aussi délicate.

Jusqu'à ce qu'on voie plus clair dans cette conjoncture suspecte, j'ai supplié Mme l'archiduchesse 1° de persister invariablement dans la première réponse ; 2° de ne confier à qui que ce soit la circonstance en question, de bien se garder d'en laisser pénétrer la moindre chose au comte de Provence, et 3° de saisir les occasions de marquer quelques attentions agréables au sieur de Boynes, sans toutefois le mettre à portée de parler de l'objet de la confidence qu'il a faite à Mme Victoire. Il m'a paru que Mme l'archiduchesse était bien résolue à suivre ce sentiment ; elle a exigé de son côté que je gardasse le silence sur ce fait dans mon très-humble rapport, croyant que cela pourrait inquiéter V. M., à laquelle elle veut peut-être se réserver d'en parler elle-même ; j'ai dû promettre d'obéir.

J'ai parlé dans mon très-humble rapport ostensible des notions que M. le comte de Provence communique à Mme l'archiduchesse, et je crois devoir joindre ici des vers contre le duc d'Aiguillon (1) que ce jeune prince a fait voir à S. A. R. Je prends tous les soins possibles pour éloigner de pareilles confidences, qui ne sont que dangereuses dans leurs effets.

Je sais à n'en pouvoir douter, et par la famille de Noailles même, qu'elle se flatte que le marquis de Noailles (2), actuellement ambassadeur en Hollande, sera destiné à relever le prince de Rohan à Vienne. Je crois que le choix serait excellent, et que V. M. aurait lieu d'en être satisfaite. Il faut que le duc de Noailles ait déjà fait quelques démarches là-dessus vis-à-vis du duc d'Aiguillon ; celui-ci ne m'en a rien marqué encore, et, pour éviter tout inconvénient, je crois devoir aller sagement et lentement sur cette matière.

Par le début de mon très-humble rapport ostensible, V. M. daignera évaluer le contenu de la lettre de Mme la dauphine du 13 janvier, que je rejoins ici ; il est certain que j'ai vu Mme l'archiduchesse touchée jusqu'aux larmes. La petite tournure sur la visite de la favorite est un effet de honte ; il en aurait trop coûté d'avouer que c'était par la faiblesse et par crainte des reproches de la famille qu'on n'obéissait point à V. M., quoiqu'on en eût l'intention. Quant à l'envoi des mille écus à l'hôpital, ce n'est que la famille royale qui peut l'a-

---

(1) Il parut en cette année un déluge de vers satiriques contre le nouveau parlement, le contrôleur général, les princes, les ministres et en particulier contre d'Aiguillon. Ceux dont parle Mercy ne se sont point trouvés annexés à son rapport. On trouvera dans les *Mémoires* de Bachaumont plusieurs de ces pièces qui ne méritent point d'être citées, et dans lesquelles l'ineptie le dispute à la grossièreté. (Voir tomes VI et XXIV.)

(2) Le marquis de Noailles, second fils du dernier maréchal de Noailles, avait déjà été envoyé en mission en Allemagne et en Hollande ; il fut chargé de l'ambassade de Londres en 1776, et n'arriva à celle d'Autriche qu'en 1783 ; il y fut le dernier ambassadeur de l'ancienne royauté. Il quitta Vienne le 24 mars 1792, et osa revenir en France. Mis en prison pendant la terreur, il en sortit après le 9 thermidor, et mourut en 1822. Le duc de Noailles actuel est son petit-fils.

voir appris, car d'ailleurs ce fait n'avait pas transpiré dans le public.

De toutes les lettres que V. M. a écrites à Mᵐᵉ la dauphine, celle qu'elle daigne me confier, et que je remets pareillement ici, sera une de celles qui aura fait la plus grande impression, parce que V. M. y prend le ton de la tendresse la plus touchante (1), et que Mᵐᵉ la dauphine y est d'une sensibilité extrême. En répétant souvent les mêmes choses et sous cette même forme, V. M. peut être certaine que ces avertissements auront un effet infaillible. L'horrible confusion de l'intérieur de cette cour excuse un peu Mᵐᵉ l'archiduchesse dans de certains cas ; mais le grand point est gagné parce que son cœur, son esprit, son caractère se maintiennent et se maintiendront toujours dans une pureté à l'abri de tout danger.

L'extrême bonté avec laquelle V. M. daigne me faire mention de quelques objets les plus importants en matière d'affaires semble m'autoriser à lui exposer ce que je pense, ce que je vois et ce que je sais avec quelque certitude sur ces mêmes objets. Si V. M., en cédant à la nécessité des circonstances, s'est unie à deux puissances pour opérer un partage qui excite des clameurs en Europe, il est au moins certain que l'odiosité de cette opération retombe uniquement sur les cours de Berlin et de Russie. Elles ont fait une invasion en Pologne ; V. M. y est entrée pour faire valoir des droits bien fondés. Si cette démarche pouvait être critiquée, ce ne serait pas au moins de cette cour-ci à l'entreprendre. La France, unique alliée de V. M., par des désordres aussi inouïs qu'inexcusables, s'est réduite pour le moment dans l'état d'anéantissement où elle se trouve, n'ayant ni la volonté ni le pouvoir d'offrir à son alliée des secours, des moyens pour barrer les vues ambitieuses de deux puissances formidables. Il serait absurde de prétendre que V. M. seule eût exposé ses États, ses peuples aux horreurs d'une guerre où elle n'aurait été soutenue par personne, et dont l'issue aurait pu devenir fatale à sa monarchie. Au reste, je puis affirmer que le roi de France, ses ministres et tout le public de ce pays-ci, est intimement convaincu que V. M. répugnait personnellement au partage de la Pologne, qu'elle ne s'y est prêtée que par la nécessité des circonstances et avec regret et dégoût. Cela se dit ici si hautement, si ouvertement, que j'en ai été souvent embarrassé vis-à-vis des ministres de Russie et de Prusse.

---

(1) Voir la pièce IV.

Il est donc certain que la gloire de V. M. n'a jamais été compromise un seul instant dans l'opinion publique à l'occasion d'un arrangement, lequel, quant à ses suites dans l'avenir, peut à la vérité être considéré sous différents aspects; la manière dont V. M. daigne terminer ses réflexions à ce sujet m'a pénétré l'âme d'amertume et de douleur. Je connais l'esprit qui anime ceux qui ont le bonheur de servir V. M., et je n'hésite pas à parler avec assurance au nom de tous. Nous tenons si vivement à la personne sacrée de V. M. que si nous voyions sa précieuse santé altérée par le dégoût des affaires, ce malheur nous jetterait dans un découragement total, et le sort politique de l'Europe en recevrait une secousse dont on ne saurait calculer les effets fatals. Le ciel et la grandeur d'âme de V. M. nous préserveront d'un tel malheur; Dieu bénira un règne de justice et de bonté dont nous achèterions la continuation au prix de notre sang. Si j'ose tenir ce langage, c'est la clémence de V. M. qui m'y a autorisé.

Il ne me reste qu'une remarque à faire sur le traité de Boukarest et sur la Suède. Il est certain que le duc d'Aiguillon travaille sourdement à éloigner la paix entre la Russie et la Porte, et si cette fausse manœuvre politique lui réussissait, il pourrait sans doute en résulter de grands embarras; mais, quoique l'on parle ici hautement et affirmativement sur les secours que l'on donnerait à la Suède (1) dans le cas où elle serait attaquée, il paraît impossible que, malgré ses vues très-courtes, le duc d'Aiguillon puisse se faire illusion sur l'insuffisance de la France, sur les obstacles que l'Angleterre opposerait aux moindres mouvements qui seraient faits ici, de façon que si la Suède était effectivement attaquée, il semble qu'il ne lui resterait d'autre moyen que celui de céder et de modifier la nouvelle forme de son gouvernement d'une façon à donner de l'apaisement à la Russie. Le plus grand danger pourrait être alors que le roi de Prusse, par convoitise sur la Poméranie suédoise, ne cherchât à en-

---

(1) Les factions des *Bonnets* et des *Chapeaux* avaient mis la Suède dans un état de faiblesse comparable à celui de la Pologne, et dont l'ambition prussienne espérait tirer le même parti. Aussi lorsque, par le coup d'État d'août 1772, le jeune roi Gustave III ressaisit l'autorité et donna au pays une nouvelle consistance, Frédéric II ne cacha point son irritation et son envie d'exciter la Russie contre la Suède. La France, confidente des projets du jeune roi et l'aidant par des subsides, applaudissait à son succès, et faisait même alors quelque démonstration de le soutenir par les armes.

gager une guerre, et ne trouvât, par ses artifices ordinaires, les moyens d'y déterminer la cour de Pétersbourg.

Mme la dauphine a un si grand désir de voir le bal masqué de l'Opéra à Paris, qu'elle en a demandé et obtenu la permission du roi. En conséquence S. A. R., M. le dauphin, M. le comte et Mme la comtesse de Provence, suivis de peu de personnes, sont venus dans le plus grand incognito au bal du jeudi 11. Il s'y est trouvé peu de monde; ces princes et princesses sont restés trois heures au bal. J'étais informé de ce projet, qui ne devait s'exécuter que le jeudi gras. Mme la dauphine s'est réservé d'écrire à V. M. les détails de cette petite course, laquelle n'a eu d'ailleurs aucun inconvénient. Comme S. A. R. l'avait devancé de huit jours sans m'en faire prévenir, je ne me suis point rendu à ce bal, ignorant que la famille royale dût y venir ce jour-là. Cet événement a fait après coup une sensation agréable au public de Paris.

J'ai été hier à Versailles y prendre les ordres de Mme la dauphine; je suis resté près d'une heure auprès d'elle. J'ai cru qu'il pouvait être très-utile de donner une secousse à son âme, en lui parlant en général des chagrins dont V. M. se trouve affectée par différents motifs. Mme la dauphine a pleuré si amèrement que j'en suis resté tout interdit. Mon but a été de lui faire sentir que, V. M. ayant besoin de consolation, elle ne pouvait pas en recevoir de plus chère à son cœur que celle que lui donnerait la conduite de Mme la dauphine, et que c'était le moment de témoigner à son auguste mère tout son amour et tout son respect. Cette remarque a fait une très-vive impression, et j'en espère de grands effets. Ce langage de ma part a été tenu comme à l'insu de V. M.; elle daignera me permettre de reprendre cette matière à l'occasion du prochain courrier, et de déduire nombre de particularités qui renfermeront des détails longs, intéressants et satisfaisants. Mme l'archiduchesse, en me remettant les lettres, m'a dit qu'elle mandait à V. M. la décision du mariage de M. le comte d'Artois avec une princesse de Savoie, ce qui est encore un secret.

La comtesse de Brandis écrit quelquefois des nouvelles à Mme la dauphine; il serait peut-être prudent de n'envoyer ces lettres que par les courriers.

IX. — Mercy a Marie-Thérèse.

A Paris, le 17 février. — Le baron de Neny, quoique accablé du malheur qui lui est arrivé, n'a cependant pas omis de m'envoyer le *referat* de la chambre sur l'objet de ma très-humble instance, ainsi que la résolution que V. M. a daigné prendre à cet égard, et qu'elle a la clémence de me faire connaître elle-même. Je mande aujourd'hui au baron de Neny quelques observations qui me paraissent conformes aux intentions de V. M., et qui peuvent me mettre à portée de jouir de la grâce qu'elle daigne m'accorder, et que j'accepte sous la condition imposée de délivrer au fisc une somme de cent soixante mille florins, dans la persuasion que le comte d'Appony n'hésitera pas à remplir les engagements conditionnels qui le lient avec moi.

Il ne me reste donc qu'à mettre aux pieds de V. M. mes très-humbles actions de grâce sur cet effet de sa clémence à mon égard, et de la supplier de me permettre de lui exposer les motifs qui m'ont porté à l'implorer.

Les lois d'Hongrie sont si rigides et défavorables aux étrangers, quoique indigènes, qu'il leur est presque impossible de s'établir solidement dans ce royaume. Pendant trente ans, mon père y a défendu son bien avec autant de peine que de dépense ; il était sur les lieux tout à son objet. Après avoir gagné tous les procès qui lui ont été intentés, il est mort, et j'ai vu renaître ces mêmes procès, avec plusieurs autres, qui tous attaquent la totalité de mes possessions. Dès lors j'ai senti qu'à la longue il me serait impossible de m'y soutenir, et dans cette juste persuasion mes biens en Hongrie ne m'ont plus présenté qu'un objet d'inquiétude et de dépense pour le présent, et la perspective de l'indigence et de ma ruine dans mes vieux jours. Cependant ces biens forment la majeure partie de ma petite fortune ; j'ai donc cru devoir lui donner une existence plus modique, mais plus solide en tâchant de me défaire, même avec désavantage, d'une possession si précaire pour en employer les débris à acquérir quelques anciens biens de ma famille dont au moins je jouirais tranquillement, et qui passeraient en sûreté à ma postérité. L'état d'incertitude où je suis aurait seul suffi pour éloigner de moi toute idée d'établissement, et feu mon père avait bien senti lui-même la vérité de cette réflexion; mais il la fit trop tard et ne put y remédier. Voilà bien exactement le tableau de ma situation; elle est de nature à toucher la bienfaisance de la plus grande et de la plus généreuse des souveraines; cependant je ne me serais jamais permis d'exposer ce tableau directement à V. M. si elle n'avait daigné elle-même me faire mention avec tant de bénignité d'un objet dont il y aurait eu de ma part trop d'audace à oser l'importuner.

Que si le fisc, en persistant à imposer des conditions impossibles à un acheteur, rendait mon arrangement avec le comte d'Appony impraticable, alors il ne me resterait d'autre parti à prendre que celui de mettre mes terres aux pieds de V. M., et de la supplier d'en disposer dès à présent, sans autre prix ni conditions que celles que dicteraient sa volonté et sa générosité. C'est le produit d'une partie de la substance et de toute l'industrie d'une famille qui, depuis plus d'un siècle, a le bonheur de servir l'auguste maison d'Autriche, et il me serait préférable que ma petite fortune fût consacrée à mon auguste souveraine plutôt que de me la voir arrachée par les vexations des particuliers, sous lesquelles je ne prévois que trop de devoir succomber un jour.

X. — Marie-Thérèse a Mercy.

Vienne, le 3 mars. — Comte de Mercy, J'ai reçu par le courrier la Montagne vos deux rapports du 17 du passé.

Je ne saurais qu'approuver le conseil que vous avez donné à ma fille sur la conduite à tenir relativement à l'ouverture que le sieur Boynes lui a fait faire au sujet du mariage du comte d'Artois. Au reste je suis surprise que, contre l'usage ordinaire, on fasse entrer deux sœurs dans la même maison. Ce sera apparemment l'ouvrage du parti dominant, et marque son influence.

Je vous envoie la réponse de ma fille à ma lettre précédente, qui n'a sûrement pas opéré sur elle ce grand effet dont vous vous êtes flatté. Vous en serez convaincu en examinant la teneur de cette lettre, dont le ton est plus sec encore que celui de ses lettres précédentes. Comment saurais-je donc compter sur les assertions qu'elle vous fait de sa tendresse pour moi, sans les voir constatées par des faits? Ne dois-je pas craindre qu'elle ne cherche des subterfuges dans la vue de tenir au plan qu'elle s'est une fois fixé? J'y suis encore confirmée par le propos qu'elle vous a tenu d'avoir écrit ce qu'elle vous a dit en dernier lieu et de vouloir le relire dans une année, pour pouvoir remarquer les changements qui arriveront dans sa façon de voir et juger les choses. Quoi qu'il en soit, je continuerai à tâcher de lui être utile autant qu'il sera possible par mes avis, sans lui marquer de l'humeur par ma lettre, qui part par ce courrier, et dont je vous communique ci-jointe la copie [mais en même temps la plus indifférente que je lui aie écrite encore. Vous ne la relèverez pas ; je suis curieuse si elle s'en apercevra ou si elle est si enfant ou distraite de n'en faire cas].

Au reste le prince de Rohan vient de me dire, avec un air d'ouverture et de confiance, qu'il ne pouvait plus me cacher que ma fille paraissait prendre plus de goût pour des personnes de mérite. Apparemment il voulait désigner la comtesse de Marsan et autres de sa clique. Je lui ai fait une réponse honnête, mais laconique, et sans entrer en matière.

Je ne suis pas à mon aise sur l'empressement du comte de Provence de s'attacher à ma fille et de lui rapporter toutes sortes de satires [et tracasseries]. Ces traits ne sont jamais indifférents, et peuvent gâter l'esprit ; mais je me repose sur votre vigilance et sur les soins que vous prendrez d'en empêcher tous les inconvénients. Je ne suis non plus tranquille sur la correspondance de ma fille avec la comtesse de Brandis (1), qui pourrait bien rouler sur des anecdotes ou mal fondées ou peu propres à être rapportées. Je l'ai fait sentir à cette dame, qui allègue pour motif de sa correspondance les commissions dont ma fille la charge. [Elle ne se fera plus par la poste.] Vous ferez bien de veiller sur la suite de cette correspondance.

Je souhaite que ma fille réussisse de plus en plus à inspirer au dauphin du goût pour une application solide [n'en ayant nul goût elle-même, il y a peu à espérer] ; et je suis bien aise qu'il continue à vous témoigner de l'affection. Je crois que vous aurez bien avéré le fait par rapport à l'avis que ma fille doit avoir donné au dauphin de mieux traiter au bal les femmes de la société de la favorite, mais qu'il n'a pas voulu exécuter. Je suis contente de la façon dont tout s'est passé au bal de l'Opéra à Paris.

Le choix du marquis de Noailles pour successeur du prince de

---

(1) La comtesse de Brandis avait été gouvernante de Marie-Antoinette à Vienne. On verra plus loin que Marie-Thérèse fit cesser tout à fait cette correspondance.

Rohan aurait toute mon approbation [d'abord que vous le croyez convenable] ; mais je conviens avec vous qu'il faut s'y prendre avec circonspection.

Je vous sais gré de communiquer vos réflexions au prince de Lobkowitz sur les affaires de Parme, qui restent encore dans la même assiette.

Il est naturel que la France travaille à faire durer la guerre entre la Russie et la Porte, pour faire gagner au roi de Suède le temps de consolider son système. Il paraît être également de notre intérêt que la Suède prenne de la consistance ; mais je crains que la continuation de la guerre ne nous entraîne à la longue dans les troubles, et qu'il n'en éclate un embrasement général de l'Europe, dont les Pays-Bas pourraient bien être la première victime.

Le prince de Kaunitz a déjà fait avertir le baron de Widmann (1) de sa conduite irrégulière, et s'il ne se corrige pas, je n'aurais pas de difficulté de le rappeler. Il est non-seulement ouvertement brouillé avec Vergennes pour des motifs d'étiquette [et cela pour raison que certain abbé Michelessi (2), grand intrigant, alors son ami intime, s'est brouillé avec lui, et étant bas flatteur du roi et du parti d'à cette heure, par contradiction il s'est lié avec l'Anglais et le Russe], mais s'étant lié avec le ministre russe, il s'est mis à la tête du parti mécontent.

J'attends avec empressement les nouvelles détaillées que vous m'annoncez par le dernier courrier sur le sujet de ma fille.

XI. — Marie-Thérèse a Marie-Antoinette.

Vienne, le 3 mars. — La Palffy n'est pas encore arrivée ; je l'attends avec impatience pour m'entretenir avec elle de vous, et si elle vous a trouvée changée depuis la première fois qu'elle vous a vue. Le rhume dont vous étiez affectée et dont Mercy m'a informée, dont

---

(1) Envoyé d'Autriche en Suède.

(2) Cet abbé Michelessi, Italien, né en 1735, poëte et littérateur, avait d'abord été à la cour de Frédéric II. Il passa à celle de Suède, et fut comblé de faveurs par Gustave III, dont il chanta les louanges en vers et en prose, en latin et en italien. On a de lui, outre plusieurs petits poëmes d'occasion, une traduction latine des discours du roi de Suède, dédiée à Clément XIV, Berlin 1772 ; une lettre à Mgr Visconti sur la révolution de Suède, Stockholm 1773 ; une version italienne de la correspondance entre Gustave III, prince royal, et le comte Scheffer, Venise 1773. Il mourut à la date même de cette lettre, le 3 mars 1773.

je lui sais bon gré, commençait à m'inquiéter; grâce à Dieu que tout est passé et que vous vous êtes si bien divertie le carnaval. Je trouve le proverbe que vous m'avez envoyé très-joli. Je vous envoie une musique pour la harpe; vous me direz si vous avez pu l'exécuter ou non. Vous avez bien raison de ne pouvoir vous représenter les changements de la montagne de Schönbrunn; ils n'existent que dans le plan et ils ne le seront jamais; vous savez que l'empereur n'aime pas Schönbrunn, et à mon âge il serait ridicule de commencer un tel ouvrage. Rien n'existe que le milieu de la montagne, sans aucun bâtiment, et je n'ai fait qu'un grand réservoir au haut de la montagne pour avoir une cascade vis-à-vis de la maison au bout du parterre, qui, j'espère, pourra jouer en deux ans, et le parterre, je compte l'orner avec des statues. Si je ne vous ai fait cette explication en vous envoyant le plan, c'est que j'avais des choses plus intéressantes qui m'ont fait échapper celle-ci. Votre course à Paris a fait le meilleur effet dans le public. Ce que vous me marquez sur le mariage du comte d'Artois m'étonne : deux sœurs de la même maison; on parlait d'une princesse de Saxe. J'avoue, ce grand empressement de marier encore le troisième fait faire bien des réflexions, pas du tout agréables; la partie devient forte; vous aurez d'autant plus à vous garder et ne rien négliger qui puisse donner prise contre vous. Ce que vous me dites de la façon comme vous êtes avec le roi me rassure et me fait plaisir, point essentiel pour vous. Ma santé est bonne; j'ai été saignée, il y a cinq jours, par précaution. Je fais maigre, mais il me fait toujours bien, et je n'en suis nullement incommodée. La Marianne va mieux, mais a bien de la peine à se refaire; le temps étant si beau, comme au mois de mai, j'espère que cela lui fera plus de bien que tous les remèdes.

Vos courses à cheval seront substituées à la danse, si vous avez le même temps. Je vous recommande la modération. Je me dépêche à vous expédier ce courrier pour rester en règle. Le février, ayant trois jours de moins, est cause qu'il ne sera expédié que demain de grand matin. Je vous embrasse tendrement.

XII. — MARIE-ANTOINETTE A MARIE-THÉRÈSE.

Versailles, le 15 mars. — L'assurance que vous me donnez de votre bonne santé est un grand bien pour moi, surtout au commencement d'un carême. C'est un grand bonheur que le maigre ne vous incommode pas ; j'ai entrepris le carême, j'avoue que le maigre me dégoûte, mais il ne m'incommode pas. Je me crois obligée de continuer, et j'espère que j'en viendrai à bout. J'ai été obligée la première semaine de faire gras pendant quatre jours, pour une médecine qu'on a crue bonne pour faire finir le reste de mon rhume. Je me porte à merveille.

Le mariage du comte d'Artois avec la sœur de la comtesse de Provence sera déclaré publiquement demain. Depuis qu'on parle de ce mariage, j'ai fait bien des réflexions sur l'union qui doit être entre les deux sœurs ; avec de la prudence et le cœur de M. le dauphin, j'espère qu'elles ne m'embarrasseront pas. Je sens bien que l'empressement de marier le comte d'Artois ne présente pas des idées trop agréables pour ma sœur et pour moi ; mais il faut convenir qu'il y a bien d'autres raisons : on espère de faire le mariage de ma sœur (1) avec le prince de Piémont. A cette occasion on nous a voulu tendre un piége à M. le dauphin et à moi, il y a trois semaines. M. de Boynes, ministre de la marine et ami de M. d'Aiguillon, nous a fait dire en grand secret qu'il était le maître de faire épouser au comte d'Artois mademoiselle de Condé ou la princesse de Savoie, et qu'il ne ferait rien que d'après notre choix. Nous n'avons hésité ni l'un ni l'autre à répondre que nous lui étions bien obligés, que nous serions toujours contents de ce que le roi déciderait, et que nous n'avions rien à y dire.

Nous avons ce carême un fort bon prédicateur qui prêche trois fois la semaine ; il prêche la bonne morale de l'Évangile et dit bien des vérités à tout le monde (2) ; j'aime pourtant encore mieux le Petit carême de Massillon, parce qu'il est plus à ma portée.

Je vous rends grâce, ma très-chère maman, de la musique que vous m'avez envoyée ; elle ne m'a pas paru difficile, et je l'ai jouée

---

(1) La sœur du dauphin, Mme Marie-Clotilde.

(2) Marie-Antoinette parle évidemment ici de l'abbé de Beauvais, nommé cette même année évêque de Senez. Ses sermons, qui ont été recueillis (Paris, 1807, 4 vol., in-12) offrent souvent de grands traits d'éloquence. Bien que sa manière fût en général douce et persuasive il osa prêcher à la cour et devant le roi avec une liberté et une hardiesse singulières qui n'épargnaient personne : « Eh bien, Richelieu, disait Louis XV au vieux compagnon de ses plaisirs en sortant d'un sermon de l'abbé de Beauvais, il me semble que le prédicateur a jeté bien des pierres dans votre jardin. — Oui, Sire, et si fortement que quelques-unes ont rejailli jusque dans le parc de Versailles. »

tout de suite d'une main, en attendant que je l'apprenne de l'autre.

On a cru à Paris que nous retournerions au bal de l'Opéra ; depuis ce temps il y a eu foule, et les gens de l'Opéra ont gagné beaucoup. J'espère que l'année prochaine nous n'attraperons pas le public et que nous y irons plus d'une fois. La cascade de Schönbrunn doit faire un joli effet ; je voudrais bien que ma chère maman fît continuer ce qui est sur le plan de la montagne ; ce serait une distraction aux affaires, et sûrement votre santé y gagnerait ; elle est plus que jamais nécessaire, pour moi surtout. L'amusement ne m'empêche pas de penser à tout ce qui peut m'arriver. J'ai grand besoin d'être soutenue par les avis et le désir de donner satisfaction en tout à ma chère maman, que j'aime et embrasse de toute mon âme.

XIII. — MARIE-THÉRÈSE A MERCY (1).

Vienne, le 15 mars. — Comte de Mercy, Connaissant le prix de votre zèle, de votre attachement et des services importants que vous nous rendez, j'ai fait volontiers toute l'attention possible à ce que vous m'avez exposé, concernant la vente de vos terres en Hongrie, et à ce que vous avez mandé plus en détail à Neny sur cet objet, qui vous intéresse à si juste titre. En conséquence j'ai déjà ordonné à ma Chambre aulique des finances non-seulement de vous expédier mon consentement royal sur le pied de la modération que je vous ai accordée, mais j'ai résolu de plus que l'on vous dispense de toutes les conditions ordinaires, qui, sans être trop essentielles pour le fisc, pourraient vous rendre la vente trop onéreuse, ou l'assujettir à de nouvelles difficultés. Il ne me reste donc qu'à souhaiter que vous n'en éprouviez pas d'ultérieures de la part de l'acheteur qui se présente, et que, de mon côté, je puisse vous donner de même en d'autres occasions des marques réitérées de ma gratitude et de ma bienveillance.

XIV. — MERCY A MARIE-THÉRÈSE.

Paris, 17 mars. — Depuis la date du 17 jusqu'au 24 de février, les amusements du carnaval ont rempli toutes les journées de Mme la

---

(1) Pièce de la main d'un secrétaire.

dauphine, et heureusement il ne s'y est mêlé aucune tracasserie ni événement remarquable. La comtesse de Noailles a donné à Mme l'archiduchesse une fête qui a commencé à cinq heures du soir, et s'est prolongée jusqu'à quatre heures du matin du lendemain ; les autres bals de cour n'ont eu que leur durée ordinaire, et ont toujours fini avant minuit. La famille royale a paru cette année-ci plus réunie, plus occupée de ses propres amusements et moins portée à observer ou à s'affecter de ce qui se passait autour d'elle. Le duc d'Aiguillon a donné une fête à la favorite ; la belle-sœur de cette dernière a aussi imaginé de donner une fête très-brillante, et dont les apprêts somptueux ont été portés à un point d'indécence qui insultait à la misère publique. L'objet de ces fêtes était d'engager le roi à y paraître ; mais il s'y est refusé décidément. On s'était pareillement flatté d'attirer dans cette occasion un certain nombre de femmes de la cour et de la ville, et que ce premier acheminement à de nouvelles liaisons augmenterait le nombre très-borné de celles qu'a pu former jusqu'à présent la favorite. Ce second objet a manqué ainsi que le premier ; aucune femme n'a voulu se prêter, et le public s'est égayé dans cette occasion par des chansons et des épigrammes assez piquantes. La famille royale seule n'y a pris aucune part, et on n'a pas pu lui attribuer un seul propos ni la moindre remarque qui eût une apparence de critique. Étant allé à Versailles le premier lundi de carême, j'eus une longue conversation avec la comtesse du Barry, que je trouvai seule chez elle. J'entrai vis-à-vis de cette favorite dans plusieurs détails relatifs à Mme la dauphine ; je citai toutes les circonstances et les faits qui peuvent servir à prouver que S. A. R. n'a de préjugés ni de mauvaise volonté contre personne, et que la bonté de son caractère n'est pas même susceptible du moindre sentiment haineux. La favorite me parut fort tranquillisée à ce sujet ; elle fit retomber toutes les plaintes sur les alentours de Mme l'archiduchesse, et plus encore sur les conseils de Mesdames. J'observai et convins que ces causes avaient sans doute produit de mauvais effets ; mais je fis voir en même temps que la différence du présent au passé témoignait d'une façon convaincante en faveur du jugement et du bon esprit de Mme l'archiduchesse, puisqu'elle était toujours revenue des petites erreurs momentanées dans lesquelles elle avait été induite. La comtesse du Barry m'assura qu'elle serait toujours très-attentive à ne rien faire qui pût déplaire à Mme la dauphine, et, de mon côté, j'assurai la favorite qu'elle devrait être sans inquiétude sur la façon de penser et les intentions de S. A. R. à son égard. L'arrivée du roi termina cette conversation, dans laquelle je trouvai moyen d'insinuer bien des réflexions utiles et propres à calmer les esprits, ce qui est à peu près le seul bien qu'il y ait à opérer, vu que, dans une fermentation pareille à celle qu'occasionne la position étrange et désordonnée de cette cour, il est impossible qu'il ne survienne à tout moment des sujets de tracasserie, dont la source ne sera détruite que lorsqu'il plaira à la Providence de faire rentrer le roi en lui-même.

Je ne tardai pas à aller rendre compte à Mme l'archiduchesse de mon entretien avec la favorite, et cela me fournit matière à répéter bien des choses utiles. J'ai gagné dans ces occasions que S. A. R. ne met plus ni vivacité ni impatience dans les objets qui lui en causaient ci-devant. Elle m'écoute de sang-froid et raisonne de même; je la vois entièrement persuadée de l'utilité et de la nécessité des principes que je lui expose; mais elle envisage tant de difficultés à les pratiquer qu'elle en semble quelquefois découragée. S. A. R. conçoit parfaitement de quelle importance il est pour elle de plaire au roi et de le captiver; elle croit voir en même temps qu'il lui est impossible d'y réussir jusqu'à un certain point, parce qu'elle suppose au monarque une indifférence pour tout ce qui l'environne, et un détachement général de tout sentiment qui peut intéresser l'âme et la rendre sensible. Mme l'archiduchesse n'a malheureusement que trop de perspicacité à apercevoir certaines choses. Elle a en même temps trop d'esprit pour qu'elle se contente de mauvaises raisons, et il est souvent embarrassant de lui en donner d'assez satisfaisantes pour qu'elles suffisent à effacer des impressions, lesquelles sont quelquefois fondées à bien des égards. Dans ces cas difficiles, le parti que je prends n'est jamais de chercher à faire illusion à Mme la dauphine; ce serait blesser sa justesse d'esprit et lui rendre mes assertions suspectes. Le seul moyen que j'emploie est de lui représenter que ses devoirs n'admettent pas certaines recherches sur l'intérieur du caractère et de la façon de penser du roi, parce qu'il est trop facile de se méprendre sur de semblables conjectures, et que d'ailleurs, si elles étaient fondées (ce dont je me garde bien de convenir), il n'en serait pas moins vrai que Mme l'archiduchesse ne serait point dispensée des soins, des égards, des respects qu'elle doit au monarque avec lequel V. M. a partagé tous ses droits sur son auguste fille. Cette méthode de raisonner m'a toujours réussi vis-à-vis de Mme la dauphine ; il est au moins certain que depuis quelque temps elle a pris plus d'aisance auprès du roi, qu'elle lui parle avec plus de gaieté, plus de franchise, et que cela produit le meilleur effet. A l'entrée du carême, j'ai cru devoir représenter la nécessité de récupérer tout ce que les dissipations du carnaval ont fait perdre du côté des occupations sérieuses et utiles. Mme l'archiduchesse m'a assuré qu'elle reprendrait les lectures avec suite et attention ; elles ont en effet été recommencées ; S. A. R. a même donné de ce côté-là un peu d'émulation à M. le dauphin ; il s'habitue à lire au moins quelques moments dans la journée, et il n'est pas fâché de saisir les occasions de faire usage des petites connaissances qu'il acquiert par ses lectures. C'est ce que j'ai remarqué dans les conversations que j'ai avec lui pendant ses soupers. Bien des circonstances prouvent que ce jeune prince commence à mettre de la réflexion et de l'ordre dans ses idées ; je dois en rapporter ici un exemple qui semble mériter attention.

Le feu duc de la Vauguyon avait tellement surchargé de pensions la cassette de M. le dauphin qu'il se trouva un excédant de dépense de quinze mille livres au-dessus des fonds assignés à la dite cassette. M. le dauphin ignorait entièrement toute cette manutention, sur laquelle son ancien gouverneur ne l'avait jamais consulté, et il n'en eut connaissance qu'au mois de janvier dernier, lorsqu'il fut question de rendre les comptes de l'année. Le jeune prince parut alors fort choqué du désordre en question ; il se fit présenter l'état des pensions, en retrancha le nombre nécessaire pour mettre la dépense au niveau de la recette. Il changea même la quotité des pensions suivant le plus ou le moins de droits que pouvaient avoir les différentes personnes auxquelles elles sont accordées. M. le dauphin fit ce petit travail par lui-même, sans consulter personne, et il mit à cet arrangement toute la justice et le discernement possible, en motivant par écrit et de sa main les raisons des changements qu'il avait jugé à propos de faire à chaque article. Je me suis appuyé sur cet exemple pour représenter à Mme la dauphine combien il lui serait utile d'en agir de même et de décider toujours de son propre mouvement de la quantité et quotité des bienfaits qu'elle aura occasion de répandre. Jusqu'à présent S. A. R. n'a presque jamais fait que céder à des demandes importunes, sans examiner si ces demandes sont admissibles et raisonnables. Cette inattention a donné lieu à plusieurs surprises, et, dans la semaine dernière, j'en ai découvert une à laquelle heureusement je me suis trouvé à temps de remédier. Ayant été dîner chez le contrôleur général, ce ministre me parla de son désir de faire en toute occasion ce qui pourrait plaire à Mme la dauphine, mais il me témoigna en même temps son embarras de remplir des demandes qui lui venaient souvent de la part de S. A. R., et dont les objets passaient toutes les bornes de la justice et de la possibilité. En preuve de cela, il me montra un mémoire apostillé de la main de Mme l'archiduchesse de la façon suivante : « Je recommande instamment à M. le contrôleur général « le présent mémoire, et désire qu'il en remplisse l'objet. » Il s'agissait d'une pension de seize mille livres que demande une des dernières femmes de chambre de S. A. R. pour être en même de se marier. J'assurai le contrôleur général qu'à coup sûr Mme la dauphine avait été surprise; je le priai de me rendre ce mémoire, et, en le rapportant à Mme l'archiduchesse, il se trouva qu'en effet elle n'avait aucune connaissance du contenu du mémoire qu'elle avait apostillé ; mais ce qu'il y a de plus fâcheux, c'est que cette démarche n'avait été faite qu'à la sollicitation de la comtesse de Noailles, laquelle probablement ignorait elle-même l'exorbitance de la demande qu'elle protégeait. Ce petit accident me donna lieu de faire observer à Mme l'archiduchesse l'excessif inconvénient qu'il y a à se livrer sans connaissance de cause à des démarches qui compromettent également la justice et le crédit d'une grande princesse. Je fus bien aise de remarquer que S. A. R. était un peu piquée de l'aventure ; il n'en était point arrivé de pareille depuis bien longtemps, et j'ai lieu de me flatter qu'il n'en surviendra plus à l'avenir.

Mme l'archiduchesse continue à aimer la musique ; elle y fait des progrès, et elle a un goût tout particulier à jouer de la harpe. Cet amusement remplit une bonne partie de son loisir. La liaison avec M. le comte de Provence n'a plus rien de remarquable ; c'est cependant la seule qui puisse être regardée comme société pour Mme la dauphine. Ses rapports avec Mesdames n'ont plus qu'une forme de bienséance ; il n'y entre ni intimité ni confiance, non plus que vis-à-vis de Mme la comtesse de Provence. Mme l'archiduchesse est maintenant très-décidée dans ses opinions à leur égard, et comme il n'y entre ni aigreur ni froideur apparente, je crois que cette position est la plus sûre et la plus utile au bien de la chose.

Depuis le commencement du carême, Mme la dauphine assiste très-régulièrement au sermon deux fois la semaine ; S. A. R. remplit toujours les devoirs de piété avec toute l'édification possible, et elle ne s'est jamais oubliée en rien sur cet article si essentiel.

Le courrier mensuel m'a remis le 13 les ordres de V. M. en date du 3 de ce mois, et Mme la dauphine a reçu le même jour au soir les lettres qui lui étaient adressées.

Lors du départ du courrier de février, la dissipation du carnaval, l'occupation des bals ont certainement influé sur le style de la dernière lettre de Mme la dauphine ; mais j'ose bien affirmer que ce défaut dans la forme ne tient en rien au fond des sentiments de S. A. R., et, pour preuve infaillible de l'effet que font sur elle les avertissements de V. M., je puis dire avec certitude qu'il aurait été impossible, sans ce puissant secours, de préserver Mme l'archiduchesse des dangers auxquels sa situation l'expose. Jusqu'à présent elle les a tous évités dans les objets essentiels, et c'est à l'attention de V. M. qu'elle doit ce bonheur. Dans un tourbillon aussi pervers que l'est celui-ci, et où il est aussi difficile de se reconnaître, les inconvénients de l'âge, de l'inexpérience, de la vivacité doivent sans doute se faire ressentir. Mme la dauphine pourra bien encore rester quelque temps sujette à ces mêmes inconvénients ; mais, ayant le jugement très-sain, et le cœur et le caractère très-bons, elle surmontera peu à peu tous les obstacles, pourvu que V. M. veuille continuer à l'éclairer dans les occasions.

Le propos du prince de Rohan sur le goût que, selon lui, Mme l'archiduchesse commence à prendre pour les personnes de mérite, ne peut avoir trait qu'à la comtesse de Marsan. Je suis bien sûr au reste que S. A. R. ne prendra pas le change sur les motifs qui portent cette dame à tâcher de s'insinuer dans la confiance de Mme l'archiduchesse, et j'ai pris à cet égard toutes les mesures nécessaires pour n'avoir rien à craindre, ainsi que sur ce qui concerne la liaison, déjà fort attiédie, de S. A. R. avec M. le comte de Provence.

XV. — Mercy a Marie-Thérèse.

A Paris, le 17 mars. — Dans mon très-humble rapport secret du 17 du passé, je me suis réservé de reprendre quelques détails de l'audience que m'avait donnée Mme la dauphine le 16. V. M. aura daigné en voir l'essentiel, mais il me reste à joindre ici quelques particularités.

Mme l'archiduchesse me questionna beaucoup sur l'état de l'alliance et sur l'influence que pourraient y avoir les affaires de Pologne et de la Suède. S. A. R. m'ajouta qu'une des idées qui l'affectaient le plus était de craindre que la bonne intelligence entre V. M. et cette cour-ci ne vînt à s'altérer, que ce serait pour Mme la dauphine le plus grand des malheurs, qu'elle n'aurait sûrement pas lieu de le craindre si M. le dauphin avait de l'autorité ou quelque accès aux affaires, qu'elle s'était bien assurée des sentiments de ce prince sur la liaison des deux cours, qu'au reste elle ne serait point du tout embarrassée de diriger ses idées, et qu'elle pouvait se flatter d'avoir à cet égard sur son époux un ascendant auquel il ne résisterait jamais. S. A. R. entra en explication là-dessus, et me fit voir un plan fort arrangé et suivi, au moyen duquel, dans les moindres occasions, elle savait très-bien amener M. le dauphin à son avis. Je reconnus dans ce plan un nombre d'observations que j'avais été dans le cas d'exposer à S. A. R. en différents temps, et je vis avec grand plaisir que non-seulement elle s'en était ressouvenue, mais que même elle les avait mises en pratique beaucoup plus que je ne le savais et que je n'osais l'espérer.

Ce progrès de Mme la dauphine dans ses réflexions et ses idées me fit connaître que le temps approchait où il y aura moyen de lui parler avec utilité des objets les plus importants et les plus sérieux. Je crus même devoir commencer à lui exposer quelques notions sur l'esprit, l'origine et le but de l'alliance entre les deux cours, et, pour répondre à la question essentielle de S. A., R. je lui dis que si on ne consultait que la raison, l'ordre et l'utilité réciproques, le système actuel ne souffrirait aucune atteinte par les événements survenus en Pologne et en Suède; mais que, par une suite de la malheureuse position de cette cour-ci, comme les ministres n'y étaient choisis que par l'intrigue, et qu'ils n'y traitaient les affaires que d'après leurs vues personnelles, sans égard à la raison d'État, il s'ensuivait que les choses plus susceptibles de calcul politique devenaient incertaines et fort difficiles à prévoir ainsi qu'à manier. Cette question me conduisit à tous les moyens de conduite que Mme l'archiduchesse pouvait employer avec le plus grand succès pour coopérer au bien des affaires en prenant de l'ascendant sur le roi, en ménageant ses ministres et tous ceux qui ont part à sa confiance, en se faisant aimer et respecter et en sachant témoigner avec prudence qu'elle tient aux liens qui unissent les deux cours. Mme la dauphine me parut fort sérieusement occupée de ce que je lui représentais, et, maintenant que j'ai commencé à entamer vis-à-vis d'elle une matière si importante, je serai dans le cas de suivre ces grands objets dans le degré et la mesure qu'il plaira à V. M. de me prescrire ; mais je dois répéter encore qu'il me paraît très-essentiel d'accoutumer Mme la dauphine à entendre parler des affaires sérieuses, que je vois son esprit déjà préparé à bien comprendre.

Relativement aux affaires de Parme, il ne m'est pas revenu la moindre circonstance qui indique qu'elles s'acheminent à une tournure plus favorable. Les deux cours de Versailles et de Madrid ont décidé de faire payer sur les pensions accordées à l'infant tous les appointements que ce prince acquittait à des personnes résidant en France ou en Espagne, comme ses ministres, commissionnaires, anciens serviteurs retirés, etc. Ces objets, pour la France, se montent à environ cent mille livres, de façon qu'il reviendrait encore à l'infant en arrérage de la part de chacune des deux cours une somme de deux cent soixante et quinze mille livres, non compris le revenu de quelques commanderies en Espagne.

Plusieurs articles de la très-gracieuse lettre de V. M. exigent quelques observations ultérieures de ma part que je vais exposer ici.

Il serait si affreux que Mme la dauphine pût manquer à la tendresse et à la sensibilité de V. M. que je ne saurais me dispenser de revenir encore sur ce point, en suppliant V. M. de daigner se rappeler le contenu de mon très-humble rapport secret du 16 de janvier. Il renferme le tableau fidèle des sentiments de Mme l'archiduchesse, et j'en répondrais sur ma vie, parce que j'ai observé avec trop d'attention les mouvements du caractère de S. A. R. pour pouvoir me tromper sur sa vraie tendresse pour son auguste mère, ainsi que sur son respect et son désir très-réel de la satisfaire et de lui obéir. Toutes les petites inconséquences à cet égard partent des mêmes causes; je n'ose me flatter qu'elles ne subsisteront point encore quelque temps. Une grossesse produirait en cela un effet aussi décisif que salutaire, et tempérerait cet esprit de dissipation et d'étourdissement que doit causer le tourbillon incroyable et dangereux de cette cour-ci.

Il est très-certain que Mme l'archiduchesse avait représenté à M. le dauphin la nécessité de mieux traiter au bal les dames de la société de la favorite, et, quoique le jeune prince y ait mis d'abord un peu de réticence, cependant il s'y est prêté aux deux derniers bals de façon à faire cesser les plaintes à ce sujet.

Le marquis de Noailles est ici par congé, pour y venir prêter son serment en qualité de premier gentilhomme de la chambre de M. le comte de Provence; je sonderai ce marquis sur ses projets et espérances à l'ambassade de Vienne; je le connais personnellement très-peu, mais il est notoirement un des meilleurs sujets, des plus posés et des plus sages qui soient employés par cette cour-ci dans les missions étrangères.

Je reviens de Versailles, où j'ai eu une audience assez longue de Mme la dauphine. Elle s'est très-bien aperçue d'une différence de style dans la dernière lettre de V. M., mais S. A. R. ne l'a pas interprétée dans le sens de froideur, et j'ai cru pour le moment devoir la laisser dans son idée, pour revenir sur cet objet à la première occasion. D'ailleurs Mme l'archiduchesse veut marquer à V. M. la plus parfaite confiance. Elle s'est proposé de faire mention dans sa lettre de la démarche du sieur de Boynes, dont elle ne se doute pas que j'ai rendu compte à V. M. Je crois qu'elle parlera aussi de la conférence de M. le dauphin avec le médecin Lassone (1) et des idées que S. A. R. a relativement au mariage de M. le comte d'Artois.

XVI. — MARIE-THÉRÈSE A MERCY.

Vienne, le 3 avril. — Comte de Mercy, J'ai reçu vos deux lettres du 17 du passé. Je ne saurais dire rien de mieux sur l'article qui concerne ma fille que de vous répéter les assurances du gré que je vous ai des soins que vous continuez à employer, pour l'éclairer au milieu des écueils dont elle est environnée. Les assiduités du comte de Provence pourraient être de ce nombre, et avoir des suites plus fâcheuses encore que l'intimité de ma fille avec ses tantes.

J'approuve que vous entriez en détail avec ma fille sur la situation des affaires politiques, avec votre circonspection ordinaire. En suite des notions que vous m'en donnerez, je ne laisserai pas de vous faire sur

---

(1) Jean-Marie-François de Lassone, dont le père avait été médecin de Louis XV, fut médecin de la reine Marie Leczinska, puis de Marie-Antoinette, et de Louis XVI lorsqu'il fut roi. Il mourut en 1788.

les différents objets les observations nécessaires par la combinaison générale des affaires.

Pour la destination du marquis de Noailles, vous sauriez au mieux juger s'il pourrait nous convenir. Rohan est toujours le même; il se vante d'avoir du crédit à sa cour par l'ascendant du prince de Soubise et de la comtesse de Marsan, et il fait même entrevoir qu'il pourrait bien remplacer un jour le duc d'Aiguillon. Est-ce une illusion qu'il se fait à lui-même, ou veut-il se jouer de la crédulité des autres ? Cependant il est l'idole d'un grand nombre de nos cavaliers et dames, aussi légers que lui.

XVII. — Marie-Antoinette a Marie-Thérèse.

Versailles, 18 *avril.* — Il était bien temps pour moi que le courrier arrivât; j'en étais mortellement inquiète depuis quatre jours. J'étais bien dédommagée en voyant que ma chère maman est contente de moi ; ce n'est pas tout à fait ma faute pour ce qui regarde le roi; je cherche bien à lui plaire et j'ai le bonheur de réussir quelquefois, mais il ne m'est pas toujours possible de deviner sa pensée, parce que, pour dire la vérité, les gens qui l'environnent le font changer bien souvent ; cependant, si je ne me trompe pas, il me semble que le roi est assez content de moi.

Il y a un mois que je n'avais eu des lettres de la Brandis ; j'en étais fort inquiète, non-seulement parce que je craignais qu'elle fût malade, mais parce qu'il m'était fort doux d'avoir toutes les semaines des nouvelles de ma chère famille et des événements publics de Vienne. Comme les lettres de la poste me sont remises par ma dame d'honneur, on s'est aperçu que je n'en recevais plus, et cela faisait un mauvais effet. Je vous serai bien obligée, ma chère maman, de l'engager à m'écrire plus exactement.

Le maigre m'a dégoûté le carême, mais je me suis accoutumée à en manger; il n'a point fait de mal à ma santé, je suis même engraissée ; je ne désire pas l'être davantage. Le jour du mariage du comte d'Artois est fixé au 16 novembre; une partie de sa maison est nommée d'avant-hier, elle sera tout aussi nombreuse et aussi bien composée que celle du comte de Provence ; il faudrait pourtant des gens raisonnables et d'esprit auprès de mon frère : quoique fort aimable, il a une tête bien vive.

C'est un grand bonheur que le carême n'ait point fait de mal à ma chère maman, j'en étais bien inquiétée. Au beau temps que nous avons ici, j'espère que vous irez bientôt à Schönbrunn. J'espère que, quoique mon frère n'aime pas cette habitation, il sera le premier à vous presser de l'embellir. Je ne crois pas être peureuse, je n'aimerais pourtant pas à essayer ce cabinet volant (1); cela me paraît fort joli, mais pas trop assuré.

Je suis bien obligée à ma chère maman de la liste du voyage de l'empereur (2); s'il menait autant de suite que dans ce pays-ci, il lui serait impossible de faire tant de chemin en si peu de temps. Ce n'est pas à moi à juger si sa présence est nécessaire à tous les camps, mais je trouve qu'il voyage trop dans une année. Dieu veuille que sa santé n'en souffre pas.

Il est bien à désirer que la diète (3) apporte de la tranquillité; j'espère que les Turcs et les Russes se lasseront de faire la guerre.

Je suis enchantée que la reine se porte mieux; j'espère qu'elle aura le bon esprit de nous donner un garçon. Si j'avais le bonheur de suivre son exemple, j'espérerais que ma chère maman m'aiderait de ses bons avis pour l'élever et aurait la consolation de le voir marié; peut-être pour venir plus tard, s'en porteront-ils mieux. Mon frère Ferdinand doit être bien content si les espérances continuent pour la grossesse de sa femme. Je n'entends pas non plus parler de l'infante; il faut qu'elle sente bien peu le bonheur de contenter ses parents pour ne pas changer de conduite. Je ne comprends pas comment elle peut vivre sans avoir des nouvelles de la meilleure des mères. Dieu me préserve, ma chère maman, d'un malheur semblable! Je ne connaîtrais pas de pénitence assez rude pour fléchir votre bonté et obtenir mon pardon. L'abbé se met à vos pieds.

---

(1) Ce cabinet volant est ce qu'on nomme maintenant un ascenseur : l'invention n'appartient pas à notre temps. Marie-Thérèse fit construire sur une élévation qui domine le château de Schönbrunn un belvédère qu'elle nomma *la Gloriette*, d'où on jouit d'une vue admirable sur la ville de Vienne et les montagnes qui l'environnent; l'impératrice étant devenue un peu lourde dans sa vieillesse, on fit pour elle une machine qui élevait jusqu'au dernier étage de la Gloriette un petit cabinet contenant des sophas où pouvaient s'asseoir plusieurs personnes. Un cabinet volant du même genre existe de nos jours au palais appartenant au roi d'Italie à Gênes.

(2) Joseph II allait partir pour un voyage en Transylvanie et en Hongrie.

(3) La diète de Pologne, qui devait s'ouvrir le 19 avril.

XVIII. — Mercy a Marie-Thérèse.

A Paris, le 20 avril. — Quoique la formation de la maison de M. le comte d'Artois doive paraître un objet fort étranger à Mme la dauphine, cependant il est survenu peu de conjonctures où S. A. R. ait été plus exposée à de violentes tracasseries, qu'elle a eu assez de peine à éviter. Depuis la mort du duc de la Vauguyon, Mme Adélaïde s'était emparée de l'inspection de l'éducation de M. le comte d'Artois. Les gouverneurs venaient lui rendre compte, et recevaient d'elle les directions qu'elle jugeait à propos de leur donner. Le roi semblait applaudir à ce petit arrangement; en conséquence, Mme Adélaïde se tenait assurée qu'elle disposerait des places à donner quand il s'agirait de former une maison au jeune prince; et, dans cette persuasion, Madame avait déjà promis un nombre des places en question; mais la comtesse du Barry, qui calculait tout différemment, n'eut pas grande difficulté à renverser toutes les dispositions de Madame, et de s'approprier le droit de nommer ses créatures aux places qu'il s'agit d'établir. Il résulta de cette concurrence une aigreur de la part de Mme Adélaïde qui lui fit imaginer les moyens les plus violents pour se faire raison d'une entreprise si mortifiante. Elle songea d'abord à associer toute la famille royale à sa cause, et prétendit que Mme la dauphine devait être la première à porter des plaintes au roi; cette négociation se fit avec toute la chaleur et l'effervescence possible; Mme l'archiduchesse parut un moment incertaine sur le parti qu'elle avait à prendre, et elle me confia ses embarras. Je discutai vis-à-vis de S. A. R. toutes les circonstances de cet objet, et je lui fis voir qu'il était impossible qu'elle se mêlât d'une pareille tracasserie sans s'exposer à des désagréments de la dernière conséquence. J'ajoutai qu'il y avait à faire à Mme Adélaïde un raisonnement sans réplique, en disant à cette princesse qu'elle devait savoir le genre et l'étendue des promesses que le roi pouvait lui avoir faites relativement à la formation de la maison de M. le comte d'Artois; que s'il existait en effet quelque promesse à cet égard, cela ne pouvait avoir eu lieu qu'à la suite de quelques arrangements concertés en particulier entre le roi et Mme Adélaïde; qu'en voulant y faire intervenir la famille royale, ce serait afficher une sorte de révolte dont le blâme retomberait essentiellement sur Mme Adélaïde, laquelle aurait encore à se reprocher d'avoir très-inutilement compromis toute la famille. Mme la dauphine voulut bien adopter ce raisonnement ; elle en fit usage auprès de Mme sa tante, et celle-ci fit de vains efforts pour écarter Mme l'archiduchesse d'une résolution aussi sage que nécessaire. Cependant Mme Adélaïde ne put jamais se résoudre à parler au roi ; elle marqua son humeur par des propos qui ne produisirent d'autre effet que celui d'aigrir les esprits, et de mon côté je me bornai à avoir grand soin qu'il fût connu et prouvé que Mme la dauphine n'entrait pour rien dans cette fâcheuse querelle. S. A. R. a passé d'ailleurs tout le carême fort tranquillement ; j'espère qu'elle rendra à V. M. un compte un peu plus détaillé de ses lectures. Je sais par l'abbé de Vermond qu'elles ont été plus suivies, plus réfléchies et plus longues que dans les autres temps de l'année. M. le dauphin s'accoutume peu à peu aux mêmes occupations ; il marque de la curiosité sur les nouvelles publiques ; il se fait lire les gazettes, quelques journaux, et il donne quelques moments à la lecture d'autres ouvrages historiques. Ce commencement d'application est sans contredit l'effet des insinuations de Mme l'archiduchesse, et elle s'en glorifie à juste titre.

Dans le courant de ce mois, j'ai retrouvé avec grande satisfaction le produit de quelques représentations que j'avais pris la liberté de faire à Mme l'archiduchesse sur différents objets, entre autres sur celui qui regarde les demandes indiscrètes des gens de service. J'étais déjà intervenu plusieurs fois à l'occasion de sa première femme de chambre, nommée Misery, laquelle cherchait à s'arroger un crédit qui ne lui convenait pas. Cette femme ayant osé en dernier lieu revenir à ses demandes ordinaires, et solliciter Mme la dauphine pour qu'elle fît donner un canonicat à un curé de village, S. A. R. réprimanda très-sévèrement cette femme de chambre, et lui fit cette leçon devant tout l'intérieur de son service, de façon que j'ai lieu d'espérer que cet exemple en imposera pour l'avenir.

M. le comte de Provence continue ses visites ordinaires chez Mme la dauphine ; mais il arrive bien rarement qu'il y ait des conversations particulières entre eux : ou M. le dauphin se trouve présent, ou bien Mme l'archiduchesse fait de la musique ou prend ses leçons de danse. En un mot, il n'existe plus rien dans cette liaison qui ait la moindre apparence d'une confiance particulière. Depuis que les bals du carnaval ont cessé, la comtesse de Marsan s'est aussi trouvée plus écartée.

Le lundi cinq de ce mois, Mme l'archiduchesse a fait ses Pâques à la paroisse de Versailles, avec toute l'édification possible, ainsi que dans tous les cas où il s'agit de remplir des devoirs de piété.

Le courrier mensuel, que j'attendais avec grande impatience, n'est arrivé ici que le dix-sept, et il m'a remis les ordres de V. M. en date du 3. Je me rendis sur l'heure à Versailles, où Mme la dauphine commençait à s'inquiéter. Lorsque j'arrivai, S. A. R. était à la promenade à cheval ; à son retour je lui présentai les lettres qui lui étaient adressées. Elle ouvrit avec précipitation celle de V. M. ; mais elle ne fit d'abord que la parcourir rapidement, en me disant qu'elle voulait la lire à loisir, mais que, devant se rendre tout de suite chez le roi, elle employerait à me parler le peu de moments qui lui restaient. Mme l'archiduchesse me demanda en premier lieu si les nouvelles politiques n'annonçaient rien de désagréable ou d'embarrassant pour V. M., et si la bonne harmonie entre les deux cours n'était point menacée ? Je répondis qu'il n'existait aucun motif qui dût l'altérer, mais que, dans les conjonctures critiques où se trouve l'Europe, on ne pouvait jamais prévoir l'effet des différents événements ; que Mme la dauphine, par une conduite prudente, était dans le cas d'influer très-essentiellement, et de coopérer au maintien de la bonne amitié qui subsiste entre V. M. et le roi, et que je la suppliais plus que jamais de ne point perdre de vue les observations que je lui avais bien souvent exposées sur cette importante matière. « Je ne pense qu'à « cela, me répliqua Mme l'archiduchesse ; on me tourmente, on m'in- « quiète, et je finirai par entendre la politique. » S. A. R. me dit ensuite qu'elle croyait voir que le roi ne prenait ni l'humeur ni la mauvaise volonté qu'on cherchait peut-être à lui inspirer dans bien des occasions, qu'elle en jugeait par le traitement tendre et amical qu'elle éprouvait de la part du monarque. S. A. R. m'ajouta qu'elle avait grand soin de bien traiter le duc d'Aiguillon, et d'en user de même envers tous ceux qui jouissaient d'un accès particulier auprès du roi.

XIX. — Mercy a Marie-Thérèse.

A Paris, le 20 avril. — J'ai exposé dans mon très-humble rapport séparé, du 17 de mars, que Mme la dauphine s'était bien aperçue d'un changement de style dans la dernière lettre de V. M., mais que S. A. R. avait paru incertaine sur l'interprétation dont ce changement pouvait être susceptible. Dans une audience que j'eus peu de jours après le départ du courrier, Mme l'archiduchesse voulait éclaircir ses doutes. Elle me dit d'abord que la dernière lettre de V. M. ne contenait aucune réprimande, mais que cependant elle ne pouvait pas tout à fait en conclure que V. M. fût satisfaite et tranquille sur les objets qui avaient donné lieu à ses avertissements précédents. Je répondis qu'en faisant un petit examen de conscience, Mme la dauphine jugerait aisément de ce qui pouvait en être ; je rappelai les points essentiels de conduite sur lesquels V. M. n'a jamais cessé d'insister. « Vous conviendrez, me dit Mme l'archiduchesse, que je me suis « réformée sur bien des choses. » J'en convins, mais j'observai qu'il y avait bien aussi quelque chose à désirer sur le total, et qu'il serait dangereux à la longue que V. M. pût soupçonner que les avertissements restent sans effet, parce qu'alors son extrême tendresse en serait blessée et découragée, ce qui deviendrait un vrai malheur et un grand sujet de reproche pour Mme l'archiduchesse. S. A. R. resta quelques moments pensive, et dit ensuite : « Cela n'arrivera pas ; « l'impératrice sait combien je l'aime et la respecte ; l'empereur « pourrait plutôt s'impatienter. » Sur quoi Mme l'archiduchesse me montra la dernière lettre de S. M. l'empereur (1). Elle était fort courte et assez sèche. Ce monarque disait qu'il avait appris avec plaisir que Mme la dauphine se fût bien amusée pendant le carnaval, que la joie était fort utile à la santé physique, mais qu'elle ne l'était pas toujours également au moral, surtout quand on se livrait à une trop grande dissipation et qu'on négligeait les choses essentielles. L'empereur ajoutait qu'il voyait bien que Mme la dauphine s'amusait de ses lettres, qu'elle les regardait comme de ces pièces de curiosité que l'on met dans un cabinet pour en faire parade, sans en tirer aucun fruit. L'empereur finissait en disant : « Ma petite sœur, soyez de « bonne foi, dites-moi que je vous fasse rire, et je tâcherai de m'y « conformer. » Mme l'archiduchesse n'avait pas d'abord été fort émue de cette lettre ; mais je lui fis observer qu'elle méritait une attention très-sérieuse de sa part, et que si l'empereur en venait à croire ses conseils inutiles, il perdrait peu à peu une partie de l'intérêt qu'il prend à Mme la dauphine, ce qui ne manquerait pas à la longue de tirer à de fâcheuses conséquences. S. A. R. reprit un grand sérieux ; elle me

---

(1) Les archives de Vienne ne possèdent malheureusement aucune lettre de la correspondance de Joseph II et Marie-Antoinette avant l'année 1775.

dit que j'avais raison, et qu'elle écrirait à S. M. l'empereur d'une façon à ne lui laisser aucun doute sur le cas qu'elle fait de ses lettres.

D'après ce que renferme ma dépêche ministérielle d'aujourd'hui sur le chapitre du prince de Rohan, V. M. daignera voir que le duc d'Aiguillon s'occupe sérieusement du rappel de cet ambassadeur. Personne de sa famille n'a eu la moindre connaissance de mes démarches pour acheminer ce rappel. Il s'agit maintenant de voir sur lequel des deux concurrents tombera le choix pour remplir cette ambassade. Je suppose au moins qu'il n'y a guère que le marquis de Noailles ou le baron de Breteuil qui puissent se flatter de l'obtenir. Le premier est un homme sage, posé et fort modéré dans son maintien et son langage. On lui attribue du talent; mais je n'ai pas encore eu occasion d'étudier son sentiment personnel en matière d'affaires. Le baron de Breteuil est plus vif; son extérieur a même bien des choses contre lui, mais son caractère est franc et honnête, et je l'ai toujours connu comme très-attaché au système de l'alliance, ainsi que rempli d'éloignement pour la cour de Berlin.

Le mardi six de ce mois, étant à Versailles, Mme la dauphine me fit appeler dans son cabinet. Je la trouvai fort affectée et triste; elle me dit qu'étant accoutumée à recevoir toutes les semaines une lettre de la comtesse de Brandis, ces lettres lui manquaient depuis un mois; qu'elle ne pouvait en imaginer d'autre cause si ce n'est que V. M. avait interdit la régularité de cette correspondance, que c'était cependant la seule par laquelle elle avait la consolation de recevoir assidûment des nouvelles de la santé de V. M. et de celle de la famille impériale, et que si V. M. croyait qu'elle pût se passer de ces nouvelles, ce serait faire un grand tort à son amour pour son auguste mère, et à son tendre attachement à sa famille. Mme l'archiduchesse prononça ces mots en versant des larmes; je répondis que cette dernière réflexion n'était certainement pas fondée, que V. M. connaissait trop bien le cœur de Mme la dauphine pour ne pas lui rendre pleine justice, mais que s'il avait été enjoint à la comtesse de Brandis d'écrire moins fréquemment, c'était sans doute pour que ses lettres parviennent par les courriers et avec plus de sûreté. Mme l'archiduchesse repartit que ces lettres ne contenaient jamais rien qui ne pût être lu partout, qu'elle ne voulait d'autres nouvelles que celles qui pouvaient la tranquilliser sur la personne de V. M. et sur la famille impériale, mais qu'elle désirait vivement, par cette seule et unique raison, que la régularité des lettres de la comtesse de Brandis ne fût point interrompue, qu'elle supplierait V. M. avec instance de vouloir bien y consentir, et qu'elle exigeait que je coopérasse de mon côté à tâcher de lui obtenir cette satisfaction, sauf à prescrire à la comtesse de Brandis la plus grande réserve dans le contenu de ses lettres. Je ne puis exprimer combien Mme la dauphine mit de sentiment et de vivacité dans cette occasion, qui manifestait bien clairement sa vraie tendresse pour V. M. — S. A. R. me parla ensuite d'autres objets, dont le plus important est celui dont j'ai cru devoir faire mention dans ma dépêche d'aujourd'hui (1), attendu que cette particularité répand quelque lumière sur les affaires politiques. Je suggérai à Mme l'archiduchesse le langage et la contenance qu'il me paraissait qu'elle pourrait tenir dans des cas semblables. Voici la troisième fois que le roi lui parle d'objets sérieux et intéressants; si Mme la dauphine s'accoutumait à y répondre d'un ton d'aisance, d'amitié et de justesse sur la matière, il ne serait pas impossible que le roi prît l'habitude de s'ouvrir vis-à-vis de Mme l'archiduchesse sur les affaires les plus importantes, et souvent une réponse faite à propos pourrait occasionner des effets utiles non-seulement sur l'esprit du roi, mais aussi sur celui de M. le dauphin. Mais, pour obtenir ce précieux avantage, il faut que Mme la dauphine se forme quelques idées justes de l'état des choses. Je repris ce chapitre dans mon audience; je fis voir à S. A. R. tout le bien qu'elle est à portée d'espérer, et je lui en exposai les moyens dans le plus grand détail. Je puis protester à V. M. que l'esprit de Mme l'archiduchesse commence maintenant à se prêter très-bien aux matières sérieuses; elle a un jugement naturel et une sagacité qui ont de quoi étonner, et, malgré la dissipation et la vivacité propres à son âge, elle met à ses idées une suite et une raison qui se développent de jour en jour avec un progrès des plus marqués. Je ne trouve maintenant d'autre difficulté que celle de modérer quelques impressions qu'il importe à Mme la dauphine de ne point laisser apercevoir. Elle connaît dans une perfection singulière les principaux personnages de la cour. Elle a conçu pour le duc d'Aiguillon une horreur qui passe toute mesure, et qui est fondée sur l'opinion qu'elle a du méchant caractère de ce ministre.

---

(1) Le roi avait fait allusion, parlant à la dauphine, à une alliance présumée entre l'Autriche et la Russie aux dépens de la Turquie, alliée de la France.

Malheureusement cette idée n'a que trop de réalité; mais je ne cesse de faire sentir à Mme la dauphine que, dans sa position, il lui est de la dernière importance de ne jamais laisser apercevoir aux gens qu'elle peut les avoir démasqués, et je cite à cet égard toutes les raisons dont la matière est susceptible. Il est indubitable que Mme l'archiduchesse gouvernera un jour ce royaume, et il devient d'une conséquence extrême au succès d'une si grande et si brillante carrière que S. A. R. s'accoutume de longue main aux principes et aux idées convenables à sa position future. Cette matière en est une bien vaste pour mon zèle, qui cependant ne peut être utile qu'autant qu'il sera dirigé par les hautes lumières et les ordres de V. M.

Pour que V. M. daigne juger de l'inquiétude où était Mme l'archiduchesse sur le retard du courrier, je crois devoir joindre ici le billet que S. A. R. ordonna à l'abbé de Vermond de m'écrire.

Quant à ce qui concerne le prince de Rohan, avant sa destination pour Vienne, il avait déjà eu l'impudence d'afficher ici ses vues au ministère des affaires étrangères, et, quoique ces propos fussent regardés généralement comme un simple effet de sa légèreté, cependant bien des gens croient que le duc d'Aiguillon en conçut un léger ombrage. Maintenant que cet ambassadeur a bien manifesté son ineptie en matière d'affaires, le duc d'Aiguillon est sans doute très-tranquille sur un tel concurrrent, et il ne laissera certainement pas échapper le premier moment où il pourra le rappeler de son poste, comme le marque ma dépêche d'aujourd'hui. Avant de terminer ce présent et humble rapport, je dois remettre aux pieds de V. M. mes très-humbles actions de grâces de l'extrême bonté avec laquelle elle a daigné, par sa très-gracieuse lettre du 15 de mars, me confirmer son consentement sur la vente de mes terres en Hongrie. Cet effet de clémence, en mettant à couvert ma petite fortune menacée d'une entière ruine, me donnera la tranquillité nécessaire à tâcher de remplir mieux ce qu'exige l'auguste service de V. M., et me fera redoubler les vœux ardents que je ferai le reste de ma vie pour la gloire de la plus grande et de la meilleure des souveraines.

XX. — MARIE-THÉRÈSE A MARIE-ANTOINETTE.

Vienne, 4 mai. — Je suis fâchée que le retard du courrier de l'autre mois vous ait causé des inquiétudes; les mauvaises nouvelles se débitent toujours plus tôt, et vous pouvez être rassurée, s'il arrivait quelque chose à la famille ou à moi, qu'on expédiera des estafettes ; ainsi à l'avenir mettez votre charmant et tendre cœur en repos sur tous les retards, qui sont très-faciles; un accident peut arriver à un courrier, et comme ils passent par Bruxelles, il y a aussi des retards de ce côté; mais, voyant le tendre intérêt que vous prenez à nous, vous serez servie, et toutes les semaines vous recevrez une lettre de vos sœurs ou frères, qui le font avec grand plaisir pour vous en procurer; mais pour la correspondance de la Brandis, vous voudrez la laisser à l'arrangement pris par le courrier. L'empereur part après-demain et moi pour Schönbrunn ; mais les embellissements ne se feront plus que de petites choses de peu de valeur, et plutôt de commodités. Le voyage de l'empereur est bien plus long que de trois mois ; il sera de six, si tout s'exécute encore, surtout ce voyage en Pologne en octobre.

Je suis bien contente comme vous vous êtes comportée pour la maison du comte d'Artois, et on nous prête gratuitement bien des procédés que nous n'avons pas seulement en idée, voulant, tant par les liens les plus tendres que par ceux du bien de nos États et notre considération et le repos public, conserver et lier de plus en plus l'alliance qui subsiste si heureusement entre nous ; et j'avoue, ce qu'on nous a prêté en dernier lieu, de nous être alliés avec les Russes, fait voir combien il importe aux autres de dissoudre cette bonne intelligence, ce qui devait d'autant plus nous garder de leurs fausses insinuations, surtout de la Russie, qui nous a fait à peu près les mêmes confidences que la France la cherchait et lui faisait des avances à notre préjudice. J'avoue, la chute sur ce bruit de l'escadre de Toulon (1), que tous les ministres à toutes les cours étrangères ont tant fait valoir, hors celui d'ici, me fait de la peine par rapport à la considération de la France. J'avoue, elle joue le même rôle humiliant, et plus encore vis-à-vis des Anglais, et même de ses alliés, que nous malheureusement vis-à-vis du roi de Prusse. Il y a pourtant une belle différence : la France a la mer entre, et toutes les frontières garnies de places,

---

(1) On avait donné ordre à quelques vaisseaux de guerre à Brest et à Toulon d'appareiller. La France semblait, par cette démonstration, annoncer une diversion en faveur de la Turquie, en guerre avec la Russie, et de la Suède, que les Russes menaçaient depuis le coup d'État de Gustave III. Cependant la crainte d'une rupture avec l'Angleterre, alliée des Russes, arrêta cette tentative : la flotte rentra à Toulon.

et nous le roi de Prusse à notre porte, sans avoir une seule place que le misérable Olmütz.

Voilà assez politiquer; Mercy est bien content comme vous saisissez les affaires; mais il faut aussi les suivre, et employer les moyens nécessaires. En suivant les conseils de Mercy vous ne ferez que suivre les miens, ayant à juste titre ma confiance et l'attachement à votre personne, et même l'alliance; il pense en bon Français, comme bon Allemand (1). De Parme je n'ai rien, hors que le médecin écrit à Störck (2) que la charmante petite-fille est toujours très-incommodée, qu'on a même craint qu'elle ne tombe dans une consomption. Votre sœur s'avise aussi de faire le médecin, d'ouvrir les fenêtres, de ne lui rien donner à manger contre les avis des médecins; c'est un grand malheur que son humeur et son entêtement. J'ai fait ce que j'ai pu, je ne suis pas éloignée de rouvrir la correspondance avec elle; mais elle sera très-courte, car elle ne suit et ne veut aucun conseil. De Parme on mande qu'ils ont prié le roi (3) pour être parrain et que, par ce moyen, ils comptent faire leur réconciliation; je le souhaite bien et la durée. La reine m'inquiète; elle se dit si grosse et si pesante à cinq mois, mais cela ne devrait être; elle a eu quelques marques de fausse couche, après la saignée cela s'est dissipé; mais je ne suis pas tranquille. Je ne suis pas réservée à cette consolation, ma chère fille, de vous voir dans cet état. J'avoue, c'est la seule chose qui pourrait m'intéresser encore à prolonger mes plus que tristes jours, étant toujours...

XXI. — Marie-Thérèse a Mercy.

Vienne, 5 mai. — Comte de Mercy, Vous vous êtes conduit à merveille en détournant ma fille de se mêler de la formation de la maison du comte d'Artois, et j'ai lu avec beaucoup de satisfaction le détail que vous m'en faites par votre lettre du 20 du passé. Ma fille a en vérité beaucoup d'esprit et de talents; mais je crains toujours son peu de goût pour l'application, son éloignement de tout ce qui a l'air de quelque gêne, le mauvais exemple d'une cour dissipée, et les

---

(1) C'est-à-dire : comme en bon Allemand.
(2) Antoine de Störck, célèbre médecin de l'impératrice. Il mourut à Vienne en 1803.
(3) Le roi d'Espagne.

manigances de ses entours. Tout dépend de votre vigilance et de sa docilité à se prêter à vos conseils. Je ne suis pas trop convaincue de son assiduité dans les lectures; du moins elle ne m'en dit mot dans sa dernière lettre, dont je vous envoie ci-joint la copie, de même que celle de ma réponse.

Ma fille a très-bien fait d'imposer à sa femme de chambre Misery; c'était encore ici son faible de céder aux sollicitations des importuns, sans faire le bien par sa propre impulsion. Elle est encore susceptible des impressions qu'on s'étudie à lui donner. Comme la correspondance de la comtesse de Brandis pourrait aboutir à des nouvelles capables d'inspirer à ma fille des préjugés contre différentes personnes qui pourraient en ressentir l'effet, lorsqu'elles arriveraient en France, je trouve mieux de supprimer cette correspondance, en chargeant tour à tour quelqu'un de la famille de lui donner régulièrement de nos nouvelles. J'entrevois le même inconvénient dans les visites du comte de Provence, si même il n'y en a pas à craindre des plus essentiels.

L'empereur m'a parlé sur le style vif de la lettre de ma fille, et sur la réponse qu'il lui a faite.

Plus sera accéléré le rappel de Rohan, plus j'en serai bien aise; c'est un homme insupportable. Je suis indifférente sur le choix de Noailles ou de Breteuil, pourvu que ce soit un sujet qui nous convienne par sa façon de penser et par sa conduite.

XXII. — Marie-Antoinette a Marie-Thérèse.

Versailles, le 17 mai. — Nous avons été dans les malades, mais Dieu merci tout va bien. M. le dauphin a eu un mal de gorge et une petite fièvre qui n'a duré que trois ou quatre jours; il n'en a plus et est purgé aujourd'hui. Ma tante Victoire a eu la rougeole, qui s'est fort bien passée; elle n'a plus que du régime à observer et être séparée de nous pour quinze jours, dont je suis bien fâchée.

Je désire et j'espère que la bonne intelligence se soutiendra; il y a un bonheur dans ce pays : c'est que si les mauvais bruits se répandent promptement, ils s'en vont de même; mais je crois que M. d'Aiguillon est un peu honteux de n'avoir pas mieux pris ses mesures pour l'escadre de Toulon. Le roi de Prusse est de sa personne un vilain voisin; mais les Anglais le seront toujours pour la

France, et de tout temps la mer ne les a pas empêchés de lui faire bien du mal.

Mes frères vont la semaine prochaine à Paris pour le service du roi de Sardaigne (1). J'espère que M. le dauphin et moi nous y ferons notre entrée le mois prochain, ce qui me fera grand plaisir. Je n'ose pas encore en parler, quoique j'aie la parole du roi ; ce ne serait pas la première fois qu'on l'aurait fait changer. Le départ de l'empereur me fait peur, surtout pour si longtemps.

La revue (2) qui devait être lundi a été remise au jeudi ; j'étais bien fâchée que M. le dauphin n'ait pas pu y aller. Elle était fort belle ; il y avait prodigieusement de monde, se faisant aux portes de Paris. Le roi en a été fort content.

Je promets bien, si j'ai le bonheur d'avoir des enfants, d'avoir plus d'attention à leur santé, et de ne pas m'en rapporter à mon avis. Il faut espérer que si ma chère maman a la bonté de récrire à l'infante, elle rentrera en elle-même et reconnaîtra tous ses torts.

Vous êtes à Schönbrunn, ma chère maman ; que ne puis-je m'y transporter ! Je suivrais vos pas aux promenades du soir, je serais plus en état de profiter de vos bons avis et de témoigner combien mon âme est remplie de respect et de tendresse pour la meilleure des mères.

XXIII. — Mercy a Marie-Thérèse.

Paris, le 18 mai. — Parmi les petits incidents survenus dans le courant du mois, je crois devoir en rapporter un qui est assez singulier dans son genre. Mme la dauphine était allée une après-midi avec Mme la comtesse de Provence faire une visite à Mme Victoire. Au sortir de chez cette dernière, Mme l'archiduchesse et Mme sa belle-sœur s'arrêtèrent dans une petite cour pour observer un grand cadran solaire établi à l'extérieur du mur. Dans ce même instant, on jeta du second étage, et par une fenêtre de l'appartement de la comtesse du Barry, un seau d'eau, dont une partie tomba sur les deux princesses. Cet accident, qui n'était que l'effet de l'étourderie de

---

(1) Charles-Emmanuel III, mort le 20 février, grand-père des comtesses de Provence et d'Artois.

(2) Le 13 mai le roi passa en revue les gardes-françaises et les Suisses dans la plaine des Sablons.

quelque domestique, causa avec raison de l'impatience à Mme la dauphine ; dans son premier mouvement elle monta chez le roi, et lui dit : « Voyez, papa, à quoi on est exposé en passant sous vos fe-« nêtres ! vous devriez bien mettre plus d'ordre chez vous. » Le roi, un peu interdit, questionna sur les circonstances de cet accident, et demanda de quelle fenêtre l'eau avait été jetée. Mme l'archiduchesse, en montrant de la main les fenêtres en question, se borna toujours à dire : « C'est de chez vous, » sans nommer la favorite. Le roi comprit parfaitement ce qui en était, et pour se tirer d'embarras il fit beaucoup de caresses à Mme la dauphine, en lui disant qu'il ferait réprimander ceux qui avaient commis une pareille étourderie. Il n'en fallut pas davantage pour exciter du bruit et des propos dans l'intérieur ; mais, après le premier moment de vivacité, Mme la dauphine eut la prudence de tourner elle-même en plaisanterie l'accident dont il s'agit, et, par ce moyen, il n'en résulta ni plaintes ni aigreur, quoique bien des gens eussent cherché à en former un objet de tracasserie.

Dans une occasion où toute la famille royale se trouvait réunie chez Mesdames, le roi y étant, le hasard fit tomber la conversation sur le duc de Choiseul, et Mme Adélaïde se permit sur le chapitre de cet ancien ministre les propos les plus hasardés en tous genres. Elle s'avança même jusqu'à dire que l'exil du duc de Choiseul avait sauvé la religion en France, puisqu'il était manifeste que le projet de ce ministre avait été de la détruire de fond en comble. Une imputation aussi grave et aussi évidemment fausse était d'autant plus surprenante dans la bouche de Mme Adélaïde, que cette princesse avait toujours eu lieu de se louer de l'attachement du duc de Choiseul, et que ce dernier avait lieu de pouvoir compter sur ses bontés. Le roi parut faire peu d'attention au propos que je viens de citer ; Mme la dauphine l'écouta avec un air de surprise et de dégoût qui fut remarqué par Mme Adélaïde. Elle interpella à ce sujet Mme l'archiduchesse, qui lui répondit qu'elle ne se mêlait ni d'inculper ni de justifier les ministres, parce qu'elle n'était point en position à pouvoir ni vouloir éclaircir leur conduite ; que, quant à ce qui concernait personnellement le duc de Choiseul, Mme la dauphine ne pouvait oublier qu'il avait toujours paru fort porté au maintien de l'alliance entre les deux cours, que le mariage de S. A. R. s'était fait sous son ministère, et que ces deux grands motifs suffisaient pour qu'elle entendît avec peine dire du mal d'un homme auquel elle avait une double obligation aussi essentielle. Le roi était déjà parti lorsque cette réponse eut lieu; Mme Adélaïde en parut assez interdite, et la tournure de cette même réponse me paraît pouvoir être citée comme une preuve des progrès que fait Mme la dauphine du côté de la réflexion et d'une façon de s'exprimer également juste, bienfaisante et raisonnable.

Dans ces derniers temps, et à la suite d'une infinité de petites circonstances survenues, les conversations journalières dans l'intérieur de la famille royale ont roulé sur des conjectures relatives aux changements qui pourraient survenir à la cour. Mme la comtesse de Provence, quoique la plus attentive à bien traiter la comtesse du Barry, est cependant la première à prédire que cette favorite ne tardera pas à être renvoyée, et cette matière entraîne communément bien des propos qu'il serait plus prudent de ne point tenir. Mme la dauphine ayant eu la bonté de me confier ce qui se disait à cet égard, je lui observai que, sur une matière aussi délicate, toutes les conjectures étaient pour le moins hasardées et fort inutiles, mais qu'elles devenaient très-dangereuses lorsqu'on se permettait d'en parler; que, dans de pareils cas, le seul parti qu'indiquait la prudence était celui d'observer en silence, de garder ses réflexions pour soi, et de combiner dans le secret la conduite la plus utile à tenir dans telles circonstances que l'on se croit dans le cas de prévoir. J'ajoutai à cela une remarque à laquelle je suppliai S. A. R. de fixer toute son attention : c'est que s'il arrivait que la comtesse du Barry fût renvoyée, et qu'il en résultât le scandale de voir reparaître une nouvelle favorite, Mme la dauphine aurait éternellement à se reprocher un pareil malheur, puisqu'il dépendait d'elle de le prévenir et de l'éviter en attirant à elle la confiance et l'affection du roi, et en s'occupant des moyens de lui faire trouver dans l'intérieur de la famille royale les douceurs et les dissipations qu'il n'y a jamais rencontrées, et qu'il a été entraîné à se procurer d'une manière si fâcheuse et si illicite. J'entrai dans des détails très-circonstanciés sur la conduite que Mme l'archiduchesse pourrait tenir dans une conjoncture si importante et si décisive ; je vis que mon langage était écouté et faisait impression ; j'étendis mes remontrances jusque sur ce qui concernait M. le dauphin, et je suppliai Mme l'archiduchesse de vouloir bien, dans des moments de recueillement et de loisir, s'entretenir avec le prince son époux des objets dont je venais de faire mention, mais d'en parler comme d'idées qui lui étaient venues sans être suggérées par personne, cette matière étant trop délicate pour qu'une personne tierce, même la plus affidée, fût censée pouvoir s'en mêler. Mᵐᵉ l'archiduchesse m'assura que je ne risquerais jamais rien à être cité à M. le dauphin, parce qu'elle savait qu'il m'accordait de la bonté et de la confiance, et que, dans certaines occasions, il lui demandait quel pouvait être mon avis. J'insistai cependant auprès de Mᵐᵉ la dauphine pour qu'elle voulût bien ne point faire mention de moi dans la conjoncture dont il s'agit, et j'observai que si Mᵐᵉ l'archiduchesse semblait parler d'après ses propres réflexions, elle ferait plus d'impression sur le prince son époux, lui donnerait une preuve de sa prévoyance, de son jugement, que par là elle acquerrait plus de droit à sa confiance, et accoutumerait M. le dauphin à s'entretenir avec elle des choses secrètes qui doivent rester entre eux deux. Mᵐᵉ l'archiduchesse parut goûter très-fort cette dernière réflexion; elle me dit que, dans tous les cas, elle était bien certaine de réussir à diriger M. le dauphin du côté de l'intention, mais qu'il n'était pas également facile de le déterminer en matière d'action et de propos, parce que l'un et l'autre lui devenaient pénibles par une suite de son caractère timide et lent. Je répondis qu'en répétant souvent de bonnes raisons, et qu'en donnant l'exemple sur la façon de remplir ce que l'on propose comme convenable et utile, il n'est pas douteux que cette méthode doit à la longue produire l'effet désiré, et que comme Mᵐᵉ la dauphine avait bien senti toute l'importance de ce grand objet, elle ne devait jamais le perdre de vue un instant.

Je n'ai rien de particulier à rapporter sur les occupations journalières de Mᵐᵉ l'archiduchesse, si ce n'est qu'elle paraît s'être maintenant déterminée plus positivement à les remplir avec plus de suite que par le passé. Il semble même que S. A. R. a voulu s'astreindre elle-même à une forme constante et invariable en mettant par écrit une sorte d'agenda qu'elle a eu la bonté de me lire, et qui comprend la distribution des heures de la journée. Il y est dit qu'en se levant Mᵐᵉ l'archiduchesse emploiera les premiers moments à la prière, qu'ensuite elle s'occupera de la musique, de la danse, et d'une heure de lecture raisonnable : c'est l'expression que porte l'agenda. La toilette, une visite chez le roi, la messe et le dîner remplissent le reste de la matinée. Après-midi il se trouve une heure et demie assignée à la continuation des lectures raisonnables ; les promenades ou la chasse, et les conversations avec M. le dauphin ainsi qu'avec le reste de la famille royale trouvent lieu successivement. J'ai respectueusement exhorté Mme la dauphine à ne point s'écarter d'un plan si sage et si bien arrangé. Elle m'a répondu avec sa bonne foi ordinaire : « Je ne sais si je remplirai tout cela bien exactement, mais je m'y « tiendrai le plus qu'il sera possible. » La comtesse de Noailles a voulu se mêler de proposer des livres à S. A. R., et lui a donné entre autres une compilation qui a pour titre : « *Bibliothèque de campagne* (1) ». C'est un assemblage de différents traits d'histoire presque tous défigurés sous une forme romanesque, et, quoiqu'il n'y ait rien d'absolument mauvais ni de dangereux dans cet ouvrage, il est malgré cela à placer au nombre de ces lectures inutiles dont il ne reste que des idées peu justes, et qui induisent à confondre les vérités historiques avec des vraisemblances et des suppositions ; c'est ce que l'abbé de Vermond a représenté à Mme l'archiduchesse, et, comme elle n'a jamais paru attachée aux lectures frivoles, je crois qu'elle abandonnera sans peine celle dont je viens de faire mention. J'ai dit à la comtesse de Noailles ce que j'en pensais, et il m'a semblé l'avoir persuadée là-dessus.

Le courrier mensuel m'ayant remis dans la matinée du 15 les ordres de V. M. en date du 5, je me rendis au même moment à Versailles. Lorsque j'y arrivai, Mme la dauphine était à la messe. Je fus à l'antichambre de M. le dauphin pour demander de ses nouvelles. Quoiqu'il eût pris médecine et qu'il fût dans son lit, il ordonna qu'on me fît entrer ; il eut la bonté de me dire lui-même les détails de sa légère indisposition, et ajouta qu'il la croyait maintenant sur sa fin. Il me demanda avec un air d'attention, d'empressement et de respect des nouvelles de V. M. et de S. M. l'empereur. Je répondis que, par un effet du vif intérêt que V. M. prend à ce qui le concerne, elle apprendrait avec bien de la satisfaction que sa petite maladie n'avait point eu de suite.

Je sais que M. le comte de Provence a donné lieu à Mme la dauphine de le soupçonner de peu de sincérité sur ce qui regarde le duc d'Aiguillon. Il suit de là que les assiduités du jeune prince n'auront abouti qu'à le démasquer aux yeux de Mme la dauphine.

---

(1) *Bibliothèque de campagne ou Amusements de l'esprit et du cœur*, Nouvelle édition, in-12: La Haye, 1749. C'est un recueil de récits romanesques qui affectent quelquefois l'apparence historique, sans nul mérite réel le plus souvent : *Éléonore d'Yvrée, Catherine de France, reine d'Angleterre, le comte d'Amboise, Inès de Cordoue*, avec l'histoire de *Riquet à la houpe*; le tome 18 donne toutefois le *Zadig* de Voltaire.

XXIV. — Mercy a Marie-Thérèse.

Paris, 18 mai. — Il a toujours été d'usage que les dauphins et dauphines de France, peu de temps après leur mariage, fissent une entrée publique dans Paris. La cérémonie porte qu'ils se rendent d'abord à la métropole de Notre-Dame, ensuite à l'église de Sainte-Geneviève, et finalement dans le jardin des Tuileries, d'où le cortége retourne à Versailles. Jusqu'à cette heure, il n'avait pas été question de faire observer cet ancien usage à M. le dauphin, et je ne sais encore si cet oubli devait être attribué à une simple négligence ou à quelque autre cause. Mme la dauphine, sur la seule réputation de ses grâces, s'est concilié l'opinion du public, qui n'a jamais eu occasion de la voir. Cette bonne disposition pouvant être utile dans bien des cas, j'ai proposé à Mme l'archiduchesse de saisir un moment favorable à témoigner au roi une curiosité et un désir de voir la capitale, et par conséquent de rappeler l'usage de cette entrée publique. S. A. R., par timidité, eut d'abord un peu de peine à se résoudre à cette démarche ; cependant elle s'y est déterminée, et le roi, sans hésiter, lui a répondu de très-bonne grâce « qu'il ne demandait pas mieux », et qu'elle était la maîtresse de fixer le moment à remplir la cérémonie en question. Je crois qu'elle aura lieu dans le courant du mois prochain ; mais j'ai supplié Mme l'archiduchesse d'en garder encore le secret, parce qu'il se pourrait que, par des motifs d'intrigues particulières, on cherchât à éloigner l'exécution de ce projet, qui fera à coup sûr dans Paris une très-grande sensation et très-favorable à M. le dauphin et Mme la dauphine. Peut-être que S. A. R. n'en mandera rien encore à V. M. jusqu'à ce que la chose soit entièrement fixée. J'aurai grand soin, dans le temps, de proposer à Mme l'archiduchesse tous les petits moyens de bonté et de grâces qu'elle pourra employer pour paraître aux yeux du peuple d'une façon à lui inspirer ces sentiments d'amour et d'attachement qui ne sont point à négliger, surtout parmi une nation telle que l'est celle-ci.

Quoiqu'il n'y ait rien d'absolument positif à dire sur ce qui peut survenir à la santé du roi, il est cependant visible que ce monarque s'affaisse depuis quelque temps, et que son esprit en devient plus inquiet. Si cet état venait à empirer tout à coup, Mme la dauphine se trouverait alors dans une conjoncture bien décisive et importante.

D'après ce que mande le prince de Lobkowitz, il semble que la cour de Madrid met une grande indifférence à ce qui regarde la position actuelle de l'infante de Parme, et on n'en paraît pas occupé davantage ici. Le chargé d'affaires d'Espagne, le chevalier de Magallon, m'a dit assez positivement que si l'infante rappelait Don Llano et donnait par là une marque de soumission au roi Catholique, toute cette fâcheuse affaire pourrait s'arranger. Cela confirme l'idée du prince de Lobkowitz. Il serait déplorable que l'infant s'opiniâtrât à rejeter un moyen si simple et si facile, et j'exhorte continuellement le ministre de Parme, comte d'Argental, de réitérer à sa cour les remontrances nécessaires sur les dangers qu'il y aurait à négliger trop longtemps les vues qui se présentent pour sortir d'embarras.

Dans l'audience que j'eus de Mme la dauphine à l'arrivée du courrier, j'insistai avec force sur toutes les réflexions qui se présentent relativement à ce qui peut survenir à l'état de santé du roi, et sur les règles indispensables de conduite que Mme la dauphine ne doit pas perdre de vue dans une conjoncture aussi majeure.

Je remets ici les deux lettres qu'il a plu à V. M. de me confier. Celle qui est écrite à Mme la dauphine me fournira matière à rappeler à S. A. R. des observations essentielles sur l'état actuel des affaires sérieuses. J'observe avec une extrême satisfaction que Mme l'archiduchesse y apporte de plus en plus de l'attention, et une sorte de goût et d'intérêt qui ne s'était pas développée jusqu'à présent.

Les inquiétudes sur la santé du roi et les brouilleries du duc d'Aiguillon avec les parents de la favorite commencent à faire naître de nouveaux plans de conduite dans le ministère et même dans l'intérieur de la famille royale ; j'en fais une légère mention dans ma dépêche ministérielle ; mais ce ne sera que par le courrier prochain que je me trouverai peut-être en état d'exposer à V. M. des éclaircissements plus étendus et plus positifs sur cette matière. Je vois que la conduite de Mme la dauphine vis-à-vis de Mesdames ramène considérablement ces dernières dans les bornes de la position où elles auraient toujours dû rester, et je les crois maintenant plus prêtes à se mettre sous une sorte de dépendance de Mme l'archiduchesse qu'à songer à empiéter une autorité dont elles ne se sont que trop prévalues dans les commencements.

Relativement au prince de Rohan, il est toujours certain que le duc d'Aiguillon saisira le premier moment où il pourra le rappeler, et que cela tient uniquement à une décision de la comtesse de Marsan et du prince de Soubise, que le ministre craint et qu'il veut ménager. Ces jours derniers, le cardinal de Rohan, évêque de Strasbourg, a été à l'extrémité, d'une goutte remontée à laquelle on prévoit qu'il ne tardera pas à succomber, d'où il résultera un nouveau motif au retour du coadjuteur.

XXV. — MARIE-THÉRÈSE A MERCY.

Schönbrunn, 2 juin. — Comte de Mercy, J'approuve infiniment la façon dont ma fille s'est expliquée sur le compte du duc de Choiseul, de même que les observations que vous lui avez faites sur les propos de la comtesse de Provence, peu favorables à Mme du Barry. Je ne souhaite que de voir ma fille constamment attachée à l'ordre qu'elle s'est prescrit pour la distribution de ses heures; mais je vous avoue qu'il me reste quelque doute sur sa fermeté.

Je connais ce livre *Bibliothèque de campagne;* c'est en effet un très-mince ouvrage.

J'ai nommé le comte de Wilczek (1) mon ministre à Naples; c'est un homme très-sensé, dont les conseils pourront faire beaucoup de bien à ma fille la reine. Comme il m'importe infiniment, dans l'état actuel des affaires, de maintenir la bonne intelligence et la parfaite union avec les Bourbons, je l'ai chargé d'entrer avec vous, de même qu'avec le prince de Lobkowitz en Espagne, en correspondance particulière, pour vous communiquer réciproquement ce que vous trouverez nécessaire pour le bien d'un objet aussi essentiel. Au reste, j'ai tout lieu d'être contente de la conduite de ma fille, la reine de Naples. Elle surpasse même en plusieurs rencontres mon attente; mais, sans vouloir m'opposer à l'idée de lui faire prendre part aux affaires, surtout si elle venait d'accoucher d'un prince, je l'aime trop, de même que la dauphine, pour souhaiter de les voir engagées dans une carrière aussi épineuse, où elles devraient naturellement partager le mécontentement de leurs sujets sur la situation peu heureuse des affaires, et où elles seraient exposées aux intrigues de tant de fac-

---

(1) Le comte Jean Joseph Wilczek, né en 1738; il occupa plusieurs charges de confiance, membre du conseil suprême de de justice à Vienne, chambellan de Joseph II, et plus tard ministre dirigeant en Lombardie.

tions. [Connaissant ce métier délicat et ingrat, je voudrais ne les pas y embarquer.] Ce que je souhaiterais le plus, ce serait que le roi de Naples prît du goût pour les affaires. Je n'y compte guère, après qu'on a négligé de l'y former, et après qu'il s'est trop accoutumé aux dissipations.

XXVI. — Marie-Thérèse a Mercy.

Schönbrunn, 2 juin. — Comte de Mercy, Quelque flattée que je serais de l'entrée publique de ma fille à Paris, je ne compte guère encore sur ce succès, vu l'instabilité des résolutions du roi, entouré comme il est d'une cohue de gens voués aux intrigues et à la cabale. C'est par cette raison que personne ne saurait souhaiter plus que moi la prolongation des jours du roi, sans voir ma fille dans le cas de prendre part au gouvernement de la France. Sa jeunesse, son inexpérience et son goût pour les dissipations me fourniraient des sujets d'appréhension sans nombre, surtout dans un temps où les esprits sont dans la plus forte fermentation, de même que les affaires dans le plus grand désordre. Quoi qu'il en soit, je suis convaincue de la nécessité qu'il y a de mettre ma fille au fait d'une situation aussi pénible que dangereuse, et je suis sensible aux soins que vous vous donnez pour l'en prévenir. Vous faites très-bien de recommander à ma fille le secret le plus exact sur sa situation vis-à-vis de son époux.

J'attends avec impatience le moment du rappel de Rohan. C'est toujours un homme insupportable.

Pour les affaires de Parme, je n'en vois pas encore quel sera le dénoûment. Je souhaite que vous puissiez contribuer à lui faire donner un pli aussi favorable que possible.

XXVII. — Marie-Antoinette a Marie-Thérèse.

Versailles, 14 juin. — Madame ma très-chère mère, Je suis toute honteuse de vos bontés. Avant-hier Mercy m'a remis votre précieuse lettre, et hier j'ai reçu la seconde ; c'est passer bien heureusement sa fête. J'en ai eu mardi dernier une, que je n'oublierai de ma vie; nous avons fait notre entrée à Paris (1). Pour les honneurs, nous

---

(1) On trouve dans la *Gazette de France* tout le détail de cette entrée, qui eut lieu le 8

avons reçu tous ceux qu'on a pu imaginer; tout cela, quoique fort bien, n'est pas ce qui m'a touché le plus, mais c'est la tendresse et l'empressement de ce pauvre peuple, qui, malgré les impôts dont il est accablé, était transporté de joie de nous voir. Lorsque nous avons été nous promener aux Tuileries, il y avait une si grande foule que nous avons été trois quarts-d'heure sans pouvoir ni avancer ni reculer. M. le dauphin et moi avons recommandé plusieurs fois aux gardes de ne frapper personne, ce qui a fait un très-bon effet. Il y a eu si bon ordre dans cette journée que, malgré le monde énorme qui nous a suivis partout, il n'y a eu personne blessé. Au retour de la promenade, nous sommes montés sur une terrasse découverte et y sommes restés une demi-heure. Je ne puis vous dire, ma chère maman, les transports de joie, d'affection, qu'on nous a témoignés dans ce moment. Avant de nous retirer, nous avons salué avec la main le peuple, ce qui a fait grand plaisir. Qu'on est heureux dans notre état de gagner l'amitié de tout un peuple à si bon marché! Il n'y a pourtant rien de si précieux : je l'ai bien senti et ne l'oublierai jamais.

Un autre point, qui a fait grand plaisir dans cette belle journée, c'est la conduite de M. le dauphin. Il a répondu à merveille à toutes les harangues, a remarqué tout ce qu'on faisait pour lui, et surtout l'empressement et la joie du peuple, à qui il a montré beaucoup de bonté. Entre tous les vers qu'on m'a donnés à cette occasion, j'ai trouvé ceux-ci les plus jolis; j'ose vous les envoyer (1). Nous allons demain à l'Opéra à Paris; on le désire fort, et je crois même que nous irons deux autres jours aux Comédies française et italienne. Je sens

---

juin. Le dauphin et la dauphine furent reçus à la Porte de la Conférence par le maréchal de Brissac, gouverneur de Paris, le lieutenant de police M. de Sartine, le corps de ville, le prévôt des marchands, etc. Ils montèrent avec leur suite dans six carrosses de gala, se rendirent à Notre-Dame, puis à Sainte-Geneviève, puis aux Tuileries, ayant rencontré non-seulement divers corps de troupes échelonnés sur le parcours du cortége, mais à l'Hôtel-Dieu la mère prieure à la tête de ses religieuses; au quai Conti le prévôt de la Monnaie avec sa compagnie à cheval; devant la statue de Henri IV, au Pont-Neuf, le lieutenant criminel avec sa compagnie; et devant le collége Louis-le-Grand, le recteur de l'Université à la tête des quatre facultés, qui les harangua. Aux Tuileries, il y eut grand repas, après lequel le dauphin et la dauphine se promenèrent dans le jardin. Tout le monde sait le mot du maréchal de Brissac lorsque Marie-Antoinette se montra une dernière fois de la terrasse des Tuileries à la foule ravie : Madame, n'en déplaise à M. le dauphin, ce sont autant d'amoureux qui vous regardent!

(1) Ces vers ne sont point retrouvés aux Archives de Vienne; les recueils du temps donnent, comme on sait, un très-grand nombre de ces pièces fort médiocres.

tous les jours de plus en plus ce que ma chère maman a fait pour mon établissement. J'étais la dernière de toutes, et elle m'a traitée en aînée; aussi mon âme est-elle remplie de la plus tendre reconnaissance.

Le roi a eu la bonté de faire délivrer trois-cent-vingt prisonniers pour dettes, dues aux nourrices qui ont allaité leurs enfants : cette délivrance a été faite deux jours après notre entrée. J'avais le désir de faire mes dévotions le jour de ma fête; mais la veille au soir, ma sœur, Madame, m'a donné un proverbe avec des chansons pour moi avec un feu d'artifice; cette distraction m'a obligée de remettre mes dévotions au lendemain.

J'ai grande joie de la bonne espérance qu'a V. M. pour le maintien de la paix; pendant que les intrigants de ce pays-ci se mangent les uns les autres, ils ne tracasseront pas leurs voisins ni leurs alliés. Je commence à être plus tranquille sur le voyage de l'empereur, puisqu'il est sorti bien portant du Banat (1). J'ai eu le plaisir de voir le général Stein (2); j'en aurai encore davantage à voir Neny, parce qu'il est plus en état de me dire des nouvelles ma chère maman. Je désirerais bien que Mme de Schwarzenberg (3) me prêtât un peu de sa fécondité. Dieu merci, M. le dauphin se porte bien, et j'ai toujours bonne espérance! Les vomissements de la reine me font peine, j'espère qu'en avançant dans sa grossesse ils cesseront; je désire fort qu'elle me donne un neveu. La rougeole de ma tante n'a été contagieuse pour personne; elle s'est bien passée pour elle, et à présent elle se porte à merveille. Elle et moi nous n'allons pas aux processions de la Fête-Dieu, parce que nous prenons du lait d'ânesse, de peur de nous échauffer.

Ma chère maman me loue trop sur ma tendresse et mon attachement pour elle; jamais je ne pourrai lui rendre la moitié de ce que je lui dois; je l'embrasse de tout mon cœur.

---

(1) Le banat de Temesvar, province du sud de la Hongrie.
(2) Charles Conrad, baron de Stein; il en est souvent question dans les lettres de Joseph II.
(3) La princesse Marie Eléonore de Schwarzenberg, née comtesse Œttingen. Née en 1747, mariée en 1768, elle mourut en 1797, laissant treize enfants.

XXVIII. — Mercy a Marie-Thérèse.

Paris, 16 juin. — Depuis quelques semaines, les intrigues de cour ayant paru prendre ici une tournure nouvelle et assez compliquée, je me suis fort occupé à en éclaircir les détails et à prévenir Mme la dauphine sur tout ce qui m'a semblé pouvoir intéresser la sûreté de sa conduite. Dans une audience que me donna S. A. R. peu après le départ du dernier courrier, elle me témoigna des soupçons sur la façon de penser et d'agir de M. le comte de Provence relativement au duc d'Aiguillon. Un des indices suspects à cet égard consistait en ce qu'il avait été découvert dans la famille royale qu'un commis au bureau des Affaires étrangères allait souvent chez M. le comte de Provence, et avait des conversations assez longues avec ce jeune prince, lequel, dans les occasions, paraît si instruit des nouvelles politiques et internes, que l'on a dû soupçonner qu'il avait des voies particulières à se procurer de pareilles informations. Mme la dauphine remarqua qu'il serait impossible qu'un homme en sous-ordre hasardât sans l'aveu de son supérieur de paraître fréquemment chez un prince de la famille royale, et que, par conséquent, il y avait lieu de croire que le duc d'Aiguillon entretenait un commerce caché avec M. le comte de Provence. Je vis Mme l'archiduchesse fort affectée et inquiète de cette idée; elle paraissait désirer de pouvoir justifier le jeune prince, en attribuant à ses entours cette apparence d'intrigue; mais, dans le détail des faits, il se présentait des doutes fort obscurs et difficiles à approfondir. J'observai d'abord à Mme l'archiduchesse que si la circonstance en question était bien vérifiée, et que M. le dauphin en fût instruit, il serait en droit de trouver très-mauvais que M. son frère entretînt de semblables liaisons sous une forme aussi sujette à toutes sortes d'interprétations, mais que, dans l'incertitude de ce qui en était, je croyais essentiel de ne point exciter des soupçons et des défiances entre les deux jeunes princes ; qu'au reste, en tout état de cause, je ne voyais rien en cela d'embarrassant pour Mme la dauphine, pourvu qu'elle voulût bien ne jamais perdre de vue les représentations que j'ai eu l'honneur de lui réitérer si souvent sur la nécessité de ne jamais mêler dans ses entretiens avec M. le comte de Provence aucune confidence ni discussion sur des matières d'intrigues, ni sur les différents personnages qui y sont intéressés. Mme la dauphine m'assura qu'elle était plus que jamais sur ses gardes à ce sujet, et qu'elle s'observerait de façon à ne jamais craindre qu'on pût faire abus de ses propos. S. A. R. m'ajouta que, depuis un certain temps, elle remarquait un très-grand changement dans la conduite de Mmes ses tantes envers elle, que ces dernières devenaient maintenant aussi complaisantes et attentives à lui plaire qu'elles avaient d'abord paru portées à la gêner et à la dominer. Je m'étais très-bien aperçu de ce changement, dont Mme l'archiduchesse n'entrevoyait pas tous les motifs. Celui qui a le plus déterminé Mesdames a été l'appréhension des progrès que la comtesse de Marsan paraissait faire sur l'esprit de Mme la dauphine. J'avais prévu que les manières insinuantes de cette femme adroite causeraient de l'ombrage à Mesdames ; d'un autre côté, je ne craignais pas que Mme l'archiduchesse se laissât entraîner trop loin par la comtesse de Marsan, et il est arrivé en effet que cette espèce de rivalité, jointe à une conduite sage et soutenue de Mme la dauphine envers Mesdames, a ramené ces dernières au point où j'avais toujours désiré qu'elles revinssent. L'embarras de Mesdames avait été au point qu'elles songèrent à employer des moyens pour mettre l'abbé de Vermond dans leurs intérêts ; mais cet ecclésiastique, toujours invariable dans sa marche, ne s'est point laissé entamer. Il n'a de liaison avec qui que ce soit ; jamais il n'a mis les pieds chez un ministre, malgré les avances les plus séduisantes qui lui ont été faites, et ce zélé et fidèle serviteur de Mme l'archiduchesse continue à donner ici un exemple d'honnêteté, de désintéressement et de droiture qui ne s'est jamais démenti un seul instant.

Quoique, depuis un mois, la santé du roi n'ait point empiré, on remarque cependant qu'il devient toujours plus sujet aux vapeurs et à l'ennui. Son premier goût pour la favorite étant amorti par le temps, et cette femme ayant infiniment peu de ressources dans l'esprit et dans le caractère, le roi ne trouve plus chez elle qu'une dissipation médiocre et entremêlée de tous les inconvénients dont il éprouve à chaque instant les effets. Ce sont de continuelles importunités pour obtenir des grâces souvent injustes, presque toujours pour des gens peu estimables et qui n'ont d'existence que celle que leur donne l'intrigue. Tout cela répugne au roi, lequel, avec un fonds d'indifférence et de faiblesse inexplicable, connaît cependant très-bien le monde qui l'environne, et l'apprécie avec une justesse dont on ne peut douter (1). Il se voit sans cesse entraîné à des complaisances qui n'aboutissent qu'à augmenter les haines, les tracasseries et le désordre; mais l'habitude a sur le caractère du roi une force si invincible qu'elle le tient attaché à ces liens, qui vraisemblablement ne seront jamais rompus que par quelque événement extraordinaire et dont on ne peut prévoir l'époque. Cependant cet ennui du roi dans sa société intérieure paraît alarmer ceux qui la composent, et j'en ai une preuve certaine dans la démarche que, passé quinze jours, la comtesse du Barry fit vis-à-vis de moi. Me trouvant à Versailles, cette favorite envoya me prier de passer chez elle. Je la trouvai assez embarrassée de ce qu'elle avait à me dire. Après quelques préambules fort embrouillés, elle me proposa de tâcher d'engager Mme la dauphine de témoigner au roi qu'elle désirait être admise à accompagner ce monarque dans les petits voyages qu'il fait habituellement à ses maisons de plaisance. La favorite ajouta que cette demande plairait infiniment au roi; que l'on s'était déjà assuré que Mme la comtesse de Provence ferait la même demande, et que ces deux jeunes princesses, ainsi séparées de Mmes leurs tantes, apporteraient plus d'agrément et de gaieté dans la société du roi. La comtesse du Barry finit par me dire assez maladroitement qu'elle ne craignait que l'opposition de M. le dauphin à cet arrangement, et qu'elle ne savait comment lever cet obstacle. Un pareil aveu me mettant fort à mon aise sur la réponse que j'avais à faire, je rappelai d'abord à la favorite que, depuis près de deux ans, je lui avais représenté de quelle importance et utilité il aurait été, dès les premiers temps, de songer à rapprocher le plus que possible Mme la dauphine du roi, d'engager ce monarque à voir jour-

---

(1) Nous trouvons dans la correspondance inédite du comte de Creutz, ministre de Suède en France, de curieux détails sur le même sujet présentés en toute liberté, et qui concordent bien avec ce que nos correspondances font connaître de la manière dont Louis XV se comportait avec sa cour et avec ses enfants. Creutz s'exprime ainsi : « Son humeur est sans nuage, son esprit gai et libre; il n'est pas possible d'être plus humain et plus doux. Il aime ses enfants avec tendresse, il ne les gêne en rien, et leur permet de se livrer en toute liberté à tous les amusements de leur âge... Pour les affaires, V. M. sait qu'il les entend à merveille, qu'il a le jugement très-sain, la mémoire excellente, et qu'il parle avec aisance. Il aime à prolonger les conseils d'État et y discute les affaires avec la plus grande facilité; mais il adhère toujours aux avis de ses ministres, quand même il ne les regarderait pas comme les meilleurs. Les affaires embarrassantes l'impatientent; il ne veut pas en entendre parler. La passion qu'il a pour Mme du Barry se soutiendra tant que sa santé sera inaltérable; mais s'il venait à tomber malade, il y a toute apparence que la dévotion succéderait à l'amour. » Dépêche du 12 août 1773. Archives de Stockholm.

nellement S. A. R. chez elle, et de préparer ainsi les moyens à établir entre eux deux des rapports d'habitude et de confiance, desquels (vu l'excellent caractère de Mme la dauphine) on aurait eu à se promettre les meilleurs effets pour la paix et l'ordre de l'intérieur de la cour, et pour le repos et l'avantage réel de tous ceux qui la composent. J'observai que, malgré toutes les raisons que j'avais si souvent répétées à ce sujet, bien loin d'y avoir égard, on avait paru au contraire vouloir toujours établir de nouvelles barrières de séparation entre le roi et Mme la dauphine, qu'il fallait cependant convenir que mes idées avaient été justes, puisqu'elle, comtesse du Barry, était maintenant portée à revenir elle-même à mon ancien projet, mais qu'il fallait aussi observer que, dans l'origine, M. le dauphin était entièrement passif et n'avait marqué aucune volonté contraire à ce qui aurait pu être arrangé; que maintenant, puisque de l'aveu de la favorite il était à croire que le jeune prince s'opposerait à cet arrangement des voyages, je laissais à penser s'il était naturel ou possible de proposer à Mme la dauphine de faire des démarches qui contrarieraient les intentions du prince son époux; que c'était donc ce dernier qu'il fallait tâcher de persuader; que, pour moi, je n'avais ni l'accès ni les moyens nécessaires pour y réussir, mais que je pouvais assurer que Mme la dauphine ne mettrait jamais de mauvaise volonté en rien, et qu'elle irait au-devant de tout ce qui pourrait marquer son amour et son respect pour le roi, lorsque cela serait compatible avec ses devoirs envers le prince son époux. La comtesse du Barry n'eut pas un mot à me répliquer; elle me tint quelques propos agréables, en me priant encore de coopérer autant que la nature des choses le permettrait à la réussite de son objet, et elle se réserva de prendre des mesures vis-à-vis de M. le dauphin. Je me flatte moyennant cela que Mme l'archiduchesse est délivrée de tout embarras sur la proposition dont il s'agit; je ne manquai pas de lui rendre compte de tous ces détails et d'y ajouter les remarques dont ils étaient susceptibles. Le fait est que depuis une année, et par une conduite très-judicieuse, Mme l'archiduchesse l'emporte manifestement sur la mauvaise volonté de la cabale. S. A. R. plaît au roi d'une façon très-marquée, elle l'amuse; l'aisance qu'elle a prise vis-à-vis de lui ajoute à ses succès; le roi ne lui refuse rien, et paraît toujours enchanté quand elle a quelque chose à lui demander. Tout cela commence à attirer de l'attention, et la favorite et son conseil voudraient tirer parti d'une circonstance qu'ils n'ont pu empêcher. C'est sur ce calcul que se fonde le projet d'attirer Mme la dauphine aux petits voyages du roi ; mais je ne crains point que ce projet s'effectue. Il pourrait d'ailleurs avoir des inconvénients. Le roi ne marquera jamais de volonté à cet égard; M. le dauphin ne s'y prêtera pas de son côté, et en faisant bon usage de ces deux conjonctures, Mme l'archiduchesse a toute la facilité d'écarter les propositions qui ne seront point de sa convenance.

Depuis les querelles qui se sont élevées entre les parents de la comtesse du Barry et le duc d'Aiguillon (1), ce ministre a changé sa marche d'intrigues, et a cru qu'il lui convenait de se rapprocher de Mesdames. Quoique, passé dix-huit mois, il eût fait les plus grands efforts pour obtenir le renvoi de la comtesse de Narbonne, c'est aujourd'hui par la voie de cette dame d'atours qu'il cherche à se procurer l'appui de Mme Adélaïde. Cette tentative paraît très-mal vue et maladroitement combinée, même impossible ou pour le moins très-inutile dans sa réussite, attendu que l'appui de Mesdames est sans force ni valeur. Mme Adélaïde a dit à ce sujet à Mme la dauphine qu'une preuve de la bassesse du duc d'Aiguillon était qu'il s'adressait maintenant à la comtesse de Narbonne après l'avoir grièvement offensée; cependant il n'en est pas moins vrai que cette comtesse, très-avide et susceptible d'être gagnée par l'intérêt, oubliera ses griefs contre le ministre et le servira proportionnellement aux avantages qu'elle pourra en retirer ; en conséquence, j'ai prévenu Mme l'archiduchesse qu'il était de sa prudence de s'observer plus que jamais dans les propos qui pourront être tenus dans l'intérieur de la famille royale sur le chapitre du duc d'Aiguillon, qui maintenant ne manquera pas d'être bien instruit de tout ce qui s'y passera.

J'ai rendu compte dans mes dépêches d'office des circonstances relatives à l'entrée de M. le dauphin et de Mme la dauphine à Paris. Il ne reste rien à désirer du côté du succès que S. A. R. a eu dans cette occasion ; le public était saisi d'une sorte d'enthousiasme pour Mme l'archiduchesse ; dans les propos il y mêlait des marques de vénération et de respect pour V. M. Le peuple disait « qu'à ses grâces

---

(1) Le comte du Barry, beau-frère de Mme du Barry, et le honteux promoteur de sa fortune, venait de se brouiller avec le duc d'Aiguillon, et avec l'abbé Terray, contrôleur général, qui lui refusaient de payer ses dettes de jeu ; Mme du Barry prit parti pour d'Aiguillon.

« et à son air de bonté on reconnaissait la fille de l'auguste Marie-« Thérèse ». Partout où Mme la dauphine passait, elle regardait le peuple d'un air riant; elle saluait les personnes de distinction; lorsque, après son dîner, elle se promena dans le jardin des Tuileries, où il y avait sans exagération plus de cinquante mille âmes, et où le monde était monté jusque sur les arbres, S. A. R. ordonna aux gardes de ne point repousser le peuple, et de le laisser approcher autant qu'il le voudrait. Il arriva que la suite de Mme la dauphine se trouva plusieurs fois coupée par la foule, et on n'entendait que des battements de mains et des exclamations qui répétaient partout : « Qu'elle est « belle! qu'elle est charmante! ». Après la promenade et au moment du départ, S. A. R. remonta sur le grand balcon de la façade du château, et de droite et de gauche elle salua le public, qui jeta un cri général de joie et de satisfaction. M. le dauphin, qui cependant de son côté s'est parfaitement bien comporté, n'a été regardé que comme un accessoire à cette cérémonie. Tout le monde ne parlait que de l'entrée de Mme la dauphine, et le recteur de l'Université de Paris, en publiant à cette occasion le mandement que je joins ici, n'y fait qu'incidentellement mention de M. le dauphin, et rapporte tout à Mme la dauphine (1). Cette entrée était d'une grande conséquence pour fixer l'opinion publique, et il est impossible de se montrer avec plus de grâce, plus de charmes et plus de présence d'esprit que n'en a marqué Mme l'archiduchesse dans cette conjoncture.

Quant aux occupations sérieuses de S. A. R., et particulièrement ses lectures, elles ont été un peu moins suivies dans le courant du mois, parce que la belle saison, les promenades qu'elle occasionne, et les préparatifs à l'entrée à Paris ont ajouté à la dissipation; mais,

---

(1) On peut lire dans les Registres de l'Université, conservés à la bibliothèque de la Sorbonne, à la date du 5 juin 1773, le *mandatum* du recteur François-Marie Coger. Il dit en latin la joie de l'Université et de la capitale de contempler enfin la jeune dauphine, etc... et il annonce qu'il y aura congé le 8 juin. — Les mêmes Registres donnent, à cette dernière date, la description en latin de la cérémonie; ils rapportent la harangue du Recteur, qui obtint ces mots pour réponse : « Oui, monsieur le Recteur, toute notre protection à l'Université. » Un peu plus loin cependant, entre le 23 et le 25 juin, on lit à l'occasion de cette même journée les griefs de la nation de Normandie : elle se plaint de ce que le Recteur se soit présenté « en petit habit, et n'ayant pas avec lui tout le cortège académique... » — La bibliothèque de la Sorbonne possède aussi, sous le titre de *Recueil de vers de l'Université*, une série de volumes in-quarto où l'on trouvera bon nombre de compliments, harangues, pièces de vers, en latin et en français, composés par des membres de l'Université pour les diverses circonstances intéressant la famille royale.

les entretiens utiles avec l'abbé de Vermond ont suppléé à cette lacune. J'aperçois toujours dans Mᵐᵉ l'archiduchesse les mêmes progrès en mieux du côté du jugement et de la réflexion, ainsi que du côté des qualités essentielles au caractère.

Le courrier mensuel m'ayant remis le 11 au soir les ordres de V. M. en date du 2, je me rendis le lendemain à Versailles, où je commençai d'abord par charger l'abbé de Vermond de présenter à Mᵐᵉ la dauphine le jour suivant 13 la lettre de V. M. marquée N° 1, attendu que le temps nécessaire à l'expédition du courrier ne me permettait pas d'aller deux jours de suite à Versailles. J'y remis moi-même les autres lettres adressées à Mᵐᵉ l'archiduchesse, qui parut bien contente à la lecture de celle de V. M. — S. A. R. me fit quelques questions sur l'état actuel des affaires générales ; je lui en exposai ce qui me paraissait nécessaire et utile à son information, en ajoutant des remarques propres à diriger ses réponses dans le cas où le roi vînt à lui parler sur pareils objets, ce qui, depuis quelque temps, arrive assez fréquemment. Je rendis compte à Mᵐᵉ l'archiduchesse de tout l'effet qu'avait produit son entrée à Paris, et, comme S. A. R. se propose d'y revenir de temps en temps, soit pour assister au spectacle ou pour voir les promenades publiques, je lui fis quelques observations sur la pratique de petits moyens par lesquels Mᵐᵉ la dauphine peut s'attirer de plus en plus l'attachement et l'amour du peuple. Cet objet fort important est très-facile à remplir, par une suite du penchant vraiment extraordinaire que le public marque pour Mᵐᵉ l'archiduchesse ; de mémoire d'homme on ne se ressouvient point ici d'une entrée qui y ait fait autant de sensation et qui y ait eu un succès aussi général. Ce qu'il y a de plus heureux encore, c'est que la bonne contenance de M. le dauphin, ses propos très-honnêtes, les attentions qu'il a marquées à un chacun, tout cela a été attribué avec raison aux conseils de Mᵐᵉ l'archiduchesse. Le roi lui en a fait compliment et a paru enchanté de l'excellente réussite qu'a eue la cérémonie dont il s'agit. Elle forme encore actuellement le sujet des conversations dans Paris, et les esprits en sont aussi préoccupés que le premier jour.

XXIX. — Mercy a Marie-Thérèse.

A Paris, le 16 juin. — Le premier jour où la maladie de Mᵐᵉ Victoire se manifesta, le roi était prêt à se rendre à Saint-Hubert, et

Mme la dauphine étant auprès de lui, lui dit : « Sans doute, papa, « vous n'irez point à Saint-Hubert dans l'état où se trouve ma « tante ». Le roi ayant répondu que cette princesse n'était point assez mal pour que cela dût rompre son voyage, Mme l'archiduchesse répartit : « Pour cela, papa, cela n'est pas trop honnête. » Je trouvai ensuite S. A. R. fort affectée de la conduite que le roi avait tenue dans cette occasion ; elle croyait y voir une insensibilité qui choquait et paraissait aigrir sa belle âme. J'eus assez de peine à effacer cette impression, et ce n'est pas le premier embarras que j'aie eu en ce genre. Mme l'archiduchesse marque en tout ce qui est essentiel un cœur si bien placé et tant de sentiment, que tout ce qui ne paraît pas s'accorder avec cette façon de penser la révolte ; et j'ai vu des moments où, pour pareilles causes, ses opinions sur le roi prenaient une tournure qui m'a effrayé plus d'une fois. Cependant je suis toujours parvenu jusqu'à présent à ramener Mme la dauphine à des réflexions moins dangereuses, et cela est d'autant plus important qu'avec sa sincérité et franchise naturelle, elle aurait peine à dissimuler, et à marquer au roi les sentiments qu'elle lui doit, si elle venait à se persuader que le caractère de ce monarque n'est pas fait pour y répondre.

Je vais maintenant reprendre les articles de la très-gracieuse lettre de V. M. qui exigent quelques remarques de ma part.

V. M. daignera voir dans ma dépêche ministérielle d'aujourd'hui l'embarras où se trouve le duc d'Aiguillon vis-à-vis du prince de Soubise et de la comtesse de Marsan (1). Cette conjoncture gêne beaucoup le ministre sur les moyens de rappeler le prince de Rohan de son ambassade. J'ai eu avec le marquis de Noailles une conversation où, sans trop hasarder, je lui ai tenu quelques propos qui feront effet dans sa famille, et qui la rendront attentive à coopérer au rappel du coadjuteur. Cette matière est si délicate à manier que je crois ne rien devoir précipiter, et apporter à mes démarches toute la circonspection possible. L'évêque de Strasbourg, quoiqu'un peu revenu de sa dernière maladie, est toujours dans un état qui annonce sa fin prochaine,

---

(1) Mercy a expliqué dans les rapports précédents les raisons qu'avait d'Aiguillon de ménager le prince de Soubise, chef de la maison de Rohan, courtisan aimé du roi, et sa sœur Mme de Marsan, ancienne gouvernante du dauphin, femme habile et intrigante, toute dévouée à ce qu'on appelait la cabale des dévots, c'est-à-dire aux ennemis de Choiseul et de l'alliance autrichienne.

et cette circonstance pourrait seule décider le retour du prince de Rohan.

J'obéirai à l'ordre que daigne me donner V. M. d'entrer en correspondance avec le comte de Wilczek quand il sera rendu à son poste, mais j'observerai que, sans risquer de compromettre le bien du service, il serait impossible de confier à la voie ordinaire de la poste une correspondance qui contiendrait des particularités qui devraient rester secrètes. Je sais, de toute certitude, que l'on a ici des déchiffreurs si habiles qu'il n'y a aucun chiffre dont ils ne parviennent en fort peu de temps à se procurer la clef, et cette notion me cause tant de gêne et d'embarras que je suis réduit à adresser chaque semaine à la chancellerie d'État par la poste ordinaire des lettres si courtes et si sèches que je serais honteux de les présenter dans cet état si je ne me croyais justifié par le motif qui m'y oblige. Au reste, il se présente toujours de temps à autre quelques occasions sûres pour Naples, soit par des voyageurs ou des négociants bien connus, et je me prévaudrai de ces moyens pour remplir avec sécurité les intentions de V. M. Les courriers espagnols me donnent plus de facilité dans ma correspondance avec le prince de Lobkowitz, et, dans ma lettre au baron de Pichler, je m'étends à cet égard sur quelques détails qui ont rapport aux ordres de V. M.

Mme la dauphine, au jour de sa fête, a fait ses dévotions, et elle se propose de remplir encore le même acte de piété avant son départ pour Compiègne.

FIN DU TOME PREMIER.

TABLE ANALYTIQUE

DES MATIÈRES CONTENUES DANS LE TOME PREMIER.

ANNÉE 1770.

                                                                                   Pages.

I. — Marie Thérèse a Marie-Antoinette, 21 *avril*. — *Règlement à lire tous les mois*. Recommandations pour la conduite de chaque jour. Prières du matin et du soir. Examen de conscience. Assistance à la messe. Maintien dans l'église. Dévotions. Nulle lecture sans l'avis du confesseur. Anniversaires de famille. — *Instruction particulière*. Ne point se charger de recommandations. Ordre des courriers. Ne point écrire à tous les membres de la famille impériale. La reine de Naples citée comme exemple. Déchirer les lettres reçues. Conduite à tenir au sujet des Jésuites... 1

II. — Marie-Thérèse a Mercy, 1ᵉʳ *mai*. — Il pourra avancer jusqu'à mille louis à la dauphine... 6

III. — Marie-Thérèse a Marie-Antoinette, 4 *mai*. — Félicitations sur la conduite pendant le voyage et sur l'heureuse arrivée en France. Recommandation de lire chaque mois le règlement dressé par l'impératrice. Conduite à tenir à l'égard de Mesdames... 6

IV. — Marie-Thérèse a Mercy, 24 *mai*. — Comment il devra adresser et diriger ses rapports secrets. Il devra y ajouter des rapports secrétissimes............... 8

V. — Mercy a Marie-Thérèse, 15 *juin*. — Quelle forme il donnera à ses rapports. Établissement de l'abbé de Vermond, malgré les intrigues contre lui. Confiance en Choiseul. Choix d'un confesseur... 9

VI. — Marie-Antoinette a Marie-Thérèse, 9 *juillet*. — Faiblesse du roi pour Mᵐᵉ du Barry. Caractère du dauphin. Il n'aime pas M. de la Vauguyon........... 16

VII. — Marie-Antoinette a Marie-Thérèse, 12 *juillet*. — Emploi de la journée à Choisy... 18

VIII. — Mercy a Marie-Thérèse, 14 *juillet*. — Relation depuis le 15 juin. Choix définitif d'un confesseur. Voyage de Marly. Confiance de la dauphine dans Mesdames. Bonne conduite de l'abbé de Vermond. Entente avec Choiseul........... 20

IX. — Mercy a Marie-Thérèse, 14 *juillet*. — Entretien entre le dauphin et la dauphine. Détails intimes. Opinions sur Mme du Barry, Choiseul, la Vauguyon et la cabale.. 25

X. — Marie-Thérèse a Mercy, 1er *août*. — Elle ne répondra pas à Vermond, afin de ne pas multiplier les lettres, et en vue du secret. Que la dauphine ne se charge pas de présenter des recommandations................................ 27

XI. — Marie-Thérèse a Mercy, 1er *août*. — Que Mme de Noailles et l'abbé de Vermond avertissent la dauphine de ses défauts............................ 28

XII. — Mercy a Marie-Thérèse, 4 *août*. — Journal depuis le 10 juillet. Attitude de la comtesse de Gramont envers Mme du Barry; elle est exilée. La dauphine intercède pour sa dame du palais. Chasse au cerf. Refus de porter un corset. Maladresse de la comtesse de Noailles. Appointements de l'abbé de Vermond.......... 29

XIII. — Mercy a Marie-Thérèse, 20 *août*. — Journal depuis le 4. Jugement du duc de Noailles sur la dauphine. Passion de la dauphine pour les enfants. Les deux femmes de chambre Thierry et Misery. Présence du dauphin aux soupers de Louis XV et de Mme du Barry. Entretien de Choiseul avec la dauphine........ 34

XIV. — Mercy a Marie-Thérèse, 20 *août*. — Détails intimes................ 44

XV. — Marie-Thérèse a Mercy, 22 *août*. — Recommandation pour un fils du duc d'Arenberg (plus tard comte de la Marck)................................... 45

XVI. — Marie-Thérèse a Mercy, 1er *septembre*. — Elle souhaite de la dauphine un journal de ses lectures. Présent à Vermond, dont l'intervention doit rester secrète. Demande de médiation adressée par la Turquie : Marie-Thérèse voudrait que la France fût informée.. 46

XVII. — Marie-Thérèse a Mercy, 1er *septembre*. — Dissentiment entre Marie-Thérèse et Joseph II. Recommandation à Choiseul pour le marquis de Durfort. Mme de Beauvau, religieuse de la Visitation.................................... 48

XVIII. — Mercy a Marie-Thérèse, 19 *septembre*. — Journal depuis le 19 août. Promenades de la dauphine à âne. Fête chez la duchesse de Mazarin. La dauphine s'ennuie de tenir la cour; Mesdames la suppléent. Mme Adélaïde gouvernée par la comtesse de Narbonne.. 49

XIX. — Mercy a Marie-Thérèse, 19 *septembre*. — Intrigues contre Choiseul; Mercy fait tout pour le soutenir. Sur la médiation demandée par la Porte...... 57

XX. — Marie-Thérèse a Mercy, 2 *octobre*. — Conseils à communiquer à la dauphine. Sa mauvaise écriture.. 60

XXI. — Mercy a Marie-Thérèse, 20 *octobre*. — La dauphine trop dépendante de Mesdames. Attitude à prendre envers la future comtesse de Provence. Embarras pour le journal des lectures. Le corset accepté. Bons rapports avec le roi. Journal depuis le 8 jusqu'au 16. Pourquoi les lettres de la dauphine à Marie-Thérèse sont mal écrites. Comment on détourne autour d'elle les sommes qui devraient être à sa disposition. M. et Mme de Durfort.. 62

Note de l'abbé de Vermond sur les lectures de la dauphine. Vermond ne prend aucune part aux lettres écrites par Marie-Antoinette.

Pages.

XXII. — Mercy a Marie-Thérèse, 20 *octobre*. — Confidence de la dauphine et indiscrétion de Mesdames.. 77

XXIII. — Mercy a Marie-Thérèse, 20 *octobre*. — Entrevue de Frédéric II et de Joseph II à Neustadt. Offre de médiation de la France et de l'Autriche entre les Turcs et les Russes.. 78

XXIV. — Marie-Thérèse a Mercy, 21 *octobre*. — Jour de naissance de la dauphine.. 80

XXV. — Marie-Thérèse a Mercy, 30 *octobre*. — Revenir aux dates ordinaires des courriers. Le projet de médiation à l'égard des Turcs. Correspondance secrète de Louis XV. Recommandation pour le duc d'Arenberg................................ 82

XXVI. — Marie-Thérèse a Mercy, 1er *novembre*. — Échange de présents. Envoi de lettres de la dauphine.. 83

XXVII. — Marie-Thérèse a Marie-Antoinette, 1er *novembre*. — Avertissements contre la négligence et le laisser aller. Lectures de la dauphine. Félicitations et cadeaux pour son jour de naissance... 85

XXVIII. — Mercy a Marie-Thérèse, 16 *novembre*. — Journal du séjour de Fontainebleau depuis le 17 octobre jusqu'au 13 novembre. La dauphine intercède auprès du roi pour la comtesse de Gramont exilée. La dauphine monte à cheval. Passion du dauphin pour la chasse.. 86

XXIX. — Mercy a Marie-Thérèse, 16 *novembre*. — Arrivée du duc d'Arenberg. Médisances de la cabale au sujet de la dauphine. Par quelles voies Mercy est instruit des paroles et des actions de Marie-Antoinette. Lettre du duc de Choiseul, relative à la médiation entre la Turquie et la Russie. Incrédulité de Mercy quant à la diplomatie secrète.. 97

XXX. — Marie-Thérèse a Mercy, 1er *décembre*. — Nouvelles assurances quant à la diplomatie secrète.. 102

XXXI. — Marie-Thérèse a Marie-Antoinette, 2 *décembre*. — La dauphine ne doit pas monter à cheval. Tableau de Liotard.. 104

XXXII. — Mercy a Marie-Thérèse, 17 *décembre*. — Journal du 18 au 29 novembre. Trop de liberté des collations offertes par la dauphine pendant les chasses. Accident arrivé à un postillon. Bonté de la dauphine. Influence de Mesdames. Bals des lundis chez Marie-Antoinette.. 105

XXXIII. — Mercy a Marie-Thérèse, 18 *décembre*. — Nouvelles objections quant à la diplomatie secrète.. 111

XXXIV. — Mercy a Marie-Thérèse, 18 *décembre*. — Cadeaux et emplettes.... 114

ANNÉE 1771.

I. — Marie-Thérèse a Mercy, 4 *janvier*. — Regrets et craintes à l'occasion de la chute de Choiseul.. 115

II. — Marie-Thérèse a Marie-Antoinette, 6 janvier. — Chute de Choiseul. Suivre les conseils de Vermond et de Mercy... 116

III. — Mercy a Marie-Thérèse, 23 janvier. — Chute de Choiseul. Influences autour de la dauphine 117

IV. — Mercy a Marie-Thérèse, 23 janvier. — Diplomatie secrète. Causes et conséquences de la chute de Choiseul... 124

V. — Marie-Thérèse a Marie-Antoinette, 10 février. — Conseils et questions.. 128

VI. — Marie-Thérèse a Mercy, 11 février. — Inquiétudes concernant la dauphine... 130

VII. — Mercy a Marie-Thérèse, 25 février. — Influence de Mesdames. Caractère de la comtesse de Noailles; ses bals. Désordre des finances de la dauphine. Les Choiseul à Chanteloup.. 132

VIII. — Mercy a Marie-Thérèse, 25 février. — Détails intimes............... 137

IX. — Mercy a Marie-Thérèse, 25 février. — Médiation autrichienne entre Russie et Turquie.. 138

X. — Marie-Thérèse a Mercy, 15 mars. — Inquiétude sur l'influence de la comtesse de Provence. Conduite inconcevable du dauphin........................ 139

XI. — Mercy a Marie-Thérèse, 17 mars. — Faveur de la princesse de Lamballe. Le roi adresse à la dauphine des reproches par l'entremise de Mme de Noailles.... 140

XII. — Marie-Thérèse a Mercy, 1er avril. — Inquiétudes sur la situation de sa fille. Menaces de guerre contre la Russie et la Prusse........................... 145

XIII. — Marie-Antoinette a Marie-Thérèse, 16 avril. — Accueil aux Allemands présentés. Lit de justice. Projets de conduite pour l'arrivée de la comtesse de Provence... 147

XIV. — Mercy a Marie Thérèse. Fermentation des esprits. Conduite à tenir envers les princes du sang, et envers la comtesse de Provence. Rôles de la comtesse de Noailles, de Vermond. Guérison fâcheuse du duc de la Vauguyon............... 149

XV. — Mercy a Marie-Thérèse, 16 avril. — Écriture de la dauphine. Intrigues, confusion à la cour. Gustave III et Mme du Barry. État de santé du roi......... 154

XVI. — Marie-Thérèse a Mercy, 7 mai. — Compliments sur les cadeaux. Portraits de la dauphine... 157

XVII. — Marie-Thérèse a Marie-Antoinette, 8 mai. — Conseils : faire bonne réception à la comtesse de Provence; avoir confiance en Mercy; faire accueil aux Allemands; éviter les moqueries... 157

XVIII. — Mercy a Marie-Thérèse, 22 mai. — Conduite envers Mme du Barry. Nomination d'une dame d'atours; billets de Marie-Antoinette et de Louis XV. Arrivée de la comtesse de Provence... 161

XIX. — Mercy a Marie-Thérèse, 22 mai. — Portraits de la dauphine. Aucune probabilité au rappel des Jésuites.. 166

CONTENUES DANS LE TOME PREMIER.

Pages.

XX. — Marie-Thérèse a Mercy, 6 *juin*. — Détails intimes. La cabale et la comtesse de Provence. L'Infante de Parme; du Tillot.............................. 167

XXI. — Marie-Thérèse a Marie-Antoinette, 9 *juin*. — B'âme d'avoir suivi la chasse à cheval. Compliments et encouragements........................... 170

XXII. — Marie-Antoinette a Marie-Thérèse, 21 *juin*. — Caractère de Mme de Provence. Nominations de d'Aiguillon et de Rohan........................... 171

XXIII. — Mercy a Marie-Thérèse, 22 *juin*. — Maisons du comte et de la comtesse de Provence; jalousie de Mesdames. Jeux de la dauphine avec des enfants....... 173

XXIV. — Mercy a Marie-Thérèse, 22 *juin*. Plaintes du duc d'Aiguillon sur la conduite de la dauphine. Affaire de Parme; missions de Chauvelin et de Durfort.. 177

XXV. — Marie-Thérèse a Mercy, 8 *juillet*. — Caractère de Marie-Antoinette. Ancien projet de mariage entre Joseph II et une princesse de France. Mécontentement du choix de Rohan. Affaire des Jésuites de Fribourg........................ 182

XXVI. — Marie-Thérèse a Mercy, 9 *juillet*. — Recommandation pour le comte de Ficquelmont.. 185

XXVII. — Marie-Thérèse a Marie-Antoinette, 9 *juillet*. — L'impératrice conseille les occupations sérieuses, la lecture, l'éloignement des affaires, la soumission au roi.. 185

XXVIII. — Mercy a Marie-Thérèse, 24 *juillet*. — Timidité de la dauphine. Conduite à tenir envers le duc d'Aiguillon et la cabale. Goût immodéré du dauphin pour la chasse; querelle et raccommodement................................ 186

XXIX. — Mercy a Marie-Thérèse, 24 *juillet*. — Opinion du prince de Kaunitz sur la conduite de la dauphine envers le roi. Le comte de Broglie et la correspondance secrète... 192

XXX. — Marie-Thérèse a Mercy, 1er *décembre*. — Requête de l'abbé de Zwettl, de l'ordre de Citeaux.. 194

XXXI. — Marie-Thérèse a Mercy, 10 *août*. — Nouvelles recommandations pour les rapports secrétissimes. Vues d'un mariage entre Mme Marie et Joseph II. La dauphine et Mme du Barry... 194

XXXII. — Marie-Thérèse a Marie-Antoinette, 17 *août*. — Portrait de la dauphine, au pastel. De l'attitude à tenir à la cour. Accueil dû aux Allemands. Comte de Broglie, marquis de Durfort, etc.. 196

XXXIII. — Mercy a Marie-Thérèse, 2 *septembre*. — Journal de Compiègne du 24 juillet au 30 août. Répugnance de la dauphine à parler au roi. Rendez-vous donné par le roi à Mercy chez Mme du Barry; conversation sur la dauphine. Promesse non exécutée de la dauphine de parler à Mme du Barry; ascendant de Mesdames. — Irritation de la dauphine contre le comte de Broglie.................. 199

XXXIV. — Mercy a Marie-Thérèse, 2 *septembre*. — Affaire de Parme. Mme Marie. Rapports avec l'Espagne... 213

XXXV. — Marie-Antoinette a Marie-Thérèse, 2 *septembre*. — Excuses à propos du comte de Broglie, et de l'accueil fait aux Allemands. Mariage de l'archiduc Ferdinand. Remerciments pour le cadeau d'une écritoire...................... 216

XXXVI. — Marie-Thérèse a Marie-Antoinette, 30 *septembre*. — Reproches sévères sur sa soumission envers Mesdames, sur sa conduite envers le roi, sur le traitement fait aux Broglie... 217

XXXVII. — Marie-Thérèse a Mercy, 1er *octobre*. — Mécontentement de la conduite de la dauphine. Dénoûment des affaires de Parme; renvoi de du Tillot.... 220

XXXVIII. — Marie-Antoinette a Marie-Thérèse, 13 *octobre*. — Vives excuses. Impossibilité de la présentation de Mme de Bussy. Nomination de la duchesse de Cossé comme dame d'atours. L'abbé Langeac et sa mère la Sabatin............ 221

XXXIX. — Mercy a Marie-Thérèse, 15 *octobre*. — Caractère de Mme Adélaïde. Conversation de Mercy et de Mme du Barry; billet de Louis XV à Mme du Barry. Intrigues pour la nomination de la duchesse de Cossé; billets du roi et de la dauphine.. 223

XL. — Mercy a Marie-Thérèse, 15 *octobre*. — Effet de la lettre de l'impératrice du 30 septembre. Affaire de Parme; administration de du Tillot............... 230

XLI. — Marie-Thérèse a Mercy, 31 *octobre*. — Affaire de Parme; projet d'y envoyer le comte de Rosenberg. Utilité de la comtesse de Noailles et de l'abbé de Vermond près de la dauphine... 233

XLII. — Marie-Thérèse a Marie-Antoinette, 31 *octobre*. — Conseils: employer ses heureux dons. Caractère de Mesdames. Voyage de l'empereur; misère en Bohême.. 234

XLIII. — Marie-Antoinette a Marie-Thérèse, 15 *novembre*. — Détails intimes. Excuses sur son amitié pour ses tantes; sur l'interruption de lectures suivies..... 237

XLIV. — Mercy a Marie-Thérèse, 16 *novembre*. — Journal de Fontainebleau du 16 octobre au 13 novembre. Maladie de la comtesse de Provence. Situation de la cour. Conseils à la dauphine... 244

XLV. — Mercy a Marie-Thérèse, 16 *novembre*. — Caractère du dauphin. Affaire de Parme. Lettres interceptées du ministre de Prusse. Politique de d'Aiguillon.... 245

XLVI. — Marie-Thérèse a Mercy, 3 *décembre*. — Entente avec l'Espagne pour les affaires de Parme. Présent à Mme de Noailles. Exclusion de Mesdames des voyages de la cour. Changements dans le cabinet autrichien........................ 247

XLVII. — Marie-Antoinette a Marie-Thérèse, 18 *décembre*. — Envoie sa mesure: elle est très-grandie. Conduite du comte de Provence envers Choiseul. Habileté du dauphin à la chasse.. 249

XLVIII. — Mercy a Marie-Thérèse, 19 *décembre*. — Opinion de la dauphine sur Mesdames. Propos du duc de la Vauguyon et de Mme de Marsan sur la dauphine. Caractère du comte de Provence. Fête donnée à la comtesse de Provence; accueil qu'y reçoit Mme du Barry et couplets en son honneur. Témoignage d'estime et d'affection de la dauphine à son mari. Conseils de Vermond...................... 250

XLIX. — Mercy a Marie-Thérèse, 19 *décembre*. — Noirceur du parti dominant;

situation inquiétante de la dauphine. Mission de Rosenberg à Parme. Politique du cabinet français. Manière dont la dauphine écrit ses lettres.................... 256

ANNÉE 1772.

I. — Marie-Thérèse a Mercy, 4 *janvier*. — Caractère léger de Marie-Antoinette. Mission de Rosenberg à Parme. Correspondance interceptée de Sandoz.......... 260

II. — Marie-Antoinette a Marie-Thérèse, 21 *janvier*. — Elle a fait bonne réception à la du Barry. Caractères du comte de Provence et du comte d'Artois......... 260

III. — Mercy a Marie-Thérèse, 23 *janvier*. — Intrigues pour ôter au duc de Choiseul la charge de colonel des Suisses. La dauphine a mieux traité la favorite ; le dauphin l'approuve. Lectures avec Vermond. Progrès de la dauphine............ 261

IV. — Mercy a Marie-Thérèse, 23 *janvier*. — Affaiblissement de la santé du roi. Observations sur la correspondance interceptée de Sandoz. État du ministère de France.. 266

V. — Marie-Thérèse a Mercy, 10 *février*. — Situation difficile de sa fille ; intrigues de la cabale. La mort du roi serait à redouter. Nomination de l'archevêque de Reims au cardinalat... 269

VI. — Marie-Thérèse a Mercy, 10 *février*. — Première audience du prince de Rohan, ambassadeur à Vienne... 270

VII. — Marie-Thérèse a Marie-Antoinette, 13 *février*. — Observations sévères sur sa conduite envers la du Barry. Exhortation à suivre les conseils de Mercy.... 271

VIII. — Marie-Thérèse a Mercy, 25 *février*. — Du concert à observer avec le prince de Lobkowitz, ambassadeur d'Autriche en Espagne, sur les mesures à prendre relativement à la reine de Naples et à l'infante de Parme..................... 273

IX. — Mercy a Marie-Thérèse, 29 *février*. — Alarme de la dauphine à la nouvelle d'une indisposition de l'impératrice. Craintes de refroidissement entre les deux cours. Désordres et abus dans le service des dépenses de la dauphine. Mort du duc de la Vauguyon.. 273

X. — Mercy a Marie-Thérèse. — 29 *février*. — Affaire de Parme. Ambassade de Breteuil à Naples. Mme de Marsan et Rohan. La situation de la dauphine s'améliore. Intrigues de Mme Louise la carmélite....................................... 280

XI. — Marie-Thérèse a Mercy, 1er *mars*. — Situation de la cour de Naples. Plaintes contre Rohan et sa suite.. 283

XII. — Mercy a Marie-Thérèse, 15 *mars*. — Fêtes du carnaval. Propos de la comtesse de Marsan contre la dauphine...................................... 285

XIII. — Mercy a Marie-Thérèse, 15 *mars*. — Mission du prince de Lobkowitz en Espagne ; affaires de Naples et de Parme. Intrigues de Mme de Marsan en faveur de Rohan.. 287

XIV. — Marie-Thérèse a Mercy, 18 mars. — Caractère de Rohan; il plaît à Jóseph II et à Kaunitz. Cour de Naples : Tanucci et don Ferdinand. Difficultés pour la vente d'une terre de Mercy en Hongrie... 288

XV. — Marie-Thérèse a Mercy, 31 mars. — Encore Rohan. Affaires de Naples; Tanucci entoure le roi de Naples de mauvais sujets.......................... 291

XVI. — Mercy a Marie-Thérèse, 15 avril. — Occupations de carême. Affaire d'étiquette. Intrigue de Mme de Marsan contre les princes du sang.................. 292

XVII. — Mercy a Marie-Thérèse, 15 avril. — Naples et Parme. Intrigues qui agitent le cabinet de Versailles et l'empêchent d'être attentif aux arrangements relatifs à la Pologne... 296

XVIII. — Mercy a Marie-Thérèse, 15 avril. — Espère le rappel de Rohan. Espagne et Naples... 299

XIX. — Marie-Thérèse a Mercy, 1er mai. — Se félicite de la faiblesse du ministère français. Tanucci et Ferdinand IV. Mission de Rosenberg à Parme................ 300

XX. — Mercy a Marie-Thérèse, 15 mai. — Occupations de la dauphine. Sa facilité à accueillir les recommandations. Intrigues de la cabale. Caractère du comte de Provence... 301

XXI. — Mercy a Marie-Thérèse, 15 mai. — Sensation qui résulte des arrangements relatifs à la Pologne. Mission de Rosenberg à Parme. Le duc d'Aiguillon ne soutient point Rohan... 305

XXII. — Marie-Thérèse a Mercy, 1er juin. — Elle ne peut se décider à écrire à Louis XV au sujet de la Pologne (Lettre de Marie-Thérèse à Joseph II, citée en note). Tanucci et la cour d'Espagne. Échec de la mission de Rosenberg à Parme.. 307

XXIII. — Marie-Antoinette a Marie-Thérèse, 13 juin. — Regrets de la mort de van Swieten. Maladie du comte de Provence. Elle blâme l'infante de Parme. Apprend l'accouchement de la reine de Naples. Demande des minéraux de Hongrie pour M. d'Angivilliers... 308

XXIV. — Mercy a Marie-Thérèse, 15 juin. — La dauphine plus sensible à la douceur qu'à la sévérité. Occupations de la dauphine; son goût pour la musique. Elle désire venir à Paris qu'elle n'a pas encore vu, puis y renonce. Querelle et lutte à coups de poing entre le dauphin et le comte de Provence....................... 310

XXV. — Mercy a Marie-Thérèse, 15 juin. — Impression que cause le traité relatif à la Pologne. Utilité des ménagements envers la favorite. Situation à Parme; entente de l'Autriche et de l'Espagne.. 315

XXVI. — Marie-Thérèse a Mercy, 18 juin. — Son étonnement de la conduite du dauphin à l'égard de sa femme. Satisfaction que lui causent tous ses enfants, sauf l'infante de Parme.. 317

XXVII. — Marie-Thérèse a Mercy, 2 juillet. — Mécontentement des lettres de sa fille. Elle désire qu'elle n'imite point les manières de la famille royale, désagréables au public. Manœuvres du roi de Prusse. Rupture de la correspondance avec Parme.. 318

XXVIII. — Marie Thérèse a Mercy. — Annonce de la lettre suivante (XXIX) destinée à être montrée à Marie-Antoinette.................................... 319

XXIX. — Marie-Thérèse a Mercy; 2 juillet. — Considérations qui ont décidé l'Autriche au traité de partage de la Pologne. La France a lieu d'être mécontente; d'autre part le ministère français a offensé l'Autriche par ses avances à la Prusse. L'alliance est menacée : la dauphine peut la raffermir en cultivant les bonnes grâces du roi et en ménageant la favorite................................... 320

XXX. — Marie-Antoinette a Marie-Thérèse, 17 juillet. — Craintes sur une rupture de l'alliance. Compte-rendu de ses lectures. Médailles frappées en l'honneur de l'impératrice.. 322

XXXI. — Mercy a Marie-Thérèse, 18 juillet. — Recommandation indiscrète de la comtesse de la Marck en faveur de la baronne de Nieuwerkerke et de Mlle de Nievenhem.. 323

XXXII. — Mercy a Marie-Thérèse, 18 juillet. — Tristes réflexions de la dauphine sur sa situation envers son mari. Son désir d'une bonne entente entre ses deux familles. Le duc d'Aiguillon devient plus traitable. Affaire de Parme; nomination de M. de Flavigny.. 331

XXXIII. Marie-Thérèse a Mercy, 1er août. — Caractère de la famille royale de France. Rassurer d'Aiguillon. Refus de recevoir l'infante de Parme à Vienne. Désir du rappel de Rohan. Regrets sur la situation politique...................... 332

XXXIV. — Marie-Thérèse a Mercy, 1er août. — Envoi d'une lettre interceptée du duc d'Aiguillon à Rohan.. 333

XXXV. — Mercy a Marie-Thérèse, 14 août. — Journal de Compiègne, du 18 juillet au 10 août. Caractère du dauphin. Bonne réception faite par la dauphine à Mme du Barry. Amusements de cour; proverbes. Conduite de la dauphine avec Mesdames. Amabilité du roi.. 334

XXXVI. — Mercy a Marie-Thérèse, 14 août. — Sage conduite de la dauphine au milieu des intrigues de la cour. Conduite intéressée du duc d'Aiguillon. Mission de don Llano à Parme. Considérations sur la politique extérieure.................. 341

XXXVII. — Mercy a Marie-Thérèse, 14 août. — Renvoi de la lettre du duc d'Aiguillon à Rohan.. 344

XXXVIII. — Mercy a Marie-Thérèse, 14 août. — Remerciments de la dauphine pour l'envoi des minéraux de Hongrie... 344

XXXIX. — Marie-Thérèse a Mercy, 1er septembre. — Mauvaise volonté de Durand, diplomate français, et de l'ambassadeur d'Angleterre, lord Stormond à l'égard du cabinet autrichien. Succès de société de Rohan. Rapports de Parme avec l'Espagne... 344

XL. — Mercy a Marie-Thérèse, 16 septembre. — Suite du journal de Compiègne du 10 au 27 août. Trait d'humanité de la dauphine. Soupers du petit château. Rapports de Mme du Barry et de la dauphine. Instruction de la dauphine; lectures du dauphin. Conseils en prévision de l'avenir................................... 346

XLI. — Mercy a Marie-Thérèse, 16 septembre. — Conversation avec Louis XV à propos de l'infante de Parme et de Joseph II. Opinions du duc d'Aiguillon et du roi sur le traité relatif à la Pologne. Motifs qui obligeront le prince de Rohan au retour. Santé du comte de Provence.. 351

XLII. — MARIE THÉRÈSE A MERCY, 2 *octobre*. — Conseils sur la conduite de la dauphine. Conduite extravagante de Rohan..................................... 354

XLIII. — MARIE-ANTOINETTE A MARIE-THÉRÈSE, 14 *octobre*. — Accident du dauphin à la chasse. Lectures. Plans des résidences impériales à Schœnbrunn et à Vienne.. 355

XLIV. — MERCY A MARIE-THÉRÈSE. — Détails de service. Inauguration du pont de Neuilly. Mésintelligence avec Mesdames. Conduite du comte de Provence........ 356

XLV. — MERCY A MARIE-THÉRÈSE, 16 *octobre*. — Rapports politiques de la France avec l'Angleterre et l'Espagne... 360

XLVI. — MARIE-THÉRÈSE A MERCY, 31 *octobre*. — Son désir que la dauphine s'accoutume à la représentation publique, à bien recevoir les étrangers. Danger d'une confiance trop intime dans le comte de Provence. Commande d'arbres fruitiers.. 361

XLVII. — MERCY A MARIE-THÉRÈSE, 14 *novembre*. — Journal de Fontainebleau du 12 octobre au 12 novembre. Revue du régiment du dauphin par le dauphin et la dauphine. Conseils écrits donnés par le comte de Provence à la dauphine, et visites fréquentes de ce prince. Réception de Mme du Barry; répulsion qu'éprouve la dauphine à lui parler. La duchesse de Cossé et Mme du Barry. Audience de la comtesse de Palffy. Aversion de Marie-Antoinette pour le duc d'Aiguillon. Mauvaise réception aux étrangers.. 362

XLVIII. — MERCY A MARIE-THÉRÈSE, 14 *novembre*. — Affaire de Parme; renvoi de don Llano. Rohan; sa situation à l'égard de Mme du Barry et de d'Aiguillon. Opinion de Louis XV sur les affaires de Suède et de Pologne....................... 376

XLIX. MARIE-THÉRÈSE A MERCY, 30 *novembre*. — Rupture de l'Espagne et de la France avec Parme. Inquiétudes pour la dauphine............................... 379

L. — MARIE-THÉRÈSE A MERCY, sans date (*novembre*). Lui envoie copie de quelques passages de sa lettre à sa fille, contenant des reproches sur la chasse à cheval, et sur le mauvais accueil aux Allemands.. 380

LI. — MARIE-ANTOINETTE A MARIE-THÉRÈSE, 15 *décembre*. — Excuses sur ses cavalcades, et sur la réception faite aux Allemands. Retour du prince de Condé à la cour.. 381

LII. — MERCY A MARIE-THÉRÈSE, 16 *décembre*. — Conseils du confesseur de la dauphine, retour aux occupations sérieuses. Entourage de la dauphine. Recommandation au cardinal de la Roche-Aymon. Jalousie de Mesdames.................... 383

LIII. — MERCY A MARIE-THÉRÈSE, 16 *décembre*. — Détails intimes. Caractère du dauphin. Rohan. Envoi des arbres fruitiers; pépinière des Chartreux. Rapports entre Marie-Antoinette et le comte de Provence. Indifférence du roi sur l'affaire de Parme... 388

LIV. — MARIE-THÉRÈSE A MERCY, 31 *décembre*. — Plainte sur les lettres de sa fille. Désire toujours le rappel de Rohan. Repousse l'accusation de vouloir faire dominer ses filles. Rupture avec l'infante. Lettres de Marie-Antoinette à Joseph II.. 393

LV. — MARIE-THÉRÈSE A MARIE-ANTOINETTE, 31 décembre. — Reproches sur ses chasses à cheval. Ce que doit être sa conduite envers les étrangers, envers le roi et la favorite.. 393

ANNÉE 1773.

I. — MARIE-ANTOINETTE A MARIE-THÉRÈSE, 13 janvier. — Excuses sur l'article de la chasse. L'infante de Parme et la reine de Naples. Désir de connaître sa belle-sœur la grande-duchesse de Toscane. Portraits de ses frères. Réceptions du jour de l'an : Mme du Barry. Retour des princes d'Orléans à la cour. Lord Stormond. Musique; lectures. Incendie de l'Hôtel-Dieu.................................... 395

II. — MERCY A MARIE-THÉRÈSE, 16 janvier. — Explications et excuses de la dauphine pour les chasses. Horreur du dauphin pour Mme du Barry. *Lettres provinciales.* Caractère du dauphin tracé par Marie-Antoinette. Réception faite à Mme du Barry le jour de l'an.. 397

III. — MERCY A MARIE-THÉRÈSE, 16 janvier. — Crainte que Marie-Thérèse inspire à ses filles. Modération de du Tillot. D'Aiguillon et Rohan..................... 404

IV. — MARIE-THÉRÈSE A MARIE-ANTOINETTE, 31 janvier. — Approbation et conseils : donner l'exemple de la générosité. Mme du Barry........................ 406

V. — MARIE-THÉRÈSE A MERCY, 1er février. — Observations sévères sur le caractère de Marie-Antoinette. Affaire de Parme ; son estime pour du Tillot. Difficultés pour la vente des biens de Mercy en Hongrie. Révolution de Suède. Démembrement de la Pologne ; Marie-Thérèse a été entraînée : ses regrets................... 407

VI. — MARIE-ANTOINETTE A MARIE-THÉRÈSE, 15 février. — Bal de l'Opéra. Nouvelles de Naples. Mariage du comte d'Artois. Divertissements ; proverbes........ 411

VII. — MERCY A MARIE-THÉRÈSE, 17 février. — Conseils à la dauphine sur sa conduite envers le roi. Divertissements du carnaval. Confidences du comte de Provence. Charité de la dauphine. Caractère du dauphin................................. 412

VIII. — MERCY A MARIE-THÉRÈSE, 17 février. — Intrigues pour le mariage du comte d'Artois. Espoir que marquis de Noailles remplacera bientôt Rohan à Vienne. Réponse sur la Pologne. Secours de la France à la Suède........................ 412

IX. — MERCY A MARIE-THÉRÈSE, 17 février. — Motifs qui l'engagent à vendre ses biens en Hongrie.. 423

X. — MARIE-THÉRÈSE A MERCY, 3 mars. — Remarques sur la sécheresse des lettres de sa fille. Rapports du comte d'Artois et de la dauphine. Affaires de Suède..... 424

XI. MARIE-THÉRÈSE A MARIE-ANTOINETTE, 3 mars. — Envoi de musique. Changements à Schœnbrunn. Mariage du comte d'Artois............................... 426

Pages.

XII. — MARIE-ANTOINETTE A MARIE-THÉRÈSE, 15 mars. — Mariage du comte d'Artois. Prédication de Carême. Bals de l'Opéra. Plan de Schœnbrunn.............. 427

XIII. — MARIE-THÉRÈSE A MERCY, 15 mars. — Autorisation et grâces spéciales pour la vente des terres de Mercy, en Hongrie................................ 429

XIV. — MERCY A MARIE-THÉRÈSE, 17 mars. — Fêtes données à Mme du Barry. Entretien de Mercy et de Mme du Barry. Opinion de Marie-Antoinette sur Louis XV. Ordre que le dauphin établit dans ses finances. Recommandations abusives..... 429

XV. — MERCY A MARIE-THÉRÈSE, 17 mars. — Influence de la dauphine sur son mari. Réflexions et conseils politiques. Pensions de la France et de l'Espagne à l'infant de Parme. Tendresse de la dauphine pour sa mère................. 434

XVI. — MARIE-THÉRÈSE A MERCY, 3 mars. — Vanteries de Rohan : ses espérances de remplacer d'Aiguillon... 437

XVII. — MARIE-ANTOINETTE A MARIE-THÉRÈSE, 18 avril. — Sa situation envers le roi. Correspondance de Mme de Brandis. Maison du comte d'Artois. Schœnbrunn : le cabinet volant. Nouvelles de ses frères et sœurs......................... 438

XVIII. — MERCY A MARIE-THÉRÈSE, 20 avril. Intrigues pour la nomination de la maison du comte d'Artois. Visites du comte de Provence. Conseils politiques...... 440

XIX. — MERCY A MARIE-THÉRÈSE, 20 avril. — Correspondance entre Joseph II et Marie-Antoinette. Désignation du marquis de Noailles ou du baron de Breteuil pour l'ambassade de Vienne. Chagrin de la dauphine de l'interruption de la correspondance de Mme de Brandis. Utilité d'occuper la dauphine d'affaires politiques; son aversion pour d'Aiguillon... 445

XX. — MARIE-THÉRÈSE A MARIE-ANTOINETTE, 4 mai. — Nouvelles et réflexions politiques. Affaire de Parme.. 446

XXI. — MARIE-THÉRÈSE A MARIE-ANTOINETTE, 5 mai. — Caractère de Marie-Antoinette; sa faiblesse pour les recommandations. Souhaits pour le rappel de Rohan.. 448

XXII. — MARIE-ANTOINETTE A MARIE-THÉRÈSE, 17 mai. — Réponse aux nouvelles politiques. Espoir de faire son entrée publique à Paris. Revue passée par le roi. Blâme de la conduite de l'infante................................... 449

XXIII. — MERCY A MARIE-THÉRÈSE, 18 mai. — Anecdote : seau d'eau reçu par la dauphine. Propos de Mme Adélaïde sur le duc de Choiseul. Conduite à tenir si le roi quittait Mme du Barry. Règlement de vie que se propose la dauphine; Lectures... 450

XXIV. — MERCY A MARIE-THÉRÈSE, 18 mai. Projet de l'entrée publique à Paris. Affaiblissement du roi. Affaire de Parme................................. 455

XXV. — MARIE-THÉRÈSE A MERCY, 2 juin. — La reine de Naples. Répugnance de Marie-Thérèse à engager ses filles dans le gouvernement des affaires............ 457

XXVI. — MARIE-THÉRÈSE A MERCY, 2 juin. — Désire la prolongation des jours du roi.. 458

XXVII. — Marie-Antoinette a Marie-Thérèse, 14 *juin*. — Entrée à Paris. Joie de la dauphine. Espérance du maintien de la paix........................... 458

XXVIII. — Mercy a Marie-Thérèse, 16 *juin*. — Le comte de Provence et le duc d'Aiguillon. Caractère de Louis XV. Avances de Mme du Barry à la dauphine. Querelle entre le comte du Barry et d'Aiguillon. Entrée de la dauphine à Paris...... 461

XXIX. — Mercy a Marie-Thérèse, 16 *juin*. — Opinion de Marie-Antoinette sur le caractère de Louis XV. Brouille entre d'Aiguillon et les Rohan. Infidélité de la poste... 467

FIN DE LA TABLE ANALYTIQUE.